CORPVS CHRISTIANORVM

Series Apocryphorum

19

CORPVS CHRISTIANORVM

Series Apocryphorum

19

CVRANTE

ASSOCIATION POUR L'ÉTUDE DE LA
LITTÉRATURE APOCRYPHE CHRÉTIENNE

VITA LATINA ADAE ET EVAE

CVRA ET STVDIO
Jean-Pierre PETTORELLI

ADIVVANTE ET OPVS PERFICIENTE
Jean-Daniel KAESTLI

SYNOPSIS VITAE ADAE ET EVAE

LATINE, GRAECE, ARMENIACE ET IBERICE

CVRA
Albert FREY, Jean-Daniel KAESTLI,
Bernard OUTTIER et Jean-Pierre PETTORELLI

TURNHOUT
BREPOLS ❧ PUBLISHERS
2012

CORPVS CHRISTIANORVM

Series Apocryphorum

SVB AVSPICIIS:

INSTITUT ROMAND DES SCIENCES BIBLIQUES
ÉCOLE PRATIQUE DES HAUTES ÉTUDES (SCIENCES RELIGIEUSES)
CONFÉRENCE UNIVERSITAIRE DE SUISSE OCCIDENTALE
UNIVERSITÉ DE FRIBOURG
UNIVERSITÉ DE GENÈVE
UNIVERSITÉ DE LAUSANNE
UNIVERSITÉ DE NEUCHÂTEL
INSTITUT DES SOURCES CHRÉTIENNES
UNION ACADÉMIQUE INTERNATIONALE

*Huic editioni curandae praefuerunt
et uolumini parando operam dederunt*
Albert FREY & Jean-Daniel KAESTLI
adiuuante
François DOLBEAU

Édition des différentes
rédactions de lat–V

Vie d'Adam et Ève
Rédactions rhénanes
R

Rédactions rhénanes (R)

Groupes et manuscrits apparentés

Pa
R1a = *Ws Po*
R1b = *Dr Up*
R1c = *Bc Mf*
R1d = *Mu Eb*
R1e = *Ko Wf Na* (¹)
Gz, Kb

R2a = *Ve Wh As*
R2b = *B Du*
R2c = *Bd Au* (²) *Vf Pb* (²)
R2d = *Lm Bg*

R3 (³) = *Sw Sg Sc*

Manuscrits

As   Aschaffenburg, Hofbibliothek, *44*; xvᵉ s.; R2a
Au (²) Munich, Bayerische Staatsbibliothek, *clm 4350*; 1339; R2c
B   Oxford, Balliol College, *228*; xiv-xvᵉ s.; R2b
Bc   Berlin, Staatsbibliothek zu Berlin − Preußischer Kulturbesitz, *Theol. lat. Qu. 316*; vers 1400; R1c
Bd   Berlin, Staatsbibliothek zu Berlin − Preußischer Kulturbesitz, *Theol. lat. Qu. 369*; xiiiᵉ s.; R2c
Bg   Barcelone, Biblioteca de Catalunya, *4003*; xivᵉ s.; R2d
Dr   Dresde, Landesbibliothek, *A 182ᶠ*; xivᵉ s.; R1b
Du   Dublin, Trinity College, *509*; xvᵉ s.; R2b
Eb   Munich, Bayerische Staatsbibliothek, *clm 5865*; 1472; R1d
Gz   Graz, Universitätsbibliothek, *904*; env. 1425
Kb   Copenhague, Det Kongelige Bibliotek, *Ny kgl. saml. 123*; 1454-1465
Ko   Cologne, Historisches Archiv, *GB 4° 113*; première moitié du xvᵉ s.; R1e
Lm   Lund, Universitetsbiblioteket, *Medeltidshandskrift 30*; fin du xvᵉ s.; R2d

Mf　　Munich, Bayerische Staatsbibliothek, *clm 9022*; xve s.; R1c

Mu　　Munich, Universitätsbibliothek, *4° Cod. ms. 807*; xve s.; R1d

Na(^{1})　Namur, Bibliothèque de la Société archéologique, *162*; vers 1450; R1e

Pa　　Paris, Bibliothèque nationale de France, *lat. 5327*; xe s.

Pb(^{2})　Paris, Bibliothèque nationale de France, *lat. 590*; fin du xive s. – début du xve s.; R2c

Po　　Munich, Bayerische Staatsbibliothek, *clm 11601*; xive s.; R1a

Sc(^{3})　Munich, Bayerische Staatsbibliothek, *cgm 3866*; 1475-1476; R3

Sg(^{3})　Saint-Gall, Stiftsbibliothek, *Cod. Sang. 927*; 1435; R3

Sw(^{3})　Stuttgart, Württembergische Landesbibliothek, *HB XII 20*; 1397; R3

Up　　Uppsala, Universitetsbiblioteket, *C77*; entre 1398 et 1416; R1b

Ve　　Valenciennes, Bibliothèque municipale, *168*; fin du xiiie s.; R2a

Vf　　Vienne, Österreichische Nationalbibliothek, *1629*; xive s.; R2c

Wf　　Wolfenbüttel, Herzog-August-Bibliothek, *Cod. Guelf. 29.7 Aug. 4° (3329)*; milieu du xve s.; R1e

Wh　　Wertheim, Evangelische Kirchenbibliothek, *726*; 1360; R2a

Ws　　Munich, Bayerische Staatsbibliothek, *clm 21534*; xiie s.; R1a

---

(1) *Na*, très proche de *Wf*, n'est pas cité dans l'apparat de R1, cf. p. 143-144.

(2) *Au*, très proche de *Bd*, et *Pb*, très proche de *Vf*, ne sont pas cités dans l'apparat de R2, cf. p. 152-153.

(3) Le groupe R3 n'apparaît pas dans l'apparat; ses leçons distinctives sont réunies à la suite de l'édition, aux pages 514-519.

R1   **Titulus** Vita Adae et Euae *scripsi (cf. Pa)* : Vita de Adam et Eua *Mu* Secunda temptacio Adam et Eue *Ws* Alius tractatus de Adam et de Eua *Po* Tractatus de penitentia Ade *Bc* De penitentia Ade et Eue *Mf* Liber de penitencia Ade primi parentis nostri *Ko* Liber de penitentia Ade *Wf* Tractatus de expulsione Ade et Eue de paradiso *Dr* Expulsio de paradyso Adam et Eue *Up* de expulsione Adam et Eua de paradiso *Eb*

1 2 sibi : *om. R1a*   tabernaculum : thabernaculum *Mu Wf* thabernaculum de ulna *Dr*   fuerunt ibi *R1a+c Dr* : fuerunt *Up Ko* fugerunt *Wf om. R1d*   dies *R1a+b+d* : diebus *R1c+e*   lugentes : lugientes *R1c*   et lamentantes — dies : *om. Sw*   **2-3** et lamentantes *Up R1c+d+e* : et lamentabantur *R1a om. Dr*   **3** in : cum *Dr*

2 1 septem autem dies *R1e* : septem dies *R1a* dies autem septem *Bc* autem septem dies *Mf* septem uero dies *R1d* hos autem dies *R1b*   et quaerebant *R1a+b+e Mu* : et querere *R1c* et comederunt *Eb*   **2** sibi escam : escas *R1a*   inueniebant *R1b+e* : inuenerunt *R1a* habebant *R1c+d*   *post* inueniebant *add.* nisi spinas et tribulas *Dr*   dixit *R1b+c+d* : dixit autem *R1a* dixit ergo *Ko*   **3** domine mi *R1a+b+e* : domine meus *R1c+d*   esurio ualde *R1c+e* : esurio *R1a+b+d*   uade *R1b+c* : uade etiam *Mu* et uade *R1a+e Eb*   nobis *R1a+b+c Ko* : *om. R1d Wf*   quid *R1c Wf* : quod *Up Mu Ko* ut *R1a Dr Eb*   **4** usque uideamus *R1c* : quousque u. *R1b* quoadusque u. *R1a* usquequo u. [uiuamus *Mu*] *R1d+e*   **4-5** si forsitan respiciat et miserebitur nostri *R1c* : forsitan respiciet et miserebitur nostri *R1a+d* si forte respiciat et misereatur nobis *R1e* si nobis miserebitur *Dr* si forsitan miserebitur nobis *Up*   **5** deus : dominus deus *R1e*   reuocabit *R1a+d* : reuocet *R1b+e* reuocat *R1c*   nos ad locum in quo *R1b* : nos in locum [loco *Wf*] ubi *R1e* nos in loco [locum *Eb*] quo *R1a+d* nos ubi *Mf* nobis (*forte pro* nos ubi) *Bc*   eramus : prius eramus *Bc*

3 1 et surrexit Adam *R1b+c+d* : surrexit autem A. *R1e* et surrexit A. et etiam Eua *Po* et surrexerunt A. et E. *Ws*   perambulabat *R1b* : ambulabat girans *Bc*   ambulat conquirans° *Mf* deambulauerunt *R1a* ambulauit *R1e* circuibat *R1d*   septem dies *R1b* : septem diebus *R1d+e Sw om. R1a+c*   **1-2** omnem terram illam *R1c+d* : terram illam *Up* per omnem terram illam *R1e* undique *R1a om. Dr*   **2** et : *om. Mf*   inuenit *R1c+e* : inueniebat *R1b+d* inuenerunt *R1a*   escam qualem *R1a+b+c+d* : talem escam qualem *R1e*   habebant *R1a+d Dr* : habebat *Up R1e* habuit *R1c*

Vita Adae et Euae

1 1 Cum expulsi fuissent Adam et Eua de paradiso, fecerunt sibi tabernaculum et fuerunt ibi septem dies lugentes et lamentantes in magna tristitia.

2 1 Post septem autem dies coeperunt esurire et quaerebant sibi escam ut manducarent et non inueniebant. **2** Dixit Eua ad Adam: Domine mi, esurio ualde. Vade et quaere nobis quid manducemus, usque uideamus si forsitan respiciat et miserebi-
5   tur nostri deus et reuocabit nos ad locum in quo eramus.

3 1 Et surrexit Adam et perambulabat septem dies omnem terram illam et non inuenit escam qualem habebant in para-

---

R2   **Titulus** Vita Adae et Euae : De Vita Adam et Eue [Eua *Bg*] *Bg Bd* tractatus Ade et Eue primorum parentum *B* uita Ade et Eue qui fuerunt nostri parentes protoplasti *in margine a recentiori manu Du* liber breuiter tractans de uita Ade et Eue de morte ipsorum et de plur⟨ibus⟩ *Au* liber de uita Ade et Eue et de morte eorumdem qui intitulatur penitentiale Ade *Pb* Penitentiale Adae et Euae *Vf* Planctus Ade et Eue post expulsionem de paradiso *As   titulum non habent Ve Wh Lm*
     1 1 *ante* cum *add.* factum est autem *Bg*   fuissent *R2b* : **essent** *R2a+c+d*   **2** tabernaculum *R2a+d* : quoddam t. *R2c* habitaculum *R2b* fuerunt ibi : **manserunt** ibi [in eo *R2b+d*] *R2a+b+d* ibi manserunt *R2c* septem : octo *B*   et lamentantes *Du R2d* : **om.** *R2a+c B*
     2 1 septem : octo *B*   autem : uero *Vf* **om.** *R2a+b+d Bd*   **1-2** quaerebant [-rere *Du*] sibi [*om. Vf*] escam ut manducarent *R2a+d Du Vf* : qu. quid m. *Bd* querentes s. escam *B*   **2** et non inueniebant [-nerunt *B*] *Ve R2b+d* : et minime poterant -nire *Wh om. R2c*   dixit *Wh* : et d. [d.que *B*] *Ve R2b+c+d* d. autem *As*   Eua : *om. Lm*   ad *Wh As Du R2c Bg* : *om. Ve Lm B*   **3** domine mi esurio ualde : [o *add. Vf*] dom. mi es. *R2c Bg* **mi homo** [h. mi *B*] es. [ualde *add. Wh*] *R2a B Lm* cepimus homo esurire *Du*   uade et quaere nobis : et qu. *Wh As*   quid *Ve Wh* : quod *R2b+d* ut *As R2c*   **4** manducemus : comedamus *Wh As*   usque : **donec** *R2*   uideamus [uideas *Du*] si *R2a+c+d Du* : *om. B*   forsitan : **om.** *R2*   **4-5** respiciat et miserebitur nostri deus : resp. [-ciet *Vf*] **nos** [deus *add. Wh As Du Bg*] et **-reatur** n. [dominus deus *add. Ve R2c Lm*] *R2a+c+d Du* r. in nobis d. et -reatur n. *B*   **5** reuocabit : **-cet** *R2*   ad locum in quo : **in** l. in quo *Vf Lm* in l. ubi *Du* in loco quo *R2a B Bg* in quo *Bd*   *ante* eramus *add.* prius *R2c*
     3 1 et surrexit Adam et : s. autem A. et *R2a+b+d* surgens autem A. *R2c*   perambulabat septem dies omnem : **ambulauit** s. **diebus** [dies *Bd*] in o. [per totam *R2c*] *R2*   **2** qualem : talem q. *Lm*   habebant *Vf Du* : -bat *Ve Wh R2d B Bd* habuit *As* : *post* paradiso *add.* et reuersus est *Du*

R1 **3** et dixit *R1b+d* : dixit *R1a* unde dixit *R1c* dixit ergo *Ko* dixit autem
Wf   ad Adam : Adam *Mf*   domine mi *R1a+b+e* : domine meus
R1c+d   **3-4** putasne moriemur fame *R3* : putas mortem finis mei *R1b* pu-
tas ne portabo famem *R1c* puto nos fame morituros *R1e* post° mortem fame *Mu* fame *Eb* putas ut interficiar a te *R1a*   **4** utinam ego morerer
R1b : utinam ego [ergo *Wf*] sola morerer *R1e* ego utinam morerer [moriar
Eb] *R1d* ut [et *add. R1a*] ego moriar *R1a+c*   forte *R1b+c* : ut forte *R1d*
forsitan *R1a+e*   introduceret *Mu Ko* : introducet *R1a+c Eb* introducit *Dr*
introducat *Wf*   deus *Dr R1c Ko* : dominus deus *R1a* dominus *R1d om.*
Up Wf   denuo *Up R1c+e* : *om. R1a+d*   **5-6** quia propter me — in paradisum : *om. R1c Eb*   **5** propter me iratus est tibi deus : iratus est tibi
dominus deus propter me *R1a*   deus *R1b Sw* : dominus *Mu* dominus
deus *Ko* dominus deus meus *Wf*   **5-7** uis interficere — es inde : *om.*
R1a   **5-6** uis interficere me *Mu* : uis me interficere *R1b* sed si uis interfice me *R1e*   **6** ut moriar — in paradisum : *om. R1e*   ut moriar *Mu* :
et moriar *R1b*   introducet [-ceret *Mu*] te dominus in paradisum *Mu* :
restituet te dominus in paradisum *R1b*   quoniam *R1c+d+e* : quia *R1b*
7 causa mei *R1b+c+e* : mea causa *R1d*   inde *Up R1d+e* : *om . Dr R1c*
respondit Adam *Up R1c+d+e* : tandem respondit A. et dixit *Dr* dixit A. *Po*
om. Ws   noli Eua : noli E. noli *Up*   **7-8** talia dicere *Dr R1c+e* : tale
dicere *Up* taliter dicere *R1d* talia loqui *R1a*   **8** aliquam iterum maledictionem inducat *R1b Ko* : aliquam iterum inducat maledictionem *Mf*
aliquam maledictionem [aliquid maledictionis *Ws*] iterum inducat *R1a* iterum aliquam maledictionem inducat [introducat *R1d*] *R1d Wf* inducat
iterum aliquam maledictionem *Bc*   **8-9** super nos *R1a+c+e* : nobis *R1b* in
nos *R1d*   **9** dominus deus [noster *add. Dr Mf*] *Ws R1b+c+d* : dom. omnipotens *R1e* deus *Po*   *post* quomodo *add.* autem *Dr* enim *Ko*   potest
fieri *Up R1c R1e* : fieri potest *R1d* posset hoc fieri *Dr* posset *R1a*   mittam : mitterem *Dr*   **9-10** manum meam in carnem meam *R1a+b+d+e* : in
te manum meam *R1c*   **10** surge quaeramus *R1a+c* : surge et queramus
[nobis *add. Ko*] *R1e* sed surge queramus *Dr* sed surge et [ut *R1d*] queramus
nobis *Up R1d*   unde *Up R1c+d+e* : ut *Ws Dr* ut et *Po*   uiuamus : co-
medamus *Dr*   **10-11** et non deficiamus *R1c+d+e* : ne deficiamus *R1a om.*
R1b

4 1 quaesierunt nouem dies escam *R1a+d* : nouem dies querebant escam
Dr nouem dies quesierunt uictum *Up* septem diebus quesierunt uictum *R1c*
quesierunt per septem dies *R1e*   *post* escam *add.* talem qualem habebant
in paradiso *R1d*   et : sed *R1d*   **1-2** nihil inueniebant *R1c* : nihil aliud
inueniebant *Up* non inueniebant *R1d* nihil inuenerunt *Dr R1e* non inuenerunt *R1a*   **2** *post* inueniebant (inuenerunt) *add.* quomodo habebant in
paradiso *R1a* sicut habuerunt in paradiso *R1e*   nisi hoc tantum quod
animalia edebant : nisi spinas et tribulas *Dr om. Eb*   nisi hoc tantum
Up : nisi *R1c Mu* sed hoc tantum inuenerunt *R1e* sed tantum talia inueniebant *R1a*   quod animalia edebant *Up R1c Mu* : qualia animalia edebant *R1a+e*   et dixit *R1b+d+e* : dixit *R1a* et ait *R1c*

diso. **2a** Et dixit Eua ad Adam: Domine mi, putasne moriemur
fame? Vtinam ego morerer! forte introduceret te deus denuo in
5 paradisum quia propter me iratus est tibi deus. **2c** Vis interficere
me ut moriar? et introducet te dominus in paradisum quoniam
causa mei expulsus es inde. **3** Respondit Adam: Noli, Eua, talia dicere ne forte aliquam iterum maledictionem inducat super
nos dominus deus. Quomodo potest fieri ut mittam manum
10 meam in carnem meam[a]? Surge, quaeramus unde uiuamus et
non deficiamus.

4 1 Et ambulantes quaesierunt nouem dies escam et nihil
inueniebant, nisi hoc tantum quod animalia edebant. **2** Et dixit

---

3 a. cf. Gen. 2, 23

R2 3 et dixit : d. **uero** [*om.* B ergo *Du*] R2   3-4 putasne moriemur fame :
puto mori fame R2   4 utinam ego morerer : utinam m. [et *add.* Wh]
ego [*ergo* As *om.* B] R2   4-5 forte introduceret — tibi deus : *om.* Vf
4 forte : **forsitan** R2a B Bd Bg etfforsitan Lm et forsitan Du   deus As
Bd R2b : dominus d. Ve Wh Bg dominus Lm   denuo [*om.* As R2b] in
paradisum [-so Wh] Wh As R2b Bd Bg : in par. den. Ve Lm   5-6 quia
propter — in paradisum : *om.* As Du Bd Bg   5 deus : **om.** Ve Wh B
Lm   5-7 uis interficere — es inde : -fice me et introducat te in paradisum
unde expulsus es B   5-6 uis interficere me ut moriar : uis int. me [me
int. Wh] Ve Wh Vf Lm   6 et : forsitan Ve Wh Vf etfforsitan Lm   introducet Ve Lm : -ceret Wh Vf   dominus : deus Ve Wh Lm deus denuo
Vf   6-7 quoniam causa mei expulsus es inde : q. [de quo Bg] **propter
me** exp. es i. [i. exp. es R2a+d i. repulsus es Du] R2a+c+d Du   7 respondit Adam R1a+b+d Bd : -dens autem A. dixit Vf   noli Eua Du :
n. Eua n. R2a+c n. n. E. B R2d   8 ne forte : etfforte Lm   8-9 aliquam
iterum — dominus deus : irascatur nobis deus et inducat super nos maledictionem Du   8 aliquam iterum : it. a. R2a+c+d al. B   8-9 inducat
super nos dominus deus : ind. [-cet Lm] **nobis** dom. [*om.* R2c B] deus
R2a+c+d B   9 potest fieri Du : p. **hoc** f. R2a+c+d B   9-10 mittam manum meam in carnem meam [carne mea Ve Lm] R2a+b Lm : mit. man. m.
Bg in c. m. [carne mea Vf] mittam man. m. R2c   10 *post* surge *add.* et
R2   *post* quaeramus *add.* **nobis** [*om.* R2c] **aliquid** [*om.* Wh As] **ad manducandum** [comedendum Ve] R2   unde uiuamus : *om.* B   et Ve Du
R2c+d : ut Wh As B

4 1 ambulantes quaesierunt nouem dies escam : amb. **septem diebus
talem** q. e. **qualem prius in paradiso** [in par. prius Wh] **habebant** R2a
amb. [-labant Bg] septem diebus [et *add.* Bg] talem q. e. qualem prius [*om.*
B] habuerunt [h. prius Du] in paradiso [in par. h. Lm] R2b+d septem dies
[diebus Vf] talem e. -erant qualis erat eis [ei erat Vf] in par. R2c   1-2 et
nihil inueniebant : **sed minime** [neminem Bg non R2b] **inuenerunt**
R2   2 *post* inuenerunt *add. iterum* non enim inuenerunt Bd   nisi hoc
tantum R2c : hoc [sed B] t. [autem Wh Du] **inuenerunt** R2a+b Bg inuenerunt autem Lm   edebant : comedebant Wh

R1   **3** hoc : hec *R1e*   **3-4** tribuit dominus — ut edant : dominus — ut edant
dedit *R1c*   **3** tribuit *R1a+b+d* : dedit *R1c+e*   dominus : deus *R1e*
bestiis : bestiis terre *R1b*   **3-4** ut edant *R1c+d* : ad edendum *R1e* ut habeant ad uiuendum [comedendum *Dr*] *R1b om. R1a*   **4** nobis : nostra
R1d   esca angelica [angelorum *Up*] erat *R1a+b+e* : e. ang. erit *R1c* e.
ang. est *R1d*   *post* erat *add.* quam dyabolus nobis per suam inuidiam
[malitiam suam *Up*] perdidit *R1b*   sed : nunc ergo *R1b* ergo *R1a*
iuste et digne *R1a+c+d+e* : digne et iuste *R1b*   **5** ante conspectum : in
conspectu *R1b*   domini dei *Up R1d Ko* : dei *R1a* domini *Dr R1c* domini
dei nostri *Wf*   nos : *om. R1c*   **6** forsitan : forte si *Wf*   indulgebit et
R1a+c+e : indulget et *R1d om. R1b*   **7** dominus : *om. R1a*   et [at *Up*]
disponet *R1a+b+c Ko* : ut disponat *R1d Wf*

   5 1 et : *om. R1a+b*   dixit Eua ad Adam *R1a+b+c Eb Ko* : E. dixit ad
A. *Mu* dixit ad A. E. *Wf*   meus *R1c+d* : mi *R1a+b+e*   **1-2** dic mihi quid
est paenitentia *R1d* : quid est p. dic mihi *R1b* da mihi -tiam *R1c* que est
[illa *add. R1e*] paenitentia *R1a+e*   **2** qualiter : uide q. *R1c*   paeniteamus *R1c+d* : -tebimus *R1a+e* -team *R1b*   ne : si *R1e*   **2-3** nobis imponamus quem non possumus adimplere : quem non p. sustinere n. imp.
R1a   nobis imponamus *R1b+d* : imp. n. *R1e* n. imponas *R1c*   **3** quem
R1b+d+e : quod *R1c*   adimplere *R1c+d* : implere *R1e* portare *R1b*
exaudiantur *R1a+c Ko* : -dientur *R1d Wf* audientur *R1b*   **4** et : *om.*
R1e   auertat : -tit *Dr* -tet *Ko*   dominus [deus *Dr* dom. d. *Up*] faciem
suam a nobis *R1b+c* : f. s. a nobis [dom. *add. R1d*] *R1a+d+e*   **4-5** si ut
promittimus non adimpleamus *Up* : si promittimus et non impleamus *Dr* si
quod promiserimus non implebimus *R1a* si quod promisimus non adimplemus [implemus *Eb* impleuimus *Mu*] *R1c+d* quia sicut promisimus non
impleuimus [impleueremus *Ko*] *R1e*   **5** tu domine meus *R1c* : tu° domine
meus *Eb* tu domine *Dr* tamen [tu *add. Wf*] domine mi [deus meus *Mu*]
R1a+e Up Mu   **5-6** quantum cogitasti me [nos *R1e*] paenitere paenitebo
[peniteamus *R1e*] *R1c+e* : sicut cogitasti [me *add. Dr*] penitentiam agere
ita [ego *add. Dr*] peniteam *R1b* quantum [*om. Eb*] cogitasti penitere
R1a+d   **6** quoniam *R1c+e* : quia *R1a+b Mu* quod *Eb*   **6-7** induxi tibi
[*om. R1a*] laborem et tribulationem [istam *add. R1e*] *R1a+d+e Up* : ind. te
ad lab. et trib. *R1c* eduxi te de paradiso et hunc laborem nobis intuli *Dr*

   6 1 dixit : *om. Mf*   tantos [-tas *Dr*] *R1b+c+d* : tot *R1a+e*   quantos
Up R1d : quantum [tantum *Bc°*] *R1c* quot *R1a+e* sicut et *Dr*   **2** tantos
R1c+d : tot *R1a+e* tantum [tamen *post corr. Dr*] *R1b*   salueris : saluaris
Eb   enim : *om. R1d*   **2-3** faciam [facio *Up Eb Ko*] quadraginta dies
ieiunans [in ieiunio *R1e* in iordane *Dr*] *R1b+d+e* : xxxa dies facio ieiunans
R1a debeo xla diebus ieiunium facere *R1c*

Adam ad Euam: Hoc tribuit dominus animalibus et bestiis ut edant, nobis autem esca angelica erat[a]. 3 Sed iuste et digne
5 plangamus ante conspectum domini dei qui fecit nos, et paeniteamus in magna paenitentia. Forsitan indulgebit et miserebitur nostri dominus deus et disponet nobis unde uiuamus.

5 1 Et dixit Eua ad Adam: Domine meus, dic mihi quid est paenitentia et qualiter paeniteamus, ne forte laborem nobis imponamus quem non possumus adimplere, et non exaudiantur preces nostrae, 2 et auertat dominus faciem suam a nobis si, ut
5 promittimus, non adimpleamus. 3 Tu, domine meus, quantum cogitasti me paenitere paenitebo, quoniam ego induxi tibi laborem et tribulationem.

6 1a Et dixit Adam: Non potes tantos dies facere quantos ego, sed tantos fac ut salueris. Ego enim faciam quadraginta

---

4 a. cf. Ps. 78 (77), 25; Sap. 16, 20

R2 3 ad Euam hoc *R2a+b+d* : Eue ecce hoc *R2c*   bestiis : b. **terre** *R2*   3-4 ut edant *R2a+c+d* : ut ederent *Du om. B*   4 nobis : *om. Bg*   autem esca angelica erat *B R2d* : a. ang. e. erat *Du* a. erat e. ang. *R2c* ang. a. e. erat *Ve* e. ang. erat [erit *As*] *Wh As*   sed iuste et digne : **iniusti uero** [autem *Bd* ergo *Vf om. B*] **et indigni** [uero *add. B*] *R2*   5 dei : **om.** *R2* et : *om. B*   5-6 paeniteamus in magna paenitentia : p. [nos *add. Bg*] -tia m. [m. -tia *Lm*] *R2b+d* -tia magna p. *R2a+c*   6 forsitan : et f. *Lm* ut f. *B*   6-7 indulgebit et miserebitur nostri dominus deus [noster *add. R2c Du*] *R2a+c+d Du* : -geat nobis — reatur nostri *B*   7 et : ac *Wh*   disponet : -ponat *B* dabit *Wh As*
5 1 et dixit Eua ad Adam : d.que E. *B*   1-2 domine meus — est paenitentia : **om.** *R2*   2 et [*om. B*] qualiter *R2b+d* : **equaliter** *R2a+c*   2-3 laborem nobis [n. l. *Bg*] imponamus *R2a+c+d B* : l. ponamus n. *Du*   3 possumus : -simus *Ve B Bd*   *ante* adimplere *add.* sustinere nec *R2c* exaudiantur *Ve R2b+c* : -entur *R2d* -rentur *Wh As*   4 nostrae : *om. Bd* auertat *R2a+b+d* : deducat *R2c*   4-5 si ut promittimus non adimpleamus : **eo quod sicut** [eo quod id quod *R2c*] **promisimus** [et *add. Du*] non adimpl. [-pleuimus *R2b* imploramus *As*] *R2*   5 tu *Wh As Vf* : **tantum** *Ve R2b+d Bd*   domine meus : d. **mi** *R2*   5-6 quantum cogitasti me paenitere : quantum [inquantum *R2a Bd* qualiter *B*] cogitasti [-stis *B*] penitere *R2a+b+c Lm* quantum penitentie *Bg*   6 paenitebo *R2b* : *om. R2a+c+d*   quoniam ego : quia *B* **eo quod** *R2a+c+d Du*   induxi [-isti *Wh*] tibi *R2a+b+d* : t. i. *Vf* t. dixi *Bd*
6 1 et : *om. R2*   dixit Adam *R2a+d Bd Du* : d. [autem *add. B*] A. ad Euam *B Vf*   1-2 facere quantos ego *R2c Bg* : f. penitentie [p. f. *Wh As* f. -tiam *Lm*] q. ego *R2a Lm* tot dies penitere quot et ego *B* tantam f. penitentiam quantam ego *Du*   2 sed tantos — ut salueris : sed tantos [tantum *B*] fac [fac t. *Bg*] ut **salua sis** *R2a+c+d B om. Du*   enim : autem *R2d*   2-3 faciam quadraginta dies ieiunans : **debeo** [debemus *Bc*] **q. diebus** [dies *B Bd Bg* penitere et *add. B*] **ieiunare** (*cf. R1c*) *R2a+c+d B* q. diebus -nabo *Du*

R1 3 uade ad [in *R1d*] Tigrim [tygris *Ko*] flumen *R1a+c+d Ko* : uade ad fl.
tigris *Wf* ad tygris [tibriam *Dr*] fl. uade *R1b*   4 ipsum *R1a+e Up Eb* :
ipsam *Mu* istum *Dr R1c   ante* usque *add.* et esto *R1d+e*   collum : c.
tuum *Dr*   4-5 in altitudine [-nem *Wf*] fluminis *Up R1d+e* : in latitudine
fluminis xxiiiior dies *R1a om. Dr R1c*   5 exeat *R1a+b+d* : exiet *R1c+e*
sermo : uerbum *R1a*   6 rogare dominum *Mf R1e* : r. deum *R1a+d Bc*
deum inuocare *R1b*   quia *R1c+d* : quoniam *R1e om. R1a+b*   labia nostra [*om. R1c*] inmunda facta sunt [s. f. *R1d*] *Up R1c+d Ko* : l. [enim *add.
R1a*] n. inm. sunt *R1a Dr Wf*   7 de ligno illicito [il. l. *Dr*] et contradicto
R1b+c+d : de l. scientie et il. *R1a* de ligno uite *R1e*   7-8 et sta — dies
quadraginta : *om. R1a*   7 et sta *R1c+e* : tu ergo sta *R1b* et esto *R1d*
fluminis *Up R1c+d* : *om. Dr R1e*   7-8 dies triginta quattuor *Up R1c Ko* :
xxx et iiiior dies *Dr* xxx [xx *Mu*] iiiior diebus *R1d* xl dies *Wf*   8 ego
faciam *R1b+c* : et ego *R1d* et ego sto *Ko* et sto ego *Wf*   in aqua [aquas
Bc] Iordanis [similiter *add. Wf*] *Up R1c+d+e* : in iordane *Dr*   dies quadraginta *Up Mu R1c+e* : quadraginta dies *Dr Eb*   9 forsitan : forsan
Eb   dominus deus *Up R1d+e* : deus *R1a+c* deus noster et dixit Eua fiat
sicut dixisti *Dr*

7 1 et ambulauit Eua *R1a+d* : E. autem amb. *R1e* iuit autem [ergo *Up*]
E. *R1b* et ambulante E. *R1c*   Tigrim flumen *R1a+c+d* : Tigris flumen *Up*
Tigris fluuium *Ko* Tibris flumen *Dr*   1-2 et fecit sicut dixit [ei *add. R1c*]
Adam [*om. R1a*] : *om. Dr*   2 similiter Adam ambulauit ad flumen Ior-
danis *R1c+d+e Up* : A. sim. amb. ad aquam I. *R1a* sim. A. ad Iordanem
Dr   2-3 stetitque — in aqua : *om. R1a*   2 stetitque *R1b+c* : et stetit
R1d+e   3 usque ad collum in aqua [qua *Up* aquas *R1c*] *Up R1c+d+e* : ad
collum *Dr*

8 1 dicens tibi dico aqua Iordanis : dicens *Po om. Ws* (*cf. supra* 7, *2*)
dicens *R1b Mf* : et dixit *Bc R1d* dixitque Adam *R1e*   tibi dico : d. t.
Ko   condole mihi et : condole me et *Dr*   1-2 segrega [segregentur *R1c*]
natantia quae in te sunt [natantes in te *Dr*] *R1b+c+d* : segregamini [-ge-
mini *R1e*] natantia quae in eo [aqua *R1e*] estis [Iordanis *add. R1e*]
R1a+e   2 et circumdent *Up R1c+d* : -dentque *R1e* et -dant *Dr* et -date
me *R1a*   et lugeant *R1e* : et lugeant super me *R1b* lugeantque *R1d* et
lugient *R1c* et plangite *R1a*   2-3 pariter mecum — sed me : *om. Dr*
3 non se plangant sed me *Up R1c+d* : non pl. se sed me *R1e* non plangite
uos sed me *R1a*   ipsi non peccauerunt *R1b+c+e* : illa non p. *R1d* uos non
[non uos *Po*] peccastis *R1a*   4 *post* ego *add.* peccaui *Dr*   uenerunt :
conuenerunt *Mu*

dies ieiunans. **1b** Tu autem surge et uade ad Tigrim flumen et
tolle lapidem, et sta super ipsum in aqua usque ad collum in
5   altitudine fluminis, et non exeat sermo de ore tuo, quia indigni
sumus rogare dominum, quia labia nostra inmunda facta sunt
de ligno illicito et contradicto[a]. **2** Et sta in aqua fluminis dies
triginta quattuor. Ego faciam in aqua Iordanis dies quadraginta, forsitan miserebitur nostri dominus deus.

    7 1 Et ambulauit Eua ad Tigrim flumen et fecit sicut dixit
Adam. **2** Similiter Adam ambulauit ad flumen Iordanis stetitque super lapidem usque ad collum in aqua,

    8 1 dicens: Tibi dico, aqua Iordanis, condole mihi et segrega
natantia quae in te sunt et circumdent me et lugeant pariter
mecum. **2** Non se plangant sed me, quia ipsi non peccauerunt
sed ego. **3** Statim omnia animantia uenerunt et circumdederunt

---

6   a. cf. Gen. 2, 17; 3, 11.17

R2   3-5 flumen et — altitudine fluminis : *om. Du*   3 flumen : **-uium**
R2a+c+d B   3-4 et tolle lapidem et sta super ipsum : **et sta super lapidem** *R2a+c+d B*   5 fluminis *R2a+d* : -minum *B* fluuii *R2c*   6 rogare
dominum [deum *Wh Bd*] *Ve Wh R2b+d Bd* : dom. r. *Vf* cogitare dom.
As   labia : quia [quoniam *Lm* nam *Bd* et *R2b Bg*] labia *R2a+b+d Bd*
labia autem *Vf*   inmunda : **indigna** *R2*   7 de ligno illicito et contradicto : **de** [pro *Du*] l. **uetito** [uetido *Wh*] *R2*   et sta : **esto** *R2*   in
aqua fluminis : in a. *R2a+c+d Du* ibi *B*   dies : **per dies** *R2*   8 triginta
quattuor — Iordanis dies : *om. Lm*   triginta quattuor *Du* : **xxxiii** [33
Vf] *R2a+c Bg B*   ego *B* : **et ego** *R2a+c Du Bg*   faciam : f. penitenciam *R2a Du Bg* penitenciam agam *B* ero *R2c*   *ante* dies *add.* **per**
R2a+b+c Bg def. Lm   9 [et *add. Du*] forsitan miserebitur nostri dominus
deus *R2a+b+d* : forsitan [forsan *Bd* suam *add. Vf*] misericordiam faciet
circa nos dom. d. noster *R2c*

    7 1 ambulauit Eua ad *Ve R2b+c+d* : -labat *E.* usque ad *Wh As*   Ti-
grim flumen : f. T. *B R2d* fluuium T. *R2a+c* T. *Du*   sicut dixit : s. [quod
Du] **precepit** [-erat *Bg*] **ei** [*om. Lm*] *R2*   2 similiter Adam ambulauit :
A. uero [autem *R2c*] **perrexit** *R2*   flumen *Wh As Du* : fluuium *Ve
R2c+d* aquam *B*   3 usque ad collum in aqua : **in a. u. ad c.** *R2*

    8 1 dicens : **et ait** *R2*   tibi dico *R2a+b+d* : o *R2c*   Iordanis : *om.*
B   mihi *Wh* : **mecum** *Ve As R2b+c+d*   segrega : **congrega** *R2*   2 natantia : omnia animancia piscium *Bg* om. *R2c*   in te sunt *R2b+d* : **sunt
in te** *R2a+c*   et [ut *Du om.* B] circumdent me *R2a+b+d* : et includant
[me *add. Bd*] *R2c*   et lugeant *Wh As R2b+d* : l.que *Ve Vf* l. autem *Bd*
3 non se plangant sed me : non se sed me *R2a+b+d* non propter se sed
propter me *R2c*   ipsi : illi *Bg* om. *R2a+b+c Lm*   4 *post* ego *add.* peccaui *Bg*   statim *R2a+d Du* : s.que *B* subito *R2c*   animantia : **natantia**
[piscium *add. Bg*] *R2a+c+d Du* nautancia *B*

R1 5 et aqua : aqua enim *R1a* in aqua *Dr*   illa : ista *Up*   5-6 non agens cursum suum *R1a+b+d Mf Ko* : non agens cursum summum *Bc* non cursum suum agens *Wf* 5

9 1 et transierunt *R1c+e* : transieruntque *R1a* ac [nisi *Dr*] postquam transierunt *R1b* usque dum transierunt *R1d*   dies decem et octo *R1c+d Ko* : xviiii (19) dies *R1a* xxiiiior dies *Dr* uiginti et octo dies *Up* dies xxviii *Wf*   tunc : *om. Dr*   iratus Sathanas *R1a+d+e* : iratus est S. et *R1b+c*   2 transfigurauit se *R1a+b+c+e* : transfiguratus est *R1d*   in claritatem angeli *R1a+c+d* : in angelum claritatis *R1b* in angelum lucis *R1e* et abiit : uadensque *R1a*   Tigris [Tigrim *R1d*] flumen *R1b+d* : tyger flumen *R1c* flumen Tigris *R1a+e*   3 ad Euam : *om. R1a*   et[1] [atque *Up*] : *om. R1a*   et[2] : sed et *R1e*   ipse : *om. Eb*   diabolus : *om. R1a*   4 ei : eum *Dr*   et dixit ei *R1c* : et dixit ad eam *R1b+d* dicens *R1a om. R1e ante* egredere *add.* Eua *R1a* egredere E. ait *R1e*   flumine : aqua fluminis *Dr*   4-5 et repausa *R1a+b+d+e* : *om. R1c*   5 et : te *Wf om. R1b+c*   de cetero : de repensa (?) *R1c*   non plores *R1b+d+e* : non plora *R1a* non ploras *R1c*   iam : sed *Dr*   tristitia : angustia *R1b*   6 quid *R1b+c+e* : quo ne *R1d* quoniam *R1a*   sollicita es : solliciti estis *R1a* tu : *om. R1c+d*   Adam vir tuus : uir tuus A. *R1d qui post* Adam *add. iterum* egredere de flumine   audiuit : a. enim *Wf*   7 dominus *Dr R1c+e* : dominus deus [tuus *add. Po*] *R1a+d Up*   *post* suscepit *add.* dominus *Mu* deus *Eb*   8 et : quoniam *R1b*   nos : *om. R1d*   omnes angeli : ang. o. *R1a* ang. eius *R1e*   rogauimus *R1a+c+e Up* : rogamus *Dr Mu* rogauerunt *Eb*   deprecantes dominum [deum *Mf R1d Ko*] *R1b+c+d Ko* : deum dep. *Wf om. R1a*   9 misit me ut educerem *R1b+c+d+e* : ego missus sum ut -cam *R1a*   9-11 et darem uobis — de aqua : *om. Wf* 9 et [ut *Mf*] darem *R1b+c+d Ko* : et dem *R1a*   10 alimentum quod *Bc R1d Ko* : alimenta quae *R1a+b* alimoniam quam *Mf*   pro quo [nunc *add. R1d*] *R1a+c+d* : quod *Ko* pro quibus hic [hoc *Up*] *R1b*   11 nunc ergo *R1a+b+c+d* : nunc *Ko*   in locum *R1a+c+d* : ad locum *R1b+e*   *ante* ubi *add.* ubi eratis *R1a*   12 paratus est uictus uester *R1c+d Ko* : p. est uobis uictus *Dr* uictus uester paratus est [est p. *R1a*] *R1a Wf* paratum est uictum uestrum (?) *Up*

5 eum, et aqua Jordanis stetit ab illa hora non agens cursum
suum.

9 1 Et transierunt dies decem et octo. Tunc iratus Sathanas
transfigurauit se in claritatem angeli[a] et abiit ad Tigris flumen
ad Euam. 2 Et inuenit eam flentem, et ipse diabolus quasi
condolens ei coepit flere et dixit ei: Egredere de flumine et
5 repausa et de cetero non plores. Iam cessa de tristitia et gemitu. Quid sollicita es, tu et Adam uir tuus? 3 Audiuit
dominus gemitum uestrum et suscepit paenitentiam uestram,
et nos omnes angeli rogauimus pro uobis deprecantes dominum, 4 et misit me ut educerem uos de aqua et darem uobis
10 alimentum quod habuistis in paradiso, pro quo plangitis.
5 Nunc ergo egredere de aqua et perducam uos in locum ubi
paratus est uictus uester.

---

9   a. cf. II Cor. 11, 14

R2 5 *post* eum *add.* in aqua *Du*   agens *post corr. supra lineam Wh* : **regens**
R2 [*Wh ante corr.*]
    9 1 dies decem et octo [xix *Bg*] *R2a+b+d* : dies xxviii [28 *Vf*] *R2c*
tunc *R2a+b+d* : iterum *Bd* et *Vf*   iratus *R2a+c+d B* : ipse *Du*   2 abiit
R2a+b+d : uenit *R2c*   flumen *B As* : –uium *Ve Wh R2d Vf om. Bd*
Du   3 et inuenit *R2a+b+d* : -niens *R2c*   et ipse diabolus : i. **autem**
[uero *B*] *R2*   quasi *Ve R2b+c Bg* : equaliter *Lm om. Wh As*   4 ei : *om.*
As Wh Bg   coepit *B Lm* : secum c. *R2c* incepit *R2a Du Bg*   dixit
[dicere *Lm*] ei [*om. As*] *R2a+b+d* : d. ei O Eua *R2c*   de flumine [fluuio
Wh As] *Wh As Du Bg* : a fl. [fluuio *Ve Vf*] *Ve B R2c Lm*   et : *om.*
Vf   5 repausa et de cetero non plores : **amplius** [*om. R2c*] **noli flere**
R2   iam [*om. Du*] cessa *R2a+b+d Bd* : c. i. *Vf*   de *R2b+d* : a *R2a+c*
6 [et *add. Bg*] quid [cur *Wh As*] sollicita es *R2a+b+d* : ut q. -citi estis
R2c   6-7 audiuit dominus : a. dom. deus *R2a+b+d* nam dom. deus a.
R2c   8 et [*om. Du*] nos omnes [*om. B*] angeli rogauimus [-amus *Wh As*]
pro uobis deprecantes dominum [deum *add. R2a+d B*] *R2a+b+d* : et nos o.
ang. pro uobis r. *R2c*   9 et misit me : et ipse m. me *Bd* et m. me ad uos
Du   10 alimentum quod : -menta [elementa *ante corr.Wh*] **que** *R2a+b+d*
delectamenta que *Vf* de lactuari quod (?) *post corr. Bd*   habuistis in paradiso *R2a+b+d* : in par. prius h. *R2c*   quo *Bd* : quo nunc *B* **quibus**
R2a+d Vf Du   plangitis : **fletis** *R2*   11 ergo *R2a+b Bg* : autem *R2c*
Lm   de aqua *B* : om. *R2a+c+d Du*   in [ad *R2b+d*] locum ubi [in quo
add. Bd] *R2b+c+d* : in loco ubi *Ve* ubi *Wh*   12 uictus : nobis fructus *Du*

R1 **10** **1** credidit : statim credidit *Dr*   **1-3** fluminis et — egressa esset :
om. R1a   **1** *post* fluminis *add. iterum* exiit *Bc*   **2** erat sicut herba
R1b+d : sicut herba erat *R1e* erat quasi herba *R1c*   et cum : cum ergo
R1b   **3** erexit eam angelus [scilicet *add. R1c Eb* qui erat *add. R1e*] dia-
bolus *R1c+d+e* : erexit eam diabolus *R1b* accedens dyabolus erexit eam
R1a   **3** et perduxit : qui p. *Wf*   **4** eam : *om. R1a*   cum autem
R1a+d+e : et cum *Dr* cum *Up* cum ergo *R1c*   **4-5** uidisset eam Adam et
diabolum : uideret A. diabolum *Dr*   **5** exclamauit : clamauit *Eb*   cum
fletu : cum fletu et gemitu *R1a* cum fletu amarissimo *Dr*   dicens : et ait
R1b   Eua Eua *R1c* : o Eua Eua *Dr R1d Ko* o Eua o Eua *R1a Up* o Eua
Wf   **6** opus penitentiae tuae *R1b+d+e* : opus penitentie *R1c* honus peni-
tentie tue *R1a*   *ante* quomodo *add.* heu heu *R1a*   quomodo iterum seducta es *R1d Wf* : quo iterum modo seducta es *Ko* quomodo seducta est
iterum *R1a* quomodo seducta es *R1c* quomodo iterum decepta es *R1b* (*cf.
A3*)   **7** nostro *R1a+b+c+e* : tuo *R1d*   de habitatione paradisi *R1a+d+e*
Up Mf : de paradiso *Dr* per habitationem paradisi *Bc*   **8** et [ac *Up*]
laetitia spirituali *Up R1d+e* : et de spiritali letitia *R1a* et letitia speciali
R1c om. Dr

  11 **1** haec *R1a+b+d Mf Ko* : hec autem *Bc* et *Wf*   **1-2** cognouit quod
— de flumine : *om. Dr*   **1** diabolus ei suasisset *R1c* : d. s. ei *R1a* d.
suasit eam *Up R1e* d. eam suasit [suauit *Mu*] *R1d*   **2** flumine *R1a+c+e*
Up : aqua *R1d*   cecidit *Dr R1c+d* : et cecidit *Up R1e* ceciditque *R1a*
super faciem suam in terram *R1b+d* : in faciem suam super [in *Ko*] terram
R1e in faciem suam *R1a+c*   **2-3** et conduplicatus *R1c+d+e* : et duplicatus
R1a et multiplicata *R1b*   **3** dolor et gemitus *Bc R1d+e* : dolor eius et
gemitus *R1a* doloris et gemitus *Mf* dolore et gemitu *R1b*   et planctus
R1a+c+d : et planctus Ade *R1e* et fleuit Adam fletu magno *R1b*   **3-4** et
[*om. Wf*] exclamauit dicens *Up R1a+d+e* : et exclamauit ad dyabolum et
dixit *Dr* ad eum dixit et clamauit *R1c*   **4** tibi : *om. Eb*   diabole : d.
pessime *Dr*   qui *R1a Up* : quia *R1d* quid *Dr R1c* quare *R1e*   nos expugnas gratis *R1a+d Up* : nos impugnas gratis *R1e* nos impugnas *Dr* me
expugnas gratis *R1c*   **4-5** [aut *add. Eb*] quid tibi apud nos [est *add. R1c*]
R1a+c+d : quid tibi ad nos *Up* quid tibi contra nos *R1e om. Dr*   **5** aut
quid — nos persequeris : *om. R1d*   aut quid : quidue *Ws* quidne *Po*
tibi fecimus *R1a+c+e Up* : f. t. *Dr*   quoniam *R1a+c* : quid *R1b* quare
R1e   nos *R1a+e Up Bc* : *om. Dr Mf*

10 1 Haec audiens Eua credidit et exiuit de aqua fluminis, et caro eius erat sicut herba de frigore aquae. **2** Et cum egressa esset cecidit in terram. Et erexit eam angelus diabolus et perduxit eam ad Adam. **3** Cum autem uidisset eam Adam et
5 diabolum cum ea, exclamauit cum fletu dicens: Eua, Eua, ubi est opus paenitentiae tuae? Quomodo iterum seducta es ab aduersario nostro, per quem alienati sumus de habitatione paradisi et laetitia spirituali?

11 1 Haec cum audisset Eua cognouit quod diabolus ei suasisset exire de flumine, cecidit super faciem suam in terram, et conduplicatus est dolor et gemitus et planctus. **2** Et exclamauit dicens: Vae tibi, diabole, qui nos expugnas gratis! Quid tibi
5 apud nos? Aut quid tibi fecimus, quoniam dolose nos

R2   **10 1** [autem *add. Wh*] audiens Eua *R2a+b+d* : E. a. statim *R2c*   credidit et *R2a+c+d* : cecidit et *Du om. B*   **2** et caro : c. autem [*om. B*] *R2*   erat : e. **uiridis** *R2a+c+d B* uiridis erat *Du*   **2** de frigore aquae : **prae** [pro *Bd*] **f.** *R2a+c+d Du om. B*   **2-3** et [*om. Vf*] cum egressa esset [est *Vf*] *Ve R2b+c+d* : et eg. *Wh As*   **3** in : **super** *R2*   erexit eam angelus diabolus : **a. uero** [autem *R2c* id est *add. B*] d. [−**licus** *Ve R2c Lm*] **er. eam de terra** *R2a+c+d B* d. uero er. eam de terra *Du*   **3-4** et perduxit eam ad Adam *R2a+b+d* : eamque p. [et eam -cens *Vf*] usque ad A. *R2c*   **4-5** cum autem uidisset eam Adam et diabolum cum ea : tunc Adam uidens Euam *B* [et *add. R2c*] **tunc** *R2a+c+d Du*   **5** exclamauit cum fletu dicens : excl. Adam [ad eam *add. Ve*] cum fletu d. *Ve R2d* excl. A. et dixit cum fletu *Wh As* excl. cum fletu [Adam *add. Du*] et dixit [ait *Du*] *R2b* clamauit [-bat *Vf*] Adam dicens *R2c*   Eua Eua *Du* : o E. E. *As Vf B* o E. o E. *Ve Wh R2d* o E. *Bd*   **5-6** ubi est : uisi *B*   **6** opus : **propositum** *R2*   **6-7** quomodo iterum seducta es ab aduersario nostro : *om. Bg*   **6** seducta es *R2a+b Lm* : es [est *Vf*] s. *R2c*   ab : om. *Vf*   **7** nostro *R2a+b* : tuo *R2c Lm*   per quem alienati sumus : p. q. eiecti s. [dedicimus *forte pro* deiecimus *Du*] *Bg R2b* **qui eiecit nos** *R2a+c Lm*   de habitatione paradisi *Lm* : de −**nibus** p. *R2a+b Bg Vf* de -so *Bd*

   11 1 haec cum audisset *R2a+b+d* : h. [autem *add. Bd*] audiens *R2c* cognouit *R2a+d Bd B* : recognouit *Du* agnouit *Vf*   quod *R2b+d Vf* : quia *R2a Bd*   **1-2** ei suasisset exire : **s. eam** [illam *Du om. Ve Bg*] **ex.** *R2a+d Du* s. ei ut -ret *B* hoc fecisset ut -ret *R2c*   **2** flumine *Lm Bd R2b* : fluuio *R2a Bg Vf Pb*   cecidit *Wh As Bg* : et c. *R2b* c.que *Ve R2c Lm* super faciem suam in [ad *Vf*] terram [**terra** *R2a+b+d*] *R2a+b+d Vf* : super t. *Bd*   **3** conduplicatus : **duplicatus** *R2*   dolor et gemitus et planctus [eius *add. R2a+d*] *R2a+d* : d. eius et g. et p. *B* d. eius et g. *R2c* d. eius *Du*   **3** exclamauit : **clamauit** *R2*   **4** uae tibi *R2c Du* : **uae tibi uae tibi** *R2a+d B*   qui nos expugnas gratis : **om.** *R2*   **5** *post* nos[1] *add.* quid nos persequeris *Bd*   aut : **om.** *R2*   **5-6** quoniam dolose [dolo *B*] nos persequeris *Ve B R2d* : cur nos d. p. *Wh As* q. d. insequeris *Du* quod tantum nos p. *Vf om. Bd*

R1 **6** persequeris : insequeris *Po*   aut quid nobis est [*om. R1a W f*] malicia [mala *Po*] tua *R1a+c+e* : aut [*om. Eb*] quid de nobis est malicia tua
R1d aut quid nobis [*om. Dr*] ostendis malitiam tuam *R1b*   abstulimus
R1b+d Bc : abst. tibi *R1a Mf W f* tibi abst. *Ko*   **7** gloriam tuam : gratiam tuam *R1b*   aut nos fecimus te sine honore esse *Up R1c+d+e* : aut
fecimus te [te f. *Po*] esse sine honore *R1a om. Dr*   **8-9** quid nos persequeris inimice usque ad mortem impie et inuidiose *R1a* : quid ergo pers.
nos u. ad m. inimice dei [impie et inu. *add. Up*] *R1b* quid pers. nos inimice
u. ad m. *R1e* quid pers. in gemitu u. ad m. et inu. *R1d* quid pers. nos inimice quid ad m. impie et licidiosus pertrahis *R1c*

12 1 et : tunc *R1b om. W f* .   o Adam *R1a+c+e Up* : ad A. *Dr* ad Euam
R1d   **1-2** tota inimicitia et inuidia mea *Dr R1c* : t. ini. mea et inu. *Up*
t. ini. et inu. *R1d* t. ini. mea *R1e* tua ini. *R1a*   **2** et dolus *Up* : et dolor
[meus *add. R1a*] *R1a+c+d om. Dr R1e*   ad te est *R1b+c* : a te est *R1a+d*
in te est *R1e*   quoniam : quia *R1b* quomodo *Eb*   te : uos *Ws*   **2-3** expulsus sum de gloria mea : eiectus sum ab inuidia *R1a*   **3** et alienatus
sum de claritate mea : *om. Dr*   **3** et : atque *Up*   sum : *om. R1e*   de
claritate mea *R1a+c Up Ko* : de mea cl. *W f* de gloria mea et de cl. *R1d*
4 habui : habueram *Bc*   in caelis in medio archangelorum *Up R1d* : in
medio celestium *R1a* in medio angelorum *R1e* in celis *Dr* in medio celi *Bc*
in celi medio *Mf*   et : at *Up*   **4-5** eiectus sum in terram [inde *R1e*]
R1b+d+e : proiectus sum in t. *R1a* descendi in t. *R1c*   **5** respondit : respondens *Mf*   et dixit *R1a+d Bc W f* : et dixit ei *R1b Ko* dixit ei *Mf*
5-6 quid tibi feci [f. t. *Mu W f*] aut quae [quid *R1a*] est culpa mea
R1a+c+d+e Up : quid est c. mea *Dr*   **6** in te : *om. Dr R1c*   **6-7** dum non
sis a nobis nocitus nec [aut *R1d*] laesus *R1d* : dum non sis noc. [a me *add.
Ws*] nec laes. [a me *add. Po*] *R1a* aut qualiter a nobis noc. uel laes. es *R1e*
dum non [si *Bc*°] sis a nobis laes. *R1c* dum non sis a me expulsus *R1b*
7 cur [ad quid *R1c*] nos persequeris *R1a+c* : aut quid nos insequeris *R1d*
qualiter lesi te aut quare nos insequeris *Up om. Dr R1e*

13 1 respondit [-dens *R1c*] diabolus [et dixit *add. R1d*] ad Adam
R1b+c+d : resp. autem d. dicens *R1a* resp. d. *R1e*   tu quid dicis
R1c+d+e : tu ergo quare hoc dicis *R1b* noli negare *R1a*   **1-2** nihil mihi
fecisti *R1b+c* : mihi fecisti *R1d* mihi quid feci tibi *R1e om. R1a*   **2** sed tui
causa proiectus sum *R1b+c* : et tui causa proiecti sumus de gloria celesti
R1d quia propter te eiectus sum *R1a* propter te eiectus sum de paradiso
iustitie dei *R1e*   **2-3** in die — proiectus sum : *om. R1b*   **2** enim *R1c+d
W f* : *om. R1a Ko*   tu *R1c* : *om. R1a+d+e*   **3** proiectus sum *R1c+d* :
eiectus sum *R1a+e*   et foras [foris *Eb*] *Up R1d* : foras *R1c Ko* foris *R1a
W f om. Dr*   a societate *R1a+c+e* : de societate *R1b* societatem *R1d*

persequeris? Aut quid nobis est malicia tua? **3** Numquid nos abstulimus gloriam tuam aut nos fecimus te sine honore esse? Quid nos persequeris, inimice, usque ad mortem, impie et inuidiose?

12 1 Et ingemiscens diabolus dixit: O Adam! Tota inimicitia et inuidia mea et dolus ad te est, quoniam propter te expulsus sum de gloria mea et alienatus sum de claritate mea quam habui in caelis in medio archangelorum, et propter te eiectus sum in terram. **2** Respondit Adam et dixit: Quid tibi feci? **3** Aut quae est culpa mea in te? Dum non sis a nobis nocitus nec laesus, cur nos persequeris?

13. Respondit diabolus ad Adam: Tu, quid dicis? Nihil mihi fecisti? Sed tui causa proiectus sum. **2** In die enim qua tu plasmatus es, ego a facie dei proiectus sum et foras a societate

R2   **6** aut quid — malicia tua : **om.** R2   **6-8** numquid nos — nos persequeris : *om. Du R2d*   **6-7** numquid nos abstulimus gloriam tuam : n.
[numquam *Wh As*] abst. [tibi *add. R2a B*] gl. tuam [*om. Bd*] *R2a+c B*
7 aut nos : **om.** R2   **8** quid [cur *Wh As*] nos persequeris *R2a B* : *om. R2c*
(*cf. supra lin. 3, post* apud nos *Bd*)   **8-9** inimice usque — et inuidiose : **om.** R2
      12 1 et ingemiscens : ing. [gemescens *Wh* gemiscens *As*] *R2a+b+d* ing.
autem *R2c*   dixit : **ait** *R2*   o Adam *R2a+d B* : A. *Bd* A. et Eue *Du* ad
A. *Vf*   **1-2** tota inimicitia et inuidia mea : tota [*om. Bg* tu (?) *Wh As*]
ini. mea et inu. [mea *add. As*] *R2a+c+d Du* tota inimicitia *B*   **2** et dolus
Ve R2b+d : et [*om. As*] diabolus *Wh As om. R2c*   ad te : **a te** *R2*   **3** de
Ve R2c+d : a *Wh As R2b*   mea : *om. Bd Lm*   et alienatus sum de
claritate mea : et a. sum a [de *Bg*] cl. mea [mea cl. *As*] *R2a+d* et eiectus
sum a cl. *B* et [a *add. Vf*] cl. *R2c om. Du*   **4** archangelorum : angelorum
B Lm   propter te : *om. Du*   **4-5** eiectus sum *R2a+d* : miserabiliter sum
e. *R2c*   **5** in terram : **super terram** *R2a+b+d om. R2c*   respondit
Adam et dixit : r. A. et d. ei *R2a+d Du* r. ei A. d. [dicens *Vf*] *R2c* d.que A.
B   **5-6** quid tibi — nocitus : **quid michi et tibi cum non nocuimus
tibi** [tibi *om. Ve* nouimus te *Bg B*] *Ve R2b+d* quid inde° tibi non nocuimus
Wh As quid michi de te quomodo aut in quo tibi nocuimus [nocui *Vf*]
R2c   **7** nec laesus : [et *add. R2c*] **quomodo** [*om. Bd Au*] **laesus es a
nobis** [a n. es *B*] *R2*   cur nos [ergo *add. Bd*] *R2a+c+d Du* : et nos *B*
persequeris : **insequeris** *R2*
      13 1 respondit diabolus [et dixit *add. Bg*] *R2a+b+d* : -dens d. dixit
R2c   **1-2** ad Adam — fecisti sed : **om.** R2   **2** tui causa *Ve As R2c+d*
B : cuius c. *Wh* dum *Du*   proiectus sum : p. s. **a paradiso** *Du* -cti
[eiecti *Bg*] sumus de paradiso [et per quem modum dicam tibi *add. R2c*]
R2a+c+d B   in die enim [illa *Wh As* in *add. R2a+d*] qua *R2a+d B* : in
[*om. Bd*] illa enim d. qua *R2c* in d. secundo in qua *Du*   **3** plasmatus : pl.
uel creatus *B* blasmatus *Vf*   ego : **om.** R2   a facie dei proiectus sum
Ve B R2d : p. sum a f. d. *Du* a f. d. -cti sumus *Wh As* in facie [faciem *Bd*]
d. p. sum *R2c*   et [*om. R2c*] foras [*om. Bg*] *R2a+c+d Du* : et foris *B*

R1 **4** missus sum *Up R1d+e* : *om. R1a+c Dr*   insufflauit *Up R1d+e* : trans-
sufflauit *Dr* sufflauerat *R1a* insufflans *R1c*   **4-5** deus [dominus *Up*] spiritum uite in te *Up R1e* : deus in te [in te d. *Po*] sp. uite *R1a* deus sp. in
te *Dr R1d* deus sp. uite *R1c*   **5** et factus est : factus *R1a*   uultus et
similitudo tua *R1a+d* : uultus tuus et similitudo tua *Up R1e* uultus tuus
Dr uultu et similitudine sua et *R1c*   **6** et adduxit *R1c+d* : adduxit *R1e* et
duxit *R1a* duxit *R1b*   et fecit [fecitque *R1a*] te adorare *R1a Dr Wf* : et
fecit te adorari *R1c* et fecit adorare *Up R1d* ut te adorarem *Ko*   et³ :
om. R1b   **7** dixit dominus deus *R1b+c+d* : dixit deus *R1a+e*   ecce Adam
feci *R1a+b+d+e* : ecce A. [*om. Bc*] ego te feci *R1c*   **7-8** ad imaginem et
similitudinem nostram [meam *Up* uestram *Eb*] *R1b+c+d+e* : ad similitudinem nostram *R1a*

 14 1 et egressus Michael *R1c+d* : egressusque M. *R1a* egressus autem M.
R1b et egressus est M. et *R1e*   **1-3** uocauit omnes — ipse Michael : *om.*
R1c   **2** dei *Dr R1e* : dei domini *R1a* domini dei *Up R1d*   **2-4** sicut
praecepit — imaginem dei : *om. Dr*   **2** dominus deus *Up R1e* : dominus
R1d om. R1a   **3** Michael : *om. R1a*   primus [primo *R1a*] adorauit
R1a+c+d+e : adorauit primus *Up*   **3-4** et uocauit — adorare : *om. R1d*
3 et uocauit : uocauitque *R1a*   et dixit ad me *R1c* : et dixit mihi *Up*
R1e dicens *R1a*   **4** et ego *R1a+c+e* : ego autem *Dr* ego *Up*   respondi ei
R1c : respondi *R1a+b* dixi ei *Ko* dixi *Wf*   non habeo adorare [imaginem
dei *add. Dr*] Adam *R1b* : ego habeo [h. ego *Wf*] adorare A. *R1e* non ado-
rabo A. *R1a* non adoro eum *R1c*   **5** cum compelleret me Michael adorare
[te *add. Dr*] *R1b+c+d* : compulit me M. ad. te *R1a* compellebat me ad.
R1e   dixi *Up R1c+d* : dixique *R1e* et dixi *R1a* tunc dixi *Dr*   ad eum :
om. R1a Dr   quid : quare *Mu*   **6** non adorabo *R1a+b+c+e* : non adoro
R1d   deteriorem me *R1c+d+e* : deteriorem meum *R1a+b*   **6-7** et [*om.*
R1c] posteriorem omni creaturae [omne -ra *Wf*] *Up R1c+e* : omniumque
creaturarum posteriorem *R1a om. Dr R1d*

angelorum missus sum. Quando insufflauit deus spiritum uitae
5 in te, et factus est uultus et similitudo tua ad imaginem dei[a],
et adduxit te Michael et fecit te adorare in conspectu dei. Et
dixit dominus deus: Ecce Adam feci ad imaginem et similitudinem nostram[b].

14 1 Et egressus Michael uocauit omnes angelos dicens: Adorate imaginem dei, sicut praecepit dominus deus. 2 Et ipse
Michael primus adorauit. Et uocauit me et dixit ad me: Adora
imaginem dei. 3 Et ego respondi ei: Non habeo adorare Adam.
5 Et cum compelleret me Michael adorare, dixi ad eum: Quid
me compellis? Non adorabo deteriorem me et posteriorem

---

13 a. cf. Gen. 2, 7; 1, 26-27
    b. cf. Gen. 1, 26

R2 4 angelorum *R2a Lm* : archangelorum *R2c Du om. B Bg*   missus sum :
missus [missi *As*] *R2a+b+d om. R2c*   quando : **quoniam** *R2*   4-5 insufflauit deus spiritum uitae in te : **d. sufflauit** [ins. *B*] **in te sp. u.**
R2a+b+d in te dominus sufflauit [spirauit *Vf*] sp. u. *R2c*   5 et factus est
uultus et similitudo tua ad imaginem dei : **et fecit** [faciens *R2c*] **te ad i. et
–dinem suam** [ad i. suam et -dinem. *B*] *R2*   6 et adduxit te Michael :
et [*om. Lm*] adduxit [duxit *Bg*] **te ad Michaelem** [archangelum *add. Wh
As*] *R2a+b+d om. R2c*   fecit : **iussit** *R2*   te ad. *Du* : adorare [orare
Bg] *R2d* eum [Michaelem archangelum *R2c*   me *B*] **adorare te** *R2a+c B*
conspectu dei : spectu angelorum *Bd*   et[3] : *om. B*   7 dominus deus
R2a+d Vf B : d. *Bd* dom. *Du*   ecce Adam : *om. Du*   7-8 feci ad imaginem et similitudinem nostram : ad i. et s. n. factus est *R2b* ad i. [et s.
add. R2a] n. *R2a+c+d*

14 1 et egressus *R2b+d* : e. *R2a* e. autem *R2c*   *ante* uocauit *add.* ante
eum *Du*   dicens : et dixit *Du*   2 dei : uestram (?) *Bd*   2-4 sicut
praecepit — imaginem dei : *om. R2a qui scr.* si autem [uero *Wh*] non
adoraueritis irascetur [tibi *add. Ve*] dominus deus (*cf. 15, 2-3*)   2 deus *Du*
R2d : d. noster *R2c om. B*   2-3 et ipse [*om. B*] Michael primus adorauit
R2b : et i. M. adorauit [primus *add. Bg*] *R2d* et i. M. te adorauit *R2c*   3 me[1] :
om. B   et dixit ad me : et d. mihi [*om. Bg*] *R2b+d* dicens *R2c*   adora :
-rate *R2d*   4 et ego — adorare Adam : *om. Bg*   et ego respondi ei : et
[*om. Du*] e. r. *Lm Du* et r. e. *Ve* e. autem r. *Wh As* cui r. dicens *R2c* et
dixi *B*   non habeo adorare Adam : non **debeo** [ego *add. Lm Du*] a. A.
R2a+b Lm non -rabo *R2c*   5-6 et cum — me compellis : *om. R2c*
5 compelleret me *B* : me c. *R2a* c. *Du*   Michael adorare : ut -rarem [te
add. Wh As Adam *add. Du*] *R2a+d Du om. B*   ad eum : *om. R2a+b+d*
5-6 quid me compellis : **cur me c.** [comp. me *Du* me -llitis *Wh*] **Adam**
[*om. Bg*] **adorare** [ad. A. *Du*] *R2a+d Du om. B*   6-7 non adorabo deteriorem me et posteriorem omni creaturae [o. cr. *om. R2a*] *R2a Bg* : non
debeo adorare d. me et p. *B* quomodo enim adorarem Adam d. [me *add.*
Vf] et p. me [*om. Vf*] *R2c* et iam uis ut adorem et p. me *Lm* adorabo d.
me *Du*

R1   **7** prior illi [illum (?) *Up*] sum *Up R1c* : ignoras hoc [quod *add.Wf*] prior illo sum *R1e* qui [quia *Po*] prior illius sum *R1a* cum omne creatura prior sum *Dr* omni creature prior factus *R1d*   ille [*om. Dr*] fieret *R1a+b+d* : fieret ille *R1e* ille fuisset *Mf* fuisset *Bc*   **7-8** ego iam factus eram *Up* : ego iam factus *R1d* ego eram factus *R1a* ego eram *R1e* ego factus sum *Dr R1c*   **8** ille me debet adorare *Up R1d+e* : i. igitur d. me ad. *R1a* i. me ad. debet *Dr* i. me d. adorari *R1c*

15 **1-2** haec audientes — noluerunt adorare : *om. R1d; illa uerba scr. primo post* irascitur tibi deus (*l. 2*) *R1a quod solus corr. Ws*   **1** audientes *R1a+b+e* : audierunt *R1c*   [mecum et *add. R1e*] sub me erant *Up R1c+e* : sub me fuerunt *Dr* summi erant *R1a*   **1-2** noluerunt adorare *Up R1e* : noluerunt te [eum *R1a*] adorare *R1a Dr* et noluimus *R1c*   **2** et ait *R1c+d+e* : ait itaque *R1a* ait autem *R1b*   adora [-ro *Eb*] imaginem dei [*om. Mu*] *R1c+d+e* : *om. R1a+b*   **2-3** si autem non adoraueris [-uerit *Up*] *Up R1c Ko* : sin autem ad. *R1d* si non ad. [eum *add. Dr*] *R1a Dr Wf*   **3** irascitur *R1a+c+d+e Up* : irascetur *Dr*   tibi : *om. Bc*   deus *Po R1b+c* : deus dominus *Ws* dominus deus *R1d+e*   et ego dixi [*om. Ko*] *R1a+b+c+e* : ego autem dixi *R1d*   si : sed *Mu*°   **4** *post* mihi *add.* deus *Dr* dominus deus *Up*   ponam sedem meam super sidera [sideram *Mf*] caeli et ero [*om. Mf*] similis altissimo *R1a+c+d+e Up* : quid mihi de hoc *Dr*   **5** *post* altissimo *add.* tunc deiecit sedem et cecidit angelus et factus est dyabolus et omnes consentientes cum eo et cecidit sicut fulgur de celo de hora prima usque ad horam nonam *Ws Po et des. Ws et post* nonam *add.* et adam factus est circa paradysum in (agr.) damascena sed eua in paradyso de costis ade *et des. Po*

16 **1** et [tunc *Up*] iratus est mihi dominus [dom. m. *Eb*] deus [*om. R1d*] et *Up R1d* : et iratus [iratusque *Wf*] est mihi dom. deus [*om. Ko*] et *R1e* et iratus dominus deus *R1c* in ictu oculi *Dr*   **1-2** cum angelis meis expelli et misit nos [*om. R1d*] *R1c+d* : cum angelis meis [*om. Wf*] expelli et mitti [mitti et expelli *R1e*] *Up R1e* ⟨cum⟩ transubditis meis expelli *Dr*   **2** foras de [a *R1e* cum *Bc*] gloria nostra [mea *Up Bc*] *Up R1c+e* : foras gloriam nostram *R1d* de gloria paradisi *Dr*   *ante* et tui causa *add.* ignoras hoc *R1e* (*cf. 14, 5*)   **2-4** tui causa — nostris et : *om. Dr*   **3** in hunc mundum *R1c* : in hoc mundo *Up* in hunc modum *Mu* in hoc mundum et in hunc modum *Eb* hinc et per hoc modum *R1e*   exules facti sumus *Up R1c* : expulsi sumus *R1d* exiliati sumus *R1e*   **3-4** de habitationibus nostris et proiecti sumus : *om. R1c*   **4** proiecti sumus *R1b+d* : proiectus sum *R1e*   in terram *R1b+c+d* : inde propter te *R1e*   **4-5** statim factus — tanta gloria : *om. Wf*   **4** statim *R1b+c* : statimque *Ko* et statim *R1d*   **4-5** factus sum in dolore *R1c* : factus in dolorem et laborem *Ko* facti sumus in dolore [ydolatre *R1d*°] *R1b+d*

omni creaturae. Prior illi sum, antequam ille fieret ego iam
factus eram, ille me debet adorare.

15 1 Haec audientes ceteri angeli qui sub me erant noluerunt adorare. **2** Et ait Michael: Adora imaginem dei. Si autem non adoraueris, irascitur tibi deus. **3** Et ego dixi: Si irascitur mihi, ponam sedem meam super sidera caeli et ero similis altissimo[a].

16 1 Et iratus est mihi dominus deus et iussit me cum angelis meis expelli et misit nos foras de gloria nostra. Et tui causa in hunc mundum exules facti sumus de habitationibus nostris et proiecti sumus in terram. **2** Statim factus sum in

---

15 a. cf. Is. 14, 13-14

R2 **7** prior illi sum : **om.** *R2*   *post* antequam *add.* enim *R2b+d Vf*   ille [*om.* *B*] fieret *Ve R2b+c+d* : ipse esset *Wh As*   **7-8** ego iam factus eram : ego sum f. *Ve* ego f. sum *Du R2d* f. sum *B* ego sum *R2c* ego fui *Wh*   **8** ille me debet adorare : **ipse** autem [*om. Du*] d. a. me *R2a+b+d* unde ipse me d. a. *R2c*

15 **1-2** haec audientes — noluerunt adorare : *om. Bd*   **1** haec audientes ceteri [alii *Du*] angeli [*om. B*] qui sub me erant *R2a+b+d* : h. autem aud. c. ang. qui mecum fuerant *Vf*   **1-2** noluerunt adorare [Adam *add. R2a*] *R2a Vf* : dicebant [ita dixerunt *B*] nolumus a. A. *R2b* nolumus adorare *Bg om. Lm*   **2** Michael *R2a+b+d* : M. archangelus *R2c*   adora : adoro *Ve*   **2-3** si autem non *Ve Du R2d* : [nam *add. Vf*] si non *Wh As R2c B*   **3** irascitur[1] *Lm* : -cetur *R2a+c Du Bg* -catur *B*   tibi deus : t. dominus d. *R2a+d Vf* t. dominus *R2b* deus t. *Bd*   et ego dixi *Bg* : et d. e. *Ve Lm Du* ego autem dixi *Wh As* et dixit (?) *B* e. enim [autem *Vf*] respondi dicens *R2c*   irascitur[2] *Ve Lm Du Pb* : -cetur *Wh As Bd* -catur *Bg Vf B*   **4** mihi *Ve B Lm* : m. dominus *Du Bd* m. dominus deus *Wh As Bg* dominus deus m. *Vf*   super sidera caeli *R2a+d* : supra s. c. [ad aquilonem *add. B*] *R2b* in aquilonari *Bd* in aquilone *Vf*

16 **1** et iratus est [*om. Ve*] mihi dominus deus et *Ve Wh* : et [*om. Bg*] **iratus** dominus [*om. R2b*] deus *As Lm Bg R2b* et iratus contra me dom. d. [dom. d. c. me *Pb*] *R2c*   **1-2** iussit me cum angelis meis expelli : i. me exp. cum a. meis [*om. Ve* mihi adiunctis *add. Wh As*] *R2a+b+d* me i. exp. cum omnibus ang. mihi consentientibus *R2c*   **2** et misit nos : et **mitti** *Ve R2b+c+d om. Wh As*   nostra : **mea** *R2*   **2-3** et tui causa *Lm R2b* : et **ita** t. c. [c. t. *R2c*] *R2a+c Bg*   **3** in hunc mundum : **om.** *R2*   exules [exsules *Ve As R2d*] facti sumus [fuerunt *B*] *R2a+c+d B* : proiecti s. *Du*   **3-4** de habitationibus nostris : *om. B*   **4** et proiecti sumus *R2a+d* : et eiecti s. *R2c om. R2b*   in terram *Du R2c Bg* : in -ra *Ve Wh B Lm* de terra nostra *As*   statim factus sum : et ego **positus sum** [sum p. *R2c* p. *R2d*] *R2*

R1   5 quia [quoniam *Ko*] exspoliatus [expoliatus *Bc Ko*] sum *R1c Ko* : quod
expulsi sumus *R1d om. R1b*   5-8 et uidere — gloria mea : *om. R1c*
5-6 et uidere te dolebam [*om. Dr*] in laetitia deliciarum [permanere *add.
Dr*] *R1b* : et te in laet. del. uid. dolemus [debemus *Eb*] *R1d* et te in laet.
del. [del. laet. *Wf*] uidere non potui *R1e*   6 et [atque *Up*] dolo *Up
R1d+e* : *om. Dr*   circumueniebam *R1b+e* : circumueniebamus [circum ...
eis ueniamus *Eb°*] *R1d*   7 per eam [illam *Ko*] *R1b+e* : propter eam *R1d*
de deliciis laetitiae tuae [*om. Eb Ko*] *R1d+e* : de letitia sempiterna *R1b*
8 [et *add. R1d Ko*] ego expulsus sum *R1b+d Ko* : exp. sum ego *Wf*   de
R1b+d : a *R1e*

   17 1 fletu magno *R1c* : cum fl. m. *R1e* cum m. fl. *R1b+d*   2 et dixit
R1b+c+d Ko : et ait *Wf*   meus : *om. Eb Wf*   2-3 uita mea — aduersarius meus *om. Ko*   2 tuis : *om. Dr*   2-3 fac ut : quid (?) fac ut *Dr* ut *Eb*
3 meus : *om. R1d*   4 et da — ipse perdidit : *om. Dr*   gloriam eius : *om.
Wf*   5 *post* statim *add.* mihi *Mu*   non apparuit diabolus *Up R1d* : non
comparuit d. *R1e* abscondit se d. *Dr* euanuit angelus [malus *add. Mf*]
R1c   perseuerauit *Up R1c Eb* : perseuerabat *Dr Mu R1e*   6 quadraginta diebus [dies *Bc*] stans in paenitentia in aqua [aquis *R1c*] Iordanis
Up R1c+e : in pen. qu. d. stans in a. I. *R1d* xla dies in pen. in Iordane *Dr*

   18 1 et dixit *R1c+d+e* : dixit *Up* tunc dixit *Dr*   uiue tu *Up Mu R1e* :
unde tu *Eb* uiuo ego tu *R1c om. Dr*   domine mi *R1b+e* : dom. meus *R1d*
dom. deus meus *R1c*   1-4 tibi concessa — mandatum dei : *om. Dr*
1-2 concessa est uita *Up R1c+d* : concessum est uiuere *R1e*   2 quoniam
[tu *add. Wf*] *Up R1d+e* : quia *R1c*   nec primo nec secundo *R1c+d+e* : nec
primum nec secundum *Up*   3 praeuaricata et seducta sum *Up R1e* :
praeuaricata [praeuaricatus (?) *Bc*] sum *R1c* seducta sum et preuaricata
R1d   non : *om. Up*   4 mandatum dei *Up R1d+e* : mandata *Bc om.
Mf*   et nunc separa me *Mf R1d+e* : rogo te domine mi separa me *R1b* et
separa me nunc *Bc*   de : a *R1e*   4-5 uitae istius *Up R1c* : istius uite *Dr*
uite huius *R1d* uite tue *R1e*

5 dolore, quia exspoliatus sum de tanta gloria, et uidere te dolebam in laetitia deliciarum, 3 et dolo circumueniebam mulierem
tuam et feci te per eam expelli de deliciis laetitiae tuae, sicut
ego expulsus sum de gloria mea.

17 1 Haec audiens Adam a diabolo exclamauit fletu magno
et dixit: Domine deus meus, uita mea in manibus tuis est[a], fac
ut iste aduersarius meus longe sit a me, qui quaerit animam
meam perdere, et da mihi gloriam eius, quam ipse perdidit.
5 **2** Et statim non apparuit diabolus. **3** Adam uero perseuerauit
quadraginta diebus stans in paenitentia in aqua Iordanis.

18 1 Et dixit Eua ad Adam: Viue tu, domine mi! Tibi concessa est uita, quoniam nec primo nec secundo praeuaricatus
es nec seductus, sed ego praeuaricata et seducta sum, quia non
custodiui mandatum dei. Et nunc separa me de lumine uitae

---

17 a. cf. Ps. 119 (118), 109

R2 5 quia : **quoniam** *R2a+b+d* et *R2c*   sum : *om. Bd B*   de tanta gloria :
a gloria mea *R2*   5-8 et uidere te — de gloria mea : *om. R2a+c*   5 et
uidere te dolebam : **et** [cum *add. Du Bg*] **te uiderem** [te uidi *B* uiderem
te *Du*] *R2b+d*   6 *post* deliciarum *add.* tuarum *B*   et dolo : dolo *Lm R2b*
et ego cum dolore eram *Bg*   circumueniebam : **circumueni** [decepi *Du*]
R2b+d   7 per eam : *om. R2b+d*   de : a *R2b+d*   laetitiae tuae *B R2d* :
tuis et -tiis tuis *Du*   8 ego *B* : et ego *Bg om. Lm Du*   expulsus sum de
gloria mea : exp. sum a g. m. *Du R2d* a g. m. exp. sum *B*
17 1 haec [uero *add. Bd*] audiens *R1a+c+d Du* : et a. *B*   a diabolo *Du*
R2d : *om. R2a+c B*   exclamauit : clamauit *Wh As*   1-2 fletu magno et
dixit : cum magno [*om. Lm*] f. et d. [ait *Du*] *R2a+b+d* uoce magna dicens
cum f. et dolore *R2c*   2 meus *R2b+c* : *om. R1a+d*   uita mea in manibus
tuis est : **anima me**a [sit *add. Bg Vf*] in m. t. *R2c+d B* in m. t. [sum *add.*
Wh As] *R2a om. Du*   fac *R2a+c Bg* : etffac *Lm* fac mecum manum tuam
Du fiat *B*   3 iste *R2a+b+d* : *om. R2c*   longe sit me qui : a me l. sit
quoniam *Bg*   4 et da mihi gloriam eius [*om. R2a+b+c Lm*] quam ipse
perdidit [-derat *Lm* suo dolo *add. R2c*] *R2a+b+c Lm* : sed tu deus omnipotens da mihi gloriam tuam *Bg*   5 et statim : et *B* facta oratione st.
Bg   non apparuit diabolus : d. non a. [*ante* Adam *add. Bg*] *R2a+c Du Bg*
d. non comparuit *B* d. euanuit *Lm*   6 stans in paenitentia : in p. [sua
add. Vf] stans *R2*
18 1 et dixit Eua ad Adam *R2a+c+d Du* : d.que E. ad eum *B*   tu :
om. B   mi : *om. Du*   2-3 praeuaricatus es nec [*om. Bd*] seductus
R2a+c+d Du : s. nec p. es *B*   3 sed ego : **ego autem** [uero *Du*] *R2*
praevaricata et seducta sum *R2a Lm Vf* : pr. sum et s. *Bd R2b* pr. sum
Bg   4 custodiui mandatum dei : c. m. domini [*om. Bg*] *R2b+d* c. **preceptum domini** *R2a Bd* preceptum domini c. *Vf*   separa [separo *As*]
me *R2a+b+d* : separata *R2c*   4-5 uitae istius *Ve Du Bg* : i. u. *Wh As Lm*
u. huius *B* huius [*om. Bd*] u. *R2c*

R1 5 et uadam : uel uadam *Dr*   usque dum *Up R1d Ko* : dum *Dr R1c* usquequo *Wf*   **6** et coepit *R1c+d+e* : tunc cepit *R1b*   partes occidentis
R1c+d+e : partes orientales [orientis *Up*] *R1b*   **6-7** et coepit lugere et
amare [amariter *Up R1e om. Dr*] flere *R1b+d+e* : lugens et amare flens
R1c   **7** cum gemitu magno *Up R1d+e* : cum m. g. *R1c om. Dr*   et *Dr
R1c+d+e* : *om. Up*   sibi : ibi *R1c*   **8** habens in utero conceptum trium
mensium *scripsi* : h. in u. conceptum [primum fetus *add. Dr*] *R1b* h. in u.
fetum tribus mensibus *R1d* h. in u. prolem trium mensium *R1e* trium
mensium *R1c*
    19 1 et cum : cum autem *R1b* et dum *R1c*   appropinquasset *Up
R1d+e* : appropinquaret *Dr R1c* (*cf. Pa*)   tempus : *om. Dr*   partus eius
R1b+c+d : pariendi *R1e* (*cf. Pa*)   ante coepit *add.* uenter eius *R1b*
2 conturbari : turbari *R1b*   doloribus : d. eius *Mu*   et : tunc *Dr*
exclamauit *R1d* : clamauit *R1b+e* clamabat *R1c*   dominum : deum
Mf   **3** domine et [*om. R1e*] adiuua me *Up Bc R1e* : et a. me dom. *R1d*
deus et a. *Mf* a. me *Dr*   **4** misericordia : Adam *Dr*   eam : illam *R1c*
et dixit in se *R1c+d* : dixit intra se *R1b* et ait *R1e*   nuntiabit [hoc *add.
R1e*] *R1c+d+e* : annuntiabit hoc *R1b*   **5** Adam *R1b+c* : Ade *R1e om.
R1d*   **5-7** deprecor uos — domino meo : *om. R1b*   **5-6** dum reuertimini
[uertimini *Eb*] *R1c+d* : dum ire nitimini *R1e*   **6** nuntiate *Mf R1e* : nunc-
tiate *Bc* adnuntiate *R1d*   dolores meos *R1c* : *om. R1d+e*   **6-7** Adae [*om.
R1d*] domino meo *R1c+d* : dilecto meo A. *R1e*
    20 1 et [postea *R1b*] dixit Adam *R1b+d+e* : unde Adam *Bc om. Mf*
planctus uenit ad me *R1b+d+e* : pl. Eue ueniet ad me *Bc* ut A. planctus E.
audiuit uenit ad eam *Mf*   **1-2** ne [*om. R1b*] forte iterum serpens *R1b+c* :
timeo ne forte serpens *R1e* forte serpentes erunt *R1d*   **2** pugnet cum Eua
[ea *R1e*] *Dr R1e* : pugnat cum E. in luctu magno *Up* pugnet me cum ea
Bc impugnet eam *Mf* et pugnant [pugnatur *Eb*] cum ea *R1d*   et ambulans *R1d* : et ambulans ad Euam [eam *Ko*] *R1e* continuo exsurgens uenit
ad eam *Up* et statim ductus est ad E. *Dr* et uenit Adam *R1c*   **2-3** inuenit
eam in luctu magno [m. l. *Wf*] *R1d+e* : et inuenit eam in doloribus positam
Up om. Dr R1c   **3** et dixit Eua *Dr R1c+d* : dixit E. *Up* dixitque E. *R1e*
uidi te : te uidi *R1c*   domine mi *R1b+e* : dom. meus *R1c+d*   refrigerauit *R1b+c+d* : refrigerata est *R1e*

5 istius et uadam ad occasum solis et ero ibi usque dum moriar. 2 Et coepit ambulare contra partes occidentis, et coepit lugere et amare flere cum gemitu magno, 3 et fecit sibi habitaculum, habens in utero conceptum trium mensium.

19 1a Et cum appropinquasset tempus partus eius, coepit conturbari doloribus et exclamauit ad dominum dicens: 1b Miserere mei, domine, et adiuua me. Et non exaudiebatur nec erat misericordia circa eam. 2 Et dixit in se: Quis nuntiabit 5 domino meo Adam? Deprecor uos, luminaria caeli, dum reuertimini ad orientem, nuntiate dolores meos Adae domino meo.

20 1a Et dixit Adam: Planctus uenit ad me. 1c Ne forte iterum serpens pugnet cum Eua. 2a Et ambulans inuenit eam in luctu magno. Et dixit Eua: Ex quo uidi te, domine mi, refrigerauit

---

R2 5 et [*om. As R2b+d*] uadam *Wh As R2b+d* : uado *R2c* cadam *Ve*   usque dum : **donec** *R2*   6 et coepit ambulare contra partes occidentis : **tunc** [iterum *Bd* Eua *add. Lm*] **pergens ad occ.** [-tales *B*] **p.** *R2a+b+c Lm* tunc cepit ire ad occidentem *Bg*   6-7 et coepit lugere et amare flere : [et *add. Bg*] c. amare [amariter *Ve* amarissime *Lm*] f. *R2a+b+d* [et *add. Bd*] f. c. amarissime *R1c*   7 cum gemitu magno : *om. Du*   8 conceptum : **puerum** *R2*

19 1 appropinquasset *R2a+b+d* : -quauit *Bd* -quabat *Vf*   tempus partus eius *R2a+c B* : partus e. *R2d* partes (*sic*) illius *Du*   2 conturbari *Ve R2c+d* : -bare *R2b* contribulari *Wh As*   doloribus : **prae dolore** *R2*   3 domine : d. **deus** *R2a+c Lm Du* deus *B Bg*   et [*om. R2a+d*] adiuua me *R2a+d Du* : et a. [iuua *Bd*] me in doloribus meis *R2c* et exaudi me et a. me *B*   3-4 et non — circa eam : *om. Du*   4 circa eam *R2a+d Vf B* : acta cum ea *Bd*   in se : **intra se** *R2a+b+d Bd* ad intra *Vf*   quis : si quis *Bd*   4-5 nuntiabit domino meo Adam : n. [annuntiabit *Vf*] dom. m. Adam [Ade *Wh As R2b om. Bg*] **dolores meos** *R2*   5-7 deprecor uos — domino meo : *om. B Bg*   5-6 dum reuertimini *Lm* : dum recurritis [curritis *Vf*] *Ve Wh Vf* dum decueritis *As Du* sceleriter currite *Bd*   6 nuntiate *R2a Lm Du* : ut nuntietis *R2c*   6-7 dolores meos Adae domino meo : dom. meo A. d. meos [quos patior *add. R2c*] *R2a+c* dom. meo A. de -ribus meis *Lm Du*

20 1 et dixit Adam : [et *add. Du*] dixit [cogitauit *R2c*] **autem** [tunc *Wh om. Du*] **A. intra se** *R2*   planctus : p. Eue *Vf*   uenit ad me : u. mihi *Bg R2b* ueniet mihi *R2a Lm* ueniet *Vf* uenieque (?) *Bd*   forte iterum : [et *add. Bd*] **timeo ne** f. i. *Ve R2c Lm* (*cf. R1e*) timeo ne i. *Wh As B* timeo enim ne i. f. *Du*   2 cum Eua : cum ea *R2d*   ambulans : **pergens ad occidentem** *R2*   2-3 inuenit eam in [cum *B*] luctu magno *R2a+b+d Bd* : i. Euam in fletu m. *Vf*   3 et dixit Eua *R2a+b+d* : et d. ei *R2c*   ex quo uidi te domine mi *Ve R2d Vf Du* : dom. mi ex quo u. te *Wh B om. Bd*   refrigerauit *B Bg* : -rata est *R2a Lm Vf* refrigescit *Du* grauata est *Bd*

R1 **4** in dolore posita *R1d+e* : dolore posito *R1c* dolorum meorum quasi oblita *R1b* et nunc *R1c+d* : nunc ergo *R1b* nunc *R1e* dominum *Up R1c Wf* : dominum deum *R1d Ko* om. *Dr* **5** ut : et *Wf* te *R1c+e Eb* : me [dominus *add. Dr*] *R1b* me te (?) *Mu* et respiciat [-ciet *Bc*] ad me *Up R1c* : et [ut *Eb*] r. me *R1d+e* om. *Dr* et liberet [ac liberat *Up*] me [om. *Ko*] *R1b+c+e* : om. *R1d* **5-6** de [om. *Eb*] doloribus meis [me *Bc*] pessimis *Up R1c+d* : a doloribus pessimis *R1e* de laboribus et doloribus meis *Dr* **6** et deprecatus est *R1b+c+d* : dep.que est *R1e* **6-7** Adam [om. *R1c*] dominum pro Eua *Up R1c+d* : A. deum [d. A. *Ko*] pro E. *R1e* A. pro ea ad dominum *Dr*

21 **1** ecce *R1c+e Mu* : ecce subito *R1b* om. *Eb* uenerunt : ueniunt *Ko* duodecim angeli et duae [duo *Mf*] uirtutes *Up R1c+d* : duodecim angeli *Dr* duo angeli et due uirtutes *R1e* **2** a dextris et a sinistris Eue *R1c* : a d. E. et a s. *Dr* a dextris E. *Up R1d+e* **2-3** et Michael — ad pectus : om. *Dr* et Michael erat stans a dextris eius : om. *Mf* **2** Michael : sanctus M. *Up* **2-3** erat stans a dextris eius [dextris eius *eras. in Bc*] *Bc R1d* : stabat a dextris *R1e* stans ad dextris eius *Up* **3** et tetigit *R1c+d+e* : tetigit *Up* eam a facie *R1c+d* : faciem *Up R1e* usque ad pectus *Up R1c Wf* : usque ad pedes *R1d* om. *Ko* **3-4** et dixit ad eam *R1c+d* : et dixit ei *R1e* dixitque [Michael *add. Dr*] ad eam *R1b* **4** beata : benedicta *Up* beatus *R1cᵒ* Eua : om. *Mf* quoniam : quia *R1b* **4-5** preces eius [om. *Eb* illius *R1c*] magnae sunt *Up R1c+d+e* : om. *Dr* **5** et [om. *R1b*] ex illius oratione *R1b+e* : et illius orationis *R1c* et causa illius orationis *R1d* missus sum ad te *R1b+d+e Mf* : uenimus ad te *Bc* **6** nostrum *R1d+e* : meum *R1b+c* exurge nunc *R1c+d+e* : et nunc ergo exurge *Up* nunc ergo *Dr* et : om. *Dr Mf* prepara *Dr R1c+e* : para *Up R1d* **7** filium *R1c+d+e* : puerum *R1b* eratque lucidus *R1d+e* : et lucidus erat *R1c* et erat partus eius lucidus et uocatum est [uocabitur *Dr*] nomen eius Caïn *R1b* et² : om. *R1b* continuo infans exurgens *R1b* : continuo infans surgens *R1e* continuo infans *R1c+d* **8** cucurrit *Up R1c+d+e* : occurrebat matri sue *Dr* et manibus — matri suae : om. *R1e* et manibus tulit herbam deditque *R1c* : et [om. *Dr* in *add. R1d*] m. suis tollens h. [herbas *Up*] dedit *R1b+d* **9** et uocatum est nomen eius [suum *Bc*] Cain *R1c+e* : et uocauit nomen eius C. *R1d* om. hic *R1b* qui illa uerba scr. supra l. 5

22 **1** et tulit Adam *R1c* : t. A. *Dr* t. ergo A. *Up* tulitque A. *R1e* tunc Michael tulit A. et *R1d* et puerum *R1b+d+e Mf* : puerumque *Bc* et duxit : d.que *Mf* eos : om. *R1e* **2** et misit dominus [deus *add. Mu*] *R1c Mu* : et dom. d. misit *Eb* m. ergo dom. [deus *add. Up*] *R1b* et m. ei dom. deus *R1e* **2-3** per Michaelem angelum semina diuersa et dedit Adae *R1d* : per Michaelem angelum Adae semina diuersorum *R1c* per angelos suos diuersa semina *R1e* M. archangelum causa diuersa *Up* (cf. A) Michaelem *Dr*

anima mea in dolore posita. **2b** Et nunc deprecare dominum
5 pro me, ut exaudiat te et respiciat ad me et liberet me de doloribus meis pessimis. **3** Et deprecatus est Adam dominum pro
Eua.

21 1 Et ecce uenerunt duodecim angeli et duae uirtutes
stantes a dextris et a sinistris Euae. **2** Et Michael erat stans a
dextris eius, et tetigit eam a facie eius usque ad pectus et dixit
ad eam: Beata es Eua propter Adam, quoniam preces eius
5 magnae sunt, et ex illius oratione missus sum ad te, ut accipias
adiutorium nostrum. Exurge nunc et prepara te ad partum.
3a Et peperit filium eratque lucidus. **3b** Et continuo infans exurgens cucurrit et manibus tulit herbam deditque matri suae,
3c et uocatum est nomen eius Cain.

22 1 Et tulit Adam Euam et puerum et duxit eos ad orientem. **2** Et misit dominus per Michaelem angelum semina

---

R2 4 dolore posita *Du* : **doloribus** p. [*om. Bd*] *R2a+c+d B*   et nunc : n.
autem *R2*   deprecare : temptare *Ve* roga *B*   *dominum* : deum *As*
5 ut exaudiat te *Ve Du R2d* : ut -diet te *Wh As B om. R2c*   et respiciat
ad me et liberet me *R2d* : et [ut *R2c*] r. me et l. [liberat *Vf*] me [*om. Ve*]
R2a+c et l. me et r. super me *Du* et l. me *B*   de *R2a+d Du* : a *R2c B*
6 deprecatus : precatus *B*   **6–7** Adam dominum pro Eua *Wh As Lm* :
dom. A. pro E. *Ve R2c* dom. pro E. *B* A. pro E. ad dom. *Du*
    21 1 uenerunt duodecim angeli et duae uirtutes *R2a+d B* : u. duod. a.
Du duo ang. et due u. celi ueniebant *R2c*   *post* uirtutes **add.** celi *R2a+d*
B (*cf. R2c*)   2 et a sinistris : *om. B*   Euae : *om. R2*   **2–3** et Michael
— ad pectus : *om. Bg*   et Michael — tetigit eam : et dixit angelus ei
tangens eam *B*   2 et Michael : etiam M. *Lm* **M. autem** *R2a+c Du*
erat stans : **stans** *R2a Lm Vf Du* : astans *Bd*   3 et tetigit : **tetigit** *R2*
ad pectus *R2a+b Lm* ad pedem *Bd* ad pedes *Vf*   **3–4** et dixit ad eam :
et d. ei *Du R2d* et d. *R2a* dicens *R2c om. B* (*cf. supra*)   4 propter Adam :
om. Du   **4–5** quoniam preces eius magnae sunt [coram domino *add. Bg*]
coram deo *add. Vf*] *R2a+c+d B* quoniam pro dolore tuo *Du*   5 et ex illius
oratione : **om.** *R2*   missus sum ad te *R2a Lm* : hic m. sum ad te *Du* ad
te enim m. sum *R2c* missi sumus ad te *B Bg*   6 nostrum *R2a+b Lm* :
meum *R2c* ex nobis *Bg*   exurge : **surge** *R2*   nunc : *om. Du*
7 peperit : postea p. *Du*   eratque lucidus : **lucidum** [sicut stella *add.*
Bg] *R2a+c+d B om. Du*   exurgens : **surgens** *R2a+b+d om. R2c*   8 manibus : **in** [*om. As*] manibus **suis** [*om. B*] *R2a+c+d B om. Du*   tulit :
tollens *R2a+d B* extollens *Du* ferens *R2c*   herbam : *herbas As*   deditque : dedit *R2*   9 uocatum est *R2b+d* : uocauit *R2a+c*
    22 1 et tulit Adam Euam et puerum et duxit eos : A. uero t. E. et p. et
d. eos *R2a+d Du* iterum [tunc *Vf*] A. t. p. et E. ducens [eos *add. Vf*] secum
R2c A. uero E. et p. duxit *B*   *post* orientem *add.* ad montem Ebron *B*
(*ex Legenda Crucis; cf. pag. 537*)   2 misit dominus : m. eis dom. deus
[*om. B*] *R2*   angelum *R2d* : archangelum *R2a Du om. R2c B*   **2–3** semina diuersa et dedit Adae : **d. s.** et dedit A. [Adam *Bd*] *R2*

R1 3 ei *R1c+d Ko* : eis *Dr Wf om. Up*   laborare et colere [colorem (?) *Eb*]
terram *R1b+d+e* : laborem et colere terram *R1c*   4 fructum : uictum
Dr   ipsi : ipse *R1c*   4-5 omnes generationes [eius *add. Up R1d*] post
eum *Up R1c+d* : o. gen. *Dr* omnis generatio ipsorum post eos *R1e*   5 *ante*
concepit *add.* et secundo *R1c* rursum *R1e* post hoc omnino longum tempus
iterum *Dr*   concepit Eua et *Dr Eb R1e* : concepit autem E. et *Mu* concepit E. de Adam et *Up om. R1c*   genuit : peperit *R1e*   nomine Abel
R1b+c+d : et imposuit ei nomen A. *R1e*   5-6 et manebat — in unum :
om. R1c   et manebat [manebit *Up* manebant *Ko* mansit *Dr*] Cain cum
Abel [A. cum C. *Dr* C. et A. *Wf* A. et C. *Ko*] *R1b+e Mu* : om. *Eb*   6 in
unum *Up R1d+e* : om. *Dr*

23 1-2 et dixit— nostri Abel : *om. R1c*   1 et dixit *R1d* : dixitque *Ko*
dixit *Wf* dixit ergo *R1b*   domine mi *R1b+e* : dom. meus *R1d*   1-2 cum
dormiebam uidi per uisum *R1b* : dormiebam et uidi uisum *R1d+e*
2-3 quem manibus suis Cain prodebat *R1c* : manibus C. prodire [perdere
Eb] *R1d* manibus C. fratris sui effusum *R1b* in manibus C. habere *R1e*
3 ore suo deglutiens *R1c* : et [de *add. Dr*] ore suo subgluciebat illum *R1b* et
probabat gutture suo *Ko om. R1d Wf*   et dixit *Up R1d+e* : dixit *Dr*
R1c   3-4 uae mihi *R1c* : ue *R1e* uide Eua *Dr* uide *Up om. R1d*   4 forte : *om. Up*   separemus *R1c+e* : nunc ergo sep. *R1b* sed sep. *R1d*
5 faciamus : facias *Eb*   eis singulas [singulariter *Dr*] mansiones *R1b+d+e* :
eos singulos mansiones *R1c*   et fecerunt *R1c+d+e* : f. enim *R1b*
5-6 Cain agricolam et Abel : *om. Eb*   5 agricolam : agriculam *Up Bc*
6 et Abel pastorem *Dr R1c Mu Wf* : et A. fecerunt pastorem *Up Ko* pastorem *Eb*   ut essent [sint *Eb*] ab inuicem separati *R1b+d+e* : ut sic ab
inuicem [ab irritatione *Bc*] essent separati *R1c*   6-7 et post hoc *R1c+d+e*
Kb : post hoc et propter oblationem *Dr* propter hoc *Up*   7 interfecit
Cain Abel *R1b+d+e* : Cain interf. Abel *R1c*   erat autem tunc [tunc *om.*
R1c] Adam *Up R1c* : erat [et *Eb*] tunc A. *R1d* et erat tunc A. *R1e* et erat
Dr   7-8 autem tunc Adam — autem Abel : *om. Dr*   annorum centum
triginta *R1c Eb* : C xxxa annorum *Mu* annorum circiter centum triginta
R1e centum octoginta annorum *Up*

diuersa et dedit Adae, et ostendit ei laborare et colere terram, ut haberent fructum, unde uiuerent ipsi et omnes generationes
5 post eum. 3 Concepit Eua et genuit filium nomine Abel, 4 et manebat Cain cum Abel in unum.

23 1 Et dixit Eua ad Adam: 2 Domine mi, cum dormiebam uidi per uisum quasi sanguinem filii nostri Abel, quem manibus suis Cain prodebat ore suo deglutiens. 3 Et dixit Adam: Vae mihi! Ne forte interficiat Cain Abel, separemus eos ab inuicem
5 et faciamus eis singulas mansiones. 4 Et fecerunt Cain agricolam et Abel pastorem[a] ut essent ab inuicem separati. 5 Et post hoc interfecit Cain Abel. Erat autem tunc Adam annorum

---

23 a. cf. Gen. 4, 2

R2 3 ostendit ei : docebat eos *Du*   laborare et colere *R2a+d Du* : laborem et c. *B* (*cf. R1c*) modum laborandi et colendi *R2c*   4 fructum : **om.** *R2* 4-5 uiuerent ipsi et omnes generationes post eum : u. ipsi et omnes [*om. R2a*] g. [eorum *add. R2b*] *R2a+b+d* ipsi et g. eorum u. *R2c*   5 concepit Eua : c. iterum [autem *B* autem *add. R2c*] E. *R2a+c+d B* c. Eua secundo *Du*   genuit *R2a+c Lm Du* : peperit *Bg B*   nomine Abel *B R2d* : A. n. *R2a+c Du*   5-6 et manebat Cain cum Abel in unum [in u. *om. Wh As*] *R2a B Bg* : et -ebant C. et A. in unum *Lm Du* -ebant autem C. et A. simul in uno loco *R2c*

23 1 ad : *om. Bd*   1-3 domine mi — dixit Adam : *om. B*   1 cum dormiebam : *om. R2*   2 uidi per uisum : **u. per sompnium** *R2a+d Du Bd* per sompnium u. *Vf*   2-3 quasi sanguinem — ore suo deglutiens : **Cain glutientem** [deglutientem *Lm*] sang. filii nostri [mei *Lm*] Abel *R2a+d Du* C. glutientem sang. A. fratris sui [fratris sui A. *Vf*] *R2c*   3-4 et dixit — Cain Abel : *om. R2a+c*   uae mihi : *om. Du R2d*   4 ne forte interficiat Cain Abel : **et forsitan** [ettforsitan *Lm om. B*] **interficiet C. A.** [C. -ciet A. *Lm B*] *R2b+d*   separemus [ergo *add. Du*] eos [*om. Lm*] *R2a+b+d* : bonum est ut s. eos *R2c*   5 eis singulas [*om. Du*] mansiones *Ve Wh R2b* : s. m. eis *As* eis diuersas habitationes *R2c*   6 ab inuicem separati *Wh As* : **sep. ab inu.** *Ve R2b+c+d*   *post* separati *add. B excerptum ex Legenda Crucis* (*cf. pag. 537*)   6-7 et post hoc : p. h. *Wh As R2b+d* p. h. autem *R2c* p. *Ve*   7 Caïn Abel [propter inuidiam *add. Bg*] *R2a+d Du* : C. [*om. B*] A. fratrem suum *R2c*   *postea add.* quando respexit dominus Abel et ad munera eius, ad Chaym et ad munera eius non respexit *Bg* quare autem interfecit ipsum et quomodo et quid sibi propter hoc in posterum contigerit longum esset enarrare [narrare *Bd*] et quia indiffuse [diffusus *Vf*] de hoc tractatur in Genesi ideo hic causa breuitatis obmittatur *R2c* 7-9 erat autem — duorum esset : erat autem tunc Adam centum xxti octo quando interfectus est Abel *Bg*   7 erat autem tunc Adam : tunc a. e. Adam *Lm* **erat autem** [tunc *add. Ve B*] **Cain** [tunc *add. R2c*] *R2a+b+c* 7-8 annorum centum triginta *R2b* : c xxx an. [*om. Ve*] *R2a Lm* an. c xxxviii [centum et 38 *Vf*] *R2c*

R1 8 autem : *om. Ko*   8-9 cum [*om. Eb*] annorum centum et uiginti duorum
esset *R1d* : annos habens uiginti duos [duos et uiginti *Wf*] *R1e* anno C 20 4
Mf anno xxiiii° *Bc* annorum centum et uiginti *R1b*

24 1 et [*om. Up*] post hoc cognouit Adam [Euam *add. R1e*] uxorem
suam : post centum annorum iubente angelo copulatus est adam eue uxori
sue *Dr*   et genuit : et peperit *R1c* que concepit et peperit *Dr*   2 et
uocauit nomen eius *R1c+d Ko* : uocauitque nomen eius *Up* et uocatum est
Wf nomine *Dr*   *post* Seth *add.* iste cepit inuocare nomen domini *Dr*
(*Gen. 4, 26*)   et dixit *R1c+d* : dixit *Up R1e*   Adam : *om. R1d*   ad
Euam : ad E. uxorem suam *Mf* ad eam *R1d*   3 genui filium pro Abel *Up*
R1e : deus mihi dedit filium pro A. *R1c* filium pro A. habes *R1d*   quem
occidit Cain : *om. R1d*   3-4 et postquam genuit Adam Seth *R1c+d* :
p. genuit S. *Up* p. autem genuit A. [A. g. *Wf*] S. *R1e om. Dr*   4 uixit :
uixit [autem *add. Dr*] Seth *R1b*   annos octingentos [= dccc] *Mu* : annis
dccc *Wf* annos [annis *Ko*] cccc *R1c Ko* annos xxxa *Eb* annos sex centos [et
tringita *add. Up*] *R1b*   et genuit *Up R1c+d* : genuit *R1e* et postmodum
genuit Adam *Dr*   4-5 filios triginta et filias triginta *R1c+e Mu* : xxx filios
et xxx filias *Dr* tr. filios et filias tr. *Up* filios et filias *Eb*   5 simul sexaginta tres filios et filias *R1c* : insimul sexaginta tres *R1e* extra Cayn et
Abel et Seth *R1d om. R1b*   5-6 et multiplicati sunt super terram in nationibus suis *Up R1c* : et mult. sunt in n. [suis *add. Ko*] s. t. *R1e* et illi
mult. sunt terram *Dr om. R1d*

25 1 et dixit *R1c+d* : dixit *Up* dixitque *R1e* post hoc dixit *Dr*
Adam : *om. Mu*   Seth[1] : S. filium suum *Ko* filios suos *R1d*   *post* Seth[1]
add. cum infirmaretur et doloribus opprimeretur *Dr*   audi fili mi Seth
R1c : audi fili S. *R1e* ueni fili *R1b om. R1d*   1-2 et referam tibi [*om. R1c*]
R1c+e : ut referam tibi *Up* et dicam tibi *Dr* uobis [*om. Eb*] dico *R1d*
2 quae uidi [oculis meis *R1e*] *Up R1d+e* : quod uidi *Dr R1c*   audiui :
audi *Dr*   postquam : per quem *Dr*   eiectus sum *R1c+e* : eiecti sumus
R1b+d

centum triginta. Interfectus est autem Abel cum annorum centum et uiginti duorum esset[b].

24 1 Et post hoc cognouit Adam uxorem suam, et genuit filium et uocauit nomen eius Seth. **2** Et dixit Adam ad Euam: Ecce genui filium pro Abel, quem occidit Cain[a]. **3** Et postquam genuit Adam Seth, uixit annos octingentos et genuit[b] filios tri-
5 ginta et filias triginta, simul sexaginta tres filios et filias. Et multiplicati sunt super terram in nationibus suis.

25 1 Et dixit Adam ad Seth: Audi, fili mi Seth, et referam tibi quae uidi et audiui. **2** Postquam eiectus sum de paradiso,

---

b. cf. Gen. 4, 8 et 5, 3

24 a. cf. Gen. 4, 25
   b. cf. Gen. 5, 4

R2 8-9 interfectus est autem Abel cum annorum centum et uiginti duorum esset : A. uero centum [*om. Du*] xxviii [xviii *B*] quando int. est *R2a+b* A. c. et uiginti octo an. *Lm* A. uero c xxx [centum et 30 *Vf*] quando int. est [fuit int. *Vf*] ab ipso Cain *R2c*   9 *post* esset *add.* post hos centum annos fleuit Adam Abel et abstinuit se ab uxore sua ducentis annis et plus *B (ex Legenda Crucis; cf. pag. 537)*

    24 1 et post hoc : post hoc **scilicet** [*om. Wh As*] **in** [*om. Bd*] **ipso anno in quo occisus est Abel** *R2a+c Bg* postea in anno quo Abel occisus est *Du* quando interfectus fuit Abel *Lm* postea *B*   Adam : *om. Ve B* uxorem suam [Euam *add. Vf*] *R2a+c+d Du* : eam *B*   **2** filium [tertium *add. R2c*] et uocauit nomen eius Seth *Ve R2c+d* : f. quem u. S. *Du* f. qui uocatur S. *Wh* f. et uocabatur S. *As* S. loco Abel *B*   2-4 et dixit — Adam Seth : *om. B*   2 et dixit Adam ad Euam *Bg* : et d. A. Eue *Lm* et d. uxori sue *Du* et A. ait [ait A. *R2c*] Eue [Eua *Wh As*] *R2a+c*   3 ecce *Du R2c-d* : *om. R2a*   pro Abel quem occidit Cain : propter Abel *Du* 4 genuit Adam [A. g. *As*] Seth *R2a+d* : A. genuit Seth *R2c* -set A. S. *Du*   uixit : u. Adam *Du* et u. *B*   annos octingentos : **annis –gentis** [d ccc] *R2a+c+d Du* -nis cccc *B (cf. R1c)*   4-5 filios triginta et filias triginta *R2a+d B* : t. filios et tot filias *Du* filios et filias 30 *Bd* filios tres et filias 3s *Vf*   5 simul sexaginta tres filios et filias : **praeter Caïn Abel** [A. C. *Wh*] **et Seth** *R2a+d Du (cf. R1d)* praeter istos tres scilicet C. A. et S. *R2c* praeter C. et sororem eius Hyalmanam° et A. et sororem eius Deboran et S. *B (ex Legenda Crucis; cf. pag. 537)*   6 super terram in nationibus suis *R2a+c+d Du* : in n. super t. *B et add. excerptum ex Legenda Crucis (cf. pag. 537)*

    25 1 et dixit Adam ad Seth : **d. autem** [*om. Bg*] A. ad S. *R2a+d Du* uocauit ergo S. et d. *B* et quia Adam uidit filium suum Seth prudentiorem inter alios recepit eum ad locum secretum et dixit ei *R2c*   1-2 audi fili mi Seth et referam tibi : **referam tibi fili mi** [mi *om. Bd*] *R2*   2 quae uidi et [que *add. Wh*] audiui *R2a+c* : quod [quid *B*] u. et a. *R2b+d* :   2-3 postquam eiectus sum de paradiso ego et mater tua : p. [post *Ve* priusquam *Du* enim *add. Vf*] ego et m. t. **eiecti sumus** [fuimus *Wh R2d*] de par. *R2*

R1 3 ego et mater tua [uestra *R1d*] *R1b+c+d* : *om. R1e*   cum essemus in oratione *Dr R1d* : cum in or. e. *R1c* : cum essem in or. *Up* quando eram in oratione *R1e*   3-4 ad me Michael archangelus dei nuntius *Up* : ad me M. nuntius dei *Dr* ad me M. archangelus *R1e* M. archangelus dei nuntius ad me *R1d* uenit M. dei nuntius *R1c*   4 et uidi *R1c+d+e* : uidi *Up* et ostendit mihi *Dr*   currum *R1b+c+d* : currum [cursum *Ko*] uelocem *R1e* 4-5 tanquam uentum *R1d+e* : tanquam uentum ualidum *R1b* tanquam ex uento *R1c*   5 rotae illius erant igneae *R1c* : rote illius ignee erant *R1b* rote eius erant ignee *R1d* rota illius erat ignea *R1e*   paradisum : paradiso *Wf*   6 iustitiae : *om. Dr*   et uidi : et *Eb* ad *R1c*   dominum sanctum *R1c+d* : deum sanctum *R1e* omnipotentem deum *R1b*   6-7 sicut ignis *R1c* : ut ignis *R1d* ignis *R1b Wf* igneus *Ko*   7 incendens : *om. R1e*   [et *add. R1d*] intollerabilis *Up R1c+d+e* : *om. Dr*   milia : agmina *Dr* 7-8 antecedebant — angelorum *R1d* : *om. R1b+c+e*   8 erant : *om. Dr* 9 sinistris : senistris *Ko*   currus illius : cursus illius *Ko om. Dr*

26 1 hoc uidens — comprehendit me : *om. Dr*   hoc uidens *R1c Mu* : u. hoc *Eb R1e* huc uidi *Up*   perturbatus *Up Mf R1d* : conturbatus *Bc* tremefactus [timefactus *Wf*] *R1e*   et timor comprehendit me *R1d* : et t. me c. *R1c* et t. apprehendit me *Up R1e*   2 et adoraui *R1c+d* : adoraui [oraui *Dr*] enim *R1b* et oraui *R1e*   deo : domino *Mf*   faciem terrae : terram *R1e*   et dixit *R1c+d* : dixit *Up* dixitque *Dr R1e*   3 deus *R1b+d Ko* : dominus *R1c om. Wf*   [et *add. Dr*] quare *R1b+c+d* : quia *R1e* praeteristi : peragistis *Eb*   meum : dei *Mu om. Eb*   4 quia *R1c+d+e* : quare *Up* et *Dr*   in primis audisti *Up Mf R1d* : autem audisti in primis *Bc* audisti *Dr R1e*   uxoris : comparis *R1c*   post tuae *add.* plus [*om. Dr*] quam meam *R1b*   4-5 quam tibi dedi [dedi tibi *R1b*] in potestatem *R1b+c+d* : et [*om. Ko*] tradidi tibi potestatem *R1e*   5 ut haberes eam in uoluntate tua [*om. Eb*] *R1b+c+d* : ne [ut *Ko*] abires in uoluntatem tuam *R1e*   et [*om. R1b*] oboedisti [obaudisti *R1d*] illi [illa *R1c*] *R1b+c+d* : obedisti enim ei *R1e*   6 et uerba mea praeteristi : et pr. u. mea *Ko*

27 1 et cum *R1c Mu* : cum *R1b Eb* cumque *R1e*   dei [*om. Mf R1e*] audivi [audissem *R1b+e*] *R1b+c+d*   procidens in terram *R1b+c+d* : procidi in [ad *Ko*] terram et *R1e*   2 [et *add. Mf*] adoraui dominum [eum *Dr*] *R1b Bc* : adoraui [oraui *Eb*] ad dominum *R1d* oraui dominum *R1e*   et dixi *Bc R1d+e* : dicens *R1b* dixi *Mf*   2-3 domine omnipotentissime et misericordissime deus *R1c+d* : dom. deus -tens et -cors *R1b+e*   3 sancte et pie : *om. Dr*   3-4 non deleatur — maiestatis tuae : *om. Dr*   3 non *R1c+d* : ne *Up R1e*   3-4 nomen memoriae maiestatis tuae *R1d* : n. misericordie mai. tue *Up* n. memorie tue et maiestatis *R1c* nomen meum a memoria tua *R1e*   4 sed conuerte animam meam *R1d* : conuerte animam meam ad [a *Dr*] te *R1b* sed [et *Wf*] respice animam meam *R1e* si tu separaueris animam meam a corpore *R1c*   quia moriar *R1c+d Ko* : quia morior *Wf* antequam moriar *R1b*   4-5 et spiritus — de ore meo : *om. Dr*

ego et mater tua cum essemus in oratione, uenit ad me
Michael archangelus dei nuntius, 3 et uidi currum tanquam
5 uentum et rotae illius erant igneae et raptus sum in paradisum
iustitiae. Et uidi dominum sanctum et aspectus eius erat sicut
ignis[a] incendens intollerabilis et multa milia angelorum antecedebant currum dei et alia multa milia angelorum erant a
dextris et a sinistris currus illius.

26 1 Hoc uidens perturbatus sum et timor comprehendit me
et adoraui coram deo super faciem terrae. 2 Et dixit mihi
deus: Ecce tu morieris, quare praeteristi mandatum meum,
quia in primis audisti uocem uxoris tuae, quam tibi dedi in
5 potestatem, ut haberes eam in uoluntate tua, et oboedisti illi
et uerba mea praeteristi.

27 1 Et cum haec uerba dei audiui, procidens in terram
adoraui dominum et dixi: Domine, omnipotentissime et misericordissime deus, sancte et pie, non deleatur nomen memoriae
maiestatis tuae, sed conuerte animam meam[a], quia moriar et

---

25 a. cf. Ez. 1, 27; 8, 2

27 a. cf. Ps. 23 (22), 3

R2 3 essemus in oratione [-nem *Ve As*] *R2a+d Vf B* : essem in o. *Bd* eiecti
essemus de paradiso in oratione *Du*   4 Michael archangelus : angelus M.
B   dei nuntius *R2a+d B* : nuntius dei *R2c* nuntius *Du*   4-5 currum
tanquam uentum *R2b* : c. t. uentus *R2d* c. qui erat t. [quasi *Vf*] uentus
R2c currus tanquam uentus [uentos *Wh*] *R2a*   5-6 paradisum iustitiae *As*
Bd R2b : -so i. *Ve Wh R2d Vf*   6 dominum sanctum : dom. **deum** [*om.*
Wh] *R2*   aspectus : *duplicat Vf*   6-7 erat sicut [quasi *Du*] ignis *Du*
R2d : erat ignis *R2a B* erat igneus et *Bd* igneus erat et *Vf*   7 incendens :
om. *R2*   multa milia angelorum *R2a+c+d* : m. ang. mil. *B* mil. ang.
Du   7-8 antecedebant currum — milia angelorum : *om. Wh As*   8-9 et
alia — currus illius : *om. Du*   8 alia multa milia angelorum : a. **plurima**
mil. [*om. Bg*] ang. *Ve R2d* a. plura milia *B* plurimi ang. [*Vf post corr.*]
R2c   9 *post* a dextris *des. As*   currus illius : **maiestatis sue** *R2a+c+d*
B et postea defecit R2 usque sed conuerte (27, 4)
     26 *defecit R2*
     27 1-4 et cum — maiestatis tuae sed *R1* : **et dixi** *R2*   4 conuerte :
om. B   quia : et *Bd*   moriar : **morior** *R2*

R1 5 spiritus : sp. meus *R1e*   exiet [exiit *Wf*] *R1d+e* : exeat *Up* exire (?) *R1c*   a facie tua : a facie misericordie tue *Mu*   5-6 quem de limo [terrae *add. R1e*] plasmasti *R1c+e* : quia [quoniam *R1d*] de limo terrae [de humo *Dr*] plasmasti me *R1b+d*   6 ne postponas — gratia tua : *om. Dr* ne postponas : *om. R1e*   quem *R1d+e* : quam *Up R1c*   7 ecce uerbum tuum incendit me *R1d+e* : ecce uerba tua incendunt me *R1c* quam incendisti uerbo tuo *Up om. Dr et postea add.* miserere mihi propter nomen tuum *R1b* 5-28   7 - 28 7 et dixit — misericordiae tuae : *om. Dr*   7 et dixit ad me [dominus *add. R1e*] deus *R1d+e* : et dixit mihi deus *R1c* dixit dominus ad me *Up*   quoniam *R1c* : quomodo *R1d om. Up R1e*   8 figura cordis [corporis *R1c*] tui facta est diligens scientiam *R1c+d* : fig. et sensus cordis tui factus est dirigens sc. *Up* fig. cordis tui diligit sc. *R1e* 9 tolletur : tollitur *R1c*   de semine tuo *Up R1c+d* : homo de semine tuo *R1e*   9-10 usque in saeculum [secula *R1c*] ad ministrandum mihi *Up R1c+d* : ad seruiendum mihi u. in s. *R1e*

28 1 et cum ista uerba dei audiui *R1c* : et cum a. verbum dei *R1d* et cum hoc audissem *R1e* tunc ergo *Up*   prostraui me in terram et : *om. R1d*   2 adoraui dominum [deum *R1d*] *R1c+d* : oraui [adoraui *Up*] dominum deum *Up R1e*   deus [meus *add. Eb*] aeternus et summus *R1c+d+e* : d. et. s. omnipotens *Up*   2-3 et [*om. Up*] omnes creaturae tibi dant [debent *R1c*] *Up R1c+d* : omnis creatura dat tibi *R1e*   3 honorem et laudem *Up R1c Ko* : laudem et honorem *R1d Wf*   3-4 super omne lumen fulgens [fulgentis *Mu*] uera lux *R1c+d* : s. omne lumen lux uera *R1e* s. omnes fulgens lux *Up*   4 et [*om. Up Ko*] uita incomprehensibilis *Up R1c Ko* : incomprehensionis *Wf* irreprehensibilis *R1d*   4-5 magnitudinis uirtus uiuens *R1d* : magnus atque laudabilis uirtus uiuens *Up* initio carens et fine magna uirtus semper uiuens *R1e* magnitudine uirtutis uiuens *R1c*   5 tibi dant *R1d+e* : tibi dant omnia *Up* tibi dat *R1c*   spiritalem [specialem *Bc*] *R1c* : spiritalem uiuentem in eternum *R1d* spiritualem uiuenti in secula seculorum *R1e om. Up*   6 ut facias cum humano genere *R1c* : facias [*om. Mu*] cum g. h. *R1d* propterea fac cum g. h. *Up* facienti gratiam humano generi [*om. Ko*] *R1e*   6-7 magnalia misericordiae tuae *Up R1c+d* : mag. per misericordiam tuam *R1e*

5 spiritus exiet de ore meo. **2** Ne proicias me a facie tua[b], quem
de limo plasmasti[c], ne postponas quem nutristi gratia tua.
3 ecce uerbum tuum incendit me. Et dixit ad me deus: Quoniam figura cordis tui facta est diligens scientiam, propter hoc
non tolletur de semine tuo usque in saeculum ad ministrandum
10 mihi.

28 1 Et cum ista uerba dei audiui, prostraui me in terram et
adoraui dominum dicens: Tu es deus aeternus et summus, et
omnes creaturae tibi dant honorem et laudem. **2** Tu es super
omne lumen fulgens, uera lux et uita incomprehensibilis, mag-
5 nitudinis uirtus uiuens, tibi dant honorem et laudem spiritalem, ut facias cum humano genere magnalia misericordiae

---

b. cf. Ps 51 (50), 13
c. cf. Gen. 2, 7

R2   5 spiritus *B* : **sp. meus** *R2a+c+d Du*   exiet *Vf* : exit *R2a Lm Du*
exiit *B* exeat *Bd om. Bg*   de ore meo *Wh* : **de** [a *Vf*] **corpore** [meo *add.*
Ve Vf et dixi *add. B*] *Ve R2b+c+d*   a facie tua *Du* : deus [domine *Wh*] a
f. tua *Wh B R2d* a f. tua deus [meus *add. Vf*] *Ve R2c*   **5-6** quem de limo
plasmasti : quem de l. **terrae** [*om. Bd*] pl. [formasti *Ve R2c*] *Ve Lm R2b+c*
quoniam de l. terrae pl. [formasti *Wh*] me *Wh Bg*   **6** ne postponas quem
[quam *Ve Bg*] nutristi gratia tua *Ve R2c+d* : nec p. quoniam n. me g. t.
Wh et mitigasti g. t. *B om. Du*   **7** tuum : domini *Du*   incendit me :
incedit [cecidit *R2b*] **in** [*add. in marg. Bd om. Vf*] me *R2*   dixit ad me
deus : d. **dominus ad me** *R2a+c+d B* d. dominus *Du*   **7-8** quoniam figura — diligens scientiam : *om. Du*   **7** quoniam : propterea quia *B*
8 figura cordis tui facta est : **in transfiguratione cordis tui factus es**
R2a+c+d B   scientiam : *om. R2c*   propter hoc *Ve R2c+d B* : propterea
Wh om. Du   **9** de semine tuo : **a** [ad *Wh*] **te femina** *R2a+c* tibi femina
Bg de femina *Lm Du* femina *B*   **9-10** usque in saeculum ad ministrandum
mihi : usque in **secula** ad m. tibi [mihi *post corr. Wh*] *R2a+c+d Du* ad m.
in s. *B*

   28 1 et cum ista uerba dei audiui : et [*om. Vf*] cum **haec** uerba dei [*om.*
B] audiui *R2c B* et cum haec verba [hoc uerbum *Lm*] dei audirem *R2a+d*
Du   prostraui me in [ad *Wh*] terram *R2a+d* : pr. me [*om. B*] in terra
[ymo *R2c*] *R2c B* procidi in terram *Du*   **2** adoraui : a. in terra *B*   et
[*om. B Lm*] summus *Ve R2b+c+d* : *om. Wh*   **3** creaturae : c. tue *R2a Lm*
Vf   dant *R2a+c+d B* : dent *Du*   laudem : l. in sempiternum *Du*   **3-5** tu
es — uirtus uiuens : *om. Du*   **3-4** super omne lumen fulgens *R2a B Bg* :
omne [bonum *add. Bd*] lumen fulgens *R2c Lm*   **4** uera lux : **lux uera**
R2   **4-5** et uita incomprehensibilis magnitudinis uirtus uiuens : **incom-**
prehensibilis uirtus *R2a+c+d* uerus (*forte pro* uirtus) i. *B*   **5** tibi dant
honorem et laudem spiritalem : **tibi dant tua** [omnes *Vf*] l. et h. *R2c Lm*
B t. d. tuam l. et h. *Ve* mia° creatura (*post corr. supra lineam*) donet tuam
l. et h. *Wh om. Bg*   **6-7** ut facias — misericordiae tuae : **om.** *R2*

R1 **7** et postquam : *ab hinc denuo consequitur Dr* et postquam oraui dominum [deum *add. R1e*] *R1c+e* : et p. o. hoc ad deum *R1d* p. [enim *add. Up*] adoraui dominum *R1b* Michael archangelus *R1c+e* : sanctus M. *R1b* Michael *R1d* **8** apprehendit manum meam *Up R1d* : -dens m. meam *Dr* appr. me *R1c* comprehendit me *R1e* et eiecit me *R1b Mf Mu* : et proiecit me *Bc Eb* et eduxit me *R1e* **9** uisitationis et uisionis dei *Up R1d* : uisitationis uisione dei *Dr* uisitationis dei *R1c* uisionis dei *R1e* et tenens *R1c+d+e* : tenensque *R1b* **9-10** Michael uirgam in manu sua *R1c* : M. [*om. R1b*] in m. sua u. *R1b+d+e* **10** tetigit *Up R1e* : et tetigit *R1c+d* tetigitque *Dr* et gelauerunt *R1d* : et congelauerunt *R1e* quae [gelauerunt at *add. Up*] congelate steterunt *R1b* et diuisi (*sic*) sunt abinuicem *R1c*

29 1 donec pertransiui *R1c* : usque dum transirem illas *R1b* transiuique super aquas *R1e om. R1d* Michael pertransiuit mecum *R1c* : M. transiuit [iuit *Wf*] mecum *R1d+e* sanctus M. mecum transiuit *R1b* et : atque *Up* **2** in *R1b+d+e* : ad *R1c* unde me rapuit [rapuerat *R1c*] *Up R1c+d* : ubi me rapuit *R1e* ubi rapuit me *Dr* in paradisum : *om. R1e* post paradisum *iterum defecit Dr usque ad cap. 30* **3** audi : audiui *Up* iterum *Up R1c+d* : *om. R1e* fili mi Seth *Up Mf R1d* : fili mi *Bc* fili Seth *R1e* cetera mysteria [at *add. Up*] futura [et *add. R1e*] sacramenta *Up R1c+e* : cetera futura sacramenta *R1d* **4** mihi [per lignum scientie *add. Up*] reuelata *Up R1e* : reuelata mihi *R1d* reuelata *R1c* quae per lignum scientiae comedens [*om. R1c*] *R1c+e* : quando comedens ex eo *Up* de ligno scientie comedens [-dente *Eb*] *R1d* **5** quae erunt in hoc saeculo temporali futura [in tempora *Up*] *Up R1d* : quae sunt uentura in h. s. t. *R1c om. R1e* **6** quae [quod *R1c*] facturus est deus creaturae suae generi humano *R1c+d* : quod f. sit creator g. h. *R1e* quae d. ostendit cr. s. hic est g. h. *Up* **7** deus : *om. R1c* [et *add. Up*] ex ore *Up R1c+d* : et ore *R1e* **7-8** dabit omnibus mandata et praecepta *R1e* : dabit omnibus mandata et praecepta sua et ipse deus uisibilis erit omnibus qui custodiunt mandata ipsius *Up* dabitur omnibus praecepta et mandata *R1c om. R1d* **8** et *R1c+e* : tunc *Up* et ibi *R1d* **8-10** sanctificabunt — aedificabunt domum : sanctificabunt domum [domum *om. Eb*] *R1d* **8** sanctificabunt *R1c* : sanctificabunt eum populus (*sic*) eius *Up* sanctificabunt ea *R1e* in domo *Up R1c* : in loco *R1e* **8-9** [sanctificationis uel *add. Mf*] habitationis illius maiestatis *R1c* : habitationis glorie eius *R1e* habitationis eorum *Up* **9** ostendet *Up Wf* : ostendit *R1c Ko* **9-10** illis deus locum mirabilem [*om. R1e*] maiestatis illius [suae *R1e*] *R1c+e* : illis locum mirabilem *Up*

tuae. 3 Et postquam oraui dominum, statim Michael archangelus apprehendit manum meam et eiecit me de paradiso
uisitationis et uisionis dei. 4 Et tenens Michael uirgam in manu
10 sua, tetigit aquas, quae erant circa paradisum, et gelauerunt,

29 1 donec pertransiui, et Michael pertransiuit mecum et
reduxit me in locum, unde me rapuit, in paradisum.

2 Audi iterum, fili mi Seth, cetera mysteria futura sacramenta mihi reuelata, quae per lignum scientiae comedens
5 cognoui et intellexi, quae erunt in hoc saeculo temporali futura, 3 quae facturus est deus creaturae suae generi humano.
4 Apparebit deus in flamma ignis[a], ex ore maiestatis suae dabit
omnibus mandata et praecepta. Et sanctificabunt in domo habitationis illius maiestatis et ostendet illis deus locum

---

29 a. cf. Ex 3, 2 (Vg)

R2 7 oraui dominum : oraui *R2d* adoraui *R2a+c* -issem *Du* cecidi *B*   archangelus *Wh Lm Du* : a. dei *Ve B Bg om. R2c*   8 eiecit *R2a+b+d* : eduxit
R2c   me : *om. B*   9 uisitationis et uisionis dei : uis. et uisit. dei [dei
om. Lm Du] R2a+b+d iustitie *R2c*   Michael [*om. Lm*] uirgam *R2a+b+d*
Bd : u. M. *Vf*   10 tetigit : et [*om. Vf*] tangens *R2c*   paradisum : p.
terrestrem *Bd*   gelauerunt *Wh Bg* : g. se *Ve Lm* g. aque *B* congelate
sunt *R2c* continuo gelu magno obscurate sunt *Du*

29 1 donec pertransiui : **et per.** *R2a+c Lm* et super transiui *B Bg om.*
Du   et Michael pertransivit mecum : et M. [archangelus *add. R2c*] m.
R2a+c+d B post haec autem transiuit M. m. *Du*   et reduxit *Du* : **redu-**
cens *R2a+c+d B*   2 in locum unde me rapuit : ad l. u. me rapuit *Wh B*
u. rapuit me *Ve Du R2d* ad l. *R2c*   in paradisum : [id est *add.Bg*] in
paradiso [terrestri *add. R2c] R2a+c+d om. R2d*

29 3 audi [audiui *Wh*] iterum fili mi Seth *R2a+d Du* : a. fili mi *B* et i.
fili mi Seth *R2c*   **3-4** cetera mysteria futura sacramenta mihi reuelata :
[et *add. Lm*] c. mysteria [minisetria *Wh*] f. et s. reuelata mihi *R2a Lm*
Du : c. m. f. et secreta° r. sunt mihi *Bg* c. m. secreta et sacr. mihi reuelata
B secreta m. et f. reuelata [*om. Vf*] sunt mihi *R2c*   **4** per : *om. Vf*   *post*
scientiae *add.* boni et mali *R2c*   5 erunt *R2a+d* : erant *R2b+c*
5-7 temporali futura — in flamma ignis : **a tempore** [in tempore *Lm Du*
usque ad tempus *B*] **in quo daturus est deus flammam ignis** *R2*
7-8 dabit omnibus mandata et praecepta : et [*om. B*] **dabit o. gentibus**
m. et pr. *R2a+b+d* et dabit omnia m. gentibus et pr. [praecepit *Vf*] *R2c*
8-9 sanctificabunt in domo habitationis illius maiestatis : sanct. **eum** in
domum [domo *Bg* domos *B*] hab. illius *R2a+d B* sacrificabunt illi in domo
hab. illius *Du* sanctificabit [-cauit *Vf*] eis domum hab. sue *R2c*   **9** et ostendet *R2c+d Du* : et ostendit *Ve B* donabit *Wh*   illis *Ve Du R2d* : eis
Wh R2c B   deus : **om. R2**

R1 10 et ibi *R1e* : ibi *Up* et tunc *R1c* aedificabunt domum *Up R1e* : edificabitur domus *R1c* 10-11 deo suo *Up Mu* : domino deo suo *Eb R1e* domini *R1c* 11 in terra *Up R1c+d* : in terram *R1e* quam parabit illis *Up* : qua parauit illos *Mu* qua pauit illos *Eb* quam plantabit [plantauit *Wf*] eis *R1e* et dabitur illis *R1c* 11-12 et ibi praeteribunt [pr. ibi *R1c*] praecepta eius *R1c+d* : et ibi derelinquent precepta et mandata eius *R1e* ibi ergo preteribunt precepta domini et nolentes in uiis eius ambulare et doctrinam ipsius respuentes *Up* 12 et incendetur *R1e* : propterea incendet *Up* et incenduntur *R1c* accenditur *R1d* terrae eorum deserentur *Up R1d* : terra eorum deseretur *R1c* terra eorum deserta erit *R1e* 13 et ipsi : ipsi uero *R1e* dispergentur *R1c+d+e* : d. in omnem terram *Up* propter quod *Up R1c+d Ko* : quia *Wf* exacerbabunt *Up R1c* : exacerbauerunt *R1d+e* 14 et septimo die *R1c* : et septima die *R1d* septima autem die hoc est septima etate senili *Up* et septimo tempore [tempore *om. Ko*] *R1e* 14-15 saluos faciet — et iterum : *om. Wf* 14 saluos faciet *Up R1d Ko* : saluabit *R1c* 14-15 de [*om. Mf Mu*] dispersione eorum [illorum *Mu Ko*] *Up R1c Mu Ko* : despersionem° illorum *Eb* 15 aedificabunt domum dei *R1c+d* : edificabitur domus domini *R1e* ed. domum domino et habitabunt in eo in nomine domini *Up* 15-17 et exaltabitur — aequitatem : *om. Up* 15-16 et exaltabitur domus dei plus quam prius *R1c* : et exalt. [habitabitur *Ko*] domus dei nouissime magis quam prius *R1e* edificabitur [altissimo *add. Eb*] nouissimo domus maior quam prior erat [*om. Eb*] *R1d* 16 superabit *R1c* : resuperabit *R1d* exsuperabit *R1e* 17 iniquitas aequitatem *R1c+d Ko* : iniquitas iniquitatem *Wf* et post hoc *R1c+d* : et postea *R1e* postea *Up* deus : dominus deus *R1e* 17-18 cum hominibus in terris uisurus *Up R1d* : in terris uidendus hominibus *R1c* cum hominibus in terris uidendus *R1e* 18 tunc : iterum *Up* incipiet *Bc R1e* : incipit *Up R1d* incipiat *Mf* post fulgere [uulgere *Mu*] *add.* in omne terra in secula seculorum *Up* 18-19 et domus dei in saeculum honorabitur [-rificabitur *R1e*] *R1d+e* : et d. dei erit seculis honorabilior *R1c om. Up* 19-20 et non — deo credentes *R1c+e* : et potuerunt amplius nocere homines qui s. in deum cr. *R1d* sunt ergo omnes cr. in deum equitatem diligentes *Up* 20 et : *om. R1e* 21 deus : *om. R1c* plebem fidelem quam sanabit *R1c* : pl. fid. *R1e* pl. saluatorem facturus *R1d* pl. saluatorem mandatorum suorum *Up* saecula saeculorum : seculum seculi *R1d* 21-22 et impii — legem illius : et qui antea increduli fuerunt et iniusti tunc habitantes in unum erunt cum plebe domini *Up* et impii [i. autem *R1e*] punientur *R1c+e* : et i. ponentur° *R1d* 22 rege suo *R1d+e* : residuique *R1c*

10   mirabilem maiestatis illius. **5** Et ibi aedificabunt domum deo
suo in terra quam parabit illis. Et ibi praeteribunt praecepta
eius, et incendetur sanctuarium eorum et terrae eorum deserentur, et ipsi dispergentur propter quod exacerbabunt
dominum. **6** Et septimo die iterum saluos faciet illos de dis-
15   persione eorum, et iterum aedificabunt domum dei et
exaltabitur domus dei plus quam prius[b]. **7** Et iterum superabit
iniquitas aequitatem. Et post hoc habitabit deus cum hominibus in terris uisurus[c], et tunc incipiet aequitas fulgere et domus
dei in saeculum honorabitur, et non poterunt aduersa amplius
20   nocere hominibus qui sunt in deo credentes. Et suscitabit sibi
deus plebem fidelem quam sanabit in saecula saeculorum. Et
impii punientur a deo rege suo qui noluerunt amare legem illi-

b. cf. Agg. 2, 9
c. cf. Bar. 3, 38

R2 **10** mirabilem maiestatis illius : m. [mirabiliter *Bd post corr.*] mai. suae [*om.*
R2c] *Wh R2c Bg* : mirabilis mai. suae *Ve Lm R2b*   ibi : *om. Du*   **10-11** deo
suo *R2a+d Du* : domino d. s. [*om. Bd*] *R2c* dei sui *B*   **11** parabit : para-
uit *R2a B Lm* praeparauit *R2c Bg* praeparabit *Du*   **11-12** et ibi praeteribunt praecepta eius *R2a+d B* : et ibi tunc praet. et transgredientur praec.
R2c et nisi (?) precepta eius custodierunt *Du*   **12** et incendetur : *om.*
Du   deserentur : deferentur *B*   **13** propter quod : [et *add. Bd*] **prop-
terea** *R2*   **13** exacerbabunt [-abant *Vf* rogabunt *Du*] dominum [deum
Ve Lm Du] *R2a+c+d Du* : -bauit *B*   **14** et septimo die : et *Vf* ut *R2a+b
Bg Bd om. Lm*   faciet illos de dispersione eorum : f. [faciat *Ve Bg Bd*]
eos de [a *Lm*] disp. illorum [eorum *B*] *Ve R2c+d B* f. eos de (?) paradiso
Wh faciet nos *Du*   **15** et iterum : post hoc autem i. *Du*   domum dei *Bg
R2b+c* : domum domini *Ve Lm* domum *Wh*   **16** exaltabitur *Bg R2b* : al-
tiabitur *R2a* eleuabitur *Lm R2c*   domus dei plus : domus dei magis
R2a+b Lm magis domus dei *Bg* magis *R2c*   **16-17** et iterum superabit
iniquitas aequitatem : et [tunc *add. R2c*] it. **exsuperabit** [sup. *Bd*] iniquitas [equitas *Wh post corr. supra lineam*] **iniquitatem** *R2a+c+d om.*
R2b   **17-18** et post — terris uisurus : *om. B*   **17** et post hoc : p. h.
R2a+d p. h. autem *R2c* et *Du*   **18** in terris : **in terra** *R2a+c+d Du*   et
tunc incipiet aequitas fulgere : et [*om. R2c*] tunc [iterum *Bd*] incipiet [in-
cipit *Lm* exuperet *B* iterum *add. Du*] **iniquitas** [terrae *add. R2a+c*] **regnare** *R2*   et[2] : **tamen** *R2*   **19** in saeculum : continue *R2c om.*
R2a+b+d   **19-20** et non — deo credentes : et non poterunt [potuerunt *B
Vf* poterint *Lm*] **aduersarii** amplius [*om. Lm*] nocere [n. a. *B*] hominibus
qui in deo [deum *R2c*] **credunt** [credent *R2d*] *R2*   **21-22** et impii punientur a deo rege suo : impii **autem** [*om. Wh Vf*] punientur a deo rege
suo *R2a+c+d* a d. r. s. punientur *B* adeo ore suo p. *Du*   **22** qui *B Vf* :
quia *R2a+d Du Bd*   illius : eius *Du*

R1 23 caelum : celi *Up*　　et [*om. Mu*] omnes creaturae *Up R1c Mu* : et omnis creatura *Eb R1e*　　23-24 oboediunt [obaudiunt *Mu*] deo [ei *Bc*] *Up Bc*
R1d Wf : obedient domino [ei *Mf*] *Mf Ko*　　24-25 et non praeteribunt
praecepta eius [-ptum e. *R1d* e. mandatum *R1c*] nec mutabunt opera sua
[eius *R1d* illius *Up*] *Up R1c+d* : non enim praecepta illius mutabunt [mu-
tabuntur *Wf*] nec op. eius *R1e*　　25 homines autem mutabuntur derelinquentes praeceptum *R1d* : et hom. m. derel. legem *R1c* soli h. mutant
precepta *R1e* postea multi derel. legem et precepta *Up*　　26-27 propter
hoc — in conspectu dei : *om. R1e*　　26 repellet [-lit *Mf*] dominus a se
impios *R1c* : rep. [-lit *Eb*] a se impios deus *R1d* repellet eos a se ut pu-
niantur in suppliciis eternis *Up*　　26-27 et iusti : tunc ista *Up*　　27 fulgebunt sicut sol *R1c* : permanebunt sicut [ut *Up*] sol iustitie *Up R1d*　　dei
Up R1c : domini *R1d*　　et *R1c+d* : sed *R1e* illi qui *Up*　　28 purificabuntur per aquam a peccatis *R1c* : [multi *add. R1e*] pur. a pec. [suis *add. R1e*]
per aq. *R1d+e* per aq. a pec. pur. et regnum dei consequentur *Up*
28-29 consecuti autem erunt nolentes purificari per aquam *R1d* : et qui nol. per
aq. sanctificationis pur. ibunt in ignem perpetuum *Up* post hoc consurgent
alii uolentes purificari per aquam *R1c om. R1e*　　29 et : iam nimis *Up*
est : erit *R1e*　　homo : h. ille *Up* hora *Eb*　　qui : qui tunc *R1e*　　corrigit *R1c+d Ko* : regit *Up* corriget *Wf*　　30 *post* suam *add.* et ue illi homini
qui dies suos negligit *Up*　　quando erit iudicii magni dies in omnes mortales *Up* : postea uero erit dies iudicii in homines mortales *R1e* et querit
iudicia et magnalia domini inter homines mortales *R1d* quia saluandus erit
[est *Mf*] in iudicio magno dei et hominis [homines (?) *Mf*] *R1c*　　31 et
inquirentur [querentur *Up*] facta eorum a deo iusto iudice [at retribuetur
unicuique prout° hoc operatus est *add. Up*] *Up R1d+e* : quando mortalia
inquiruntur facta ante° deo iusto iudicio *R1c*

　　30 1 et [*om. R1b*] postquam *R1b+c+d* : postquam autem *R1e*　　factus
est Adam : A. f. est *Dr*　　1-2 nongentorum et triginta annorum [*om. Mu*]
R1b+e Mu : annorum cccc xxxa *R1c* annorum cccc xxxa *Eb*　　2 quod
[quoniam *R1e*] dies uitae eius [*om. Wf*] finiuntur [finirentur *R1e*] *R1d+e* :
quod dies [eius *add. R1b*] finiuntur [finientur *Mf* finirentur *R1b*] *R1b+c*

us. 8 Caelum et terra, noctes et dies et omnes creaturae oboediunt deo et non praeteribunt praecepta eius nec mutabunt
25 opera sua, homines autem mutabuntur derelinquentes praeceptum domini. 9 Propter hoc repellet dominus a se impios, et
iusti fulgebunt sicut sol in conspectu dei et in tempore illo
purificabuntur per aquam a peccatis. †Consecuti† autem erunt
nolentes purificari per aquam. 10 Et felix est homo qui corrigit
30 animam suam, quando erit iudicii magni dies in omnes mortales et inquirentur facta eorum a deo iusto iudice.

30 1 Et postquam factus est Adam nongentorum et triginta
annorum^a, 2 sciens quod dies uitae eius finiuntur dixit ad

---

30 a. cf. Gen. 5, 5

R2 23 caelum et terra noctes et dies et omnes creaturae *Lm* : c. et t. [et *add.*
Bg] d. et n. et omnes cr. [omnis creatura *Ve*] *R2a Du Bg* c. t. d. n. et o. cr.
B c. et t. et omnes cr. *R2c*   **23-24** oboediunt deo *R2a+d Vf* : deo o. *B* -
dient d. *Bd* d. -diant *Du*   **24** non praeteribunt praecepta eius : **seruant**
[seruent *Du* seruabunt *Bg Bd* seruiant *Vf*] praecepta [praeceptum *Lm Du*]
eius [illius *Bd*] *R2*   **24-25** nec mutabunt opera sua : **nec mutant** [com-
mutant *Ve* mittent *Du°*] op. sua [sua op. *Vf*] *R2a+b+d Vf om. Bd*
25-26 homines autem mutabuntur dereliquentes praeceptum domini : h.
uero m. d. [delinquentes *Ve Vf*] praeceptum [mandata *B*] domini [dei *B*
Vf] *R2a+c+d B* homines boni illum derelinquentes (?) *B*   **26** propter
hoc : **et ideo** [omnino *Wh*] *R2*   repellet dominus a se [uiros *add. B*] impios *B Bg* : rep. [repellit *Du*] **deus** a se [a se deus *Wh*] imp. *R2a Lm Du*
deus eos a se rep. [respuet *Vf*] *R2c*   **26-27** et iusti — conspectu dei : *om.*
Bg   et iusti fulgebunt : **iusti autem permanebunt** [semper manebunt
Lm] *R2a+b+c Lm*   **27-28** in tempore illo purificabuntur per aquam a
peccatis : **purif. in** [*om. Wh*] **temp. illo a pec. suis** [illius *B*] **consequentes** [-quente *Lm om. Bg*] **gratiam** [gratia *Lm* per gratiam et *Bg*] **per
aquam** [quam p. a. assument *Du*] *R2*   **28-29** consecuti autem erunt nolentes purificari per aquam : **nolentes uero** [autem *Ve*] **purificari per
aquam** [nol. uero pur. per a. *om. Vf*] **punientur in** [*om. R2b*] **iudicio
magni dei** [diei *Ve*] **a deo** [domino *R2c*] **iusto** [uero *B*] **iudice** [a deo i. i.
om. Du] *Ve R2b+c+d* noctes [*sic*] autem purificabuntur per aq. in iud. magni dei a deo iusto punientur *Wh*   **29-31** et felix — iusto iudice : **om.** *R2*
(*at cf. supra lin. 28-29*)
   30 1 et postquam : **p. uero** *R2a+c+d Du* p. *B*   factus est Adam
R2b+d : f. A. *R2a* A. f. e. *R2c*   **1-2** nongentorum et triginta annorum
R2a+c+d : annos nongenti tr. *Du* a. supradictorum *B*   **2** quod *Wh post
corr.* : **quoniam** *Ve R2b+c+d*   uitae eius *Ve R2d Bd Du* : eius uite *Vf*
uite *B om. Wh*   finiuntur : **finientur** *Wh B Vf* -rentur *Ve Bd* -antur *Lm*
perimplete essent *Du*   **2-3** ad Euam : **om.** *R2*

R1 3 congregentur ad me *R1b+d* : congr. *R1c+e*   4 *post* moriar *add.* et benedixit omnibus filiis suis insuper dixit eis qualiter ipse et eua infregissent
mandatum dei de arbore interdicta *Dr et defecit Dr usque ad* ecce inducam
(34,3)   loquar : loquor *Mf*   et [*om. Up R1e*] congregati sunt *Up
R1c+e* : et cum congregati sunt *R1d*   in : *om. R1c*   5 ante : in *Up*
6 orabat [ad *add. Up*] dominum deum [suum *add. R1e*] *Up R1c+e* : orabant
ad dominum *R1d*   et cum congregati fuissent [essent *R1e*] *R1c+e* : *om.*
Up R1d   6-7 omnes una uoce dixerunt *R1c+d+e* : et d. o. una uoce ad
eum *Up*   7 *post* est *add.* pater *R1e*   ut *Up Mf R1d* : unde *Bc* quod
R1e   congregares *Up R1c+e* : congreges *R1d*   et *R1c+d* : aut *Up om.*
R1e   7-8 quare iaces in lecto tuo *Up R1c+d* : in lecto [loco *Wf*] tuo quare
iaces *R1e*   8 [et *add. R1c*] respondens *Up R1c* : [et *add. Eb Ko*] respondit
R1d+e   dixit *Up* : et d. *R1c+d+e*   8-9 male est mihi [mihi est *R1e*] do-
loribus *Up R1c+e* : mihi male est [*om. Eb*] in d. *R1d*   9 ad eum : *om.*
R1d   9-10 quid est pater male habere [in *add. R1d*] doloribus *Up R1c+d* :
pater qui sunt isti [*om. Wf*] dolores mali *R1e*

    31 1 tunc : et *R1c*   filius eius Seth *Up R1d+e* : filius S. *R1c*   dixit :
d. ad eum *Up*   domine pater *Up R1d+e* : domine et pater *R1c*   forte
[forsitan *Ko* forsan *Wf*] desiderasti *R1c+e* : ne forte desiderasti *R1d* forte
desideras *Up*   2 ex quo *Up R1c+d* : de quo *R1e*   et ideo *Up R1d+e* :
ideo *R1c*   2-3 contristatus iaces *R1c+d+e* : contristaris *Up*   3 dic mihi
et uadam [uado *Bc*] *R1c+d* : dic mihi uis ut uadam *Ko* uis pater [*om. Wf*]
ut uadam *Up*   prope *R1c Gz* : proxime *R1d* ad proximi *Up R1e*   et :
at *Up*   mittam *Up R1c+e* : mittat *Eb* mitterem *Mu*   4 in : super
R1c   ante portas *Up R1c+e* : ad portas [portam *Eb*] *R1d*   5 lamentatione *R1c* : in lam. *Up R1d+e*   5-6 deprecans dominum [*om. Eb*] deum
Up R1d+e : de peccatis ante deum *R1c*   6 forsitan [forsan *Eb*] audiet
[exaudiet *R1e*] me et mittet *Up R1d+e* : f. audiat me ut mittat *R1c*
6-7 angelum suum et afferet : *om. R1c*   7 et afferet *Up R1e* : et affert
Mu et auffert (?) *Eb*   fructu : fr. paradisi *R1c*   7-9 respondit — corpore meo : *om. R1d*   7-8 respondit Adam et dixit ad Seth *Up R1e* : cui
dixit Adam *R1c*   8 non hoc desidero fili *R1c* : non f. hoc d. *R1e* noli f. mi
non hoc d. *Up*   8-9 dolores habeo [mihi *add. Up*] magnos [magnas *Mf*]
Up Mf R1e : d. magnos h. *Bc*

Euam: Congregentur ad me omnes filii mei, et benedicam eis
antequam moriar et loquar cum eis. **3** Et congregati sunt in
5 tres partes ante conspectum patris eorum ante oratorium ubi
orabat dominum deum. **4** Et cum congregati fuissent, omnes
una uoce dixerunt: Quid tibi est ut congregares nos? Et quare
iaces in lecto tuo? **5** Respondens Adam dixit: Filii mei, male
est mihi doloribus. Et dixerunt ad eum omnes filii eius: Quid
10 est, pater, male habere doloribus?

31 1 Tunc filius eius Seth dixit: Domine pater, forte desiderasti de fructu paradisi ex quo edebas, et ideo contristatus
iaces. **2** Dic mihi et uadam prope ianuas paradisi et mittam
puluerem in caput meum, et proiciam me in terram ante por-
5 tas paradisi et plangam lamentatione magna deprecans
dominum deum. Forsitan audiet me et mittet angelum suum
et afferet mihi de fructu quem desideras. **3** Respondit Adam et
dixit ad Seth: Non hoc desidero, fili, sed infirmor et dolores

---

R2 3–4 congregentur ad — cum eis : *om. B*   3 *post* filii mei *add.* **et filie** [mee
add. Bd] *Ve R2c+d Du*   et¹ *R2a Vf* : ut *R2d Bd Du*   **4** et² [tunc *add.*
Bg] *R2a+d Du* : et ut *R2c*   4–5 in tres [per omnes *Du*] partes ante conspectum patris eorum : a conspectu patris e. in t. partes *B*   5 *post* eorum
add. Ade uidelicet *R2c   post* oratorium *add.* illius *R2c*   ubi : **in quo**
R2   6 orabat dominum deum : orabat [adorabat *Ve Du Bg*] **Adam do-**
minum [deum *add. Bg*] *R2a+d Du* A. orabat d. *B* orabant dom. *Bd* adorabat dom. *Vf*   et cum : et *B* cum *Vf*   congregati fuissent :
coadunati [adunati *Bg R2c Du*] **fuissent** [essent *Wh Du* sunt *B*] *R2*
7 una uoce : *om. B*   quid tibi est *R2a+b Lm* : quid tibi *Bg* quid tibi pater est *R2c*   ut congregares nos : **cur** [quod *Ve* et *add. Ve*] **congregasti**
nos [nos -gasti *R2c*] *R2*   et : **aut** *R2*   8 iaces in lecto tuo [*om. R2c*]
R2a+b+c Lm : in lectum tuum *Bg*   respondens Adam dixit : **respondit**
A. et dixit [dicens *R2c*] *R2a+c+d Du* r. A. *B*   [o *add. R2c*] filii mei
R2a+c+d Du : f. *B*   8–9 male est mihi doloribus : **malum est mihi** [m.
est *B Lm*] **in doloribus meis** *R2*   9–10 et dixerunt — habere doloribus :
om. R2

31 1 domine pater : d. **mi** p. *Ve R2b+d* p. mi *Wh* d. mi *R2c*   1–2 forte
desiderasti de fructu : **forsitan** des. **fructum** *R2*   2–3 ex quo edebas —
paradisi et : *om. R2*   3 mittam : mitte *B*   4 caput meum : **capite**
meo *R2*   proiciam : -ciem *B*   portas *Wh R2b+d* : portam *Ve R2c*
5 plangam lamentatione magna *R2a+c Lm* : pl. lamentando *Bg* l. pl. m. *B*
pl. *Du*   5–6 deprecans dominum [*om. Du*] deum *R2a+c+d Du* : rogans
dom. d. *B*   6 forsitan audiet — angelum suum : **om.** *R2*   7 et afferet
mihi : et afferat *Wh* et [ut *B*] **afferam** [auferam *Vf*] *Ve R2b+c+d*   desideras *R2a+c+d Du* : -res *B*   7–8 respondit Adam et dixit *R2a+d Du* :
respondit A. dicens *Bd* respondens A. *Vf* dixitque A. *B*   8 non hoc desidero fili : non fili [mi *add. R2c*] non hoc desidero *R2a+c+d* noli f. mi non d.
B noli non hoc d. *Du*   8–9 sed infirmor — corpore meo : *om. Du*   dolores habeo magnos : d. m. habeo *R2*

R1 9 respondit Seth et dixit *R1c* : respondit S. *R1e* ait iterum S. *Up* d. iterum
S. ad adam *R1d*   **9-10** quid sit dolor *Up R1e* : quis est dolor *R1d* quid
sunt [qui sint *Mf*] dolores *R1c*   **10** domine pater *Up R1d* : domine et
pater *R1c* mi pater *R1e*   nescio *R1c+d+e* : ignoro *Up*   sed : *om. Up*
noli nobis *Up R1c+d* : noli *R1e*   **10-11** pater dic nobis *R1c* : dic nobis *Up*
R1d om. R1e

 32 1 et dixit *R1c+d+e* : dicens *Up*   me *R1c* : *om. Up R1d+e*   **2** fecit
nos dominus [deus *add. Up*] me *Up R1c* : nos fecit dom. deus me *R1d* me
fecit dominus deus *R1e*   [et *add. R1d*] posuit nos in paradisum *R1b+c+d* :
in -so *R1e*   **3** et dedit *R1c+d* : dedit *Up R1e*   omnem : *om. R1c*
fructiferam : fructiferum *Eb*   ad edendum *Up Mf R1d+e* : ad edendam
Bc   **4** et dixit : dixit enim *Up*   **4-5** ut de arbore scientiae boni et mali
quae est in medio paradisi ne comederemus [-demus *Eb* ex eo *add. R1d*]
R1d+e : de arb. sc. b. et m. que est in m. par. ne comedatis *Up* ne comederemus de arb. sc. b. et m. de medio paradisi *R1c*   **5-6** partitus erat
[p. est *R1d* parturus est *Up*] mihi paradisum [par. mihi *R1d*] *Up R1c+d* :
diuiserat nobis par. mihi scilicet *R1e*   **6-8** et dedit mihi — et matri uestrae : *om. Bc*   **6** et [*om. Eb*] dedit *Up Mf R1d* : et dederat *R1e*
6-7 dominus deus *R1d* : dominus *Mf* deus *Up om. R1e*   **7** partes orientis
et boreae [borie *codd.*] *R1d* : partes orientis eboree *R1e* partem orientis *Up*
Mf   quae est contra aquilonem *Up R1d* : quae est contra edom *R1e om.*
Mf   **8** uestrae *R1c+e* : uestrae dedit *Up R1d*   partem austri et occidentis *R1c* : partem austri et [contra *Up*] partem occidentis *Up R1d* partem australem [a. p. *Ko*] occidentis *R1e*

habeo magnos in corpore meo. **4** Respondit Seth et dixit: Quid
10   sit dolor, domine pater, nescio. Sed noli nobis abscondere, pater, dic nobis.

32 1 Respondit Adam et dixit: Audite me, filii mei! Quando
fecit nos dominus, me et matrem uestram, posuit nos in paradisum et dedit nobis omnem arborem fructiferam ad edendum
et dixit nobis ut de arbore scientiae boni et mali, quae est in
5   medio paradisi, ne comederemus^a. **2** Dominus autem partitus
erat mihi paradisum et matri uestrae et dedit mihi dominus
deus partes orientis et boreae quae est contra aquilonem, et
matri uestrae partem austri et occidentis.

---

32 a. cf. Gen. 2, 15-17

R2 **9** corpore : corde *Bd*   **9-10** respondit Seth — sit dolor : [et *add. Ve*] resp.
Seth [et dixit *add. R2a Lm* dic mihi *add. R2c*] **quid est dolor** [tuus *add.*
Du] *R2a+b+c Lm om. Bg*   **10** domine pater *Ve R2d* : p. d. *Wh* d. p. mi *B*
p. d. mi *R2c* p. mi *Du*   nescio : **om.** *R2*   sed : et *Bd* **om.** *R2a+d Vf*
Pb   noli nobis abscondere *R2a+d* : noli absc. *Du* noli absc. filiis tuis *R2c*
non licet nobis absc. *B*   *post* abscondere *add.* **quicquam** *Ve R2b+d Bd*
quidquam *Wh Vf*   **10-11** pater dic nobis : **om.** *R2*
    32 1 respondit Adam et dixit : et d. *A. Ve* d. *A. Lm Du* d.que *A. B* d.
autem *A. R2c om. Wh*   audite me : **om.** *R2*   filii mei *Ve R2d* : **fili mi**
Wh R2b+c   **2** fecit nos [*om. Lm*] *R2a+b+d* : nos f. *R2c*   dominus : **deus**
R2   uestram *Ve B R2d* : tuam *Wh R2c Du*   posuit nos in paradisum :
p. in par. nos *Du* et [*om. Wh Bd*] posuit nos in -so *R2a+c+d B*   **3** omnem
arborem fructiferam ad edendum : **omnis arboris fructum** [fructus *Wh*]
ad edendum [comedendum *R2c*] *R2a+c+d* omnes fructus arborum ad -dum
B omnes arbores et fructus eorum ad -dum *Du*   **4** et dixit *R2c* : dixit
R2a+d B et d. dominus *Du*   **4-5** ut de arbore scientiae boni et mali quae
est in medio paradisi ne comederemus : ne [ut *Du R2d*] de arb. [fructu
arboris *R2c*] sc. boni et mali quae est in medio par. [ne *add. R2d* non *add.*
Du] comederemus [-demus *Wh* manducaremus *Du Vf*] *R2*   **5** dominus :
deus *B*   **5-6** partitus erat mihi paradisum : **partem** [portam *Lm*] **paradisi** [par. partem *Du*] **dederat mihi** [*om. Ve*] *R2a+c+d Du* mihi dederat
partem -si *B*   **6** et matri uestrae *R2a+c+d* : et matri tue *Du om. B*
6-7 et dedit mihi dominus deus : **mihi** [autem *add. R2a*] *R2a+c+d Du*
om. B   **7** partes orientis et boreae : **partem** orientis [orientalem *Lm*] et
eburie [eborie *Wh* boree *Bg* borie *Du* ebrie *Vf*] *R2a+c+d Du* que est or. et
ab ortu *B*   quae [quod *R2a Lm*] est contra [supra *Wh*] aquilonem *R2*
7-8 et matri uestrae partem austri et occidentis : matri **autem** uestrae
dederat [dedit *B R2c Lm*] partem [*om. Bd*] a. et oc. [australem et occidentalem *Du*] *R2*

R1   **33** 1 et dedit *Up R1c Mu* : dederatque *R1e* et *Eb*   nobis : *om. R1d*
dominus deus *Mf R1d* : dominus *Bc* deus *Up om. R1e*   angelos duos [tuos
Eb] *Up R1c+d* : duos angelos *R1e*   **1-2** ad custodiendum nos *Up R1d+e* :
custodiendos *R1c*   **2** uenit *R1c+d+e* : uenit autem *Up*   ut : unde *Mf
Eb*   ascenderent angeli *R1c+e Mu* : -derant angeli a nobis *Up* -derunt
angeli *Eb*   in conspectu *Up R1c Eb* : respectum *Mu* ante conspectum
R1e   **3** dei : domini *R1e* angeli *Eb* dominum *Up*   adorare : orare
R1e   statim *Up R1c+d* : et statim *R1e*   inuenit locum aduersarius
diabolus *R1c Eb* : inuenit locum adu. noster [meus *Up Wf*] diabolus
[*om. Up*] *Up Mu R1e*   **4** dum absentes essent angeli dei [*om. R1e*]
R1d+e : dum abcessissent angeli dei *Up om. R1c*   et seduxit [diabolus
add. Up] matrem uestram *Up R1d+e* : in matrem uestram et suasit ei
R1c   **5** et manducauit : manducauit autem° *Up*   **6** et dedit mihi : deditque mihi *Up*

   34 **1-3** et statim — custodisti ecce : *om. Dr*   **1** et statim : statimque
R1e   iratus : *om. Wf*   nobis : *om. R1c*   dominus deus *Up R1c Mu
Ko* : dominus *Wf* tuus deus *Eb*   et dixit ad me *Up R1c+d* : in furore et
dixit mihi *R1e*   **2** quoniam *R1c Eb* : quomodo *Up Mu* quia *R1e*
mandatum meum et uerbum meum [uerba mea *R1c*] *R1c+d* : mandatum
meum *Up* mandata mea et uerbum *R1e*   **3** non custodisti *R1c+d+e* : ad
custodiendum *Up*   **3-5** ecce inducam — ad ungulas pedum : propterea
induxit super eum deus septuaginta plagas diversas primo in capud in
oculis in naribus usque ad peditam *Dr* ecce ducam in corpus tuum plagas
diuersas ab initio in capite in oculis in naribus usque ad pedum ungulas
Up   **3** in corpore tuo *R1c+e* : corpori tuo *R1d*   **4** [de *add. R1e*] diuersis
doloribus *R1d+e* : dol. diu. *R1c*   **5** et aurium *R1c+e* : ab ore *R1d*   **5** et[2]
R1c : ut *Dr om. Up R1d+e*   **5-6** per singula membra *R1b+c+d* :
om. R1e

33 **1** Et dedit nobis dominus deus angelos duos ad custodiendum nos. **2** Venit hora, ut ascenderent angeli in conspectu dei adorare. Statim inuenit locum aduersarius diabolus, dum absentes essent angeli dei, et seduxit matrem uestram, ut
5 manducaret de arbore illicita et contradicta, **3** et manducauit et dedit mihi[a].

34 **1** Et statim iratus est nobis dominus deus et dixit ad me: **2** Quoniam dereliquisti mandatum meum et uerbum meum, quod statui tibi, non custodisti, ecce inducam in corpore tuo septuaginta plagas diuersis doloribus, ab initio capitis, oculo-
5 rum et aurium, usque ad ungulas pedum, et per singula

---

33 a. cf. Gen. 3, 6

R2   **33 1** dedit : *om. Wh*   nobis : *om. Lm*   dominus deus *R2a+d* : dominus *Vf* deus *R2d om. Bd*   angelos duos : 13° ang. *Bd*   **2** uenit *R2e B* : et u. *Du* u. autem *R2c*   angeli : *om. B*   **2-3** in conspectu dei adorare : in c. dei **ad orandum** [adorandum *Du*] *R2a+b+d* in celum ante -ctum dei *R2c*   **3-4** statim inuenit locum aduersarius diabolus dum absentes essent angeli dei : [et *add. R2c Du*] statim [*om. B*] ut [cum *Wh R2c Du*] abs. fuerunt [erant *Wh* essent *Du Bg* fuerint *Bd*] ang. dei [ang. d. essent *Lm*] inu. loc. diab. *R2a+c+d Du* postquam autem fuerunt ang. domini abs. inu. loc. diab. *B*   **5** manducaret *Ve R2c+d Du* : comederet *Wh B* illicita et [*om. Wh*] contradicta *R2a+d* : ill. et contraria *B* ill. *R2c* contra dei preceptum *Du*   et manducauit *Ve R2c+d* : et comedit *Wh B om. Du*   **6** et : et sic *Du*

    34 1 et statim *Du* : st. *R2a+d Vf* st.que *Bd* statim (*quod sequitur punctum*) *B*   iratus est nobis [*om. Ve Bg*] *Ve Wh Bg* : ir. nobis *Lm R2b* est nobis ir. *R2c*   dominus deus : dom. *Bd* dom. [*om. B*] deus **in furore** [suo *add. Wh*] *R2a Lm Vf B* in furore dom. d. [*om. Du*] *Du Bg*   et dixit ad me : et [*om. Lm R2b*] d. **mihi** *R2a+b+d* mihi dicens *R2c*   **2** dereliquisti *R2a+d Du Bd* : derelinquisti *B* deliquisti *Vf*   mandatum meum *R2a+c+d* : preceptum *Du om. B*   **2-3** uerbum meum [meum *om. R2c*] quod statui tibi non custodisti *R2a+c+d Du* : uerbum est (?) constitui tibi non tenuisti nec credidisti *B*   **3** inducam : mando *Du*   **4** septuaginta plagas diuersis doloribus *B* : xxx [tres *Vf* octoginta *Du Bg*] pl. [de *add. Wh*] diu. dol. *Wh Bg R2c Du* pl. xxx diu. dol. *Ve* octoginta diuersos dolores *Lm*   **4-5** oculorum et aurium : et [*om. B Lm*] oc. **atque** a. *R2a+c+d B om. Du*   **5** ungulas pedum [tuorum *add. R2c*] *Ve R2c+d* : ungues pedum *Wh B* plantam pedis *Du*   et *R2a B Bd* : om. *Du Vf R2d*   **5-6** per singula membra torqueris : per s. m. **torqueberis** [-baris *B*] *R2a+c+d B* torqueberis *Du*

R1 6 torqueris *R1c* : doloribus torqueberis *Up* torqueretur doloribus *Dr* torquebunt te *R1d* torquebimini *R1e*   6-7 haec deputauit — cum ardoribus :
om. Dr   6 haec deputauit *Up Mf R1d+e* : haec -tantur *Bc*   flagellationem *Up Bc Mu* : -tione *Mf Eb R1e*   *post* dolorum *add.* nostrorum *Up*
7 una cum ardoribus *Up R1c* : una cum doloribus *R1d* in ambobus *R1e*
haec omnia *R1d* : ista enim omnia [*post corr. supra lineam Dr*] *R1b* hoc
autem *R1c* hec *R1e*   dominus ad me *R1d* : ad me dominus *R1c* : ad me
Up Gz mihi deus *Dr* dominus deus *R1e*   et : *om. R1e*   8 nostrum :
humanum *R1e*   *post* nostrum *deficit Dr usque ad cap. 40*

35 1 haec dicens *Up R1c Mu* : his dictis *Eb* hoc dixit *R1e*   ante
comprehensus *add.* et *R1d* dum *R1*   2 magnis doloribus et clamans : *om.*
Mu   magnis doloribus *R1c Eb* : pessimis dol. *Up* immensis dol. *Ko* dol.
immensis *Wf*   clamans *Up R1c* : exclamans *Eb* exclamauit *R1e*   magnis uocibus dicebat [dicens *Up*] *Up R1c+d* : magna uoce et dixit *R1e*
3 *post* faciam *add.* ego *Up*   tantis doloribus *R1c+d* : talibus dol. *Up* t. et
talibus dol. *Ko* talibus doloribus ac t. *Wf*   et cum *R1c+e* : cum ergo *Up*
cum autem *R1d*   uidisset : audisset *Ko*   4 eum Eua : E. eum *Wf*
domine meus *R1c* : domine deus meus *Up* domine deus *R1e* domine *Mu*
domine misericordie *Eb*   4-5 in me transfer *Up Mu* : tr. in [a *Wf*] me
R1e transfer *R1c Eb*   5 dolores eius *Up R1d+e* : dolores tuos *R1c*
quoniam *R1c+d+e* : quia *Up*   5-7 et dixit — accesserunt : *om. R1e*
5-6 et dixit ad Adam *Up Mu* : et dixit Eua *Eb om. R1c*   6 domine mi
[meus *R1d*] da mihi *Up R1d* : da mihi *R1c*   7 mea culpa *R1c* : a mea
culpa *R1d* propter meam culpam *Up*   accesserunt *R1c* : acciderunt
Up R1d

36 1 et dixit Adam *R1c* : et d. A. ad Euam *R1d Ko* et [*om. Up*] d. ad
eam A. *Up Wf*   surge *Bc R1d+e* : exurge cito *Up* exurge *Mf*   et : *om.*
R1d   meo *Up R1c+d* : tuo *R1e*   1-2 prope ad [*om. Mf*] portas *R1c* : ad
[*om. R1d*] proximi portas *R1d Ko* ad proximas ianuas *Wf* ad proximi partes *Up*   2 puluerem : de puluere *Up Mf*   in [super *R1c*] capita uestra
Up R1c+d : in capite uestro *R1e*   et^2 : *om. Up*   3 ante conspectum *Up*
R1c+e : in conspectu *R1d*   domini dei *R1c+d+e* : domini *Up*   forsitan :
et f. *Mf*

membra torqueris. Haec deputauit in flagellationem dolorum una cum ardoribus. Haec omnia misit dominus ad me et ad omne genus nostrum.

35 **1** Haec dicens Adam ad omnes filios suos, comprehensus est magnis doloribus, et clamans magnis uocibus dicebat: Quid faciam, infelix positus in tantis doloribus? **2** Et cum uidisset eum Eua flentem, coepit et ipsa flere dicens: Domine meus, in
5   me transfer dolores eius, quoniam ego peccaui. Et dixit ad Adam: Domine mi, da mihi partem dolorum tuorum, quoniam mea culpa haec tibi accesserunt.

36 **1** Et dixit Adam: Surge et uade cum filio meo Seth prope ad portas paradisi, et mittite puluerem in capita uestra et prosternite uos et plangite ante conspectum domini dei; **2** for-

---

R2   **6** haec deputauit in flagellationem dolorum : hoc d. in flacione [inflictione *Vf*] dol. **meorum** *R2c* hoc d. [deputatum est *Bg* imputauit *Lm*] **mihi in inflammatione** [inflammationem *Ve* inflatione *Lm* flaccione *Bg* refleccione *B*] dol. **meorum** *R2a+d B* haec autem omnia dep. mihi dominus *Du*   **7** una cum ardoribus *R2a+d B* : quorum° una est in ardoribus *R2c om. Du*   **7-8** haec omnia misit dominus ad me et ad omne genus nostrum : h. o. m. **mihi** dom. [dom. m. *R2a*] et **omni generi nostro** [g. meo et uestro *R2c* generationi nostre *B*] *R2a+c B Bg* h. o. m. mihi dom. [deus *Du*] in omne [om. *Lm*] genere nostro [meo *Du*] *Lm Du*
   35 **1** haec dicens [referens *Du*] Adam ad omnes filios suos *Ve R2b+c+d* : haec autem d. A. omnibus filiis suis *Wh*   **2** est : om. *R2*   magnis : in m. *R2c*   **2** et clamans : om. *Du*   magnis [altis *Lm*] uocibus *R2a+d B* : uoce magna *Du* alta uoce *R2c*   **2-3** quid faciam infelix positus in tantis doloribus : **infelix quid faciam** p. in t. dol. *R2a+b+d* o inf. [felix *Bd*] ego q. f. in t. p. dol. *R2*   **3-4** et cum — flere dicens : om. *Bd*   et cum uidisset eum Eua flentem : cum **autem** uidisset [uidit *Du* audisset *Wh B*] eum Eua fl. *R2a+b+d* cum autem E. uiderit Adam tam amare fl. *Vf*   **4** flere [amare *add. B*] *R2a+b+d* : intimius flere *Vf*   domine meus : [o *add. R2c*] dom. **deus** *R2*   **4-5** in me transfer : tr. in me *B Bg*   **5** dolores eius [om. *Du*] *Ve R2b+d* : d. istos *Wh* dolorem eius *R2c*   quoniam ego peccaui : quem [quoniam *Wh*] ego [om. *Vf R2b*] **peccando lesi** *R2*   **5-7** et dixit — tibi accesserunt : om. *B*   **5-6** dixit ad Adam domine mi [om. *Ve*] *R2a Lm Vf Du* : Adam domine meus *Bd* om. *Bg*   **6** da mihi [m. da *Ve*] partem dolorum [dol. p. *Du*] tuorum *R2a+d Du* : da m. p. de doloribus tuis [meis *Bd*] *R2c*   **6-7** quoniam mea culpa haec [om. *Ve Lm*] tibi accesserunt *Ve Lm* : q. mea c. [hoc *add. Wh*] est *Wh Bg* q. mea c. fuit t. inflicta *Bd* q. mea c. t. sunt inflicta *Vf* quam t. culpe mee asserunt *Du*
   36 **1** et dixit Adam *Du* : et d. [d. autem *Wh*] A. **Eue** [ad Euam *Bg*] *R2a+c+d* et d. A. ad Seth et ad Euam *B*   surge *Wh B Lm* : exurge [exsurge *Bg*] *Ve Bg R2c Du*   meo *R2d* : **tuo** *R2a+c B* nostro *Du*   **1-2** prope ad portas : ad **proximas** p. [**partes** *R2b+c+d*] *R2*   **2-3** et mittite — et plangite : om. *B*   **2** in capita uestra : in capitibus uestris *R2a+c* in capite uestro *Du R2d*   **2-3** et prosternite uos *R2a+d Du* : prosternentes uos in terram *R2c*   **3** et *R2c* : atque *R2a+d Du*   ante conspectum domini dei *R2a+d B* : in conspectu dom. [om. *Bd*] d. [om. *Du*] *R2c Du*   forsitan *Ve R2b+d Vf* : forte *Wh* forsan *Bd*

R1   **4** *post* miserebitur *add.* nostri *R1d*   et : atque *Up*   transmittet [mittet *R1e*] angelum suum *R1c+d+e* : iubet iterum angelum suum ire *Up*   **5** *post* misericordiae *add.* sue *Eb*   ex ipso : de ipso *R1e*   **6** me ex eo : me *Wf om. Ko*   ab : in *R1d*   hiis *R1c* : hiis maximis *Up* istis *R1e om. R1d*   **7** quibus *Up R1d+e* : ex quibus *R1c*

    37 1 et : tunc *Up*   contra [ad *R1d*] portas *R1c+d* : contra partes *Up R1e*   **2** dum [ibi *add. R1d*] ambularent *R1d+e* : ambulauerunt *R1c om. Up*   ecce *Up R1d+e* : et ecce *R1c*   **2-3** bestia et impetum faciens *R1c+d* : et i. f. *Up* i. f. et *R1e*   **3** et cum *R1c+e* : cum hoc *Up* hoc cum *R1d*   **4** me misera *R1c+e* : mihi misere [miserrime *Up*] *Up R1d*   quo-niam : quomodo *Up*   maledicta sum quia non custodiui *R1c* : maledicti sunt qui non custodiunt *Up R1d+e*   **5** praeceptum : mandatum *Eb*   domini : dom. dei *Up*   et : tunc *Up*   dixit Eua [E. d. *Ko*] uoce magna *Up R1c+e* : dixit u. m. E. [*om. Eb*] *R1d*   **6** quomodo *R1c+d* : quare *Up R1e*   timuisti te : timuisti *R1d*   **6-7** mittere in *Up R1e* : m. ad *Bc* m. dentes tuos in *R1d om. Mf*   **7** imaginem : seruam *Wf*   et *R1c* : sed *R1e* et [aut *Up*] quomodo *Up R1d*   ausa : ausus *R1d*   cum ea : contra eam *Mf*   **8** praeualuerunt *Up Eb R1e* : praeualerunt *R1c Mu*

    38 1 respondit : respondens *Wf*   serpens bestia *R1c* : bestia *Up R1d+e*   uoce humana *Bc* : humana *Mf* uoce magna [et *add. Ko*] dixit *R1e* et dixit *R1d om. Up*   o Eua Eua *Mf R1d+e* : Eua Eua *Up* o eua o eua *Bc*   **2** numquid ad nos [*vel* uos *dubie in Mu*] *R1c+d* : numquid non ad nos *Up* nonne contra nos *Ko* nonne contra uos *Wf*   malicia nostra : malicia uestra *Ko post corr.*   contra uos [nos *Eb*] est *Up R1d+e* : contra bonos *R1c*

sitan miserebitur et transmittet angelum suum ad arborem
5 misericordiae, de qua currit oleum uitae, et dabit uobis ex ipso
modicum, ut ungatis me ex eo et quiescam ab hiis doloribus,
quibus consumor.

37 1 Et abierunt Seth et mater eius contra portas paradisi
et, dum ambularent, ecce subito uenit serpens bestia et impetum faciens momordit Seth. **2** Et cum uidisset Eua, fleuit
dicens: Heu me misera, quoniam maledicta sum, quia non cu-
5 stodiui praeceptum domini. **3** Et dixit Eua uoce magna ad
serpentem: Bestia maledicta, quomodo non timuisti te mittere
in imaginem dei et ausa es pugnare cum ea? Aut quomodo
praeualuerunt dentes tui?

38 1 Respondit serpens bestia uoce humana: O Eua, Eua,
numquid ad nos est malicia nostra? Nonne contra uos est do-

R2   **4** *post* miserebitur *add.* **mei** *R2*   et transmittet : et **iubebit trans-**
mittere *Ve Bg R2c Du* et uidebitis ipsum -tere *Lm* et uolet -tere *B* ut
(*post corr. supra lineam*) uelit -tere *Wh*   **5** qua : quo *B*   uobis : nobis
Wh   ex ipso : *om. Wh R2c*   **6** ungatis *Ve R2b* : unguatis *R2d* inungua-
tis *Wh* inungatis *R2c*   me ex eo : me *R2a+b+d Vf om. Bd*   et : ut *Bd*
ab [*om. Wh*] hiis doloribus *R2a+d* : ab hiis *Du* a dol. meis *B Bd* ab illis
dol. *Vf*   **7** *post* consumor *add. excerptum ex Legenda Crucis (cf. pag. 538)*
     37 1 et : post ita dixisset Adam *B*   contra portas : **ad** p. *Wh Lm Vf*
ad partes *Ve Bg Bd R2b*   **2** dum ambularent [deambularent *B*]
R2a+b+d : et cum sic amb. *R2c*   uenit serpens *R2a+d* : s. u. *R2c*   et :
om. R2a+d   **2-3** [subitum *add. Bg*] impetum faciens *R2a+d Du* : cum
impetu *B om. R2c*   **3** et cum uidisset Eua : **quod** [hoc *Ve*] c. uid. [au-
disset *R2d*] E. *R2a+c+d Du* uidens hoc E. *B*   **4** dicens *R2c+d* : et dixit
R2a+b   me : **om.** *R2*   **5** praeceptum *Ve R2d Bd B* : precepta *Vf*
mandatum *Wh Du*   **5-6** et dixit Eua uoce magna ad serpentem : et dixit
[dixitque *B unum uerbum legi non potest in Wh*] ad s. *Ve Wh° R2b* et d.
serpenti *Bd* dixit etiam ad s. *R2d Vf*   **6** quomodo non timuisti : cur non
tim. *R2a* nonne tim. *Lm* non tim. [metuisti *B* (*cf. Pa*)] *Bg R2b+c*   **6-7** te
mittere in : **laedere** *R2a+c+d Du* delere *B*   **7** et : **cur** *R2*   ausa *R2a+d*
Bd B : ausus *Vf Du*   pugnare cum ea *R2a+b+d* : p. [pungere *Bd*] eam
R2c   **7-8** aut quomodo praeualuerunt dentes tui : cur pr. [-ere *R2d*] d. tui
R2a+b+d om. R2c
     38 1 bestia : **om.** *R2*   uoce humana *B Bd* : hum. u. et dixit *Du* et
dixit u. hum. *Ve R2d* u. magna *Vf* et dixit uiua u. *Wh*   o Eua Eua *R2c* :
o **Eua** *R2a+b+d*   **2-3** numquid ad — mihi Eua : non cognoscis quod
malicia nostra contra nos est, super doloris uestri augmentum *Du*
   2 numquid ad nos est malicia nostra : n. **non** ad nos malicia nostra *Ve* n.
[*iterat B*] non [si *Vf*] ad nos m. uestra [uestra *Vf°*] *Bg R2c B* n. non ad uos
milicia uestra *Lm* nonne ad uos est m. uestra *Wh*   **2-3** nonne contra uos
[contrauersus *Bg*] est dolor furoris nostri [uestre *Wh°*] *R2a+d* : n. contra
[econtra *Bd*] nos f. dol. uestri [nostri *Vf*] *R2c B*

R1 3 mihi *Up R1c+d* : *om. R1e*   **4-5** de fructu — non manducare : *om.*
R1d   **4** praecepit : pr. tibi *Up Ko*   **4-5** non manducare *R1c* : ut non manducares *Up Ko* ut non comederes *Wf*   **5-6** nunc autem — exprobrare *Up*
R1c+e : huic autem non potes sed ibi comprobare in cetero *R1d*
5 non : mos *vel* nos *Bc*   potes *Up* : poteris *R1e* potest *R1c*   portare *Up*
R1c : non portare *R1e*   si tibi [*om. R1e*] coepero [precepero *Bc*] *R1c+e* :
si tibi incipio *Up*   **6** exprobrare [uos *add.Wf*] *Up Bc R1e* : exprobare *Mf*
  39 **1** dixit Seth *R1c* : S. d. *R1d+e* S. ait *Up*   increpet [increpat *R1d*]
te dominus deus *R1d+e* : increpet te deus *R1c* increpo te diabole *Up*
2 stupe *Up R1e* : obstupe *R1d* tace et tabesce *R1c*   et : *om. Up*   maledicte inimice *Up R1c+d* : maledicta inimica *R1e*   ueritatis : *om. R1c*
3 confuse perdite *Up R1d* : conf. et perd. *R1c om. R1e*   **3-4** usque in
diem quando *Up R1c+d* : quousque *R1e*   **4** dominus deus iusserit [te *add.*
Up R1e] *Up R1d+e* : iusserit te deus [meus *add. Mf*] *R1c*   in comprobationem te perducere [ducere *Mu*] *R1d* : in exprobrationem perducere *R1e*
in condempnationem perducere *Up* in comprobationem reducere *Bc* probationem producere *Mf*   **5** et : *om. Up*   **6** et statim *Up R1c* : statim
R1d statimque *R1e*   a Seth palpato dentibus *scripsi* : a Seth palpatum
dentibus *R1d* palatim (?) dentibus mordens *Bc* paulatim mordens *Mf om.*
Up R1e
  40 **1** *abhinc consequitur Dr (cf. cap. 34 in fine)*   **1-8** Seth autem —
arbore misericordiae : tunc S. filius eius perrexit ad portas paradisi petens
de arbore misericordie oleum uite ut perungeret corpus patris sui ut a
maximis doloribus quiesceret *summatim scr. D*   **1** autem : *om. Up Ko*
post mater eius *add.* Eua *Up*   contra [ad *Dr*] portas *R1c* : contra [in
R1d+e] partes *Up R1d+e*   **2** *post* paradisi *add.* tulerunt puluerem terre et
posuerunt super capita sua *R1c*   **2-3** propter oleum — portas paradisi :
om. Up   **2** propter oleum : pro oleo *R1d*   ut ungerent adam infirmum
R1c : ut ungeretur A. infirmus *R1d+e*

lor furoris nostri? **2** Dic mihi, Eua, quomodo apertum est os
tuum ut manducares de fructu, quem praecepit dominus non
5 manducare? **3** Nunc autem non potes portare, si tibi coepero
exprobrare.

39 1 Tunc dixit Seth ad bestiam: Increpet te dominus deus,
stupe et obmutesce, claude os tuum, maledicte, inimice ueritatis, confuse, perdite, recede ab imagine dei usque in diem,
quando dominus deus iusserit in comprobationem te perducere.
5 **2** Et dixit bestia ad Seth: Ecce recedo sicut dixisti a facie
imaginis dei. **3** Et statim recessit a Seth, palpato dentibus.

40 1 Seth autem et mater eius ambulauerunt contra portas
paradisi propter oleum misericordiae, ut ungerent Adam infir-

R2   3 quomodo : quoniam *Du*   3–4 apertum est os tuum [*om. Bd*] *R2a+c+d* :
aperui [apertum fuit *Du*] os tuum *R2b*   4 ut manducares de fructu : ut
m. [ut -cas *Ve* ad -candum *Wh*] **fructum** [uetitum *add.* B] *R2*   praecepit dominus : dom. **interdixit** [introduxit *B* imperauit *Du*] tibi *R2a+b+d*
tibi [dom. *add. Bd*] interdixerat *R2c*   4–5 non manducare : **ne comederes** *R2*   5–6 nunc autem — incipio exprobrare : **om.** *R2*

    39 1 tunc dixit Seth ad bestiam : t. d. S. *Wh* t. S. d. ad bestiam *R2d B*
t. S. d. *Ve Vf°* iterum S. d. *Bd* d. autem S. *Du*   increpet te dominus
deus : **imperet** [imperat *Lm*] **tibi** dom. deus [tuus *add. R2a* meus *add.*
Du] *R2*   2 stupe et : st. [et stupefacte *Bd om. Lm*] *R2*   claude *Wh B* :
et cl. *Ve R2c+d Du*   inimice ueritatis : in. *Ve R2b+d* uermis *R2c om.*
Wh   3 confuse [confuge *B*] perdite [*om. Wh*] *R2a+d B* : c. et perterrite
R2c om. Du   imagine : hac im. *Lm*   4 quando : **in qua** *R2a+d B* in
quo *R2c Du*   dominus deus iusserit : **iusserit dominus deus** [tuus *add.*
Ve] *R2a Lm* i. te deus *B* i. *Bd* iussit tibi [*om. Vf*] deus *Bg Vf* iubebit dom.
d. *Du*   in comprobationem te perducere : **in** [*om. Ve*] **comprobatione
te** [*om. B*] **perdere** *Ve Lm R2b* cum probatione [et maledictione *add. R2c*]
te perdere *Wh R2c* comprobationem perdere te *Bg*   5 et dixit bestia ad
Seth : d. ei b. *Wh* d. autem b. *R2d* dixerat b. *Ve* d. autem serpens *Du*
serpens respondit *B* respondit autem b. dicens *R2c*   recedo : redo *B°*
sicut dixisti : **om.** *R2*   5–6 a facie imaginis dei *R2a+b+d* : a te imago dei
Bd ab imagine dei *Vf*   6 statim : **om.** *R2*   recessit a Seth palpato
dentibus : rec. [recedit *Ve*] **placata** [palata *Bg°*] dentibus *Ve R2c+d B* rec.
continuo *Du* rec. *Wh*

    40 1 autem : **uero** *R2a+b+d Bd om. Vf*   1–2 ambulauerunt contra
portas paradisi : **perrexerunt** [ulterius *add. R2c*] ad portas [partes *R2a*
Du] paradisi *R2a+c+d* perrexerunt uersus paradisum *B*   2 propter oleum
misericordiae : p. o. **ligni** m. *Ve R2c+d Du* p. mis. o. ligni *Wh om. B qui*
add. excerptum ex Legenda Crucis (cf. pag. 538)   ungerent [inungerent
Wh] *R2a+d Du* : perungerent *R2c*

R1 3 et peruenientes *R1c* : p. autem *R1d* et peruenerunt *R1e*   Eua : *post corr. supra lineam Ko*   3-4 ad portas — capita sua et : *om. R1c*   3 ad : usque ad *R1e*   3-4 tulerunt puluerem terrae et posuerunt [imposuerunt *R1e*] *R1d+e* : et pos. p. t. *Up*   4-5 et [ac *Up*] prostrauerunt *Up R1c* : et strauerunt *R1d* straueruntque *R1e*   5 in terram [terra *Eb*] super faciem suam *R1d+e* : in t. s. facies suas *Up* super terram *R1c*   5-6 coeperunt plangere : emiserunt planctu⟨m⟩ *Up*   6 gemitu *R1c* : cum g. *Up R1d+e* dominum *Up R1d Wf* : dominum deum *R1c om. Ko*   misereatur *Up R1c+d* : misereretur *R1e*   7 Adae : Adam *Up Bc*   in : de *Up*   et mittat *R1c* : ut mittat *Up R1d* et ut mitteret *R1e*   8 oleum de arbore misericordiae *Up Bc R1e* : oleum mis. de arbore *R1d* oleum mis. *Mf*

41 1 orantibus autem eis horis multis et deprecantibus *Up R1c+d* : orantibus autem eis et deprecantibus *R1e* orante autem eo multum et deprecante *Dr*   1-2 ecce angelus domini Michael apparuit eis *Up R1d+e* : ecce angelus M. apparens *R1c* apparuit ei M. *Dr*   2-3 ego sum missus a domino [m. s. a deo *R1d*] *Up R1d* : ego sum missus ad te *Dr* ego missus sum ad uos *R1e* ego sum a domino *R1c*   3 et ego — corpus humanum : *om. Dr*   et [*om. Eb*] ego constitutus sum *Up Eb* : qui sum constitutus *R1c* ego sum constitutus a deo *Mu* et [ego *add. Ko*] a deo constitutus sum *R1e*   super corpus humanum : super corpora humana *Up*   3-4 tibi dico *Up R1c+e* : [et *add. Dr*] d. tibi *Dr R1d*   4 Seth : *om. R1e*   noli : tibi nihil [nihil tibi *Up*] prodest *R1b*   lacrimare *R1b+d* : lacrimari *R1e* lacrimis? *R1c*   orando et deprecando *Up R1c+d Ko* : deprecando et orando *Wf om. Dr*   5 oleum *R1c+d+e* : oleum ligni *R1b*   6 pro *R1b+c+e* : prae *R1d*   corporis sui *Dr R1d+e* : suis *Up R1c*

mum. Et peruenientes Eua et Seth ad portas paradisi, tulerunt puluerem terrae et posuerunt super capita sua et pro-
5 strauerunt se in terram super faciem suam et coeperunt
plangere cum gemitu magno, deprecantes dominum, ut misereatur Adae in doloribus suis et mittat angelum suum dare eis
oleum de arbore misericordiae.

41 1 Orantibus autem eis horis multis et deprecantibus, ecce
angelus domini Michael apparuit eis dicens: Ego sum missus a
domino et ego constitutus sum super corpus humanum. **2** Tibi
dico, Seth homo dei, noli lacrimare, orando et deprecando
5 propter oleum misericordiae, ut perungas patrem tuum Adam
pro doloribus corporis sui.

R2 **3** *ante* et peruenientes *add.* [et *add. Bd*] tulit uterque [ceperunt *Du*] puluerem terrae et posuerunt super capita sua *R2c Du*   et peruenientes Eua et Seth ad portas paradisi : et **peruenerunt** [cum -nissent *Wh*] ad p. [portam *Ve*] par. *R2a+d* peruenerunt ad paradisum perrexerunt enim ad p. par. *B* et -nerunt [cum -nissent *R2c*] ad partes [portam *R2c*] par. *R2c Du* **3-4** tulerunt [tuleruntque *Ve* sustulerunt *Wh*] puluerem terrae et posuerunt [imp. *Bg*] super capita sua *R2a+d B* : *om. hic R2c Du qui scr. antea (cf. supra lin. 3)*   **4** et^2 : *om. R2c*   **5** in terram super faciem suam *Ve B R2c Lm* : in terra s. caput suum *Wh* in faciem suam *Du Bg*   **5-6** et coeperunt plangere cum gemitu magno : **plangentes cum magno gemitu** [g. m. *Bd*] *R2*   **6** deprecantes dominum : [et *add. Ve R2c+d*] depr. dom. [*om. Du*] **deum** [*om. Vf*] *R2a+c+d Du* : et precati sunt dom. *B*   misereatur : misereretur *Vf*   **7** mittat *R2a Bg B* : -teret *Lm Du Vf* -tit *Bd* dare eis *Ve R2b+d* : ut daret eis *Wh* ad dandum *R2c*   **8** de arbore misericordiae : mis. *Du* de a. uite *Bd*
    41 1 orantibus autem [*om. Bg*] eis [*om. B*] *R2a+b+d* : ipsis a. sic or. *R2c*   horis multis et : **foras** [et *add. Wh*] **multum** et *R2a Bg* ante foras et *Lm* et multum *B* et *R2c Du*   deprecantibus *R2a+b+d* : [dominum *add. Bd*] dep. *R2c*   **2** domini : dei *Wh om. B*   Michael : *om. R2c*   apparuit eis dicens *Du* : a. d. *R2c* apparens [eis *add. Lm*] dixit *R2a+d* -rens dixit Set⟨h⟩ *B qui postea add. excerptum ex Legenda Crucis (cf. pag. 538-539)*   ego sum missus *R2a+d* : [et *add. B*] ego m. sum *R2b+c*   **3** et : *om. Du*   ego constitutus sum : **constitutus** *R2*   corpus humanum *B* : h. c. *R2a+d* h. genus *R2c Du*   **4** *post* dico *add.* indubitanter *Du qui om.* Seth   lacrimare *R2d* : **lacrimari** [amplius *add. B*] *R2a+b+c*   orando et deprecando *R2a+c+d* : orando *B om. Du*   **5** oleum misericordiae : ol. **ligni** mis. *R2a+c+d Du* o. et arborem mis. *B*   patrem tuum Adam *R2e+b+d* : A. p. t. *R2c*   **6** pro doloribus corporis sui *R2b* : prae [in *Wh*] dol. sui c. [c. sui *Bg*] *R2a+d om. R2c*

R1   **42 1** dico enim — accipere : *om. Dr*   dico enim tibi quia : *om. Up*
nullomodo *R1c* : nunc [ergo *add. Up*] nullomodo *Up R1d Ko* nec ullo modo *Wf*   poteris accipere *R1d+e* : poteris ex eo recipere *R1c* potes accipere
adiutorium at remedium patri tuo *Up*   **2** completi *R1b+d+e Mf* : repleti
Bc   **2-3** et [*om. Mu*] quingenti anni *Mu R1e* : annorum et quingenti
anni *Eb* et [*om. Up*] ducenti anni *R1b* annorum et cc minus unius anni *R1c*
3 ueniet super terram : s. t. u. *R1b*   **4** Christus filius dei *R1d* : C. filius
dei uiui *Up* Iesus Christus f. d. *R1c* d. f. C. *R1e* deus *Dr*   **4-5** resuscitare
— filius dei : *om. R1b (cf. infra lin. 10)*   **4** resuscitare *R1d* : et faciet
resurgere *R1c* ut resuscitet *R1e*   cum eo multa *R1c+e* : tunc resuscitabit
R1d   **5** et *R1c+d* : tunc *R1e*   Christus filius dei *R1c+d* : C. filius dei
uiui *R1e*   ueniens *Bc R1d* : postquam uenerit *R1e* et *R1b om. Mf*
6-7 et cum — aqua Jordanis : *om. Dr*   **6** et cum *R1c+e* : et dum *R1d*
dum *Up*   **7** de oleo *R1c+e* : oleo *Up R1d* oleum *Dr*   suae : *om. Wf*
7-8 [creaturas *add. Ko*] credentes in se *Up R1c+e* : in se credentes *R1d*
credentes in eum *Dr*   **8** erit oleum misericordiae *Up R1d+e* : o. m. erit
R1c sic fiet o. m. *Dr*   **8-9** in generationem et generationem *Up R1c Eb* :
in -ione et -ionem *Dr Mu R1e*   **9** hiis [*om. R1e* quando *Dr°*] qui renascendi sunt *Up Mf R1d+e* : in hiis qui renati sunt *Bc*   ex : in *Bc*
10 in uitam aeternam : habent u. et. *Dr*   *post* aeternam *add.* postea resuscitabit dominus corpus ade patris tui et cuncta corpora mortuorum bo-
norum atque [et *Dr*] malorum *R1b (cf supra lin. 4-5)*   tunc descendens
in terram *R1c+d* : tunc [ille *add. Ko*] qui descendet in terram *R1e om.*
R1b   **10-11** amantissimus filius dei Christus *R1c+d* : amantissimus [ille
add. Wf] dei filius *R1e* ipse C. filius dei [uiui *add. Dr*] *R1b*   **11** introducet
R1b+d+e : introducit *R1c*   Adam : et omnes electos qui fuerunt ab initio
mundi *R1b*   **11 - 43 1** in paradisum — patrem tuum Adam *scr. in mar-*
gine inferiori Mu om. R1c   **11** paradisum : -so *Dr*   **12** ad [et *Dr*] arborem misericordiae suae *Dr R1d+e* : ad a. s. m. *Up*   *postea add.* et erunt
cum eo regnantes [regnaturi *Dr*] in secula seculorum *R1b*

42 1 Dico enim tibi, quia nullomodo poteris accipere, nisi in nouissimis diebus quando completi fuerint quinque milia et quingenti anni. **2** Tunc ueniet super terram amantissimus Christus filius dei resuscitare corpus Adae et cum eo multa
5   corpora mortuorum[a]. **3** Et ipse Christus filius dei ueniens baptizabitur in flumine Iordanis[b]. Et cum egressus fuerit de aqua Iordanis, tunc de oleo misericordiae suae perunget omnes credentes in se. **4** Et erit oleum misericordiae in generationem et generationem hiis qui renascendi sunt ex aqua et spiritu sancto
10   in uitam aeternam. **5** Tunc descendens in terram amantissimus filius dei Christus introducet patrem tuum Adam in paradisum ad arborem misericordiae suae.

---

42   a. cf. Matth. 27, 52
     b. cf. Matth. 3, 13 (Marc. 1, 9)

R2   **42 1** dico enim tibi : **om.** *R2*   poteris accipere : p. **ex eo [quicquam** *add. R2a+b]* a. *R2a+b+d* quidquam ex eo p. [poteritis *Bd]* obtinere *R2c* nisi : **donec** *R2*   **2** completi fuerint *Ve R2c B* : f. c. *Wh R2d Du* **2-3** quinque milia et quingenti anni [uno minus *add. B] R2a+b+d* : V milia et CC [5000 et 200 *Vf]* a. *R2c*   **3** ueniet *R2a+b+d Bd* : ueniat *Vf* **3-4** super terram amantissimus [altissimus *Lm* deus *add. Wh]* Christus filius dei *R2a+d Du* : am. C. f. d. s. t. *R2c* am. C. f. d. *B*   **4** resuscitare *R2a+d B* : resuscitando *Du* ad resuscitandum *R2c*   **4-5** et cum eo multa corpora mortuorum : et [*om. Ve]* multa [multaque *R2c]* c. [sanctorum *add.Du]* m. *R2*   **5** Christus : C. Ihus *Bg*   filius dei ueniens : **om.** *R2*   **6-7** cum egressus fuerit de aqua Iordanis : cum baptizatus fuerit *Wh Du* cum **baptizabitur** *Ve R2c+d om. B*   **7** de oleo misericordiae suae perunget : p. [inunget *Wh* purget *Lm]* de [te *Wh]* o. m. s. *R2a+c+d B* perungetur oleo m. *Du*   **7-8** omnes [*om. R2c]* credentes in se *Ve R2c+d B* : [sic *add. Du]* et o. cr. in eum *Wh Du*   **8** erit oleum misericordiae : **dabitur** o. m. [*om. Bd] R2*   **8-10** in generationem — uitam aeternam : *om. B* qui *loco add.* quod promisit deus parentibus et posteritati eorum Hic est uere pietatis dilectio *B (ex Legenda Crucis; cf. pag. 539)*   **9** hiis : illis *R2a+c+d Du* renascendi *R2c+d* : nascendi *R2a* renati *Du*   **10** in uitam aeternam : *om. Du*   **10-11** tunc descendens in terram amantissimus filius dei Christus introducet : [quia *add. B]* tunc -det [-dit *Wh]* in t. [terris *Ve R2d]* C. f. d. [uiui *add. B]* et introducet *R2a+d B* tunc C. f. d. introducet *R2c* et tunc introducet ipse f. dei *Du*   **11** patrem tuum Adam *R2a+c* : p. tuum *B R2d* A. p. t. *Du*   in paradisum *R2a+b Lm* : ad p. *Bd* in -so *Bg Vf*   **12** ad arborem misericordiae suae *R2b+d* : *om. R2a+c*   *post* misericordiae *add.* tunc angelus tradidit Seth tria nuclea ligni de quo manducauerunt parentes eius *B (ex Legenda Crucis; cf. pag. 539)*

R1   **43** **1** tu : nunc *Eb*   Adam : *om. Ko*   quoniam *Dr R1c+d Ko* :
quia *Up Wf*   **2** completum *R1b+c+e* : impletum *R1d*   eius *R1b+d Bc*
Wf : sue *Mf Ko*   adhuc *R1c+d* : adhuc post *R1b+e*   et *R1c Mu* : sunt
Eb om. R1b+e   **2-3** exiet anima eius [*om. Eb*] *Up R1c+d+e* : anima eius
exiet *Dr*   **3** *post* et *add.* dum exierit *R1e*   [tunc *add. Wf*] uidebis
R1b+d+e : uidebitis *R1c*   magna : *om. R1e*   **3-4** et in luminaribus caeli
Up R1c+d : *om. Dr R1e*   *ante* haec *add.* et *Bc R1d*   Michael : sanctus
M. *Up* sanctus angelus *Dr*   statim : *om. Dr*   **5** discessit : recessit
R1e   Eua et Seth *R1c+d+e* : E. et S. filius eius ad Adam *Up* ad Adam
Dr   et [*om. R1d*] tulerunt *Dr R1c+d* : attuleruntque *Up* attulerunt
autem *Ko* deferendo *Wf*   secum : statim *Eb*   odoramenta *Dr Mu R1e* :
odoramentum *Bc* odoromentorum *Mf°* adoramenta *Up Eb*   **6** hoc est : id
est *R1e om. R1b*   et crocum : scrocum *Wf*   et calamitem [calamite *Mf*
calamum *Mu* calcanum *Eb*] et *Up R1c+d* : *om. Dr R1e*   *post* cinamomum *add.* et alia multa *Dr qui def. usque ad cap. 45*

    44 **1** et cum *R1c+d* : cum autem *Up* cum *R1e*   peruenissent Eua et
Seth *R1c+e* : peruenisset S. et mater eius *R1d* uenissent *Up*   dixerunt :
nuntiauerunt *Up*   **2** quia : quod *Up*   bestia serpens *R1d* : bestia et
serpens *R1c* serpens *Up R1e*   momordit [mordit *Eb*] *R1c+d* : momorderat
Up momordisset *R1e*   et dixit *Mf R1d* : dixit *Up* et ait *R1e* ecce dixit
Bc   **3** ecce quid fecisti *Up R1d+e* : ecce *Mf om. Bc*   nobis plagam
magnam *Up R1c* : nobis plagas magnas *R1d* nos in plagam magnam
R1e   **4** [et *add. Mf*] delictum et [atque *Up*] peccatum in omnem generationem nostram [istam *R1d*] *Up R1c+d* : in d. et p. in -tione et g. n.
R1e   **4-5** et hoc quod : hoc enim quod *Up*   **5** refer filiis tuis *R1c+e* :
post mortem meam refert filius tuus *R1d* post mortem nostram referent
filii tui *Up*   quoniam *R1c+e* : quando *R1d om. Up*   **5-6** qui exurgent in
[a *Up*] nobis *Up R1c* : qui surgent ex nobis *R1d* exurgent de nobis *R1e*
6 laborantes non sufficient *R1c+d* : laborantibus atque operantibus eis terram cum illis non sufficiet ad uictum *Up* qui laborem non sustineant
R1e   sed deficient *R1d Ko* : sed deficiant *Wf om. Up R1c*   **6-7** et [*om.*
Up] maledicent [maledicunt *Mu*] nos [nobis *R1d*] dicentes *Up R1d* : ne
maledicant nos dicentes [dicendo *Wf*] *R1e* maledicentes nos *R1c*

43 1 Tu autem, Seth, uade ad patrem tuum Adam, quoniam completum est tempus uitae eius. Adhuc sex dies et exiet anima eius de corpore, et uidebis mirabilia magna in caelo et in terra et in luminaribus caeli. 2 Haec dicens Michael statim dis-
5 cessit a Seth. Et reuersi sunt Eua et Seth, et tulerunt secum odoramenta, hoc est nardum et crocum et calamitem et cinamomum.

44 1 Et cum peruenissent Eua et Seth ad Adam, dixerunt ei quia bestia serpens momordit Seth. 2 Et dixit Adam ad Euam: Ecce quid fecisti? Induxisti nobis plagam magnam, delictum et peccatum, in omnem generationem nostram. 3 Et
5 hoc quod fecisti, refer filiis tuis, quoniam qui exurgent in nobis laborantes non sufficient sed deficient et maledicent nos

---

R2   43 1 tu autem Seth uade [dic *Bg*] ad patrem tuum Adam *Du R2d* : ita dixit *B om. R2a+c*   1-2 quoniam [nam *Wh*] completum est tempus uitae eius *R2a+d Du* : c. est autem t. u. e. mortalis *R2c* impletum est t. u. patris tui *B*   2-3 adhuc sex dies et exiet anima eius de corpore : [et *add. R2c*] adhuc sex [septem *R2c*] d. **sunt post quos** an. eius exiet [exiens *Bg* exibit *R2c*] de c. *R2a+c+d Du* intra triduum cum ad patrem perueneris an. eius exibit de c. *B*   3-4 et uidebis — luminaribus caeli : *om. Du*   3 et uidebis mirabilia magna : uides mir. m. *Lm* **uidens mir.** [mir. uidens *Bg*] **m.** [*om. B*] *R2a+c B Bg*   4-5 haec dicens [angelus *add. Bg*] Michael [archangelus *add. R2c*] statim [*om. R2*] discessit a Seth *R2a+c+d* : et h. d. M. recessit *Du om. B* qui *add. excerptum ex Legenda Crucis; cf. pag. 539)*   5 et[1] : *om. B* post Eua et Seth *add.* et quae uiderant narrauerunt id est de angelo et paradiso *B (ex Legenda Crucis; cf. pag. 539)* tulerunt : **attulerunt** *R2* odoramenta *Bg Vf Du* : adoramenta *Ve Bd B* aromata *Wh Lm*   6 hoc est : **scilicet** *Ve R2c+d Du om. Wh B* et crocum : cr. [*om. Bg*] *R2* et calamitem *Bd* : et [cum *Bg om. B Lm*] calamite *Ve B R2d* calomo *Vf om. Wh Du* et cinamomum : c. *B* post cinamomum *add. B excerptum ex Legenda Crucis (cf. pag. 539)*

44 1 et cum — ad Adam : postea *B* et cum peruenissent Eua et Seth : et cum p. *Bg* c. autem p. [reuenissent *Lm*] *R2a Lm Du* cum a. reuersi fuissent *R2c*   1-2 dixerunt ei *Du R2d* : nuntiauerunt *B om. R2a+c*   2 quia bestia serpens momordit Seth : [ecce *add. Bg*] quia [qualiter *B*] bestia [*om. Wh Du*] s. m. [-derat *R2a Lm Du*] Seth *R2* post momordit Seth *add.* et concito conuersum est risum Ade in luctum *B (ex Legenda Crucis; cf. pag. 540)* et dixit Adam *R2a Lm Du* : d. *B* et hoc A. uidens d. *R2c*   2-3 ad Euam : **Eue** *R2*   3 ecce [Eua *add. R2c*] quid fecisti induxisti *Wh R2c Du* : ecce quod fecisti induxit *Ve B R2* 4 delictum et peccatum : et [*om. Lm*] p. atque d. *R2a+b+d* per d. *R2c* 4-5 in omnem — filiis tuis : **om.** *R2*   5-6 qui exurgent in [ex *B*] nobis laborantes *B* : exurgent [exsurgent *Bg*] ex nobis lab. [laboratores *Bg*] *Ve R2d* a nobis exurgentes lab. *Wh post corr. supra lineam* exurgent post nos et lab. *R2c* exientes a nobis lab. *Du*   6 non sufficient sed : **om.** *R2* [laborante *add. B*] deficient *Wh R2b+d* : et d. *Ve* et deficientes dolores atque infirmitates multas sustinentes *R2c* edificent *Lm* et : *om. R2c* nos *R2a* : nobis *R2b+c+d*

R1 7 quoniam [*om. Up*] haec mala : q. hoc malum *R1c*   8 haec audiens : cum hec audisset *Up*   lacrimari *Up R1c+e* : lacrimare *R1d*
9 *post* ingemiscere *add.* atque alta suspiria ex intimo corde emittere *Up*

45 1 *abhinc consequitur Dr qui loco cap. 45 scr.* post sex dies exiuit anima
eius de corpore et tradidit spiritum et portauerunt eum filii sui contra paradisum in valle ebron   1-2 et sicut — mortis suae : ut autem cognouit
Adam quod uenit hora mortis sue sicut dixerat sanctus Michahel ad Seth
quia post sex dies exiet anima eius de corpore *Up*   1 sicut : *om. Eb*   prae-
dixit *R1c+d* : praedixerat *R1e*   1-2 uenit mors Adae *R1c* : aduenit mors
A. [*om. R1d*] *R1d+e*   2 et cum cognouisset Adam *R1c* : cum c. autem
R1d et ut cognouit *R1e*   uenit [aduenit *R1d*] hora mortis suae *R1c+d*
Ko : u. m. sue h. *Wf*   3 omnes filios suos *Up R1c* : omnes *R1d* filios suos
R1e   et [*om. Ko*] triginta *Up R1c+d+e*   4 et cum *R1c* : cum *Up R1e* si
R1d   hortum [ortum] dei *Eb R1e* : ortum [hortum *Mu*] diei *R1c Mu*
paradisum *Up*   5 in agro *Up R1c+e* : magno *R1d* (*cf.* A)   illius
R1c+d+e : dei *Up*   cessasset *Up R1c+e* : cessauit *R1d*   6 suos *Up R1* :
eius *R1d* istos benedixit filiis suis et *R1e*

46 1 unde *R1c* : tunc *R1b* statim *R1e* om. *R1d*   obscuratus est sol et
luna et stellae [st. et l. *Mf*] *R1c* : tenebrauit [-brarunt *Mu*] sol et luna et
stelle *R1b+d* tenebrosus factus est sol et luna et stelle perdiderunt lumen
suum *R1e*   1-2 per septem dies *R1c+e* : per d. s. *Up* diebus s. *R1d*   2 et
cum esset Seth amplectens [amplexans *Ko*] *R1c+e* : et cum esset S. ibi
amplexatus est *R1d* S. autem amplexatus [est *add. Up*] *R1b*   *post* sui
add. Adam *R1b*   2-3 lugens super eum [illud *R1b*] *R1b+c* : lugens desuper
R1e lugendo super eum *R1d*   3-4 et Eua — genua ponens : *om. R1d*
3 et Eua cum esset *R1c* : et mater eius E. *R1b* et esset [erat *Wf*] E. *R1e*
respiciens super [in *R1e*] terram *R1c+e* : *om. R1b*   3-4 intextans manus
super caput *R1c* : intexens manus super caput *R1e* [tensis manibus *add.*
Up] super caput illius [eius *Dr*] *R1b*

dicentes: 4 Quoniam haec mala intulerunt nobis parentes nostri, qui fuerunt ab initio. 5 Haec audiens Eua coepit lacrimari
et ingemiscere.

45 1 Et sicut praedixit Michael, post sex dies uenit mors
Adae. 2 Et cum cognouisset Adam quia uenit hora mortis suae,
dixit ad omnes filios suos: Ecce sum annorum nongentorum et
triginta[a] et, cum mortuus fuero, sepelite me contra hortum dei
in agro habitationis illius. 3 Et factum est cum cessasset loqui
omnes sermones suos, tradidit spiritum.

46 1 Unde obscuratus est sol et luna et stellae per septem
dies. Et cum esset Seth amplectens corpus patris sui lugens
super eum, et Eua cum esset respiciens super terram, intextans

---

45 a. cf. Gen. 5, 5

R2 7 quoniam [*om. Wh*] haec mala [*m. h. Ve R2c*] *R2*   nobis [*om. Bd*] parentes nostri *Wh R2b+c+d* : p. nostri nobis *Ve*   8 qui fuerunt ab initio
R2a+c+d : ab i. *Du* que fecerunt ante nos ab i. *B*   8-9 lacrimari et ingemiscere : lacrimari [lacrimare *R2d* contristari *Du*] **gemendo** *R2a+b+d* cum
magnis suspiriis l. *R2c*

45 1 et sicut praedixit Michael : et sicut [s. autem *R2c* s. uero *B*]
praedixerat M. [archangelus *add. Ve R2c+d* angelus *add. B*] *R2a+c+d B* et
s. M. pr. *Du*   1-2 post sex [tres *B* vii *Ve* septem *R2c*] dies uenit [aduenit
R2d] mors Adae [A. m. *Ve om. Bg*] *R2a+c+d B* : aduenit m. A. p. s. d.
Du   2 et cum — mortis sue : *om. B*   quia uenit hora : **horam**
R2a+c+d Du   3 dixit ad omnes filios suos : d. [d.que *B*] **omnibus** [*om.*
Du] **filiis suis** *R2*   3-4 ecce sum annorum nongentorum et triginta
[nongenta tr. an. *Du*] *R2a+c+d Du* : ego sum an. d cccc et xxxii *B*   4 et
cum *R2a+d Du* : cum *B Vf* cum enim *Bd*   4-5 contra hortum dei in agro
habitationis illius : **coram deo** in agro [agrum *Ve Bg* agris *Lm*] hab. i.
[ipsius *Ve*] *Ve R2b+d* in a. hab. coram deo *Wh* in a. hab. *R2c*   5 factum
est : **om.** *R2*   5-6 cessasset loqui omnes sermones suos : **cessaret** [-auit
R2c] **loqui** *R2*   6 - **46** 1 tradidit spiritum — et stellae : *om. Bg*
6 tradidit *R2a+b Bd Lm* : reddidit *Vf*

46 1 unde : et *R2d* tunc *Ve Vf* iterum *Bd om. Wh Lm*   1-2 obscuratus
est sol et luna et stellae per septem dies : s. et l. et st. obscurati sunt per 7
d. [d. 7 *Bd*] *R2c* s. et l. et st. per [*om. Wh*] d. s. [s. d. *Wh* quattuor d. *Du*]
obscurate [obscurati *Du*] sunt *R2a Lm Du* s. et l. et st. per s. d. non dederunt lumen *B* per s. dies obscurate sunt *Bg*   2 et cum esset Seth amplectens : cum autem [c. a. *om. Wh*] S. **amplexatus** esset [a. est *Wh Lm*
amplexus esset *B* amplexisset *Du*] *R2a+b+d* S. uero amplexatus fuit *R2c*
corpus patris sui : c. suum *Lm*   3 super eum *Bd* : **desuper** *R2a+c+d B*
om. Du   cum esset respiciens super terram : **suspirans** *R2*   3-4 intextans manus super caput : **intextis** [erectis *Wh* impositis *Du*] **manibus**
suis [*om. R2c*] super caput [suum *add. Wh R2c* eius *add. Du*] *R2a+c+d Du*
intexis m. suis sub capite *B*

R1 **4** et caput super genua ponens [imponens *Mf*] *R1c* : et super genua sua *R1e* flens *R1b*   et² : atque *R1b*   **4-5** omnes filii eius flerent amarissimas lacrimas *R1c* : o. f. [f. o. *Wf*] eius flentes amarissime *R1e* o. f. [et filiae *add. Dr* eius *add. Up*] amarissime lacrimabantur *R1b* omnibus filiis eius flentibus amarissimis lacrimis *R1d*   **5** archangelus *Up Mf R1d+e* : *om. Dr Bc*   **6** apparuit *Mf R1d* : apparens *Bc* iam apparuit *R1e om. R1b*   ad caput : *om. Dr*   exsurge *R1b Bc* : exurge *Mf* surge *R1d+e*   **6-7** a [de *R1d*] corpore *Dr R1c+d* : desuper corpus *R1e* de capite *Up*   **7** patrem tuum [Adam *add. Up*] quid *Up R1c+d* : patrem tuum et quid *R1e* quid de patre tuo *Dr*   **8** disposuit pro eo dominus deus *R1c* : de eo disponat dom. d. *Up R1e* de eo dom. d. fecerit *R1d* disponet dom. d. *Dr*   pro plasmate suo : *om. R1b*   **9** eius *Up R1c+d+e* : ei *Dr*

    47 **1-2** ecce omnes — es eius : *om. R1c+e*   **1** ecce *Mu* : et *Eb* tunc *R1b*   canentes *R1d* : cantantes *R1b*   **2** deus *Up R1d* : *om. Dr*   pro plasmate tuo quia misertus es eius *R1d* : propter [primum *add. Dr*] plasma tuum quia misericordia tua magna est circa illud *R1b*   **3** tunc uidit Seth [*om. R1e*] *R1c+e* : tunc S. u. *R1d* exurgens autem S. uidit [uidens *Dr*] *R1b*   domini : dei *R1c*   extensam *R1b+d* : extentam *R1c om. R1e* [et *add. Eb*] tenentem Adam *R1c+d+e* : super Adam *R1b*   **4** et tradidit eum *R1b+c* : tradidit *R1d* tradiditque *R1e*   Michaeli *R1c* : M. archangelo *R1d+e* M. archangelorum principi *R1b*   **4-5** usque in diem dispensationis [pensationis *R1c* et *add. Mu*] in suppliciis *R1c+d+e* : usque dum compleantur [impleantur *Dr*] dies supplicii sui *R1b*   **5-7** usque ad — eum supplantauit : *om. Dr*   **5-6** usque [et *Up*] ad annos nouissimos in quibus conuertam *Up R1d+e* : usque ad tempus nouissimum in quo conuertetur *R1c*   **6** luctum eius *R1d+e* : luctus eius *R1c* uotum eius *Up*   tunc sedebit *R1c+d+e* : ut sedeat *Up*   **7** illius : eius *R1d*

manus super caput et caput super genua ponens, et omnes filii
5 eius flerent amarissimas lacrimas, **2** ecce Michael archangelus
apparuit stans ad caput Adae et dixit ad Seth: Exsurge a
corpore patris tui et ueni ad me, ut uideas patrem tuum, quid
disposuit pro eo dominus deus, pro plasmate suo, quia misertus
est eius.

47 1 Ecce omnes angeli canentes tubis dixerunt: Benedictus
es, domine deus, pro plasmate tuo, quia misertus es eius.
2 Tunc uidit Seth manum domini extensam, tenentem Adam,
et tradidit eum Michaeli dicens: **3** Sit in custodia tua usque in
5 diem dispensationis in suppliciis, usque ad annos nouissimos, in
quibus conuertam luctum eius in gaudium[a]. Tunc sedebit in
throno illius qui eum supplantauit.

---

47 a. cf. Ier. 31, 13

R2 **4** et caput super genua ponens : ac super g. *R2c* [et *add. Du R2d*]
posuisset [posuit *Wh Du* imposuit *Lm*] illud super g. sua [*om. Lm*] *R2a+d*
Du et posuisset illius g. super sua *B qui add.* et nuclea predicta in os eius sub
ligna [*pro* lingua] (*ex Legenda Crucis; cf. pag. 540*)   **4-5** et omnes filii
eiusflerent amarissimas lacrimas : et [*om. Du*] o. f. eius flerent [flebant *Du*]
-sime *Lm Du* et o. f. eius essent [erant *Wh B*] **flentes amarissime**
[amare *Wh*] *R2a B Bg* et tamen o. f. et filie eius [*om. Vf*] essent [*om. Vf*]
flentes -sime *R2c*   **5** ecce *R2a+c B Bg* : et ecce *Lm Du*   archangelus
Wh Lm Du : arch. dei *Ve Bg R2c B*   **6** et : *om. B*   **6-7** exsurge a corpore patris tui : exurge [surge *Wh* exsurge *Bg*] **desuper** [super *Bg*] **corpus** p. t. *R2a+d B* surge Seth de capite p. t. *R2c* exurge *Du*   **7** ueni ad
me ut uideas : ueni **mecum et** [atque *R2d B*] **uidebis** *R2*   **7-8** patrem
tuum quid disposuit pro eo dominus deus : quid de eo disp. deus omnipotens *R2c* quid disp. de patre tuo deus *Du* **quid de patre tuo disponat**
deus [-net dom. *Wh*] *R2a+d B*   **8** pro plasmate suo : **om.** *R2*   **8-9** quia
misertus est eius : quia [qui *Vf* quoniam *B*] misertus [misericors *Lm*] est **ei**
[illius *Du*] *R2*
47 1-2 ecce omnes — es eius : *om. Du R2d Bd*   **1** ecce omnes angeli
canentes tubis dixerunt : et ecce omnes [*om. Vf*] ang. canentes dix. [*om.
B*] *R2a Vf B*   **2** domine deus pro plasmate tuo quia misertus es eius :
deus [dominus *Wh*] pro pl. [blasmate *Vf*] tuo quia [qui *B*] m. es **ei** [Ade
Vf] *R2a Vf B*   **3** tunc : iterum *Bd*   Seth : se (?) *Ve*   domini *Ve*
R2c+d B : dei *Wh Du*   tenentem : et tenuit *B*   **4** tradidit : tradens
Du   Michaeli *Wh* : M. **archangelo** *Ve R2b+c+d*   dicens : et dixit *Du*
om. Bd   sit : sit Adam *Vf*   tua : *om. R2c*   **5** dispensationis in sup-
pliciis *Ve R2b+d* : disp. [eius *add. Vf*] *Wh R2c*   usque : et u. *Du* u. ui-
delicet *Bd*   **6** luctum eius [suum *Bd*] *Wh Lm R2b+c* : luctus eius *Ve* eum
Bg   **6-7** in throno illius : **super thronum** [tronum *R2a B*] **illius** [ipsius
Ve eius *R2b*] *R2*   **7** eum supplantauit : **seduxit eum** *R2a+c Du* eum [se
B] seduxit *R2d B*

R1   **48 1** et : *om. R1b*   dominus : *om. R1c*   ad Michaelem et Vrielem
[Vriel *Eb*] angelos *R1d* : ad M. et ad angelos *R1c* ad angelos M. et Vrielem
Ko ad angelos M. et Gabrielem *Wf* ad M. *R1b*   **2** afferte mihi [*om. R1e*]
tres sindones [synd. *Mf Mu Ko*] bissinas [bissones *Wf*] *R1c+e Mu* : auerte
me tres s. b. *Eb* aufer nostros° s. et bissos *Dr* affer nostras syndones b.
Up   expandite [-de *R1b*] super *R1b+d+e* : expandite *R1c*   **3** corpus
Adae *Up R1d Wf* : c. eius scilicet A. *R1c* caput A. *Ko*   et : atque
R1b   aliis sindonibus uestite filium eius Abel *Dr* : a. s. uestiatur Abel
filius eius *Up* cum a. s. uestite corpus Abel filium (*sic*) eius *R1d* alias sindones uestite filium eius A. *R1c* alias sindones sumite et uestite A. filium
eius *R1e*   **3-4** et sepelite Adam et [Abel *add. Mu*] filium eius *R1c Mu* : et
sepelite eos *R1e om. R1b Eb*   **4** processerunt *R1c+d+e* : procedebant *Dr*
precedebant *Up*   **5** et sanctificata est dormitio illius mortis [eius m. *R1d*
m. il. *R1e*] *R1c+d+e* : sanctificantibus [mugnificantibus *Dr°*] eis dormi-
cionem eius mortis *R1b*   **6** et sepelierunt *R1c+d+e* : s. ergo *Dr* s. autem
Up   Michael et Vriel *R1d Ko* : M. et Gabriel *Wf* M. et omnes angeli
R1b om. R1c   **6-8** in partibus — Michael et Vriel : *om. R1e*   **6-7** in
partibus — alio nemine : *om. R1c*   in partibus paradisi *R1b* : [sicut *add.
Eb*] in parte par. *R1d*   **7** uidente Seth et matre eius et alio nemine *scripsi
(cf. R1b)* : uidente Seth et matre et nullo alteri *Mu* uidenti Seth et mater
eius uel matri eius et nullo alteri *Eb* presentibus [presencia *Dr*] seth et
matre [matri *Dr*] eius [Eua *add. Dr*] alio nemine uidente *et postea add.*
Abel autem adhuc iacebat [i. ad. *Dr*] intactus a putredine quoniam nemo
nouerat eum sepulture tradere [sepelire *Dr*] *R1b*   **7-8** et dixerunt ad eos
Michael et Vriel *R1d* : dicentes *R1e* dixitque M. *Mf* dixit M. *Bc* ait etiam
M. ad Seth [et matrem eius *add. Up*] *R1b*   **8** similiter *Up R1d* : similiter
uos facite et *R1c* simili modo *Dr* et uos *R1e*

    49 1 uero : *om. Dr*   postquam : quo *R1b*   **1-2** cognoscens Eua
mortem suam *R1b+c+d* : cognouit E. quia moreretur et *R1e*   **2** filios
suos : *om. Mf*   **3** qui fuerunt cum Seth triginta fratres et triginta sorores
Up : scilicet Seth filium suum cum tr. fratribus et tr. sororibus *R1e* qui
fuerunt secum filios tr. et filias tr. duas simul lxii *R1c* qui fuerunt triginta
filii et triginta filie excepto Cayn et Abel et Seth *R1d* quorum° fuerunt in
numero lxii *Dr*

48 1 Et dixit iterum dominus ad Michaelem et Vrielem angelos: Afferte mihi tres sindones bissinas et expandite super corpus Adae, et aliis sindonibus uestite filium eius Abel, et sepelite Adam et filium eius. **2** Et processerunt omnes uirtutes
5 angelorum ante Adam, et sanctificata est dormitio illius mortis. **3a** Et sepelierunt Adam et Abel Michael et Vriel in partibus paradisi, uidente Seth et matre eius et alio nemine. **3b** Et dixerunt ad eos Michael et Vriel: Sicut uidistis, similiter sepelite mortuos uestros.

49 1 Post sex uero dies, postquam mortuus est Adam, cognoscens Eua mortem suam, congregauit omnes filios suos et filias, qui fuerunt cum Seth triginta fratres et triginta sorores.

R2   **48 1** et dixit iterum : et d. *B R2c Lm* d. *Du Bg* d.que *R2a*   dominus
Lm R2b+c : dom. deus *Wh* deus *Ve om. Bg*   Michaelem et Vrielem angelos [archangelos *Lm*] *R2d* : V. et M. ang. [archangelos *Wh*] *R2a* V. et M.
R2c M. et Gabrielem archangelos *Du* Vrielem et ad ang. *B*   **2** mihi
R2a+d B : om. *R2c Du*   bissinas : om. *Du*   **2-3** expandite super corpus
[caput *Wh (cf. Ko)* eius *add. Ve*] Adae *R2a+b+d* : extendite [duas *add. Vf*]
super c. A. *R2c*   **3** aliis sindonibus : **alia sindone** *R2*   uestite filium
eius Abel *Ve* : u. Abel f. e. [suum *Du*] *Wh Bg R2b+c* super corpus Abel filii
e. *Lm*   et sepelite Adam et filium eius : **om.** *R2*   **4-5** et processerunt
— illius mortis : om. *Bg*   omnes uirtutes angelorum ante [cum *R2a*]
Adam *R2a+c* : u. eorum archangelorum ad A. *B* uirtutes [angeli *Du*] ante
A. *Lm Du*   **5** illius mortis : eius m. *B* **m. illius** [eius *Wh*] *R2a+c Lm
Du*   **6** et sepelierunt : **sep. autem** *R2*   Adam et Abel Michael et
Vriel : [angeli *add. Ve*] M. et V. Adam et Abel [filium suum *add. R2c*] *Ve
R2c+d* M. et V. Adam et Abel in monte Ebron *B (ex Legenda Crucis; cf.
pag. 540)* angeli corpus Ade et Abel *Wh* ipsum et Abel *Du*   **6-7** in partibus paradisi *R2a+b+d Bd* : in -so *Vf*   **7** et alio nemine *B* : et [om. *Ve Lm*]
alius nemo *Ve R2d* et nemo alius *Wh* et aliis nemo *Du* et aliis non *R2c*
7-8 et dixerunt ad eos Michael et Vriel : et d. M. et V. [filiis Ade *add. Wh*]
R2a+d B : d. autem M. et V. *R2c* et d. angeli *Du*   **8** *post* uidistis [uidetis
Bg] *add.* sepelire *B Bg add.* **nos** [Adam *add. Ve Vf* Adam et Abel *add. Wh*
mortuos *Bd*] **sepelire** *R2a+c Lm Du*   similiter *Ve Bg* : sic sim. in posterum *R2c* ita *Wh* sic *B om. Lm Du*   sepelite : uos *add. Lm* et uos *add.
Du*   **9** mortuos uestros : u. m. *Bd*
     49 1 sex *Ve Du R2d* : septem *R2c B om. Wh*   postquam [quam *Wh
R2c* quod *Ve* quando *B Lm*] mortuus est [fuit *Wh*] Adam *R2a+c+d B* : post
mortem Ade *Du*   **1-2** cognoscens Eua : **Eua cognoscens** [recognoscens
B] *R2*   **2** suam : om *B*   congregauit : c. **ad se** *R2*   **2-3** filios suos et
filias *Ve* : f. et filias *R2c+d* f. [suos *add. Du*] et filias suas *R2b* filios *Wh*
3 qui fuerunt cum Seth triginta fratres et triginta sorores : scilicet xxx
fratres et xxx sorores *Wh* [et *add. B*] Seth [scilicet *add. Ve*] **cum** tr. **fratribus** et tr. **sororibus** *Ve R2d Bd B om. Du Vf*

R1   **4** dixit ad omnes *Up R1c* : et dixit Eua ad o. *R1d* ⟨et dixit⟩ ad eos *Dr*
dixitque Eua ad o. *R1e*   me : *om. R1e*   et referam uobis *R1c+d+e* : ut
ego ref. uobis *R1b*   *post* uobis *add.* quod uidi et audiui *R1e*   **5** postquam ego et pater uester *Up R1c+d+e* : quia *Dr*   transgressi : iniuste tr.
R1b   **5-6** praeceptum domini [dei *Dr*] *R1b+c+d* : pr. [mandatum *Ko*] domini dei *R1e*   **6** loco dixit nobis *scr.* compleuit Eua loqui ad omnes filios
suos sermone quo adam ante fecit et addidit *Up et postea simul cum Dr scr.*
cum essemus in oratione ego et pater uester apparuit [nobis *add. Up*]
sanctus M. dicens *R1b*   nobis : *om. Wf*   **6-7** praeuaricationes uestras
[*om. R1b*] *R1b+d+e* : -onem -ram *R1c*   **7** et generis uestri peccata *R1c*
Wf : et peccata uestra *R1b* et omnia uestra peccata *Ko* generi uestro
R1d   inducet *R1c Eb* : superinducet *Mu R1e* superinduxit nobis *Up* in-
dixit uobis *Dr*   *post* dominus *add.* et generi uestro *Dr* et generationi mee
Up   **8** primo [primum *Up*] per aquam secundo [secundum *Dr R1d*] per
ignem *R1b+c+d* : per aquam et ignem *R1e*   duobus *R1b+e Bc* : diebus *Mf*
duobus iudiciis *R1d*   **9** iudicabit : uindicabit uel iudicabit *Eb*   [omne
add. R1b+e] genus humanum *R1b+c+e* : h. g. *R1d*

50 1 me *R1b+c Eb* : *om. Mu R1e*   facite ergo *R1b+d* : facite uobis *Ko*
facite *Wf* et facite *R1c*   duas tabulas *R1b+c* : tabulas *R1d+e*   **1-2** lapideas et alias tabulas luteas de terra *R1d* : lapideas et alias tabulas de terra
lutea *R1c* de terra luteas et duas tab. lap. *R1b* lap. et alias luteas *R1e*
2 in eis *R1b+d+e* : in eam *Mf* in ea *Bc°*   omnem : omnes *Eb*   **3** meam
et [uitam *add. R1b*] patris uestri *R1b+c Wf* : nostram *Mu* uestram *Eb*
uestram et patris uestri *Ko*   quam *Mf R1d* : que *Bc°* et que *R1b* et omnia quae *R1e*   a [de *R1d*] nobis audistis et uidistis *Up R1c+d* : a nobis
uid. et aud. *Dr* aud. a nobis et uid. *Ko* aud. et uid. a nobis *Wf*   **4** si per
aquam [primum *add. R1b*] *R1b+c* : si primum per aquam *R1e* sed in aque
[aqua *Eb*] iudicio *R1d*   iudicauerit dominus *R1c* : iudicabit dominus
[deus *add. Dr*] *Dr R1d* diiudicabit dominus *Up* iudicauit *R1e*   genus humanum *Up R1c R1e* : g. uestrum *Dr* g. nostrum *Mu* gentem nostram
Eb   **4-5** tabulae illae de terra luteae [lutea *R1c*] soluentur et tabulae lapideae permanebunt [manent *R1c*] *Up R1c* : et tabula illa de terra soluitur
et tabule lapidee permanent *R1d* lutee dissoluentur et lapidee permanebunt
R1e tabule *Dr*   **5-6** illae de — ignem : *om. Dr*   **6-8** si autem — et
permanebunt : *om. R1d*   **6** per ignem *Up R1c* : primum per ignem
R1e   **6-7** iudicabit dominus genus nostrum *Up R1c* : *om. R1e*   **7-8** tabulae [*om. Dr*] lapideae soluentur et tabulae de terra [tab. de terra *om. Dr*]
luteae coquentur et permanebunt *R1b* : tab. lap. sol. et de terra lut. c. et
manent *R1c* lap. dissoluentur et lutee perdurabunt *R1e*

Dixit ad omnes: 2 Audite me, filii mei, et referam uobis:
5 postquam ego et pater uester transgressi sumus praeceptum
domini, dixit nobis Michael archangelus: 3 Propter praeuaricationes uestras et generis uestri peccata inducet dominus iram
iudicii sui primo per aquam secundo per ignem. In hiis duobus
iudicabit dominus genus humanum.

50 1 Sed audite me, filii mei, facite ergo duas tabulas lapideas et alias tabulas luteas de terra et scribite in eis omnem
uitam meam et patris uestri, quam a nobis audistis et uidistis.
2 Si per aquam iudicauerit dominus genus humanum, tabulae
5 illae de terra luteae soluentur et tabulae lapideae permanebunt. Si autem per ignem iudicabit dominus genus
nostrum, tabulae lapideae soluentur et tabulae de terra luteae

---

R2 4 dixit ad omnes : et d. Eua *R2a+d B* et d. *Du* dicens *R2c*   me : **om.**
R2   filii mei [*om. Ve*] *R2a+c+d Du* : f. mei et filie *B*   4 - **50** 1 et referam — filii mei : *om. Du*   4 et : quod *R2a+d* quid *B R2c*   5 ego : *om.*
B   5-6 transgressi sumus praeceptum domini : tr. su. [fuimus *Wh Lm*]
pr. [-pta *R2c*] dom. dei [*om. Vf* nostri *add. R2c Du*] *R2a+c+d Du* tr. s.
mandatum dom. *B*   6 archangelus : *om. Vf*   7 uestras *R2c+d B* : nostras *R2a*   et generis uestri peccata : et g. u. [nostri *Ve*] *Ve Bd Lm B* et
generationes uestras *Bg* super generationes nostras *Wh om. Vf*   inducet :
super indicabit *Ve* iudicabit [indicabit *Bdᵉ*] *Wh Bg R2c* subiudicabit *Lm*
superiudicabit *B*   iram *Wh R2c+d* : ira *B om. Ve*   8 sui : *om. Wh*
primo : primum *Ve*   secundo : postmodum *B*   8-9 in hiis duobus iudicabit dominus genus humanum : et [in *add. Ve Lm Vf*] h. duobus **iudiciis**
iud. dom. g. h. [h. g. *Lm*] *R2a+c+d* et hiis duobus -bitur omne g. h. *B*
    50 1 sed : **om.** *R2*   audite me *B* : a. *Lm* a. ergo me [*om. Bd*] *Ve Wh*
R2c def. Du (cf. 49, 4)   facite ergo : f. **uobis** *R2*   1-2 duas tabulas lapideas et alias tabulas luteas de terra : t. lap. et luteas de terra [de t. *om.*
B] *R2*   3 meam et patris uestri : p. u. et matris *Bg Du* **patrum** (*vel*
parentum) **uestrorum** *R2a+c B Lm*   3-8 quam a nobis — permanebunt : *om. Wh*   4 si per aquam iudicauerit *Ve R2c Lm* : si [cum
Du] per a. -cabit *Du Bg* si iudicium aque superuenerit *B*   dominus genus
humanum : dom. [deus *Du*] g. nostrum *Ve Du R2d om. R2c B*   4-5 tabulae illae de terra luteae soluentur : tab. i. [*om. Lm*] luteae de t. **dis-**
soluentur *Du R2d* tab. de t. dissoluentur *Ve R2* lutee tab. dissoluentur
B   5 tabulae lapideae permanebunt : tab. lap. etiam perm. *Ve* lap. perm.
R2c+d B perm. lap. *Du*   6-7 si autem per ignem iudicabit dominus genus
nostrum tabulae lapideae soluentur : si a. per i. iudicauerit [*om. Bd*] tunc
tab. lap. **dissoluentur** *R2c* si per i. iudicabit tab. [*om. Lm*] lap. [*om. Bg*]
dissoluentur [soluentur *Bg*] *Ve R2d* in igne uero lapidie dissoluentur *B om.*
Du   7-8 de terra luteae coquentur et permanebunt : l. de terra coq. *Ve*
R2d l. de t. melius exquoquentur *B* l. facte de t. per ignem c. *R2c* de terra
torquebuntur *Du*

R1   8 et cum haec dixisset *R1c+e Gz Kb* : haec [omnia *add. R1d*] cum dixisset Eua *R1b+d*   omnibus *Up R1c* : *om. Dr R1d+e*   9 orans : lacrimis
effusis *R1b*   inclinans *R1b+c+d* : flectens *R1e* (*cf. Pa*)   10 adorans
[adorabat *R1c*] dominum deum *R1c+d+e* : *om. R1b*   et *R1c+e* : *om.*
R1b+d
post agens *add.* deo *R1b*   11 tradidit *R1b+d+e* : emisit *R1c*

51 1 postquam autem factus est fletus magnus [magnus *om. R1d*] *R1d* :
post hoc cum fletu magno *R1b* et postquam factum est fecerunt filii eius
planctum magnum super eam *R1c* fleuerunt [que *add. Ko*] eam omnes filii
eius [sui *Ko*] *R1e*   sepelierunt *R1b+d* : et sep. *R1c+e*   2 omnes filii eius
R1b+d : *om. R1c+e*   et cum essent lugentes *R1c+d+e* : et erant l. in tristitia *R1b*   quattuor dies *R1c* : [per *add. R1e*] dies quattuor *R1d+e* per vii
dies *Dr* per multa tempora *Up*   3 apparuit [enim *add. R1b*] Michael archangelus [*om. Dr*] *R1*   Seth dicens *R1b+c Wf* : dicens ad Seth *R1d*
Ko   3-4 non amplius *R1b+c* : ne amplius *R1d+e*   4 quam sex [septem
Mu] dies [diebus *R1d*] *Up R1c+d* : vii dies *Dr om. R1e*   lugeatis : lugetis
Dr   mortuos uestros : mortuum uestrum *R1e*   4-5 septimus [-ma *R1c*]
dies [die *Mf*] signum est [est s. *R1c*] resurrectionis [Ihu Xti *add. Dr*] et
futuri saeculi requies [ac req. fut. saec. *R1b*] *R1b+c* : septimus dies res. est
fut. saec. *R1e* die resurrectionis est futuri seculi requies *R1d*   5-6 in die
septimo *Dr R1c+d* : in die septima *Up* ipso die *R1e*   6 omnibus [*om. R1e*]
operibus [*om. Up*] suis *R1b+c+e* : omni opere suo *R1d*

52 1 Seth fecit : S. [*om. Wf*] cepit *R1e*   1-2 tabulas magnas lapideas
et tabulas de terra luteas *Up R1d* : duas tabulas lapideas et duas luteas
R1c tab. lap. et luteas *Dr Ko* tab. luteas et lap. *Wf*   2 et composuit
[posuit *Up*] apices litterarum *Up R1d+e* : et composuit litteras *Dr om.*
R1c   et scripsit in eis *R1c+d+e* : scribens [in eis *add. Up*] *R1b*

coquentur et permanebunt. 3 Et cum haec dixisset omnibus
filiis suis, expandit manus suas in caelum orans et inclinans
10 genua sua in terram, adorans dominum deum et gratias agens,
tradidit spiritum.

51 1 Postquam autem factus est fletus ⟨magnus⟩ sepelierunt
eam omnes filii eius. Et cum essent lugentes quattuor dies,
apparuit Michael archangelus Seth dicens: 2 Homo dei, non
amplius quam sex dies lugeatis mortuos uestros, quia septimus
5 dies signum est resurrectionis et futuri saeculi requies, et in die
septimo requieuit dominus ab omnibus operibus suis[a].

52 1 Tunc Seth fecit tabulas magnas lapideas et tabulas de
terra luteas, et composuit apices litterarum et scripsit in eis

---

51 a. cf. Gen. 2, 2

R2 8-9 dixisset omnibus filiis suis : d. f. s. *Ve R2c+d* d. *Wh Du* audissent *B*
9 expandit : expandens *Du*   in caelum orans : **ad** c. o. *Wh R2c+d B* o.
ad c. *Ve* orans *Du*   et : *om. R2a*   10 sua : *om. Lm Du*   in terram
Bd : ad t. *Vf* in terra *R2a+b+d*   [et *add. R2d*] adorans dominum [*om.
Wh*] deum *R2a+c+d B* : *om. Du*   et gratias *B* : g.que *Ve Vf* g. *Wh R2d
Bd* et sic deo g. *Du*   11 tradidit spiritum *R2a+d Bd* : sp. tr.*Vf* emisit
sp. *R2b*
   51 1 postquam — fletus magnus : **om.** *R2*   sepelierunt eam omnes
filii eius : s. eam [Euam *R2a Bg*] omnes [*om. Du*] filii eius *R2*   2 essent
lugentes *R2a+d Du* : e. super sepulcrum l. *R2c* lugerent eam *B*   quattuor
dies : **septem diebus** *R2a+c+d B* diebus septem *Du*   3 *post* apparuit
add. ei *Ve* **eis** *Wh R2b+c+d*   Michael archangelus : angelus M. *B*
Seth : **om.** *R2*   dicens : d. eis *Lm*   homo dei : **homines dei** [*om. Bd*]
R2   3-4 non amplius quam sex dies lugeatis mortuos uestros : **amplius
non** [non amp. *Lm*] lug. [-bitis *B* non l. amp. *Bd*] m. u. quam **septem
diebus** *R2a+c+d B* amp. non lug. m. u. *Du*   4-5 quia septimus dies signum est resurrectionis : q. dies septimus [d. tertia *Ve* tertia d. *Du*] sig. res.
est *Ve Lm B° Du* dies enim septima est sig. res. *Vf* dies enim 7 sunt sig.
res. *Bd* dies vii significarentur *Bg°* die tertia resurrectionis apparuit *Wh*
5 et futuri saeculi requies *Ve Lm R2b* : et f. s. *R2c* et f. s. requiem (?) *Bg*
om. Wh   5-6 et [quia *Bg*] in [*om. B*] die septimo [septima *Ve*] *Ve R2b+d* :
in die enim septima *R2c* et *Wh*   6 requieuit dominus [deus *add. R2d*] ab
omnibus operibus suis [*om. Ve R2d*] *Ve R2b+c+d* : in bonis operibus re-
quiescunt *Wh*
   52 1 tabulas magnas lapideas *R2d B* : tab. lap. magnas *R2a* magnas
tab. lap. *Du* tab. lap. *R2c*   1-2 et tabulas de terra luteas et composuit
apices litterarum : *om. R2*   2 et scripsit in eis : **in quibus** s. *R2*

R1 3 sui Adae [Adam *Up*] *R1c+e* : sui [*om. R1d*] *Dr R1d*   Euae : *om.*
R1b+d   3-4 quam [que *Bc*] ab eis audiuit et quam [que *Bc*] oculis suis
uidit *R1c* : quam ab eis a. et u. [u. et a. *Wf*] *R1e* et omnia quae ab eis a.
[et quae oc. suis u. *add. Up*] *R1b* quam illis referentibus a. et oc. suis u.
R1d   4 et posuit *R1c+d+e* : posuitque *R1b*   medio domus *R1c* : m. domo *R1d* domo *R1b+e*   5 *post* sui *add.* Ade *Wf*   oratorio *R1b+c* : -rium
R1d+e   orabat Adam *Bc Eb* : A. orabat *Mu* orabat *Up Mf R1e* orabant
Dr   dominum *R1c* : ad dom. *Dr R1d* ad dom. omnipotentem *Up* ad
dom. deum suum *R1e*   diluuium : d. Noe *Dr*   6 a multis uidebantur
hominibus *Dr R1c* : a multis hom. [*om. R1d Ko*] uid. *Up R1d Ko* uid. a
multis *Wf*   tabulae illae scriptae *R1c* : lapidee tabule [scripte *add. Up*]
R1b lapides illi scripti *R1d* littere ille *R1e*   6-7 et a nemine legebantur
R1c+e : et minime l. *Up* et nullus sciuit eas legere *Dr* et negligebantur
R1d   7 Salomon autem sapientissimus [sapiens *R1c*] *Up R1c+d* : sapient.
autem Sal. *R1e* rex autem Sal. *Dr*   7-8 [ut *add. Up*] uidit lapides scriptos
Up R1d : uidit scriptam *R1c* uidit litteras *R1e om. Dr*   8 et [*om. R1b+d*]
deprecatus est *R1b+c+d* : et deprecans *R1e*   8-9 ut ostenderet ei quid
significarent *R1e* : ut ost. ei quid hoc esset aut quid significaret [-caretur
Up] *R1b om. R1c+d*   9 et apparuit ei *R1c+d* : ap. [autem *add. R1b*] ei [*om.*
Up Ko] *R1b+e*   domini *R1 b+c+d* : *om. R1e*   10 sum *R1b+d+e* : *om.*
R1c   manum *Bc R1d+e* : manus *R1b* manu *Mf*   Seth *R1b+c+e* : *om.*
R1d   10-11 ferro et digito lapides istos *R1b* : ferreo [feretro *Mu*] digito
suo Seth lapides *R1d* cum digito suo *R1c* litteras istas *R1e*   11 et ecce tu
R1b : ecce tu *R1d* et ecce *R1e* et *R1c*   [hanc *add. R1e*] scripturam *Dr Bc*
R1d+e : scripturas *Up Mf*   12 ubi [qui *R1b*] sunt lapides isti *R1b+d* : ubi
sunt quid contineant lapides isti omnes *R1c* et locus in quo sunt posite [est
posita *Ko*] *R1e*   et ubi oratorium erat *R1d* : et ubi fuerit or. *R1c* hic
enim erat or. *Dr* sunt enim ei at or. *Up* oratorium erat *R1e*   12-13 Adam
et Eua adorabant [orabant *Dr* orabant ad *Up*] dominum deum [*om. Bc*]
R1b+c+d : A. orabat dom. deum suum *R1e*   13 oportet te ibi *R1c+d* : hic
oportet te *R1b* oportet ibi *R1e*

uitam patris sui Adae et matris suae Euae, quam ab eis audiuit et quam oculis suis uidit. Et posuit tabulas in medio domus
5 patris sui in oratorio, ubi orabat Adam dominum. Et post diluuium a multis uidebantur hominibus tabulae illae scriptae et
a nemine legebantur. 2 Salomon autem sapientissimus uidit
lapides scriptos et deprecatus est dominum, ut ostenderet ei
quid significarent. Et apparuit ei angelus domini dicens: Ego
10 sum qui tenui manum Seth, ut scriberet ferro et digito lapides
istos. Et ecce tu eris sciens scripturam, ut cognoscas et intelligas ubi sunt lapides isti et ubi oratorium erat ubi Adam et
Eua adorabant dominum deum. Et oportet te ibi aedificare

R2 3 uitam patris sui Adae et matris suae Euae : u. p. sui [*om. Du Vf Bg*] et
m. [sue *add.* B Bg suorum *add.* Vf] R2a+b+c Bg u. p. s. Lm **3-4** quam ab
eis audiuit et quam ab oculis suis uidit : q. ab eis **didicit** [didicerat Lm] et
oc. suis uidit [uiderat Lm] R2a+d Du q. [ut B] didicit ab eis R2c B
4 tabulas : **eas** R2 **5** *ante* in oratorio *add.* scilicet R2c orabat Adam
dominum : o. A. ad dom. Lm **A. adorabat** [orabat Bg R2c] dom. R2a+b+c
Bg *post* orabat dominum *add.* B *excerptum ex Legenda Crucis (cf. pag.*
540-542) **6** a multis uidebantur hominibus tabulae illae scriptae : a [*om.*
R2c] **multis** [ammotis Lm] **hominibus** [*om.* B] **uidebantur lapides illi**
scripti [inscripti Ve Lm] R2 et R2a+d Du : sed R2c B **7** autem : *om.*
B sapientissimus : uir sap. R2b *ante* uidit *add.* ut [cum R2c] R2
8 scriptos : *om.* B et : **om.** R2 deprecatus est R2a+c+d Du : rogauit
B **8-9** ut ostenderet ei quid significarent : ut ost. ei scripturam eorum B
om. R2a+c+d Du **9** et apparuit ei : *om.* B angelus domini [dei Du]
Ve Du R2d : angelus Wh R2c archangelus Michael B **10** manum Ve
R2c+d B : manus Wh *om.* Du **10-11** ut scriberet — sciens scripturam :
om. Lm **10** ut scriberet ferro et digito : ut [dum R2a] scr. [ascriberet B
scripsit Wh] **dig. suo cum** [sine B] **ferro** R2a+b Bg cum scr. cum ferro
R2c **10-11** lapides istos : **in lapidibus** [et cereis *add.* Ve marmoreis *add.*
Bg] R2a+c Bg in lapidibus et in luto B in tabulis lapideis et terreis Du
11 ecce tu eris sciens scripturam : et eris sc. scr. Bg sciens [(esse) *add.* Du]
scr. Ve Du scies scr. B et ex eis scies scr. Vf et ex eis scripsimus *ab altera*
manu Bd *om.* Wh Lm cognoscas et intelligas R2a+d Vf : -catis et -gatis
Bd intelligas R2b **12** ubi : qui Du lapides isti Du : **omnes lap. i.** Ve
R2c B omnes i. lap. Wh lap. i. omnes Bg omnes i. Lm et ubi oratorium
erat : et ubi **erat or.** Ve R2b+c+d hic erat ad or. Wh ubi³ : **in quo**
R2 **12-13** Adam et Eua adorabant Ve Bg Du : A. et E. erant et ad. Wh
A. et E. orabant R2c Lm A. orabat B **13** dominum deum R2a+d Du :
dominum B R2c **12** et oportet te ibi : **et ibi op.** R2

R1 **14** domum orationis domumque [domum *Wf*] esse dei [d. e. *Wf*] *R1e* : domum or. et domum ecclesie dei *R1d* templum domini id est domum orationis *R1c* domum dei *R1b*   tunc *R1b+c+d* : et *R1e*   **14-15** Salomon suppleuit templum domini dei *R1c* : suppl. Sal. domum dei *Up* incepit Sal. templum dei et edificauit hoc (*spatium uerbi hic relictum*) vii annos *Dr* Sal. impleuit domini mandatum *R1d om. R1e*   **15** et uocauit litteras illas [*om. Dr*] *R1b+c* : uocauitque Salomon litt. il. *R1d* uocauit litt. il. [has litt. *Wf*] *R1e*   achiliacas *R1c+d* : aceliatas *Up* achalaicas *R1e* archatas *Dr* **16** quod est latine illabicas *Up* : quod [que *Mu* hoc *Dr*] est latine illibatas [sillabicas *R1d*] *Dr Bc R1d om. Mf R1e*   *post* illabicas *defecit Dr usque ad poema* De creatione Adae *intitulatum*   hoc est *R1c+d Ko* : hic est *Up* id est *Wf*   sine labiorum doctrina [doctrinis *Up*] *Up R1e* : sine librorum doctrina *R1d* sine uerborum doctrina *R1c*   **17** digito Seth *R1c+e* : digito cum Seth *Up* digitis *R1d*   [et *add. R1d*] tenens manum [manus *R1d*] eius angelus domini *R1c+d* : manu eius tenente angelo domini *Up om. R1e*

    53 **1** in ipsis lapidibus *Up R1d* : ipsos lapides (?) *R1c* in ipsa scriptura *R1e*   inuentum est : inuenta sunt omnia quae in isto libro geneseos inueniuntur tu autem domine miserere nostri amen *Up et postea desi* **2-3** dicens ante [dicit autem *Eb*] diluuium de aduentu Christi domini [*om. R1d*] *R1c+d* : ante diluuium de aduentu Christi dicens *R1e*   **3** ueniet dominus [*om. Eb*] *R1c+e Eb* : uenit dom. *Mu*   milibus *R1c Mu Bc Wf* : nubibus *Eb* **4-5** et arguere omnes impios de omnibus [malis *R1e*] operibus suis *R1d+e* : de operibus hominum et locutionibus *R1c*   **5** *post* suis *des. R1e*   locuti [sunt *add. R1d*] de eo *R1c+d*

domum orationis domumque esse dei[a]. **3** Tunc Salomon sup-
15 pleuit templum domini dei. Et uocauit litteras illas achiliacas,
quod est latine illabicas, hoc est sine labiorum doctrina scriptas
digito Seth, tenens manum eius angelus domini,

    53 et in ipsis lapidibus inuentum est quod prophetauit sep-
timus ab Adam Enoch, dicens ante diluuium de aduentu
Christi domini: Ecce ueniet dominus in sanctis milibus suis facere iudicium et arguere omnes impios de omnibus operibus
5 suis, quibus locuti sunt de eo peccatores et impii murmuratores

---

52 a. cf. Is. 56, 7

R2 **14** domum orationis domumque esse dei : domum or. et domum esse [e. d.
Lm] dei *R2a+d* domum orationis scilicet domum dei *R2c* domum dei et
domum or. *Du* domum domini domum or. *B*   **14-15** suppleuit — dei et :
om. B   suppleuit templum domini dei : suppl. templum [domum *Bg*]
dei *Wh R2d* suppl. templum domini *R2c* impleuit templum *Du*   **15** litteras illas *R2d* : il. litt. *Du* litt. *R2a* tales [has *add. Vf*] litt. *R2c* illas tabulas
B   achiliacas : achillicas *R2a+d B* achileas *R2c* stillatas *Du*   **16** quod
est latine : q. e. **in latino** *R2a+d Vf Du* latine *B* quod est *Bd*   illabicas
R2c+d B : sillabicas *R2a* inlabias *Du*   hoc est *Lm* : et hoc est *R2a* **id est**
Bg R2c B scilicet *Du*   **16-17** sine labiorum doctrina scriptas digito : sine
lab. doct. inscriptas digito [scriptas dig. *B* inscr. dig. *Bg*] *R2d B* sine labiis
doctrina inscripta dig. *Du* sine laborum doct. dig. scriptas *R2a* sine digi-
torum labore scriptas *R2c*   **17** Seth tenens manum eius angelus domini :
om. R2

    53 1 in ipsis lapidibus inuentum est quod : in [*om. Ve*] ipsis [istis *B* hiis
Du] lap. **inuenta sunt que** *R2*   **1-2** septimus ab Adam Enoch : **Enoch**
septimus ab Adam *R2*   **2-3** ante diluuium — Christi domini : **om.**
R2   **3** ecce ueniet [uenit *Ve Du*] dominus [dom. u. *Lm*] *R2a+c+d Du* : et
uenit deus *B*   **3-4** in sanctis milibus suis facere iudicium : in s. suis f.
[*om. Vf*] iud. [iud. f. *Lm*] *Ve R2b+c+d* f. iud. cum s. suis *Wh*   **4** et arguere omnes impios : **om.** *R2*   **4-5** operibus suis : op. [et uerbis *add. Lm*
Du] *R2b+d Vf* operantibus *R2*   **5** quibus locuti sunt de eo peccatores :
[et *add. B*] que locuti sunt [sumus *Lm Du*] de eo [ipso *Du*] peccatores
[potentes *Du*] *R2b+d* qui locuti sunt de deo peccatores *R2a+c*   et [*om.*
Wh Du] impii murmuratores *R2a+d Du* : et imp. et [atque *Vf*] mur. *R2c* et
iniqui et murmurantes *B*

R1 6 querulosi *R1d* : irreligiosi *R1c*   concupiscentias suas *R1c* : -tiam suam
R1d   7 *post* superbiam *add.* etc. *et des. Bc*
　　54 1 Adam post lx dies introiuit in paradiso anno VII° *Mf R1d et postea
des.*
　　Explicit *in fine add.* de creatione ade ossa de lapidibus carnem de terra
sanguinem de mare cor de vento mentem de nube oculi de sole sudorem de
rore crines° de erbis explicit expulsio ade de paradiso *et des. Dr*

et querulosi, qui secundum concupiscentias suas ingrediuntur, et os eorum locutum est superbiam[a].

54 Adam post lx dies introiuit in paradisum anno VII[o].

---

53 a. cf. Iudae 14-16

R2 6 et querulosi *Lm* : et querelosi *R2a B* et que uermosi *Du* et inreligiosi *Bg* om. *R2c*   qui secundum concupiscentias suas ingrediuntur : om. *R2* 7 os eorum : [et add. *R2a+d Du Vf*]2 **quorum** os *R2*   post superbiam add. *B excerptum ex Legenda Crucis usque ad terminum (cf. pag. 542-544)*

54 1 Adam post lx dies introiuit in paradisum anno VII[o] : Adam uero post xl dies intrauit paradisum et Eua post lxxx et fuit Adam in paradiso annis vii et in ipso die in quo peccauit Adam omnes bestie mutauerunt se [etc *add. Wh*] *R2a et desinit Wh* et in ipso die in quo peccauit Adam omnes bestie mutauerunt se *Lm et des.* notandum autem quod Adam post xv [postquam 15 *Vf*] dies intrauit [intrauerit *Vf*] paradisum et Eua post lxxx [80[a] *Vf*] et fuit Adam in paradiso septem diebus et in [om. *Bd*] ipso die [in add. *Bd*] quo peccauit Adam omnes bestie se secundum statum suum mutauerunt *R2c*

Explicit *in fine scr.* finitur tractatus de uita Ade et Eue et morte eorum *Ve* explicit libellus breuiter tractans de uita Ade et Eue et de morte ipsorum nec non de sepultura eorum *Bd* sic est finis huius operis. Laus deo in perpetuum. Explicit penitentiale Ade et Eue et de uita et morte eorumdem deo gratias Amen Amen *Vf* penna precor cessa / quoniam manus est mea fessa / hic pennam fixi / penitet me si male scripsi / Adam primus homo / damnauit secula pomo / Adam degebat . afos Adrifex (?) *add. et desinit Du*

Variantes communes aux trois témoins du groupe R3

Sont ici recueillies les variantes qui distinguent le groupe R3 de la rédaction R1 et qui donnent à ce groupe sa singularité. Dans la grande majorité des cas ces variantes sont attestées par les trois témoins, bien que le texte dans lequel elles sont insérées puisse différer d'un témoin à un autre (¹).

Titulus Vita de Adam et Eua *Mu* : De Adam et Eua *Sw* Penitentia priorum parentum scilicet Ade et Eue *Sg titulum non habet Sc*

1 1 cum expulsi fuissent Adam et Eua de paradiso : Adam (uero *add. Sc*) et Eua cum expulsi fuissent de paradiso uoluptatis *R3*

2 1 *post* esurire *add.* Adam et Eua *R3*

3 2 escam qualem habebant : escam talem qualem prius [antea *Sg Sc*] habebant [-uerunt *Sw* -ebat *Sg*] *R3* **3** putasne [putas *Sw Sg*] moriemur fame *R3* **4** utinam ego morerer : utinam [ego *add. Sg*] mortua essem *R3*

4 6 indulgebit : indulgeat nobis *R3* **7** et disponet : et disponat *R3*

5 2-3 nobis imponamus : nobis imponemus *Sc* nobis impugnem *Sg* incurramus *Sw* **4-5** si ut promittimus non adimpleamus : pro qua re implere non possumus [non p. i. *Sc*] quod illi promisimus *Sg Sc* pro re quam implere non possumus *Sw* **5-6** quantum cogitasti me paenitere : quantam cogitasti me penitere penitentiam *Sg Sc* quanta tamen cogitasti me penitere *Sw* **6** paenitebo : *om. R3*

6 1 quantos : ut *Sw* sicut *Sg Sc* **6** inmunda *Sc* : indigna *Sw Sg*

7 1-3 et ambulauit — in aqua : *summatim scr.* et fecerunt *Sw* (*cf.* sicque gesserunt unanimiter *Pa*) **1** dixit : dixerat *Sg* dixerat ei *Sc def. Sw*

8 1-2 segrega natantia : agrega [congrega *Sc*] natantia *R3* **2** pariter : *om. R3*

9 1 et transierunt : usque [*om. Sw*] dum transissent [transierunt *Sc*] *R3* **5** non plores : non orabis *R3* **6-7** audiuit dominus : dominus deus audiuit *R3* **9** et darem : et ut darem [ostenderem *Sg* ostendam *Sw*] *R3* **10** pro quo plangitis : *om. R3*

10 2 frigore : frigiditate *Sc* **3** esset : fuisset *Sw Sg* erexit eam angelus diabolus : leuauit eam ang. [d. *add. Sw*] de terra *Sw Sg* ang. d. eleuauit eam de terra *Sc* **5** exclamauit : clamauit *R3*

11 9 inuidiose *Sg* : dolose *Sw Sc*

12 3 de gloria mea : de celo [paradiso *Sc*] et de gloria mea *R3* alienatus sum : *om. R3* **7** cur nos : quid nos [gratis *add. Sw Sg*] *R3*

---

(1) Voir plus haut, p. 144-145.

13 **1** ad Adam : o tu A. *Sw* o A. *Sg Sc*   **1-2** mihi fecisti : m. fecisse *R3*   **2** in die enim qua : in quo *Sw Sg* inde enim quod *Sc*   **3** proiectus sum : proprie proiectus sum *Sc* eiectus sum de paradiso *Sw Sg*

14 **7** prior illi sum : prior enim illius sum *Sc* nonne creatura prior illius sum *Sw Sg*   **7-8** ego iam factus eram *Sg Sc* : iam creatus eram *Sw*

16 **1-2** cum angelis meis expelli : e. cum a. m. *R3*   **2** et misit nos : et emisit nos *Sw* et mitti [emitti *Sc*] nos *Sg Sc*   foras de gloria nostra : foris de [a *Sg*] gl. n. *Sg Sc* foras angelis *Sw*   **3** in hunc mundum exules facti sumus : expulsi sumus in h. m. *R3*   **5** quia exspoliatus sum *Sw Sg* : cum expulsus sum *Sc*   **7** de deliciis laetitiae tuae : de tuis deliciis [del. t. *Sc*] *R3*   **8** ego *Sc* : ego pro [per *Sg*] te *Sw Sg*

17 **2** uita mea : *om. R3*   **5** non apparuit diabolus : diabolus disparuit *R3*

19 **4** circa eam : cum ea *R3*   **6-7** Adae domino meo : dom. deo Adam *R3*

20 **1** planctus : pl. Euae *R3*

22 **2-3** per Michaelem angelum semina diuersa et dedit Adae : angelum qui ferebat [ei *add. Sw*] diuersa semina et dedit ea A. *Sw Sg* per manus angelorum tunc diuersa semina et dedit A. *Sc*   **5** filium nomine Abel : f. alium n. A. *Sg Sc* filium A. *Sw*   **6** in unum *Sc* : insimul *Sw Sg*

23 **1-2** cum dormiebam uidi per uisum : d. et uidi uisum *Sw Sg* uidebam in sompnis cum dormiebam *Sc*   **2-3** quem manibus suis Cain prodebat : manibus C. [quem *add. Sw*] tenebat *Sw Sg* manibus suis C. *Sc* **3-4** uae mihi : ue *Sc* ue ue *Sw Sg*   **4** ne forte [*om. Sc*] interficiat Cain Abel *Sc* : int. C. Abelem *Sg* -ciet C. Abel *Sw*   **8-9** cum annorum centum et uiginti duorum esset *R1d* : cum esset annorum xxx (xxxii *Sc*] *R3* *postea add.* erat autem tunc Adam annorum quasi lxx *Sc*

24 **4** annos octingentos [= dccc] : viii c annos *Sc* CCC^{os} annos *Sw Sg* **5** simul sexaginta tres filios et filias : et simul [insimul uero *Sc*] collecti fuerunt lxiiii^{or} [*Sw* lx *Sc* *unum uerbum illegibile in Sg*] *R3*

25 **3** cum essemus in oratione : quando [ego *add. Sc*] fui in Iordane et mater tua *R3*   **7-8** antecedebant currum — milia angelorum : *om. R3*

26 **5** oboedisti illi : o. ei plus [plus ei *Sc* amplius *Sw*] quam mihi *R3*

27 **1** haec uerba dei audiui : h. u. audissem *Sc* audissem hec *Sw* hec audissem *Sg*   **3** sancte et pie : s. deus et pie *Sg* deus sancte et pie *Sc* et pie *Sw*   **3-4** nomen memoriae maiestatis tuae : nomen [meum *add. Sw*] memorie tue *R3*   **7** uerbum tuum incendit me : u. [tuum *add. Sg Sc*] ascendit in me *R3*   **9** tolletur : tollitur *Sw Sc* tolle *Sg*

28 **1** ista uerba dei audiui : haec uerba audissem *R3*   *ante* prostraui *add.* plus *R3*   **2** adoraui dominum : oraui dom. [deum *add. Sc*] *R3* **4** omne lumen fulgens : omne lumen *Sc* omnes *Sg* (hominem) *Sg* **4-5** magnitudinis uirtus uiuens : magna uirtus uiuens [uiuus *Sw*] deus *R3*   **5** tibi dant honorem et laudem spiritalem : tibi damus h. et l. [l. et h. *Sc*] spiritualem [*om. Sc*] uiuenti [uiuentem *Sw*] in secula *R3*   **6-7** magnalia misericordiae tuae : mag. et -diam tuam *Sc* magnam -diam tuam *Sw Sg*   **10** gelauerunt : congelauerunt *R3*

29 1 donec pertransiui : et transiui [et transiebam *Sg* transiuimusque *Sc*] super aquas *R3*   et Michael pertransiuit [transiuit *Sc*] mecum *Sc* : *om. Sw Sg*   2 unde me rapuit *Sc* : meum *Sw Sg*

29 3 caetera mysteria futura sacramenta : certa m. f. s. *Sc* f. s. et (uera) misteria *Sg* futura sacramenta (mala mala ?) *Sw*   4 per lignum scientiae *Sw Sg* : per reuelationem in sopore dei *Sc*   8 sanctificabunt : s. eum *Sc* -bant eas *Sw* -bit eos *Sg*   8-9 habitationis illius maiestatis : habitationis [habitatoris *Sw*] glorie il. *R3*   10-11 domum [*om. Sg*] deo suo *Sg Sc* : domino suo tabernaculum *Sw*   12 sanctuarium eorum : s. eius *R3*   17 iniquitas aequitatem : iniquitatem iniquitas *Sc* iniquitatem equitas *Sw Sg*   19 et non poterunt : et [ut *Sc*] non possunt *R3*   24-25 et non praeteribunt praecepta eius nec mutabunt opera sua : non enim pretereunt precepta illius non mutant opera eius *Sg* nec pretereunt nec opera illius mutantur *Sw* non enim pretereant mandata domini *Sc*

30 1-2 nongentorum et triginta annorum *Sc* : nonginta [cccccccc *Sg*] annorum *Sw Sg*   6 orabat *Sc* : orabant *Sw Sg*   7-8 et quare iaces in lecto tuo : ad lectum tuum [et *add. Sc*] quare iaces [hodie *add. Sc*] *R3*   9 doloribus : in doloribus istis *Sc* causa doloribus *Sw Sg*   9-10 quid est pater male habere doloribus : [pater *add. Sc*] quid [quot *Sw*] sunt dolores tui tam mali *R3*

31 1 *post* Seth *add.* memor priorum patris dolorum [d. p. *Sc*] pro ut ad [prout *Sg* post *Sc*] interrogationem aliorum *R3*   1-2 forte desiderasti de fructu paradisi ex quo edebas : opinor te de paradiso fructum [*forte pro* fructus] desiderare de quibus prius edebas et infirmatum fuisse *Sw* opinor te de -si fructuum desideratione [des. fr. -si *Sc*] de quibus prius [*om. Sc*] edebas inf. fuisse *Sg Sc*   3 et uadam : ut uadam *R3*   3-5 et mittam — portas paradisi : *om. R3*   6 *post* suum *add.* ad me *Sw* ad uos *Sg*   8 - **32** 1 non hoc — respondit Adam : *om. Sc*   9-10 respondit Seth — nobis abscondere : dixerunt omnes filii eius quomodo infirmaris dic nobis et noli nobis abscondere siquidem [si quatenus *Sg*] conscius ipse [i. c. *Sg*] sis *Sw Sg def. Sc*

32 2 fecit nos dominus me : f. me deus [dom. *Sc*] *R3*   paradisum : par. uoluptatis *R3*   5 autem : ante *Sw Sg* quoque *Sc*

33 5 manducaret *Sc* : comederet *Sw Sg*   manducauit : m. [comedit *Sw Sg*] ipsa *R3*

34 4 diuersis doloribus *Sc* : de [*om. Sw*] diu. dol. plenas *Sw Sg*   5-6 haec deputauit in flagellationem dolorum una cum ardoribus : hoc -abat in flationem dol. una cum arboribus *Sg* hec -abat in flagitione dol. pro transgressione fructus arboris *Sc om. Sw*

35 1-3 comprehensus est — tantis doloribus : fleuit [exclamauit magnis uocibus et dicebat quid faciam infelix positus in tantis doloribus *Sc*] comprehensus enim erat in magnis doloribus *R3*   5 dolores eius : obsecro d. e. *Sc* d. ipsius obsecro *Sw Sg*   6 dolorum tuorum : de doloribus tuis *R3*   7 mea culpa : propter peccata mea *R3*

36 1-2 prope ad portas paradisi : ad proximas par. p. *R3*

37 5 praeceptum : precepta *Sw Sg* mandata *Sc*   uoce magna : *om. R3*   7 et ausa es pugnare cum ea : *om. R3*

38 4 manducares de fructu : m. [comederes *Sg* comedes *Sw*] fructum *R3*   5-6 si tibi coepero exprobrare : si tibi incipiam [i. t. *Sw*] comprobare *R3*

39 3 confuse perdite : *om. R3*   4 dominus deus iusserit ... te : deus [dominus deus *Sc*] miserit te *R3*   in comprobationem te perducere : perduci in comprobationem *Sw Sg* in comprobationem producere *Sc*   6 a Seth palpato dentibus : *om. R3*

40 1 ambulauerunt contra : amb. [uenerunt *Sw Sg*] ad *R3*   2 infirmum : *om. R3*   3 et peruenientes [peruenerunt *Sc*] Eua et Seth portas paradisi : *om. Sw Sg*

41 1 horis multis et deprecantibus : *om. R3*   3 et ego constitutus sum : et constitutus a deo *Sc* et [ego *add. Sg*] sum constitutus a domino *Sw Sg*   corpus : genus *Sc*   4 Seth homo dei : o homo dei S. *R3*   lacrimare *Sc* : frustra laborare *Sw Sg*   5 ut *Sc* : quo *Sw Sg*

42 3 ueniet super terram : ueniet *Sc* ueniens *Sw om. Sg*   4 Christus filius dei : dei filius C. *Sw* filius dei Christus *Sg Sc*   5 ueniens : *om. R3*   7-8 perunget omnes credentes in se [in se cred. *Sc*] et erit oleum misericordie *Sc* : dabitur *Sw Sg*   10 tunc descendens in terram : quando autem descendit in terram *Sw* tunc ascendet [in terram *add. Sg*] *Sg Sc*

43 1 Adam : *om. R3*   2 sex : septem *R3*   5 Eua et Seth *Sc* : S. et E. *Sw Sg*   et tulerunt : attulerunt *Sw Sg* attuleruntque *Sc*   6 odoramenta *Sw Sg* : adoramenta que eis sunt data ab angelo *Sc*   hoc est : uidelicet *Sc*   et calamitem et : *om. R3*   *post* cynamomum *add.* ramumque arboris paradisi *Sc*

44 1-2 et cum [cumque *Sc*] peruenissent Eua et Seth [-nisset S. et mater eius E. *Sc*] ad Adam dixerunt ei *Sc* : et dixerunt Adae *Sw Sg*   2 serpens momordit : uidelicet s. momorderat *Sc* serpens [*om. Sg*] momordisset [morserat *Sg*] *Sw Sg*   4-5 et hoc quod : et quid *R3*   5 *post* fecisti *add.* hoc [(hiis) *Sw*] post mortem nostram *R3*   refer filiis tuis : referunt [*om. Sw Sg* idipsi *add. Sg*] filii nostri [hec *add. Sc*] *R3*   5-7 qui exurgent — nos dicentes : multi ex nobis exurgent quorum quidam laborem non sustinentes deficient et maledicent nos dicentes *Sc* multi ex nobis duobus exurgentes [exurgent *Sc*] quorum quidam laborem non sustinentes [sustinere non possunt *Sw*] sed deficientes maledicunt nobis dicentes *Sw Sc*

45 1 et : et deinde *R3*   Michael : M. archangelus *Sw Sg*   5 illius *Sw Sg* : illius in speluncam *Sc*   6 suos : istos *R3*

46 2 et cum esset Seth amplectens : tunc S. cum esset amplexus *Sc* cum autem [antequam *add. Sg*] amplecteretur Seth *Sw Sg*   4 intextans manus super caput : intextas manus suas super caput haberet [habebat *Sg*] *Sg Sc* dexteram manum suam super caput haberet *Sw*   6-7 exsurge a corpore : surge super [ante *Sc*] corpus [caput *Sw*] *R3*   9 eius *Up R1d* : sui *R3*

47 1 canentes tubis *R1d* : coram eo stantes et laudantes dominum deum et cum tubis canentes laudes ei [et *Sw*] *R3*   3 Adam *Sg Sc* : animam Ade *Sw*

48 2 bissinas : et bissinos *Sg* bissinosque *Sc* et bissos *Sw*   3 aliis sindonibus uestite filium eius Abel : alios sindones sumite [*om. Sw*] et uestite

Abel filium eius *R3*   **4** et² : et [*om. Sw*] statim *R3*   **5** *post* Adam *add.*
[et *add. Sc*] in conspectu [domini *add. Sc*] dei sui *R3*   **6-7** in partibus —
alio nemine : *om. R3 qui scr.* sicut iusserat dominus deus *R3*   **8** sicut uidistis : *om. R3*

49 1 post sex uero dies : post [uero *add. Sc*] septem dies *Sg Sc om.*
Sw   **1-2** cognoscens Eua mortem suam : cognouit [et *add.Sc*] E. quia et
[quod *Sc*] ipsa moreretur *R3*   **3** qui fuerunt — triginta sorores : *om. R3*

50 1 sed : sed nunc *R3*   **1-2** tabulas lapideas et alias tabulas luteas de
terra : t. lap. de petra et alteras t. de terra luteas et per ignem compactas
Sc t. lap. et non luteas *Sw Sg*   **4** si per aquam *Sc* : si [sed et *Sw*] enim
super aquas *R3*   **4-8** tabulae illae — coquentur et permanebunt : t. lap.
non dissoluantur et t. lutee per ignem decoquantur et cum dominus deus
per ignem mundum iudicauerit permaneant *Sc* tabule lutee soluentur et
pereunt sed lapidee manent *Sw Sg*

51 1 postquam autem factus est fletus magnus : fueruntque ibi omnes
filii eius [hec uidentes et super eam flentes *add. Sc* et filie *add. Sw Sg*]
R3   **2** *post* eam *add.* cum uiro suo Adam *Sc*   **4** lugeatis mortuos uestros : lugeas m. tuos *R3*   **6** omnibus operibus suis : omni opere suo [*om.*
Sw Sg] *R3*

52 1-2 tabulas magnas lapideas et tabulas de terra luteas : t. lap. et luteas coctas *Sc* t. magnas lap. *Sw Sg*   **2** in eis *Sc* : per eas *Sw Sg* **3-4**
quam ab eis audiuit et quam oculis suis uidit : et omne quod uidit et audiuit ab eis referentibus *Sw* omne quod uidit [et audiuit *add. Sc*] ab eis
[ipsis *add. Sc*] referentibus et [quod *add. Sc*] ipse oculis suis uidit *Sg Sc* (cf.
A)   **4** tabulas : scriptas *Sg*   **6** tabulae illae scriptae : lapides [illi *add.*
Sc] scripti *R3*   **6-7** et a nemine legebantur *Sc* : *om. Sw Sg*   **7-8** Salomon
autem [uir *add. Sc*] sapientissimus [ut *add. Sc*] uidit lapides scriptos *Sc* :
donec peruenit ad tempus regis Salomonis *Sw Sg*   **8-9** ut ostenderet ei
quid significarent : ut ostendere dignaretur sibi quid significarent *Sc* ut ei
ostendere dignaretur quod illi lapides scripti significarunt *Sw Sg*   **9** *post*
angelus domini *add.* et reuelauit ei omnia que scripta erant in istis tabulis
relictis *Sc*   **10** ferro et digito : ex stilo ferreo digito suo *Sg* ferreo stilo
digito suo *Sc* stilo ferreo digitis suis *Sw*   **11-12** et ecce — oratorium erat :
scripture autem tabularum significent ut oratorium fiat *Sc*   **12** ubi sunt
lapides isti et ubi oratorium erat : quid [quod *Sw*] isti lapides et scripture
significarent [signant *Sw*] et oratorium *Sw Sg*   **14** *ante* domum orationis
add. templum decoratum interius scripturis et litteris et *Sw*   **14-15** tunc
Salomon suppleuit templum domini dei : tunc Salomon ut audiuit [uerba
hec *add. Sc* ibi *add. Sg*] compleuit omne quod ab eo didicerat [d. ab eo *Sg*
-cit ab angelo *Sc*] et in illo loco templum domino [domini *Sc*] edificabat
R3   **15** et uocauit litteras illas achiliacas : et tulit ad se litteras et uocauit
eas achyleitas [achilaycas *Sc*] *R3*   **16** quod est latine illabicas : *om. R3*
hoc est sine labiorum doctrina scriptas : hec (sine) labiorum doctrina
scriptas *Sc* quod sonat labiorum doctrinam scripta *Sw Sg*

53 3 ecce : sic ecce *Sc*   **5-7** quibus locuti — superbiam : quibus locutus est dominus peccatores impii murmuratores et qui sedent in concu-
piscentia sua ingrediuntur quorum os locutum est superbiam *Sw* quibus
locutus est dominus deus peccatores et impii murmuratores concupiscentias

suas ingrediuntur et os corum loculam est superbiam *Sg* quibus luculus est deus quoniam peccatores et murmuratores impii et qui secundum concupiscentias suas ingrediuntur et os eorum locutum est superbiam a domino deo iudicabuntur *Sc*

54 1 Adam — anno VII° : Adam uero post quadraginta dies introiuit in paradisum domini et Eua post octoginta dies et fuit Adam in paradiso septem annos *Sc et des.* Adam uero post quinque milia annorum introiuit in paradisum [domini dei *add. Sw*] dicens Benedictus dominus [in maiestate sua Amen *add. Sw* etc *add. Sg*] *Sw Sg et des.*

Vie d'Adam et Ève

Édition du manuscrit de Paris, BnF, lat. 5327

Pa

INCIPIT VITA ADE ET EVE

1 1 Cum expulsi fuissent Adam et Eua de paradiso, fecerunt [81ᵛ] sibi tabernaculum et fecerunt septem dies lamentationem in magna tristitia.

2 1 Post septem dies ceperunt esurire et querebant sibi escam ut manducarent et non habebant. **2** Et dixit Eua Adam: Esurio, uade, quaere nobis escas, usquequo esuriemus, utinam
miserebitur nobis dominus deus et reuocet nos in locum pri-
5 stinum.

3 1 Surgens uero Adam quesiuit septem dies sibi edulium et non reperit. **2** Et dixit Eua ad Adam: | Domine meus, putasne [82ʳ] fame deficiamus? Vtinam ego mortua fuissem! forte intro-
duxisset te iterum in paradiso dominus deus quia propter me
5 iratus est ualde. Vt quid non trucidas me? **3** Respondit Adam: Noli talia referre ut non iterum mittat maladictionem super nos. Quomodo mittam manum meam in carne meaᵃ? Sed surgamus querere uictum et non deficiamus.

4 1 Et quesierunt septem dies nilque inuenerunt, nisi tantum pastum animalium. **2** Dixitque Adam ad Euam: Quid nobis referre queo? Nobis angelica aderat uita. Vt quid patrauimus talia? **3** Sed iuste digne plangimus et ueniam flagitemus. For-
5 sitan indulgeat dominus annuetque uiuendi uictum.

5 1 Respondens Eua: Quomodo peniteamus et misereatur deus? Verum tamen pro posse nostrum agere debemus et ego maius debeo quia subduxi te.

6 1a Dixitque Adam: Nequis tantum paenitere ut ego. Ego pergam quadraginta diebus ieiunium. **1b** Tu autem sta in flumen Tigris super quandam rupim in limpham usque ad collum,

---

3   a. cf. Gen. 2, 23

---

3 2 ad Adam *correxit Meyer* : et Adam *Pa*   **3** *post* mortua fuissem *add. supra lineam* an moror mor(te ...) *Pa sec. manu*   **6** mittat *Meyer* : mittet *Pa*

4 2 ad Euam *correxit Meyer* : et Eua *Pa*

5 1 respondens *Pa* : respondit deus *legit Meyer*

6 2 pergam *Pa* : peragam *correxit Meyer*

et tuo non procedat sermo de ore, quia haud digni sumus do-
5 minum flagitare, quia ex ore malum cummissimus inorrme.
2 Ego in amne Iordanis quadraginta dies et tu triginta et tres
in latice Tigris, quamquam hoc altitonans miserebitur nobis.

7 Sicque gesserunt unanimiter.

8 1 Talique modo flens imfit Adam: Tibi inquio, Iordanis,
luge super me, et ea quae in te sunt cundolent mecum, **2** non
se sed me, qui ipsi non egent sed ego. **3** Actutum Iordanis ad-
stitit illumque circumdedit cursumque non peregit.

9 1 Sicque transierunt dies decim et octo. Tunc milleformis
Settan transfigurauit se in claritatem angeli[a] et iuit quo Eua in
flumine Tigris aderat, **2** reperitque eam flantem. Tunc ipse diabolus quasi condolendo dixit ei: Te cio, egredere de aqua, noli
5 lugere maius. **3** Audiuit enim dominus gemitum uestrum ue-
stramque suscepit lamentationem, et nos omnes angeli
unanimiter pro uobis supplicantes, **4** quapropter misit me uos
de limpha educere et alimenta pristina reddere. **5** Exi ilico se-
quere me.

10 1 Haec audiens ipsa nimis credula processit ex aqua, ca- [82^v]
roque eius admodum tincta de frigore amnis. Et post pusillum
cecidit in faciem solo tenus. **2** Sicque erigens eam diabolus una
carpserunt iter usque dum uenientes quo Adam fuerat. **3** Ac-
5 tutum dum eam ipse perspiceret, exclamans cum fletu inquid:
O Eua, ut quid patrasti talia? Quomodo iterum es seducta?

11 1 Haec audiens Eua recordata est antiqui facinoris et se
iterum affore inlusa, cecidit in terram geminatusque est dolor

---

9   a. cf. II Cor. 11, 14

---

4 sermo : *add. Pa supra lineam*   haud digni *scripsi* : hau digni *Pa Meyer*
7 hoc *Pa ante corr.* : o *Pa post corr.* (h *et* c *erasit corrector*) hoc (?) *Meyer*
     9 2 Settan *Pa* : satan *Meyer*   **4** te cio *scripsi* : tecio *cod.* cito *proposuit*
Meyer   **5** lugere *Meyer* : lugure *Pa*   **8** educere et alimenta pristina
correxit Meyer : etuterae elimenta pritina *Pa*
     10 3 cecidit *Meyer* : secidit *Pa*   erigens *correxit Meyer* : eriens *Pa*
5 ipse *Pa post corr. supra lineam*
     11 2 cecidit *correxit Meyer:* sesidit *Pa prima manu*, secidit *Pa secunda*
manu

eius, **2** dicens: Ve tibi, diabole, ut quid nos persequeris? Aut quid tibi nescimus? **3** Numquid tibi abstulimus, inimice, impie,
5 inuidiose, ferox, atrox, faste crudelis?

12 1 Tunc diabolus ingemessens ait: O Adam, aemule meus, pro te alienatus sum a gloria quam habui. Aderam angelus pulcherrimus et propter te factus sum diabolus teterrimus. **2** Respondit Adam: Quid est noxa?

13 1 Respondit demon: **2** Quando te creauit altitonans ad imaginem suam[a], iussit uenerari caracterem suam omnes angelos.

14 1 ⟨-⟩ **2** Sicque me lacessans Michael infit: Venerare immaginem dei. **3** Et ego respondi: Vt quid hoc fassus fuisti? Nonne ego prior illo plasmatus sum? Ille potius me debet uenerari, qui posterior me formatus est.

15 1 Simili modo ceteri qui sub me aderant retulerunt. **2** Et dixit Michael: Si non egeris, putasne irascetur tibi deus? **3** Et ego respondi: Si irascitur, ponam sedem meam super astra coeli eroque similis altissimi[a].

16 1 Haec cogitans loquensque extemplo expulsus sum a gloria cum omnibus meis causa tui. **2** ⟨-⟩ **3** Et idcirco circumueni Euam fecique uos pariter expelli de paradiso.

17 1 Haec audiens Adam prorumpensque ingentu fletu ait: Domine deus meus, uita mea tuis sit in manibus[a]. Fac ut iste aduersarius longe sit a nobis, et nos tecum cum palma queamus ouantes cum immani tripudio regnare. **2** Et statim euanuit
5 ille proteruus. Adam uero coepta perficiens iussit Euam reuerti.

---

13 a. cf. Gen. 1, 26-27
15 a. cf. Is. 14, 13-14
17 a. cf. Ps. 119 (118), 109

---

4 nescimus *Pa ante corr.* : rescimus *Pa post corr.* fecimus *correxit Meyer*
5 faste *Pa* : facte *legit Meyer*
   12 1 diabolus *Meyer* : diabus *Pa*   ingemessens *Pa (cf. 44,6)* : ingemescens *Meyer*   **2** te : *add. Pa supra lineam*   habui *scripsi* : abui *Pa Meyer*   **3** teterrimus *Meyer* : deterrimus *Pa*   **4** respondit *Meyer* : resspondit *Pa*
   13 2 venerari *Meyer* : venetrari *Pa*
   14 2 ego *Meyer* : eogo (*uel* cogo) *Pa*
   15 2 tibi : *add. Pa supra lineam*   **4** similis *correxi* : simis *Pa*

18 **1** Tunc Eua luctuosa uoce ait: Senior meus, ut opinor, [83ʳ]
opitulante domino tibi concessa aderit uenia, quia nec semel
nec demum ultroneus praeuaricatus es, sed ego miserrima adeo
seducta haut custodiens mandatum dei. Nunc ergo segregemur
5 abinuicem et ibo ad occasum solis eroque ibi usque dum de
hac migrauero luce. **2** Sicque callem carpsit lutuosam, et uenit
flens et heiulans procul ab Adam, **3** et fecit sibi aedem exi-
guam et tres ibi degens menses,

19 **1a** usque dum tempus eius pariendi appropinquaret. Sicque magnis conturbari cepit doloribus precesque uberrimas
fudit ad dominum dicens: **1b** Miserere mei, domine, et adiuua
me inormeque mihi annue sublementum. Et non exaudiebatur
5 nec ullum circa eam erat suffugium. **2** Et reuersa in se ait:
Quis meam funget domino meo Adam legationem? Vel quis
meus aderit gerulus? Si non, flagito uos polorum luminaria,
dum reuertitis ad orientem, domino meo Adae meas nuntiate
afflictiones.

20 **1** Statim, ut ferunt, planctus uenit ad protoplastum dixitque intra se: Ne forte iterum faciet cumflictum serpens cum
Eua. **2a** Et cepit ire reperitque eam admodo merentem. Ipsa
uero intuita Adam ait: Ex quo uidi te, domine meus, re-
5 frigerium meum sumpsit corpus doloribus. **2b** Et modo obnixe
subplico, quatinus genutenus pro me depreceri altitronum.
Forsitan auribus percipiet liberetque me de his diris doloribus.
Heu! nequeo maius ferre. Quid peragam? **3** Motus is fletibus
Adam flagitauit pro propria cernue dominum uxore.

21 **1** Continuo duodecim accesserunt angeli et duo uirtutes
caeli stantes a dextris et a sinistris, **2** et Michael archangelus
propius stans tetigit eam. Inquid: Beata es, Eua, quoniam
magnae preces Ade inorme tibi offerunt suffragium. Et ego
5 missus sum ad te tibi adminiculum prestare, pariesque prolem

---

18 **2** semel *correxit Meyer* : semet *Pa*   **3** ultroneus *Meyer* : utroneus
Pa   adeo *Meyer* : adaeo *Pa* adero *dubitanter prop. Meyer*   **7** heiulans
Pa post corr. supra lineam : eiulans *ante corr.*
    19 **1** pariendi *Meyer* : parienti *Pa*   **7** si non *correxi* : S no *Pa* no (?)
legit Meyer
    20 **5** *post* refrigerium *erasit corrector aliquas litteras*   **6** depreceris
Meyer : depreceri *Pa*   **8** is *Pa* : his *Meyer*   **9** cernue *legendum est* : ce-
rue *dubitanter legit Meyer*

ualde lucidum. **3a** Ipsa uero haec audiens surrexit peperitque
ut ei relatum fuit. **3b** Sicque continuo cepit ambulare infans,
manibusque afferens holera deditque sue genitrici, | **3c** et uo- [83ᵛ]
catum est nomen eius Cain.

22 1 Adam uero accipiens Euam et puerum perrexit ad
orientem. **2** Dominus autem per Michaelem archangelum semen
transmisit Adae, docens eum laborare tellurisque legere fructum quatinus uiuere quiuissent ipse ac generationes post eum
5   cunctae. **3** Iterum concipiens Eua peperit filium uocauitque
eum Abel. **4** Degebantque una Cain et Abel in domo᾿ suum
parentum.

23 1 ⟨-⟩ **2** Quadam uero nocte cum se Eua sopori dedisset,
uidit per uisum quasi sanguinem Abel de manibus Cain pro-
fluere solotenus. Et illico exspergefacta suo retulit uiro omnia
quae uideret. **3** Sicque tale reppererunt consilium quatinus se-
5   gregassent eos ab inuicem. **4** Feceruntque agricolam de Cain et
de Abel pastorem ouiumᵃ. **5** Sicque demum euentu Cain truci-
dauit suum manibus adelphum. C triginta annorum erat
Adam, quando interfecit Cain Abelᵇ.

24 1 Post unum uero annum cognouit Adam uxorem suam
et genuit filium nuncupatusque est Seth. **2** Dixitque Adam ad
Euam: Ecce dedit mihi deus prolem pro Abel, quem Cain oc-
cicidᵃ. **3** Postquam genuit Adam Seth, uixit annos DCCC et
5   genuitᵇ filios XXX et filias XXX. Et multiplicati sunt super
terram nimis in nationibus suis.

25 1 Vocauit itaque Adam filium Seth dicens: Postquam,
fili, de paradiso sumus eiecti, **2** uenit ad me Michael ar-

---

23   a. cf. Gen. 4, 2
      b. cf. Gen. 5, 3 et 4, 8
24   a. cf. Gen. 4, 25
      b. cf. Gen. 5, 4

---

21 7 cepit *Meyer* : sepit *Pa*   **8** genitrici *correxit Meyer* : genitricis *Pa*
22 6 suum *Pa* : suorum *correxit Meyer*
23 4 uideret *Pa* : uiderat *correxit Meyer*   **6** euentu *legi* : euntu *Pa non
legit Meyer*   **8** interfecit *corr. supra lineam* : inter *ante corr.*
24 2 Seth *scripsi* : Set *Pa Meyer ut infra (sub 29,3) uide introd. pag.*
$$ **2-3** ad Euam *correxit Meyer* : et Euam *Pa*
25 2 eiecti *Meyer* : iei iecti *Pa*

changelus. **3** Et uidi currum tanquam uentum flantem et rota illius erat ignea raptusque fui in paradiso iustitiae. Et ibi uidi
5 dominum meum intollerabilis aspectum, et multa milia angelorum circa eum.

27 1 Vnde mihi uidetur quod cito migraturus adero de hoc seculo, sicque conuertens ad dominum dixi: **2** Ne proicias me, domine, redemptor mundi, a facie tua[a], quem de limo terre plasmasti[b]; ne postponas quem nutristi gratia tua. **3** Et ecce
5 uerbum tuum incendit me. Et tu, deus, dixisti mihi: Quia diligis scientiam, propter hoc non tolletur | semen tuum a terra   [84ʳ] usque in seculum.

28 1 Et ego cum a te haec melliflua audiens uerba, prostratus corrui ad humum et adoraui te, deus, dicens: Tu es deus aeternus et summus, et omnes creaturae tibi dant honorem et laudem. **2** Tu es super omne lumen lux uera, incom-
5 prehensibilis majestas, uirtus uiuens, tibi dant honorem omnes angelicae uirtutes, quia tu es misericors et pius super humanum genus per omnia secula seculorum. Amen. **3** Et postquam oraui ad te, domine, statim misisti Michaelem archangelum mecum adprehendensque manum meam eiecit me de paradiso
10 quo raptus fui **4** uirgamque quam in manu gestabat eleuans tetigit aquas quae erant circa paradisum, et ita gelauerunt,

29 1 ut super eas sospes transiui, et Michael mecum, reducensque me in locum unde me sumpsit.

29 2 Sicque reuertens ad filium suum ait: Audi me, Seth fili mi, cetera misteria admodum archana sacramentaque futura

---

27 a. cf. Ps 51 (50), 13
    b. cf. Gen. 2, 7

---

27 2 dixi *Pa* : dixit *Meyer*   **3** a facie *scripsi* : affacie *Pa Meyer*

28 2 humum *scripsi* : umum *Pa* umus *Meyer*   **3** summus *correxit Meyer* : somnus *Pa*   **7** omnia *add. Pa supra lineam*

29 1 super eas sospes transiui *correxi* : super ea / sops pes transiui *Pa* super eas ops (ipse?) pertransiui *legit Meyer*   reducens *Pa post corr. supra lineam* : deducens *ante corr.*   **2** me[1] *add. Pa supra lineam*   **3** audi me *susp. Meyer* : aut in me *Pa*   Seth *scripsi* : Sed *Pa Meyer ut saepe (31; 36; 37; 39; 40; 43; 44; 46; 48; 51; 52) uide introd. pag. 165*   **4** cetera *Meyer* : setera *Pa*

5 sunt mihi reserata, et non nulla cognoui comedens de ligno
scientiae, 3 quoniam preuaricatum istud aderit seculum, et ea
quae facta fuerint delebuntur siue per ignem siue per aquam,
excepto quos deus reseruabit. Sicque demum de paucis orbs
replebitur. 4 ⟨–⟩ 5 Et sic edificabunt domum dei seruientque eum
10 ut dignum aderit. 6 ⟨–⟩ 7 Siquidem iterum refrigescet caritas, su-
perabundabit iniquitas. Tunc ueniet amantissimus dominus
degens in terris cum hominibus. 8 Sicque impii derelinquent
preceptum dei et amittent sententiam eius. 9 Propterea repellet deus a se impios, et iusti coram eo fulgebunt ut sol,
15 purificabuntur per aquam a peccatis eorum. 10 Et felix aderit
homo, qui prius correxerit animam suam quam ueniet magni
diei iudicium, quia reddituri sunt de factis propriis rationem.

30 1 ⟨–⟩ 2 Iterum dixit Adam: Congregentur coram me omnes
filii mei et benedicam eis antequam moriar. 3 Et congregati
sunt in tres partes ante conspectum eius 4 dixeruntque una
uoce |: Quid tibi contigit, genitor? Vt quid tamdiu in thoro [84ᵛ]
5 recumbis? 5 Dixitque Adam: Conpessite, filii mei, quia diris
torqueo doloribus. Et dixerunt omnes una uoce: Quid est hoc,
pater?

31 1 Tunc filius eius Seth dixit: Vt reor, pater, cupis de
fructu uesci paradisi. 2 Si uis, mittam puluerem in capite meo
proiciamque me ante ianuas paradisi solotenus et plangam lamentatione ingenti. Forsitan te exaudiet deus et transmittet te
5 per angelum de fructu quo gestis. 3 Responditque Adam: Noli
haec narrare, quia non concupisco haec quae astruis, sed infirmor doloribusque sum fultus. 4 Responditque Seth: Quid est
hoc, pater? Noli latere, flagito ediscere quid sit dolor.

---

5 comedens *Pa post corr. supra lineam* : quomedens *Pa ante corr. Meyer*
6 scientiae *Meyer* : cientie *Pa*   8 *ante* paucis *add. supra lineam corrector*
unum uerbum quod legere non possum   14 impios *Meyer* : impius *Pa*
fulgebunt *Meyer* : fulgebant *Pa*

  30 4 genitor *Pa post corr.* : genetor *Pa ante corr. Meyer*   6 torqueo
Pa : torqueor *correxit Meyer*

  31 2 puluerem *scripsi* : puluere *Pa Meyer*   3 paradisi *scripsi* : para-
dissi *Pa Meyer*   4 forsitan te *scripsi* : forsitant *Pa* forsitan *Meyer*
exaudiet *Pa post corr.* : exaudiat *Pa ante corr.*   te *Pa* : tibi *correxit*
Meyer   6 narrare *Pa post corr. supra lineam* : errare *Pa ante corr.*   astruis *scripsi* : hastruis *Pa Meyer*   8 latere *Meyer* : laterae *Pa*

32 1 Et respondit Adam: Audi me, fili mi, quando fecit nos
deus, me et Euam, dedit nobis potestatem fructus edendi ⟨de⟩
arboribus excepto de arbore scientie boni et mali[a]. **2** Deditque
mihi partem orientis uestreque genitrici partem occidentis.

33 1 Et dedit nobis dominus deus angelos duos ad nos custodiendos. **2** Venit hora ut ascenderent angeli coram domino.
Statim ut nos repperit solitarios hostis noster seduxit matrem
uestram fecitque eam commedere de ligno prohibito, **3** et com-
5 medit ipsa et dedit mihi[a].

34 1 Repente iratus est dominus dixitque mihi: **2** Quoniam
dereliquisti mandatum meum et uerbum meum, quod statui
tibi, non custodisti, ecce inducam in corpore tuo LXXX plagas
diuersis doloribus ab initio capitis et oculorum et aurium usque
5 ungulas pedum, et per singula membra torquimini.

35 1 Haec dicens Adam positus in doloribus, **2** coepit gemere
Euaque flere dicens: Vt quid ad te haec dolores accesserunt,
quia ego peccaui teque subduxi; hoc ⟨non⟩ super te sed super
me debuisset uenire.

36 1 Et dixit ad eam Adam: Perge cum filio meo Seth ad
portas paradisi et mittite puluerem | in capite uestro, ante [85ʳ]
conspectum domini prosternite uos. **2** Forsitan miserebitur nobis et transmittet mihi per angelum de arbore misericordiae, de
5 qua currit oleum uitae, ut ex ipso unguatis me paululum, ut
quiescam ab his diris flagris ex quibus oppido consumor.

37 1 Hiis auditis abierunt Seth et Eua quo iussit Adam.
Cumque properassent ad ianuam paradisi, subito festinans cal-

---

32 a. cf. Gen. 2, 15-17
33 a. cf. Gen. 3, 6

---

32 2 euam *Pa post corr. supra lineam* : edam *Pa ante corr.*   de *add.*
Meyer   **4** genitrici *Meyer* : genetricis *Pa*
33 2 hora *scripsi* : ora *Pa Meyer*   **4** ligno *Meyer* : liglino *Pa*
34 4 oculorum *scripsi* : occulorum *Pa Meyer*
35 3 teque subduxi *susp. Meyer* : teque so *scr.* Pa *prima manu et add.*
sub *supra lineam et post* duxi *erasit unum character*   hoc *correxi* : haec
Pa   non *add. Meyer*   **4** debuisset *post corr.*
36 2 mittite *Meyer* : mitite *Pa*   **6** ab his *scripsi* : habis *Pa* ab is *cor-*
rexit Meyer
37 1 abierunt *scripsi* : habierunt *Pa Meyer*

lidus serpens cum impetu morsit Seth. Dixitque Seth: Vt quid
tam dire me lacerasti? Pro dolo qui tibi gessi? **2** Haec audiens
5   Eua flens et eiulans ait: Heu miseram me, quia non cus-
todiuimus praeceptum domini; idcirco nobis talia eueniunt.
3 Et uersa ad serpentem infit: O cruenta bestia, fallax et maledicta, quare non metuisti dentes mittere in imaginem dei? Et
quomodo ausus es pugnare cum homine? De quali modo tui in
10   eum praeualuerunt dentes?

38 1 Respondit serpens humana uoce, ut ferunt physici: **2** O
Eua, inque mihi quomodo apertum est os tuum ut manducares
de fructu quo praecepit dominus ne commederes? Nunc autem
nequis loqui contra me.

39 1 Tunc Seth ait: Obmutesse, serpens atrox contumax,
increpet te deus, recede ab imagine dei usque dum dominus
iusserit ad probationem te perducere. **2** Responditque serpens:
Ego abibo, ut asseris, sed tu dentibus sauciatus repetabis.

40 1 Sicque Eua et Seth peruenerunt ante portas paradisi,
aspersi puluere prostrauerunt se ad humum, cum ingenti gemitu flagitantes de oleo misericordiae.

41 1 Orantibus autem eis diu, ecce archangelus Michael eis
apparens dixit: Ego missus sum a domino et ego constitutus
super genus humanum praepositusque paradisi. | **2** Tibi dico, [85ᵛ]
Seth homo dei, noli lacrimari orando et deprecando propter
5   oleum ligni misericordiae, ut perunguas patrem tuum Adam
prae doloribus corporis sui.

42 1 Dico enim quia nunc nullummodo poteris ex eo accipere, nisi nouissimis diebus quando cumpleti fuerunt quinque
milia quingenti anni. **2** Tunc ueniet super terram amatissimus
Christus dei filius resuscitare corpus Adae et cum eo resus-
5   citare corpora mortuorum. **3** Et ipse Christus filius dei uiuens

---

4 tam *Meyer* : dam *Pa*   dolo *Pa* : dolor *susp. Meyer*   qui tibi *Pa* :
quid tibi *susp. Meyer*   gessi *susp. Meyer:* iessi *Pa*   **9** ausus *Meyer* :
aussus *Pa*

    38 1 humana *scripsi* : umana *Pa Meyer*   physici *susp. Meyer* : fissisci
Pa

    39 4 repetabis *Pa* : repedabis *correxit Meyer*

    40 2 aspersi *Meyer* : aspersit *Pa*   humum *Pa post corr. supra lineam* :
unum *ante corr.*

    42 3 *post* milia *scripsit et expunxit* et *Pa*   **5** uiuens *legendum est in Pa* :
ueniens *legit Meyer*

baptizabitur in flumine Iordanis[a]. Dum egressus fuerit de aqua
Iordanis, tunc oleum misericordiae suae perunguet omnes credentes in se. 4 Et erit oleum misericordiae in generatione et
generationem hiis que renascende sunt ex aqua et spiritu
10   sancto in uitam aeternam. 5 Tunc descendet in terris amatissimus Christus dei filius, introducet patrem tuum Adam in
paradiso ad arborem misericordiae suae.

    43 1 Tu autem Seth, uade ad patrem tuum Adam, quoniam
completum est tempus uitae eius. Adhuc sex dies et exiet anima eius de corpore. Videbis mirabilia magna in caelo et in
terra et luminaria celi. 2 Haec dicens Michael statim dissessit a
5   Seth. Et reuersi sunt Eua et Seth, attulerunt autem secum
odoramenta, hoc est nardum et crocum et calimite et caena-
mum.

    44 1 Et cum peruenisset Seth et mater eius ad Adam, dixe-
runt ei quia bestia serpens morserat Seth. 2 Et dixit Adam ad
Euam: Vt quid hoc patrasti flagicium? 3 Omnes generationes
quae post nos aderint maledicent nos dicentes: 4 Quoniam
5   haec mala intulerunt super nos parentes nostri qui fuerunt ab
initio. 5 Haec audiens Eua admodum ingemessens suspiria da-
bat.

    45 1 Et sicut praedixerat Michael archangelus, post sex dies [86^r]
uenit obitus Adae. 2 Haec praesciens Adam, uidelicet tempus
migrandi, dixit ad filios suos: Ecce sum annorum D CCCC
XXXI[a]. Scio quia moriar. Sepelite me in agrum habitationis
5   dei. 3 Haec dicens tradidit spiritum.

    46 1 Sicque sol et luna et stellae per dies septem non dede-
runt lucem sicuti prius. Seth uero amplexans corpus patris sui

---

42   a. cf. Matth. 3, 13 (Marc. 1, 9)
45   a. cf. Gen. 5, 5

---

9 renascende *correxi* : renasccensi *Pa*   **10** descendet *correxi* : descendit *Pa*
Meyer   **11** introducet *Pa post corr. supra lineam* : -ducit *Pa ante corr.*

    43 3 corpore *Pa post corr. supra lineam*   **4** *corrector expunxit* in *ante*
luminaria   **6** odoramenta *Pa post corr. supra lineam* : adoramenta *Pa*
ante corr.

    44 4 aderint *Pa post corr. supra lineam* : aderit *Pa ante corr.*

    45 4 scio *Pa post corr.* : facio *Pa ante corr.*   habitationis *scripsi* :
abitationis *Pa post corr. Meyer* abitationes *Pa ante corr.*

et Eua lugentes pariter cum omnibus filiis suis, 2 et ecce
Michael archangelus apparuit stans ad caput Adae et dixit:
5 Surge, Seth, de corpore patris tui et ueni ad me uideasque quid
de eo disposuit dominus, quia misertus est ei.

47 1 Et ecce angeli canentes tubas dixerunt: Benedictus es,
domine, quia misertus es tuae facturae. 2 Statim contemplatus
est manum domini extensam tenentem dexteram Adae tra-
densque Michaeli dicens: 3 Sit in custodia tua usque in
5 nouissimis temporibus in quibus eius luctum conuertam in
gaudium. Tunc sedebit in sedes sui hostis, unde cecidit.

48 1 Tunc Michael, praecipiente domino, tres sumens sindones et inuoluit corpora Adae et Abel. 2 Et processiones coram
illis fecerunt angeli dei. 3a Et sepelierunt Adam et Abel in paradisum. Haec intuens Seth et mater eius aliusque nemo. 3b Et
5 dixerunt ad eos Michael et Oriel: Sicut coram uestris hoc per-
actum est opus obtutibus, simili modo perendie uestros sepelite
mortuos.

49 1 Post sex uero dies quod mortuus est Adam, cognoscens
Eua appropinquare diem mortis suae congregauit coram se
omnes filios suos filiasque et dixit eis: 2 Audite me, filii mei,
quae referam. Postquam ego et pater uester transgressi sumus
5 praeceptum domini dei, innotuit nobis Michael archangelus
3 quod propter praeuaricationes nostras et peccata generis
nostri iudicabit dominus seculum bis, primum per aquam, se-
cundum per ignem. In his duobus iudicabit dominus omne | [86ᵛ]
hominum genus.

50 1 Sed audite me, filii, facite tabulas lapideas et facite
tabulas de terra luteasque, et scribite in eis omnem uitam patris uestri, quae a nobis audistis et uidistis. 2 Si per aquam
iudicium aderit, tabulae de terra soluuntur et remanebunt la-
5 pideae. Si autem per ignem, lapideae soluuntur et luteae
quocuntur. 3 Et cum haec dixisset, Eua ait: Gratias ago tibi,

46 5-6 quid de *Pa post corr. supra lineam* : qui te *Pa ante corr.*

47 2 – **48** 3 contemplatus est — angeli dei : *scr. altera manus*   3 tenentem *Meyer:* tentem *Pa*

48 2 Abel *scripsi* : Habel *Pa Meyer*   3 in paradisum : *erasit corrector*

49 1 uero *Pa post corr. supra lineam* : uere *Pa ante corr.*

50 2 omnem *Meyer* : omne *Pa*   6 – **51** 2 gratias ago — enorme luctum : *scr. altera manus*

domine, qui me dignatus es plasmare. Et flectens genua, orans
ad dominum, tradidit spiritum.

51 1 Tunc lugentes nati eius quod parentibus essent orbati
sepelierunt eam et fecerunt quattuor dies enorme luctum. Tunc
apparuit Michael archangelus Seth dicens: **2** Homo dei, ne
amplius lugeatis mortuos uestros quam sex dies, quia septima
5 dies signum resurrectionis futuri extat seculi, et in die septimo
requieuit dominus ab omnibus operibus[a].

52 1 Tunc fecit duas tabulas Seth magnas lapideas et de
terra luteas, et in eas craxauit gesta genitoris sui et matris,
posuitque illas in oraculum patris sui. Sicque post diluuium
lapidee remanserunt et a multis lectae fuerunt. **2** Post diluuium
5 uero Salomon sapientissimus illas reperit deprecatusque est
dominum ut per angelum illa scripta ei adessent reserata. Itaque largiente domino apparuit ei angelus dei dicens: Ego sum
qui tenui manum Seth quando has craxauit caracteres stilo
ferreo in lapides. Et ego reserabo te doceamque te, ut ualeas
10 ea legere. Sicque patratum est et iussit ut oratorium quo
Adam et Eua adorabant dominum reaedificaret et fecisset ibi
domum dei domumque orationis[a]. **3** Tunc Salomon inchoauit
templum dei. Et uocauit literas illas achylicas, quod est in la-
tino inlabicas, hoc est sine labore doctrina scriptas | digito [87ʳ]
15 Seth, tenens manum eius angelus domini.

53 Illicque inuentum est quae prophetauerat septimus ab
Adam, scilicet Enoch, dicens ante diluuium de aduentu domini
nostri Iesu Christi: Ecce ueniet dominus cum sanctis suis facere iudicium, arguere impios, gaudere sanctos de omnibus
5 operibus quae fecerunt et quae locuti fuerunt et de cogita-

---

51 a. cf. Gen. 2, 2
52 a. cf. Is. 56, 7

---

51 3 apparuit *Pa post corr. supra lineam* : aperuit *Pa ante corr.*
52 4 et a *Pa post corr. supra lineam* : ea *Pa ante corr.*   lectae *correxi* :
lecta *Pa Meyer*   **5** illas *Pa post corr. supra lineam* : illa *Pa ante corr.*
7 apparuit *Pa post corr. supra lineam* : aperuit *ante corr.*   **8** has *Pa post
corr. supra lineam:* as *Pa ante corr.*   **12** inchoauit *Pa post corr. supra lineam* : inquoauit *Pa ante corr. Meyer*

tionibus reddent rationem coram magno iudice. Et qui se con-
cupiscentiis huius mundi cummiscuntur et os illorum locuntur
superbiam[a] ibunt in Orcum, iusti uero plaudentes in regnum
caelorum.

54 Adam uero post quadraginta dies introiuit in paradisum
et Eua post octoginta. Et fuit Adam in paradisum annos septem, et sub die mouerunt omnem BESTIARVM.

EXPLICIT.

---

53 a. cf. Iudae 14-16

---

54 3 sub die mouerunt omnem bestiarum *Pa* : sub die mutauerunt
omnes b. *fort. legendum* (*cf. R2a+c Lm*)

Extraits de la Légende du Bois de la Croix incorporés dans le manuscrit *B*, Oxford, Balliol College Library, *228*

Dans un effort de conservation et de combinaison des deux récits, *B* insère dans le texte de la *Vie d'Adam et Ève* celui de la *Légende du Bois de la Croix*, en incorporant chacun des extraits de la *Légende* à sa place chronologique. Les références ci-dessous au texte de la *Légende* tel qu'il a été édité par Meyer montrent que tous les paragraphes de la Légende ont pratiquement été incorporés dans le texte de la *Vie* ([1]). Comme le récit de la *Légende de la Croix* commence au moment de la naissance des fils d'Adam, il n'est pris en compte par le compilateur qu'à la fin de la première partie de la *Vie* (lat-V 22-24). On notera aussi que le texte de *B*, bien qu'il suive de près la trame de la *Légende* selon l'édition de Meyer, présente de nombreuses variantes de détail par rapport à cette édition ([2]).

Il faut aussi préciser que le rapprochement entre la *Vita Adae et Evae* et la *Légende du Bois de la Croix* se rencontre aussi dans d'autres manuscrits de la *Vita*. Mais dans ces autres cas, les deux textes sont copiés soit l'un après l'autre, le plus souvent chacun avec ses propres incipit et explicit, soit à

---

(1) Dans l'apparat critique de son édition, J. H. Mozley avait certes pris soin de citer les passages de la *Légende du Bois de la Croix* incorporés au récit de la *Vita*. Mais il n'a pas reproduit les passages de la *Légende* chronologiquement postérieurs à la fin du récit de la *Vita*, c'est-à-dire le récit des événements postérieurs au déluge. C'est pourquoi nous donnons dans ce qui suit les passages de la *Légende* que *B* a incorporés dans la *Vita* en indiquant la place où ils sont insérés dans l'édition de la rédaction rhénane. Cela permettra aux éditeurs futurs de la *Légende* de situer précisément la forme textuelle utilisée par le rédacteur de *B*. Le manuscrit *B* n'est pas le seul qui mette en relation la *Légende* avec la *Vita* (cf. p. 537, n. 1), mais il est le seul témoin connu à ce jour à mêler les deux textes en un récit continu.

(2) Pour chaque passage, nous indiquons entre parenthèses le numéro du paragraphe et la référence aux pages et aux lignes de l'édition de W. Meyer, « Die Geschichte des Kreuzholzes vor Christus », *Abhandlungen der königlichen bayerischen Akademie der Wissenschaften, philosophische-philologische Classe* 16, 2, Munich 1882, p. 101-166.

proximité l'un de l'autre dans un regroupement de textes apocryphes ([1]).

22, 1: *post* orientem *add. B*: ad montem Ebron (cf. *Legenda Crucis* 1a, Meyer, 1882, p. 131,4).

23, 6: *post* separati *add. B*: cumque ex legitima institutione in montibus sacrificarent optulit caym garbam, abel uero agniculum. Respiciebat dominus ad munera abel, et non ad munera caym, quia ex nequissima cordis offerebat. Cumque uidisset caym, quod ad munera sua non respexit deus, accensus inuidia et interfecit abel fratrem suum. Cumque uideret adam quod caym fratrem interfecisset dixit. Ecce quot mala contingunt mihi per mulierem. Viuit dominus non agnoscam eam (cf. *Legenda Crucis* 1b-2a, Meyer, 1882, p. 131, 7 − 132, 5).

23, 9: *post* esset *add. B*: post hos centum annos fleuit adam abel et abstinuit se ab uxore sua ducentis annis et plus (cf. *Legenda Crucis* 2b, Meyer, 1882, p. 132, 6).

24, 4: *post* triginta *add. B*: praeter caym et sororem eius hyalmanan et abel et sororem eius deboram et Seth.

24, 6: *post* super terram in nationibus suis [in n. suis s. t. *B*] *add. B*: cumque nonagentis annis et triginta duobus uixit adam in ualle ebron reclinans fatigatus quia labore reclinauit supra bipennem suam. Coepit ergo contristari et in intimo meditari; quia multa mala uidebat pullulare ex posteritate sua in medio [*forte* mundo] coepit eum tedere uitae suae (cf. *Legenda Crucis* 3-4a, Meyer, 1882, p. 132, 9 − 133, 7).

---

(1) *Po* = Munich, Bayerische Staatsbibliothek, *clm 11601*; *M* = Munich, Bayerische Staatsbibliothek, *clm 19112*; *A* = London, British Library, *Arundel 326*; *Ab* = Aberystwyth, National Library of Wales, *Ms 335A*; *P* = Cambridge, Corpus Christi College, *275*; *Pc* = Paris, Bibliothèque nationale de France, *lat. 3768*; *Pu* = Prague, Národní knihovna České republiky, *798 (V. A. 7)*; *Bh* = Munich, Bayerische Staatsbibliothek, *clm 26630*; *Q* = Oxford, Queen's College, *213*; *Sr* = Strängnäs, Domkyrkobiblioteket, *Q 16 (Op.1)*. On trouve la séquence *Vie d'Adam et Ève − Légende de la Croix* dans les manuscrits *Ab*, *P*, *Pc* (rédaction E), *Pu* (B), *Bh* (B1a), *Q* (B2) et *Sr* (T1c), et la séquence *Légende de la Croix − Vie d'Adam et Ève* dans *Po* (R1a). Les deux textes se rencontrent aussi, mais sans se suivre, dans *A* (rédaction E) et *M* (A1).

36, 7: *post* consumor *add. B*: Fili mi Seth, si angelus appa-
ruerit, dices me tedere uitae meae, et precare eum quatinus
certitudinem mihi mittat, quod promisit mihi dominus, dum
me expelleret a paradyso. Paratus Seth dixit Adam: Versus
orientem in capite uallis huius inuenies uiam uiridam, quae uos
ducet ad paradysum, sed, ut illam certius agnoscatis, inuenietis
passus marcidos, qui sunt tam mei quam matris tuae uestigia,
cum per eam incederemus expulsi de paradyso, usque ad hanc
uallem, qua plasmatus fui, deueniremus; tanta enim fuerunt
peccata nostra, quod numquam postea quo pedes nostri cal-
cauerunt, herba uirida crescere potuit **37** Post ita dixisset
adam, (cf. *Legenda Crucis* 4, Meyer, 1882, p. 133, 7 − 134, 1).

40, 1-3: *loco* Seth autem — portas paradisi *scr. B*: Seth uero et
mater eius perrexerunt uersus paradysum et, cum appropinquaret Seth, respexit claritatem paradysi, stupefactus est et
signauit se de littera tetha, quia putauit esse arborem ignis. Et
prospero itinere peruenerunt ad paradysum; perrexerunt enim
ad portas paradysi (cf. *Legenda Crucis* 5, Meyer, 1882, p. 134,
2-5).

41, 2: *post* dicens [dixit *B*] *add. B*: **5b** Seth, quae est causa tui
aduentus? Seth dixit: Pater meus, senio confectus, uitae te-
dens, misit me ad te; quaerit te, pater meus, quatinus
certitudinem olei a deo promissi per me renunciare ei digneris.
Cui angelus Adae Ad [*forte* Vade ad] hostium paradysi, et in-
tromisso solummodo capite tuo, intuere diligen<ter> quae et
qualia sunt ea, quae apparebunt tibi. **6** Quod factum est. In-
tromisso capite solummodo, intuitus tantam amoenitatem
quantam lingua hominis enodare non potest; amoenitas illa
erat in diuersibus generibus florum, fructuum, armoniae
auium, et tota fulgebat inestimabili odore. In medio autem
paradysi fontem lucidissimum intuebatur, de quo quattuor
flumina manabant, quorum unus Gyon, alter Physon, tertius
Tygris, quartus Eufrates. Haec sunt flumina, quae totum
mundum replent aquis. Super fontem uero quaedam arbor
stabat nimis ramosa sed cortice et foliis nudata. Meditari uero
coepit Seth, quod arbor nudata erat, et passus marcidi erant
peccata parentum suorum. **7** Reuersus autem Seth ad angelum,
quae uiderat narrauit. Praecepit angelus iterum ei redire, et
reuersus est. Vidit enim serpentem circa arborem per meatus

inuolutus [*forte legendum* -utum]. Viso illo stupefactus est,   rediit ad angelum. Praecepit angelus tertio redire. **8** Reuersus uero uidit arborem iam dictam usque ad caelos eleuatam et in summitate arboris paruulum iam natum in pannis inuolutum intuitus est. Quo uiso stupefactus est. Cumque reclinaret lumina ad terram, uidit iam decem arbores radicem terram penetrando usque ad infernum pertingere, in quo recognouit animam fratris sui Abel. **9** Reuersus tercio ad angelum quae uiderat narrauit. Cui angelus de puero benigne dixit: Puer, quem modo uidisti, filius dei est, qui deflet iam peccata parentum tuorum. Et (cf. *Legenda Crucis* 5-9, Meyer, 1882, p. 134, 6 – 137, 2).

42, 8-10: *loco* et erit oleum misericordiae in generationem — uitam aeternam *scr. B*: **9b** et dabitur oleum misericordiae quod promisit deus parentibus tuis et posteritati eorum. Hic est uerae pietatis dilectio (cf. *Legenda Crucis* 9, Meyer, 1882, p. 137, 3-6).

42, 12: *post* misericordiae suae *add. B*: **10b** tunc angelus tradidit Seth tria nuclea ligni de quo manducauerunt parentes eius. (cf. *Legenda Crucis* 10, Meyer, 1882, p. 137, 6-8).

43, 1-3: *loco* tu autem — anima eius *scr. B*: **10c** ita dixit: Impletum est tempus uitae patris tui. Intra triduum, cum ad patrem tuum perueneris, anima eius exibit.

43, 4: *post* luminaribus caeli *add. B*: **10d** Hec grana intra os eius pones, de quibus surgent tres uirgae: una erit cedrina, in qua intelligitur pater, quia uniuersis arboribus altius crescit; secunda erit ciprissina, in qua intelligitur filius, quia omnibus arboribus fragrantior est; tertia erit prinus in qua intelligitur spiritus sanctus, quia multos generat nucleos (cf. *Legenda Crucis* 10, Meyer, 1882, p. 137, 9 – 138, 4).

43, 5: *post* reuersi sunt Eua et Seth *add. B*: **11a** et quae uiderant narrauerunt, id est de angelo et paradiso (cf. *Legenda Crucis* 11, Meyer, 1882, p. 138, 9).

43, 6: *post* cinamomum *add. B*: et gauisus est pater et risit semel in uita sua et clamauit ad dominum dicens: Sufficit mihi anima mea. Tolle animam meam (cf. *Legenda Crucis* 11, Meyer, 1882, p. 138, 9-11).

44, 2: *post* Seth *add.* B: et concito conuersum est risum Ade in luctum ([1]).

46, 4: *loco* et caput super genua ponens B *scr.* et posuisset illius genua super sua *et postea add.* et nuclea predicta in os eius sub ligna (*pro* lingua) (cf. *Legenda Crucis* 12, Meyer, 1882, p. 138, 13 – 139, 1).

48, 6: *loco* Adam et Abel Michael et Vriel *scr.* B: M. et V. Adam et Abel in monte Ebron (cf. *Legenda Crucis* 12, Meyer, 1882, p. 138, 13).

52, 5: *post* ubi orabat Adam dominum *add.* B: **12** Postea in breui hora surrexerunt tres uirgae, prophetizante ore angelico, de nucleis positis in ore Adae, habentes longitudinem unius ulnae. Steterunt autem predictae uirgae in ore Adae usque ad Noe, usque ad Abraham, et Abraham usque ad Moysen, numquam crescentes nec decrescentes nec uiriditatem amittentes. **13** Cum Moyses per praeceptum domini populum istum israeliticum ex Egypto de uisu Pharaonis educeret, cum toto exercitu suo uenit in Ebron. Cumque castra fecisset, sanctificato populo, apparuerunt tres uirgae illae, quae in ore Adae steterunt. Accipiens ergo illas in timore domini, spiritu prophetico clamauit: Vere istae tres uirgae trinitatem sanctam demonstrant. **14** Dum autem uirgas illas extirparet Moyses de ore Adae, tanta fragrantia totum repleuit exercitum suum, ita ut iam se esse crediderent in terra promissionis. Tali indice[m] letificati, Moyses panno mundissimo inuoluit eos et secum pro sanctuario quam diu in exercitu fuit scilicet quadraginta duorum annorum spatio tulit. Cumque aliquis a serpentibus uel a ceteris uermibus percussus esset, ueniebant [*leg.* -ebat] ad Moysen, deosculabatur eas et sanabatur. **15** Contingit autem propter aquas contradictionis, cum filiis [*leg.* filii] Israel contra Moysen murmurauerunt, in ira locutus est dicens: Audite, rebelles et increduli, num poterimus uobis eicere aquas de petra hac? et percussiens bis cilicem cum uirga, egressae sunt aquae largissime, ita ut populus biberet et iumenta. Facto autem miraculo apparuit dominus Moysi dicens: Quia non sanctificasti nomen meum filiis Israel, non introduces eos in terrram

_____

(1) Proposition ignorée de l'édition de Meyer.

promissionis. **16** Cui et Moysen [*leg.* Moyses]: Domine miserere mei. Quis ergo introducet eos in terra promissionis? Cui dominus: Viuo ego ! nullus eorum introducet eos in terram promissio<nis> nisi Caleth et Josue. Intellexit Moyses quod terminus uitae suae appropinquaret et ueniens ad radicem montis Tabor sepe nominatas uirgas ibi ad radicem montis plantauit, iuxta quas foueam sepulturae fecit, in qua introiens expirauit. **17** Steterunt ergo uirgae illae spatio mille annorum usque ad tempus Dauid, qui regnauit in Judea. Exactis ergo mille annis post obitum Moysi, ammonitus est Dauid per spiritum sanctum, ut tenderet usque ad montem Tabor, ita ut ibi uirgas sumeret, quas Moyses plantauit, et asportaret secum in Jerusalem. **18** Quibus secatis a Dauid comitatumque eius tanta fragrantia repleuerunt, ita ut crederent se esse deificatas [*leg.* -catos]. Percussis instrumentis coepit Dauid canere triumphando et nomen domini inuocando. Regredienti uero Dauid occurrerunt ei uiri leprosi, caeci, surdi et claudii, aegroti diuersis languoribus, salutem per uirtutem sanctae crucis acceperunt. Intellexit ergo Dauid per spiritum sanctum misterium sanctae crucis et cum gaudio coepit remeare ad propria. **19** Cumque nona die in ciuitatem Jerusalem rediret, coepit meditari, quo loco sanctas uirgas plantaret, cum honore posuit ergo illas in cisterna secus turrim spatio noctis istins, ita ut in die sequenti congruo loco illas plantaret. Posuit quidem lumina et custodes; quibus appositis abiit et pausauit. Virtus ergo diuina, quae semper est prouida et numquam fallit nec fallitur, erexit illas in cisternam et ibi radicatae sunt, ita ut stantes in inferiori conglutinatae. Item mane redeunte rege, stantes inueniunt [*leg.* inuenit]. Viso miraculo ait rex Dauid: Pauea<n>tur dominum uniuersae nationes, quia mirabilis est deus in omnibus operibus suis. Noluit ergo illas amouere Dauid, quia dominus illas sanctificauerat et magnifice plantauerat, sed faciens murum circa eas in ualle illa, **20** steterunt plantatae <a> domino crescentes usque ad annos triginta. Creuit arbor sancta, secundum quod creuerat per spatium uniuscuiusque anni, nouum circulum argenteum unocumque anno imponebatur. Exactis xxx annis, ad^o ista arbore sancta primo grande peccato^o, quod commiserat Dauid coepit sub arbore sancta penitendo flere peccatum suum dicens: Miserere mei deus etc. **21** Peracto toto psalmo coepit aedificare templum

domini. Sed, quia uir sanguineus <erat>, noluit dominus domum suam ab eo perfici. Immo dixit: Non aedificabit mihi
domum uir sanguineus. Ait ergo Dauid: Quis ergo domine?
Dixit illi dominus: Salomon filius tuus. Intellexit ergo Dauid se
non diu uiuere; uocauit ad se omnes seniores regni et ait illis:
Audite Salomonem tanquam me, quia elegit dominus. **22a**
Mortuo autem Dauid sepulto in orto regum. Regnauit Salomon
in Judea et inuenit tabulas quas Seth scripsit et post diluuium
a multis uidebantur lapides illi scripti sed a nemine legebantur (^{1}) (cf. *Legenda Crucis* 12-22, Meyer, 1882, p. 139, 1 –
144, 11).

53, 7: *post* locutum est superbiam *consequitur B*: **22b** et postea
Salomon perfecit templum deo° cum gaudio annorum triginta
duorum. In consummatione uero templi, quia non poterant
artifices eius nec cementarii trabem ultimam inuenire, quae
necessaria erat, in toto Libano nec in ceteris nemoribus totius
regni, quasi necessitate coacti, inciderunt arborem sanctam, de
qua facta est trabes una habens in longitudinem xxx cubitos et
ix. **23** Haec uero ultima de sancta cruce facta est, quae uno
cubito per lineam mensurata est, ceteris longior erat. Sub-
trahitur lignum quod fit mirabile signum; fit dante domino
longum quod defuit ante. Cumque eleuaretur in loco et in or-
dine poneretur, inuenta erat breuior cubito uno, quae per
lineam ceteris longior erat; tercio quidem deposita, tercio
eleuata, stupefacti sunt artifices ad hoc spectandum. Vocaue-
runt regem Salomonem; quo uiso miraculo praecepit, ut in
templo poneretur et ab omnibus honoraretur. Perrexerunt in
Libanum, quaesierunt arborem idoneam ad huius trabem per-
ficiendam in consummatione uero domus. Inuenta est una
arbor aptissima, de qua conficientes trabem perfecerunt domum domini cum gaudio. **24** Mos autem erat circa adiacentes
termini constitutis regionis in Ierusalem in templum iero-
solomitanum orandi uenire et lignum dominicum adorare (^{2}).

---

(1) Liaison avec le récit de la *Vita*, qui renvoie à la découverte des
pierres gravées, qui seules avaient résisté au déluge, en bousculant
quelque peu la chronologie.

(2) Difficilement compréhensible dans l'état; Meyer lit: *Mos autem
erat circa regiones illas terminis constitutis in Jerusalem.* On lira ainsi le
texte proposé par *B*: *Mos autem erat circa adiacentes regiones terminos
constitutis regionis ...*

Contigit autem quadam die plebem innumerabilem trabem dominicam adorare, quae in templo iacebat. Aduenit quaedam mulier, Maxilla nomine, quae incaute residens super sanctum lignum coeperunt uestimenta sua ut stupae cremare; quo igne stupefacta coepit clamare uoce prophetica dicens: homo° meus° et dominus meus Iesus Christus. Dumque audissent Iudei Iesum nominare uocauerunt blasphemiam et demone areptam, trahebant illam extra ciuitatem parte aquilonis et lapidabant eam. Haec est primus martir, quae primo subiit mortem pro Christi nomine. 25 Acceperunt Iudei trabem sanctam et extraxerunt de templo et proiecerunt in piscinam, quod pecunialis [leg. pecualis] (1) siue ouilis, quia abluebant ibi corpora mortuorum animalium, quae in templo offerebantur. Noluit autem dominus sanctam trabem carere illustratione. Immo unaquaque die infra horam tertiam et sextam descendebant angeli in piscinam, ita ut tota mouebatur aqua. Quicumque ergo descendisset primus in piscinam post motionem aquae sanus fiebat, a quacumque detineretur infirmitate. 26 Visis igitur miraculis Iudei trahebant arborem sanctam a piscina et fecerunt ponticulum quemdam trans torrentem syloaticum, ut uirtus aliqua sanctitatis [leg. si] esset in ligno pedibus concultantium peccatorum deleretur et adnichillaretur. 27 Iacuit ergo ibi trabes sancta usque ad tempus, quo uenit regina austri nomine Sibilla in Ierusalem audire sapientiam Salomonis. Cumque aduenit regina in Ierusalem per illam partem ciuitatis, qua trabes iacebat introiens, uiso ligno incuruauit se et adorauit eam et subtractis uestibus nudis pedibus transiuit torrentem et incuruando et inclinando coepit clamare uoce prophetica dicens: « Iudicii tellus signum sudore madescit ». Cumque de multis de Salomone conferet, coepit redire ad propria. Iacuit ergo ibi trabes sancta usque ad tempus passionis Christi. 28 Cumque morti iudicatus esset Iesus, sciscitabant Iudei quomodo et quo tormento eum traderent, quem a plebe iudicatus esset ut crucifigeretur. Quaerentes autem unde facere ualerent

---

(1) *Pecualis*: il s'agit du nom, attesté par ailleurs, de la Piscine probatique (cf. *Novum Glossarium Mediae Latinitatis. Pea-Pezzola*, Copenhague 1995, *s. v.*)

crucem eius, ait quidam ore prophetico: Accipite arborem regiam, qui iacet extra ciuitatem et inde conficite crucem regi Iudeorum. Pergentes ergo Iudei extra ciuitatem et tertiam partem trabis incidentes fecerunt deferri usque ad locum qui dicitur Caluarie. In regressu uero, cum redierint, obuiauerunt cuidam nomine Symoni cirenensi de uilla, et angariauerunt eum, ut tolleret crucem Iesu. Cumque allata esset ad locum Caluarie, confecerunt eis crucem dominicam habentem vii cubitos in longitudine et tres in transuerso. In ea quidem crucifixerunt Iesum in salutem uere credentium, et factus est obediens patri usque ad mortem pro commisso Adae, quia ex ore Adae prosiluit mors uniuersalis nobis per gustum pomi uetiti, et de ore Adae creuit redemptio nostra per uirgas pronominatas. Et ex Eua prouenit desolacio nostra et seductio. Et ex Maria dulcissima, gloriosissima, uenustissima, perspicatissima et aptissima operatur salutatio nostra per Iesum Christum filium suum. Qui cum patre et spiritu sancto uiuit et regnat deus per omnia secula seculorum Amen. *(cf. Legenda Crucis 22-28, Meyer, 1882, p. 144,11 – 149,4).*

Vie d'Adam et Ève
Rédaction d'Allemagne du Sud
A

Rédaction d'Allemagne du Sud (A)

Groupes

A1 = *S T M Ne In Lh*

A2a = *Fa Va*
A2b = *Di Pn Pg*

A3 = *Ad Zw Vd*

Manuscrits

Ad   Admont, Stiftsbibliothek, *25*; xiiie s.; A3

Di   Munich, Bayerische Staatsbibliothek, *clm 5604*; xve s.; A2b

Fa   Fulda, Hessische Landesbibliothek, *B 3*; entre 1198 et 1208; A2a

In   Munich, Bayerische Staatsbibliothek, *clm 7685*; xv[e] s.; A1

Lh   Munich, Universitätsbibliothek, *2° Cod. ms. 103*; vers 1445; A1

M   Munich, Bayerische Staatsbibliothek, *clm 19112*; xii[e] s.; A1

Ne   Chicago, Newberry Library, *f 6*; xii[e] s.; A1

Pg   Munich, Bayerische Staatsbibliothek, *clm 11796*; xv[e] s.; A2b

Pn   Munich, Bayerische Staatsbibliothek, *clm 11740*; xv[e] s.; A2b

S   Munich, Bayerische Staatsbibliothek, *clm 17740*; xe s.; A1

T   Munich, Bayerische Staatsbibliothek, *clm 18525b*; xe s.; A1

Va   Vienne, Österreichische Nationalbibliothek, *1355*; xiv[e] s.; A2a

Vd   Vienne, Österreichische Nationalbibliothek, *2809*; xv[e] s.; A3

Zw   Zwettl, Stiftsbibliothek, *13*; xiii[e] s.; A3

De Adam et Eua

1 1 Quando expulsi sunt de paradiso, fecerunt sibi tabernaculum et fuerunt septem dies lugentes et lamentantes in
magna tristitia.

2 1 Post septem autem dies coeperunt esurire et quaerebant
escam ut manducarent et non inueniebant. **2** Tunc dixit Eua
ad Adam: Domine mi, esuriui. Vade, quaere nobis quod manducemus, forsitan respiciat et miserebitur nobis dominus deus
5 et uocabit nos in locum quo prius eramus.

3 1 Et surrexit Adam et ambulauit septem dies omnem terram illam et non inuenit escam quam habebant in paradiso.
2a Et dixit Eua ad Adam: Domine mi, putas fac me utinam
moriar, et forte introducat te dominus deus denuo in paradi-

Titulus de Adam et Eua *M* : de uita Ade *Fa* uita Adam et Aeuae *S*
uita Ade et Euae transgressio *Di* penitentia Ade et Eue quando expulsi
sunt de paradiso *T recentiori manu* de penitentia primorum parentum Ade
et Eue *In* de expulsione Ade et Eue de paradiso *et add. in margine* de
morte A. et Euae *Va* nota Gesta de Adam et Eua *Pn* (?) *Pg* De eiectione
Adam *Ad titulum non habent Ne Zw Vd   post* de Adam et Eua *add. in
margine* tractatulus de expulsione de paradiso Adae et Euae *M*
1 1 *ante* quando *add.* Adam et Eua *A3   post* sunt *add.* Adam et Eua
Ne Fa   de : a *Vd   post* paradiso *add.* Adam et Eua *In*   tabernaculum [thabernaculum *Pn*] *A1+2b+3 Va* : tabernacula *Fa*   **2** fuerunt : fie-
runt *In*   dies : diebus *Vd*   et lamentantes *A1+2a+3* : et clamantes
A2b   in *A1+2b Va* : prae *A3 om. Fa*
2 1 septem : sex *Ne*   autem *A1+3 Di Pg* : uero *Fa om. Va Pn*
et : *om. Va*   **2** non : nihil *In*   inueniebant : inuenerunt *Fa*   dixit
Eua : E. dixit *M*   **3** esuriui *M Ne Va A2b T ante corr* : esurio *S In A3
Meyer T post corr.* esurimus *Fa*   quaere *S T M In A2b+3* : querere *Ne
Va* et quere *Fa*   quod *A1+2a Ad Zw* : escam quam *A2b* ut *Vd*
4 respiciat *M Ne Va A2b* : respiciet *S Fa A3 Meyer T post corr.* respicit
In   nobis : nostri *Fa*   **5** quo : ubi *Fa Vd*
3 1 ambulauit : perambulauit *M post corr. supra lineam*   dies : diebus
Ne   omnem : per omnem *Fa*   **2** non : nihil *In*   habebant *S T M Ad
Zw* : habebat *Ne In Va A2b Vd* habuit *Fa*   **3** putas fac me *A1+2a* : fac
me *A3* putas me *Di* putas *Pn Pg*   utinam : ut iam *Fa*   **4** deus : *om.
Ne Pn*

5 sum quoniam propter me iratus est tibi dominus deus. **2c** Vis
interficere me ut moriar? et forte introducet te dominus deus
in paradisum quia propter meam causam expulsus es inde.
3 Respondit Adam: Noli, Eua, talia dicere ne forte aliquam
iterum maledictionem inducat in nos dominus deus. Quomodo
10 potest fieri ut mittam manum meam in carnem meam[a]? Sed
uiuamus et quaeramus nobis unde uiuamus ut non deficiamus.

4 1 Et ambulantes quaesierunt nouem dies et non inuenerunt sicut habebant in paradiso, sed hoc tantum inueniebant
quod animalia edebant. **2** Et dixit Adam ad Euam: Hoc tribuit dominus animalibus et bestiis ut edant; nobis autem esca
5 angelica erat[a]. **3** Sed iuste et digne plangimus ante conspectum
dei qui fecit nos. Paeniteamur paenitentiam magnam, forsitan
indulgeat et miserebitur nostri dominus deus et disponet nobis
unde uiuamus.

5 1 Et dixit Eua ad Adam: Domine mi, dic mihi quidem
paenitentiam et qualiter paeniteam, ne forte laborem nobis

---

3   a. cf. Gen. 2, 23
4   a. cf. Ps. 78 (77), 25; Sap. 16, 20

---

5 quoniam *A1+3* : quia *A2*   tibi dominus [*om. Ne*] deus *A1+2b Va Ad
Zw* : dom. tibi *Vd* tibi *Fa*   interficere : inter uicere (?) *Pn Pg*   **6-7** et
forte — in paradisum : *om. Fa*   **6** introducet *A1+2b Ad Zw* : -cat *Va* -cit
Vd   dominus deus *A1+2b Va* : dominus *A3*   **7** quia *A1+3 Pg* : quo-
niam *A2a Di Pn*   meam causam *A1+2b Va Ad* : causam meam *Zw Vd*
meam culpam *Fa*   expulsus es inde : inde expulsus es *Fa*   **8** Eua : *om.
Fa*   **9** inducat : introducat *Ne*   deus : *om. Ad*   **11** unde uiuamus
A1+2b+3 Va : unam uuam *Fa*   ut *A1 Va Vd* : et *Fa A2b Ad Zw*

4 1 quaesierunt nouem dies *A1+2b+3* : nou. dies q. *Va* per viiii dies q.
Fa   inuenerunt *A1+2a+3* : inueniebant *A2b*   **2** hoc : sicut *Ad*   inueniebant *A1+2b Ad Vd* : inuenerunt *A2a Zw*   **3** edebant : comedebant
Vd   Euam : Eua *Pn*   hoc : hoc autem *Ad*   tribuit : dedit *Fa*
4 *post* bestiis *add.* terrae *Fa*   **5** iuste et digne : digne et iuste *Va*
plangimus : plangamus *Zw*   conspectum *M Ne In A2a+3 Di* : conspectu
S T Pn Pg   **6** dei : domini *In A2a*   paeniteamur [-amus *M*] paenitentiam magnam *S T M In Va A2b* : paeniteamur [-amus *A2a*] paenitentia magna [magna -tia *Fa*] *Ne A2a+3*   forsitan : ne forte *Zw*
7 indulgeat *S M Ne In Va A3* : indulgeatur *T A2b* indulget *Fa*   dominus deus : *om. A2a*

5 1 *post* mihi *add.* queso *Vd*   **1-2** quidem [quidam *T*] paenitentiam *M
T Ad* : quidem penitentia *S In* quid est penitentia *Ne Zw Vd Meyer*
quemdam [quamdam *Pn*] penitentiam *A2b* penitentiam *A2a*   **2** et qualiter paeniteam *A1+2b+3* : ut qualiter paen. *Va* quomodo paen. *Fa*

imponamus quem non possumus sustinere, et non exaudiet
preces nostras 2 et auertat dominus faciem suam a nobis quia
5 sicut promisimus non adimpleuimus. 3 Domine mi, quantum
cogitasti paenitere, quod ego tibi induxi laborem et tribulationem.

6 1a Et dixit Adam ad Euam: Potes tantas ⟨dies⟩ facere
quantas ego? sed tantas fac ut salueris. Ego enim faciam quadraginta diebus ieiunans. **1b** Tu autem surge et uade ad Tygris
fluuium et tolle lapidem, et sta super eum in aqua usque ad
5 collum in altitudine fluminis, et non exiet sermo de ore tuo,
quia indigni sumus rogare dominum, quia labia nostra immunda sunt de ligno illicito contradicti[a]. **2** Et sta in aqua
fluminis triginta septem dies. Ego autem faciam in aqua Iordanis quadraginta dies; forsitan miserebitur nostri dominus
10 deus.

7 1 Et ambulauit Eua ad Tygris flumen et fecit sicut dixit ei
Adam. **2** Similiter ambulauit Adam ad flumen Iordanis et stetit
super lapidem usque ad collum in aqua.

---

6   a. cf. Gen. 2, 17; 3, 11.17

---

3 quem *A2+3* : quod *A1*   possumus *A1+2a+3* : possimus *A2b*   exaudiet : exaudiat *In Fa Zw*   4 auertat *A1+3 Fa* : auertet *Va* auertit
A2b   dominus [*om. Fa*] faciem suam : f. s. dom. *Zw*   5 promisimus :
promissimus *Pn*   non : *om. Zw*   adimpleuimus *A1+2a+3* : impleuimus
A2b   6 paenitere : adpenitere *Ne* me penitere *Fa*   tibi [*om. Ne In*]
induxi *A1+2a* : induxi tibi *A2b+3*

    6 1 dixit : *om. Pn Pg* tibi : *om. Ne In*   **1-2** facere quantas [et *add. Fa*]
ego *A1+2* : [non *add. Vd*] facere ut ego *A3*   **2** salueris *A1+2a+3* : saluie-
ris *A2b*   enim : autem *A2a*   **3** tu : tu tu *Ad*   **3-4** ad Tygris fluuium
A1+2b+3 : ad tygrum [tigris *Va*] flumen *A2a*   **4** sta : *om. In*   super
eum [eam *Ne Pn*] in aqua *A1+2 Ad Zw* : in aqua super eum *Vd*   **4-5** ad
collum : *om. Fa*   **5** altitudine *A1+2b Va Ad Zw* : altitudinem *Fa Vd*
non : *om. A2b*   exiet *S In Va A2b Ad Zw* : exeat *Ne Fa* exigit *T* exiget
M Vd   **6** quia : qui *M*   indigni *A1+2a+3 Pn Pg post corr.* : indigne
Di   **7** illicito [inlicito *S T M Ne*] contradicti [et -dicto *Fa* contradici *Vd*]
A+2a+3 : illiciti contradicti *A2b*   **8** fluminis *A1+2b* : *om. A2a+3*   triginta septem *S T M In Fa A2b* : xxxiiij *Va* triginta vi *Ne* xl *Ad Zw*
quadraginta *Vd*   **9** quadraginta *A1+2* : xl [quadraginta *Vd*] vii *A3*   dominus : *om. Vd*

    7 1 flumen : fluuium *In Va Vd*   fecit : dixit *Zw*   ei : *om. Ne Va*
Vd   **2** similiter ambulauit Adam [*om. Vd*] ad flumen Iordanis [I. flumen
Va] *A1+2b+3 Va* : A. autem amb. ad fl. J. *Fa*   **3** usque ad collum [eius
add. Ne] in aqua *A1+2a Ad Zw* : usque ad collum *A2b* in aqua usque ad
collum *Vd*

8 1 Et dixit Adam: Tibi dico, aqua Iordanis, condole mihi et segrega mihi omnia natantia quae in te sunt, et circumdent ac lugeant pariter mecum. **2** Non se plangant sed me, quia ipsi non peccauerunt sed ego. **3** Statim omnia animantia uenerunt
5 et circumdederunt eum, et aqua Iordanis stetit ab illa hora non agens cursum suum.

9 1 Et transierunt dies decem et octo. Tunc iratus est Satanas et transfigurabat se in claritatem angelorum[a] et abiit ad Tygrem flumen ad Euam. **2** Et inuenit eam flentem, et ipse diabolus quasi condolens ei coepit flere et dixit ad Euam:
5 Egredere de flumine et de cetero non plores iam tristitia et gemitu. Quid sollicita es, tu et Adam uir tuus? **3** Audiuit dominus deus gemitum uestrum et suscepit paenitentiam uestram, et nos omnes angeli rogamus pro uobis deprecantes dominum, **4** et misit me ut educerem uos de aqua et darem
10 uobis alimentum quod habuistis in paradiso et pro quo planxistis. **5** Nunc ergo egredere de aqua et perducam uos in locum ubi paratus est uictus uester.

---

9   a. cf. II Cor. 11, 14

---

8 1 aqua : *om. Fa*   **2** omnia *A1+3* : *om. A2*   **3** lugeant pariter : par. l. *Ad* lugient par. *In*   quia ipsi : ipsa *Fa*   **5-6** et aqua Iordanis stetit ab illa hora non agens *A2* : ex aqua I. steterunt ab illa hora non agentes *A1+3*   **6** cursum suum *A2+3* : cursum eorum *A1*
9 1 et transierunt dies [*scr. T supra lineam*] decem et octo : *om. Fa* iratus est *A1+3 Va Di* : iratus *Fa Pn Pg*   satanas *S T M Ne Ad* : sathanas *In A2 Zw Vd*   **2** et[1] : *om. Fa*   transfigurabat *S Ne In A2+3* : -rauit *T M Meyer*   **3** Tygrem [tigrem *T M Va A2b* tygrim *Ne Fa*] flumen *A1+2b+ Va Ad Zw* : flumen Tigrim *Fa* Tigrim fluuium *Vd*   **4** quasi : *om. A2b*   coepit : caepit (*sic*) *S* incipit *Va* incepit *A2b*   ad Euam *S Ne In A2a Di Ad* : ad eam *T M Pn Pg Zw Meyer om. Vd*   **5** non : nihil *In*   plores *S M Ne In Fa Di A3 T post corr.* : ploras *Va Pn Pg* proles *T ante corr.*   **5-6** iam [tanta *Vd*] tristitia et [de *S*] gemitu : *om. Fa*
6 quid : quod *Pn Pg*   es tu : tu es *A2b*   dominus : *iterauit Pn*
7 deus : *om. In*   gemitum : gemi *Zw*   et : *om. A2b*   **8** nos : *om. In*   omnes [*om. Va*] angeli : a. o. *Fa*   rogamus : rogauimus *In Fa*
uobis : nobis *Vd*   deprecantes : *om. Fa*   **9** dominum : deum *Di*
me : *om. Vd*   educerem : deducerem *Va* ducerem *Di*   **10** pro : ex *Pn Pg*   **11** ergo egredere : degredere *In*   aqua : a. fluminis *Ad*   et perducam : ego ducam *Fa*   **12** paratus : paradysus *Ne* panis *Vd*   est : *om. Zw*

10 1 Haec audiens autem Eua credidit et exiuit de aqua
fluminis, et caro eius erat sicut herba de frigore aquae. **2** Et
cum egressa esset cecidit in terram. Et erexit diabolus et perduxit eam ad Adam. **3** Cum autem audisset eam Adam et
diabolum cum ea, exclamauit cum fletu dicens: O Eua, o Eua,
ubi est opus paenitentiae tuae? Quomodo iterum ab aduersario
nostro, per quem alienati sumus de habitatione paradisi et
laetitia spiritali, decepta es?

11 1 Haec autem uidendo cognouit quod diabolus suasit exire de flumine et cecidit in faciem suam super terram, et
duplicatus est dolor et gemitus et planctus ab ea. **2** Et exclamauit dicens: Vae tibi, diabole, quid nos expugnas gratis?
Quid tibi apud nos? Aut quid tibi fecimus, quoniam dolose nos
persequeris? Aut quid pertinet ad nos malitia tua? **3** Numquid
nos abstulimus gloriam tuam et fecimus te sine honore esse?
Quid persequeris nos, inimice, usque ad mortem, impie et
inuidiose?

12 1 Et ingemiscens diabolus dixit: O Adam! Tota inimicitia
mea et inuidia et dolor ad te est, quoniam propter te expulsus
sum de gloria mea quam habui in caelis in medio angelorum,
et propter te eiectus sum in terram. **2** Respondit Adam: Quid

---

10 1 autem *S T M In* : *om. Ne A2+3*   **2** fluminis : *om. Fa*   erat
[*om. Ne*] sicut herba *A1+2b+3* : s. h. e. *A2b*   de : prae *Fa*   **2-3** et cum
egressa esset cecidit in terram : *scr. supra lineam T*   **3** erexit *S T M In* :
erexit eam *Ne A2+3*   perduxit : adduxit *Fa*   **4** autem audisset [uidisset
Vd] *A1+3 Fa* : aud. autem *Va A2b*   **5** diabolum : diabulum *Pg*   o Eua
o Eua : o Eua Eua *Pn Pg*   **6** est opus : opus est *Ad*   quomodo :
quoniam *Pn Pg*   iterum : nunc *In*   *post* iterum *add. in marg.* seducta
es *M*   ab : cum *Fa*   aduersario : aduersari *S T In*   **7** quem : quam
Vd   **8** laetitia : letitiae *T M* letitie *In*   spiritali : spirituali *A2b*   decepta es *A3* : iterum seductus es *In* delusa es *Fa* om. *S T M Ne Va A2b*

11 1 uidendo : audiendo *Vd*   suasit : ei su. *Fa* su. eam *Di*   **3** duplicatus : -camus (*sic*) *Pn*   et³ : *om. Pn*   **4** dicens : et dixit *In*   expugnas : expungnas *Di* inpungnas *Pn*   **5-6** aut quid — nos persequeris :
om. Ne   **5** quoniam dolose nos *S T M In Fa A2b Ad Zw* : quomodo nos
d. *Va* q. doloses° nos *Vd*   **6** quid pertinet *A1+3* : quid attinet *Fa A2b*
quid attinget *Va*   tua *A1+3 Fa* : *om. Va A2b*

12 1 ingemiscens : ingemescens *S In*   diabolus dixit [ei *add. Pn*] *A1*
Di Pn Ad Zw : diabulus d. *Pg* d. diabolus *Fa Vd* dixit *Va*   **1-2** inimicitia
mea et inuidia : ini. et inu. mea *Fa*   **2** ad : a *A2b Vd*   **3** mea : *om.*
A2a   caelis : celo *Va*   **4** et propter — in terram : *om. Vd*   propter
te : *om. Fa*   in : *Di post corr. supra lineam*

5 tibi feci? **3** Aut quae est culpa mea in te? Cum non sis a nobis
natus nec laesus, quid nos persequeris?

13 1 Respondit diabolus: Adam, tu quid dicis mihi? Propter
tuam causam proiectus sum inde. **2** Quando tu plasmatus es,
ego proiectus sum a facie dei, foras a societate angelorum
missus sum. Quando insufflauit deus spiritum uitae in te, et
5 factus est uultus et similitudo tua ad imaginem dei[a], et adduxit te Michael et fecit te adorare in conspectu dei. Et dixit
dominus deus: Ecce Adam feci te ad imaginem et similitudinem nostram[b].

14 1 Et egressus Michael uocauit omnes angelos dicens: Adorate imaginem domini dei, sicut praecepit dominus deus. **2** Et
ipse Michael primus adorauit. Et uocauit me et dixit: Adora
imaginem dei Iesu. **3** Et respondi ego: Non habeo ego adorare
5 Adam. Et compellit me Michael adorare, et dixi ad eum: Quid
me compellis? Non adorabo deteriorem et posteriorem meum;
in creatura illius prius sum. Antequam ille fieret ego iam factus eram, ille me debet adorare.

---

13 a. cf. Gen. 2, 7; 1, 26-27
b. cf. Gen. 1, 26

---

5 quae est : quae *A2a*   **5-6** a nobis natus : natus a nobis *Ad*
6 laesus : cesus *Va*
13 1 Adam : *om. Fa*   tu : *om. In Va*   dicis : *om. Ad*   propter :
per *Vd*   **2** proiectus : eiectus *Zw*   **3** proiectus sum a facie dei *A1+3* : a
f. dei pr. sum *A2*   foras : f. et *Fa*   **4** sum : *om. Pn Pg*   uitae : *om.
In*   in te : *om. Pn Pg*   **4-5** et factus : *iterauit Pn*   **5** uultus : fultus
Pn Pg   tua : *om. In Pn Pg*   *post* imaginem *add.* et similitudinem *Vd*
6 te : *om. Vd*   Michael : M. archangelus *Pn Pg*   adorare : odorare *Pn*
6-7 et dixit dominus deus : *add. supra lineam T*   **7** te : *om. Pn*
8 nostram : meam *Va Di Vd*
14 1 Michael : M. archangelus *A2b*   omnes : *om. Va*   **2** imaginem
domini dei *A1+2b Va* : im. dei *A3* dei im. *Fa*   deus : *om. Fa*   **3** Michael primus *A1+2b Ad Vd* : pr. M. *A2a Zw*   et[1] : *om. Pn*   adora
A1+2a Ad Zw : adoro *A2b Vd*   **4** dei : domini *In*   Iesu (Ihu) *A1 +2b
Va* : Jehova (?) *Meyer om. Fa A3*   respondi ego *S T M In A3* : ego
resp. *Ne A2*   non habeo ego adorare *A1 Ad Zw* : non hab. ad. ego *Vd*
ego non hab. ad. *A2*   **5** Adam et compellit [compulit *Fa*] me Michael
adorare [ad. M. *Va*] *A2* : *om. A1+3*   quid : et q. *Zw Vd*   **6** compellis :
compellit *Vd*   *post* deteriorem *add.* me *Vd*   meum : me *M*   **7** *ante* in
add. quia *Fa*   illius prius sum *S T M Ne* : ill. sum prius *Va* ill. primus
sum *A2b* ill. prior sum *A3* prior sum ill. *Fa* prius sum *In*

15 1 Hoc uidentes ceteri angeli qui sub me erant noluerunt
adorare eum. 2 Et ait Michael: Adora imaginem dei. Si autem
non adoraueris, irascetur tibi dominus deus. 3 Et ego dixi: Si
irascitur mihi, ponam sedem meam super sedem caeli et ero
5 similis altissimo[a].

16 1 Et iratus est mihi dominus deus et misit me cum angelis meis foras de gloria nostra. Et per tuam causam in hunc
mundum expulsi sumus de habitationibus nostris et proiecti
sumus in terram, 2 et statim facti sumus in dolore, quoniam
5 exspoliati sumus tanta gloria et tanta laetitia deliciarum.
3 Dolo circumueniebam mulierem tuam et feci te expelli per
eam de deliciis laetitiae tuae, sicut ego expulsus sum de gloria
mea.

17 1 Haec audiens Adam a diabolo exclamauit cum magno
fletu et dixit: Domine deus meus, in manibus tuis est uita
mea[a], fac ut iste aduersarius meus longe sit a me, qui quaerit
animam meam perdere, et da mihi gloriam eius, quam ipse
5 perdidit. 2 Et statim non apparuit diabolus ei. 3 Adam uero
perseuerauit quadraginta diebus stans in paenitentia in aqua
Iordanis.

---

15 a. cf. Is. 14, 13-14
17 a. cf. Ps. 119 (118), 109

---

15 1-2 hoc uidentes — adorare eum : *om. A2a*   1 ceteri angeli qui sub
[*om. Pn*] me erant *A2b* : ceteri ubi [ibme *S* ub... *T*] erant ang. *S T M*
ceteri ang. qui erant ibi *In* ceteri ang. *Ne A3*   2 adorare eum *A1+3* :
eum ad. *A2b*   autem : *om. In Fa*   3 irascetur *A1+3 Fa* : -citur *Va*
A2b   tibi : *om. Vd*   dominus : *om. A2b*   4 irascitur mihi *A1+2b Va*
Ad Zw : -cetur mihi *Vd* iratus mihi erit *Fa*   meam : meum *T Di*

16 1 dominus : *om. Fa Di*   et[2] : quare *Ne°*   2 foras : *om. Fa*
nostra *S T M A2b+3* : mea *Ne In A2a*   et per : et sic per *Vd*   tuam
causam : c. t. *Pn*   2-3 in hunc mundum : *om. Fa*   3 expulsi sumus :
-lsus sum *Ne*   3-4 de habitationibus nostris et proiecti sumus : *om. Vd*
4-5 quoniam exspoliati [expulsi *Va*] sumus : *om. Pn Pg*   5 tanta[2] : *om.*
A2b   6-7 expelli per eam *A1+3* : per eam expelli *A2*   7 de : *om. In*
deliciis laetitiae tuae *T M Va Ad* : leticiis deliciarum tuarum *Fa* deliciis
laetitiae meae *S Ne In A2b Zw Vd*   8 mea : *om. Ad Zw*

17 1-2 magno fletu : fletu magno *Vd*   2 et dixit : dicens *Fa*   deus
meus : *om. In*   2-3 est uita mea : sit u. m. *Fa* u. m. est *Vd*   3 fac ut
Vd : sic ut *S T Ne In Fa A2b Ad* sic *M Va* sed ut *Zw*   sit : est *A2b*
4 meam *M Ne A2a+3* : *om. S T In A2b*   ipse : propter se *Fa*   4-5 non
apparuit [ei *add. Ne*] diabolus ei *A1+2b Va* : d. non comparuit *Fa* non
comparuit d. *A3*   6 paenitentia : p. magna *Vd*

18 1 Et dixit Eua ad Adam: Viue tu deo meo! Tibi concessa est uita, quoniam tu nec primam nec secundam praeuaricationem fecisti, sed ego praeuaricata et seducta sum, quia non custodiui mandatum dei. Et nunc separa me a lumine uitae
5 istius et uadam ad occasum solis et ero ibi usque dum moriar. **2** Et coepit ambulare contra partes occidentales, et coepit lugere et amare flere cum gemitu magno, **3** et fecit ibi habitaculum, habens in utero semen suum.

19 1a Et cum adpropinquasset tempus partus eius, coepit conturbari doloribus et exclamauit ad dominum dicens: **1b** Miserere mei, domine, adiuua me. Et non exaudiebatur nec erat misericordia dei circa eam. **2** Et dixit ipsa in se: Quis nuntiabit
5 domino meo Adam? Deprecor uos, luminaria caeli, dum reuertimini ad orientem, nuntiate domino meo Adae.

20 1 In illa autem hora dixit Adam: Planctus Euae uenit ad me. Forte iterum serpens pugnauit cum ea. **2a** Et ambulans inuenit eam in luctu magno. Et dixit Eua: Ex quo uidi te, domine mi, infrigerauit anima mea in doloribus posita. **2b** Et
5 nunc deprecare dominum deum pro me, ut exaudiat te et respiciat ad me et liberet me de doloribus meis pessimis. **3** Et deprecatus est Adam dominum pro Eua.

---

18 1 dixit : *om. Vd* tu *A1+2a Ad Zw* : *om. A2b Vd* **3** praeuaricata et seducta [-cata *T M*] sum *S T M In A2b+3* : praeu. sum et sed. *A2a* praeu. sum *Ne* **4** mandatum *A1+3 Va* : -ata *Fa A2b* separa : -rabo *Vd* **7** amare flere : fl. a. *Va* gemitu magno : m. g. *Ad* **7-8** fecit [*om. Va*] ibi [sibi *Ad Zw*] habitaculum habens in utero semen suum [Ade *Ne*] *A1+2b+3 Va* : ibi habitauit semen in utero habens *Fa*

19 1 et : *om. In* adpropinquasset *S T M* : appro. *ceteri* **3** ante adiuua *add. et A3* **4** dei : *om. A2a* eam : eum *Di* in se : intra se *Pn Pg* nuntiabit : adnuntiabit *Ne* **5** Adam : *om. Ne* **5-6** deprecor uos — meo Adae : *om. In* **6** Adae : Adam *Meyer*

20 1 in illa autem [*om. Ne*] hora *A1+3* : et *A2* **1-2** ad me : *om. Vd* **2** forte iterum serpens pugnauit : p. f. it. s. *Vd* serpens pugnauit cum ea *A1 Fa Ad Zw* : p. [pungnauit *Di*] s. cum ea *A2b* s. -abit ea *Va* **3** Eua : *om. A2b* uidi te : te uidi *A2a* **4** domine mi *A2* : *om. A1+3* infrigerauit *S T In Va A2b Ad Zw* : inrefr. *M Ne* refr. *Vd* refrigerata est *Fa* **5** deprecare dominum deum *A1+2b+3* : roga dom. d. *Fa* dom. d. ora *Va* exaudiat te et : exaudiet te *Pn Pg* **6** ad me : me *Fa* de : a *Fa* meis : *om. A2b* **7** dominum : ad d. *Va*

21 1 Et ecce uenerunt duodecim angeli et duo uirtutes stantes a sinistris, 2 et tetigit faciem eius usque ad pectus et dixit ad Euam: Beata es, Eua, propter Adam, quoniam preces eius magnae sunt et orationes. Missus sum ad te, ut accipias
5 adiutorium nostrum. Exsurge nunc et para te ad partum. 3a Et peperit filium et erat lucidus. 3b Et continuo infans exsurgens cucurrit et manibus suis tulit herbam et dedit matri suae, 3c et uocatum est nomen eius Cain.

22 1 Et tulit Adam Euam et puerum et duxit eos ad orientem. 2 Et misit dominus deus Michael angelum causa seminis diuersa et dedit Adae, et ostendit ei laborem et colorem terrae, ut habeant fructum unde uiuerent ipsi et omnes generationes
5 eorum. 3 Postea enim concepit Eua et genuit filium cui nomen Abel.

23 1 Et dixit Eua: 2 Adam, domine mi, dormiens uidi uisum quasi sanguinem filii nostri Abel in manu Cain. †Propterea dolorem habeo a dolore suo crucians eum†. 3 Et dixit Adam: Vere interficiet Cain Abel, sed forte separamus eos ab inuicem
5 et faciamus eis singulas mansiones. 4 Et fecerunt Cain agrico-

---

21 1 duo *S T M In A2b Ad* : due *Ne A2a Zw Vd*   2 a sinistris : as-
sinistris *S T* a dextris et a sinistris *Fa*   tetigit *S T M In A2b+3* : teti-
gerunt *Ne* texerunt *Fa* detigit *Va*   ad : *om. In*   3 dixit : dixerunt *Ne
Fa*   4 missus sum *S T M In Va A3* : missi sumus *Ne Fa A2b*   accipias *A1+2b Va Ad Zw* : accipies *Vd* habeas *Fa*   5 nunc : *om. Fa*
5-8 *coram* exsurge — Cain *scr.* nota *in marg. M*   5 exsurge *S T In Di* :
exurge *M Ne A2a Pn Pg A3*   7 exsurgens *S Ne In A2b Vd* : exurgens *T
M Va Ad Zw* om. *Fa*   cucurrit : currit *In*   suis tulit : sustulit *In*
8 est nomen eius [ei *S*] : n. est e. *Ad*
    22 1 et[1] : *om. A2b*   eos om. *A3*   2 Michael : per M. *Vd*   ange-
lum : *om. Fa*   2-3 causa [grana *Vd*] seminis diuersa et dedit Adae *S T
M In Va A2b+3* : c. s. et diuersa d. A. *Ne post corr. supra lineam* c. diuersi
s. et d. ei *Fa*   3 colorem *S T M Ne A3* : calorem *In* colonum [fecit eum
add. Fa] *A2a* dolorem *A2b*   4 habeant *T M In A2b Vd* : haberent *S Ne
A2a Ad Zw*   unde : ut *A2b*   ipsi : *om. Va*   4-5 omnes generationes
eorum : g. ipsorum *Vd*   5 postea enim : post enim *In* post uero *Vd*
et : *om. T M*   genuit : peperit *In Fa*   nomen : n. est *Pn Pg*
    23 1 Adam : ad Adam *A2b* om. *Ad Zw*   dormiens : *om. Vd*   uisum
A1+2b Va : somnium [sompnium *Vd*] *Fa A3*   3 crucians : cruciens *Pn
Pg*   Adam : ad eum *Zw*   4 uere : uero *Vd*   interficiet Cain : C. int.
Fa   forte : ueni *Vd* om. *Meyer*   separamus *A1+2b* : separemus *Va A3
Meyer* separabimus *Fa*   5 *post* mansiones *add.* et fecerunt ita *Fa* et fe-
cerunt illis singulas mansiones *Va*

lam, Abel fecerunt pastorem[a] ut ita fuissent ab inuicem separati. 5 Et post hoc interfecit Cain Abel. Erat autem Adam
tunc annorum centum triginta. Cum interfectus est Abel erat
annorum centum uiginti duorum[b].

24 1 Et post hoc cognouit Adam uxorem suam et genuit filium et uocauit nomen eius Seth. 2 Et dixit Adam ad Euam:
Ecce genui filium pro Abel quem occidit Cain[a]. 3 Et postquam
genuit Adam Seth, uixit annos octingentos et genuit[b] filios
5 triginta et filias triginta, simul sexaginta tres. Et multiplicati
sunt super terram in nationibus suis.

25 1 Et dixit Adam ad Seth: Audi, fili mi Seth, ut referam
tibi quae audiui et uidi. 2 Postquam eiectus sum de paradiso,
ego et mater tua cum essemus in oratione, uenit ad me
Michael archangelus nuntius dei. 3 Et uidi currum tanquam
5 uentus et rotae illius erant igneae et raptus sum in paradisum
iustitiae. Et uidi dominum sedentem et aspectus eius erat

---

23 a. cf. Gen. 4, 2
   b. cf. Gen. 4, 8 et 5, 3
24 a. cf. Gen. 4, 25
   b. cf. Gen. 5, 4

---

6 *post* Abel *add.* autem *Pn Pg*   fecerunt : *om. Fa*   ita fuissent : essent
Vd   **7** post : postea *Vd*   **7-8** erat autem Adam tunc [tunc *om. Fa*
Adam tunc *om. Va*] *A2* : erat autem tunc [tunc *om. Vd*] *A1+3*   **8** annorum centum triginta *A2* : *om. A1+3*   **8-9** cum interfectus est Abel [Abel
cum interf. est *Fa*] erat annorum centum uiginti duorum [lxxa *Fa*] *A2a* :
annorum centum uiginti duorum [c xx ii] *A1+3 om. A2b*

   24 1 et : *om. Fa*   post : postea *Vd*   cognouit Adam : A. c. *Ne*
1-4 filium et — et genuit : *om. Zw*   **1** filium *A1+2* : alium *Ad Vd*
2-3 et uocauit — genui filium : *om. A2b*   **2-4** et dixit — Adam Seth : *om.*
In   **3** genui *A1 Ad Vd* : genuisti *A2a*   **3-4** et postquam — Seth uixit :
om. Fa   **4** genuit Adam : A. g. *Vd*   **4 - 25** 1 uixit annos — Adam ad
Seth : *om. Vd*   **4** uixit : *om. Va*   annos octingentos et : in -tis annis
Fa   **5** *post* triginta² *add.* exceptis cain abel et seth et erant omnes *Fa*
simul : similiter *Pn* simul *Pg post corr.*

   25 1 dixit : *om. Zw*   fili mi : mi f. *Ad*   ut : et *Fa*   **2** audiui et
uidi : u. et a. *Fa*   eiectus : iecetus *T*   **3** essemus : essem *Ne Fa*   ad
me : *om. Ne*   **4** Michael archangelus [*om. Ad Zw*] nuntius dei *A1+2 Ad*
Zw : nuntius dei M. *Vd*   uidi : *om. In*   currum *A1+2a Zw Vd* : currum dei *Ad* currere *Di* curre *Pn Pg*   tanquam : quasi *Va*   **5** uentus :
uentum *Fa Vd*   et : *om. S Ne In Pn Pg*   igneae : igne *Pn Pg*
6 dominum : *om. In*

ignis[a] incendens intolerabilis, et multa milia angelorum antecedebant eum et alia multa milia angelorum erant a dextris et
a sinistris currus illius.

26 1 Hoc uidens perturbatus sum et timor comprehendit me
et adoraui coram deo super faciem terrae. 2 Et dixit mihi deus: Ecce tu morieris, quia praeteristi mandatum dei, quia prius
audisti uocem uxoris tuae quam tibi dedi in potestatem, ut
5 haberes eam in uoluntatem tuam, et audisti illam et uerba mea
praeteristi.

27 1 Et cum haec audiui uerba dei, procidens in terram et
dixi: Domine mi, omnipotens deus et misericors, sancte et pie,
ne deleatur nomen memoriae tuae maiestatis, sed conuerte
animam meam[a], quia morior et spiritus meus exibit de ore
5 meo. 2 Ne proicias me a facie tua[b], quem de limo terrae plasmasti[c], nec postponas gratiae tuae quem nutristi. 3 Et ecce

---

25 a. cf. Ez. 1, 27; 8, 2
27 a. cf. Ps. 23 (22), 3
    b. cf. Ps. 51 (50), 13
    c. cf. Gen. 2, 7

---

7 intolerabilis *A1+2* : *om. A3*   multa : *om. Pn*   7-8 antecedebant eum
— milia angelorum *Fa A2b* : *om. A1+3 Va*   8 multa *A2b* : *om. Fa*
8-9 erant a dextris — currus illius : a d. — c. i. erant *Fa*   a dextris et a
sinistris : add. et ass. *S In*   9 currus illius : ill. currens *A2b* ill. *Zw*
   26 1 perturbatus *A1 Fa A2b Ad Vd* : turbatus *Zw* conturbatus *Va*
2 et[1] : *om. Pn*   3 morieris : moriaris *Pn*   quia : q. tu *Pn Pg*   praeteristi *A1+2a+3* : preteriisti *A2b*   quia prius : et prius *Ne* quia primo
Vd   4 tibi dedi in potestatem *A1+2* : d. t. in p. *Ad Zw* dedi inpotentem
Vd   5 eam : eum *Pn*   uoluntatem tuam *A1+2b Va* : -tate tua *Fa*
A3   audisti *A1+3 Di* : audistis (?) *Pn Pg* exaudisti *A2a*   5-6 uerba
mea praeteristi *A1+3 Va* : u. mea -riisti *A2b* -riisti u. m. *Fa*
   27 1 audiui uerba dei [*om. Ad Zw*] *S T M In Ad Zw* : u. dei aud. *Ne*
A2 audiui *Vd*   et *A1+2b* : *om. A2a+3*   2 dixi : dixit (?) *Pn Vd Pg* ante
corr.   coram domine mi *scr. in marg.* oratio Adae *M*   omnipotens deus
et misericors : o. et m. d. *Fa*   sancte : et s. *Pn*   3 *post* ne *add.* moriatur *forte expungendum Vd*   *post* nomen *add.* tuum *Vd*   memoriae : me-
moriale *In*   tuae [*om. Zw*] maiestatis : m. t. *A2*   4 morior : moriar *In*
5 me a facie tua [*om. Vd*] : m af t (*sic*) *Zw*   quem : quoniam *Fa* quam
Pn   *post* plasmasti *add.* me *Fa*   6 nec : ne *Va*   postponas *S T M In*
A2 Ad : praeponas *Ne* ponas *Zw* peream *Vd*   quem : quam *In Pn*°
post nutristi *ex Historia Lausiaca add.* et baptizatus erat autem statura
breui super labium tantummodo habebat pylos et in summitate menti et
nimia enim abstinencia pili barbi eius rari nati sunt huius aliquando
confessus sum quid faciam abba quia cogitationes accidie tribulant

uerbum tuum incedit mihi. Et dixit dominus ad me: Quoniam
figurantur dies tui, factus es diligens scientiam; propter hoc
non tollatur de semine tuo usque in saeculum ad ministrandum
10   mihi.

28 **1** Et cum haec uerba audiui, prostraui me in terram et
adoraui dominum meum dicens: Tu es aeternus, et omnes
creaturae tuae dent honorem et laudem. **2** Tu es super omne
lumen fulgens, uera lux, uita uiuens, incomprehensibilis matu-
5   tina uirtus, tibi dant honorem et laudem spiritales uirtutes. Tu
facias cum genere humano magnalia misericordiae tuae.
3 Postquam adoraui dominum, statim Michael archangelus dei
apprehendit manum meam et eiecit me de paradiso uisitationis
et iussionis dei. **4** Et tenens Michael in manu sua uirtute tetigit
10   aquas quae erant circa paradisum, et celauerunt.

29 **1** Et pertransiui et Michael pertransiuit mecum et reduxit
me in locum, unde me rapuit.

---

me dicentes mihi quia nichil hic agis egredere de hac solitudine ipse
autem dixit mihi dic eis quia propter christum sedeo et parietes istos cus-
todio *Zw* et baptizatus sum erat autem statura breui super labium tantummodo habebat *Vd et postea def. usque ad 42,10*   **6-7** et [*om. Zw*] ecce
[*om. Pn Pg*] uerbum tuum incedit mihi [in me *Zw*] *A1+2b+3 Va* : *om. Fa*
7-10 et dixit — ministrandum mihi : *om. In*   **7** dominus ad me *S T M*
Ne A2a+3 : ad me dom. *A2b*   quoniam : quomodo *M Ne*   **8** factus es
S T M Ne A2a+3 : facto (*vel sancto*) *A2b*   scientiam : scientia *Zw*
9 non tollatur *S Ne Va A2b+3* : non tollitur *T M* tolleret *Fa*   in saeculum : *om. Fa*
    28 **1** audiui : audirem *Fa*   me : *om. Va Ad*   **2** meum *A1 Di* : deum
A2b om. Pn Pg Ad Zw   coram tu es aeternus *scr. in marg.* oratio alia
M   **2-3** aeternus — laudem tu es : *om. A2b*   **3** creaturae : *om. In*
dent : dant tibi *Fa*   et laudem *A1+2a* : et laudent te *Ad Zw*   **4** uita :
om. Ne   **4-5** matutina uirtus [*om. A2b*] *A1+2b Va Ad Zw* : u. m. *Fa*
5 dant : dans *A2b*   honorem et laudem *A1* : laud. et hon. *Va A2b* uirtutem et hon. *Fa* hon. *Ad Zw*   spiritales *A1+2a Ad Zw* : spirituales
A2b   **5-6** tu [dum *Ne*] facias *A1+2* : tu facis *Ad Zw*   **7** [ad *add. A1*]
dominum *A1+2b Fa Ad Zw* : *om. Va*   dei *A1 Va A2b* : *om. Fa Ad
Zw*   **8** apprehendit : adprehendit *T M*   eiecit me *S T M Ne A2a Zw* :
iececit me *In Ad* eiecit *Di* eiciet *Pn Pg*   **9** et [*om. Ne*] iussionis *S T M
Ne A2b Ad Zw* : et uisionis *In A2a*   *post* tenens *add.* me *M Ne*   in :
om. A2b   uirtute tetigit [tegit *A2b*] *A1+2b* : uirtutem [et *add. Va*] tetigit
A2a tetigit uirtute *Ad Zw*   **10** celauerunt [se *add. Fa*] *S T M In A2+3* :
minutae sunt *Ne* gelauerunt *Meyer*
    29 **1** pertransiui [transiui *Va*] et [*om. In*] Michael *A1+2b+3 Va* : *om.
Fa*   pertransiuit : transiuit *A2b*   **2** in locum *A1+2b Ad* : ad locum *Zw
om. A2a*   me : *om. Fa*

29 2 Audi, fili mi Seth, et caetera mysteria futura quae mihi
sunt reuelata, qui per lignum scientiae comedens cognoui et
5 intellexi, quae erant in hoc saeculo.

30 1 Postquam factus est Adam annos nongentos triginta[a],
2 quod nesciens quoniam dies eius finiuntur dixit: Congregentur ad me omnes filii mei ut benedicam eos antequam
moriar et loquar cum eis. **3** Et congregati sunt in tres partes
5 ante conspectum eius, coram oratorio ubi adorabant dominum
deum. **4** Et interrogauerunt eum: Quid tibi est, pater, ut congregares nos? Et quare iaces in lecto tuo? **5** Et respondens
Adam dixit: Filii, male mihi est doloribus. Et dixerunt ad eum
omnes filii eius: Quid est, pater, male habere doloribus?

31 1 Tunc filius eius Seth dixit: Domine, forte desiderasti de
fructu paradisi ex quo edebas, et ideo iaces contristatus. **2** Dic
mihi et uadam ad proximas ianuas paradisi et mittam puluē-
rem in caput meum et proiciam me in terram ante portas
5 paradisi et plangam in lamentatione magna deprecans dominum. Forsitan audiet me et mittet angelum suum et adferat

---

30 a. cf. Gen. 5, 5

---

3 fili mi Seth : mi fili Seth *Pn Pg*   mysteria futura *M Ne Fa Di Pg Ad* :
misteria f. *S T In Pn Zw* f. misteria *Va*   4 qui *A1 Va Ad Zw* : que *Fa*
A2b   5 quae erant : qui (*sic*) erant *T M*
     30 1 est : *om. Ad Zw*   annos nongentos triginta : an. d cccc xxx *S T*
M In Va Pg Zw annorum d [domini *Pn°*] cccc [nongentorum *Fa*] xxx *Ne*
Fa Pn Ad anno d cccc° xxx *Di*   2 quod [*om. Fa*] nesciens *S T M In*
A2 : sciens *Ad Zw* sentiens *Ne*   quoniam *A1+3 Va* : quando *Fa om.*
A2b   finiuntur : -rentur *Fa*   dixit : ait *Fa*   coram congregentur *scr.*
in marg. nota *M*   3 ut : et *In Va*   eos : eis *Ad Zw*   4 cum : *om. Pn Pg*
in tres partes : omnes *Fa*   6 deum : *om. Ad Zw*   tibi : *om. Ne*
est pater : p. est *A2a*   ut congregares : quia congregasti *Fa*   7 tuo :
om. Fa   7-8 et [*om. Fa*] respondens Adam dixit : -dit Adam et d. *Va*
8 filii *A1 Ad* : filii mei *Va Pn Pg* fili mi *Di* mihi fili *Zw om. Fa*   male
mihi est [est mihi *Va A2b*] doloribus : dolores habeo magnos *Fa*   8-9 et
dixerunt — habere doloribus : *om. A2a*   9 omnes *A1+2b* : *om. Ad Zw*
     31 1 filius eius Seth dixit : d. f. e. S. *Fa*   domine : dom. tu *In*
2 paradisi : *om. Ad Zw*   iaces contristatus [contristanter *In*] *A1 Ad Zw* :
contr. iaces [iacens *A2b*] *Va A2b* tristis iaces *Fa*   3 uadam : ibo *Fa*
proximas ianuas : pr. ianua *S*   paradisi : *om. Ad Zw*   4 in terram *S*
Fa In Va A2d+3 : in terra *T M om. Fa*   portas : ianuas *Ne* portam
Va   5 in : *om. Ne Fa Ad Zw*   dominum *A1+3 Fa* : dom. deum *Va*
A2b   6 forsitan : forte *Fa*   audiet [adiuuat *Va*] me et : *om. Fa*   et
adferat [aff. *A2b*] *S T M In A2b* : et affert *Ne* et [ut *Fa*] afferet *A2a*
Ad Zw

mihi de fructu quod desiderasti. 3 Respondit Adam et dixit:
Non, fili mi, non desidero, sed infirmitatem et dolorem magnum habeo in corpore meo. 4 Respondit Seth: Quid est dolor,
10 domine pater, nescio, sed noli nobis abscondere, sed dic nobis.

   32 1 Et respondit Adam et dixit: Audite me, filii mei!
Quando fecit me deus et matrem uestram, et posuit nos in
paradisum et dedit nobis omnem arborem fructiferam ad
edendum et interdixit nobis: De arbore scientiae boni et mali,
5 quae est in medio paradisi, ne comedatis ex eo^a. **2** Deus autem
partem dedit paradisi mihi et matri uestrae, arborem orientalis
partis contra aquilonem dedit mihi, et matri uestrae dedit
partem austri et partem occidentalem.

   33 1 Dedit nobis dominus deus angelos duos ad custodiendos
nos. **2** Venit hora ut ascenderunt angeli in conspectu dei adorare. Statim inuenit locum aduersarius diabolus, dum ab-

---

32 a. cf. Gen. 2, 15-17

---

7 quod *A1+2b* : quem *A2a Ad Zw*   et dixit : dicens *Fa*   **8-9** non [noli
Ne] fili [filii *In*] mi non desidero sed infirmitatem et dolorem magnum
habeo in corpore meo *A1+2b Va Ad Zw* : non f. mi. des. quod ais sed
multum infirmor corpore *Fa*   **9** dolor : *om. Zw*   **10** pater nescio sed
[*om. Ne*] noli nobis abscondere : noli hoc absc. a n. *Fa*
   32 1 et [*om. A2a*] respondit : et ait *Ad*   et dixit : dicens *Fa om. Ad*
Zw   audite me [*om. Va*] filii mei : *om. Fa*   **2** fecit me *Fa A2b* : me
fecit *Va* fecit nos *A1+3*   deus : dominus d. *Va*   **2-3** et [*om. Ad Zw*]
posuit nos [me *Va*] in paradisum : et posuit nos *M*   **3** et : *om. Fa*
omnem : *om. In Va*   **4** edendum : edendam *A2b*   interdixit [*Zw post*
corr. in—dixit *In*] *A1+3* : dixit *A2*   **5** paradisi : paradiso *Pn*   ne comedatis *S T M In Fa A2b* : non com. *Va* ne comederemus *Ne Ad* ne co-
medamus *Zw*   ex eo *A1+2b* : ex ea *Va om. Fa Ad Zw*   **6** partem [eius
add. Di] dedit paradisi *A1+2b* : partem paradisi [*om. Zw*] dedit *A2a Ad*
Zw   **6-7** arborem orientalis — matri uestrae : *om. Zw*   **7** contra aquilonem dedit mihi *S T M In Va A2b* : d. mihi c. aq. *Fa* c. aq. *Ne Ad*   et
matri uestrae [par *add. T M*] dedit *S T M In A2b* : et dedit m. u. *Ad* et
m. u. *A2a* et *Ne*   **8** austri : austrae *Pg*
   33 1 deus : *om. Ad*   angelos duos [*erasum in Va* duos ang. *A2b Ad*
Zw] ad custodiendos [-dum *A2b*] nos *A1+2b Va Ad Zw* : ad -dum ang.
duos *Fa*   **2** [et *add. Ad Zw*] uenit hora ut [et *Va*] ascenderunt [-derent
A2b Ad Zw] *S T M In Va A2b Ad Zw* : sed uenit hora in qua asc. *Fa*
uenerunt et asc. *Ne*   in conspectu dei [domini *Va om. In*] adorare : ad.
in c. d. *Fa*   **3** statim : tunc *Fa*   *post* aduersarius *add.* noster *Ad Zw*

sentes essent angeli, et seduxit diabolus matrem uestram ut
5 manducaret de arbore illicita et contradicta, 3 et manducauit
et dedit mihi^a.

34 1 Et statim iratus est nobis dominus deus et dixit ad me
dominus: 2 Eo quod dereliquisti mandatum meum et uerbum
meum, quod confortaui tibi, non custodisti, ecce inducam in
corpus tuum septuaginta plagas diuersis doloribus ab initio
5 capitis et oculorum et aurium usque ad ungulas pedum, et per
singula membra torquimini. Hic putauit in flagellationem do-
lori uno cum arboribus. Haec autem omnia misit dominus ad
me et omnes generationes nostras.

35 1 Haec dicens ad omnes filios suos, comprehensus est
magnis doloribus et clamans magnis uocibus dicebat: Quid faciam, infelix, positus in talibus doloribus? 2 Et cum uidisset
eum Eua flentem, coepit et ipsa flere dicens: Domine deus
5 meus, in me transfer dolorem eius, quoniam peccaui. Et dixit

---

33 a. cf. Gen. 3, 6

---

4 essent : *om. In   post* angeli *add.* dei *A2*   diabolus : *om. Fa*   5 de
arbore illicita [inlicita *S T M In*] et contradicta *A1+2b Va* : ill. et contr.
Ad Zw pomum arboris interdictae *Fa   ante* manducauit *add.* ipsa *Fa*
34 1 et : *om. Di Fa   iratus* est nobis dominus deus *A1+2a Pn Pg* :
dom. d. ir. est n. *Di* ir. est dom. n. *Ad Zw*   1-2 ad me dominus [*om.Va
Ad Zw*] : deus ad me *Fa*   2 et : *om. Va*   3 quod confortaui [*eras. et*
mandaui *scr. in marg. T* confirmaui *In*] tibi : *om. Fa   inducam* : *om. Pn
Pg   in* : super *Va*   5 capitis et : *om. Fa*   6 torquimini *S M Ne In
Va Pn Pg* : torquemini *Di Ad Zw T post corr.* torquebimini *Fa,*   6-7 hic
putauit — cum arboribus : *om. Fa*   6 hic [hoc *Va*] putauit *S M Ne In
Va Ad* : hec mihi dominus deputauit *T post corr. supra lineam* hic [hec *Pn*]
imputauit *A2b* hic portauit *Zw*   flagellationem *A1+2b Ad Zw* : flagellatione *Va*   7 arboribus *A1 Va Ad Zw* : ardoribus *A2b   autem* : *om.
A2a   misit* : dimisit *In*   7-8 ad me et *S T M Va* : ad me et ad *Ne In
A2b Ad Zw* in me et super *Fa*   8 omnes : *om. Ad Zw*
35 1 haec : *om. A2b   dicens* : dicit *In* dicens Adam *Fa   ad* omnes
filios suos : ad filios suos *Ne om. Ad Zw*   1-2 comprehensus est [*om. Va*]
magnis doloribus : -sis et m. d. *In*   2 dicebat : dixit *Fa*   2-3 quid faciam infelix positus : *scr. sub linea T*   3 positus : positus sum *A2b*
uidisset : audisset *A2a*   4 flentem : *om. Fa*   et : *om. Ad*   4-5 domine
[dominus *Di*] deus meus *S T M In A2* : dom. d. *Ne Ad Zw*   5 in [*om.
In*] me transfer *A1+2b Fa Ad* : tr. in me *Va* miserere mei et tr. *Zw*

Eua ad Adam: Domine mi, da mihi par dolorum tuorum, quoniam a me culpa haec tibi accessit.

36 1 Et dixit Adam ad Euam: Exsurge et uade cum filio meo Seth ad proximum paradisi, et mittite puluerem in capita uestra et prosternite uos in terram et plangite in conspectu dei. **2** Forsitan miserebitur et iubet transmittere angelum suum de 5 arbore misericordiae suae, de qua currit oleum uitae, et dabit uobis ex ipso modicum, ut me unguatis ex eo, ut quiescam ab his doloribus ex quibus consumor.

37 1 Et abierunt Seth et mater eius contra portas paradisi et, dum ambularent, ecce subito uenit serpens bestia et impetum faciens morsit Seth. **2** Et cum audisset Eua saeuit: Heu mihi miserae, quoniam maledicta sum, quoniam non custodiui 5 praecepta dei. **3** Et dixit Eua ad serpentem uoce magna: Bestia maledicta, quomodo non timuisti mittere te ad imaginem dei, sed ausus es pugnare cum eo?

38 1 Respondit bestia uoce humana: O Eua, numquid non ad uos est malitia nostra? Nonne contra uos est furor noster? **2** Dic mihi, Eua, quomodo apertum est os tuum, ut manducares? **3** Nunc autem non potes portare Seth.

---

6 Eua : *om. Ad Zw*   ad : *om. S*   mi : *om. Ad Zw*   par *A1 Zw* : partem *A2 Ad*   **7** quoniam *A1 Ad Zw* : quorum *A2a* quomodo (?) *A2b*   haec : *om. Fa*   tibi : *om. Pn Pg*   accessit : accidit *Ne*

36 1 exsurge *S T In* : exurge *ceteri*   **2** proximum : portam *Ne*   paradisi : -sum *A2b*   **3** dei *A1 Ad* : domini *Zw* domini dei [nostri *add. A2b*] *A2*   **4** iubet : mittet *M*   transmittere : mittere *Va*   **5** et : *om. In*   **6** uobis ex ipso : ex i. uobis *Zw* uobis *Fa*   unguatis *S T M Ne* : ungatis *ceteri*   ab : ex *Fa*   **7** his *S T M Ne Fa Ad Zw* : hys *Di* hiis *Va Pn Pg* istis *In*

37 1 contra : ad *Fa*   portas : partes *A2b*   **2** dum : cum *Fa*   bestia : *om. Ad Zw*   **3** morsit *S Ne In Va Ad Zw* : momorsit *A2b* momorsit *post corr. supra lineam T* momordit *M Fa*   Seth : *om. Zw*   et cum audisset : et a. *In* quod cum uidisset *Fa*   saeuit *A1+2b Va* : fleuit dicens *Fa Meyer* fleuit et dixit *Ad Zw*   heu : *iterauit Ad Zw*   **4** mihi : *om. In*   quoniam[1] : quomodo *Zw*   quoniam[2] : quia *Ne Fa Ad*   **5** praecepta dei [domini *T M Pn*] *A1+2b Ad Zw* : mandatum [-ata *Va*] dei *A2a*   uoce magna : *om. Ad Zw*   **6** quomodo : quoniam *In A2b*   mittere te : te m. *Va*   **7** dei : *om. A2b*   post es *add.* tu *A2b*   pugnare : pungnare *Di*   eo : ea *Ad Zw*

38 1 uoce humana : h. u. *Zw*   **1-2** numquid non ad uos *A1 Ad Zw* : num. ad uos non [*om. Va*] *A2a* num. non ad nos *A2b*   **2** est : *om. Ad Zw*   furor : malitia et furor *A2b*   **3** quomodo : quoniam *In*   manducares : manducaret *Zw* m. interdictum tibi a deo pomum *Fa*   **4** potes *In Va A2b Zw* : potestis *S* potest *T M Ne Fa*   Seth : *om. Meyer*

39 1 Tunc dixit Seth ad bestiam: Increpet te dominus deus, stupe, obmutesce, claude os tuum, maledicte, inimice ueritatis, confusio perditionis, recede de imagine dei usque in diem quando dominus deus iusserit in comprobationem te adduci. **2** Et dixit bestia ad Seth: Ecce recedo, sicut dixisti, a facie imaginis dei. **3** Statim recessit plaga de dentibus a Seth.

40 1 Seth autem et mater eius ambulauerunt in partes paradisi propter oleum misericordiae ut unguerent Adam infirmum. Et peruenientes ad portas paradisi tulerunt puluerem de terra et posuerunt super caput suum et prostrauerunt se in terram super faciem suam et coeperunt plangere cum gemitu magno, deprecantes dominum deum ut misereretur Adae in doloribus suis et mitteret angelum suum dare ei oleum de arbore misericordiae suae.

41 1 Orantibus autem eis horas multas et deprecantibus, ecce angelus Michael apparens eis dixit: Ego missus sum a domino, ego sum constitutus a domino super corpus humanum. **2** Tibi dico, Seth homo dei, noli lacrimare orando et deprecando propter oleum ligni misericordiae, ut perunguas patrem tuum Adam pro doloribus suis.

42 1 Dico enim tibi quia nullo modo poteris accipere, nisi in nouissimis diebus quando completi fuerint sex milia et quin-

39 1 dixit Seth *S T M Ne In Ad Zw* : S. dixit *Va A2b* S. ait *Fa* deus : *om. Ad Zw*   2 stupe *A1+2* : s py pe *Ad°* serpens *Zw*   claude os tuum maledicte : *om. Fa*   3 confusio perditionis : confusionis auctor et perditionis *Fa*   de : ab *Fa*   3–4 in diem quando : dum *Fa*   4 deus : *om. Ad Zw*   in comprobationem te [*om. Ad Zw*] : te in c. *Fa*   6 de dentibus a [ad *In*] Seth *S T M In* : de dent. S. *Va A2b* a dent. S. *Ne Ad Zw* serpentis a S. *Fa*

40 1 in : ad *Va*   2 Adam : *om. In*   3 portas : portam *Zw*   4 de terra : *om. Ad Zw*   caput suum : capita sua *Pn Pg*   5 se *T M A2a Pn Pg Ad Zw* : *om. S Ne In Di*   in terram super faciem suam *S T M In A2* : faciem suam in terram *Ne* super facies suas *Ad Zw*   6 deum : *om. Ad Zw*   misereretur *Ne A2a Ad Zw T post corr.* : misereretur *S M In A2b*   7 ei : *om. In*

41 1 horas multas : m. h. *Ne*   et deprecantibus : *om. Ad Zw*   2 *ante* apparens *add. et Ad*   eis dixit : eis dicens *Ne* dixit eis *Zw*   ego : ecce *Ne*   missus sum : sum m. *Va*   3 sum constitutus a domino : c. sum a dom. *Fa* sum a dom. c. *A2b*   4 lacrimare : -ri *Fa*   et deprecando : *om. In Ad Zw*   5 perunguas *S T M* : perungas *ceteri*   6 Adam : *om. M*

42 1 quia : quod *In*   poteris : potes *Di* potest *In*   2 fuerint *A1+2b+3* : sunt *A2a*   2–3 sex milia et quinquaginta anni : dies vi et l anni *Va*   v milia et quinquaginta a. (*forte post* v *erasum est* i) *Fa*

quaginta anni. **2** Tunc ueniet super terram amantissimus rex
Christus filius dei ad resuscitandum corpus Adae et cum eo
5 resuscitare corpora mortuorum. **3** Et ipse filius dei ueniens
baptizabitur in flumine Iordanis[a] oleo misericordiae suae unguere gentes. **4** Et erit oleum misericordiae in generationes et
generationes ⟨eis⟩ qui renati sunt ex aqua et spiritu sancto in
uitam aeternam. **5** Tunc descendet amantissimus filius dei
10 Christus et introducet patrem tuum Adam in paradisum ad
arborem misericordiae.

43 1 Tu autem, Seth, uade ad patrem tuum Adam, quoniam
completum est tempus uitae illius. Adhuc sex dies, tunc exibit
anima eius de corpore et, cum exierit, uidebis magna mirabilia
in caelo et in terra et in luminaribus caeli. **2** Haec dicens
5 Michael statim recessit. **3** Sed reuersi sunt Eua et Seth,
adtulerunt secum odoramentum, hoc est nardo et crocum et
calamine et crionum.

44 1 Et cum peruenissent Seth et mater eius ad Adam,
dixerunt quia et iste serpens morsit Seth. **2** Et dixit Adam ad

---

42 a. cf. Matth. 3, 13 (Marc. 1, 9)

---

3 ueniet : uenit *Pn Pg*   rex *A1 Zw* : *om. A2 Ad*   **4** *post* Christus *add.*
ipse *Zw*   **5** resuscitare : *om. Fa Ad Zw*   **6** in flumine : a fl. *Pn*
suae : *om. Fa*   unguere *T M* : ungere *ceteri*   **8** qui renati : que renate
Ad Zw   ex : *om. Fa*   aqua et : *om. Ad*   **9** descendet : descendit *S T
M In*   amantissimus : *om. Ad Zw*   **10** et : *om. Ne Meyer*   Adam :
om. Zw   **10–11** ad arborem misericordiae : *ab hiis uerbis iterum consequitur Vd (cf. 27,6)*   **11** misericordiae : mis. sue *Pn Pg*
    43 1 patrem tuum Adam [*om. Ad*] *A1+2b+3 Fa* : A. p. t. *Va*   quo-
niam : quia *Fa*   **2** illius : sue *Vd*   adhuc sex dies [sunt *add. A2a*] : per
sex enim dies *Ne*   tunc : *om. Fa*   **2–3** exibit anima eius : a. e. exiet *Zw
Vd*   **3** de : a *Fa*   cum exierit : cum exiret *In* tunc exieris *Va*   magna mirabilia *S T M Ne Fa Di* : mir. m. *In Pn Pg A3* mir. *Va*   **5** statim : *om. A3*   recessit : r. ab illo *Fa*   sed reuersi sunt [*om. A3*] Eua
[Adam *Pn Pg*] et Seth *A1+2b+3 Va* : E. et S. reuersi sunt et *Fa*   **6** adtulerunt : tulerunt *Pn Pg*   odoramentum : -enta *Va* ador. *Pn*   nardo
et : nardum et [in *Vd*] *Fa Zw Vd*   **7** calamine : calamum *Fa Zw Vd*
crionum *A1+2a Di* : crionium *Ad* caonum *Pn Pg* cynamomum et conium
Vd cynamomum *Zw*
    44 1 cum : *om. In*   peruenissent *S T Ne In A2a Di Zw Vd* : -isset *M
Pn Pg Ad*   Seth et mater eius : *om. A3*   ad Adam : *om. Fa*   **2** quia
[quoniam *Vd*] et iste *S T M In Va Di Pg A3* : quia *Ne* quod *Fa* quid est
tibi *Pn* quia bestia *Meyer*   morsit : momordit *Fa* momorsit *A2b*   et :
om. Fa

Euam: Quid fecisti? induxisti nobis plagam magnam, delictum
et peccatum in omnem generationem nostram. 3 Et hoc quod
5 fecisti, post mortem meam refert filios tuos, quoniam qui
exsurgent a nobis laborantibus non sufficiunt sed deficiunt et
maledicent nos dicentes: 4 Quoniam omnia mala intulerunt
nobis parentes nostri qui ab initio fuerunt. 5 Haec audiens Eua
coepit lacrimare et ingemiscere.

45 1 Et sicut praedixit Michael archangelus, post sex dies
uenit mors Adae. 2 Cum cognouisset Adam quia uenit hora
mortis suae, dixit ad omnes filios suos: Ecce sum annorum
nongentorum triginta[a] et, si mortuus fuero, sepelite me contra
5 ortum dei magnum habitationibus. 3 Et factum est cum finisset omnes sermones illius, tradidit spiritum.

46 1 Obtenebratus est sol et luna et stellae per dies septem.
Et cum esset Seth amplexans corpus patris sui lugens desuper,
et Eua cum esset respiciens in terram, intextas manus super

---

45 a. cf. Gen. 5, 5

---

3 Euam : eam *Pn*   quid fecisti *A1+3* : ecce quid fecisti *Va A2b* quid fecisti ex nobis *Fa*   plagam magnam : m. pl. *A2b*   delictum : *om. A3*
4-5 et hoc quod fecisti [ex nobis *add. A2a*] *A1+2 Ad Zw* : *Pg post corr. sub
linea om. Vd*   5 meam : nostram *A3*   refert [in *add.* M *supra lineam*]
filios tuos *S T M In Va A3* : refertur in [ad *Fa*] filios tuos *Ne Fa* refert
filius tuus *A2b*   quoniam : *om. Ne*   qui *S Ne In Fa A3* : inqui *T°*
iniqui *M* si *A2b om. Va*   6 exsurgent *T In* : exurgent *S M Ne A2a+3*
exurgerent *A2b*   laborantibus : laborando *Fa* laboribus *Vd*   sed deficiunt *A1+3 Di* : sed deficient *A2a Meyer om. Pn Pg*   7 nos : nobis
A2a   quoniam : *om. Fa*   8 qui [quia *A2b*] ab initio fuerunt : primi
Fa   haec : hoc autem *A2b*   Eua : *om. Fa*   9 lacrimare : lacrimari
Fa Vd   ingemiscere :-mescere *S In*
    45 1 et : *om. Fa*   praedixit : -xerat *Pn Pg*   Michael : Gabriel *A2b*
m (*sic*) *Zw*   archangelus : *om. A3*   2 Adae *A1+2a+3* : ad te *A2b*
ante cum *add.* et *Fa Vd*   Adam : a (*sic*) *Zw*   2-3 uenit hora mortis suae
[eius *Va*] *Ne Va A2b* : hora uenit [*om. S In*] mortis suae *S T M In* hora
m. suae uenit *A3* uenit hora eius *Fa*   3 omnes : *om. T M*   5 magnum
[in paradisum *add. Vd*] habitationibus *A1+2b+3 Va* : -tionis magnum
Fa   cum finisset : dum finiret *Fa*   6 omnes : *om. Vd*   illius : suos
Fa om. Va
    46 1 obtenebratus : tunc obscuratus *Fa*   luna : lune *A2b*   dies
septem : s. d. *A2b*   2 cum : *supra lineam Va*   esset Seth : S. adesset
A2b   amplexans *A1 Fa Ad Zw* : amplexatus *Va* amplectans *Vd*
3-4 et Eua cum — eius habens : *om. Vd*   3 Eua cum esset *A1+2b Ad
Zw* : cum E. esset *A2a*   3-4 intextas manus [eius *add. In*] super caput
eius habens *A1 Va* : int. [intexas *A2b*] m. s. c. eius *A2b Ad Zw* contextas
m. h. s. c. suum *Fa*

caput eius habens, et omnes filii eius fletibus amarissimis la-
5 crimassent, **2** et ecce Michael angelus apparuit stans ad caput
Adae et dixit ad Seth: Exsurge desuper corpus patris tui et
ueni ad me et uide quod de eo disponat dominus deus. Plasma
eius est, misertus est ei.

47 1 Et omnes angeli canentes tubis dixerunt: Benedictus
es, domine, quia misertus es plasmae tuae. **2** Tunc uidit Seth
manum domini extensam tenentem Adam et tradidit Michaeli
dicens: **3** Sit in custodia tua usque in diem defensionis in sup-
5 pliciis, ad annos nouissimos quando conuertam luctum eius in
gaudium[a]. Tunc sedebit in throno eius, quoniam eum plantaui.

48 1 Et dixit iterum dominus ad Michael et Vriel angelos:
Adferte mihi tres sindones bissinas et expandite super Adam,
et alias sindones super Abel filium eius. **2** Et processerunt omnes uirtutes angelorum ante Adam, et sanctificata est dor-
5 mitatio mortuorum. **3a** Et sepelierunt Adam et Abel Michael et
Vriel angeli partis paradisi, uidentibus Seth et matre eius. **3b** Et

---

47 a. cf. Ier. 31, 13

---

4 fletibus amarissimis lacrimassent : amare flerent *Fa*   **5** et ecce : et *Pn*
ecce *Ne Fa Vd*   angelus *S T M In A3* : archangelus *Ne Va A2b om.*
Fa   **6** exsurge *In Di Vd* : exurge *ceteri*   corpus : de corpore *Ne*   *post*
tui *add.* Adae *Fa*   **7** et uide *A1+3* : et [ut *Fa*] uideas *A2*   quod [quid
Ne In A2a Ad Zw] de eo disponat *A1+2a+3* : quae [quaeque *Pn*] de eo
disponeat (*sic*) *A2b*   deus : d. tuus *Zw*   *ante* plasma *add.* quia *Fa*
8 – 47 1 est misertus est ei et omnes angeli : *om. Pn Pg*   **8** est[1] : es
Zw   *post* est[1] *add.* et *Va Di* et ideo *Fa*   ei : eius *Fa*
47 1 *post* angeli *add.* eius *Di*   *ante* canentes *add.* quasi *Fa*   **2** plasmae tuae *A1+2b+3 Va* : plasmatis tui *Fa*   uidit : *om. A2a*   **3** domini :
om. Vd   *ante* tenentem *add.* et *Fa*   et : *om. Ne*   tradidit : uidit et
tradidit eum *Fa*   **4** usque in diem defensionis in suppliciis : semper ad
defensionem usque *Fa* usque defensionis suppliciis *Va*   **5** quando : quoniam (?) *Vd*   *post* quando des. *In*   **6** plantaui : plantauit *Pn Pg*
48 1 et : tunc *Vd*   iterum [Seth *add. Pn Pg ?*] dominus ad Michael
[Michaelem *Ne*] *A1+2b* : dom. it. ad Michael [Michaelem *Va*] *A2a* it. ad M.
dom. *A3*   et Vriel : et Vrielem *Va* et alios [alios *supra lineam*] *M del.*
Pg   **2** adferte : adfertite *Va*   **2-3** bissinas [-nos *A3*] et — alias [alios
A3] sindones *S T M Ne Fa A2b+3* : *om. Va*   **3** super : *iterauit Di*
eius : suum *A2b*   *ante* et processerunt *add. in marg. recentiore manu* et
sepelite Adam et filium eius *T*   **4** ante Adam : ad Adam *A2a* et sepelierunt Adam et filium eius *scr. T post corr. altera manu*   dormitatio :
dormicio *A3*   **5-6** et Vriel : *vacat T* et *M del. Pg*   **6-7** angeli partis —
et Vriel : *om. A2b*   **6** partis paradisi *S T M Ne* : partibus par. *Va* in par.
partibus *Fa* portis par. *Ad Zw* in portas par. *Vd*

dixerunt Michael et Vriel: Sicut uidistis, similiter sepelite
mortuos uestros.

49 1 Post sex dies uero, quod mortuus est Adam, cognoscens
Eua mortem suam congregauit omnes filios suos et filias suas,
qui fuerunt Seth cum triginta fratribus et triginta sorores. Et
dixit ad omnes Eua: 2 Audite me, filii mei, ut referam uobis
5 quod ego et pater uester transgressi sumus praeceptum dei et
dixit nobis Michael archangelus: 3 Propter praeuaricationes
uestras generi uestro superinduxit peccatum dominus noster in
iudicio suo, primum per aquam secundum per ignem. His
duobus iudicabit dominus omne genus.

50 1 Sed audite me, filii mei! facite ergo tabulas lapideas et
alias tabulas luteas, et scribite in hiis omnem uitam meam et
patris uestri, quae a nobis audistis et uidistis. 2 Sed per aquam
iudicabit deus genus nostrum. 3 Tunc Eua expandit manus in
5 caelum orans, et inclinans genua in terram et adorans dominum et gratias agens tradidit spiritum.

51 1 Postea cum magno festo sepelierunt eam omnes filii
eius. Cum essent lugentes quattuor dies, tunc apparuit eis

---

7 Michael et Vriel : angeli *Fa*   similiter : ita et uos *Fa*   sepelite : sepelire *Pn Pg*
49 1 dies uero *S T M Va A2b+3* : uero dies *Ne Fa*   quod : cum *Ne*
quo *A3*   cognoscens [et *add. A2b*] *A1+2 Ad Zw* : cognouit *Vd*   2 suos
et filias suas [*om. Ad*] : *om. Vd*   3 qui [qui *M Fa* quas *S T Ne Va Di Pg*
quam *Pn*] fuerunt *S T M Ne A2* : quas habuerit *Ad* quos habuerunt *Zw*
Vd   Seth cum triginta fratribus et triginta sorores *S T M Ne* : Seth cum
trig. fratribus [suis *add. Di Pn* fr. trig. *Fa*] et trig. soribus [sor. trig. *Fa*]
A2+3   4 ad omnes Eua *S T M Ne A3* : E. ad omnes *Va A2b* Eua *Fa*
filii : omnes filii *Fa* filioli *Va*   ut : et *A2a Vd*   5 dei : domini *A2b*
7 generi uestro : *om. A3*   superinduxit *S T M A2b Ad Vd* : -duxistis *Ne*
induxit *Fa Zw* inducet *Va*   dominus noster *S T M Ne Pn A3* : dom.
deus *Fa* dom. uester *Va Di Pg*   in : *om. A2*   8 primum : primo *Fa*
primam *Va*   secundum : secundo *A2a Ad*   9 genus : genus humanum
Vd
50 1 me : *om. Va*   ergo : *om. Fa*   1-2 lapideas et alias tabulas luteas *A1+3 Va Pn Pg* : lapideas *Fa* luteas *Di*   2-3 in hiis [his *A1* eis *Fa*
Ad] omnem uitam meam et patris uestri *A1+2 Ad Zw* : omnem uitam in
hiis et p. nostri *Vd*   3 sed per aquam : per a. enim *Fa*   4 genus : omne
g. *Fa*   *post* nostrum *add. in marg. altera manu* et tabula illa lutea soluitur et tabule lapidee permanebunt *T*   expandit : expandens *Fa*
manus *A1* : m. suas *A2+3*   4-5 in caelum : ad c. *Fa om. Zw*   5 orans :
orauit *Fa*
51 1 postea : tunc *Fa* post *Vd*   festo : fletu *Va*   omnes : *om. Ne*
Fa   2 eius : sui *Fa*   cum essent : *om. Vd*   *post* cum essent *des. Ne*
[per *add. Fa*] quattuor *S T M A2a+3* : septem *A2b*

Michael archangelus dicens ad Seth: **2** Homo dei, ne amplius lugeas mortuos tuos quam sex dies, quia septimo die signum
5 resurrectionis est futuri saeculi requies, et in die septimo requieuit dominus ab omnibus operibus suis[a].

52 1 Tunc Seth fecit tabulas magnas lapideas et composuit apices litterarum et scripsit in eis uitam patris sui Adae et matris suae Euae, omne quod audiuit ab eis, ipsis referentibus, et quod ipse oculis suis uidit. Et posuit tabulas in medio do-
5 mus patris sui, id est in oratorio ubi orabat Adam dominum deum. Et post diluuium a multis uidebantur hominibus lapides illi scripti et a nemine legebantur. **2** Salomon autem, uir sapientissimus, ut uidit lapides scriptos, deprecatus est dominum ut ostendere dignaretur ei quid significarent. Et apparuit ei
10 angelus domini dicens: Ego sum qui tenui manum Seth ut scriberet stilo ferreo digito suo lapides istos. Et ecce eris sciens scripturas has, ut cognoscas et intelligas quid significent lapides isti omnes. Et oratorium erat ubi Adam et Eua dominum deum orabant, et oportet ibi aedificare domum orationis do-
15 mumque esse dei[a]. **3** Tunc Salomon, ut uerba angeli audiuit,

---

51 a. cf. Gen. 2, 2
52 a. cf. Is. 56, 7

---

3 Michael archangelus : arch. M. *A2b*   dicens : d. eis et *Va*   ne : non *Va*   **4** lugeas mortuos tuos : t. m. l. *Vd*   septimo : septima *Vd* **4-5** signum resurrectionis — die septimo : *om. Ad*   **6** *post* operibus suis *add. recentiore manu* octauus uero dies future et eterne beatitudinis est in quo omnes sancti cum ipso creatore et saluatore simul cum anima et corpore numquam de cetero morituri regnabunt per infinita secula seculorum Amen. Explicit penitentia Ade et Eue *et postea des. T.*

52 1 *post* Seth *add.* sicut precepit ei mater eius *Lh*   tabulas magnas lapideas *A3* : tabulas lapideas et luteas *Va* lapideas tab. et tab. luteas *Fa* tabulas *S M Lh Di Pn Pg*   *post* fecit tabulas *desinunt S M Lh Di Pn Pg* [*et add.* Amen *Lh et add.* explicit Vita Adam et Eua *Pn*]   **1-2** et composuit apices [apicem *Vd*] litterarum *A3* : *om. A2a*   **2** in eis *A2a Vd* : per eas *Ad Zw*   **2-3** uitam patris sui Adae et matris sue Euae *A3* : omnem uitam patris et matris *A2a qui postea des.*   **3** ab eis ipsis referentibus *Ad Zw* : ipsis reuerentibus *Vd*   **4** domus : *om. Vd*   **5** oratorio *Vd* : oratorium *Ad Zw*   **7** nemine : femine *Vd*   **11** digito *Ad Zw* : in digito *Vd* lapides istos *Vd* : i. lap. *Ad Zw*   **12-13** lapides isti *Vd* : i. lap. *Ad Zw* **13** oratorium erat : er. or. *Vd*   **14** aedificare : -cari *Vd*

compleuit omnia quod didicit ab eo et in hoc loco templum domino aedificabat. Et tulit ad se litteras et uocauit eas achilaicas, hoc est sine labiorum doctrina scriptas digito Seth, tenens manum eius angelus domini.

53 1 Et in ipsis lapidibus inuentum est quod prophetauit septimus ab Adam Enoch, dicens ante diluuium de aduentu Christi domini: Ecce ueniet dominus in sanctis milibus suis facere iudicium et arguere omnes impios de malis operibus suis, 5 quibus locutus est deus, peccatores, impii, murmuratores et qui secundum concupiscentias suas ingrediuntur, et os eorum locutum est superbiam[a].

54 Adam post quadraginta dies introiuit in paradisum et Eua post octoginta. Et fuit Adam in paradiso annos septem.

---

53 a. cf. Iudae 14-16

---

16 omnia quod *Ad* : omnia que *Vd* omne quod *Zw* 17 domino *Ad* *Zw* : *om. Vd* achilaicas *Ad Zw* : archilaicas *Vd* 18 sine *Ad* : sene *Zw* senex *Vd*° digito Seth *Ad Zw* : digito dei Seth *Vd*

53 3 Christi : *om. Vd* ueniet dominus *Zw Vd* : dom. u. *Ad* 5 *post* murmuratores *desinit Ad* 6 concupiscentias suas *Vd* : -tiam suam *Zw* os eorum *Zw* : quorum os *Vd*

54 1 paradisum *Vd* : par. domini *Zw* 2 octoginta *Zw* : octuaginta dies *Vd* fuit Adam in paradiso annos septem *Zw* : Adam in paradiso annos septem fuit *Vd*

Vie d'Adam et Ève
Rédaction anglaise
E

Rédaction anglaise (E)

Manuscrits

A   Londres, British Library, *Arundel 326*; xiiie s.

Ab   Aberystwyth, National Library of Wales, *M 335A*; xive s.

C   Londres, British Library, *Harley 526*; xive s.

E   Londres, British Library, *Harley 275*; xve s.

F   Londres, British Library, *Harley 2432*; xve s.

It(^{1})   Londres, Inner Temple Library, *Petyt 538.36*; xve s.

J   Cambridge, St John's College, *176 (G8)*; xve s.

L   Londres, Lambeth Palace Library, *352*; fin du xive s. – début du xve s.

Ls(^{2})   Londres, British Library, *Sloane 289*; xve s.

Os   Oxford, Bodleian Library, *Selden sup.74 (SC 3462)*; xive s.

P   Cambridge, Corpus Christi College, *275*; xve s.

Pc   Paris, Bibliothèque nationale de France, *lat. 3768 (Baluze 895)*; xive s.

R   Londres, British Library, *Royal 8 F XVI*; milieu du xive s.

Ru   Rouen, Bibliothèque municipale, *U 65 (1426)*; xive s.

---

(1) *It* n'est signalé dans l'apparat que lorsqu'il diffère de *F*, son modèle.

(2) *Ls* n'est signalé dans l'apparat que lorsqu'il diffère de *A*, son modèle.

Vita prothoplasti nostri Adae et Euae uxoris suae

1 1 Factum est cum expulsi essent Adam et uxor eius Eua
de paradiso, exeuntes abierunt ad occidentem et fecerunt sibi
tabernaculum, et ibi fuerunt sex diebus, lugentes et clamantes
in maxima tribulatione.

2 1 Et post sex dies coeperunt esurire. Quaerebant manducare et non inueniebant quid manducarent. **2** Dixit Eua ad
Adam: Domine mi, esurio ualde. Cur non uadis quaerere nobis
quid manducemus, quousque uideamus si forte miserebitur no-
5 bis dominus deus et reuocet nos in loco ubi prius fueramus?

3 1 Et surrexit Adam post octo dies et perambulauit totam
terram illam et non inuenit escam ullam qualem primitus habuerunt. **2a** Dixit iterum Eua ad Adam: Domine mi, moriar
fame. Vtinam ego moriar et forte interficerer a te, quia propter
5 me iratus est tibi dominus deus. **2b** Et dixit Adam: Magna est

---

Titulus uita prothoplasti [-plausti *L P*] nostri [*om. P*] Adae et Eue
uxoris sue *C L F P* : uita prothoplausti et Eue ux. eius *Os* de Adam et
Eua uxore eius quomodo expulsi fuerant de paradiso propter peccatum
suum *Ab* de penitentia Ade et Eue quando expulsi essent de paradiso *E* de
penitentia Ade post peccatum *Ru* de expulsione Ade et Eue de paradiso *A*
Mozley   *titulum non habent R Pc J Ls*
    1–29 *defecit Pc*
    1 1 *post* factum est *add.* autem *L P E*   expulsi : *om. Ru*   uxor eius
Eua : E. uxor e. *Ru L*   **2** sibi : ibi *Ru*   **3** tabernaculum : habitaculum
Ab E   sex diebus : sex dies *Mozley* per sex [vii *Ls*] dies *A* septem diebus
Ab   et clamantes : manentes *C*   **4** maxima : magna *Ru*

    2 1 sex : septem *Ab*   esurire : esurgere *C*   quaerebant : et q. *C Ab*
P J   **2** inueniebant : -nerunt *Os L P*   quid : quod *L P Mozley*
4 quid : quod *Ru P*   **5** reuocet : reducet *E* mittet *J*   in loco : deus *Ru*
P E   prius fueramus : f. pr. *Ru*

    3 1 surrexit : resurrexit *A*   octo : septem *Ab* sex *J*   *ante* totam
add. per *L*   **2** illam : *om. L Ru P*   ullam qualem *Os R C Ru L Ab P*
E : ullam quam *F* talem qualem *J Ls* qualem *A Mozley*   habuerunt :
-erant *P* -erat *R°*   **3** iterum : ergo *P om. C F*   domine mi : *om. A*
moriar *A Os Ru Ab E* : uerum° m. *scr. L supra lin.* morior [moreor *P*] *R C*
P F J   **4** ego [*om. Ru*] moriar : e. morerer *R L P*   et forte : f. et *Ru*
et *P*   **4–6** quia propter — propter te : *om. F*   **5** tibi dominus deus :
dom. tibi *P*

in caelo et in terra creatura eius. Aut propter te aut propter me nescio. 2c Et iterum dixit Eua ad Adam: Domine mi, interfice me ut moriar et tollar a facie domini dei et a conspectu angelorum eius, ut obliuiscatur irasci tibi dominus deus. Ita
10 forte ut introducat te in paradisum, quoniam causa mei expulsus es ab eo. 3 Et dixit Adam: Noli, Eua, talia loqui, ne iterum maledictionem inducat super nos dominus deus. Quomodo potest fieri ut manum meam mittam in carne mea[a]?
4 Sed surge, eamus et quaeramus nobis unde uiuamus et non
15 deficiamus.

4 1 Euntes quaesierunt et nihil inuenerunt sicut habuerunt in paradiso. Hoc tamen inuenerunt quod animalia et bestiae comedebant. 2 Et dixit Adam: Hoc tribuit deus animalibus et bestiis ad uiuendum. 3 Et iterum dixit Adam: Lugeamus in
5 conspectu domini dei qui fecit nos, et paeniteamus in magna paenitentia diebus quadraginta, si forte indulgeat nobis dominus deus et disponat nobis unde uiuamus.

5 1 Et dixit Eua ad Adam: Domine mi, dic mihi quid est paenitentia aut qualiter paenitebimus, ne forte nobis imponamus quod implere non ualeamus, et non exaudiantur preces nostrae, 2 et auertat deus faciem suam a nobis, si non im-
5 pleamus quod promisimus.

---

3   a. cf. Gen. 2, 23

6-7 te aut propter me : me aut pr. te *L J*   7 et iterum — ad Adam *A Os R Ru L Ab J E* : *om. C P F*   8 tollar : toller *P*   domini dei : dei *Os* dom. *P*   9 irasci : israsceri *If om. P J*   ita : et ita *R P*   10 ut introducat *A Os R L Ab E* : introducat *C P F J* introducet *Ru*   quoniam : quia *Ru*   11 Eua : *om. P*   12 maledictionem [suam *add. Ab*] inducat : i. m. *Ru* introdicat m. *P*   13 manum meam mittam [*om. J*] in carne mea : m. meam in c. mea mit. *E* mit. m. meam in c. mea *Ru*
14 surge [et *add. Ru*] eamus : surgamus *P*   nobis *A C Ru L F J E* : nos *R Ab P om. Os*   et non : ut non *J*
4 1 euntes : e. autem *P*   nihil : non *A*   2 hoc : hec *Ab E*   tamen : tantum *A Os*   3 hoc tribuit deus [dominus d. *A* dominus *L Ab Ls It*] animalibus : homo habuit° ab animalibus *Ru*   4 uiuendum : manducandum *Ab*   et [*om. Ls*] iterum dixit : et d. it. *L*   6 nobis : *om. It*
5 1 dic mihi : *om. A Ru Mozley*   2 nobis : *om. F J*   3 ualeamus *A Os Ru° P J* : ualemus *R C Ab L F E*   exaudiantur : audiantur *F*
4 auertat [dominus *add. Ab Ru*] deus : d. a. *P*   5 *post* quod *add.* nos sibi (*forte pro* ei) *Ru*

6 1a Et dixit Adam: Numquid potes tu tantos dies facere et non facis? Dico tibi, tantos fac ut uolueris. Ego enim quadraginta et septem dies faciam, quia septima die factus sum et septima die deus omnia consummauit. **1b** Et dixit ad Euam: Surge et uade ad Tigridis flumen et tolle lapidem tecum, et sta super eum in aqua usque ad collum, et non exeat de ore tuo ullus sermo, quia indigni sumus rogare dominum, quoniam labia nostra immunda sunt quia manducauimus de ligno illicito[a]. **2** Esto ibi diebus quadraginta, et ego in Iordanem diebus quadraginta et septem, si forte miserebitur nobis dominus deus.

7 1 Et ipsa perrexit ad flumen Tigridis, sicut dixit Adam. **2** Et ipse uenit ad Iordanis flumen, habens secum lapidem, et in flumine stetit usque ad collum, et capilli capitis eius exparsi erant super aquas.

8 1 Tunc dixit Adam: Tibi dico, Iordanis, condole mecum et congrega omnia animantia quae intra te sunt, et circumdate me et lugete mecum. **2** Non propter uos lugeatis sed propter me, quia ipsi non peccastis sed ego inique contra dominum iam peccaui, neque ipsi delictum commisistis nec defraudati estis

---

6   a. cf. Gen. 2, 17; 3, 11.17

---

6 1 potes tu tantos dies [*om. A*] *A F J* : p. in t. d. [*om. Ru*] *Os R C Ru L Ab E* in t. d. p. *P*   **2** dico tibi [*om. J*] tantos [dies *add. Ru*] : d. tamen tibi tantum *P*   **3** septima : septimana *J*   **4** omnia consummauit : c. o. *C J*   **5** Tigridis : tigris *R E* tigriden *P*   **6** exeat de : exeat ex *Ru*   **7** dominum : deum *Ru* misericordiam domini *Ab*   **9** diebus [dies *E*] quadraginta : q. d. *Ab J*   et ego [ero *add. Ru*] in Iordanem [-ne *R Ab F J*] diebus quadraginta : *om. P*   **10** miserebitur nobis [n. mis. *Ru*] dominus deus : -rabitur nostrum deus noster *J*
 7 1 flumen Tigridis : T. fl. *J* Tigris f. *E*   **2** et ipse uenit : Adam uero iuit *P*   *Iordanis flumen* : fl. I. *A Mozley* Iordanem *J*   habens : ferens *R*   secum lapidem : l. s. *J*   **3** in flumine [flumen *Mozley*] stetit *A Mozley* : stetit in fl. *P* in fl. stans *Ru* in flumine [flumen *R*] *R C L Ab F J E* misit se in fl. *Os   post* collum *add.* stetit *Ab scr. duo uerba quae legi non possunt R*   capitis eius *R F* : cap. sui *Ab E* cap. eorum *Os C Ru L J* capitum eorum *A P Mozley*   exparsi : experti *J°*
 8 1 tibi dico : d. t. *P*   **2** sunt : *om. J*   **2-3** circumdate me : circumdate *Os R* -da me *J*   **3** lugete : lugite *A Mozley   post* uos *add.* ipsos *P*   **4** iam : *om. A J*   **5-6** neque ipsi — ego peccaui : *om. F*   **5** neque ipsi delictum : neque° del. ipsi *J*   **5-6** commisistis nec defraudati [fraudati *Ru Ls*] estis ab alimentis uestris *A Ru* : commiserunt nec fraudati sunt ab alimentis eorum *Os R C L Ab P J E*

ab alimentis uestris sed ego peccaui et ab escis mihi concessis
defraudatus sum. 3 Haec dicens Adam, ecce omnia animancia
uenerunt et circumdederunt eum, et aqua fluminis stetit in ipsa hora. Tunc Adam clamauit ad dominum deum, et factae
10 sunt raucae fauces eius[a] per singulos dies.

9 1 Et factae sunt dies decem et nouem, quod lugentes erant
omnia animantia cum Adam. Tunc turbatus est aduersarius
eorum Satanas, et transfigurans se in claritatem angeli[a] abiit
ad flumen Tigridis ubi erat Eua. 2 Et cum uidisset eam cum
5 ingenti dolore flentem, coepit et ipse flere. Postea dixit ad eam:
Exi, redi et repausa, et de caetero noli plorare. Iam cessa de
tristicia tua, de qua sollicita es. 3 Audiuit enim dominus gemitum uestrum et suscepit penitenciam uestram. Vnde nos et
omnes angeli deprecati sumus eum pro afflictione uestra, 4 et
10 misit me educere uos de aqua et dare uobis alimenta uestra
quae habuistis et perdidistis pro uestro peccato. 5 Nunc ergo
egredere et educam uos in locum uestrum ubi paratus est uictus uester.

10 1 Et tunc exiuit Eua de aqua, et caro eius uiridis erat
sicut herba de frigoribus aquae. 2 Dum autem incederet cecidit

---

8   a. cf. Ps. 69 (68), 4 (Vg)
9   a. cf. II Cor. 11, 14

---

7 omnia : *om.* F   8 circumdederunt : -dauerunt *Ab*   in ipsa : illa *A* in
illa *Mozley*   9 Adam : *om.* A   9-10 factae sunt raucae fauces [uoces *E*]
eius *Os R C L Ab J E* : r. f. sunt fauces eius *A Mozley* f. sunt fauces eius
r. *Ru P*   10 per singulos dies : *om.* P

9 1 quod : in quibus *P*   lugentes *A Os R C L Ab P F J* : lugentia *Ru*
E   2 omnia animantia : an. omn. *F*   3 transfigurans se *A Os R L* :
-ratus se *C F* -ratus *Ru Ab* -ratus est *P E* -rauit se *J*   claritatem angeli
A Os L : claritatem [-tate *J*] seculi *R C Ru Ab F J E* cl. solis *P*   abiit :
et abiit *Ru P*   4 Tigridis *R C Ru L Ab P F J* : Tigris *A Os E*   eam :
Euam *J*   5 flentem : *om. L P post corr.*   flere : *om.* C   eam : Euam
Ab E   6 redi : reddi *J*   repausa : reuertere sponsa *P*   plorare : flere
A E Mozley   cessa : c. est *J*   7 sollicita *Os R C F* : solicita *A L Ab P*
J soluta *Ru E*   dominus : deus *L*   8 et[1] : *om. R J*   uestram : nostram *F*   9 pro afflictione [afflixione *J*] uestra [nostra *F*] : per -tionem
uestram *Mozley*   10 misit me [dominus *add.* F] : ipse m. me *P*   aqua :
aquis *F*   11 uestro peccato *A Os R C P J* : p. u. *Ru L Ab E F Ls*
12 educam : ducam *Ru* inducam *P*

10 1 et tunc : quibus auditis *P*   uiridis : uirida *P*   2 dum : cum *C P*

in terram et iacuit quasi mortua paene tota die. Et erexit eam
diabolus de terra. Perrexit ad Adam et diabolus cum ea.
3 Quibus inspectis, exclamauit Adam cum fletu dicens: O Eua,
ubi est opus paenitentiae tuae? Quomodo seducta es ab aduersario tuo, per quem alienati sumus de habitatione paradisi
et laetitia spirituali?

11 1 Haec cum audisset Eua cognouit quod diabolus seduxit
eam et de flumine exire persuasit, et cecidit super faciem suam
in terra, et duplicatus est dolor et gemitus et planctus eius.
2 Adam uero exclamauit dicens: Vae tibi, diabole, qui nos tam
grauiter non desinis expugnare! Quid tibi apud nos? Quid tibi
facimus, quod nos dolose sic persequeris? Aut quid est nobis
malicia tua? 3 Numquid nos abstulimus tibi gloriam tuam aut
te sine honore fecimus esse? Numquid inimici tui sumus usque
ad mortem, impii et inuidiosi?

12 1 Cui diabolus ingemiscens ait: O Adam, tota inimicitia
mea et inuidia et dolor a te sunt, quoniam propter te expulsus
sum de gloria mea et alienatus sum de claritate quam in caelis
habui in medio angelorum, et propter te proiectus sum in ter-

---

3 terram *A Os Ru L Ab P E* : terra *R C F J*   paene : *om. A*
4 perrexit [eam *add. supra lineam R] Os R C Ru L Ab J* : p. uero *A F
Mozley* et p. *P E* porrexit *It*   5 cum fletu dicens : d. c. fl. *Ru*   o : *om.
L*   6 ab : *om. P*   7 alienati sumus : s. a. *P*   habitatione : hereditate
R (----)ditatione *J*   8 laetitia spirituali : sp. l. *P*

11 1 seduxit eam : eam s. *A*   2 et[1] : *om. F*   persuasit et : -sisset *J*
2-3 faciem suam in terra : faciem terre *A Os Mozley*   3 dolor et [*om. E*]
gemitus et planctus eius : eius d. et g. et pl. *P*   4-5 nos tam grauiter :
tam gr. nos *Ru Ab*   5 expugnare [expugnare *J*] : impugnare *Ru* in-
quietare *P*   quid[1] : q. est *E*   6 facimus : faciamus *L*   quod : quid
Ru L   quid est nobis [*om. F*] : quid nobis *P*   7 nos : non *Ru L om. Os*
tibi : a te *P*   aut *A Ru P* : aut [et *E*] unde *Ab F E* aut num *Os° C* aut
enim *L* aut tantum [*uel tamen] J R°*   8 te [*om. J*] sine honore fecimus
[facimus *A Ab Mozley*] esse [est (?) *E*] : s. h. fec. te esse *Ru*   9 inuidiosi
[tibi *add. Ru*] : inuidi *P*

12 1 cui : quibus *E om. Ru*   ingemiscens : -mescens *L P Mozley*
-messens *J*   1-2 inimicitia mea [*om. A F Mozley*] et inuidia : iniusticia
mea et immunditia mea *Ru*   2 a te : erga te *P om. J*   3 mea [tota *add.
L*] : tua *E*   sum [*om. Ru*] de claritate [mea *add. Ru Ab*] : a cl. *P*   in
caelis : *om. A Mozley*   4 in medio : a m. *P*   propter te : *om. P*
proiectus sum [*om. L P*] in terra : eiectus sum in t. [terram *Ab] Ru Ab*

5 ra. **2** Respondit Adam: Quid tibi feci **3** aut quae est culpa mea, cum non fueris a me notus?

13 1 Respondit diabolus: Quid est quod loqueris, nihil fecisti? Sed tamen tui causa proiectus sum. **2** In die quando tu plasmatus es, ego a facie dei proiectus sum et extra societatem angelorum missus sum. Quando insufflauit deus spiritum uitae
5 in te, et factus est uultus tuus et similitudo tua ad imaginem dei[a], et adduxit te Michael et fecit adorare in conspectu dei. Et dixit deus: Ecce feci Adam ad imaginem et similitudinem nostram[b].

14 1 Et egressus Michael uocauit omnes angelos et dixit: Adorate imaginem domini dei, sicut praecepit dominus. **2** Et ipse Michael primus adorauit te et uocauit me et dixit mihi: Adora imaginem domini dei. **3** Et ego respondi: Non, ego non
5 habeo adorare Adam. Et cum compelleret me Michael adorare dixi ad eum: Quid me compellis? Ego non adorabo deteriorem me, quia ante omnem creaturam prius ego sum. Et antequam ille fieret ego iam factus eram. Ille me debet adorare, non ego illum.

---

13 a. cf. Gen. 2, 7; 1, 26-27
    b. cf. Gen. 1, 26

---

5 *ante* respondit *add.* et *A Mozley*   mea : *om. E*   **6** cum non fueris : *om. Os R*   a me notus *A Mozley* : per me amotus° *Ab* amotus per me *Ru* agnitus *C* agnoscitus *L J* cognitus *F* annocitus *Os* ammonitus *R* annectus *E* a me genitus *P*

13 1 quid est quod : quicquid *P*   **2** sed tamen : *om. P*   *loco* tui causa proiectus sum *scr. aliqua uerba quae legi non possunt Ru*   tui causa : c. tui *L*   in die : nam in die *P* inde *L*   quando : quum *Mozley* tu : *om. P J*   **3** ego a facie dei [*om. J*] proiectus sum : a facie dei *Os* societatem : -tes *Ru*   **4** missus : proiectus *E*   quando : quia cum *P* insufflauit deus : d. ins. *J*   spiritum uitae in te : in te sp. *Ru*   **5** uultus tuus et similitudo tua : u. et s. *J*   **6** adorare : adorare te *A Mozley* dei : domini dei *P*   **7** ecce : *om. J*   nostram : uestram *A Mozley*

14 2 domini : *om. Os*   **2-4** sicut praecepit — domini dei : *om. J* **3** ipse : *om. A Mozley*   primus : primo *A*   **4** adora imaginem domini dei : Adam i. dom. d. a. *P*   *post* domini dei *defecit C usque* domini dei *(39,6)*   non ego non *A R Ru L P F J* : ego non *Os* non *Ab E*   **5** habeo adorare : adoro *Ru*   adorare[2] : ad. te *Os Ru om. P J*   **7** me : *om. J* prius [primus *R P It*] ego sum *A Os R L Ab P F* : p. sum ego *E* ego sum p. *Ru* ego factus sum primus *J*   et : *om. R*   **8 - 15 2** non ego — noluerunt adorare : *om. P*

15 **1** Haec audientes ceteri angeli qui sunt mecum noluerunt adorare. **2** Et ait mihi Michael: Adora imaginem dei. Si autem non adoraueris, irascetur tibi dominus deus. **3** Et dixi: Si irascatur mihi, ponam sedem meam supra sidera caeli, et ero
5 similis altissimo[a].

16 **1** Et iratus est mihi dominus deus et iussit me cum angelis meis expelli de caelo et a gloria mea. Et sic causa tui expulsi sumus de habitationibus nostris et proiecti in terra. **2** Et statim factus in dolore, quoniam expoliatus sum de gloria
5 mea tota, et tu in deliciis et laetitia positus, ideo tibi inuidere coepi et non tolerabam te ita gloriari. **3** Circumueni mulierem tuam et per eam feci te expelli de deliciis et laetitiis tuis omnibus, sicut ego primitus expulsus sum.

17 **1** Haec audiens Adam exclamauit cum fletu magno et dixit: Dominus deus, uita mea in manibus tuis est[a], fac ut iste aduersarius meus longe sit a me, qui quaerit animam meam perdere. Da mihi, domine, gloriam de qua proiectus sum. **2** Et

---

15 a. cf. Is. 14, 13-14
17 a. cf. Ps. 119 (118), 109

---

15 **1** audientes ceteri [*om. Ru*] angeli : c. ang. aud. *L*   sunt mecum [*om. E*] *A Os R Ru L Ab E* : fuerunt m. *F J*   **2** ait : dixit *P*   dei : *om. P* **3** irascetur : -citur *J*   tibi : *om. P*   dixi : dixit *L*   si : si autem *Ru* irascatur : irascitur *Os*   **4** supra *A Ab J E* : super *Os R Ru L P F* **4-5** ero similis : ero ibi s. *F* s. ero *P*

16 **1** est : *om. P J*   deus et : *om. P*   **2** meis : suis *R*   a *Os R Ru L Ab P F J* : de *A E Mozley*   *post* mea *add.* tota *L*   causa tui : ex causa tua *Ru*   **3** terra : terram *Ab*   **4** factus [sum *add. Ru P*] in dolore : f. in d. positus *J*   **4-5** expoliatus [spoliatus *Os*] sum [*om. J*] de [*om. P*] gloria mea tota : expulsus sum de t. gl. m. *Ru*   **5** et tu in deliciis et laetitia positus : et tu in d. p. et l. *Ru* et de d. et l. quibus prius potitus fueram *P*   ideo : et incontinenti *P*   tibi : te *Os*   **6** circumueni [namque *add. P*] : circumiui *F*   **7** de deliciis et laetitiis tuis [*om. J*] *A Os R Ru L Ab F J* : de laet. et del. t. *E* de del. t. *P*   **8** primitus [primus *P*] expulsus sum [s. exp. *A Mozley*] *A Os R L Ab P F J E* : primatus° sum *Ru*

17 **1** exclamauit cum fletu magno : c. fl. m. excl. *Ab*   **1-2** et dixit : *om. E*   **2** *post* est *add.* posita et a te est facta *P*   fac : peto *P* **2-3** iste aduersarius meus : adu. iste *Ru* iste adu. *Mozley*   **4** domine gloriam *A Os R Ru Ab J* : gloriam domine *E Mozley* gloriam *L P F*   proiectus sum *Os R Ru L Ab J E* : pr. est *A P Mozley* pr. es (?) *F* eiectus est *P*

5 statim diabolus ab oculis eius euanuit. **3** Adam uero perseuerabat in paenitentia diebus quadraginta et septem in aqua
Iordanis.

18 1 Et dixit Eua ad Adam: Viuit dominus deus meus! Tibi
concessa est uita, quoniam nec primo nec secundo praeuaricatus es, sed ego praeuaricata et seducta sum, quia non custodiui
mandata dei. Et nunc separa me de lumine uitae huius et ua-
5 dam ad occasum solis et ero ibi usque dum moriar. **2** Et coepit
ambulare contra partes occidentis, et coepit lugere et amare
flere cum gemitu magno, **3** et fecit sibi habitaculum, habens in
utero conceptum trium mensium.

19 1a Cum autem appropinquasset tempus partus eius, coepit doloribus conturbari et exclamauit ad dominum dicens:
1b Miserere mei, domine, et adiuua me. Et non exaudiebatur
nec erat qui adiuuaret eam. **2** Et dixit intra se: Quis nunciabit
5 haec domino meo? Deprecor uos, luminaria caeli, dum reuertimini ad orientem, nuntiate domino meo Adae dolores meos.
Quod ita factum est.

20 1a Et dixit Adam: Planctus Euae uenit ad me. Ne forte
serpens iterum pugnet cum ea, uado uisitare illam. **2a** Et ambulans inuenit eam in magno dolore lugentem. Quo uiso dixit
Eua: Ex quo uidit me dominus meus, anima mea in dolore

---

5 statim : *om. A Mozley* eius : eorum *P* Adam uero perseuerabat [p.
u. *E*] : tunc A. p. *Ru* **6** diebus quadraginta : q. d. *A*
18 1 uiuit : uiuat *P* deus meus *Os R L F J* : deus tuus *Ab E* deus
Ru meus *A P Mozley* **1-2** tibi [enim *add. P*] concessa est uita [mea *add.*
Os] : c. est t. uita *Ru* **3** quia : eo quod *P* **4** et nunc separa me de
lumine uitae huius : n. -auit me deus a l. u. *P* et [*om. L*] uadam : u.
ergo *P* **5** moriar : morear *J* **6** contra : uersus *Ab E Mozley* partes
[-tem *Ab P*] occidentis : p. occidentes *A J* coepit : *om. J* **6-7** amare
[-iter *L F*] flere : fl. a. *P Ls* **8** conceptum [puerum *add. A Mozley*]
trium mensium : tr. m. conc. *J* conc. tribus -sibus *P*
19 1 autem : *om. E* **2** conturbari : perturbari *Ru* et : *om. F*
3 mei : mihi *Ru°* et¹ : *om. Os* non : *om. J* **4** erat : fuit *A Mozley*
5 haec : *om. P* **5-6** dum reuertimini ... nuntiate : r. et nuntiate *P*
6 dolores meos : *om. E Mozley*
20 1 planctus : planeta (?) *P* **1-2** ne [et *P*] forte serpens iterum [*om.*
L] *Os R Ru L Ab P F J E* : ne it. s. *A* **2** pugnet [pungnet *L*] : punget
me *P om. Ru* uado : uadam tamen *P* **3** in : cum *Ru om. P in*
margine coram dixit Eua scr. notatur pro pregnantibus *F* **4** meus : deus
meus *Os R*

5 posita refrigerata est. **2b** Nunc, domine, deprecare dominum
deum pro me, ut me adiuuet et liberet me de doloribus meis
pessimis. **3** Et Adam orauit dominum pro ea.

21 1 Et ecce uenerunt duodecim angeli et duae uirtutes
stantes a dextris et sinistris Euae, **2** et Michael stans a dextris
eius tetigit faciem eius usque ad pectus. Et dixit angelus: Beata es, Eua, propter Adam, quoniam preces eius magnae sunt.
5 Ad deprecationes ipsius missus sum ad te, ut accipias adiutorium ab angelis dei. Exurge et para te ad partum. **3a** Et
parauit se et peperit filium et erat lugidus. **3b** Et continuo infans exurgens cucurrit, et tollens in manibus suis herbam dedit
matri suae, **3c** et uocatum est nomen eius Cain.

22 1 Et Adam accipiens Euam cum puero duxit eos ad
orientem. **2** Et misit dominus Michaelem ut doceret Adam laborare in terra et tollere fructum, unde uiuere possent ipsi et
omnes generationes post ipsum. **3** Concepit iterum Eua et ge-
5 nuit filium et uocabant nomen eius Abel, **4** et manebat Cain
cum Abel in unum.

23 1 Et dixit Eua ad Adam: **2** Domine mi, dormiens uidi
per uisum quia sanguinem filii tui Abel Cain manibus suis
perducebat et ore suo deglutiuit. **3** Et dixit Adam: Forte interficiet eum. Sed separemus eos ab inuicem et faciamus eis
5 singulas mansiones. **4** Et fecerunt Cain agricolam et Abel pastorem[a], et sic erant ab inuicem separati. **5** Postea tamen Cain
interfecit Abel fratrem suum. Erat autem tunc Adam annorum

---

23 a. cf. Gen. 4, 2

---

5 posita : primitus p. *P* postea *A*   domine [mi *add. Ru*] : autem *A*
Mozley   deprecare : dep *scr. Ru in ultima paginae linea et desinite*
5-6 dominum deum : dom. *A Mozley* deum *L Ls* dom. meum *P*   **6** me
[*om. E Mozley*] adiuuet : ad. me *P*   me[3] : *om. Ab*   **7** et Adam : Adam
Ab et *P*   pro ea : postea *A*
    21 2 stantes : et st. *P*   et sinistris : et a s. *R F*   **3** faciem eius : f.
suam *A*   angelus : *om. P*   **5** deprecationes [-tionem *A Mozley*] ipsius :
dep. [enim *add. P*] eius *Ab P*   **8** cucurrit : incurrit *E*
    22 3 tollere : colere *R*   possent [-sint *It* et *add. J*] ipsi : possunt et
ipse *R*   **4** ipsum : eum *Ls E*   **5** uocabant : uocabat *P*   **6** *ante* in
unum *add.* simul *P*
    23 2 quia : quod *P It*   **3** perducebat : educebat *P*   ore : in ore *J*
Adam : *om. P*   **4** eum : *om. Os R*   **7** tunc Adam : A. tunc etatis *P*

centum et triginta. Interfectus est autem Abel a Cain anno aetatis suae centesimo secundo[b].

24 1 Postea cognouit Adam uxorem suam Euam et genuit ex ea filium et uocauit nomen eius Seth. **2** Et dixit Adam: Ecce genui filium pro Abel quem occidit Cain[a]. **3** Et uixit Adam postquam genuit Seth octingentis annis et genuit[b] filios triginta et filias triginta duas, qui multiplicati sunt super terram in nationibus suis.

25 1 Et dixit Adam ad filium suum Seth: Audi, fili, quae referam tibi. **2** Postquam eiectus sum de paradiso, ego et mater tua nudi cum essemus in oratione, uenit ad me Michael archangelus nuntius dei. **3** Et uidi choros tanquam uentos et rota illius erat ignea et raptus sum in paradiso iustitiae. Et uidi dominum et aspectus eius ⟨erat⟩ intollerabilis radiis incendens, et multitudo angelorum radios antecedebat et alia multa mirabilia angelorum ⟨erant⟩ a dextris et sinistris.

26 1 ⟨–⟩ **2** Et dixit dominus ad me: Ecce tu morieris, quia praeteristi mandatum meum et audisti uocem uxoris tuae quam dedi tibi in potestatem, ut haberes eam in uoluntate tua, et oboedisti ei et non mihi.

---

b. cf. Gen. 4, 8 et 5, 3
24 a. cf. Gen. 4, 25
  b. cf. Gen. 5, 4

---

8 autem : *om. P Ls*   **9** suae : *om. J*   centesimo : centissimo *J*
   24 1 postea : p. tamen *F*   cognouit Adam : conuenit A. ad *P*
Euam : *om. R J*   **3** ecce genui filium [tibi *add. P*] : Eue Genui f. *E*
4 postquam genuit : p. -isset *Ab*   annis : annos *L post add. supra li-*
neam   **4-5** et genuit filios triginta et filias triginta duas : xxx et filios
genuit et xxxii filias *P*   **5** terram : terras *L*   **6** nationibus : generationibus *P*
   25 1 Adam : *om. J*   suum : *om. P*   fili : f. mi *F J*   **2** referam
[refferam *L*] tibi : refero *P*   **2-3** eiectus sum de paradiso ego et mater
tua : eiecti sumus e. et m. t. de par. *P*   **3** nudi : *unius uerbi spatium*
uacat in It   **4** nuntius [nunsius *J*] dei : d. n. *L*   choros [thoros *E* torros
F°] tanquam uentos *A Os R L Ab F J E Mozley (inter cruces)* : currum
tanquam uentum *P*   **5** in paradiso [-sum *Ab*] *A Os R Ab P J* : de par. *L*
F E   **6** radiis : r. eius *J*   incendens : incedens *F*   **7** radios [*om. J*]
antecedebat : a. r. [radeos *P*] *P E*   [et *add. P*] mirabilia : *om. J*   **8** et
sinistris : et a s. *L Ls*
   26 1 quia : q. tu *P Ls*   **2-3** audisti uocem uxoris tuae quam dedi tibi
Os R L Ab P F J E : u. ux. t. audisti q. t. d. *A Mozley*   **3** in [*om. J*]
potestatem : in -te *P*   ut haberes — in uoluntate : *om. P*   **4** et[1] : tu
enim *P*

27 1 Et cum haec uerba dei audiui, procidens in terram, oraui dominum et dixi Domine omnipotentissime et misericordissime deus sancte et pie, ne deleatur nomen memoriae maiestatis tuae, sed conuerte animam meam[a], quia morior et spiritus meus exit de ore meo. **2** Ne proicias me a facie tua[b], quem de limo terrae plasmasti[c], ne postponas quem nutristi gratia tua. **3** Ecce uerbum tuum incendit me. Et dixit dominus deus: Quoniam figura cordis tui facta est diligens scientiam, propter hoc non tolletur de semine tuo usque in saecula ad ministrandum mihi.

28 1 Et cum ista uerba domini audissem, prostraui me in terram et adoraui dominum dicens: Tu es deus aeternus et summus, et omnis creatura tua tibi dat honorem et laudem. **2** Tu es super omne lumen fulgens, uera lux uitae et incomprehensibilis. O magnitudo uirtutis dei uiuentis, omnis creatura uiuens tibi dat honorem et laudem spiritualem, cum feceris genus humanum magna uirtute. **3** Et postquam haec oraui, statim Michael archangelus dei apprehendit manum meam et iecit me in medio paradisi uisitationis et uisionis Dei. **4** Et tenens Michael uirgam in manu sua tetigit aquas quae erant in circuitu paradisi, et congelauerunt.

---

27   a. cf. Ps. 23 (22), 3
     b. cf. Ps 51 (50), 13
     c. cf. Gen. 2, 7

---

27 1 procidens in terram [terra *L Mozley*] : procedens in t. *J*   **2** omnipotentissime et misericordissime : m. et o. *P*   **3** et : *om. A*   **4** maiestatis : magestatis *P J E*   meam [in requiem *add. P*] : *om. L*   **6** terrae : *om. P*   postponas : deleas nec destruas *P*   **6-7** nutristi [-iuisti *F*] gratia tua : gr. tua nutristi *A Mozley*   **7** tuum : *om. A*   me : te *J*   **8** deus : *om. P*   diligens scientiam : -tia d. *J* cum diligentia et scientia *P*   **9** hoc : *om. J*   saecula : seculum *R*   **10** mihi : tibi *E*

28 1 audissem : audiuissem *J*   **3** summus : sanctus *J*   et omnis creatura tua [*om. Ab*] tibi dat : omnes creature tibi dant *P*   **4** omne : omnes *Os L*   lumen : *om. J*   **5** magnitudo uirtutis dei uiuentis : uir. dei uiu. m. *P*   creatura : cr. tua *Os*   **7** postquam : post *P*   **9** iecit me in *A Os F J E* : eiecit me in *R Ab* eiecit me de *L P Mozley*   **10** tetigit aquas : *om. A*   **10-11** erant in circuitu paradisi : in c. par. sunt *P*   **11** congelauerunt [congellauerunt *Ab*] *Os R L Ab F J Ls E* : cong. aque *A P Mozley*

29 1 Et transiui super eas et Michael transiuit mecum et reduxit me in locum paradisi, unde rapuit me.

29 2 Et dixit iterum Adam: Audi, fili mi Seth, caetera mysteria et sacramenta futura mihi reuelata, quia per lignum
5   scientiae de quo comederam cognoui et intellexi, quae erunt in hoc saeculo temporali, **3** quae facturus est deus circa genus humanum. **4** Apparebit deus in flamma ignis[a] ex ore maiestatis suae et dabit omnibus mandata et praecepta, et sanctificabit eum in domo maiestatis illius, et ostendet illis deus locum mi-
10 rabilem maiestatis suae. **5** Et ibi aedificabunt domum deo suo. Et ibi praeteribunt praecepta eius et incendetur sanctuarium eorum et terrae eorum deserentur et ipsi dispergentur, eo quod exacerbauerunt deum. **6** Septima die iterum saluos faciet illos a dispersione eorum, et iterum aedificabunt domum deo suo et
15 saluabitur nouissima domus dei magis quam prius. **7** Et iterum superabit iniquitas aequitatem. Et post habitabit deus cum hominibus in terra uisurus[b], et incipiet aequitas fulgere et in domum dei saeculorum honorabitur, et non poterit aduersarius

---

29 a. cf. Ex 3, 2 (Vg)
b. cf. Bar. 3, 38

---

29 2 me : *om. Os*   paradisi : *om. P*
29 4 sacramenta : secreta *Ab*   mihi reuelata : *om. P*   *post* reuelata *add.* non dicam [non dicta *Mozley*] *A Mozley*   **5** scientiae : *om. J*   de quo : de qua *Os* unde *R*   comederam : commedebam *P*   erunt *A Os R L Ab P E* : erant *F J*   **6** saeculo temporali : loco t. *F* temporali *J post corr.* (*forte* tempore *ante corr.*)   quae : et que *Ab P E*   **7-8** apparebit deus in flamma ignis [exeuntis *add. R*] ex ore maiestatis [magestatis *E*] suae *R Ab J E* : ap. d. in fl. et i. ex ore m. [mag. *Ls*] *A Os L* ap. d. et fl. et i. ex ore m. s. *F* ap. enim d. et fl. i. ex ore mag. s. procedit *P*   **8-9** sanctificabit eum [*om. J*] *A Os R L F J E* : -cabit illos *P* -cabunt eum *Ab*   **9** domo maiestatis [magestatis *P Ls E*] illius [sue *F*] : domino° maiestatis *J*   ostendet illis [ille *L*] deus locum mirabilem [-le *Os*] *A Os R L Ab P F E* : o. illis l. d. m. *J*   **10** maiestatis suae : magestatis suae [*om. P*] *P Ls E*   et ibi aedificabunt domum deo suo *codd.* : *om. Mozley*   **11** ibi praeteribunt [peribunt *J*] : ipsi pr. *P*   eius : illius *E*   **13** iterum : *om. Ab E*   **14** dispersione : desperatione *J*   deo suo [in terra *add. Ab E Mozley*] : de deo suo *L*   **15** nouissima : *om. A*   dei : *om. J*   prius : prima *P*   **16** et [*om. F*] post : et postea *P*   **17** aequitas : iniquitas *P*   **17-18** et in domum dei saeculorum [angelorum *A Mozley*] : in domum d. in secula sec. *P* et in domo dei in secula sec. *R post corr. supra lineam* et domus dei sec. *J*   **18** non : ideo *P*   poterit : poterat *A*

nocere hominibus qui sunt in deo credentes. Et suscitabit sibi
20 deus plebem saluam facturus in saecula saeculorum. Et impii
†ponent Adam regno suo et qui uoluerunt amare regnum
illius†. 8 Caelum et terram, noctes et dies et omnes creaturae
oboedient domino et non praeteribunt praecepta eius nec
mutent opera sua, et homines mutabuntur derelinquentes
25 praecepta domini. 9 Propter hoc repellet dominus impios, et
iusti permanebunt sicut iustitia in conspectu dei et in tempore
illo purificabuntur a peccatis, †consequenti† autem uolentes
purificari per aquam. 10 Et felix est homo qui corrigit animam
suam, quia iudicii magni dies erit inter homines mortales et
30 inquirentur facta eorum a deo iusto iudice.

30 1 Et postquam factus est Adam annorum nongentorum
et triginta[a], 2 sciens quoniam dies uitae eius finiuntur dixit ad
Euam: Congregentur coram me omnes filii mei, ut loquar cum
eis et benedicam eis antequam moriar. 3 Et conuenerunt in
5 tres partes in conspectu patris eorum, ante oratorium ubi

---

30 a. cf. Gen. 5, 5

19-20 sibi deus plebem : deus pl. sibi *A*   20-22 et impii — regnum illius :
ponetque me in regno suo ac omnes qui r. suum uoluerunt amare *P*
20-21 impii ponent Adam [in *add. Ab J E*] regno suo et qui *Os R L Ab F J
E* : *om. A*   21 uoluerunt *A R L Ab J E* : noluerunt *Os F*   22 terram :
terra *L P J*   noctes et dies [adorabunt *add. Ab E*] : et d. et n. *L*
23-24 praecepta eius [*om. R E*] nec mutent [mutabuntur *P Mozley*] opera
sua : pr. eius nec mutent op. eius *A*   24 et : sed *P*   25 praecepta domini [dei *P*] : mandata dom. *J*   propter : post *A Mozley*   repellet *A
P* : repulit *Os R L Ab F J E*   dominus [*om. J*] impios : i. dom. *E*
25-26 et iusti : i. uero *P*   26-27 et in tempore illo : quando illo t. *P*
27 consequenti autem *A Os L F J* consequentes autem *Ab E* consequenter
autem *R* omnes *P*   27-28 uolentes purificari [-re *R*] *Os R L Ab P* : nolentes purificare [-ri *E*] *A F J E*   28 homo : omnis homo *A Mozley*
29 dies erit : e. d. *L*   homines : omnes *P om. A Mozley*
30 1-2 annorum nongentorum et [*om. Os E*] triginta *A Os Ab P E* : a.
900 triginta *It* D CCCC xxx[ta] a. *J* a. D ccc xxx *R F* a. (—) triginta *L*
2 uitae eius : uite sue *Ab P om. J*   *a uerbo* finiuntur *incipit Pc quod fere
deletum est usque ad* [ascende]rent angeli *(33,2)*   finiuntur : -rentur in
breui *P*   3 congregentur : corrigentur *L*   coram me omnes filii mei
[*om. E* et filie mee *add. A Mozley*] : om. fil. m. coram me *P* om. fil. m.
Pc   ut : et *L*   4 et benedicam eis [eos *P*] : *om. L*   5 in conspectu
[-tum *J*] : ante -tum *E Mozley*

Adam orabat ad dominum deum. 4 Et congregati omnes una uoce dixerunt: Quid tibi est, pater, quia congregasti nos? Et quare iaces in lecto tuo? 5 Respondit Adam et dixit: Filii mei, male mihi est et doloribus sum uexatus. Et dixerunt ad eum
10 filii eius: Pater, quid est malum habere et doloribus uexari?

31 1 Tunc dixit filius eius Seth: Domine pater, forsitan desiderasti comedere de fructu paradisi de quo olim comedisti, et ideo contristatus iaces. 2 Dic mihi si uis quod uadam prope ianuas paradisi et mittam puluerem in capite meo et proiciam
5 me in terram ante portas paradisi et plangam in lamentatione magna deprecans dominum deum, et forte exaudiet me et mittet angelum suum ut afferat mihi de fructu quem desideras. 3 Respondit Adam et dixit: Fili, non desidero, sed infirmor et dolores habeo magnos in corpore meo. 4 Respondit Seth: Ne-
10 scio quid est dolor. Non uis dicere? Quare abscondis a nobis?

32 1 Et dixit Adam: Audite me, omnes filii mei! Quando dominus deus fecit me et matrem uestram, et posuit nos in paradiso et dedit nobis omnem arborem fructiferam ad edendum et dixit nobis ut de arbore scientiae boni et mali, quae est
5 in medio paradisi, ne comederemus[a]. 2 Dominus autem posuerat nos in paradiso et dedit mihi potestatem in oriente et in parte quae est contra aquilonem, et matri uestrae dedit austrum et partem occidentis.

---

32 a. cf. Gen. 2, 15-17

---

6 orabat ad dominum deum : orauit dom. d. *P*   7 dixerunt : dicebant *Il* dicentes *J*   quia [quod *E*] congregasti nos : quid nos c. *P*   8 lecto tuo : lectum tuum *Os Ab E Mozley*   filii mei : fili mi *L*   9 est : *om. P*
10 pater : *om. P*
   31 1 tunc : et *A P Mozley*   filius eius : e. f. *Il* f. suus *P R post corr. supra lineam*   2 de fructu ... de quo : de fructibus ... de quibus *J*
3 ideo : tamen *P°*   *post* mihi *add.* pater *A*   5 terram : terra *P*   portas : portam *P*   6 deum : *om. J*   6-7 exaudiet me et mittet [-tat *R*] : -diat me et -tat *L*   7 afferat [auferat (?) *L*] mihi : afferam tibi *P*
8 infirmor : morior *J* murmur *E°*   9 magnos in corpore meo : in c. m. magnos *J*   nescio : *om. P*   10 non : nec *Pc°*   dicere : discernere *P* a nobis : *om. P*
   32 1 *post* filii mei *add.* et filie mee *A Mozley*   2 deus : *om. A*   nos : *om. Ab J*   3 paradiso : -sum *Ab*   omnem arborem fructiferam : -res -feras *P*   4-5 quae est in medio paradisi : *om. F*   5 dominus autem [*om. E*] posuerat [posuit *R*] : et postquam dom. p. *P*   6 et dedit : dedit *P*   parte : partem *P*   8 occidentis : occidentalem *P*

33 1 Et dedit nobis duos angelos ad custodiendum nos. **2** Venit hora ut ascenderent angeli in conspectum dei, ut adorarent eum. Statim inuenit locum diabolus in matrem uestram et seduxit eam et fecit eam manducare de arbore illicita
5　et prohibita, **3** et manducauit et porrexit mihi et manducaui[a].

34 1 Et statim iratus est nobis in furore dominus deus. Et dixit ad me: **2** Quoniam dereliquisti mandatum meum et uerbum meum, quod statui tibi, non custodisti, ecce inducam in corpore tuo septuaginta plagas de diuersis doloribus a summi-
5　tate capitis, oculorum et aurium usque ad ungulas pedum, et in singulis membris torquemini. Haec deputauit in flagellatione dolorum una cum ardoribus. Haec omnia misit dominus ad nos et ad omnem generationem nostram.

35 1 Haec dicens Adam ad omnes filios suos comprehensus est magnis doloribus, et clamans magnis uocibus dicebat: Quid faciam, infelix, positus in tantis doloribus? **2** Et cum haec audisset Eua, flere coepit et dixit: Domine deus, in me transfer
5　dolores ipsius, quoniam ego peccaui. Et dixit ad Adam: Domine mi, da mihi partem dolorum tuorum, quoniam mea culpa haec tibi acciderunt.

---

33 a. cf. Gen. 3, 6

---

33 1 dedit nobis : n. d. *J*　　**2** ut ascenderent *A R L Ab F J E* : ut -dant *Os* [et ascend]erunt *Pc* ut accederent *P*　　**3** statim : et st. *P*　　locum diabolus : d. l. *Pc*　　**5** *ante* prohibita *add.* a deo *A*　　*post* manducauit *add.* inde *A*　　porrexit : porexit *A Os Mozley*　　et[4] : et ego statim *A Mozley*
34 1 est : *om. Ab*　　in furore dominus deus : dom. d. in f. *J* dom. d. *E*　　**2** quoniam : quia *Ab* quomodo *Pc*　　dereliquisti : derelinquisti *J*　　**3** meum : *om. Os It*　　**4** diuersis doloribus : dol. diu. *J*　　a *A Ab P F J E* : ab *Os R L Pc*　　**5** capitis [tui *add. A Mozley*] oculorum : o. c. *J* pedum : p. tuorum *A* peditum *Mozley*　　**6** torquemini : t. [torquebimini *Mozley*] tu et uxor tua *A Mozley* torquimini *Pc°* torqueberis *P*　　haec : h. omnia nobis *A Mozley*　　**6-7** flagellatione dolorum : flagitione doloris *J*　　**7** ardoribus : omnibus a. *P*　　omnia misit : iussit *J om. E*　　nos : me *E*
35 1 haec dicens : et d. h. *P*　　suos : *om. P*　　**2** [in *add. R*] magnis doloribus : in m. laboribus *P*　　clamans [in *add. Os R*] magnis [*om. L*] uocibus *Os R L Ab Pc F J E* : clamauit m. u. [uoce magna *P*] *A P* dicebat [dicens *Pc P*] quid — tantis [*om. P*] doloribus : *om. A*　　**3** cum haec [*om. P*] audisset : hec cum a. *Ab* cum a. eum° *L*　　**4** flere coepit : cepit flere *E*　　in me transfer [*om. F*] : tr. in me *Pc*　　**5-7** et dixit — tibi acciderunt : *om. A*　　**6** mi : *om. F*　　**6-7** mea culpa haec tibi [*om. Mozley*] acciderunt [accederunt *L*] : mea est culpa *P*

36 1 Et dixit Adam: Exurge et uade cum filio tuo Seth iuxta portas paradisi, et mittite puluerem in capita uestra et prosternite uos et plangite ante conspectum domini dei. **2** Et forsitan miserebitur uestri et iubet transmittere angelum suum
5 ad arborem misericordiae, de qua currit oleum uitae, et dabit uobis ex ipso modicum, ut unguatis me ex eo, ut quiescam ab hiis doloribus ex quibus crucior fatigatus.

37 1 Et abierunt Seth et mater eius Eua uersus partes paradisi, et dum ambularent, subito uenit serpens bestia impietatis et faciem Seth momorsit. **2** Quod cum uidisset Eua fleuit amare dicens: Heu me miseram, quoniam maledicta sum
5 et omnes qui non custodiunt praecepta domini dei. **3** Et dixit ad serpentem uoce magna: O bestia maledicta, quomodo non timuisti mittere te in imaginem dei? Quomodo ausus es pugnare cum eo? Aut quomodo praeualuerunt dentes tui?

38 1 Respondit serpens et dixit uoce magna: Numquid non coram domino est malicia uestra? Nonne contra uos excitauit furores nostros? **2** Dic mihi, Eua, quomodo apertum est os tuum, ut manducares de fructu quem praecepit tibi dominus non
5 manducare? **3** Antea quidem non habui potestatem in uos, sed postquam praeteristi mandatum domini, tunc incepit audacia nostra et potestas.

---

36 1 exurge : exurge Eua *A Mozley* surge *P post corr.* **2** mittite *Os R post corr. Ab Pc P J E* : mitte *A L F* capita uestra : capite uestro [nostro ? *F*] *F* **3** uos et plangite : et pl. uos *F* domini dei : domini *Pc* dei *J* **4** uestri *A R Ab E* : nostri *Os L Pc P F J* iubet *A Os L Ab Pc F E* : iubebit *R P Mozley* uult *J* angelum suum : *om. J* **6** uobis : nobis *Pc F* ex ipso [eo *P*] modicum : m. ex i. *F* ex eo : cum eo *P*

37 1 et abierunt : abiit ergo *P* Seth : *om. A Os* mater eius : m. eius Eua *A* partes : partem *P* **2** ambularent : deambularent *F* ambulauerunt *P* **3** et : *om. L* momorsit : -dit *P* uidisset Eua : E. u. *L* **4** heu me : heu *J* quoniam : o quam *R post corr.* **5** domini dei : dom. mei *L* dom. *P* dei *J* *post* dixit *add.* Eua *A Mozley* **7** te : manum tuam id° est° te *Pc* imaginem dei : d. i. *P* **8** praeualuerunt : ualuerunt *L*

38 1 et dixit uoce magna *Os R L Ab Pc F E* : et d. [in *add. Ls*] m. u. *A Mozley* u. m. et d. *P om. J* **1-2** numquid [numquam *Pc*] non [*add. R supra lineam om. L Pc J*] coram domino est malicia uestra *A Os R L Ab Pc P F J* : n. mal. u. est c. dom. *E* **2-3** nonne contra uos excitauit furores nostros [uestros *R Ab*] *A R L Ab F* : n. c. nos exc. f. uestros [furorem suum *J*] *Os Pc J E* numquam non excitastis f. n. *P* **3** Eua : *om. P* os : *add. supra lineam Ls om. A* **5** non habui potestatem in uos [uobis *P*] : p. non h. in uos *L* **6** praeteristi : preteristis *L P* **6-7** audacia nostra : n. a. *P* a. uestra *R* **7** *post* potestas *add.* contra uos *A Mozley*

39 1 Tunc Seth dixit ad serpentem: Increpet te dominus deus! Recede a conspectu hominum, claude os tuum et obmutesce, inimice, maledicte, confusio ueritatis, recede a conspectu imaginis dei usque in diem quando iusserit te dominus in comprobationem perduci. **2** Et dixit ad Seth: Ecce recedo, sicut dixisti, a facie imaginis domini dei. **3** Et statim recessit et Seth plagatum dentibus dimisit.

40 1 Seth uero et mater eius ambulauerunt ad partes paradisi tuleruntque puluerem terrae et posuerunt super capita sua et prostrauerunt se in terra super faciem suam et coeperunt plangere cum gemitu magno, deprecantes dominum deum ut misereatur Adae in doloribus constituti et mittat angelum suum dare sibi oleum de arbore misericordiae dei.

41 1 Orantibus autem ipsis et deprecantibus orationibus multis, ecce angelus domini Michael apparuit eis dicens: Seth, quid quaeris? Ego sum archangelus Michael, a domino super corpora hominum constitutus. **2** Tibi dico, Seth homo dei, noli lacrimare orando et deprecando propter oleum ligni misericordiae, ut inde perungas corpus patris tui Adae pro doloribus quos patitur in corpore suo.

---

39 1 te : *om. J*   **2** *ante* claude *add.* et *A E Mozley*   obtumesce : -tesse *J*   **4-6** usque in — domini dei : *om. E*   **4** quando : quo *P*   te *A R P J* : *om. Os Ab L Pc F*   **5** comprobationem : exprobrationem *Pc°* post dixit *add.* serpens *A Mozley*   **6** sicut dixisti [iussisti *R*] a facie imaginis domini dei : a fac. im. dom. d. ut dixisti *A Mozley*   a uerbis domini dei *iterum consequitur C*   **7** recessit : reccessit *J*   Seth [*om. L*] plagatum : pl. S. *J*

40 1 *post* eius *add.* Eua *A*   ambulauerunt ad partes *A C L Ab Pc F* : ambulauerunt [uenerunt *Os*] ad portas *Os P J Ls E Mozley om. R*   **2** tuleruntque [t. quoque *It*] *Os R C L Ab Pc P F J E* : tulerunt *A* puluerem terrae : t. p. *R* terram *Ab E*   posuerunt super capita sua : s. c. s. p. *J*   **3** in terra : in terram *Ab P om. L*   **5** constituti : -tuto *Ab P* [ut *add. P*] mittat : mittet *J* mittit *Os* misit *Pc*   **6** dei : *om. Os*

41 1 ipsis : *om. L*   **1-2** et deprecantibus orationibus multis : *om. A* **2** ecce : et ecce *F*   angelus domini [dei *J*] : archangelus *A Mozley* apparuit : *om. J*   eis : ei *Os° E*   **3** sum : *om. L*   Michael : *om. C* a domino : *om. P*   **3-4** noli lacrimare *A Os R F* : n. -mari *C L Ab Pc J E* lacrimasti *P*   **5** ligni : *om. J*   **6 - 42 1** ut inde — dico tibi : *om. A* **6** ut : ecce abe homo° et *Pc*   perungas : perunguas *Os L*

42 1 Dico tibi quod nullo modo ex ipso poteris habere usque in nouissimis diebus, cum completi fuerint quinque milia ducenti uiginti et octo anni. **2** Tunc enim ueniet super terram Christus amantissimus dei filius resurgere et cum eo corpus
5 Adae et corpora omnium mortuorum resuscitare. **3** Et ipse Christus filius dei baptizabitur in flumine Iordanis[a]. Cum egressus fuerit de aqua, tunc ex oleo misericordiae suae perunget patrem tuum et omnes credentes in se. **4** Et erit oleum misericordiae in generatione et generationem omnibus qui re-
10 nascendi sunt ex aqua et spiritu in uitam aeternam. **5** Tunc enim descendet amantissimus dei filius et introducet patrem tuum in paradisum ad arborem misericordiae suae.

43 1 Tu uero uade ad patrem tuum et dic ei quoniam impletum est tempus uitae eius. Et cum exierit anima eius de corpore, uidebis mirabilia magna in caelo et in terra et luminaria caeli. **2** Haec dicens Michael archangelus statim discessit.
5 **3** Et reuersi sunt Eua et Seth. Attulit autem secum Seth odoramenta, hoc est nardum et crocum, calamite et cinamomum.

---

42 a. cf. Matth. 3, 13 (Marc. 1, 9)

---

42 1 dico tibi *Os R C Ab Pc F J It E* : sed d. t. Seth *P* t. d. *L*   quod [quia in *A*] nullo modo ex ipso [illo *Pc*] : ex i. n. m. *L*   **2** in : *om. J*   **2-3** *coram annorum numero scr. in margine* ab expulsione Ade usque ad mortis (–) patet *A*   **3** enim : *om. Ls*   **4-6** resurgere et — filius dei : et *A*   **5** corpora : corpus *Pc*   omnium : *om. L*   **6** Christus filius dei : d. f. *P*   cum *Os C L Ab Pc F J E* : et cum *A R P*   **7** suae : *om. F*   **8** tuum : suum *P*   **9** in [a *P*] generatione et [in *add. L P*] generationem *A Os C L Ab Pc P F* : in -ionem et -ionem *It E* in -ione *R J*   **9-10** qui [*om. Pc*] renascendi [nascendi *J*] sunt ex aqua et spiritu : qui de eo nascuntur ex a. et sp. sancto *P*   **10** tunc : et nunc *Ls*   **11** [Christus *add. Os*] amantissimus [altissimus *Ab*] dei filius : a. f. d. *Pc* f. d. a. *P*
43 2 eius[1] : sue *Os*   et cum exierit [exiret *Ab J*] *A Os R C L Ab F J E* : cum uero ex. *P* ut exiret *Pc*   **3** uidebis : uidebit *Pc J*   in caelo : et in celo *R C F*   **3-4** luminaria caeli *Os C L Ab F E* : luminaribus celi *R J* celi -ribus *P* in -ribus [-ri ? *A*] *A Pc Ls*   **4** archangelus : *om. P*   *post* discessit *add.* et aspiciens Seth in paradisum uidit in summitate arboris uirginem sedentem et puerum crucifixum in manibus tenentem et admirabatur Seth ualde *A Mozley*   **5** sunt : *om. Ab*   autem [*om. F*] secum Seth [S. s. *Ab*] *A Os R C L Ab Pc P F* : autem secum *J E*   odoramenta : adoramenta *J It om. C*   **6** *ante* hoc est *add.* et dixit *A*   et crocum : crocum *P*   calamite : calam *A* calaminte *Ab* calamintam *P* cinamomum *R Ab Pc J It* : cynamomum *L* cynnamomum *C F* sinamomum *A E Mozley* synamomum *P*   *post* cinamomum *add.* et inde perungam patrem meum *A*

44 1 Et cum peruenerunt Seth et mater eius ad Adam, dixerunt ei quomodo serpens momorsit filium eius Seth. 2 Et
dixit Adam ad uxorem suam: Ecce quae fecisti nobis, induxisti
plagam magnam et peccata in omnem generationem nostram.
5 Verumtamen haec quae fecisti et omnia quae facta sunt nobis,
post mortem meam refer filiis tuis. 3 Qui enim exurgent ex
nobis, plagas et labores suos sufferre non ualentes exsecrabunt
et maledicent nobis dicentes: 4 Ista mala intulerunt super nos
parentes nostri qui fuerunt ab initio. 5 Haec audiens Eua coe-
10 pit ingemiscere et lacrimari.

45 1 Et ecce aduenit dies mortis Adae, sicut praedixit
Michael archangelus dei. 2 Et cum cognouisset Adam quia uenit hora mortis eius, dixit ad omnes filios suos: Ecce nunc
morior et est numerus annorum meorum in hoc mundo non-
5 genti triginta anni[a]. Cum enim mortuus fuero, sepelite me

---

45 a. cf. Gen. 5, 5

---

44 1 peruenerunt : -uenit *L*   eius [Eua *add. A Mozley*] : *om. C J*
1-2 dixerunt ei [*om. L J It*] : dixit mater Ade *P*   2 momorsit : -dit *P*
3 suam : eius *Os*   quae fecisti nobis *R C Ab P F J E* : quid [id *Mozley*]
f. n. *A Os L It Mozley* quid feci uobis *Pc*   induxisti : i. enim *P*   4 et
peccata : *erasit R*   nostram : uestram *A*   5 uerumtamen *A R Pc It E* :
uerumptamen *Os C L Ab P F J*   omnia : *om. P*   nobis : ex n. *F*
6 qui enim : quod enim *A* quia qui *P*   7 suos : suas *J*   exsecrabunt
[-bant *E*] et : *om. A*   8 maledicent nobis : n. m. *P*   8-9 super nos parentes nostri [*om. J*] qui *Os R L Ab P J E* : s. p. nostros qui *A Pc F* s. p.
nostri *C*   9 audiens : *om. J*   9-10 coepit ingemiscere *A Os R C Ab F* :
c. -mescere *L Pc J E* -mescere c. *P*   10 *post* lacrimari *add.* Et dixit Seth
ad patrem suum Adam : Domine pater signum mirabile uidi in paradiso.
Et dixit Adam : Dic mihi, fili mi Seth, quid ibi uidisti, si forte scirem dicere quid significaret illud mirabile. Et respondens Seth dixit ad patrem
suum Adam : Pater mi, in aspiciendo in paradisum uidi in summitate arboris uirginem sedentem et puerum crucifixum in manibus eius tenentem.
Adam autem aspiciens in celum flexis genibus exurgens [eleuauit *add. Ls*]
manus suas deo dixit [dicens *Ls*] : Benedictus es, domine pater prae omnibus omnipotentissime et misericordissime deus, quia nunc scio uere quia
uirgo concipiet filium qui in cruce morietur unde omnes salui erimus. Et
reuelauit Seth patri suo Adam omnia que dixerat eis Michael archangelus
iuxta portas paradisi. Adam autem laudes dedit deo de omnibus que dixerat ei Seth de Michaele *A Mozley*
   45 1 et ecce : ecce *Pc*   2 Adam : *om. F*   3 eius : *om. L P*   suos :
s. et filias *A Mozley om. Os R*   ecce : et *Os*   4 meorum : *om. L*
mundo : seculo *Pc*   5 anni : *om. Mozley*   enim : *om. Pc*   sepelite :
sepellite *A J Mozley*

contra ortum dei in agrum habitationis eius. 3 Et cum hoc dixisset, emisit spiritum.

46 1 Et obscuratus est sol et luna et stellae per dies septem.
Cum autem Seth et mater eius amplexati essent corpus Adae
et luxissent super illud, respicientes in terram intextis manibus
super capitibus, et capita super genua posuissent, et omnes filii
5　eius similiter amarissime lacrimarentur, 2 ecce Michael archangelus apparuit eis, stans ad caput Adae, et dixit ad Seth:
Exurge de corpore patris tui et ueni ad me, ut uideas patrem
tuum, et quid disponat facere dominus deus de plasmate suo,
quia misertus est ei.

47 1 Et ecce omnes angeli canentes tubis dixerunt: Benedictus es, domine deus, pro plasmate tuo, quia misertus es ei.
2 Tunc uidit Seth manum domini extensam, animam patris sui
tenentem quam tradidit Michaeli archangelo dicens: 3 Sit haec
5　anima in custodia tua in suppliciis usque in diem dispensationis, in nouissimis diebus in quibus conuertam luctum eius
in gaudium[a]. Tunc enim sedebit in throno illius qui eum supplantauit.

48 1 Et dixit iterum dominus ad Michaelem: Affer mihi tres
pannos de sindone bissinos et expande unum super corpus

---

47 a. cf. Ier. 31, 13

---

6 ortum [add. R in margine] dei A R C L Pc F J : o. solis Ab o. solis et
dei E ortum diei It post corr. in margine ortum orientalem P dominum
Os　in agrum : in agro Ab in ortum Pc om. P　et : om. E Mozley
hoc : haec F om. Pc J　7 emisit : amisit Pc
46 1 obscuratus [-ratum A C Pc -rat Ls] est sol A Os C L Ab Pc F J
E : sol -ratus est P -rati sunt sol R　dies septem : s. d. Ab J　2 cum :
et cum J　post mater eius add. Eua A Mozley　corpus Adae : c. eius P
tempus A. J　3 respicientes in [om. P] : -ciens in J　intextis : intexis
L　4-5 super capitibus [capita E] et capita super genua posuissent et
omnes filii eius [et filiae add. A Mozley] similiter amarissime [om. A] lacrimarentur : super capita et capitibus et cum super genua posuissent se
omnes filii eius et amarissime lacrimassent P　6 eis : om. Mozley　et
dixit : dixit E dixitque P　8 de : pro C P
47 1-2 et ecce [seruat J] omnes — es ei : om. J E　1 canentes [in add.
Ab] tubis A R C L Ab Pc F : c. tubas Os t. c. P　2 pro : de Ab
3 tunc uidit Seth : et uidit P　animam : et a. Os　4 sit : om. L
5 usque in [ad Mozley] : usque Os　6 in[1] : et in P　7 tunc [cum Ab]
enim [uero Mozley] sedebit : t. e. ponam eum J　throno illius [eius J] Os
R C J E : trono illius A L Ab Pc P F
48 2 bissinos : bissino J

Adae et alium super corpus filii eius Abel. 2 Et processerunt
omnes uirtutes angelorum ante Adam, et sanctificata est dor-
5   mitio mortis eius. 3a Et sepelierunt archangeli corpus Adae et
corpus filii eius Abel in paradiso. Videntes Seth et mater eius
quae fiebant per angelos admirati sunt ualde. 3b Quibus angeli
dixerunt: Sicut uidistis istos sepeliri, similiter mortuos uestros
sepelite.

49 1 Post sex dies, postquam mortuus est Adam, cognoscens
Eua mortem suam imminere congregare fecit omnes filios suos
et filias, et dixit eis: 2 Audite, filii mei et filiae, quod referam
uobis. Postquam pater uester et ego transgressi sumus prae-
5   ceptum domini dei, dixit nobis Michael archangelus: 3 Propter
praeuaricationes uestras et peccata inducet dominus iram iudicii sui in genus uestrum, primo per aquam postea per ignem.
In hiis duobus iudicabit dominus omne genus humanum.

50 1 Audi ergo, fili mi Seth, facito tabulas lapideas et tabulas de terra lucidas, et scribe in eis totam uitam patris uestri et
meam et ea quae a nobis audisti et uidisti. 2 Cum enim iudicauerit dominus genus nostrum per aquam, tabulae de terra
5   lucidae soluentur et tabulae lapideae permanebunt. Cum autem per ignem iudicauerit, tabulae lapideae soluentur et

---

3 alium : aliud *Ab P*   eius : sui *A P Mozley*   4 ante Adam : *om. P*
5 sepelierunt : sepellierunt *Ls* ceperunt *J*   archangeli: *om. P*   6 corpus
filii : filii *P*   eius : sui *E Mozley om. A*   uidentes : u. autem *P*
7 quae fiebant : quesiebant *L*   8 dixerunt : *om. J*   istos : eos *E Mozley*   sepeliri : sepelliri *Ls*   8-9 similiter mortuos uestros sepelite [sepel-
lite *Ls J*] : sic sep. m. u. *P*
49 1-2 cognoscens Eua [*om. It*] : E. c. *A* sentiens E. *P*   2 mortem
suam imminere : i. m. s. *J*   congregare fecit *A Os° R C L Ab Pc° F Ls°
E* : -gari f. *J* f. -gari *P*   3 et dixit : dixitque *Os*   quod : que *Ls* quid *P
J*   4 praeceptum : precepta *P* mandata *Pc°*   5 nobis : uobis *L*
6 praeuaricationes uestras : *haec uerba in margine inferiore scr. et postea
des. J*   uestras : nostras *L*   inducet : induet *L*   8 dominus omne :
om. P   humanum : *om. L*
50 1 audi ergo fili mi *A R P F* : audite [audito *Ab*] ergo me fili mi *Os
C Ab Pc° E Mozley* audite ergo filii mei *L*   *post* facito *add.* tu *L*   tabulas lapideas : l. t. *Os*   2-3 patris uestri [tui *R P*] et meam : p. tui et
mei *Ls* nostri et mei *F*   3 audisti et uidisti : -stis et -stis *L*   4 nostrum : uestrum *E Mozley* humanum *P*   *ante* tabulae *add.* ille *Pc*
5 soluentur *A Os R Ab E* : scribentur *C L P* sitientur *F* saucientur *Pc*
lapideae : lapidie *L* de lapide *F*   5-7 cum autem — coquuntur permanebunt : *om. Pc*   6 *post* iudicauerit *add.* dominus genus uestrum *E*
lapideae : lapidie *P om. L*   soluentur *A Os R Ab E* : diluentur *C P*
subleuentur *F°* subluentur *L*

tabulae de terra lucidae quae coquuntur permanebunt. 3 Et
cum haec omnia dixisset Eua filiis suis, expandit manus suas
et respiciens in caelum, inclinans genua sua in terram, adorans
10 dominum deum et gratias agens tradidit spiritum.

51 1 Et postquam factus est fletus magnus, sepelierunt
Euam filii eius et filiae. Et cum essent lugentes mortem eius
per dies quattuor, apparuit Michael archangelus dicens: **2** Ne
amplius quam per sex dies lugeatis mortuos uestros, quia sep-
5 timus dies signum resurrectionis est et requies futuri saeculi, et
in die septimo requieuit dominus ab omnibus operibus suis[a].

52 1 Tunc Seth fecit tabulas lapideas et tabulas de terra lucidas, et cum apposuisset apices litterarum, et scripsit in eis
uitam patris sui et matris suae, sicut ab eis referentibus audi-
erat et oculis suis uiderat. Posuit tabulas in medio domus
5 patris sui, in oratorio ubi orabat Adam ad dominum deum,
quae post diluuium a multis uidebantur et minime legebantur.
2 Sed sapientissimus Salomon, postquam uidit tabulas lapideas
scriptas, deprecatus est dominum ut aperiret ei sensum, ut in-
telligeret ea quae in tabulis scripta essent. Tunc apparuit ei
10 angelus domini dicens: Ego sum angelus qui tenui manum
Seth quando digito suo cum ferro scripsit tabulas istas. Et ecce
sciens scripturam, ut cognoscas et intelligas ubi lapides isti

---

51 a. cf. Gen. 2, 2

---

7 quae coquuntur [quoquuntur *E* quocuntur *L*] : *om. P*   8 cum haec :
cum *L* haec *A*   omnia dixisset Eua : E. d. coram omnibus *P*   9 terram
A R Ab F : terra *Os C L Pc P Il E Mozley*   *ante* adorans *add.* et *P*

51 1 postquam : postea *Ab E*   2 Euam *Os R C L Ab P F E* : eam *A
Pc Mozley*   cum : *om. Pc*   3 apparuit [eis *add. Os F*] Michael archangelus [eis *add. P*] dicens : M. arch. a. illis *Pc*   ne : nec *A*   4 lugeatis mortuos uestros : m. u. l. *P*   quia : quod *Mozley*   5 signum
resurrectionis : res. dies *P*   6 dominus : deus *Ab*

52 2 cum apposuisset *A Os R Pc° P E* : cum [*om. L*] apposuit *C Ab L
F*   3 uitam : totam u. *L*   suae : *om. P*   ab : *om. A*   4 suis : *om.
Ab*   5 orabat Adam [*om. P*] : A. orabat *F*   6 post diluuium [deluuium
R L Il] a multis uidebantur *Os R C L Ab Pc F E* : post dil. uid. a m. *P* a
m. post dil. uid. *A* a m. uid. post dil. *Mozley*   minime : non *A*   7 *ante*
tabulas *add.* dictas *P*   8 aperiret : aperiet *F* aperiat *Pc*   *post* sensum
add. et intelligentiam *Ab*   9 ea : omnia *Ab*   10 domini : *om. P*   11 [in
add. Pc] digito suo cum ferro scripsit : cum d. s. scr. ferro *P*   12 sciens :
scies *P Mozley*   lapides isti : lapides iste *Ab* tabule iste *Os*

erant. Fuerunt autem in oratorio Adae ubi ipse et uxor sua
adorabant dominum deum. Oportet autem te aedificare ibidem
15 domum orationis domino deo. 3 Tunc Salomon uouebat aedificare ibi domum orationis[a] domino deo. Et uocauit Salomon
litteras illas achiliacos, id est sine labiorum doctrina scriptas
digito Seth, tenente manum eius angelo dei.

53 Et in ipsis lapidibus inuentum est quod prophetauit
septimus ab Adam Enoch, dicens ante diluuium in aduentu
Christi Iesu: Ecce ueniet dominus in sanctis militibus suis
facere iudicium de hominibus et arguere omnes impios de om-
5 nibus operibus quae operati sunt, et de omnibus quae locuti
sunt de eo peccatores et impii murmuratores querelosi, qui
secundum concupiscentias suas ingrediuntur, et os eorum locutum est superbiam[a].

54 Adam post quadraginta dies introiuit in paradisum et
Eua post octoginta. Et fuit Adam in paradiso per annos septem et habuit dominium omnium bestiarum.

---

52 a. cf. Is. 56, 7
53 a. cf. Iudae 14-16

---

13 erant : erunt Pc   fuerunt autem [om. Os] Os R C L Ab Pc P F :
fuerant [autem add. E Mozley] A E Mozley   14 adorabant : -uerunt
Os   14-15 autem te [te a. R P] aedificare ibidem [om. Pc] domum orationis Os R C L Ab Pc P F : a. te ib. ed. d. or. A a. te ed. d. or. ib. E
15-16 tunc Salomon — domino deo : om. A Pc   15 uouebat : uolebat
P   16 domino deo : ibidem dom. deo E Mozley om. L It   et uocauit
Salomon : tunc Sal. uoc. E Mozley uocabat autem Sal. Os   17 achiliacos
A Os C L Ab F : achilliacos R E achyllaycos P achitachos Pc   labiorum : laborum R laboris P   18 dei : domini P
    53 1-8 et in — est superbiam : om. E   1 est : om. Os   2 diluuium :
deluuium R   3 in : cum A L P Mozley   militibus A Os R C L Ab F :
milibus Pc P   4-5 et arguere — operibus quae : qui L   5-6 locuti sunt
de eo : de eo locuti sunt A Mozley de deo locuti sunt L   6 impii : iniqui
F   querelosi qui correxi : querent loqui codd.   7 ingrediuntur : et non
exaudientur P om. A   et : quia P
    54 1 introiuit : intrauit A L Mozley   in paradisum A P F E : in [om.
Pc] -iso Os R C L Ab Pc   1-2 et Eua — in paradiso : om. Pc   2 et fuit
Adam : Adam fuit P

55 Sciendum quod de octo partibus plasmatum fuit corpus Adae. Vna pars erat de limo terrae[a] unde facta est caro eius, et inde piger erit. Alia pars erat de mare unde factus est sanguis eius, et inde erat uagus et profugus. Tertia pars erat de lapi-
5 dibus terrae unde sunt ossa eius, et inde erat durus et auarus. Quarta pars erat de nubibus unde factae sunt cogitationes eius, et inde factus est luxuriosus. Quinta pars erat de uento unde factus est anhelitus, et inde factus est leuis. Sexta pars est de sole unde facti sunt oculi eius, et inde erat bellus et praeclarus.
10 Septima pars est de luce mundi unde factus est gratus, et inde habet scientiam. Octaua pars est de spiritu sancto unde facta est anima, et inde sunt episcopi et sacerdotes et omnes sancti et electi dei.

56 Et sciendum quod deus fecit et plasmauit Adam in eo loco in quo natus est Iesus, scilicet in ciuitate Bethlehem, quae est in medio mundi, et ibi de quatuor angulis terrae corpus Adae factum est, deferentibus angelis de limo terrae de parti-
5 bus illis, uidelicet Michaele, Gabriele, Raphaele et Vriele. Et erat illa terra candida et munda sicut sol. Et conspersa est illa terra de quatuor fluminibus, id est Geon, Phison, Tigris et Eufrate[a].

---

55 a. cf. Gen. 2, 7
56 a. cf. Gen. 2, 10-14

---

55 **1** sciendum quod [om. Pc] A Os R C Pc F : [et add. L P] sc. est q. L Ab P E Mozley   **3** piger erit A Os C L F E : p. [praesens P°] erat R Ab Pc P   mare Os Ab P F : mari A R C L Pc E   **4** erat[1] A Os R Ab Pc P : erit C L F E   **5** erat A Os R Ab Pc P : erit C L F E   **6** de [om. C] nubibus : de n. celi P   unde codd. : inde Mozley   factae : om. C P **7** et : om. E   pars : p. eius L om. Os   erat : est R Pc om. A   **8** anhelitus (scriptum anelitus ab omnibus codd.) : anh. eius R Pc   est[2] A Os R Pc F : erat C L Ab P E Mozley   **9** erat A Os R Ab Pc P : erit C L F E   bellus : bellicosus P   **10** pars : p. eius L   est[1] : erat Ab P   et : om. P   **11** est : erat Ab P   **12-13** sancti et [om. E] electi dei : dei electi P

56 **1** post sciendum add. est R Ab P   **1-2** in eo loco in [om. A Ls Ab] quo : in eodem loco ubi P   **2** Bethlehem L Pc : Bedlehem [Bedleem Mozley] A Mozley Bethleem C R Ab P F Ls E Betleem Os   **3** angulis : angelis L P   **4-5** de limo terrae de partibus illis : de p. il. de l. t. E **5** Michaele Gabriele Raphaele : G. M. R. F M. R. G. P   **7** id est : uidelicet P   Phison : Prohison L   **8** Eufrate : Eufrates Ls

Et factus est homo ad imaginem dei et insufflauit in faciem
10 eius spiraculum uitae^b, scilicet animam. Sicut enim a quatuor
partibus terrae adductus est et a quatuor fluminibus conspersus, sic a quatuor uentis accepit flatus.

57 Cum factus fuisset Adam et non erat ei nomen imposi-
tum adhuc, dixit dominus ad quatuor angelos ut quererent ei
nomen. Et exiuit Michael ad orientem et uidit stellam orientalem, Anatolim nomine, et sumpsit primam litteram ab illa.
5 Et exiuit Gabriel ad meridiem et uidit stellam meridianam,
nomine Disis, et tulit primam litteram ab illa. Et exiuit
Raphael ad aquilonem et uidit stellam aquilonarem, Archos
nomine, et adduxit primam litteram ab ipsa. Exiuit autem
Vriel ad occidentem et uidit stellam occidentalem, nomine
10 Mencembrion, et attulit primam litteram ab eadem. Quibus
litteris adductis dixit dominus ad Vrielem: Lege literas istas.
Et legit et dixit: Adam. Et dixit dominus: Sic uocetur nomen
eius.

b. cf. Gen. 1, 27 et 2, 7

9 insufflauit : inflauit *Ab*   10 [et *add. R*] sicut enim : s. est (?) *E*
10-11 [a quatuor partibus terrae adductus est et : *om. Mozley*   **11** [et a
quatuor fluminibus conspersus : *om. C*   **12** uentis : uentus *C Pc*   accepit : suscepit *P*
    57 **1** non erat [*iterauit P*] ei nomen impositum : non erat n. ei imp. *R*
erat ei nomen non imp. *F*   *post* erat *desinit A*   **2** *post* angelos *add.* suos
Pc   ei : *om. Ls*   **4** Anatolim [-lym *R*] *Os R Ab F* : Anatalym *P* Ana-
thalim *C* Anicolim *Ls* Anacolym *It* Anacholim *Pc* Ancolym *L E* Ancolim
Mozley   illa : ea *E*   **5** Gabriel *Os L Pc F Ls* : Raphael *R C Ab P E*
6 Disis *Os R L Ab Pc P Ls* : Dysis *C F E*   et exiuit *Os L Ab P It* :
exiuit *R C Pc F Ls E Mozley*   **7** Raphael *Os L Pc F Ls* : Gabriel *R Ab*
Vriel *C P E*   Archos : Arcos *P* Arthos *Mozley*   **8** adduxit *Os R C L Ab*
Pc F Ls E : tulit *P Mozley*   ipsa *R C L Ab F Ls* : illa *Os Pc P* ea *E*
exiuit autem : et ex. [autem *add. L*] *L P* exiuit *E Mozley*   **9** Vriel *Os R*
L Ab Pc F Ls : Gabriel *C P E*   nomine M. *Os R C Ab Pc P F Ls* : M.
nomine *E Mozley* M. *L*   **10** Mencembrion *Os R C Ab Ls It E* : Mecen-
brion *L* Mecembrion *F* Mesembrion *Pc* Menifibon *P*   eadem : ea *E*
illa *P*   **12** uocetur : uocatum est *P*
    Explicit Explicit uita Ade *Pc* Explicit uita Ade et Eue uxoris eius *R*
uita prothoplausti nostri Ade et Eue uxoris eius *L Mozley* Explicit uita
prothoparentum nostrorum uidelicet Adae et Euae consortis eius *F* et nomen Ade compositum est de primis litteris quatuor stellarum stella orientalis Anatolim stella meridionalis Disis stella aquilonaris Archos stella
occidentalis Mencembrion *Os* Explicit *Ab Ls explicit non habent C P E*

Vie d'Adam et Ève
Rédaction de Bohême
B

Rédaction de Bohême (B)

Groupes

Pu

B1a = *Sf Bh Bp*
B1b = *Wu Nu*

B2 = *D Q*

Manuscrits

Bh   Munich, Bayerische Staatsbibliothek, *clm 26630*; xve s.; B1a

Bp   Budapest, Országos Széchényi Könyvtár, *390*; milieu du xve s.; B1a

D   Londres, British Library, *Harley 495*; xive s.; B2

Nu   Nuremberg, Stadtbibliothek, *Cent. IV 82*; vers 1434; B1b

Pu   Prague, Národní knihovna České republiky, *798 (V. A. 7)*; xive s.; B

Q   Oxford, Queen's College, *213*; xve s.; B2

Sf   Munich, Bayerische Staatsbibliothek, *clm 17151*; xive s.; B1a

Wu   Wurtzbourg, Universitätsbibliothek, *M.ch.q.23*; fin du xive s.; B1b

De paenitentia Adae et Euae

1 1 Cum expulsi essent Adam et Eua de paradisi deliciis, fecerunt sibi tabernaculum et fecerunt dies luctus et lamentationis in magna tristitia.

2 1 Post dies autem septem coeperunt esurire et quaerebant sibi escas ut manducarent et non inueniebant. **2** Et dixit Eua ad Adam: Homo meus, esurio. Vade et quaere nobis escas ut manducemus, usque quo uideamus si forsitan miserebitur nos-

5 tri et recipiat nos dominus deus et reuocet nos in loco quo eramus.

3 1 Et surrexit Adam et ambulauit dies septem per omnem patriam illam et non inueniebat escam qualem habebat in paradiso. **2a** Et dixit Eua ad Adam: Domine mi, putas ne moriamur fame? Vtinam ego moriar! forsitan introducet dominus

---

Titulus De paenitentia Adae et Euae *Bh Bp Nu* Vita prothoplausti Ade *Q titulum non habent Sf Pu Wu D*

1 1 – 8 2 : *om. D*

1 1 cum expulsi essent Adam et Eua *B1 Q* : A. et E. cum exp. e. *Pu* paradisi deliciis *B1a Nu Q* : -diso deliciarum *Wu* -diso *Pu*   **2** tabernaculum : -culam *Q*   dies luctus et lamentationis *Bh Pu Q* : dies luctus dies lam. *B1b* dies luctus lam. *Sf Bp*   **3** in : et in *Q*

2 1 dies autem [*om. Nu*] *B1* : a. d. *Pu Q*   septem *B1 Q* : viij° *Pu*   **2** sibi : eis *Bh*   inueniebant *Bh Bp B1b Pu* : -ebatur *Sf* -erunt *Q*   dixit : *om. Nu*   **3** homo meus *B1a Wu Q* : homo sum *Nu* domine mi *Pu ante* esurio *add.* nimis *Pu*   et *B1a Pu* : *om. B1b Q*   **4** usque quo : usque *Pu*   si forsitan *Bh Bp Nu Q* : forsitan *Pu* si forte *Sf* si forsan *Wu*   **5** et recipiat nos : *om. Pu*   dominus deus *B1a Wu Q* : dom. d. noster *Nu* d. meus *Pu*   in [*om. Pu*] loco [in *add. Bh Nu*] quo *B1 Pu* : in locum quo *Q*

3 1 et surrexit : s. autem *Bh*   ambulauit *Bh Bp Nu Pu Q* : ambulabat *Sf Wu*   dies septem *B1a Wu Q* : s. dies *Nu* dies xii *Pu qui postea erasit* xii   **2** patriam *Sf Bp B1b Q* : regionem *Bh* terram *Pu*   escam : *om. Q*   habebat [-bant *Q*] in paradiso *B1a Nu Pu Q* : in p. h. *Wu*   **3** domine mi *B1a Wu* : domine *Nu Pu* domine {putas} mi *Q*   **3** ne moriamur *B1a Nu Q* : ne moriam *Wu* moriemur *Pu*   **4** fame : fames (?) *Bp*   utinam : ut *Pu*   forsitan : forsan *Wu*   **4-5** dominus te denuo *Sf Bh* : denuo te dom. *Bp* te dom. denuo *Wu* te denuo dom. *Nu* te deus denuo *Pu* te dom. iterum *Q*

5 te denuo in paradiso quia propter me iratus est tibi dominus. 2c Vis interficere me ut moriar? et forte introducet te
dominus in paradisum, mei autem causa expulsus es inde.
3 Respondit Adam: Noli talia dicere, Eua, ne forte iterum
aliquam maledictionem inducat super nos dominus deus, quo-
10 niam non potest fieri ut mittam manum meam in carnem
meam[a]. 4 Sed surge et quaeramus nobis escas ut manducemus
et non deficiamus.

4 1 Et ambulantes septem dies nihil inuenerunt sicut habuerunt in paradiso, sed hoc tantum inueniebant quod
animalia edebant. 2 Et dixit Adam ad Euam: Hoc tribuit deus
animalibus ut edant, nobis autem erat esca angelica[a]. 3 Qua-
5 propter iuste et digne plangamus ante conspectum domini dei
nostri qui fecit nos, et eamus et paeniteamus in magna paenitentia. Forsitan miserebitur nostri dominus et disponet nobis
unde uescamur et uiuamus.

---

3   a. cf. Gen. 2, 23
4   a. cf. Ps. 78 (77), 25; Sap. 16, 20

5-7 in paradiso — te dominus : *om. Pu*   **5** paradiso *Sf Bh Wu* : -sum *Bp*
Nu Q   quia *B1b Q* : et *B1a*   iratus [iratus *illegibile in Sf*] est tibi dominus *B1a Nu Q* : dom. ir. est tibi *Wu*   **6** ut moriar *B1* : *om. Q*
7 dominus *B1* : deus *Q*   paradisum *Sf Bp B1b Pu Q* : -so *Bh*   autem
B1 : enim *Pu Q*   inde : unde *Nu*   **8** respondit Adam noli [noli *iterant
Sf Wu*] *B1 Pu* : noli r. A. *Q*   **8-9** iterum aliquam maledictionem [bene-
dictionem *Sf*] inducat [introducat *Q*] super nos *B1 Q* : aliquomodo introducet s. nos mal. *Pu*   **9-10** quoniam non potest fieri *B1* : quomodo
potest fieri *Pu* non enim fieri potest *Q*   **10** ut : nec *Bh*   manum : *om.
Pu*   meam : *om. Bp*   **10-11** carnem meam : carne mea *Q*   **11** et *B1a
Q* : ut *B1b Pu*   nobis [*om. Bp*] escas *B1 Pu* : *om. Q*   **12** et : et sic *Wu*
4 1 septem dies *B1a Wu* : s. diebus *Nu Q om. Pu*   *post* nihil *add.*
inueniebatur *Wu*   habuerunt *B1a Nu Pu* : habuerant *Wu* habebant
Q   **2** hoc : *om. Pu Wu*   inueniebant : inueniebantur *Wu om. Pu*
quod *B1* : herbam quam *Pu* sicut *Q*   **3** dixit Adam ad Euam *Bh Bp
B1b* : A. ad E. dixit *Sf* dixit A. *Pu* A. ad E. *Q*   hoc : *om. Q*   tribuit :
dedit *Sf*   deus : dominus *Bp*   **4** erat esca *B1a Q* : esca erat *Pu B1b*
5 plangamus *B1a Wu* : plangimus *Q* ploramus et plangamus *Nu* placamur
Pu   domini : *om. Nu*   **6** fecit : facit *Sf*   et[1] : sed *Q om. Pu*   in :
om. Q   **7** miserebitur : miseretur *Nu*   dominus *Sf Bp Nu* : deus *Bh Pu*
dom. deus noster *Wu* deus dom. *Q*   disponet *B1a Wu Q* : disponat *Nu
Pu*   **8** uescamur *Sf Bh B1b Q* : u. et edamus *Pu* uescamus *Bp*

5 1 Et dixit Eua ad Adam: Domine mi, dic mihi quid est paenitentia et qualiter paenitebimus, ne forte laborem nobis inponamus quem sustinere non possimus, et non exaudiantur preces nostrae **2** et auertat dominus deus faciem suam a nobis quia sicut promisimus non impleuimus. **3** Tamen, domine mi, quantum possum uolo paenitere, quia ego induxi tibi laborem et tribulationem.

6 1a Et dixit Adam: Non potes tot dies paenitere quot ego, sed quod ego praecipio fac ut salueris. Ego enim quadraginta dies debeo ieiunare. **1b** Tu autem uade ad Tigrim flumen et tolle lapidem, et sta super ipsum in aqua usque ad collum in altitudine fluminis, et non exaudiatur sermo de ore tuo, quia indigni sumus rogare dominum, quoniam labia nostra polluta sunt de ligno contradicto et illicito[a]. **2** Et esto in aqua fluminis triginta tribus diebus. Et ego faciam in aqua Iordanis quadraginta dies, forsitan miserebitur nostri dominus deus noster.

---

6   a. cf. Gen. 2, 17; 3, 11.17

---

5 1 dixit : *om. Sf*   Eua : etiam *Wuᵒ*   mi *Bh Nu Q* : meus *Sf Wu* deus *Bp om. Pu*   **2** et qualiter paenitebimus [-eamus *Sf*] *B1 Q* : quam -eamus *Pu*   **2-3** nobis [*om. Bh Nu*] imponamus *B1 Pu* : in nobis ponamus *Q*   **3** possimus *Sf Wu* : possumus *Bh Bp Nu Pu Q*   exaudiantur *B1b Q* : exaudientur *B1a Pu*   **4** auertat *B1* : conuertat *Q* auertet *Pu* dominus deus : *om. Pu*   **5** sicut promisimus non impleuimus [adimpleuimus *B1b*] *B1a+b Pu* : inique egimus *Q*   domine mi *Nu Pu Q* : dom. meus *Bh Bp* dom. deus meus *Sf* dom. meus *Wu*   **6** quantum possum uolo [*om. Bp*] paenitere *B1a* : q. penitere possum uolo *Pu* q. cogitasti [cogitare *Wu*] penitere *B1b* indica mihi debeam penitere *Q*   quia *Sf Bh Pu Q* : quod *Bp Wu* quid *Nu*   induxi tibi *B1a Pu* : t. i. *B1b* induxi *Q*

6 1 *post* Adam *add.* ad Euam *Pu*   *ante* potes *add.* penites (*forte pro* penitus ?) *Bp*   dies : *om. Wu*   paenitere : *om. Nu*   quot *B1a Nu* : sicut quod *Wu* ut *Q*   **2** praecipio [tibi *add. Pu*] *B1a Nu Pu Q* : praescio *Wu*   fac ut : et *Pu*   ego enim *Sf Bh B1b Q* : ego autem *Pu* et enim *Bp*   **2-3** quadraginta dies [laboro (?) *add. Q*] debeo ieiunare *Sf Bh B1b Q* : xlᵃ dies debeo te iuuare *Pu* debeo te iuuare xl dies *Bp*   **3** flumen : fluuium *Pu*   **3-4** et tolle lapidem : *om. Pu*   **4** sta super ipsum *Sf Bh B1b Q* : super ipsum sta *Bp* super sta *Pu*   in aqua : *om. Q*   **4-5** in altitudine fluminis : *om. Pu*   **5** exaudiatur *Sf Bh Nu* : audiatur *Bp Wu* audietur *Pu* egredietur *Q*   **6** *post* dominum *add.* deum *Pu* nostrum *Q* polluta : policita *Pu*   **7** de : et de *Nu*   *post* esto *add.* ibi *Pu*   **8** triginta tribus : xx *Pu*   et ego *B1a Pu* : ego *Wu* ego autem *Nu Q*   faciam : stabo *Q*   **8-9** in aqua Iordanis quadraginta dies [diebus *Q*] *B1a Pu Wu Q* : 40ᵃ dies in a. I. *Nu*   **9** *ante* forsitan *add.* et *Sf Q*   nostri : nobis *Nu Q*   [deus *add. Pu*] dominus deus noster *B1a Pu* : dom. d. *Nu Q* d. dom. *Wu*

7 1 Et ambulauit Eua ad Tigrim flumen et fecit sicut dixerat Adam. **2** Similiter Adam perrexit ad Iordanem et stetit usque ad collum super lapidem in aqua.

8 1 Et dixit Adam: Vobis dico, aquae Iordanis, condolete mihi et segregamini et circumdate me, lugete mecum pariter, **2** non uos sed me, quia uos non peccastis sed ego. **3** Statim omnia animantia uenerunt et circumdederunt illum, et aqua
5 Iordanis stetit ab illa hora non agens cursum suum.

9 1 Et transierunt dies decem et octo. Tunc iratus est Sathanas et transfigurauit se in claritatem angeli[a] et abiit ad flumen Tygris ad Euam. **2** Et inuenit eam flentem et quasi condolens ei coepit flere et dixit ei: Egredere de flumine et
5 pausa et de cetero non plorabis. Iam cessa de tristitia et gemitu, quo sollicita es, tu et uir tuus Adam. **3** Audiuit dominus deus gemitum uestrum et suscepit paenitentiam uestram, et

---

9   a. cf. II Cor. 11, 14

---

7 1 ambulauit *Bp B1b Pu Q* : ambulabat *Sf Bh*   flumen : fluuium *Bp Pu*   **1-2** dixerat Adam *B1a Wu* : dixit A. *Nu*   dixit ei A. *Q* A. iusserat *Pu*   **2** Adam [*om. Pu*] perrexit *B1 Pu* : perrexit A. *Q*   **3** usque ad collum : *Sf non legitur*
8 1 uobis dico [*om. Bp* o *add. Q*] aquae Iordanis [J. *om. Pu*] *B1a Pu Q* : tibi dico aqua I. *B1b*   condolete *B1a Pu Q* : -lere *B1b*   **2** segregamini *Bh Bp Nu Q* : segregemini *Sf Pu* congregamini *Wu*   et[2] : *om. Nu*   me : *om. Bh Bp*   *post* me add. aque Jordanis *Pu*   lugete : lugite *Pu Wu*   mecum pariter : pariter mecum *Q*   **3** *post* quia *incepit D qui in initio scr.* et dixit creaturis   uos non *Sf Wu D* : non uos *Bh Bp Pu Q* non *Nu*   **3-4** statim omnia animantia *B1+2* : statimque o. animalia *Pu*   **4** illum : eum *Pu*   **5** agens : habens *Q*
9 1 et : *om. Nu*   decem et octo : xx *Pu* octo *Bp*   **2** transfigurauit se *Sf° Bh B1b Q* : transfigurauit *D* transfiguratus est *Pu* transfiguratus *Bp*   in claritatem [-te *Pu*] angeli *B1a Pu B2* : claritatem angelici *Wu* in clari (—) *Nu*   **3** flumen : fluuium *Pu*   inuenit : uocauit *Pu*   eam : Euam *Bp D*   flentem : *om. Nu*   *ante* quasi *add.* dixit *D*   **3-4** quasi condolens ei [ei *om. Nu Q*] *B1+2* : condolens *Pu*   **4** coepit *B1 Pu* : incepio *D* incepit *Q*   **4-5** et pausa : *om. B2*   **5** et [*om. Wu*] de cetero non plorabis *B1* : et non plorabis *Pu* et noli plorare *B2*   gemitu *B1 D* : de gemitu tuo *Pu Q*   **6** quo *Wu Pu B2* : que (?) *Sf Bh Bp* quia *Nu*   sollicita *Sf Bp B1b* : solicita *Bh Pu B2*   tu *B1 Pu* : *om. B2*   et uir tuus Adam *B1a Pu* : et [Et *D*] Adam uir tuus *B1b+2*   *post* audiuit *add.* enim *Pu B2*   dominus : *om. Bh*   **7** suscepit *Sf B1b+2* : *om. Bh Bp Pu*   uestram : *om. Bh*   **7-8** et nos *B1a+2 Nu* : et *Wu* quia nos *Pu*

nos omnes angeli rogauimus pro uobis deprecantes dominum,
4 et misit me ut educerem uos de aqua et darem uobis ali-
10 menta quae habuistis in paradiso, eo quod ita paenitueritis.
5 Nunc ergo egredere, perducam uos in locum ubi paratus est
uobis uictus.

10 1 Haec audiens Eua credidit et exiuit de aqua fluminis,
et caro eius uirida erat quasi herba prae frigore. 2 Et cum
egressa esset de aqua cecidit in terram. Et erexit eam angelus
diaboli de terra et perduxit eam ad Adam. 3 Adam autem cum
5 uidisset eam et Sathan antecedentem illam, exclamauit cum
fletu dicens: O Eua, o Eua, ubi est opus paenitentiae tuae?
Quomodo iterum seducta es ab aduersario tuo, per quem alieni
facti sumus de habitationibus paradisi et laetitia paradisiali?

11 1 Haec cum audisset Eua cognouit quod diabolus fecisset
eam egredi de flumine et cecidit super faciem suam in terram,
et duplicatus est dolor et gemitus eorum. 2 Adam autem exclamauit dicens: Vae tibi, diabolica inuidia! Quid expugnas
5 nos? Quid tibi contra nos? Aut quid tibi fecimus? Cur nos tam

---

8 angeli : a. eius *D*   rogauimus *B1a+2 Pu* : rogamus *B1b*   dominum *Sf*
Wu Pu B2 : deum *Bh Bp Nu*   **9** *post* me *add.* dominus *D*   **9-10** alimenta quae : -tum quod *Nu*   **10** eo quod ita : ita quod eo *D*   paenitueritis : penituistis *Pu*   **11** *post* ergo *add.* omnes *Sf supra lineam* autem
Bp   egredere : progredere *Bp*   perducam : et p. *Pu Q*   **12** uictus :
uictum *Q* esca *Wu*
10 1 audiens Eua : E. audiens *Pu*   **2** eius : *om. Sf Bh*   uirida : uiridis *Nu Pu*   erat quasi *B1a+2 Nu* : erat et quasi *Wu* facta est tanquam
Pu   **3** esset de aqua : fuisset *Pu*   **4** diaboli : diabolus *Wu*   cum : *om.*
Bh   **5** eam : Euam *Wu*   Sathan *Bh Bp Pu B1b* : Sathanam *Sf B2*
illam : eam *Pu*   **6** fletu : f. magno *Pu*   O Eua — paenitentiae tuae :
om. Q   o Eua o Eua *B1a D* : o E. E. *Wu* o E. *Pu* quia° Eua *Nu*
7 quomodo *B1a+2 Wu* : quare *Pu* quoniam *Nu*   iterum seducta es : s. es
it. *Wu*   tuo *B1 Pu* : nostro *B2*   quem : quod *Bp*   **8** de : *om. Sf*
paradisi : nostris *Pu*   et laetitia paradisiali [-disi *Pu*] *B1 Pu* : et l. eius *Q*
om. D
11 1 audisset [audiuit *Wu*] Eua cognouit *B1 Pu D* : uidisset E. et cognouisset *Q*   quod diabolus fecisset : quia d. esset qui fecit *Pu*   **2** flumine :
flumine paradisi *Bp*   et : *om. Nu*   cecidit : cecedit *Wu*
super faciem suam in terram [terra *B2*] *Sf Bp B1b+2* : in terram super
faciem suam *Bh Pu*   **5** nos[1] : *om. Bh Wu*   quid tibi contra nos *Wu B2* :
om. B1a Nu Pu   **5-6** aut quid — dolose sequeris : *om. Q*   **5** aut quid
[nos *add. Bp*] tibi fecimus *Sf Bp Nu D* : aut quid fecimus tibi *Bh Wu om.*
Pu   cur nos tam *B1Pu D* : cur ita nos *Wu* cur tam *Nu*

dolose sequeris? Aut quid malicia tua? **3** Numquid nos abstulimus gloriam tuam? Aut quid fecimus tibi? Quid nos
persequeris inimice, impie et inuidiose ?

12 1 Et gemiscens diabolus respondens dixit: O Adam, tota
inimicitia et inuidia et dolus meus a te est, quoniam propter te
expulsus sum a gloria mea et alienatus sum de claritate quam
habebam in caelis in medio angelorum, et propter te eiectus
5 sum in terram. **2** Respondit Adam et dixit ei: **3** Quae est culpa
mea, cum non sis laesus a me? Aut quid nos persequeris ?

13 1 Respondit diabolus Adae: Tu quid dicis? Nihil fecimus
tibi? Tui causa eiectus sum. **2** Quando enim tu plasmatus es,
ego a facie dei proiectus sum et foras a societate angelorum
missus sum. Quando flauit deus spiritum uitae in te, et factus
5 est uultus tuus et similitudo tua ad imaginem dei[a], et adduxit

---

13 a. cf. Gen. 2, 7; 1, 26-27

---

6 sequeris *B1a Wu* : persequeris *Nu Pu D*   **6-7** aut quid — gloriam
tuam : *om. Bp*   **6** aut [ut *add. Pu*] quid [nobis *add. B2*] malicia tua [*om.
Bh*] *Sf Bh Nu Pu B2* : *om. Wu*   nos abstulimus : abst. nos *Nu*
7 - 12 1 quid nos persequeris inimice impie et inuidiose et gemiscens diabolus respondens dixit : quid fecimus quod persequeris Inimice impie inuidiose ingemiscens uade responde Et diabolus dixit *Q*   **7** quid nos *B1a*
Wu : quare nos *Pu* cur nos *D* quod nos *Nu*   **8** persequeris : sequeris
Bp   inimice impie *Wu D* : impie inimice *Nu* nimie impie *Sf Bp* nimis
impie *Bh* minus (?) et impie *Pu*

12 1 et gemiscens [gemescens *D*] *Sf Bh B1b D* : et ingemiscens *Pu* et
cognoscens *Bp*   diabolus respondens [-dit *Wu*] dixit [dicens *Sf*] *Sf Bp
B1b* : resp. diab. dixit *D* diab. dixit *Bh Pu*   **2** *ante* inuidia *add.* et *Sf Wu*
tota *Pu*   dolus : dolor *Nu*   a te est *Bh Nu B2* : est a te *Sf* ad te est
Bp Wu contra te est *Pu*   quoniam : quando *Sf*   *post* te *iter.* est quoniam propter te *Q*   **3** a [de *Nu Pu B2*] gloria mea et alienatus sum [*om.
Bh Q*] : *om. Wu*   de : a *Pu*   **4** habebam in — propter te : *om. Bh*
habebam *Sf B1b+2* : habui *Bp Pu*   in caelis : *om. Pu*   et : *om. B2*
5 in terram *B1 Pu* : in terra *Q* de terra *D*   *ante* respondit *add.* et *Nu*
5-6 respondit Adam — nos persequeris : *om. Wu*   **5** ei : *om. Pu*   **6** sis :
om. D   aut : *om. Pu*   persequeris : sequeris *Bp*

13 1 Adae *B1 D* : et dixit ei *Pu* et dixit ad Adam *Q*   nihil : quid
Pu   **2** *post* eiectus sum *add.* a gloria mea *Pu*   enim tu plasmatus es :
pl. fuisti *Pu*   **3** dei *Bh Pu B2* : domini *Sf Bp B1b*   proiectus sum et
foras : et *Pu*   sum *Bh Wu B2* : *om. Sf Bp Nu*   foras : foris *Bp*
4 sum : *om. Q*   flauit deus *Sf Bh* : inflauit d. [dominus *D*] *Bp D* sufflauit
d. *Nu* d. sufflauit *Wu* insufflauit d. *Pu Q*   uitae : *om. Bp*   et : et tunc
Pu om. Bh   **5** est : *om. Bp*   et similitudo tua *B1 Pu Q* : in similitudine
tua *D*   et adduxit : tunc eduxit *Pu*

te Michael et fecit adorare in conspectu domini. Et dixit dominus deus: Ecce Adam ad imaginem et similitudinem nostram creatus est[b], adorate eum.

14 1 Et egressus Michael uocauit omnes angelos dicens: Adorate imaginem dei, sicut praecepit dominus deus. **2** Et ipse Michael primus adorauit. Et uocauit me et dixit mihi: Adora imaginem dei. **3** Et ego respondi: Ego nolo adorare Adam. Et
5 cum compelleret me adorare Michael, dixi ad eum: Quid me compellis? Non adorabo deteriorem me et posteriorem omnis creaturae. Antequam ille fieret ego sum et ille debet me adorare.

15 1 Haec audientes ceteri angeli qui sub me erant noluerunt adorare. **2** Et ait Michael: Adorate imaginem domini dei. Si autem non adoraueritis, irascitur uobis deus. **3** Et ego dixi: Si irascitur mihi deus, ponam sedem meam super sidera et ero
5 similis altissimo[a].

16 1 Et iratus est mihi dominus deus et iussit me expelli et foras mitti de gloria mea. Et tui causa exul factus sum de ha-

---

b. cf. Gen. 1, 26
15   a. cf. Is. 14, 13-14

---

6 et fecit : *om. D*   adorare *Sf Bh Nu* : te adorare *Bp Pu* orare *Wu B2*   domini *Sf Bp B1b* : dei *Bh Pu B2*   dixit : *om. Bp Q*   **7** deus : ad Michaelem *Pu om. Bh*   **8** creatus est adorate eum *B1a+2 Pu* : creatus es adorare eum *B1b*

14 1 omnes : *om. Pu Wu*   **2** deus : *om. B1a*   **3** Michael primus *B1b+2* : primus M. *Sf Bp* primus *Bh Pu*   me : *om. Pu*   mihi : *om. Nu*   adora : adorate *B2*   **4** ego[1] : *om. Wu*   Adam : adeo *Sf*   **5** compelleret me adorare Michael *B1a Nu Q* : comp. me M. ad. *Wu Pu* M. ad. me comp. *D*   quid : quit *Sf*   **6** deteriorem : eum deteriorem *Nu* adtexiorem *Sf*   omnis : omni modo *Bh* omnes *Bp°*   **7** ille [*om. Q*] fieret ego [*om. Bp*] sum et ille *B1+2* : ipse fuit ego fui et ideo ipse *Pu*   debet me *B1 Pu* : me debet *B2*

15 1-2 haec audientes — noluerunt adorare : *om. Nu*   **1** ceteri *B1a+2 Wu* : primi *Pu*   sub me *Wu B2* : sublimes *B1a* sublimiores *Pu*   **2** adorate : adorare *Wu Pu*   domini dei : dei domini *Bh* dei *Pu*   **3** autem : *om. Q*   non : *om. Sf*   adoraueritis : adorauerit *Wu*   irascitur *B1* : irascetur *Pu B2*   deus *Sf Bh B1b+2* : dominus deus *Bp* dominus *Pu*   ego dixi : respondi *D*   **4** irascitur *B1* : irascetur *Pu D* irascatur *Q post corr. supra lineam*   *post* meam *add.* ad aquilonem *Pu*

16 1 et[1] : *om. D*   iussit *Sf Bp Wu Pu B2* : misit *Bh Nu*   me : *om. Bp*   expelli : repelli *Bh*   **2** foras : *om. Pu*   et : *om. Pu*   exul factus sum *B1 Pu Q* : factus sum exul *D*

bitationibus meis et proiectus sum in terram. 2 Statim factus
sum in dolore de tanta gloria mea, et quod te uidi in laetitia
5 deliciarum mearum tolerare non potui, 3 et dolo circumueni
mulierem tuam et feci expellere de deliciis laetitiae tuae, sicut
expulsus sum de gloria mea.

17 1 Haec audiens Adam a diabolo exclamauit cum magno
fletu et dixit: Domine deus meus, in manu tua uita mea[a], fac
ut iste aduersarius meus longe sit a me, qui quaerit animam
meam perdere, et da mihi gloriam meam, quam per ipsum
5 perdidi. 2 Et statim non apparuit diabolus. 3 Adam uero perseuerauit quadraginta dies in paenitentia stans in aqua
Iordanis.

18 1 Et dixit Eua ad Adam: Viue tu, domine meus! Tibi
concessum est uiuere, quoniam nec primo nec secundo praeuaricatus es nec seductus, ego seducta sum et praeuaricata,
quoniam non custodiui mandatum domini mei. Et nunc separa

---

17 a. cf. Ps. 119 (118), 109

---

3 in terram *Bh Bp B1b Pu* : in terra *B2 om. Sf*   statim : et st. *Q*
3-4 factus sum *B2* : factus *B1* positus sum *Pu*   4 dolore : dolorem *Pu*
Wu   de tanta gloria mea : in gloria mea de gloria (?) *Bp*   et quod *Bh*
Bp B1b+2 : et quia *Sf* cum *Pu*   te : tunc (?) *Wu*   uidi : *om. Nu*
5 tolerare *Sf Q* : tollerare *Bh Bp B1b Pu D*   non : si (?) *Bp*   potui :
potuit *Sf*   et dolo *B1 Pu* : et [ideo *add. Q*] dolore *B2*   6 *post* mulierem
quasi erasum uerbum add. Sf   tuam : *om. Q*   expellere [te *add. D*] de
Sf Bp B1b D : te expelli de *Q* ut uos expellerent de *Pu om. Bh*   deliciis
laetitiae tuae *B1 D* : deliciis meis *Pu* deliciis tuis et letitie tue *Q*   *post*
sicut *add.* et ego *Pu D* ego *Wu Q*
    17 1 a [*om. Q*] diabolo *Bp Nu B2* : a dyabulo *Wu* de diabolo *Sf Bh om.*
Pu   exclamauit : clamauit *Wu*   1-2 magno fletu *Bh Bp Nu B2* : fletu
magno *Pu* fletu *Wu* magno clamore *Sf*   2 et dixit : dicens *Pu*   manu
[mano *Bp*] tua *B1 Pu* : manibus tuis *B2*   3 meus : *om. B1a*   4 da :
om. Nu   meam *B1a Pu* : *om. B1b+2*   4-5 per ipsum perdidi : perdidi
per ipsum *Sf*   5 statim non apparuit : statuit euanuit *Q*   perseuerauit
[per *add. Nu*] *B1a+2 Nu Pu* : quia seruauit *Wu*   6 dies *Sf Bp B1b* :
diebus *Bh B2* diebus et tribus *Pu*
    18 1 tu domine [deus *add. Bp*] meus *B1a Wu Pu D* : tu dom. mi *Nu*
dom. tu dom. meus *Q*   2 concessum : concessimum *Sf*   quoniam : quia
D   3 *post* seductus *add.* es *Wu*   ego *Sf Bp B1b* : ego uero *Pu* ego enim
Bh sed ego *B2*   sum : *om. Wu*   4 quoniam : quia *D*   mandatum :
mandata *Pu D*   domini *B1a+2 Nu* : dei *Pu* dom. dei *Wu*   et nunc :
nunc *D* et tunc *Nu*   4-5 separa me — uitae istius [huius *Pu* illius *Wu*] et
B1 Pu : de flumine [sed *add. Q*] *B2*

5 me de flumine uitae istius et uadam ad occasum solis et ero ibi
usque dum moriar. **2** Et coepit ambulare ad partes occidentis
et lugere et amare flere, **3** et fecit ibi habitaculum, habens in
utero trium mensium Cain.

19 **1a** Et cum appropinquasset tempus partus eius, coepit
doloribus conturbari et exclamauit ad dominum dicens: **1b** Miserere mei, domine, et adiuua me. Nec exaudiebatur nec erat
ei requies ulla. **2** Et dixit intra se: Quis nuntiabit domino meo
5 Adam? Deprecor uos, luminaria caeli, dum uertimini ad
orientem, nuntiate dolores meos domino meo Adae.

20 **1a** Et dixit Adam intra se: Planctus euenit mihi. Ne forte
iterum serpens pugnet cum Eua. **2a** Et ambulans inuenit eam
in luctu et gemitu magno. Et dixit Eua: Ex quo uidi te, domine mi, refrigerauit anima mea in dolore meo. **2b** Nunc autem
5 deprecare dominum pro me, ut exaudiat te et respiciat me et
liberet me de doloribus meis pessimis. **3** Et deprecatus est
Adam dominum pro Eua.

---

5 uadam : uado *Sf*   **6** usque dum [*om. B2*] *B1+2* : donec *Pu*   ad : in
Pu   **7** lugere *B1a* : cepit l. *B1b+2* l. cepit *Pu*   fecit ibi [sibi *Nu B2*]
habitaculum *B1+2* : ibi h. fecit *Pu*   **8** trium mensium *B1 Pu* : *om. B2*

19 **1** appropinquasset *Bh Bp B1b Q* : adp- *Sf D* uenisset *Pu*   tempus
partus eius *B1b Q* : tempus eius *D* partus eius [*om. Pu*] *B1a Pu*   **2** doloribus conturbari *B1+2* : concuti et conturbari *Pu*   dominum : dom.
deum *Q*   **3** mei *Sf Bp B1b* : mihi *Bh D om. Q*   domine : *om. Pu*
et : *om. B2*   *post* adiuua me *add.* hoc *quod sequitur signum forte pro* et
caetera *Wu*   nec[1] : et non *Pu*   **3-4** nec erat ei requies ulla *B1b Q* : nec
e. r. u. ei *Pu D* nec e. nulla r. ei *Bh* nec e. r. illa die *Bp* et e. ei r. nulla
Sf   **4** nuntiabit : nuntiabit hoc *Pu* nunctiauibit *Wu°*   meo : *om. Bp*
5 Adam *Bp B1b+2 Pu* : Ade *Sf° Bh*   luminaria : o l. *Q*   **6** nuntiate : et
n. *Bp*   dolores meos domino meo [*om. Bp*] Adae [Adam *Pu*] *B1a+2 Nu*
Pu : dom. meo dol. meos Ade *Wu*

20 **1** Adam : *om. Nu*   euenit *B1 Pu* : uenit *B2*   mihi : *om. Q*
2 iterum serpens [spiritus it. *Pu*] pugnet [pungnet *Bp Q* pugnat *Bh* pung-
nat *Nu*] cum Eua *B1 Pu Q* : it. p. cum E. serpens *D*   eam : *om. Sf*
3 *post* luctu *add.* et planctu *Pu*   magno : *om. D*   dixit Eua ex : *om.*
Sf   *post* quo *add.* Eua (?) *Q*   uidi te [*om. Sf*] *B1+2* : te uidi *Pu*
4 anima mea in dolore meo : in dolore anima mea *Pu*   **5** deprecare dominum pro me : deprecor dom. *Pu*   ut exaudiat *B1b+2* : et exaudiet
B1a Pu   te : *om. Bh*   et respiciat me *B1b* : et respiciet te [me *Pu*]
B1a Pu et recipiat me *D om. Q*   **6** liberet *Sf Bp Nu B2* : liberat *Wu* li-
berabit *Bh Pu*   **7** Adam dominum : dominum A. *Pu*

21 1 Et uenerunt duo angeli et duae uirtutes de caelis, stantes a dextris et a sinistris Euae, **2** et Michael stans a dextris et tetigit a facie eius usque ad pectus. Et dixit uirtus: Beata es, Eua, propter Adam, quoniam orationes eius magnae
5 sunt ante deum. Et missus sum ad te, ut accipias adiutorium nostrum. Exurge et parare ad partum. **3a** Et peperit filium et erat lucidus. **3b** Et continuo surrexit infans et cucurrit animalibus suis tollere herbas. **3c** Et uocatum est nomen eius Cain.

22 1 Et tulit Adam puerum et Euam et perduxit eos ad orientem. **2** Et misit dominus deus ad Adam angelum Michael cum seminibus diuersis et dedit illi. Post hoc ostendit illi laborare et colere terram, ut haberent fructum et uiuerent ipsi et
5 omnes generationes post eum. **3** Concepit iterum Eua filium nomine Abel, **4** et manebat Cain cum Abel in unum.

23 1 Et dixit Eua ad Adam: **2** Domine mi, dormiebam et uidi quasi sanguinem filii nostri Abel ingredi in ore fratris sui

---

21 1 de caelis : celi *D om. Sf* **2** et a : et *Bh* Euae *B1 Pu* : etiam *B2* et Michael stans a [ad *Sf*] dextris *B1a+2 Nu* : Michael stabat *Pu om. Wu* **3** a facie eius usque ad pectus *B1b+2* : faciem eius atque [et *Pu*] pectus *B1a Pu* dixit : *scr. supra lineam Sf* uirtus *B1a Wu Pu* : *om. Nu B2* **4** beata *B1 Pu* : uere beata *D* uere tu liberata *Q* propter adam quoniam : propter quem *Q* orationes eius *Sf B1b+2 Pu* : or. *Bh* eius or. *Bp* **5** ante [apud *Sf*] deum [dominum *Wu B2*] *B1+2* : coram domino *Pu* et missus sum *B1b Q* : missus *B1a D* misit enim nos *Pu* **5-6** accipias adiutorium nostrum *B1 Pu D* : -piat ad. uestrum *Q* **6** exurge *B1 Pu* : [et *add. D*] surge *B2* parare [te *add. D*] *Sf Bp B1b+2* : prepara te *Bh Pu* filium : *om. Q* **7** *post* lucidus *add.* totus *Q* animalibus : cum a. *Nu* **8** tollere : coligere *Pu* herbas *B1 Pu* : herbam *B2* uocatum est nomen eius Cain *Bh Bp Wu Pu D* : uocatum est C. n. eius *Sf Nu* n. eius uocatus (*sic*) est C. *Q*

22 1 et [*om. Wu*] perduxit : et duxit *D* eos : *om. Pu Bp* **2** deus : *om. Sf* ad Adam angelum Michael *Bh Bp Q* : ad A. M. ang. [archangelum *D*] *Nu D* ang. suum M. ad A. *Sf* ad A. M. *Pu* angelum M. *Wu* **3** seminibus : sensibus *D erasum est in Sf* et dedit illi : et primo dedit eis escas *Pu* illis[2] *B1a D* : ei *Nu Q* eis dominus qualiter° deberent *Pu om. Wu* laborare *B1a+2 Nu Pu* : laborem *Wu* **4** haberent fructum [escas *Pu*] et uiuerent *Bh Bp B1b Pu D* : haberet fr. et uiueret *Q erasum est in Sf* ipsi *B1a Nu Pu* : ipse et ipsa *Wu* ipse *B2* **5** eum *Sf Bh B1b* : ipsum *Bp* illos *Pu* eos *D* ipsos *Q* *post* iterum *add.* filium *Q* **6** manebat Cain cum Abel : manebant C. et A. *Pu* unum *B1a+b Pu* : uno loco *B2*

23 1 domine mi *Bh Bp B1b+2 Pu* : ego *Sf* **1-2** dormiebam et uidi : *quasi erasum in Sf* **2** sanguinem : *om. Bp* nostri Abel : nostri *Nu* mei *Pu* ore : os *Pu*

Cain et deglutiuit. **3** Et dixit Adam: Vae! Ne forte interficiat Cain Abel! Sed separemus eos ab inuicem et faciamus eis sin-
5 gulas mansiones. **4** Et fecerunt Cain agricolam, Abel uero pastorem ouium[a], et separauerunt eos ab inuicem. **5** Et post hoc interfecit Cain Abel. Erat autem annorum centum triginta[b].

24 1 Post hoc cognouit Adam uxorem suam et genuit filium et uocauit nomen eius Seth. **2** Et dixit Adam ad Euam: Ecce genui filium pro Abel quem occidit Cain[a]. **3** Et postquam ge-nuit Adam Seth, uixit annos trecentos et genuit filios triginta
5 et totidem filias; sic simul sexaginta filios et filias genuerunt. Et multiplicati sunt super terram in nationibus suis.

25 1 Et dixit Adam ad Seth: Audi, fili mi Seth, et referam tibi quae uidi et audiui. **2** Postquam eiecti sumus de paradiso, ego et mater tua, cum essemus in oratione, uenit ad me Michael angelus dei nuntius. **3** Et uidi currus tamquam uentos

---

23 a. cf. Gen. 4, 2
   b. cf. Gen. 4, 8 et 5, 3
24 a. cf. Gen. 4, 25

---

3 *post* deglutiuit *add.* eum *Pu B2*   dixit : *om. Nu*   uae ne : ue ue *Wu* Eue ne *Pu*   interficiat : interficiet *Pu*   **4** *post* Abel *add.* fratrem suum *Q*   sed : *om. Pu*   separemus : seperemus *Bp*   inuicem : inficem *Bh* faciamus : faciemus *Bp D*   singulas : singulis *Q*   **5** agricolam : agrico-lon *Bp* agricultorem *D*   uero : autem *D*   **6** separauerunt : separauit *Pu*   et² : *om. Pu Q*   hoc *Sf Nu Pu D* : hec *Bh Bp Q om. Wu*   **7** interfecit : interfectus est *Wu*   erat autem *B1a Pu Q* : erat autem Adam *B1b D*   annorum : *om. Wu*   centum triginta *Sf Bp B1b+2* : XXX[a] *Pu* 100 40 *Bh*

24 1 post hoc *B1a* : et post hoc *B1b+2* post C annos *Pu*   **2-4** et uo-cauit — genuit Adam : *om. Pu*   **3** genui : genuisti *Sf*   **3-4** genuit Adam : A. genuit *Bh om. Sf*   **4** uixit : uixit Adam *Bp om. Pu*   annos trecentos *B1b+2* : annos xxx *Sf Bh* xxx[a] annos *Bp* intra hos annos *Pu* et : *om. Pu*   filios triginta : triginta filios *Sf Pu*   **5** totidem : xxx[a] *Pu*   sic [ac *Bh*] simul [similiter *Sf* semel *Wu*] *B1* : scilicet *Pu* sic [sicut (?) *D*] *B2*   sexaginta filios et filias genuerunt [genuit *Nu*] *Bp Nu* : g. sex. filios et filias *Bh* sex. filios g. *Sfᶜ* sex. filios genuit *Wu* filios genuit *D* genuit filios *Q* sex. filios et filias habuit *Pu*   **6** *post* et *add.* sic *Nu*

25 1 audi : uidi *Q*   mi : *om. Bh Bp Pu*   Seth : *om. Wu*   et : ut *Pu*   **2** quae *B1a Wu Pu Q* : quod *Nu* quid *D*   et audiui : *om. Pu* eiecti sumus : eiectus sum *D*   **3** *post* tua *add.* Eua *Q*   *ante* uenit *add.* et *Sf*   me : nos *Q*   **4** Michael : *om. Pu*   angelus : archangelus *Q*   dei nuntius *B1* : domini n. *B2* domini nuntius dei *Pu*   currus [*Nu post corr.*] : curros *Pu*   uentos *Sf Bh B1b Pu* : uentus *Bp D* uictus (?) *Q*

5 et rotae illius erant igneae et raptus sum in paradisum iustitiae. Et uidi dominum sanctum et in conspectu eius erat ignis
incendens intollerabilis, et multa milia angelorum antecedebant
currum dei et alia multa milia angelorum erant a dextris et a
sinistris currus dei.

27 1 Et dixi: Conuertere, domine, animam meam[a], quia
morior et spiritus meus exibit de ore meo. **2** Ne proicias me a
facie tua[b], quem de limo plasmasti[c], domine, nec despicias
quem nutriuisti gratia tua. **3** Et ecce uerbum tuum incendit
5 me. Et dixit ad me dominus deus: Quoniam figuratio cordis tui
facta est diligens scientiam, propter hoc non tolletur semen
tuum usque in saecula ad ministrandum mihi.

---

27 a. cf. Ps. 23 (22), 3
   b. cf. Ps 51 (50), 13
   c. cf. Gen. 2, 7

---

5 illius : eius *Q*   erant igneae *Bh Bp B1b+2* : erant ignei *Sf°* erant tan-
quam ignis *Pu*   in paradisum *Bh Bp Nu Pu* : in -so *Sf Wu Q* de -so
D **6** dominum sanctum *B1b+2* : deum sanctum *Sf* sanctum *Bh* semen
Bp antiquum dierum *Pu*   conspectu : aspectu *B1b*   **7** incendens *Sf Bh*
D : incedens *Bp B1b Q* ardens *Pu*   multa : *om. Bp Pu* **7-8** antecede-
bant currum — milia angelorum : *om. Sf B1b* **7** antecedebant *Bh Bp*
Pu Q : antecedebat *D* **8** currum : eum currum *Pu* **8-9** et alia —
currus dei : *om. Pu* **8** et alia multa *B2* : alia *Bp Bh*   erant : erat
D **8-9** a dextris et a sinistris : a sinistris et addextris *Bp*
27 1 dixi : dixit *Pu*   conuertere *Sf Bh Nu Pu B2* : conuerte *Bp*
Wu   *post* domine *add.* et eripe *Wu*   *post* meam *add.* in requiem tuam
B2   quia : et *Nu* **2** morior [moriar *Nu*] et spiritus meus *Sf Bh Nu*
B2 : maior est spiritus meus *Bp* maior et spiritus sanctus *Wu* malignus
spiritus *Pu*   exibit *Bh* : exiuit *Sf° Wu B2* [et *add. Nu*] iuit *Bp Nu Pu*
ore *B1 Pu* : corpore *B2*   ne *B1b+2* : ne forte *B1a Pu*   proicias : proi-
cies *Pu* **3** quem de limo [terre *add. D*] plasmasti [fecisti *Nu*] *Sf° Nu*
B2 : quoniam de l. pl. me [me pl. *Wu* formasti me *Pu*] *Bh Bp Wu Pu*
domine : *om. Pu*   nec despicias *Sf° Bh B1b* : ne d. [me *add. Bp D*] *Bp*
Pu B2 **4** quem nutriuisti [nutristi *Wu D* interemisti *Nu*] *B1+2* : quia me
nutriuit *Pu*   tuum : *om. Pu Q*   incendit me [*om. Bh*] : intendit me
Pu **5** et dixit : *om. Bp*   deus *om. Pu*   figuratio [figura *Wu°*] cordis
tui [*om. B1a Pu*] *B1 Pu D* : f. c. et corporis mei *Q* **6** facta est *B1a Pu* :
factus es (?) *B1b+2*   semen *Sf° Bh B1b+2* : sanctum *Bp Pu* **7** usque in
saecula [seculum *Nu*] ad ministrandum [administrans *Bh*] mihi *Bh Bp B1b*
Q : u. in s. demonstrandum mihi *D* ad m. mihi u. in s. *Sf Pu*

28 1 Et cum haec uerba audissem, prostraui me in terram et
adoraui dominum dicens: Tu es deus aeternus et summus, et
omnes creaturae dant tibi honorem et laudem. 2 Tu es lux super omne lumen fulgens, lux incomprehensibilis, uirtus uiuens.
5 Tibi dicam laudem et honorem spiritalem. Viuentem me facias
et omne genus humanum multitudine misericordiae tuae. 3 Et
postquam adoraui dominum, statim Michael archangelus dei
apprehendit manum meam et eiecit me de paradiso uisionis
dei. 4 Et tenens in manu sua uirgam et tetigit aquas quae
10 erant **28** 4 – **29** 2 ⟨–⟩

29 2 in hoc saeculo. 3 Et dixit: In tempore quo missurus est
deus filium suum in terris generi humano saluando, 4 tunc apparebit in flamma deus[a] et ex sede maiestatis suae dabit
omnibus mandata et praecepta, et sanctificabunt illi domum
5 habitationis maiestatis eius, et ostendit deus locum mirabilem
maiestatis suae. 5 Et aedificabunt ibi domum domino deo suo,

---

29 a. cf. Ex 3, 2 (Vg)

---

28 1 cum haec uerba audissem : haec u. cum audiuissem *Pu*   pro-
straui : prosterni (*sic*) *Q*   in terram : in terra *D om. Pu*   2 *post* dominum *add.* super terram *Pu*   3 creaturae : c. tue *Pu B1b*   dant : dent
Q   3-5 et laudem — et honorem : *om. B1 Pu*   3 es lux *correxi* : es *Q*
lux *D*   4 fulgens *D* : effulgens *Q*   5 uiuentem me facias [facies *Q*]
B1a+2 Wu : me facies uiuere *Pu* uiuente me faciendo *Nu*   6 multitudine
Sf Bp B1b+2 : multitudinem *Bh* secundum multitudinem *Pu*   7 adoraui
Bh Bp Pu Q : adorassem ad *Sf* oraui ad *Wu D* oraui *Nu*   Michael archangelus dei *B1b+2* : M. arch. *Sf* angelus M. *Bh Bp* angelus domini M.
Pu   8 uisionis *B1a* : uisitationis *B1b+2* iussu *Pu*   9 et tenens : ten.
Pu   in manu sua uirgam *Pu B2* : in [*om. Sf Bp*] manu suam [*om. Bh*]
uirgam *B1a+b*   et *B1a Nu Pu* : que *D om. Wu Q*   9 - **29** 1 quae erant
in hoc seculo : *om. Pu*   10 erant : *Sf non legitur*
29 1 saeculo : mundo *D om. Nu*   et dixit *B1 Pu* : *om. B2*   1-2 est
deus [dominus *Pu*] *B1 Pu* : *om. B2*   2 saluando : ad saluandum *Pu*
2-3 apparebit in flamma deus [deus in fl. *Bh Bp Wu*] et ex sede *B1+2* : ap.
dominus et fl. ex s. *Pu*   3 et : *om. Pu*   sede *Bh Bp B1b Pu* : ore *Sf°*
B2   suae : *om. Bh*   4 sanctificabunt *Sf Bp B1b Pu D* : -cabit *Bh Q*
illi *B1* : illum in *B2* ibi *Pu*   5 habitationis : *om. Bh*   eius *B1a Pu* :
illius *B1b+2*   et ostendit [-det *D*] deus [dominus *Bp*] locum mirabilem [-
liter *Sf*] maiestatis suae *B1+2* : *om. Pu*   6-7 maiestatis suae — praeceptum eius : *om. Sf*   6 aedificabunt ibi domum : -bitur ibi domus
Nu   6-7 ibi domum — praeceptum eius : *om. Bp*   6 deo : *om. B2*

qui apparuit illis. Et praeteribunt praeceptum eius et incendetur sanctuarium eius et terrae eorum disserebuntur et ipsi
dispergentur, propterea quia exacerbauerunt dominum. **6** Die
tertio saluos faciet illos de desperatione illorum, et iterum aedificabunt domum dei et altiabitur nouissime domus dei magis
quam prius[b]. **7.** Et iterum exsuperabit iniquitas aequitatem. Et
post hoc habitabit deus cum hominibus in terris[c], et tunc incipiet aequitas fulgere et domus dei saeculorum honorabitur, et
non poterunt amplius nocere hominibus qui sunt in deo credentes. Et suscitabit deus plebi suae saluatorem in saecula
saeculorum. Amen. Et impii punientur, qui noluerunt amare
legem illius. **8** Caelum et terra, noctes et dies et omnes creaturae oboedient ei et non praeteribunt praeceptum eius nec
mutabunt opera sua, sed et hii omnes mutabuntur qui dere-

---

b. cf. Agg. 2, 9
c. cf. Bar. 3, 38

---

7 illis et praeteribunt : sed preteribit *Pu*   praeceptum eius [illius *Nu*] :
precepta e. *Wu*   *ante* et incendetur *add.* et edificabunt *Bp Nu*   **8** eius
Sf B1b+2 : eorum *Bh Bp* illorum et anichilabitur *Pu*   et terrae eorum
[eius *Wu*] disserebuntur [deserebuntur *Bp* deserentur *B2*] *Bh Bp B1b+2* :
Sf non legitur om. Pu   **8-9** et ipsi dispergentur : disperdentur ipsi *susp.*
Wu   **9** quia [ipsi *add. Sf*] *Sf Wu Pu* : quod *Bh D* et *Nu om. Bp Q*
exacerbauerunt dominum [deum *Nu*] *B1* : exacuerunt dom. *B2* spernunt
deum *Pu*   *post* dominum *add.* in die *D*   *ante* die *add.* et *B1b+2*
10 tertio : [autem *add. Pu*] uirg tertia *Wu Pu*   faciet : fecit *Pu*   illos
Sf Bh B1b Q : eos *Bp Pu D*   desperatione : dispersatione *susp. Pu*
11 dei : domini *D*   altiabitur *B1a Wu* : exaltabitur *Pu B2* alterabitur
Nu   nouissime domus dei : domus dei -simo *Pu*   magis *Sf B1b+2* : *om.*
Bh Bp Pu   **12** exsuperabit *B1b Pu* : exuperabit *B1a+2*   aequitatem *Sf*
Bp B1b+2 : ueritatem *Pu* iniquitatem *Bh*   **13-14** incipiet aequitas [*om.*
Bh] *B1+2* : iniquitas incipiet *Pu*   **14** et domus dei [in secula *add. Bh*]
saeculorum honorabitur [honorabilem *Wu*] *B1+2* : domus dei *Pu*   **15** poterunt *Sf° Bh Nu Q* : poterit *Pu* potuerunt *Bp Wu D*   amplius : *om.*
Nu   qui sunt in deo [domo *Pu* mundo *Wu*] credentes *B1 Pu Q* : in deo
credentibus *D*   **16** suscitabit [-bitur *Q*] deus [*om. D* dominus *Q*] plebi
suae saluatorem *B1+2* : sustinebit dominus plebem suam *Pu*   **17-18** et
impii punientur ... legem illius : et impii ... legem illius punientur *Nu*
amare legem illius [ipsius *Q*] *Bh Bp B1b+2* : legem ipsius amare *Sf* audire
legem domini *Pu*   **18** terra : terram *Sf*   **18-19** et omnes creaturae
oboedient [obediunt *Sf°*] ei [*om. Bp* domino *Pu*] : ei o. cr. ob. *Bh*   **19** eius
nec : donec *Pu*   **20** *post* sua *add.* dei *Sf*   et : *om. Bp Pu Wu D*
derelinquerunt *B1a Nu Pu* : derelinquent *Wu B2*

linquerunt praecepta dei. 9 In die illa repellet deus a se impios,
et iusti permanebunt sicut sol in conspectu dei, et in tempore
illo 10 felix erit homo qui correxerit animam suam, quando erit
iudicium magnum dei in omnes mortales et inquirentur facta
25 eorum a deo iusto iudice.

30 1 Et postquam factus est Adam annorum nongentorum
triginta uno[a], 2 sciens quoniam dies eius uitae finiuntur dixit:
Congregentur ad me uniuersi filii mei et benedicam eis antequam moriar et loquar cum eis. 3 Et congregati sunt in tres
5 partes in conspectu patris eorum, ante oratorium ubi adorabat
Adam dominum. 4 Et cum congregati fuissent omnes una uoce
dixerunt: Quid tibi est? ut quid congregasti nos? Aut quare
iaces in lecto? 5 Respondens Adam dixit: Filii mei, male mihi
est, doloribus afficior. Et dixerunt omnes filii: Quid est, pater,
10 male habere ?

31 1 Tunc filius eius Seth dixit: Pater, ne forte desideras de
fructu paradisi unde edebas, et contristaris desiderio eius.

---

30 a. cf. Gen. 5, 5

---

21 praecepta dei [domini *Pu*] : mandata d. *Q*   repellet *B1a+2 Pu* : re-
pellit *B1b*   deus [*om. Bh*] a se *B1* : a se dominus *Pu* deus a iustis *Q*
dominus deus *D*   22 iusti *B1 Pu* : isti *D* illi *Q*   in[2] : *om. Q*   23 homo : ille h. *Bh om. Pu*   correxerit *Sf Pu* : correxit *Bh Bp B1b+2*
24 [in *add. D*] iudicium magnum dei *Sf Bh B1b+2* : i. magni d. [d. m. *Bp*]
Bp Pu   in omnes : cum omnes *Wu* et *Pu*   24-25 et [*om. Wu*] inquirentur [opera *add. Wu*] facta eorum *B1b+2* : et inquirentes facta ipsorum
B1a Pu
30 1 factus est Adam : est f. homo A. *Bp*   2 triginta uno *Sf Bp Wu* :
trig. unius *Bh* trig. unum *Nu* trig. duorum *Pu* trig. *B2*   quoniam : quia
Pu   eius uitae *Sf Bp B1b* : uite eius *Bh* uite sue *Pu Q* uite *D*   finiuntur *B1* : finientur *Pu D* finirentur *Q*   3 ad [circad *Sf°*] me uniuersi :
omnes ad me *Pu*   et : *om. D*   4 sunt : *om. Pu*   5 *post* partes *add.* filii
D   5-6 adorabat Adam [*om. Bh Bp*] *B1 Pu Q* : orabat A. *D*   6 fuissent : essent *Pu*   7 quid tibi est [pater *add. Pu*] *Sf Bp B1b Pu* : quid est
tibi *Bh* quid tibi *B2*   ut quid *Sf Bh B1b Pu Q* : ut *Bp* aut quid *D*
aut : *om. Pu*   8 [et *add. Sf*] respondens Adam *Sf Bh B1b* : respondit A.
et *Bp Pu B2*   9 *ante* doloribus *add.* et *Bh D*   afficior *Sf Bh Nu B2* :
affligor *Bp Pu* astringor *Wu°*   dixerunt : d. ei *B1b Q*   filii : f. eius
D   est : *scr. supra lineam Sf*
31 1 dixit : d. ei *Pu om. Bh*   desideras *Bh Nu Pu* : desideres *Sf Wu*
B2 deficeres *Bp*   2 contristaris : tristaris *D*   desiderio eius [*om.*
B1b+2] : propter -ria e. *Pu*

2 Indica ergo, pater, mihi si ita est et uadam prope paradisum et mittam puluerem in caput meum et prosternam me in ter-
5 ram ante portas paradisi et plangam lamentatione maxima deprecans dominum deum. Et forsitan exaudiet me et mittet angelum suum et afferet mihi de fructu quem desideras, ut manduces et obliuiscaris. **3** Respondit Adam: Non, fili mi, non desidero, sed dolores patior. **4** Respondit Seth et dixit: Quid
10 est dolor, pater? Noli a nobis abscondere sed dic nobis.

32 1 Et respondens Adam dixit: Audite me, filii mei! Quando fecit nos deus, me et matrem uestram, posuit nos in paradiso et dedit nobis fructum omnis arboris ad edendum et dixit nobis ut de arbore scientiae boni et mali, quae est in
5 medio paradisi, ne comederemus[a]. **2** Et ipse dominus noster partem paradisi dederat mihi et matri uestrae, scilicet mihi partem orientis et eburie quae est contra aquilonem, et matri uestrae dedit partem austri et partem occidentis.

---

32 a. cf. Gen. 2, 15-17

---

3 ergo pater mihi *B1* : e. m. p. *Q* m. e. p. *D* pater *Pu* et : ut *Pu* uadam : uade *Bp* **4** puluerem : *om. Sf* meum : *om. Bh* me : *om. Pu* terram : terra *B2* **5** [in *add. B2*] lamentatione maxima [maxime *Bp*] *Bh Bp B2* : lam. magna [et maxima *add. Nu*] *Sf B1b* -tiones -mas *Pu* **6** deprecans : dicens *Bp°* deum : meum *Nu* et[2] : *om. Pu* **7** et afferet [afferret *D* affert *Bh Bp Nu*] mihi de fructu *B1+2* : qui mihi auferet fructum *Pu* quem : quod *Q* desideras : desideres *D* ut : et ut *Bp* et *D* **8** obliuiscaris : -ceris de dolore tuo *Pu* Adam : *om. Nu* non fili mi [*om. Nu B2*] non *B1a+2 Nu Pu* : non similiter *Wu* **9** dolores *Bh B1b+2* : dolores maximos *Pu* doloribus *Bp* labores *Sf* **10** noli : non *Nu* a [*om. B2*] nobis abscondere *B1+2* : absc. a nobis *Pu*
32 1 et [*om. Nu*] respondens [-dit *Bp* eorum dictis *add. Sf*] Adam dixit *B1 Q* : -dit A. dicens [et dixit *D*] *Pu D* audite me [*om. Q*] filii mei [dei *Bh*] *Sf Bh B1b+2 Pu* : audi me fili mi *Bp* **2** nos deus me et *B1+2* : me deus et *Pu* *ante* posuit *add.* et *B2* **3** fructum : fructus *Wu* **4** ut *B1a+2 Wu* : ne *Pu om. Nu* **5** paradisi : paradiso *Bh* ne *B1a Nu* : non *Wu B2 om. Pu* comederemus : -demus *Bh* noster : *om. B2* **6** partem paradisi *B1b+2* : pariter partes paradisi *Sf* pariter paradysiace° *Bp* paradisi *Bh* paraclitus *Pu°* dederat *B1a Wu Pu D* : dedit *Nu Q* mihi et matri uestrae *Wu B2* : mihi patri uestro *Pu* nobis *B1a Nu* scilicet mihi *D* : scilicet *B1b Q om. B1a* **7** partem : *om. Sf* eburie *Bp B1b* : eburien (?) *Q* erubie *Sf* ebrie *Bh* borialis *D om. Pu* **8** dedit : *om. D* partem austri et partem [*om. D*] occidentis *Sf Bh B1b+2* : p. occ. *Bp Pu*

33 1 Et dedit nobis dominus deus duos angelos ad nos custodiendos. **2** Et ut uenit hora, ascenderunt angeli in conspectu
domini adorare. Statim habuit locum aduersarius diabolus, ab-
sentibus angelis dei, et seduxit matrem uestram ut manducaret
5 de arbore illicita et contradicta, **3** et manducauit et dedit mihi[a].

34 1 Et statim iratus est nobis dominus deus et dixit ad me:
2 Quoniam dereliquisti mandatum, quod statui tibi, ecce inducam in corpore tuo septuaginta plagas doloris ab initio capitis
usque ad ungulas pedum, ut per singula membra torquaris. Et
5 deputati sumus inflationem doloribus una cum ardoribus. Haec
omnia misit dominus ad me et ad omne genus humanum.

35 1 Haec dicens Adam et omnes filios suos comprehendit
magnis doloribus et clamans magnis doloribus constrictus dicebat: Quid faciam, infelix, positus in tantis doloribus? **2** Et

---

33 a. cf. Gen. 3, 6

---

33 1 dominus deus *B1a+2 Nu* : d. dom. *Wu* dom. *Pu*   duos angelos
B1a Nu Pu D : ang. d. *Wu Q*   ad nos custodiendos *Bp Nu D* : ad c. *Sf*
c. nos *Bh* ad -dum nos *Q* ad nos -dientes *Wu* nos -dire *Pu*   **2** *post* hora
add. supra lineam ut *Nu*   angeli : *om. Pu   post* conspectu *add. uerbum
quod legere non possum Pu*   **3** domini adorare *B1 Q* : dominum adorare *D*
adorare dominum *Pu*   habuit locum : uenit *D   post* aduersarius *add.*
noster *Bh Bp*   **4** dei : *om. Bh Bp Pu   ante* matrem *add.* Euam *Pu*
ut : qui *Sf*   **5** et[1] : *om. Wu*   manducauit : manducat *Wu* mandata
Nu   post mihi *add. citius* et dixit mihi (*cf. 34,1*) *Pu*
34 1 iratus est nobis dominus [*om. Wu D*] deus *B1a+2 Wu* : ir. est dom.
de nobis *Nu* dom. i. est mihi *Pu*   ad me : michi *Pu Q*   **2** quoniam :
quia *Pu* quomodo *Nu*   dereliquisti *Sf Bh Nu B2* : derelinquisti *Bp Wu
Pu*   mandatum : m. meum *B2*   **3** septuaginta [LX[ta] X[cem] *D*] *Wu B2* :
LXXII *Pu* octoginta *B1a Nu*   doloris *B1a Pu Q* : dolorum *B1b D   ante*
ab *add.* ita ut *Pu*   ab : sub *susp. Nu*   capitis : *om. Bh*   **4** ut *B1a
Wu* : et *Nu om. Pu B2*   torquaris *B1* : torqueris *Pu D* torquens *Q°*
et : ut *Bh*   **5** deputati sumus *Bh Bp B1b* : dep. sunt [mihi *add. Pu*] *Sf
Pu* deputauit *B2*   inflationem doloribus [-oris *Pu* -orum *B2*] *Sf Bp Pu
B2* : inflacionum -oribus *Bh B1b*   **5–6** una cum — genus humanum : *om.
Pu*   **5** ardoribus *Wu B2* : arboribus *B1a Nu*   **6** omnia [tum *add. Bp*]
B1 : autem *B2*   ad[2] : *om. Wu*
35 1 haec dicens : et dixit *Pu*   et : ad *Q*   **1–2** comprehendit magnis
doloribus et clamans : *om. Pu*   **1** comprehendit *Sf Nu Q* : comprehendite
(?) *Bp Bh Wu D*   **2** magnis : magis *Q*   et clamans magnis doloribus
[*om. D*] constrictus dicebat *Sf Bh B1b+2* : const. dicebat *Bp* magnis const.
dol. *Pu*   **3** positus in tantis doloribus : in tantis doloribus positus *Pu*

cum uidisset eum Eua flentem, coepit et ipsa flere dicens:
5 Domine deus, in me transfer dolores eius, quia ego peccaui et
non ipse. Et dixit ad Adam: Domine mi, da mihi partem dolorum tuorum, quoniam haec mea culpa acciderunt tibi.

36 1 Et dixit ad eam Adam: Exurge et uade cum filio tuo
Seth et uade prope portas paradisi. Inmittite puluerem in capite uestro et prosternite uos in terram et plangite ante
conspectum domini dei. **2** Forsitan miserebitur et mittet ange-
5 lum suum ad arborem misericordiae, de qua currit oleum uitae,
et dabit uobis, ut ungatis me ex eo, ut quiescam ab hiis doloribus quibus consumor.

37 1 Et abierunt Seth et mater eius in partes paradisi, et
dum ambularent, ecce subito serpens bestia impetum faciens
morsit Seth. **2** Et cum uidisset Eua fleuit dicens: Heu! sum
misera maledicta, quia non custodiui praecepta. **3** Et dixit ad
5 serpentem bestiam: Heu te maledicte, quare non timuisti inmittere te in imaginem dei? Aut quare praeualuerunt dentes
tui ?

---

4 uidisset : audisset *Bp*   eum Eua flentem [*om. Pu*] : E. eum f. *Nu Q*
5 deus : deus meus *Pu*   in me transfer dolores eius : tr. d. istos in me
Pu   **6** mi : *om. Pu*   **7** quoniam : quia *Pu*   haec mea culpa [c. m.
Wu propter meam culpam *Bh*] acciderunt [accederunt *Bp*] tibi *B1* : hec
acc. t. c. mea *D* hec est mea c. -dunt t. *Q* hii dolores ex c. t. ac. *Pu*
36 1 ad eam Adam : A. ad Euam *Bh Pu*   filio tuo : *om. Pu*   **2** et
uade : *om. Pu*   portas : portam *Bh B1b*   **2-3** inmittite [et mittite *Bh D*
et mitte *Q*] puluerem in capite uestro *Sf Bh B1b+2* : inmittite° puluerem
capiti uestro *post corr. Bp* et inmittite puluerem capitibus uestris *Pu*
3 terram : terra *D*   **3-4** ante conspectum *B1b+2* : in [ante *Sf*] conspectu
B1a Pu   **4** domini : *non legi potest Bp om. Nu Pu   post* miserebitur
add. tui *Bp* uobis *Nu* uestri deus *Pu*   *post* mittet *add.* tibi *Bp*
5 suum : *om. Q*   currit : *om. Wu*   *ante* uitae *add.* leticie et *Pu*
6 ut² : et *Sf* quod *Nu*   ab hiis doloribus : de doloribus mei *(sic) D*
37 1 abierunt : habierunt *Sf   post* eius *add.* Eua *Bh*   in *B1a+2 Nu* :
ante *Pu* ad *supra lineam Wu*   partes : portas *Nu Pu*   **2** dum : cum
Pu   ambularent : ambulabant *Q*   subito : *om. Bh*   bestia : *om.*
Pu   [et *add. Q*] impetum faciens *B2* : *om. B1 Pu*   **3** morsit *B1a+2*
Wu : momordit *Nu Pu*   dicens : et dixit *Pu*   heu : heu ego *Sf* heu
mihi *Q*   **3-4** sum misera [et *add. Pu*] maledicta *B1a Pu* : mis. mal. sum
B1b mal. mis. sum *D* mal. sum *Q*   **4** praecepta *B1 D* : praecepta dei *Q*
mandata dei *Pu*   **5** bestiam *Bh Bp Wu B2* : bestia *Sf om. Nu Pu*   te
Sf Bh Nu D : tu *Pu Bp* tibi *Wu om. Q*   timuisti : custodiuisti *(sic)*
Pu   **5-6** inmittere [mittere *B2*] te in imaginem *Bh Bp Nu B2* : mittere te
[te inm. *Pu*] im. *Sf Pu* inm. im. *Wu*   **6** quare : *om. Bp*   praeualuerunt : -lue *Q*   dentes : dicentes *Wu°*   **7** tui : *om. D*

38 1 Respondens serpens bestia dixit uoce humana: O Eua, numquid non ad uos est malitia nostra? Numquid contra uos est dolor furoris nostri? **2** Dic mihi, Eua, quomodo apertum est os tuum, ut manducares fructum de quo praecepit tibi deus ne comederes? **3** Nunc autem non potes portare, si tibi incepero pungnare.

39 1 Tunc Seth dixit: Increpet te deus, stupe et obmutesce cito, maledicte, inimice, confuse, perdite, recede ab imagine dei usque in diem quando deus iusserit te perducere in probationem. **2** Et dixit bestia ad Seth: Ecce recedo, ut dixisti, a facie imaginis dei. **3** Statimque discessit bestia ⟨a Seth⟩ plagato e dentibus.

40 1 Seth autem et mater eius ambulauerunt in partes paradisi, ad portas paradisi tuleruntque puluerem terrae et posuerunt super capita sua et prostrauerunt se in terram super faciem suam et planxerunt cum gemitu magno, deprecantes

---

38 1 respondens *Sf Bh B1b+2* : respondit *Bp Pu*   serpens bestia *B1* : b. s. *D* bestia *Q* serpens *Pu*   dixit : et d. *Pu*   humana *B1b+2* : magna *B1a Pu*   **2** numquid : numquam *Bh*   non ad — nostra numquid : *om. Pu*   non ad uos *Sf Wu* : non ad nos *Bh Bp Nu* ad uos *Q* est nobis *D*   malitia *B1b+2* : maledictio *B1a*   nostra *Sf Bh Wu Q* : uestra *Bp Nu D*   contra uos *B1a Nu Q* : contra nos *Pu Wu D*   **3** dolor : maledictio *Pu*   nostri *Sf Bh B1b Q* : tui *Pu* uestri *Bp D*   Eua : *om. Pu*   quomodo *Sf Bp B1b+2* : qu. ita *Bh* quare *Pu*   **4-5** de quo — ne comederes : dentes (*sic*) ne comederes *D* de arbore illicita et contradicta *Pu*   **4** de quo : quo *Q*   tibi deus *Sf Bh Nu* : d. t. *Wu* d. *Bp* dominus *Q*   **5** comederes : comederemus *Bp*   nunc : *om. Wu*   non potes *Wu B2* : potes *B1a Nu* oportet te *Pu*   portare *B1b+2* : pugnare *B1a* pungnare mecum *Pu*   incepero *Sf Bh B1b+2* : in corpore (?) *Bp Pu*   **6** pungnare *Nu B2* : compungnare *Wu* preualere *B1a* possum preualere *Pu*

39 1 increpet : -pat *D*   te deus : deus te *Bp* te *Bh*   **1-2** obmutesce cito *B1a+b* : obmutescito *Q* obliuisce cito *Pu* obliuiscito *D*   **2** *ante* perdite *add.* et *Pu*   dei : debet *Wu*   **3** deus [dominus *Wu*] iusserit te *B1* : deus te ius. *Q* ius. te deus *D* mittet te deus *Pu*   perducere : producere *Q om. D*   **4** bestia : serpens *Pu*   **4-5** ut [sicut *B1b+2*] dixisti a facie imaginis dei [*om. Wu*] *B1+2* : a facie dei ut dixi *Pu*   **5** *post* imaginis dei *add.* usque *Bp forte ex eodem uerbo in sententia praeced.*   discessit bestia *Sf Bh B1b Pu* : b. dis. *Bp* recessit b. *B2*   a Seth *correxi* : sed *Sf Bh B1b+2* et *Bp om. Pu*   **5-6** plagato e [eo *B2*] dentibus *B1+2* : *om. Pu*

40 1 Seth autem : tunc Seth *Pu*   eius : *om. Sf*   in partes paradisi *B1a+2 Wu* : *om. Nu Pu*   **2** ad [ante *Pu*] portas paradisi [-sum (*sic*) *Wu*] *Sf Bh B1b Pu* : *om. Bp B2*   **3** prostrauerunt *Sf Bh Wu Pu* : prosternauerunt *Bp Nu B2*   se : *om. Nu*   in terram : *om. Pu*   **4** suam : *om. Nu*

5 dominum deum ut misereretur Adae in doloribus suis et mitteret angelum suum, ut daret eis oleum de arbore misericordiae.

41 1 Orantibus autem eis et deprecantibus horis multis, ecce
angelus Michael apparens dixit: Ego missus sum a domino,
constitutus super corpus humanum. **2** Tibi dico, Seth, noli lacrimare orando et deprecando oleum de ligno misericordiae, ut
5 perungas patrem tuum Adam propter dolores.

42 1 Dico enim quod nunc nullo modo ex eo poteris accipere, sed nouissimis diebus quando consummati fuerunt quinque
milia et quingenti anni. **2** Tunc ueniet super terram amantissimus dei filius Christus Iesus resuscitare corpora mortuorum.
5 **3** Et ipse dei filius ueniens baptizabitur in flumine Iordanis[a].
Et cum egressus fuerit de aqua Iordanis, tunc de oleo misericordiae suae omnes credentes in se accipient. **4** Et erit oleum
misericordiae in generationem et generationem hiis qui renascentur ex aqua et spiritu sancto in uitam aeternam. **5** Tunc

---

42 a. cf. Matth. 3, 13 (Marc. 1, 9)

---

5 misereretur *B1a Wu* : miseretur *Nu Pu* misereatur *B2*   suis *B1b+2* :
eius *Bh om. Sf Bp*   **6** daret eis [ei *Pu*] oleum de arbore misericordiae
[suae *add. Pu*] *Sf Bp B1b+2 Pu* : eis o. de a. m. daret *Bh*
    41 1 autem : *om. Bp Pu*   deprecantibus : deprecantes (?) *Nu*
2 *post* apparens *add.* eis *Pu* eis et *D*   ego : ecce *Pu*   sum : *om. Bh*   a
domino : *iterauit Nu om. Pu*   **3** constitutus : ad uos quia c. sum *Pu*
dico : *om. Pu*   Seth : sed *Bp°*   noli : *om. Bh*   lacrimare : lacrimari
Pu D   **4** - **42 1** oleum de — quod nunc : dominum quia oleum misericordie quod petis *Pu*   **4** ligno *Bh Bp B1b Q* : lingno *Sf D*
    42 1 *post* enim *add.* tibi *B1b Q* uobis *D*   quod : *om. D*   ex eo po-
teris *B1a Wu Q* : p. ex eo *Pu* poteris *Nu D*   **2** *post* sed *add.* in *Pu*
2-3 quinque milia et quingenti anni *B1a+2 Nu* : quinque m. et cc a. minus
uno *Pu* vi milia et cc anni minus domino (= uno ?) *Wu*   **3-4** ueniet super
terram amantissimus dei filius Christus Iesus : dominus Ihus° Chr. u. super
t. altissimus dei fil. *Pu*   **3** ueniet [uenit *Nu*] super terram : super t. u.
Wu   **4** dei filius Christus Iesus *B1 Q* : I. Chr. dei f. *D*   **5** ueniens :
uiuens *Wu Q*   **6** et cum egressus [missus *Pu*] fuerit [*om. Bp*] de aqua
[flumine *Pu*] Iordanis *B1 Pu Q* : *om. D*   **7-8** suae omnes — oleum
misericordiae : eius recipiet *Pu om. Wu*   **7** erit : *om. B2*   **8** in generationem et generationem *B1a Wu* : in -ione et -ionem *Nu B2 Pu*   qui :
quo *Bh*

10 descendet in terris amantissimus dei filius et introducet patrem
tuum Adam ad arborem misericordiae suae.

43 1 Tu autem, Seth, uade ad patrem tuum, quoniam completum est tempus uitae eius. Adhuc sex dies et exiet anima de
corpore eius, et tunc uidebis mirabilia in caelo et in terra et in
luminaribus caeli. 2 Haec dicens Michael statim recessit a
5 Seth. 3 Et reuersi sunt Seth et Eua, attulerunt autem secum
odoramenta, id est nardum et crocum et calamum et cynamomum.

44 1 Et cum peruenissent ad Adam, dixerunt ei quod serpens bestia morserat Seth. 2 Et dixit Adam ad Euam: Ecce
quid fecisti nobis? Induxisti nobis plagam magnam, delictum
et peccatum in omnem generationem istam. Et hoc quod fecis-
5 ti, post mortem meam referes filiis tuis, 3 quoniam qui exsurgent
ex nobis laborantes non deficient sed maledicent nos dicentes:
4 Haec mala intulerunt nobis parentes nostri qui fuerunt
ab initio. 5 Haec audiens Eua coepit lacrimare et ingemiscere.

---

10 descendet in [-dit de *Wu*] terris amantissimus dei filius *Sf Bp B1b+2* : d.
in t. dei f. am. *Bh* d. am. dei f. in terras *Pu*   **10-11** patrem tuum [suum
Q] Adam *B1+2* : A. patrem tuum *Pu*   **11** ad arborem misericordiae
suae : mis. sue ad a. *Wu*

    43 1 tu autem *Sf Bh Nu Pu B2* : tunc *Bp* tunc autem *Wu*   comple-
tum : in conspectu (?) *Wu*   **2** eius : sue *Pu*   *post* eius *citius primum
inserit et non expungit* et tunc uidebis mirabilia in celo et in terra *Bp*
sex : vii *Pu*   et : uiuet *Bh*   **2-3** et exiet — uidebis mirabilia : et tunc
uidebis mirabilia quando exiet anima de corpore suo mirabilia etiam *Pu*
3 tunc : *om. Q*   *post* uidebis *add.* lumina *Sf°*   **3-4** in luminaribus : illu-
minaribus *Sf*   **4** Michael *Sf Bp B1b+2* : sanctus M. *Bh om. Pu*
4-5 statim recessit — Seth et Eua : *om. Bh*   **4** a *Sf Bp Nu B2* : anima (?)
Wu om. Pu   **5** et reuersi sunt Seth et [mater eius *add. D*] Eua [E. et S.
Bp] *Sf Bp B1b+2* : et reuersi sunt ad Adam E. et S. *Pu in crassioribus
typis ut noui capituli initium*   autem secum *Bh Nu B2* : secum autem
Wu secum *Sf Bp Pu*   **6** odoramenta : adoramenta *Bp*   id est : *om. Nu
Pu*   et[1] : *om. Pu D*   et[2] : *om. Pu B2*   calamum *Sf Pu B2* : calamis
Bp Wu° galganum (*forte pro* galbanum) *Nu om. Bh*

    44 1 ei *B1 Pu* : *om. B2*   quod : quia *Wu*   **1-2** serpens bestia *Sf Bp
B1b+2* : b. s. *Bh* s. *Pu*   **2** morserat *Bh Bp B1b Q* : morsit *Sf* momorderat
Pu momorserat *D*   dixit : *om. Bp*   **3** nobis[1] : *om. Pu D*   **3-4** indu-
xisti nobis — generationem istam : nobis plagam — istam induxisti *Pu*
3 nobis[2] *Sf Bh B2* : *om. Bp B1b*   delictum : *om. Sf Bh*   **4** peccatum :
peccata *Nu*   hoc quod *B1a Pu B2* : hoc *Wu* licet quid *Nu*   **5** meam :
om. Pu   referes *B1a+2 Wu* : referas *Nu Pu*   qui *Sf Nu D* : sibi *Q om.
Bh Bp Pu Wu*   **6** ex : in *Bh*   non : et *Pu*   **7** *post* haec *add.* omnia
Pu   intulerunt : tulerunt *D*   **8** lacrimare *Sf Bp Nu B2* : lacrimari *Bh
Wu Pu*   et ingemiscere : *om. Pu*

45 1 Post sex uero dies uenit ad Adam mors. **2** Qui dum cognouisset quia uenit hora mortis suae, dixit ad omnes filios suos: Ego sum annorum nongentorum et triginta unius[a] et, si mortuus fuero, sepelite me contra deum in agrum habitationis illius. **3** Et factum est cum cessasset loqui, tradidit spiritum.

46 1 Tenebratus est sol et luna et stellae per dies septem. Et ecce Seth amplexatus est corpus patris sui lugens desuper, et Eua cum esset respiciens, intextas manus habens super caput et super genua, et omnes filii eius flentes amarissime, **2** ecce angelus Michael apparuit stans ad caput Adae et dixit ad Seth: Exurge desuper corpus patris tui et ueni ad me, et uide quid de patre tuo disponat dominus deus, qui misertus est sui.

47 1 Et ecce omnes angeli canentes tubis dixerunt: Benedictus es, domine, qui misertus es prothoplasto tuo Adam. **2** Et

---

45 a. cf. Gen. 5, 5

---

45 1 sex [vii *Pu*] uero [*om. Bp Pu*] dies *B1a+2 Nu Pu* : s. dies uero *Wu*   ad Adam mors *B1a* : mors ad A. *Nu Pu B2* ad A. *Wu*   qui dum *Sf Bp B1b Pu* : qui cum *Bh Q* quia non *D*   **2** *post* quia *add.* ut *Bh*   **3** suos : *om. D*   ego sum *B1* : ecce sum *Pu D* ecce sunt *Q*   annorum nongentorum et triginta unius [unum *Nu*] *B1a Nu* : a. n. et t. *B2* n. a. et xxx[a] duorum *Pu* a. n. lxxxi *Wu*   si : cum *Pu Q*   **4** contra deum *B1a Wu* : c. dominum *Nu B2* c. domum *Pu*   in agrum *Sf B1b D* : in agro *Pu* in agris *Q* magnum *Bp Bh*   **5** cum cessasset [hoc *add. Wu*] *Sf Bp B1b+2 Pu* : postquam cessauit *Bh*

46 1 tenebratus est [autem *add. Sf Bp*] *B1a Nu Q* : et obtenebratus est *Pu* tenebrica<ui>t *Wu* tenebricatus est *D*   et stellae *Sf B1b+2 Pu* : *add. in marg. Bh om. Bp*   per dies septem *Sf Bh Nu Pu B2* : per s. d. *Wu* s. diebus *Bp*   **2** Seth amplexatus est : amp. est S. *Nu*   **3** respiciens : ibi respiciens in celum *Pu*   **3-4** intextas [textas *Sf*] manus habens super caput et super genua *B1 Q* : int. m. h. super capita et g. sua *D* manus intexas capiti habens cecidit super genua flens et eiulans ualidissime *Pu*   **4** eius *Sf Bh B1b* : sui *D om. Bp Pu Q*   flentes *Sf Bp B1b+2* : flebant cum ea *Pu om. Bh*   *ante* ecce *add.* et *Pu*   **5** angelus *B1* : angelus domini *Pu om. B2*   caput Adae [eius *Q*] : corpus A. *Pu*   **6** exurge *B1a+b Pu Q* : exsurge *D*   desuper : super *Pu*   **6-7** et uide quid : qui (?) *Bp*   **7** de patre tuo disponat [agatur *Pu*] *Sf Bp B1b Pu D* : d. [-suerit *Q*] de p. tuo *Bh Q*   dominus deus : *om. Bh Pu*   qui *B1 Q* : quia *Pu D post* est *add.* dominus *Pu*   sui *B1a Pu* : ei *B1b+2*

47 1 [et *add. Nu*] omnes angeli *Sf Bh B1b+2* : a. omnes *Bp* a. *Pu*   canentes *Sf Bp B1b* : cantantes *Bh Pu B2*   **2** prothoplasto tuo *B1a Wu Pu* : prothoplausto tuo *B2* prothoplasti tue (*sic*) *Nu*   **2-3** et cum — tenentem Adam : tunc dominus extendens manum suam et apprehendit A. et *Pu*   **2** et : et ecce *D*

cum uidisset manum domini extensam tenentem Adam, tradidit eum Michaeli archangelo dicens: 3 Sit in custodia tua usque
5 in diem aspirationis in suppliciis, usque in annis nouissimis in
quibus conuertam luctum eius in gaudium[a]. Tunc sedebit in
thronum illius qui eum supplantauit.

48 1 Et dixit ad Michaelem et Vrielem angelos: Afferte tres
sindones bissinas et expandite corpus Ade, et aliis sindonis uestite Abel filium eius. 2 Et processerunt omnes uirtutes
angelorum ante Adam, ut sanctificarent dormitionem mortis
5 illius. 3a Et sepelierunt eum et Abel in partibus paradisi, uidentibus Seth et Eua matre eius, alio nemine. 3b Et dixerunt
ad eos angeli Michael et Vriel: Sicut uidistis, ita sepelite mortuos uestros.

49 1 Post sex uero dies quod mortuus est Adam, cognouit
Eua mortem suam et congregauit omnes filios suos et filias

---

47 a. cf. Ier. 31, 13

---

3 manum [*om. Nu*] domini extensam [extentam *B2*] *B1 D* : m. extensam
dom. *Q*   4 archangelo : *om. Bp Pu D*   tua *B1a Pu D* : *om. B1b Q*
5 aspirationis *B1a Pu* : sperationis *D* separationis *Q* desperationis *B1b*
annis nouissimis : annos -mos *Pu*   5-6 in quibus : quibus *Q*   7 thronum *B1a Wu D* : tronum *Q* throno *Nu* trono *Pu*   illius : eius *D*
    48 1 *post* dixit *add.* dominus *Pu*   et : et ad *Bp*   Vrielem : Orielem
Wu Oraelem *Q*   2 sindones : sindonas *D*   bissinas et — aliis sindonis :
om. Bh   bissinas *Sf B2* : bissenas *Pu* byssinas *Bp Nu* byssenas *Wu*
post expandite *add.* super *Pu*   aliis sindonis [-nibus *Pu*] *Sf Bp B1b Pu* :
uestibus s. *D* s. *Q*   3 [corpus *add. Wu*] Abel filium eius *B1+2* : filium eius
Seth (?) *Pu*   omnes : *om. Pu*   *post* uirtutes *add.* celi *D*   4 sanctificarent : sacrificarent *Q*   mortis : *om. B2*   5 illius : eius *Bh Pu D*   et
sepelierunt : et sepilierunt *Wu* ut sepelirent *Pu*   eum : *om. Bh Bp*   et
Abel : cum Abel *Wu om. Pu*   *post* uidentibus *add.* autem *Q*   6 Eua :
om. Nu D   [et *add. D*] alio nemine : nomine *Bp* et aliorum fratrum eius
(?) *Pu*   dixerunt : dixit *Pu*   6-7 ad eos angeli [*om. Pu D* angelo (?) *Q*]
Michael et Vriel [Orael *Q*] *Sf Nu Pu B2* : ad eos M. et V. [Oriel *Wu*] a. *Bh*
Wu   angeli ad eos M. et Oriel *Bp*   8 uestros : *om. D*
    49 1 sex uero *Sf Bp Wu B2* : uero sex *Nu* septem uero *Bh* xxx uero
Pu   quod *Sf Wu D* : quo *Bh Bp Nu* quas *Q* postquam *Pu*   est : esset
Pu   Adam : *om. Bh*   2 suam : eius *Wu*   congregauit [Eua *add. Bh*]
B1a+2 Nu Pu : cognouit *Wu*   2-3 omnes filios [f. o. *D*] suos [*om. B1b+2*]
et filias suas [*om. Bh Nu*] *B1+2* : omnes filios eius et filias *Pu*

suas, Seth cum triginta fratribus et totidem sororibus. Et dixit
ad omnes: **2** Audite me et referam uobis: postquam ego et
5 pater uester transgressi sumus praeceptum domini, dixit
Michael angelus: **3** Propter praeuaricationes uestras generi uestro peccatum super indicastis, dominus iram iudicii sui ostendet primo per aquam, postea per ignem. In hiis duobus iudicabit dominus genus humanum.

50 1 Sed audite, filii mei: facite ergo tabulas lapideas et
alias de terra salateas, et scribite omnem uitam patris uestri,
sicut a nobis audistis et uidistis. **2** Si per aquam iudicabit dominus genus uestrum, tabulae luteae soluentur et tabulae
5 lapideae non soluentur. **3** Et cum haec omnia dixisset Eua filiis
suis, expandit manus suas ad caelum orans, et inclinauit genua
sua in terris adorans dominum deum et gratias agens tradidit
spiritum.

51 1 Et postquam factus est fletus magnus, sepelierunt
Euam omnes filii eius. Et cum essent lugentes diebus quattuor,
apparuit angelus Seth dicens: **2** Ne amplius lugeatis quam sex

---

3 Seth : uidelicet S. Q   cum : *om. Nu*   triginta : treginta *Bh*   et[1] :
om. Sf   totidem : xxx[a] *Pu*   sororibus : sorores *Bp*   et [*om. D*] dixit :
et d. Eua *Q*   **4** omnes : eos *Pu*   me : *om. Nu*   **5** sumus *B1a Nu Pu
D* : fuimus *Wu* fuerimus *Q*   praeceptum : mandatum *Wu*   dixit : dixit
nobis *Pu* dei *Bh*   **6** angelus : archangelus *B2*   **7** peccatum super [*om.
Bh*] indicastis *B1a* : pecc. superinduxistis *Nu Q* pecc. inducastis *D* pecc.
iudicastis *Wu* omne multum (?) super radicastis *Pu*   *ante* dominus *add.*
et *D*   iram iudicii sui [sui *om. Bp*] *Bh Bp B1b+2* : iram sui iudicii *Sf*
iram suam *Pu*   ostendet : *om. B1b Q*   **8** primo *Sf Pu* : primo quod *Bp*
primum *B1b+2 om. Bh*   postea : postea et *Sf* secundo *Pu*   **9** dominus :
deus *Bh Bp*   **9 – 50 3** genus humanum — iudicabit dominus *B1b+2* :
om. B1a Pu

50 2 salateas *Wu B2* : sallatheas *Nu*   **3** sicut *B1b* : quae *B2*   et :
scr. supra lineam Q   si per *Nu B2* : super *Wu*   **4** uestrum *Bh Bp Nu Q
Pu* : nostrum *Wu D om. Sf*   tabulae luteae soluentur [soluuntur *Nu* sa-
luentur *Q*] : *bis scr. Bh*   **4-5** et tabulae lapideae non soluentur [soluuntur
Nu] *Sf Bh B1b D* : *om. Bp Pu Q*   **5** et cum haec [*om. D*] omnia *Sf
B1b+2* : hec omnia cum *Pu* hec cum omnia *Bh Bp*   **6** ad : in *Q*   **7** sua
in terris : super terram *Pu*   et gratias *Sf Bh Wu Pu* : gratiasque *B2*
gratias *Bp Nu*

51 1 postquam : post *Bh*   **1-2** factus est — sepelierunt Euam : *om.
Wu*   **2** omnes filii eius : *om. Pu qui add.* matrem suam iuxta Adam patrem eorum   lugentes : *om. Bp*   diebus : dies *B2*   **3** apparuit : *om. Pu*
angelus : a. dei *Sf*   [ad *D*] Seth dicens *Sf Bh B1b+2* : dicens S. *Bp Pu*
ne amplius ... quam : non amplius ... nisi *Pu*   sex : septem *Bh D*

dies mortuos uestros, quia septima dies signum resurrectionis
5 est, et in die septima requieuit dominus ab omni opere suo[a]
quod patrarat.

52 1 Tunc Seth fecit lapideas tabulas et luteas, et scripsit in
eis uitam patris sui Adae et uitam matris suae Euae. Et posuit
eas in medio domo patris sui, in oratorium ubi orabat Adam
dominum. Et adhuc post diluuium uisae sunt a multis.
5 2 Salomon namque sapientissimus, inuentis eisdem tabulis,
deprecatus est dominum. Et apparuit ei angelus domini dicens:
Ego sum qui tenui manum Seth ut scriberet de ferro in lapides
istos. Et ecce cognosce scripturam ut scias ubi sunt lapides, et
ubi oratorium Adam et Euae ubi adorabant dominum. Et ibi
10 aedificabis domum orationis[a] domino deo. 3 Tunc Salomon
suppleuit templum domini dei. Et uocauit litteras illas achili-

---

51 a. cf. Gen. 2, 2
52 a. cf. Is. 56, 7

---

4 dies[1] : diebus *Pu B1b*   septima *Sf B1b+2* : septimus *Bh Bp* sextus
Pu   dies[2] : die *D*   **4-5** signum resurrectionis est [*om. Pu*] : est s. res.
Sf   **5** die septima *B1b Pu* : s. die *Sf* die septimo *Bh Bp B2*   dominus :
deus *Bh Bp*   opere : *om. Bh*   suo : *om. D*   **6** patrarat : patrauerat *D*
52 **1** lapideas tabulas et luteas [lutteas *Sf*] *B1a* : tab. lap. et l. [lutheas
Nu] *B1b+2* t. lap. *Pu*   **2** uitam : *om. Pu*   **3** in medio domo [*om. Bp*
domus *Bh Pu*] patris sui [Ade *add. Pu*] *B1a+2 Nu Pu* : *om. Wu*   *post*
oratorium *add.* patris sui *Wu*   orabat *Sf Bh B1b D* : adorabat *Bp Pu*
orauit *Q*   **3-4** Adam dominum : dom. A. *D*   **4** et *B1b+2* : quae *B1a*
Pu   uisae : uisi *Q*   a : *om. Sf*   **5** [*post add. Bp*] Salomon : Salamon
Q   namque *B1a Wu Pu Q* : itaque *Nu* enim *D*   sapientissimus
B1b+2 : sapiens *B1a Pu*   **6** ei angelus domini dicens *Sf Bp Wu Pu* :
ang. dom. d. ei *D* ei ang. d. *Bh Nu Q*   **7** de ferro : in ferro *Bp*   in :
om. Wu   **7-8** lapides istos : lapide isto *Bh*   **8** ecce : *om. Pu*   cognosce
B1a Pu : cognosces *B1b+2*   scripturam : s. eius *Pu*   scias *B1a+2 Pu* :
scies *B1b*   sunt lapides *Bh B1b+2* : lapides sunt *Bp Pu* fuerunt lapides
Sf   **9** Adam *B1a Wu Q* : Ade *Nu Pu D*   ubi[2] : et ubi *Bh*   adorabant
Sf Bp D : orabant *Nu Pu Q* adorabunt *Bh* orabunt *Wu*   dominum et :
om. Pu   **9-10** ibi aedificabis *Bp B1b+2 Pu* : ed. ibi *Sf* ed. *Bh*   **10** do-
mum orationis domino deo [meo *Sf Bh*] *B1+2* : oratorium dom. d. domum
or. *Pu*   **11** domini dei *Sf Bh B1b Pu* : dei *Bp* domino deo *Q* domum deo
D   litteras illas *Sf Nu Pu* : illas litteras *Wu Q* litteras istas [suas *Bp*]
Bh Bp D   achilicas *Sf Nu Q* : achillicas *Bh Wu* achellicas *Pu* achilatas
Bp aquaillicitas *D*

cas, quod est latine lapideas, id est sine labiis doctrina scripta digito Seth.

53 Et hiis lapidibus inuentum est quod prophetabat septimus ab Adam Enoch, ante diluuium de aduentu Christi: Ecce ueniet dominus in sanctis suis faciens iudicium de omnibus et arguet impios de omnibus operibus[a], quibus praeuaricati sunt
5 super terram.

54 Adam uero postquam passus est Iesus intrabit in paradisum.

---

53 a. cf. Iudae 14-16

---

12 est[1] : *om. Pu*   lapideas *B1a Pu* : inlapidatas *Nu D* lapidicas *Q* sapibis *Wuᵒ*   id est : *om. Pu*   scripta *B1a* : scriptas *Nu B2* scriptura *Wu om. Pu*

53 1 *post* et *add.* in *B1b+2 Pu*   inuentum *Sf Bh Nu Pu B2* : inuentus *Bp* euentum *Wu*   est : *om. D*   prophetabat *B1a* : prophetatum fuit *Pu* prophetauit *B1b+2*   **2** *post* Enoch *add.* dicens *Sf*   de aduentu Christi : et ante <quam> uenerat Christus *Pu*   **3** ueniet *B1 Pu* : uenit *B2*   *post* dominus *add.* et omnes sancti *Pu*   in : cum *Pu*   *post* omnibus *add.* operibus *Wu*   **4** operibus : o. suis *Q om. Pu*   quibus : qui *Nu*   **5** *post* terram *des. Sf Nu Pu (in quo postea scripta est Legenda de Sanctae Crucis inuentione)* etc *add. Bh Wu et des.* et etc noee simili modo scripsit de (—) sicut scribitur de Adam *add. Bp et des.*

54 1 intrabit in paradisum *Q qui add.* explicit vita Ade etc *et des.* : introiuit *D qui add.* Amen dicere uos *et des.*

Vie d'Adam et Ève
Rédactions tardives
T

Rédactions tardives (T)

Groupes et manuscrits apparentés

T1a = *Vb Hz Rz Zp*
T1a' = *Vb Hz Rz*
T1b = *Eq Cb*
T1c = *Sr Go Sa Ol*
T1c' = *Sr Go Sa*
Pv
T1d = *Aj Cc*
Ba

T2a = *Kr Sh Bf Bb*
T2a' = *Kr Sh Bf*
T2b = *Wo Ap Px Ez Pw Tg*
T2b' = *Wo Ap Px Ez*
T2c = *Ea* (¹) *Ri Se*
T2d = *Oc Do Ca*
Lj
T2e = *Sz Ig*

Manuscrits

Aj   Alba Julia, Biblioteca Naţională a României, Filiala Batthyaneum, *R I. 76*; xv^e s.; T1d

Ap   Munich, Bayerische Staatsbibliothek, *clm 2778*; 1432; T2b'

Ba   Berlin, Staatsbibliothek zu Berlin – Preussischer Kulturbesitz, *Theol. lat. Qu. 151*; xve s.

Bb   Munich, Bayerische Staatsbibliothek, *clm 4756*; 1471-1480; T2a

Bf   Berlin, Staatsbibliothek zu Berlin – Preussischer Kulturbesitz, *Theol. lat. Fol. 395*; xve s.; T2a'

Ca   Cracovie, Biblioteka Jagiellonska, *1674 (CC V 17)*; début du xve s.; T2d

Cb   Cracovie, Biblioteka Jagiellonska, *2403 (DD XVII 2)*; 1468-1469; T1b

Cc   Cracovie, Biblioteka Jagiellonska, *431*; 1441; T1d

Do   Donaueschingen, Hofbibliothek, *449*; xve s.; T2d

Ea([1]) Erfurt, Stadt- und Regionalbibliothek, *CA* 4° *124*; milieu du xive s.; T2c

Eq Erfurt, Stadt- und Regionalbibliothek, *CA* 8° *8*; milieu du xive s.; T1b

Ez Esztergom, Foszékesegyházi Könyvtár, *II, 7*; xve s.; T2b'

Go Göttweig, Stiftsbibliothek, *306 (344)*; xve s.; T1c'

Hz Herzogenburg, Stiftsbibliothek, *43*; xve s.; T1a'

Ig Munich, Universitätsbibliothek, 2° *Cod. ms. 678*; 1457; T2e

Kr Kremsmünster, Stiftsbibliothek, *124*; xive – xve s.; T2a'

Lj Ljubljana, Frančiškanski Samostan, *85* (3859, 9. b.7); 1470

Oc Olomouc, Védecká knihovna, *M II 157*; xve s.; T2d

Ol Olomouc, Védecká knihovna, *M II 220*; 1441; T1c

Pv Prague, Národní knihovna České republiky, *1914* (*X.E.13*); xive s.

Pw Prague, Národní knihovna České republiky, *2032* (*XI C 8*); xve s.; T2b

Px Prague, Národní knihovna České republiky, *2619* (*XIV G 11*); xve s.; T2b'

Ri Munich, Bayerische Staatsbibliothek, *clm 15610*; xve s.; T2c

Rz Munich, Bayerische Staatsbibliothek, *clm 16472*; xve s.; T1a'

Sa Schlägl, Stiftsbibliothek, *156*; 1473; T1c'

Se Munich, Bayerische Staatsbibliothek, *clm 17668*; xve s.; T2c

Sh Schlägl, Stiftsbibliothek, *198*; xv^e s.; T2a'

Sr Strängnäs, Domkyrkobiblioteket, *Q16 (Op. 1)*; env. 1460; T1c

Sz Alba Julia, Biblioteca Naţională a României, *Ms 35*; xve s.; T2e

Tg Munich, Bayerische Staatsbibliothek, *clm 18406*; xve s.; T2b

Vb Vienne, Österreichische Nationalbibliothek, *1628*; xive s.; T1a'

Wo Wolfenbüttel, Herzog-August-Bibliothek, *Cod. Guelf. 415 Helmst.*; xve s.; T2b'

Zp Munich, Bayerische Staatsbibliothek, *clm 23929*; deuxième moitié du xve s.; T1a

---

(1) *Ea* n'est pas signalé dans l'apparat, cf. p. 230-231.

T1 **Titulus** de uita Adae et Euae *Aj* : dialogi quos Adam et Eua e paradiso expulsi inter se habuisse dicuntur *Eq* de expulsione Ade cum Eua de
paradiso *Cb* Nota expulsionem Ade et Eue quomodo expulsi sunt de paradyso voluptatis in miseriam *Go hic* nota hystoria Ade et Ewe quando
expulsi erant de paradiso *Cc*   liber de Adam qualiter vixit quando fuit
eiectus de paradiso *Pv* de uita et morte Ade et Eue *Ol titulum non habent
T1a Sr Sa Ba*

   1 **1** Adam et Eua cum expulsi fuissent *T1a+c Eq Pv* : factum est [au-
tem *add. Cc*] cum A. et E. exp. f. [essent exp. *Cc* f. eiecti *Ba*] *T1d Ba* cum
exp. f. *Cb*   de : a *Sr*   *post* uoluptatis *add.* abeuntes a longe retro respicientes locum deliciarum fleuerunt amare fundentes lacrimas et quanto
longius se uidissent a paradiso tanto profundius dolebant et dum se iam
longe uiderunt nec misericordie donum penes eos reuocationem ad locum
paradisi per cherubin archangelum eis consuetum adessent *Aj* et abientes a
longe respicientes locum deliciarum fleuerunt amare fixerunt pedum uestigia fere ad medium tibiarum sanguinis lacrimas super terram nimium fundentes et quanto longius se uidissent a paradiso in tanto profundius terram
calcaneis uestigia ostendebant et uberius sanguinem lacrimasque oculorum
terram purpurabant et dum se a longe uiderunt nec sperauerunt habere
reuocationem ab angelo Cherubin in paradisum deuenerunt in quemdam
locum campi *Cc*   **2** fecerunt sibi *Hz T1b Sr Go Ol Ba* : f. *Vb Rz Zp Sa
Pv* f. ibi *Aj* et ibi f. *Cc*   tabernaculum *Vb Zp Eq Sr Sa Ol Pv* : thabernaculum [ibidem *add. Ba*] *Cb Go T1d Ba* tabernacula *Hz Rz*   et fuerunt *T1a+b+c Ba* : fueruntque [ibi *add. Cc*] *T1d*   dies *T1a+b Sr* : diebus
T1c'+d Pv Ba   **3** lugentes : lugientes *Eq*   lamentantes in magna tristitia *T1a+b+c Pv Ba* : in [*om. Cc*] m. tr. l. *T1d*

   2 **1** post : et post *T1d*   **1-2** coeperunt esurire [-ri *Eq Ol*] Adam et Eua
[A. et E. *om. T1b+c'*] et quaerebant sibi [*om. Sr*] *T1a+b+c Pv* : et e. c. nimis A. et E. q. [et -rentes autem *Cc*] sibi *T1d* c. sibi querere *Ba*   **2** escas : escam *Sa Ol Cc*   habebant : inueniebant nec h. quid manducarent
Ba   dixit [autem *add. Sr Go Ba*] *T1a Sr Go Pv Ba* : dixitque [autem
add. Cb] *T1b+d Sa Ol*   **3** Eua ad Adam domine mi *Hz Sr Pv* : A. ad
Euam domina [dico *Eq*] mi [mea *Cc*] *Vb Rz Zp T1b+c'+d*   ualde : nimis
Ba om. Go   *ante* quaere *add.* uade *Go*   quaere : queramus adhuc *Ba*
nobis : *om. Rz Cc*   quod *T1a' Sr Pv* : quid *Eq T1d* ut *Zp Cb Go Ol* aliquid ut *Sa* ut si aliquid inuenire poterimus quid *Ba*   **4** usquequo *Vb Rz
Zp Pv T1c+d* : quousque *Hz* usque *T1b* usque modo *Ba*   uideamus [ista
add. Vb Hz] *T1a+b+c Pv Ba* : -bimus hec et consumamur famis inopia *Aj*
uidemus nos consumtes fame et inopia et sustineamus a cibo *Cc*   **4-5** si
forsitan — nostri deus : et forsitan miserebitur nostri dominus deus noster
respicietque nos *T1d*   **4** si [*om. Pv*] forsitan respiciet [nos deus *add. Pv*]
T1b Pv Sa Ol : si forte -ciat [super nos *add. Ba*] *Sr Ba* [si *add. Go*] forsitan
[si forsan *Zp*] recipiet *T1a Go*   miserebitur : -rabitur *Cb*   **5** nostri :
nobis *Rz om. Pv*   deus *Eq T1c* : deus noster *Zp Ba* dominus *Cb* dominus
d. *Vb Hz Zp*   nos : *om. Eq Aj*   locum : l. deliciarum *T1d*

De uita Adae et Euae

1 1 Adam et Eua, cum expulsi fuissent de paradiso uoluptatis, fecerunt sibi tabernaculum et fuerunt septem dies
lugentes et lamentantes in magna tristitia.

2 1 Post septem dies coeperunt esurire Adam et Eua et
quaerebant sibi escas ut manducarent et non habebant. **2** Dixit
Eua ad Adam: Domine mi, esurio ualde. Quaere nobis quod
manducemus, usquequo uideamus si forsitan respiciet et mise-
5 rebitur nostri deus et reuocet nos in locum ubi prius eramus.

T2   **Titulus** de uita Adae et Euae *T1* : de penitentia A. [et E. *add. Tg*] *Kr*
Tg penitentia Adam et Eua *Bb* de Adam et Eua quomodo fuerunt expulsi
de paradiso et qualiter peni<tuerunt> *Bf* de expulsione A. et E. *Se* expulsio
Adam et Eua de paradiso *Lj* hic iterum° describitur de expulsione Adam et
Eue quomodo expulsi sunt de paradiso *Ap*   *hic titulum non habent Sh
Wo Px Ez Pw Ri T2d+e*

1 1 Adam et Eua cum expulsi fuissent de paradiso uoluptatis *T1* : **cum
expulsi fuissent** [essent *Bb Wo Px Ez T2e* fuerunt *Lj*] **Adam et Eua de
paradiso** *T2*   **2** fecerunt : fecit *T2e*   tabernaculum [thab. *Sh Bb Px
Ez Pw Lj*] *T2a+b+c+e Oc Do* : archam *Ca*   et fuerunt *Tg T2c+e Do Ca
Lj* : et f. ibi *Kr Sh Bf Wo Pw Oc* et ibi f. *Ap* f.que *Px Ez* et *Bb*   septem
dies *T2a'+b+c Ca Ig* : s. diebus *Bb Oc Do Sz* xii diebus *Lj*   **3** lugentes et
lamentantes : lam. *Bb* ibi lug. et lacrimantes et ualde *Lj*

2 1 septem *T1* : **s. uero** *T2a+b+d Ri Ig* uero s. *Se Sz* duodecim *Lj*
dies : *om. Tg T2c   ante* esurire *add.* nimium *Lj*   et[2] : *om. Pw*   **2** sibi : *om. Wo Pw*   escas *Sh Bf Tg T2c+e Lj* : escam *Kr Bb Ap Pw T2d
om. Wo Px Ez*   ut manducarent : -care *Ez om. T2e*   habebant
T2a+b'+c+e Tg : inueniebant *Pw T2d Lj*   dixit [autem *add. Lj*] *Sh Bb
Ap Pw Tg T2c Lj* : d.que *Kr Bf Wo Px Ez T2d+e*   **3** ualde quaere *T1* :
qui respondit uade et [*om. Wo T2c*] **quere** [uadam et queram *Oc*] *T2*
nobis : *om. T2*   quod *Kr Bf Ap Px Ez Tg Ca Lj* : quid *Sh Pw Oc* ut *Bb
Wo T2c+e Do*   **4** manducemus : -ces *Bb*   usquequo : usque *Do Ca* cum
quo *Px Ez* quo *Tg*   uideamus si *T1* : **uiuamus** *Sh Bb Bf T2b'+e Tg*
uiuamus ut [et *Oc*] non deficiamus *T2d* uiuamus ne sic deficiamus *Lj* ueniamus *Kr Pw°* ieiunamus [-nemus *Se*] *T2c*   si forsitan *Lj* : forsitan *Kr
Sh Bb T2b+c+d+e* et forte *Bf*   respiciet et : -iat *Ca* r. [-iat *Lj*] dominus
[deus *add. Lj* in nos *add. Do*] et *Do Lj om. Wo Pw*   miserebitur : -reatur
Sh Ap   **5** deus *Wo T2d* : d. noster *Kr Ap Px Ez T2c+e* dominus d. noster *Sh Bb Bf Pw Tg om. Lj*   reuocet *T1* : **reuocabit** [reducit *Lj*] *T2*
ubi prius eramus *T1* : [in *add. Do*] quo eramus *T2d* **pristinum** [<quo>
operemur *add. Lj*] *T2a+b+c+e Lj*

T1   **3** **1** et [*om. Sr*] surrexit *T1a+b+c Ba* : s.que *Aj* s. itaque *Cc*   ambulauit *T1a+b Pv Sr Go Sa* : -labat *Ol Ba* perambulabat *T1d*   septem diebus *T1a+d Cb Sa Ol Ba* : s. dies *Eq Sr Go* per s. dies *Pv*   **1-2** per omnem
[*om. Go* uniuersam *Sa Ol*] terram illam *T1a+b Sr Sa Pv* : per o. i. [i. o. *Cc*]
t. *T1d* per o. t. *Ba*   **2** talem qualem : t. quam *Ba*   ante *T1a Eq Sr Go
Aj* : prius *Cb Sa Ol om. Pv Cc Ba*   **3** habebant *T1a' Eq Pv Ba* : -bebat
Sr Zp Sa Ol -buit *Go Cb Cc* -buerat *Aj*   *post* paradiso *add.* sed non
inuenit *Zp*   dixit [autem *add. Sr* uero *add. Aj*] Eua ad Adam *T1a Cb Sr
Go Pv Aj* : d.que E. ad A. [ad A. E. *Cc*] *Eq Sa Ol Cc* d. que E. *Ba*
3-4 putas [ne *add. Rz Zp Go* forte *add. Sa*] moriemur [-etur *Hz Rz Eq*] fame *T1a+b+c* : forte m. f. *Pv* p. ne [iam *add. Ba*] moriamur f. *T1d Ba*
4 utinam ego mortua essem [es. m. *Sr*] *T1a+b+c Pv* : sed ut. ego prius m.
es. *Ba* ut. ego fuissem m. [in paradiso *add. Cc*] *T1d*   tunc *T1a+c* :
t. forsitan [forte *Cc*] *T1d Ba* et *T1b Pv*   **5** introduxisset te dominus [deus
Zp Go dom. deus *Pv*] denuo [*om. Pv*] in paradisum *T1a+b Go Pv* : -ceret
[-cet *Ol*] te dom. denuo in par. *Sr Ol* -ceret te dom. [deus *Sa*] in par. denuo
Sa Ba denuo te dom. -ceret in par. *Aj* dom. deus -ceret te in par. *Cc*
5-7 quia propter — in paradisum : *om. Pv*   **5** propter : per *Go*   **6** iratus
est tibi dominus deus [tuus *add. Rz*] *T1a Sr Pv Ba* : iratus est dom. [do-
mine (*sic*) *Eq*] d. [*om. Ol*] *T1b+c'* tibi dom. [d. *add. Aj*] est ir. *T1d*   uis
interficere [-fice *Rz Go Ba*] me *T1a+b+c Ba* : uis me peto int. *T1d*   **7-8** et
forte — es inde : ut tu adhuc uiuas *Ba*   **7** forte [*om. T1d*] introducet
[-ceret *Ol* -cat *Aj*] te dominus deus [*om. Sr Cc*] *T1a+b+c+d*   **8** causa mea
T1a'+b Pv : c. mei *Zp T1c Aj* mei c. *Cc*   expulsus [exclusus *Go*] es inde
[de paradiso *Cc*] *T1a+c' Eq Pv Cc* : exp. es. [es exp. *Cb*] *Cb Sr Aj*   respondit : ad hoc r. *Cb* r. ei *Aj*   et dixit [dicens *add. Sr* ei *add. Ba*] *T1a+b
Pv Sr Go Ol Aj Ba* : et dixi (?) *Sa om. Cc*   **8-9** noli Eua [ita *add. Zp*]
dicere noli taliter [t. n. *T1b*] dicere [loqui *Zp*] *T1a+b Sa* : n. E. dicere n.
mali talia narrare *Ol* n. E. sic dicere *Pv* n. E. [*om. Go*] taliter dicere *Go
T1d* n. E. talia loqui *Sr* noli talia dicere puto *Ba*

3 1 Et surrexit Adam et ambulauit septem diebus per omnem terram illam et non inuenit escam talem qualem ante habebant in paradiso. **2a** Dixit Eua ad Adam: Domine mi, putas moriemur fame. Vtinam ego mortua essem! Tunc
5 introduxisset te dominus denuo in paradisum quia propter me iratus est tibi dominus deus. **2c** Vis interficere me ut ego moriar? et forte introducet te dominus deus in paradisum quoniam causa mea expulsus es inde. **3** Respondit Adam et dixit: Noli,

---

T2   3 1 et surrexit Adam *T2d Lj* : **et surrexit A. et Eua** *Kr Sh Bb* et surrexerunt A. et Eua *Bf T2b+c+e*   ambulauit *T1* : **circuibant** [-iebant *Ap*] *T2a+b'+e Pw* circuibat [c.que querens escam *Lj*] *T2d Lj* circuierunt *Tg T2c*   1-2 septem diebus per omnem terram illam *T1* : s. d. **omnem terram illam** *T2a+c+e Px Ez Ap Pw Tg Oc Ca* o. t. il. s. d. *Do* o. t. i. *Wo Lj*   2 inuenit *Do* : -niebat *Ri Oc Ca Lj* **inueniebant** *T2a+b Se* -nerunt *T2e*   escam : *om. Wo*   talem [*add. Oc in marg.*] qualem *T1a+b+c+e Oc* : qualem *Do Ca Lj*   ante *T1* : *om. T2*   3 habebant [-bat *T2d Lj* habuerunt *Bb Bf Pw*] in paradiso : in par. habuerunt *Wo*   dixit Eua ad Adam *Lj* : et d. E. ad A. [*Sz post corr.*] *T2a'+b+d+e Ri* et E. ad A. d. *Bb* et d. A. ad E. *Se*   *post* mi **add. esurio** *T2*   3-4 putas moriemur fame *T1* : **post** [posco *Sh post corr. in margine*] **mortem fame** *T2a'+c Tg Ig* usque [*om. Ap*] ad mortem [fame *add. Wo*] *Wo Ap Pw Sz* usque mortem fere° *Bb* et ait possum mori f. [f. mori *Do*] *T2d* ego prae f. moriar *Lj om. Px Ez*   4 utinam ego mortua essem *T1* : utinam [ut *Kr Sh* et *add. Px*] **ego morerer** [moriar *Se* fame *add. Sz*] *Kr Sh Bb T2b+c+d+e* ego utinam moriar *Bf* ego prae fame moriar *Lj*   4-5 tunc introduxisset *T1* : **forte** [forsitan *Oc*] **introduceret** [intus duceret *Ap*] *T2a+e Ap Px Ez Pw Tg Oc* [tunc *add. Lj*] forte -ducet *T2c Do Ca Lj* forte -cat *Wo*   5 te : nos *Kr* me *Se*   dominus *T2a Wo Tg* : dom. deus *Px Ez Pw T2c+e Lj* deus *T2d om. Ap*   denuo : *om. T2*   5-7 quia propter — in paradisum : *om. Pw*   5 quia *T2d* : quoniam *T2a+b'+c+e Tg* qui *Lj*   propter : per *Se*   6 dominus deus *Oc* : dom. *Wo Sz* d. *Ap Do Ca om. T2a+c Px Ez Tg Lj Ig* uis interficere me : uis -ciam me seu uis int. tu me *Bf*   6-8 ut ego — es inde : *om. Kr*   6 ego *T1* : **om.** *T2*   7 et [*om. Bf T2c*] forte introducet [-ceret *Bf Pw Px Ri*] te [me *Se*] dominus deus [dom. *Ca* d. *Do* dom. d. *om. Oc*] in paradisum *Bf Px Ez Pw Tg T2c+d* : f. intrabis in par. *T2e* tunc iubet te dom. -cere in par. *Lj om. Sh Bb Wo Ap*   quoniam : quia *Do Lj*   8 causa mea *T1* : mea c. *Ap Ri Do Ca* mei c. *Sh Bb Bf Pw Oc Sz* c. mei *Se Ig* propter me *Tg Lj* propter meam culpam *Wo* propter iram *Px Ez* expulsus es [a deo *add. Ez*] inde *Bf Px Ez Pw Tg T2c Do Ca* : exp. es [de paradiso *add. Wo*] *Bb Wo Ap Oc Lj T2e* expulsi sumus de paradiso *Sh* respondit Adam : et inde r. A. [uxori Eua *add. Lj*] *Oc Lj*   et dixit *T2a' Ap Px Ez Pw Tg* : d. *T2e om. Bb Wo T2c+d Lj*   8-9 noli Eua dicere [taliter loqui *Oc*] noli taliter dicere *Oc Ca* : noli E. t. [talia *Pw Tg* tale *Px Ez*] dicere *T2a+b+c* noli E. dicere *Do* noli t. d. *T2e* noli dicere talia *Lj*

T1 **9** ne forte : ne propter hoc f. *Ba* **9-10** aliquam iterum maledictionem introducat in nos dominus deus : dom. it. super nos al. mal. intr. *Cc* **9** aliquam iterum maledictionem *T1a'* *Eq* *Pv* : it. al. mal. *Sr* *Sa* *Ol* *Aj* al. mal. it. *Zp* *Go* al. mal. *Cb* *Ba* **10** introducat [inducat *Hz* -cet *Cb* -ceret *Ol*] in [super *Hz* *Zp*] nos dominus deus [noster *add.* *Sr*] *Hz* *Zp* *T1b+c* : intr. dom. d. *Vb* *Rz* super nos -cet dom. *Ba* dom. super nos inducat *Aj* **10-11** quomodo potest — carnem meam : *om.* *Pv* quomodo potest fieri *T1a'* *Eq* *Sr* *Go* *Ol* *Cc* : q. hoc p. f. *Sa* q. [enim *add.* *Ba*] p. hoc f. *Cb* *Aj* *Ba* posset f. *Zp* **11** ut : ut ego *Sa* mittam manum meam [*om.* *Cb*] in carnem meam [tuam *Cc*] *T1a'+c+d* *Cb* : manum meam mit. in c. meam *Eq* -terem manum propriam in c. meam *Zp* mit. manum meam et interficiam c. meam *Ba* cito : uelociter *T1d* **12** et : ut *Pv* quaeramus [queras *Zp*] nobis [cibos *add.* *Hz* *Rz*] unde uiuamus *T1a+b* *Sr* *Go* *Pv* *Ba* : q. unde nos [nos unde *Ol*] u. *Sa* *Ol* q. unde u. *T1d* et [ut *Zp* *Sr* *Cc* *Ba*] non deficiamus [-ciemus *Cb* *Ol* fame *add.* *Zp*] *T1*

4 **1** et ambulantes [*om.* *Sa*] *T1a+b+c* *Pv* : gyrantesque *Aj* surgentesque *Cc* *om.* *Ba* quaesierunt nouem dies [diebus *Pv* *Sa* *Ol*] *T1c'* *Pv* : n. dies [diebus *Cb*] q. *T1b* -rebant igitur n. diebus *Ba* q. octo diebus *Sr* quesierunt *T1a+d* **1-2** escam talem qualem habebant [-uerunt *Zp*] in paradiso [in par. *om.* *T1a*] *T1a+b+c* *Pv* : escam q. in par. h. *Ba* escas [tales *Cc*] quales in loco deliciarum h. [-uerunt *Cc*] *T1d* **2** sed non *T1a+c'* : et non *T1b* *Sr* *Ba* nec *T1d* non *Pv* inueniebant : -nerunt *Sr* **2-3** [sed (?) *add.* *Rz*] nisi quam [quod *Vb* quantum *T1b+c*] animalia edebant [comedebant *Zp* *Sa* *Ol*] *T1a+b+c* *Pv* : nisi quibus animalia utebantur [uterentur *Cc*] *T1d* *om.* *Ba* **3** et dixit : tunc d. *Cc* tunc *Aj* haec : haec omnia que inuenimus *Ba* **3-4** tribuit dominus : dom. tr. *Sa* tr. deus *Aj* **4** et bestiis terrae [*om.* *Sr*] : *om.* *Go* ut edant *T1a+c* *Pv* *Cc* *Ba* : ut ederent *Aj* *om.* *T1b* autem : uero *T1d* **5** angelica erat : erat ang. *Go* hoc iuste et digne plangamus *T1a+b* *Sr* *Go* *Ol* *Pv* : i. ergo et digne -gimus *Sa* in hoc i. et d. -gamur *Ba* et pro huiusmodi pl. [-gamur *Cc*] *Aj* *Cc* **6** domini dei nostri [*om.* *Zp*] *T1a+b* *Sr* *Go* *Aj* *Ba* : dom. *Pv* *Sa* *Ol* d. *Cc* qui fecit nos : qui nos f. *Cc* et paeniteamus : p. ergo *Ba* **6-7** in magna paenitentia [petitione *Cb*] *T1a+b+c* *Pv* : p. m. *T1d* *Ba*

Eua, dicere, noli taliter dicere ne forte aliquam iterum male-
10   dictionem introducat in nos dominus deus. Quomodo potest
fieri ut mittam manum meam in carnem meam[a]? 4 Surge cito
et quaeramus nobis unde uiuamus et non deficiamus.

4 1 Et ambulantes quaesierunt nouem dies escam talem
qualem habebant in paradiso, sed non inveniebant, nisi quam
animalia edebant. 2 Et dixit Adam ad Euam: Haec tribuit
dominus animalibus et bestiis terrae ut edant, nostra autem
5   esca angelica erat[a]. 3 Hoc iuste et digne plangamus ante conspectum domini dei nostri qui fecit nos, et paeniteamus in

---

3   a. cf. Gen. 2, 23
4   a. cf. Ps. 78 (77), 25; Sap. 16, 20

T2 9 forte *Bb Pw T2c+d+e Lj* : forsitan *Kr Sh Bf Px Ez Ap Tg om. Wo*
9-10 aliquam iterum — dominus deus : in te d. al. maledictionem introducat *Do*   9 aliquam iterum *Px Ez Tg Oc Lj* : it. al. *Pw T2c Ca* al.
T2a+e Wo Ap   10 introducat : -cet *Ca* inducat *Lj*   in : super *T2c*
dominus deus *Kr Sh Px Ez Ri T2e* : dom. d. noster *Bf Pw Tg Se Ca Lj*
dom. *Bb* d. *Wo Ap*   10-11 potest fieri : hoc posset fieri *Bf* p. hoc f. *Pw
Lj*   11 mittam : -tat *Ca* -terem *Do*   meam[1] : *om Ig*   carnem meam :
te *Ap*   ante surge *add.* unde *Wo Ap* sed *Lj*   surge : surgamus *Ap*
cito *T1* : *om. T2*   12 et quaeramus nobis *Bb Se Ca Lj T2e* : et [*om. Sh
Bf*] qu. *T2a' Ap Ri Do* et queras n. *Px Ez* et quere n. [*om. Wo*] *Wo Pw* et
quere ut manducemus et *Tg*   unde : ut *Bb T2e*   et [ut *Wo Ap Pw
T2d*] non deficiamus : ne def. *Lj om. Se*

4 1 quaesierunt : et q. *Pw T2e* querebant *Se Lj*   nouem dies [diebus
Sh Bb Ap Oc T2e] *T2a+b'+c+e Tg Oc Ca Lj* : vii diebus *Pw* x diebus *Do*
escam : *om. Do*   2 habebant : habuerunt *Bf Pw*   sed non *T2d* : sed
nec *Lj* et non *T2a+b+c+e*   2-3 nisi [escam *add. Se T2d Sz* illam *add. Lj*]
quam [quod *Kr Sh Px Ez*] animalia edebant *T2a'+b'+c+d+e Tg Lj* : nisi a.
quae e. *Bb om. Pw*   3 et dixit Adam ad Euam : dixit A. Eue *Ap*
4 dominus : deus *Ca Lj*   animalibus et bestiis terrae ut edant *T2a'+c+d
Px Ez Ap Pw Tg* : an. ut edant [ad edendum *Wo*] et b. t. *Bb Wo* an. et b.
t. *Lj T2e*   4-5 nostra autem [*om. Px Ez*] esca angelica [deliciosior *Lj*]
erat *T2b+c+d Lj* : n. autem esca erat ang. *T2a om. T2e*   5 hoc iuste et
digne plangamus *T2c Oc Ca* : h. [unde *Px* uade *Ez*] d. et [*om. Wo*] i. pl.
[-gimus *Wo* -gemus *Tg*] *T2a+b' Tg* h. domine i. pl. *Pw* h. i. et d. patimur
pl. autem *Do* h. d. et i. patimur quia peccauimus in sanctum deum et sa-
crilegi facti sumus pl. ergo *Lj* pl. ergo merito et digne *T2e*   6 domini
dei : dom. *Bb* d. *Ap T2c*   post nos *add.* manu sua propria *Lj*   et : ut
Se   6-7 in magna paenitentia : peniteamus -tiam *Lj*

T1 **7** forsitan : ne forte adhuc *Ba*   indulget [-gebit *Sr Sa* -geat *Aj*] et mise-rebitur [-ribitur *Hz Eq* -rabitur *Cb*] nostri [*om. T1a*] *T1a+b+c Aj* : mis. et ind. nobis *Pv* ind. nobis [et respiciat super nos *add. Ba*] et mis. n. *Cc Ba* [dominus *add. Go*] deus noster *T1a+c Cb Ba* : d. *Eq Aj* dom. *Cc om. Pv* **8** et [ut *Eq° Cb Go* ut *add. Sa*] disponat : et -net *Pv Sr Ba* et -nit *Hz* nobis unde : nos ut *T1d*

5 **1** et dixit : d. autem *Ba* unde d. *Cb*   quid est : que est *Go* que sit hec *T1d*   **2** paeniteamus : debeamus penitere *Sr*   **2-3** laborem [rem *Zp*] nobis [*om. Ol*] imponamus *T1a+b+c' Pv* : l. -nemus nobis *Sr* l. nobis im-portabimus *Ba* nobis l. grauem -nimus *Aj* est grauis labor in quem imp. nosmetipsos *Cc*   **3** quem [quam *Zp*] non possumus adimplere *T1a+b+c Pv* : q. ad. non poterimus *Ba* quem complere non possumus *T1d*   non exaudientur [-dietur *Eq Pv* -diantur *Zp* -direntur *Sa*] preces nostrae *T1a+c Eq* : pr. n. non -dientur *T1d* non -diemur in precibus nostris *Cb*   **4** et [ne *Cb*] auertat *T1a+b Pv Aj* : et -tet [-teret *Sa*] *T1c Cc Ba*   **4-5** dominus deus noster *T1a+b Sr Sa Ol Ba* : d. n. *Pv Go* dom. *Aj* d. *Cc*   **5** si quod [quid *Rz*] promittimus non implemus *T1a'* : si q. [quid *Cb*] pr. et non i. [-remus *Eq* adimplemus *Sr Zp* adimplebimus *Cb*] *Zp T1b Sr Go* si q. [que *Aj*] -temus et non impleremus [adimplemus *Aj* adimpleremus *Ol*] *Ol Pv Aj* si q. promiserimus non adimplerimus *Sa* sic que -tamus nec adimpleamus *Cc* q. si quid -temus adimpleamus *Ba*   **5-6** tamen domine mi : t. dic mihi *Sr* tu dom. *Zp* dom. mi *Cb*   **6-7** quantum cogitasti — et tribulationem : que tu cogitasti fiant penitentiam [*forte legendum* penitentia] quam ego tibi induxi est dolor et tribulatio *Cc*   **6** [in *add. Zp*] quantum cogitasti pae-nitere [*om. Pv* dic mihi *add. Ba*] *T1a+b+c Pv Aj° Ba*   quoniam : quia *Pv Aj* quod *Zp*   tibi induxi *Vb Cb Pv Aj* : i. t. *Zp Sr Sa Ol Ba* i. *Hz Rz Go* t. iniunxi° *Eq*   **6-7** [malum et *add. Zp*] laborem et tribulationem [dolorem *Aj*] *T1a+b Sr Sa Ol Pv Aj Ba* : tr. et l. *Go*   **7** *post* tribulationem *add.* usque ad presens *Ba*

6 **1** dixit Adam [*om. Aj*] ad Euam [condolens ei *add. Ba*] : d. A. *Pv* **1-2** non potes — dies ieiunans : n. p. tantam penitentiam facere tot diebus uidelicet xl quibus ego faciam iei. que (= Eua) dixit possum cui Adam *Cc*   non potes — quantos ego : *om. Pv*   **1** [tu *add. Sa*] non [nos *Aj°*] potes tantos [tam *Cb*] dies facere [f. d. *T1b* d. penitere *Ol*] *T1a+b+c Aj* : non p. tot diebus f. [tantos *add. post corr. in marg.*] *Ba*   **2** quantos ego *T1a+b+c* : quos *Aj* quod *Ba*   ego [*om. Cb*] faciam [facio *Hz*] quadraginta dies ieiunans [iegunans *Vb*] *T1a'+b+c' Pv Aj Ba* : faciam quattuor dies ieiunii *Zp* quia ego xl dies -no *Sr*   tu autem : tuque *Aj* tunc *Cc*

magna paenitentia. Forsitan indulget et miserebitur nostri deus
noster et disponat nobis unde uiuamus.

5 **1** Et dixit Eua ad Adam: Domine mi, dic mihi quid est
paenitentia et qualiter paeniteamus, ne forte laborem nobis
imponamus quem non possumus adimplere, et non exaudientur
preces nostrae, **2** et auertat faciem suam a nobis dominus deus
noster, si quod promittimus non implemus. **3** Tamen, domine
mi, quantum cogitasti paenitere? quoniam ego tibi induxi laborem et tribulationem.

6 **1a** Et dixit Adam ad Euam: Non potes tantos dies facere
quantos ego. Ego faciam quadraginta dies ieiunans. **1b** Tu au-

T2   **7** indulget [nobis *add. Lj*] *Wo Ap Tg T2c Ca Lj Sz* : -gebit *Sh Bb Bf Ez Oc
Ig* -geat [nobis *add. Pw*] *Pw Px Do* -gebat nos *Kr*   et : *om. Ap*
7-8 deus noster *Wo Ap Se Lj* : dominus d. n. *T2a+d+e Pw Tg Ri* d. *Px
Ez*   **8** et disponat *Bb Oc* : et disponet *Wo Ap Lj* ut **disponat** [-net *Ri*]
T2a'+c+e Px Ez Pw Tg Do Ca   nobis : *om. W.*

   5 **1** dic mihi : *om. Ez Wo Ap*   quid : quae *Kr Sh Wo Ap* quomodo
Do   **2** et qualiter : ut *Pw* et quomodo aut qualiter *Lj*   **2-6** ne forte —
domine mi : et *Pw*   **2-3** [laboremus et *add. Sh*] laborem nobis impona-
mus [-nemus *Bb* -nas *Wo*] *T2a Wo Ap Tg Ri Oc Ca* : lab. imp. n. *Bf Do* n.
lab. imp. *Px Ez Se* n. imp. penam *Lj* lab. -nemus *T2e*   **3** quem [quam
Lj] non possumus [-simus *Px* -semus *Oc*] adimplere [implere *Lj*] *T1a+b'+c
Tg Oc Lj* : quam [quoniam *Ca*] non [nos *Do*] pos. -eri *Do Ca* non ad. pos.
T2e   non² : sic non *T2e* ne forte *Oc Do*   exaudientur : -iantur *Kr Wo
Oc Do Lj*   **4** nostrae : *om. Ca*   **4-5** et auertat — non implemus : *om.
T2e*   **4** auertat : -tet *Ap* -tit *Lj*   faciem : *om. Kr*   **4-5** dominus deus
noster : d. n. *Wo Ap* deus *Px Ez*   **5** si [sed *Kr*] quod promittimus [pe-
nitemus *Se*] non implemus *Kr Sh T2c* : si quod [si quid *Ez Oc* si quam *Do*]
q. si *Tg*] pr. et non imp. [adimplemus *Ap* -leamus *Px Ez* -leuimus *Do*] *Px
Ez Ap Tg Oc Do Lj* si q. -temus et non tenemus et non imp. terminum *Wo*
si quid -temus et non plemus *Ca* si quid -temus scilicet° ut non adimplemus
Bb sed quid -tamus et nos imp. *Bf*   tamen *Tg Oc Ca Lj Ig* : tu *T2a Px
Ez Ap Do Sz* inde *Ri om. Wo Se*   **6** mi : *om. Bf Ap Ca*   quantum [tu
add. Pw] cogitasti [cogisti *Ap*] paenitere [tantum et ego *add. T2b*] *T2a+b+c
Lj* : qu. cog. hoc debemus paen. *T2d* libenter uolo paen. *T2e*   ego : *om.
Ap Do*   tibi induxi *Bb* : i. tibi *T2a'+b+c+d+e Lj*   laborem : dolorem
T2c merorem *Do*   **7** *post* tribulationem *add.* perficias *Lj*

   6 **1** et dixit Adam ad Euam : et A. ad E. d. *Bb*   potes : potes tu *Bb*
poteris *Do*   **1-2** tantos ... quantos [quantos° dies *Oc*] *T2a'+b+c+d Lj* :
tantas ... quantas *Bb* tot ... sicut *T2e*   **1** facere : penitere *Ap Tg* facere
[perficere *T2e*] in penitentia *T2d+e*   **2** *post* quantos ego *add.* in penitentia
Lj sed tantos fac ut salueris *T2d* (*cf.* R1)   **2-4** ego faciam — altitudine
fluminis : faciam quadraginta dies flumine tolle lapidem et sta super multitudinem fluminis *Bf*   **2** ego [enim *add. Sh om. Bb Pw*] faciam [facio *Wo
Se*] quadraginta dies ieiunans *Kr Sh Bb Wo Pw T2c+d* : quad. d. ego iei.
Ap ego quad. d. peniteo [-ebo *Ez*] *Px Ez* peniteo quad. d. iei. *Tg* sed ego
quad. d. -nabo *Lj om. T2e*   **2-4** tu autem — super ipsum : *om. Kr Sh*
2 autem : a. triginta *Px Ez om. Bb*

T1 3 surge : surgens [modo *add. Ba*] *Sa Ol Ba*   et[1] : *om. Sa Pv*   ad : in
Aj   Tigrim flumen : T. fluuium *Pv Go Sa* flumen *Cb*   4 ipsum : eum
Go illum *T1d om. Rz*   aqua : aquam *Hz*   et esto [ibi *add. Zp*] *T1a+b+c'*
Ba : ego uero *Sr om. Pv T1d*   usque : *om. Sa Ol*   in altitudine [-nem
Aj -nis *Ol*] fluminis : in funditate fl. *Cc om. Pv*   5-6 indigni sumus rogare
[rogitare *Ba*] dominum [deum *Ol Cc Ba*] *Vb Hz Zp T1b+c+d Ba* : non sumus digni {ut rogamus} ut rogitemus dom. *Rz*   6 nostra : *om. Zp*
6-7 inmunda sunt facta et [*om. Rz*] polluta *T1a+b+c' Aj* : i. f. s. et p. *Ba* i.
s. f. inpoluta *Pv* i. [indigna *Cc*] s. et polluta *Sr Cc*   7 de ligno illicito et
[*om. Go*] contradicto [uetito *Sr* interdicto *Zp Ba*] *T1a+b+c Aj Ba* : de l. ill.
[illico (?)] *Pv* quia transgressi sumus mandatum dominicum comedendo
pomum uetitum et contra deum peccauimus *Cc*   et [*om. Ba* tu *add. Sr*]
esto in aqua fluminis [*om. Zp Pv*] *T1a+b+c Pv Ba* : et e. [sis *Cc*] ibi in a.
T1d   8 dies triginta *T1a'+b Sr Go Pv* : xxx dies *Aj* xxx diebus *Ba* diebus
xxxj *Sa Ol* xl dies *Cc* tribus diebus *Zp*   Iordanis : *om. Cc*   dies quadraginta *T1a' Cb Pv* : xl dies *Sr Aj* qu. *Eq Go* diebus xl *Sa* xl diebus *Ba*
quattuor dies *Zp* circa tot diebus *Cc*   9 forsitan [adhuc *add. Ba*] : forsan
Zp et forte *Go*   nostri [nobis *Cb*] dominus [*om. Ba*] deus noster *T1a Cb
Sr Go Aj Ba* : nostri d. dom. noster *Sa* nostri d. *Eq Ol Cc* d. nostri *Pv*

7 1 et ambulauit Eua *T1a+c Eq Pv* : et E. amb. *Cb* et abiit E. *Ba*
perrexitque E. *T1d*   Tigrim flumen : triginta° flumen *Eq* fluuium tygrim
Sr flumen tigris *Sa* tygridem flumen *Cb* flumen Tygrim *T1d Ba* aquam
tygris *Ol*   1-2 dixit [ei *add. Ba*] Adam : A. dixerat *Aj* A. precepit ei *Cc*
fecit A. *Pv*

tem surge et uade ad Tigrim flumen et tolle lapidem, et sta
super ipsum in aqua et esto usque ad collum in altitudine flu-
5 minis, et non exeat sermo de ore tuo, quia indigni sumus
rogare dominum, quoniam labia nostra inmunda sunt facta et
polluta de ligno illicito et contradicto[a]. **2** Et esto in aqua fluminis dies triginta, et ego in aqua Iordanis dies quadraginta,
forsitan miserebitur nostri dominus deus noster.

7 1 Et ambulauit Eua ad Tigrim flumen et fecit sicut dixit

---

6   a. cf. Gen. 2, 17; 3, 11.17

T2   3 surge et uade *T2d Lj* : uade *T2b+c+e* uadis *Bb*   ad : *om. Se*   flumen : fluuium *Bb Pw T2e*   tolle : quere *Wo*   4 ipsum : eum *Pw*   et
esto [ero *Sh*] *Kr Sh Bb Wo Ez Tg Oc Ca Ig* : et esto ibi *Ap T2c Do Sz* et
sta *Px* et sta ibi *Pw om. Lj*   usque ad collum in altitudine [-nem *Sz*]
fluminis *Kr Sh Bb Wo Px Ez Pw Ri Ca T2e* : u. ad c. et [in *add. Se*] latitudine fl. *Se Oc Do* u. ad c. *Lj* in alt. fl. usque ad c. *Ap*   5-7 et non
exeat — et contradicto : *om. Lj*   5-6 et non — rogare dominum : et non
exeas rogare deum *Bf*   5 sermo de ore tuo [meo *Sh*] quia [quoniam *Sh*
Pw] indigni sumus [s. ind. *Ap* indignissimi *Do*] : de o. t. sermo indig-
nissimus *Bb*   6 dominum *Kr Sh Px Ez Tg T2c+e Oc Do* : dom. deum
[nostrum *add. Bb*] *Bb Wo Pw* deum *Ap Ca*   quoniam : quia *Sh Bb Wo*
Pw   6-7 labia nostra — et contradicto : quia inmunda sunt nostra facta
Ap   6 inmunda sunt [*om. Se*] facta *Bb Bf Pw T2c Oc* : inm. f. s. *Sh Wo*
Tg T2e inm. s. *Kr Px Ez Ca* indigna s. *Do*   6-7 et polluta *T1* : **om.**
T2   7 contradicto [contracto *Ri*] *T2a+c Wo Px Ez Pw Tg* : interdicto
T2d prohibito *T2e*   *post* contradicto *add.* comedimus *Bf Do post corr. in*
marg.   7-8 et esto — dies triginta : et sic stando penitentias in flumine
triginta dies *Lj om. Sh Do*   7 *post* esto *add.* ibi *Ap Sz* tu *Oc*   7-8 flu-
minis dies — in aqua : *om. Pw*   8 dies triginta — in aqua : *om. Kr*
Bf   dies triginta *T2c Oc Ca* : tr. d. [diebus *Bb*] *Bb T2b' Tg Lj* tr. d. ibi
ieiunans *T2e*   et ego — dies quadraginta : ego autem uadam ad aquam
Iordanis et ibi morabor xl dies similiter *T2e*   et ego [ero *Sh* ero *add. Bb*]
in aqua [fluminis *add. Sh*] Iordanis [fluminis *add. Do* ero *add. Ca*] *Sh Bb*
T2b'+c+d Tg   dies quadraginta *Kr Sh Tg T2c Ca* : qu. dies [diebus *Pw*]
Pw T2b' qu. *Bb Do Lj* dies sexaginta *Bf*   9 forsitan : et sic f. *Bf* ne forte
Bb   miserebitur nostri : n. mis. *Ez* mis. *Kr*   dominus deus noster *Kr*
Sh Tg Ri T1d Lj Sz : d. n. *Bb Bf Wo Ap Pw Se Ig* d. *Px Ez*
    7 1 et ambulauit [-bat *Do*] Eua *T2a+b+c+d Lj* : et sic E. iuit *T2e*
Tigrim flumen : T. fluuium *Bb Wo T2e* fluuium T. *Pw*   1-2 et fecit — ad
flumen : *om. Bf*   1 dixit [*om. Sh*] Adam [*om. Pw*] *Kr Sh Bb Px Ez Pw*
T2c Ca : d. ei A. *Tg Oc Do Lj* praecepit ei A. *Wo Ap Ig* praeceperat ei
Sz

T1   **2** similiter Adam [A. sim. *Sr*] ambulauit [*om. Pv* abiit *Ba*] *T1a+b+c Pv Ba* : sim. et A. perrexit *Aj* sim.que perrexit A. *Cc*   ad flumen Iordanis : in Iordanem *Ba*   et stetit : stetit *Aj* stetitque *Cc*   **3** super lapidem : *om. Pv*   in aqua : in a. illa *Ba*

    8 1 condole [adole *Olᶜ*] mihi [m. *om. Pv*] *T1a+c+d Pv Ba* : condolere mihi *Cb* condolemus *Eq*   *post* congregentur *add.* ad me *T1d*   **2** na-tantia : animalia et n. *Ba*   **2-3** et omnia [omniaque *Cc*] animantia [quae in te sunt uel *add. Ol*] quae circa [in *Vb* contra *Cc*] te sunt *T1a+b+c+d* : et q. circa te s. *Ba* et o. an. uenerunt *Pv*   **3** et : *om. Ba*   circumdent me : -dant *Zp Cc* -dederunt *Pv*   lugeantque *Hz Rz Zp Aj* : lugeant *T1b Go Ca Cc* et lugeant *Pv Sr T1c* et lugent *Ba* lugientes *Vb*   pariter mecum : p.que m. *Eq Sa* m. p. *Ba Aj* m. *Pv*   **4** non se plangant sed me : et non se ipsos sed me plangent *Ba*   plangant sed me *T1a' Eq Go* : plangent s. me *Zp Sr* plangeant s. me *Sa Ol Cb* plagnant° s. me *Pv* defleant sed me deplangant [-ent *Cc*] *T1d*   illa [ista *Zp* ipsa *Aj*] non peccauerunt sed ego *T1a+b+c+d* : eo quod non peccauerunt illa sed ego peccaui in conspectu dei mei *Ba*   **5** statim : statimque *Sa*   omnia animantia [et natantia *add. Eq Sa*] uenerunt *T1a Eq Pv Sa Ol* : o. nat. et [*om. Go*] an. [animalia *Sr*] uen. *Go Sr Cb* o. animalia nat. congregata uen. *Ba* uen. o. an. *T1d*   eum : *om. Zp*   luxeruntque *T1a'+d Eq Go Sa Pv Ba* : lugebantque *Zp* lugerunt *Cb* et lugerunt que *Ol* et planxerunt *Sr*   **6** pariter secum ullulatu [ululatu *Hz Cb Go Sa Pv Ba* ullutu *Ol*] et mugitu [mugylatu *Ol*] magno *T1a+b+c' Pv Ba* : pariterque secum ullulabant mugitu magno *Sr* cum illo ull. [et rugitu *add. Cc*] magno *T1d*   **7** fuerat : fuit *Cb Pv* erat *Cc Ba*   creatoris : cr. sui *T1b* domini *Ba*   et eiectus de tanta gloria deliciarum : *om. Ba* eiectus [est *add. Vb Hz*] *T1a+b+c'* : deiectus *T1d* [quod *add. Sr*] eiectus esset *Pv Sr*   **8** deliciarum : *om. Pv*   aqua : *om. Eq*   stetit ab illa [ista *Zp*] hora *T1a+b+c* : ab illa hora stetit *T1d* stetit immobilis ab illa die *Ba* non transit *Pv*   **8 - 9 1** non agens — et nouem : et agebat peni-tentiam suam usque ad xl d. *Cc*   **8-9** non agens cursum suum [*om. T1b Sa Ol*] *T1a+b+c Aj Ba* : *om. Pv*

Adam. 2 Similiter Adam ambulauit ad flumen Iordanis et stetit super lapidem usque ad collum in aqua.

8 1 Et dixit: Tibi dico, aqua Iordanis, condole mihi et congregentur natantia quae in te sunt et omnia animantia quae circa te sunt, et circumdent me lugeantque pariter mecum. 2 Non se plangant sed me, quia illa non peccauerunt sed ego. 3 Statim omnia animantia uenerunt et circumdederunt eum luxeruntque pariter secum ullulatu et mugitu magno, eo quod transgressus fuerat mandatum creatoris et eiectus de tanta gloria deliciarum. Et aqua Iordanis stetit ab illa hora non agens cursum suum,

T2 2 similiter [etiam *add. Se*] Adam ambulauit [iuit *Px Ez*] *Kr Sh T2b+c* : A. sim. fecit amb. *Bb* [et *add. Do*] sim. amb. A. *T2d* sim. fecit ipse A. ambulauitque *Lj* A. uero iuit *T2e*   ad flumen [fluuium *Bb Pw*] Iordanis *Kr Sh Bb Px Ez Ap Tg T2d Lj* : ad aquam [I. *add. Ri*] *T2c* ad Iordanem fluuium *T2e* ad Iordanem *Wo* Iordanis *Bf*   stetit : *om. Do Lj*   3 super [supra *Px Ez*] lapidem usque ad collum in aqua [qua *Ca°*] *T2a+b+d+e Lj* : super l. in a. u. ad c. *T2c*

8 1 et dixit : et d. Adam *Wo* sic dicens *Lj*   aqua Iordanis : Iordane *Wo*   condole : et c. *Oc Do* ut condoleas *T2e*   congregentur *Oc Lj* : -guntur *Do Ca* -ga *T2a+b+c+e*   2 ante natantia *add.* omnia *Pw T2d Lj* 2-3 et omnia — te sunt *T1* : et [*om. Do*] omnes bestie circa te *T2d* et omnes bestie quae circa te sunt et in finibus tuis *Lj* **om. T2a+b+c+e** 3 [ut *add. Sh*] et *T2a Wo Px Ez Tg Oc Ca Lj* : ut [et *add. Ri*] *Ap Pw T2c+e om. Do*   circumdent me [lugentem *add. Sh* Adam *add. Lj*] : -dant me *Bf Do* doleant in me *Pw*   lugeantque *Kr Bf Px Ez Ri T2d* : et lugeant [que *add. Pw*] *Pw T2e* lugeant *Sh Wo* lugientque *Bb Ap* lugentque *Lj* et lugent *Se* luge *Tg*   pariter mecum : p.que m. *Wo Tg* m. p. *Lj* m. *Pw*   4 [et *add. Sh*] non se plangant [plant *Kr°* pariter mecum *add. Ez*] *T2a'+c+e Px Ez Tg Oc Do Lj* : ut non plangant se *Bb* [et *add. Pw*] non se plangent *Wo Pw Ca* se non plangent *Ap*   illa : illi *Wo* ipsa *Pw   post* ego *add.* peccaui *Lj*   5-9 statim omnia — cursum suum : *om. Px Ez* 5 statim *Lj* : et statim [statimque *Do*] *T2a+c+d+e Wo Ap Pw Tg*   omnia : *om. Wo*   animantia *T1* : animantia et [natilia uel *add. Se*] **natancia** *T2a'+c+e Ap Pw Tg* animalia *Bb* natantia et [omnes *add. Lj*] bestie *T2d Lj* natantia *Wo*   uenerunt et circumdederunt *T2a+c+e Wo Ap Tg* : conuenerunt et condoluerunt *Pw* circumdederunt *T2d Lj*   5-8 luxeruntque pariter — gloria deliciarum : lugerunt pariter secum ululatu et gemitu et rugitu magno eo quod transgressus erat mandatum creatoris et eiectus de tanta gl. del. *Oc om.* **T2a+b+c+e Do Ca Lj**   8 et : *om. Wo* Iordanis : *om. T2c*   non : et non *Bb Lj*   9 suum : *om. Ri*

T1 **9** **1** usque dum transirent [u. -sissent *T1a'*] dies decem et [*om. Cb*]
nouem *T1a+b+c'* : usque dies xix *Aj* usque tr. decem dies ab illa hora *Pv* u.
dum -sierunt dies penitentie eius *Sr* usque transfluxerunt dies *Ba*   *post* iratus *add.* est *T1b+c'*   **2** *post* Sathanas *add.* et *Go Cc*   est : *om. Sr Sa Ol*   in
claritatem angeli [angelum claritatis *Zp*] *T1a+b+c' Pv* : in angelum lucis [et
claritatem angeli *add.* *Sr*] *Sr Aj Ba* in uultu angelico *Cc*
3 flumen [fluuium *Sa*] Tigris *T1b+c'+d Pv Ba* : T. flumen *T1a Sr*   ante
ad *add.* et uenit *Cc*   flentem : in flumine Tigrim fl. *Cc* stantem in flumine super lapidem *Ba*   ipse diabolus [*om. Aj*] : dixit d. *Sr om. Ba*
4 coepit flere *T1b+c' Pv Ba* : cepit et ipse [ipsemet *Cc*] flere *T1a+d Sr*   et
dixit ad eam [Euam *Hz Rz Ol*] *T1a+b+c Ba* : et d. *Pv* d.que ei *T1d Ba*
5 de : iam de *Ba om. Pv*   repausa : depausa *Rz* pausa *Aj* repensa *Cc*
et [*om. Cc*] de cetero : de cetero et *Aj*   non plores *T1a+c' Pv Aj* : non
plora *T1b Cc* non ploras *Sr* noli flere *Ba*   iam : et iam *T1d Ba*   **6** tua :
om. Sa   et : et de *Go Cc Ba om. Ol*   *post* gemitu *add.* tuo *Hz Cc Ba*
nec [non *Hz Cc*] amplius sollicita [suspecta *Cb*] sis *T1a+b+c+d Pv* : *om.*
Ba   **6-7** et uir tuus Adam : *om. Pv*   **7** enim : iam *Cb om. Go*   et
suscepit : suscepitque *T1d Ba*   **8** angeli : a. dei *Zp Ba*   **9** deprecantes
deum [dominum *Hz Rz Zp Cb Aj*] *T1a+b+c'+d Ba* : *om. Sr Pv*   et [do-
minus *add. Sr*] misit me *Rz Zp T1b+c Pv* : et m. me deus [dominus *Ba*] *Vb*
Hz Ba misitque me *T1d*   educerem : reducerem *Pv*   aqua : a. ista
Ba   **9-10** et darem : daremque *Aj° Cc*   **10** alimentum quod : alimenta
[ista *add. Ba*] quae *Vb Sr Aj Ba*   habuistis [-sti *Hz Rz Zp*] in paradiso
[-sum *Pv*] *T1a+b+c Pv* : in par. h. *T1d* habebatis prius in par. *Ba*
11 plangitis *Zp T1b+c+d Pv Ba* : -xistis *Vb Zp* -xisti *Hz*   nunc ergo
egredere de aqua : *om. Ba*   perducam : ducam *T1d* reducam *Pv*
12 paratus est uobis [*om. Eq*] uictus uester [*om. Sa Cc Ba* uobis *add. Eq*]
T1a+b+c Cc Ba : p. est cibus uester *Aj* ubi prius fuistis *Pv*

9 1 usque dum transirent dies decem et nouem. Tunc iratus
Sathanas transfiguratus est in claritatem angeli[a] et abiit ad
flumen Tigris ad Euam. **2** Et inuenit eam flentem, et ipse diabolus quasi condolens ei coepit flere et dixit ad eam: Egredere
5 de flumine et repausa et de cetero non plores. Iam cessa de
tristitia tua et gemitu, nec amplius sollicita sis et uir tuus
Adam. **3** Audiuit enim dominus gemitum uestrum et suscepit
paenitentiam uestram, et omnes angeli rogauerunt pro uobis
deprecantes deum, **4** et misit me ut educerem uos de aqua et
10 darem uobis alimentum quod habuistis in paradiso, pro quo
nunc plangitis. **5** Nunc ergo egredere de aqua et perducam uos
in locum ubi paratus est uobis uictus uester.

---

9   a. cf. II Cor. 11, 14

T2   **9 1** usque [*om. Tg*] dum transirent [-sissent *Se*] *Kr Sh Bb T2c+d+e Tg*
Lj : usque transcurrerant° *Bf post corr. in margine* donec tr. [-ierunt *Wo*
Pw] *Wo Ap Pw* nondum -ierunt *Px Ez*   dies decem et nouem *Bf Pw Tg*
Ri T2e : xix [19 *Wo*] dies *Wo Se Lj* xviii dies *Bb* xxii *Ca* xxiii dies *Do* dies
xxviii *Oc* dies xxx *Kr Px Ez* dies xl[a] *Sh* xl[a] dies *Ap*   **1-2** tunc iratus
Sathanas *T1* : tunc iratus S. de humilitate [ipsorum *add. Lj*] et penitentia
ipsorum [eorum *Do om. Lj*] *T2d Lj* tunc [et *Wo om. Px*] Sathanas
T2a+b+c+e   **2** transfiguratus est in claritatem [-tate *Bh Bb T2d* pul-
cherrimi *add. Lj*] angeli : figuratus est in formam ang. *Px Ez*   abiit ad
[in *Px Ez*] : adiit ad *Kr Bb Bf*   **3** flumen : fluuium *Bb Pw*   eam
[Euam *Wo Ap*] flentem [fl. e. *Kr Sh*] *T2a+b+d+e* : etiam eam [e. et. *Se*] fl.
T2c   et ipse : tunc et i. *Wo*   **4** [etiam *add. Wo*] coepit [et ipse *add.*
T2d Lj] flere *Bb Bf T2b+d+e Se Lj* : incepit fl. *Ri* praecepit fl. *Kr om.*
Sh   ad eam *T2a+c+e* : ad Euam *T2b' Tg Oc Ca Lj* ei *Do om. Pw*
egredere *Bb Ap Ca T2e* : eg. Eua *Pw Oc Do* eg. nunc *Kr Bf Wo Px Ez Tg*
T2c eg. iam *Sh* Eua cede *Lj*   **5** flumine : aqua *Tg*   repausa [pausa
T2d] et [eo *add. Tg*] de cetero non plores [ploras *Bb Ca* ores *Ri* pecca *Pw°*]
T2a+b+c+d+e : pausa et de c. flere *Lj*   iam cessa : cessa iam *Do*
6 tristitia tua *Ap* : tristitia *T2a+c+d+e Wo Px Ez Pw Tg* magna tristitia
Lj   nec amplius sollicita sis *T1* : nec de cetero sol. sis [tu *add. Lj*] *T2d*
Lj quoniam ne sol. sis tu *Px Ez T2c* quomodo sol. sis tu *Pw* anmodo quò
non -citus sis tu *Tg* quoniam ne sis illicita tu *Wo* quoniam misit sollicita-
tum (?) *Ap om. T2a+e*   **7** Adam : *om. Wo Ap*   enim : *om. Bb*   dominus *T2d* : dominus deus [tuus *add. Kr°*] *T2a+c+e Px Ez Tg Lj* deus *Wo*
Ap Pw   gemitum uestrum : et g. *Kr*   **8** *post* angeli *add.* qui sunt in
conspectu domini *Lj*   rogauerunt : orauerunt *Se T2d*   **9** deprecantes
[-cauerunt *Bb*] deum [dominum *Se*] : deum deprecantes *Do om. Pw et Lj*
qui *add.* ut misereatur uestri et misertus est uobis deus dominus uester
me : *om. Se*   *post* me *add.* deus *Do Ca* deus huc *Lj*   ut educerem : ut
ducerem *Lj* deducere *Ca*   aqua : a. ista *Sz*   **10** uobis *T2a+c+d Pw Tg*
Lj : *om. T2b'+e*   alimentum quod : alimenta que *Px Ez Se*   habuistis :
euescitis [-cietis *Ez*] *Px Ez om. Ig*   **11** plangitis : planxistis *Sz*   nunc
ergo : ergo *Wo Ap* et nunc *Lj*   egredere : eg. tu *Lj* progredere *Ap*
et : ut *Lj*   uos : te una cum uiro tuo *Lj*   **12** in : ad *Wo Ri*   uobis
T2a'+d Wo Px Ez Pw Tg Lj : *om. Bb Ap T2c+e*   uictus uester [*om. Px*
Ez] *T2a+b Se Oc Do Lj* : uictus noster° *Ri* cibus uester *T2e Ca non legitur*

T1   **10 1** *ante* haec *add.* et etiam° *Ba*   audiens Eua : E. a. *Ol Ba*   credidit : cedidit *Rz*   **1-2** caro eius erat : erat e. c. *T1d*   **2** sicut *Vb Eq*
T1c Pv Ba : quasi *Hz Rz Zp T1d* uelud *Cb*   de [prae *Cb°*] frigore aquae :
uiridis a. fr. a. *Ba* et cepit refrigescere *Cc*   egressa fuisset [esset *T1a Sr*
fuit *Eq* de aqua *add. Ba*] *T1a+b+c Pv Ba* : f. eg. [de aqua *add. Cc*] *T1d*
3 nimia : magna *Zp om. Pv*   cecidit in [ad *Sr Pv*] terram *T1a Sr Sa Ol*
Pv Aj : in t. [terra *Eq*] c. *Eq Cb Go* c. super t. [et iacebat paululum *add.*
Ba] *Cc Ba*   et : et accedens *Ba*   **4** et perduxit [adduxit *Zp* duxit *T1d*]
eam [*om. Cc*] : *om. Cb*   cum autem [et cum *Go Pv Ba*] uidisset eam
Adam *T1a+b+c Pv Aj Ba* : cum audisset A. Euam *Cc*   **4-5** et diabolum
cum ea *T1a+c Pv Aj* : et diabolus cum ea [loquebatur *add. Cc*] *T1b Cc*
Ba   **5** exclamauit cum magno [*om. Sr Pv*] fletu : cum m. rugitu clamabat *Cc*   dicens : dixit *Zp* et ait *Ba*   o Eua : Eua *Sr* o E. E. *Cc*
6 iterum : *om. Hz Rz Sr*   nostro : tuo *Aj om. T1a Pv Cc*   **7** alienati
sumus : s. a. *Cc*   habitatione paradisi : par. h. *T1d* de -so *Ol*

     11 1 haec [quem *Cc*] cum audisset Eua [aud. ea *Sr* E. aud. *Aj*] cognouit
[cog. E. *Go*] *T1a+c+d Eq Pv* : h. cum aud. *Cb* h. cum cognouisset E. *Ba*
quod : quia *Cc*   **1-2** eam [*om. Cc Pv* iterum *Go*] diabolus suasit [s. sibi *Cc*
ei s. *Pv* suasisset *T1b* decepit et s. ei *Ba* decipisset *Sr*] *T1*   **2** exire de
aqua *T1a+d Go Pv Ba* : de a. ex. *Eq Sa Ol* ex. *Cb om. Sr*   et : *om. Vb*
Ba   super faciem suam [*om. Pv* eius *Sr*] in terram *T1a+b Sr Go Pv Aj* :
in f. [suam *add. Ba*] super t. *Sa Ol Ba* in t. super f. s. *Cc*   **3** conduplicatus *T1a+b Pv Sa Ol* : duplicatus *Sr Go T1d Ba*   post dolor *add.* eius
Cb Sa Cc Ba   et gemitus eius [*om. Zp Cc Ba*] *T1a+b+c+d Ba* : *om. Pv*
et planctus [eius *add. Hz Rz Go*] *T1a+b+c' Aj* : *om. Sr Pv Cc Ba*   **3-4** exclamauit [clamauit *Go*] dicens *T1a+b+c Pv Aj* : clamauit uoce magna contra diabolum et dixit *Ba* excl. Eua et Adam contra diabolum dicentes
Cc   **4** uae tibi : uae tibi maledicte *Ba* o maledicte *Sr*   quid : quia *Vb*
qui *Sa Ol* quare *Ba*   expugnas : inpugnas *Hz Rz Sr*   gratis : contra-
rium *Sr° om. Sa Ol*   **5** ante quid tibi *add.* quid fecimus tibi *Ba*   apud :
ad *Sa T1d*   aut : *om. Cc Ba*   quid [*om. Hz Rz*] de nobis est [*om. Sr Sa*
Ol de *add. Cb*] malitia tua *T1a+b+c Pv* : quid [que *Aj*] n. de m. tua *T1d*
quid n. obest m. tua *Ba*

10 1 Haec audiens Eua credidit et exiuit de aqua, et caro
eius erat sicut herba de frigore aquae. **2** Et cum egressa fuisset,
prae debilitate nimia cecidit in terram. Et erexit eam diabolus
et perduxit eam ad Adam. **3** Cum autem uidisset eam Adam et
5 diabolum cum ea, exclamauit cum magno fletu dicens: O Eua,
quomodo iterum seducta es ab aduersario nostro, per quem
alienati sumus de habitatione paradisi et laetitia spirituali?

11 1 Haec cum audisset, Eua cognouit quod eam diabolus
suasit exire de aqua et cecidit super faciem suam in terram, et
conduplicatus est dolor et gemitus eius et planctus. **2** Et exclamauit dicens: Vae tibi, diabole, quid nos expugnas gratis!
5 Quid tibi apud nos? Aut quid de nobis est malitia tua?

T2   **10 1** audiens : a. autem *Kr*   credidit : totaliter cr. sathane *Lj*
2 herba *Kr Bb Bf Wo T2b+e Pw Ri* : h. fragilis *Sh* h. pallida *T2d Lj* herbe
Se   egressa [ingressa *Bb*] fuisset [de aqua *add. Pw*] *Bb Pw* : e. esset *Bf*
Ap T2d e. [regressa *Sh*] esset [Eua *add. Lj om. Ez*] de a. *Kr Sh Wo Px Ez*
Tg T2c Lj e. fuit de a. *T2e*   **3** prae debilitate nimia [n. deb. *Oc*] cecidit in
terram *Oc* : c. in t. prae n. [*om. Do Ca*] deb. *Do Ca Lj* c. in t. *T2a+b+*
c+e   et : *om. Se*   erexit : direxit [diriexit *Ez*] *Px Ez*   **4** perduxit eam
[*om. Do*] : induxit eam *Px* duxit *Bb Ap*   ad Adam : ubi diabolus stetit
Se   cum autem [*om. Wo*] uidisset eam Adam : cum autem eam uidisset
Se om. Ap   **4-5** et diabolum cum ea : *om. Bf*   **5** *post* exclamauit *add.*
Adam *Ap*   cum magno fletu *T1* : cum [*om. Do Lj*] fletu magno *T2c+d*
Lj cum fletu *T2a'+b+e om. Bb*   **6** quomodo : quam *Bb° T2e° om. Bf*
iterum : *om. Ri*   **7** habitatione paradisi : hereditate par. *Wo* -so *Se*   et
[in *Kr*] laetitia spirituali [*om. Wo*] *T2a+b'+d+e Tg Lj* : *om. Pw T2c*

11 1 *post* haec *add.* autem *Wo*   audisset : dixisset et a. *Sh* uidisset *Bf*
adiisset *Se*   Eua cognouit [*om. Bf*] : E. commota est *Px Ez*   **1-2** quod
[quia *Bf*] eam [ei *Pw T2d om. Ap*] diabolus [d. ei *Sh*] suasit [-serit *Tg*
-sisset *Pw T2c*] *Kr Sh Bf Wo Ap Pw Tg T2c+d+e Lj* : quod d. eam s.
[s. eam *Ez*] *Px Ez* eam d. -sisse *Bb*   **2** et¹ : *om. Bf Wo Ap Ig*   super
faciem suam [eius *Oc Ca*] in terram [terra *Lj*] *Kr Sh Bf Wo Ap Tg T2c Oc*
Ca Lj : super t. in f. s. *Bb* super f. s. *Px Ez Do* in [super *Ig*] t. super f. s.
T2e in t. *Pw*   **2-3** et conduplicatus — et planctus : plangens *Px Ez*
3 conduplicatus *Kr Tg Oc Do Lj* : -cans *Wo Pw* duplicatus *Sh Bb Bf Ap*
Ca R2c+e   dolor et [et *om. Kr*] gemitus eius [hic **om.** *T2*] et planctus
[eius *add. Ca Lj T2e*] *Kr Tg T2c+e Oc Ca Lj* : d. eius [et *add. Sh*] g. et pl.
Sh Do d. eius et pl. *Ap* d. eius *Bb* g. et d. et pl. *Bf* g. et pl. eius *Wo Pw*
Bf   **3-4** et [*om. Ap*] exclamauit [clamauit *Wo T2c*] dicens [*om. Pw Se*]
T2   **4** uae tibi diabole [friuole *add. Ap*] : o diabole *Pw*   quid [qui *Lj*]
quit *Bf* quia *Bb* quare *Se T2e*] nos expugnas gratis *T2a+b'+c+e Tg Lj* :
quid [qui *Ca*] nos impugnas g. [frustra *Ca*] *Pw T2d*   **5** quid tibi —
malicia tua : *om. Kr Sh*   quid tibi apud nos : *om. Ap T2e*   aut : *om.*
Bb Ap   quid [tibi *add. Bf*] de nobis est malitia tua [*om. Bb*] *Bb Bf Oc*
Lj : quid [est *add. Tg*] nobis [est *add. Px Ez*] de malitia tua *T2b+e* quod a
nobis est m. tua *Ca* quare° nobis malicia tua *Do* quid [tibi *add. Ri*] de
nobis *T2c*

T1 6 nos *T1a+c Pv Aj* : uobis nos *Cb om. Eq Cc Ba*   gloriam tuam : t. gl.
Cc regulam t. *Cb*   6-7 te sine honore tuo [*om. Sr Aj*] esse *Zp T1b Sr Sa
Ol Pv Aj Ba* : te sine h. tuo *T1a'* sine h. te esse *Go* te esse sine t. h. *Cc*
7 [et *add. Vb*] quid persequeris nos : q. nos p. *T1d*   7-8 in gemitu [in g.
om. T1b] usque [ut *Ol*] ad mortem impie et inuidiose *T1a+b+c'+d* : in g.
nostro impie et tyranne et inuide *Ba* nonne uides nos esse in g. et dolore
usque ad mortem *Sr om. Pv*

      12 1 et ingemiscens [-mescens *Rz*] diabolus dixit [ait *Ba* ad eam *add. Vb*]
ad Euam *add. Hz Rz*] *T1a'+d Pv Ba* : et ing. dixit ad eam [Euam *Ol* diabolus *add. Zp*] *Zp T1b+c'* tunc diabolus impie et furiose° ing. dixit ad eos
Sr   1-2 tota [tanta *Sa Ol*] inimicitia [mea *add. Sr*] et inuidia et dolor a
uobis [nobis *Ol*] est [mihi *add. T1b*] *T1b+c Ba* : tota inim. et [totus *add.
Cc*] *T1a+d* econtra inim. et d. a nobis est *Zp* t.
inu. est et inim. et d. a nobis *Pv*   2 quoniam : quia *Vb Zp T1d Ba*
2-4 propter uos — in caelis : expulsus et alienatus sum a gloria mea quam
in celis habui et a claritate mea quam habui *Cc*   2-3 expulsus sum [*om.
Rz* de paradiso *add. Cb*] a gloria mea [tua *Hz*] *T1a+b Sr Sa Ol Pv Aj Ba* :
exp. sum de paradiso *Go*   3 a claritate [caritate *Aj*] mea : a gloria et a
cl. m. *Go*   3-4 habui in caelis [celo *Vb*] : in celis habui *Aj*   4-5 in medio
— in terram : quia princeps omnium angelorum et archangelorum extite-
ram et nunc propter uos in terram expulsus sum *Ba*   in medio archangelorum *T1a+d SrGo Pv* : in arch. trono [*om. Eq*] *T1b* cum -gelis *Sa
Ol*   et [*om. Hz Rz*] propter uos eiectus [proiectus *Zp* deiectus *Cc*] sum
[*om. Vb Rz*] in terram [terra *Rz Eq*] *T1a+b+c+d* : *om. Pv*   5 respondit : et
r. *Sr Aj*   et dixit : dicens *Sr*   post dixit *add.* tu quid dicis *T1a'*   quid
[enim *add. Ba*] tibi feci : q. f. t. *Hz Rz*   aut : *om. Sr Pv*   6 culpa mea
[*om. Pv*] : m. c. *Cc* c. nostra *Aj* copula° mea *Ba*   6-7 mea in — nos
persequeris : *om. Pv*   6 dum : dummodo *Cc*   non sis a [*om. Zp*] nobis
noscitus [notificus *Rz* eiectus *Aj*] aut laesus *T1a Eq Aj* : non [ne *Ol*] sis a
n. l. *Cb Ol* a n. non sis l. *Sa* non sis l. a me nec propter me expulsus *Ba*
non a n. deiectus es aut l. *Cc* non sis fastitus aut l. a n. *Go* non sit nobis
cognitum *Sr*   7 aut [*om. Sr Cc*] quid [tunc *add. Go* cur ergo *Sr*] nos
persequeris *T1a+b+c+d* : *om. Ba*

3 Numquid nos abstulimus gloriam tuam aut nos fecimus te sine honore tuo esse? Quid persequeris nos in gemitu usque ad mortem, impie et inuidiose?

12 1 Et ingemiscens diabolus dixit: Tota inimicitia et inuidia et dolor a uobis est, quoniam propter uos expulsus sum a gloria mea et alienatus sum a claritate mea quam habui in caelis in medio archangelorum, et propter uos eiectus sum in 5　terram. **2** Respondit Adam et dixit: Quid tibi feci? 3 Aut quae est culpa mea in te, dum non sis a nobis noscitus aut laesus? Aut quid nos persequeris?

T2　6 numquid [*om. Kr*] nos [*om. Ap Pw T2c Lj*] abstulimus [-erimus *Bf* tibi *add. Ap Pw Sz*] gloriam tuam *T2a+c+d+e Wo Ap Pw Tg Lj* : n. nos gloriam tuam abst. *Px Ez*　**6-7** nos fecimus te sine honore tuo esse *T1* : nos f. [facimus *Lj*] te [*om. Do*] sine h. esse [*om. Sh*] *T1a+c+d+e Px Ez Tg* : nos f. te s. gloria aut [et *Ap*] h. *Wo Ap* te fecimus s. h. *Pw*　**7** persequeris nos *T1* : **nos** p. *T2*　in gemitu *T2d Lj* : *om. T2a+b+c+e*　usque : *om. Px*　**8** impie et inuidiose [inperuidiose *Ca°*] *Kr Sh Bf T2b+c+d* : impie *Bb* (*cf. infra 12,1*) inuidiose *T2e* impius et inuidiosus *Lj*

12 1 et ingemiscens [et inuidiose *add. Bb*] : *om. Lj*　dixit *T1* : **dixit ad Euam** *Bf Wo Px Ez Se T2d+e Lj* dixit ad eam [uel ad Euam *add. Pw*] *Kr Sh Bb Pw Tg Ri* : respondit Eue *Ap*　inimicitia : immundicia *Lj*　**1-2** et [*om. Do*] inuidia et dolor [dolus *Ri* noster *add. T2e*] *Kr Sh T2b'+e Ri Do Ca Lj* : et [*om. Bf*] d. et inu. *Bb Bf Pw Oc* et inu. *Se om. Tg*　**2** a uobis [nobis *Bb Bf* ortus *add. Lj*] est [*om. Ri*] : est a uobis *Wo Ap* quoniam : quia *Ap Do Lj* quod *Wo*　propter uos : per uos *Ri*　**2-3** expulsus sum a [de *Oc*] gloria mea et [*om. Lj*] alienatus sum a claritate mea *Oc Lj* : exp. sum a gl. mea et al. sum *T2a* exp. et al. sum [exp. sum et al. *Ap Tg*] a gl. mea *T2b* exp. sum a [de *Ig*] gl. mea *Ri Do Ca Ig* expulsi sumus a gl. dei *Se* expulsi sumus de gl. nostra *Sz*　**3** habui : habuimus *Se Sz*　**3-4** in caelis : in celum *Bf* in celo *Px Ez om. T2c*　**4** [et *add. Sh Bb*] in medio : *om. Ap*　archangelorum : angelorum *Pw T2c Do Ca*　et : *om. Pw*　propter uos : per uos *Se Do*　eiectus sum : iactatus sum *Px Ez* eiecti sumus *Se Sz*　**4-5** in terram : de terra uiuentium *T2e*　**5** respondit [ad (?) *add. Se*] Adam et dixit : respondit A. *Pw Lj* A. ei dixit *Do*　quid [ego *add. Sz* ergo *add. Ig*] tibi feci [facta ? *Ez*] *T2a+b+d+e Ri Lj* : quid nos infestas de expulsione tua *Se*　aut : *om. Pw*　**5-6** quae est [*om. Pw T2d*] culpa mea in te *T2a+c+d+e Wo Px Ez Pw Tg* : q. c. mea in te est *Ap* q. est c. mea *T2e* quid c. mea in eo *Lj*　**6** dum non sis [es *Bb*] : dum es *Pw* non sis *Do*　a nobis noscitus aut laesus *T1* : [a nobis *add. Ap Tg*] nocitus aut laesus *Wo Ap Pw Tg* a nobis l. *Px Oc Ca Lj T2e* l. a nobis *T2a'* a me l. *Do* a nobis dampnatus [damnatus *Ri*] uel l. *T2c* lesus *Bb Ez*　**7** aut quid : quid *Wo* et cur *Lj*

T1   **13** 1 respondit diabolus et [*om. Eq*] dixit [ad Adam *add. Go in marg.*]
T1a+b+c'+d Ba : r. diabolus dicens *Sr* et [*om. Pv*] r. d. *Pv*   tu quid dicis
mihi fecisti [f. m. *Sr*] *Vb Zp T1b+d Sr Sa Ol* : tu d. quid m. f. *Hz Rz* tu m.
f. *Pv* tu enim m. hec f. *Ba* quid d. m. *Go post corr.*   **2-3** et tui — gloria
caelesti : *om. T1a Aj Cc*   **2** et : quia *Sr om. Go*   tui causa *Eq Sa* : tui
de c. *Cb Ol* c. tui *Pv Sr* propter tuam causam *Go* ob tui causam *Ba*
proiectus sum *Eq° Cb T1c* : proiecti sumus *Pv* pr. sum a facie domini cum
sociis meis *Ba*   **2-3** [in terram et *add. Ol*] de terra uiuentium et de gloria
caelesti [et letitia sempiterna *add. Ba*] *T1b+c Ba* : de t. u. *Pv*   **3** in die
enim [*om. Go Pv* eadem *add. Ba*] *T1*   tu : *om. Hz Cc*   ego : *om. Pv*
Cc   **3-4** a facie dei [domini *T1d*] proiectus sum [foras *add. Go supra lin.*]
T1a+b+c+d : pr. sum a f. d. *Pv Ba*   **4** [et *add. T1c Pv*] extra societatem
angelorum *T1a+b+c+d Pv* : et ex -tate electorum omnium *Ba*   missus
sum [*om. Ol* in profundum laci *add. Ba* in infernum *add. Cc*] *T1a+b+c Cc*
Ba : *om. Pv Aj*   **5** quando : quoniam *Ol* cum *Ba*   insufflauit [flauit
Rz] deus [dominus *Cb*] *T1a Cb Aj* : d. ins. *Sr* d. [dominus *Cc*] sufflauit *Pv*
Cc inflauit d. [dominus *Ba*] *Eq Go Ba* d. inflauit *Sa Ol*   spiritum in te
T1a Sa Ba : sp. [sanctum *add. Ol*] uite *T1b Ol Aj* sp. uite in te *Sr Go* in te
Pv Cc   et : *om. Pv*   **5-6** uultus [homo *Cb* tuus *add. Sa Ba*] et simili-
tudo tua ad imaginem dei *T1b+c Ba* : u. et sim. [dei *add. Hz* dei tuus *add.*
Rz] ad imaginem dei *T1a'* u. tuus ad im. et -dinem dei *Zp* u. tuus [u. t.
om. Aj] ad -dinem imaginis dei *T1d* u. tuus similis Christo *Pv*   **6-7** et
adduxit — conspectu dei : *om. Cc*   **6** et adduxit [duxit *Sa*] te [te duxit
Ol] Michael : et ad. te Michaeli archangelo *Zp*   **6-7** et fecit te : *om. Ol*
7 te adorare *T1b Sr Sa Pv Aj* : ad. te *Go* adorare *T1a* ad. omnibus creaturis *Ba*   in conspectu dei : dominum *Pv*   dominus deus [uester *add.*
Cb] : dom. *Pv*   **7-8** ecce Adam — similitudinem nostram : *om. Cb*
8 Adam : *om. Pv*   feci *T1a'+c'+d Ba* : f. te *Eq Go* formaui te *Pv* fecit ?
Zp   ad : *om. Vb*   imaginem et : *om. Pv*   nostram : meam *Cc om. Pv*
     14 1 et egressus Michael [angelus *Pv Sr°*] uocauit *T1a' Eq Sr Go Ol Pv* :
et eg. est M. et u. *Zp Sa* et eg. est M. orauit *Ba* et ipse M. primus adorauit
et uocauit *Cb*   **2-3** imaginem domini — deus noster : dominum *Pv*
2 *post* adorate *add.* omnes angeli *Ba*   imaginem : hominem *Cc*   domini
dei [*om. Rz*] *T1a Eq Sr Sa Ol* : dei *Cb Go T1d* dei uiuentis *Ba*   **2-4** sicut
praecepit — domini dei : *om. Hz Sa Ol*   **2-3** sicut [enim *add. Aj*] praecepit dominus deus noster *Vb Rz Zp T1b Sr Aj Ba* : s. pr. d. uester *Go* s.
pr. uobis dom. d. *Ba* sic nobis pr. dom. *Cc*

13 1 Respondit diabolus et dixit: Tu, quid dicis mihi fecisti? Et tui causa proiectus sum de terra uiuentium et de gloria caelesti. **2** In die enim qua tu plasmatus es, ego a facie dei proiectus sum foras et extra societatem angelorum missus sum. Quando insufflauit deus spiritum in te, et factus est uultus et similitudo tua ad imaginem dei[a], et adduxit te Michael et fecit te adorare in conspectu dei. Et dixit dominus deus: Ecce Adam feci ad imaginem et similitudinem nostram[b].

14 1 Et egressus Michael uocauit omnes angelos dicens: Adorate imaginem domini dei, sicut praecepit dominus deus

---

13   a. cf. Gen. 2, 7; 1, 26-27

    b. cf. Gen. 1, 26

T2   **13 1** diabolus : Sathanas *Lj* demon *Ap om. Do*   et dixit *Bb Do T2e* : et d. ad Adam *T2a' Wo Px Ez Pw Ca Lj* [ad *add. Ri*] A. *Tg T2c om. Ap*   tu quid [qui *Sh post corr. in margine*] dicis michi [quid *add. Lj* tu *add. Bb Pw Do*] fecisti *T2a+d Pw Lj* : tu non d. mihi quid f. *Px Ez* tu [*om. Wo*] quid d. [mihi *add. Tg*] *Wo Ap Tg T2c+e*   **2** et[1] : etenim *Ap om. T2c+e*   tui [tua *Do* enim *add. Bf*] causa *T2a+b'+e+d* : cuius causa *Tg* causa tui *Pw T2c Lj*   proiectus [eiectus *T2c* aiectus *Do*] sum [*om. Ez*] *Bb Bf Px Ez T2c Do Lj* : proiecti [deiecti *Wo* eiecti *T2e*] sumus *Kr Sh Wo Ap Pw Tg Oc Ca T2e*   et [*om. Se*] de [a *Oc Do*] gloria [tua *add. Bb*] *T2*   **3** in die enim : in illa die de celo *Lj*   [in *add. Kr Bb*] qua tu *T2a+d+e Wo Pw Tg Lj* : qua *Px Ez Ap T2c*   **3-4** ego a facie dei proiectus sum : pr. sum a f. d. *Lj*   **4** foras *T1* : **om.** *T2*   et extra — missus sum : *om. Tg*   et [*om. Oc*] extra societatem *T2a'+b'+c+e Pw Oc Ca* : et ex societate *Bb Ca* a societate *Do*   **5** quando *Bb Bf Ri T2d Lj* : q. [qui *Pw* quoniam *Ap*] enim *Kr T2b+e* quoniam *Sh Se*   insufflauit [inflauit *T2c* inflammauit *Lj*] deus spiritum [uiuentem *add. Lj*] in te *Kr T2c+d Lj* : ins. [sufflauit *Sh*] d. sp. uite in te [sp. in te uite *Ez* in te sp. uite *Wo*] *Sh Wo Px Ez* ins. sp. d. in te *Ap* d. ins. sp. in te *Tg* inflauit [inspirauit *Bb*] d. sp. uite *Bb Bf* dominus flauit sp. uite *Sz* flauit d. sp. in te *Ig* d. sufflauit in te sp. *Pw*   **5-6** et factus est [*om. Kr* sum *T2c*] uultus et similitudo tua *T2a+c+d Wo Pw Tg Lj* : et facta est sim. tua *Px Ez* et fuisset sim. tua *Ap* et cum f. esset uultus et imago tua *T2e*   **6** ad : *om. Ap*   et [quando *add. Bb om. Wo Ap*] adduxit te [*om. Ig*] *T2a+b+c+e Lj* : tunc duxit te *Oc Ca* tunc dixit *Do*   **7** te adorare *Bf Se Oc Ca Lj* : ad. te *Px Ap* ad. *Kr Sh Wo Ez Pw Tg Ri Do T2e* te ad honorem *Bb*   **8** ad [*om. Kr Sh Pw Ri*] imaginem et [ad *add. Ca*] similitudinem nostram [uestram *Ap* meam *Do*] *T2a+c+d+e Ap Px Ez Pw Lj* : ad sim. et im. n. *Tg* ad im. dei uestri et sim. meam *Wo*

14 1 egressus Michael uocauit *T2a+d+e Px Ez Pw Tg Lj* : eg. est M. et u. *T2c* et u. M. *Wo Ap*   **2** domini dei *Oc Ca* : dom. d. nostri *Kr Bh Tg T2c+e Lj* dei nostri *Sh T2b'* dei uestri *Pw* dei *Bb* dei aut nostri *Do*   **2-3** dominus deus noster *T1* : dom. d. *T2d* dom. *T2a'+b+c+e* deus *Lj* om. *Bb*

T1 3 ipse Michael primus [p. M. *Rz* primo *Cc*] *Vb Rz Zp T1b+d Sr* : ipse M.
prius *Go Ba* primus *Pv*   **3-4** et uocauit — dei nostri : et fecit me adorare
Pv   3 et uocauit me *Zp Eq Sr Go Ba* : et u. *Vb Rz Cb* u.que me [*om. Aj*]
T1d   **4-6** et respondi — Michael adorare : et dixit angelus et dixi angelis
qui mecum stabant Ecce Adam adorate eum Et Adam Michaeli Ego debeo
adorari cum sim de terra factus formatus° et creatus non adorabor quia
<de>terior° sum omni creature *Aj*   **4-5** et respondi — adorare Adam :
ego uero respondi adorare Adam nolo cum ipse de terra formatus et creatus sit non adorabo *Cc*   et respondi [<resp>ondit lucifer *Ol*] ego debeo
adorare Adam *T1a' Eq Sr Ol* : et ego r. d. ad. A. *Zp Cb Sa* et ego dixi ego
d. ad. A. *Pv* et r. ego non d. ego ad. A. *Go* et -dit ego d. deteriorem me ad.
Ba   **5-6** cum [*om. Go*] compelleret me [me c. *Sa*] Michael [*om. Zp Cb*]
adorare [*om. Cc* ad. M. *Sr*] *T1a+b+c Cc Ba* : -lit me M. *Pv*   6 [et *add. Go*]
dixi ad eum [ad eum *om. Zp*] *T1a+b+c* : et ego d. *Pv* dixit (?) ad eum *Cc*
tunc Michael dixit ad Adam *Aj*   non adorabo [adoro *Go* non a. *om. Ba*]
deteriorem me [mei et posteriorem *Aj*] *T1*   **6-7** omni creaturae [omni
nature *Sa Ol* omne creatura *Hz Rz Pv Go Cc*] prior factus sum [ego *add.*
Cc] *T1a+c' Eq Pv° Cc* : quia creatura prior f. sum *Cb* quia o. cr. f. sum
prior ego *Ba* et o. cr. ante eum f. sum *Aj* prius f. sum *Sr*   **7-8** antequam
ille fieret ego factus sum : *om. Cb Aj*   7 [et *add. Sa Ol*] antequam [enim
add. Ba] ille fieret [f. ille *Rz*] *T1a+b+c Ba* : ant. Adam f. *Cc* ante<quam> f.
Pv   **7-8** ego [iam *add. Ol*] factus sum *Zp Eq Sr Sa Ol* : ego iam factus
[*om. Cc*] fueram *Go Cc* f. sum [iam *add. Vb*] ego *T1a'* ego sum *Ba om.*
Pv   8 [ideo *add. Hz Rz* iam *add. Eq*] ille me [*om. Hz* potius *add. Ba*]
debet [-eret *T1c'* -uit *Cc*] adorare [me *add. Hz*] *T1a+c' Eq Cc Ba* : ille d.
me ad. *Cb Sr* et facit me ad. *Pv*   *post* adorare *add.* dixi ad eum *T1a'* ego
non eum *Zp*

  15 1 audientes : *om. Aj*   ceteri angeli [mei *Ba°*] : ang. c. *Aj*   qui
sub me erant *T1a+b+c Pv Ba* : qui mihi subditi fuerant *T1d*   dixerunt :
om. Cb   2 adorare : hunc adorare *T1d Ba*   ait : dixit *Pv*   **2-3** adora
imaginem domini [*om. Go*] dei [tui° *add. Vb Hz Cb* nostri *add. Zp Sr*]
T1a+b+c+d : -rate i. d. sicut precepit uobis dominus deus noster *Ba om.*
Pv   **3-4** sin autem — deus noster : *om. Ba*   3 sin autem : si *Pv Cc*
non adoraueris : non -ueritis *Pv* non oraueris *Vb om. Zp*   irascetur :
irascitur *Vb Zp*   4 et [*om. Ba*] ego [*om. Sr*] dixi *T1a+b+c Pv Ba* : ego
sathanas [uero *Cc*] respondi *T1d*   *post* dixi *add.* irascatur quantum uult
et *Ba*   si [autem *add. Cb Sa*] irascetur [-citur *Vb Zp*] mihi [dominus deus
add. Cb scio *add. Ba*] quid faciam [q. f. *om. Go post corr.*] *T1a+b+d Ba* : si
ir. faciam quemcumque uolo et *T1d* si ir. quid mihi *Pv*   *ante* ponam *add.*
ascendam in celum et ad altitudinem nubium *Ba*   ponam : ego ponam
Pv inponam *Cb*   **5** super sidera caeli [et in nubibuss *add. Cc*] : in aquilone *Ba* ad aquilonem *Aj* similem sibi *Pv*   similis : *om. Aj*   altissimo :
om. Pv

noster. **2** Et ipse Michael primus adorauit. Et uocauit me et dixit mihi: Adora imaginem domini dei nostri. **3** Et respondi:
5 Ego debeo adorare Adam? Et cum compelleret me Michael adorare, dixi ad eum: Non adorabo deteriorem me. Omni creaturae prior factus sum. Antequam ille fieret ego factus sum, ille me debet adorare..

15 1 Haec audientes ceteri angeli qui sub me erant dixerunt: Nolumus adorare **2** Et ait Michael: Adora imaginem domini dei. Sin autem non adoraueris, irascetur tibi dominus deus noster. **3** Et ego dixi: Si irascetur mihi, quid faciam? Ponam
5 sedem meam super sidera caeli et ero similis altissimo^a.

---

15 a. cf. Is. 14, 13-14

T2 **3-4** et ipse — dei nostri : *om. Bb* **3** primus : primo *T2e* uocauit : inuocauit *T2a'* **4** mihi : *om. Kr* adora : adoro *Do* adorate *Lj* domini dei [sui et *add. Ap*] nostri [uestri *Kr*] : d. n. *Wo* **4-5** et respondi ego debeo adorare Adam *T1* : **et respondi** [mundi *Do°*] **ego non debeo** [non debeo *om. Lj*] **adorare Adam** [Adam ad. *Do*] *T2d Lj om. T2a+b+-c+e* **5** et : *om. Lj* compelleret : expelleret *Kr Oc Do* **6** adorare *Px Ez* : adora<re> *Lj* ad. Adam *T1a+c+d+e Wo Ap Tg om. Pw* dixi ad eum *Kr Sh Wo Px Ez Pw Tg T2d+e Lj* : dixit ad eum [ei *Bf*] *Bb Bf Ap T2c ante* non *add.* non faciam *Bb ante* deteriorem *add.* Adam *Pw* **6-8** omni creaturae — ego factus sum : prior f. sum quam ille esset factus *Ap* prior omni f. sum *Pw* **6-7** [quia *add. T2c*] omni [qui *Wo* enim *add. Bb Do*] creaturae [creatura *T2a+e Px Oc*] prior factus sum [sum f. *Sh* sum ego *Bb*] *T2a+c+e Wo Px Ez Tg Oc Do Lj* : omne creatura p. f. sum *Ca* **7 - 15 3** antequam ille — imaginem domini dei : *om. Bb* **7-8** antequam ille fieret ego factus sum *Px Ez T2c+d* : antequam iste fieret *Wo om. T2a'+e Px Ez Pw Tg Lj* **8** ille : et ille *T2e* ipse *Ap Tg* **8 - 15 3** me debet — imaginem dei : d. me ad. imaginem dei sui dixit Michael *Ap* **8** me debet adorare *Kr Sh Bf Tg Do Ca Lj* : d. me ad. *Px Ez Pw T2c Ig* d. ad. me *Wo Oc Sz*

15 1 dixerunt *Kr Sh Bf Wo Px Ez Pw T2d+e Lj* : dicebant *T2c om. Tg* **2** nolumus adorare : etiam [et *Sz*] n. ad. *T2e* n. Adam ad. [ad. A. *Oc*] *T2d* ait : dixit *T2c* Michael : mihi *Wo°* **2-3** adora imaginem domini dei [nostri *add. T2c* tui *add. Lj*] *T2c Lj* : ad. [-rate *Kr Bf Wo*] im. d. [nostri *add. T2e*] *Kr Bf Wo Px Ez Pw Tg T2d+e* -rate im. *Sh* **3** [et *add. Lj*] sin [si *Ap Pw Ca Lj*] non adoraueris [-ueritis *Sh Bf Wo Ap*] *Kr Sh Bf T2b+c+d+e Lj* : illum autem non -bis *Bb* **3-4** irascetur tibi [uobis *Bb Wo Ap om. Sh Bf*] dominus [*om. Wo*] deus noster *T2a+b+d Lj* : [tunc *add. T2c*] irascitur tibi dom. [*om. Se*] d. [*om. Ri*] n. *T2c+e* **4** si irascetur mihi quid faciam *T2d Lj* : si -cetur mihi *Pw Tg Ri T2d Lj* si [enim *add. Bb*] -citur m. [dominus *add. Ap*] *Kr Sh Bb T2b'+e Se om. Bf* **5** super sidera caeli [*om. Bb Tg*] *T2a+d+e Px Ez Pw Tg Ap* : super s. c. ad aquilonem *Wo* ad [in *Lj*] aquilonem *T2c Lj* ero similis : s. e. *Bb Do*

T1   **16 1** et iratus est mihi [*om. Sa Ol*] dominus [*om. Sr*] deus [noster *add.*
Cb] *T1a+b+c Aj* : et ir. est dom. d. mihi *Cc* et ir. dominus *Pv* et ir. est
propter hoc super me dom. d. *Ba*   iussit *T1b Sr Sa Ol Pv* : misit *T1a+d*
Go Ba   **1-2** cum angelis meis : *om. Sr*   **2** expelli : expulsi *Hz Rz* deor-
sum et expulit me *Ba*   **2-3** et misit — mundum expulsi : *om. Rz*   **2** et
misit foras gloriam meam *Vb Hz Zp T1b+c Cc Ba* : *om. Pv Aj*   **2-4** et tui
— habitationibus nostris : *om. Pv*   **2** et tui [de *add. Eq Ol*] causa : et sic
c. tui *Sr* qua de c. *T1d*   **2-3** in hunc mundum expulsi sumus *T1a+b+c*
Cc : -sus sum in h. m. *Ba* in h. caliginosum locum -sus sum *Aj*   **3-5** a
gloria — exspoliati sumus : *om. Sa*   a gloria — in dolore : *om. Aj*
3-4 a gloria — in terram : *om. Ba*   a [de *Sr*] gloria nostra et de [*om. Sr*]
habitationibus nostris *T1a+b Sr Go Ol* : a gloria mea et de habitatione celorum *Cc*   **4-5** et proiecti — exspoliati sumus : et *Cc*   **4** et proiecti
[eiecti *Go*] sumus *T1a+b Sr Go Ol Pv*   **4-5** in terram — exspoliati sumus :
om. Ol   **4** in [super *Pv*] terram *T1a Eq Sr Go Pv* : *om. Cb*   **4-5** facti
sumus in dolore [nigri colore *Go*] *T1a+b Sr Go Ba* : hinubus (?) dolorem *Pv*
5-6 quia exspoliati — uidere dolebamus : et tu letitiam et sic dolebá-
mus *Pv*   **5** quia *Zp T1c Aj* : quod *T1a'* et [sic *add. Cb*] *T1b*   exspoliati
sumus de tanta gloria *T1a+b Sr Go Ba* : -tus sum de t. gl. *Aj* de tanta
gloria *Sa Ol Cc* (*cf. supra diuersas omissiones*)   **6** in laetitia deliciarum
uidere dolebamus [-leamus *Rz*] *T1a'* : in gloria del. letitie u. dol. *Cc* in del.
locum u. dol. *Aj* in l. del. uidere [inuidere *Cb*] debeamus [debamus *Go*] *Zp*
T1b+c in loco del. esse positum uidebamus *Ba*   **6-7** et dolo circumueniebamus [-nimus *Sr* Euam *add. Zp*] uxorem tuam *T1a Sr Go Cc* : et dolo
-nientibus ux. t. *Eq* et doloribus tibi -nientibus ux. tuam decepi seduxi *Cb*
et te -niebam dolo gehennali et tuam ux. *Aj* et ego ux. tuam uinci *Pv* et
seduxi ux. tuam *Ba* et dolo circumdati ux. tuam et te decepimus *Sa* et
dolo circumdantibus ux. tuam *Ol*   **7-8** et fecit — laetitiae tuae : et deus
fecit te expellere *Pv* quia propter te deus fecit nos expelli de deliciis glorie
sicut [et *add. Sa*] ego [feci te expelli *add. Sa*] de plenitudine tua *Sa Ol*
7 deus [dominus *Zp*] propter eam [*om. Hz*] expelli *T1a+b Go Cc* : d. pr.
eam [ipsam *Ba*] -lere *Aj Ba* d. exp. pr. eam *Sr*   **8** deliciis gloriae [tuae
add. Ba] et laetitiae tuae [*om. Eq*] *T1a+b+d Sr Go Ba*   sicut et ego : s.
ego *Pv Ba* et sic ego *Ol*   **8-9** expulsus sum a gloria mea [*om. Pv*]
T1a+b+c+d Pv : de gl. m. sum exp. *Ba*

16 1 Et iratus est mihi dominus deus et iussit me cum angelis meis expelli et misit foras gloriam meam. Et tui causa in
hunc mundum expulsi sumus a gloria nostra et de habitationibus nostris et proiecti sumus in terram. **2** Et statim facti
5 sumus in dolore, quia exspoliati sumus de tanta gloria, et te
in laetitia deliciarum uidere dolebamus, **3** et dolo circumueniebamus uxorem tuam. Et fecit te deus propter eam expelli
de deliciis gloriae et laetitiae tuae, sicut et ego expulsus sum a
gloria mea.

T2   **16 1** est : *om. Ap*   mihi [*om. Lj*] dominus deus [meus *add. Pw*] *Kr Sh
Bf Px Ez Pw T2c+e Lj* : m. dom. *Bb Tg Oc Do* mihi deus *Wo Ap* dom.
mihi *Ca*   et² : *om. Ca*   iussit me [deus *add. Wo*] *Sh Bf Wo Oc Lj* :
misit [permisit *Se*] me [*om. Sz*] *Kr Bb Px Ez Ap Pw Tg T2c+e Do Ca*
angelis : applicatis *Ig°*   **2** expelli et — gloriam meam : et expulit me
cum gloria mea *Ap* ad perditionem *Sz   post* misit *add.* me *Bf*   meam
Bb Pw Do Lj Ig : nostram *Kr Sh Wo Px Ez Tg T2c Oc Ca* uestram (?)
Bf   [sic *add. Bf Ap*] tui [tua *Ca*] causa *T2a+c+d Px Ez Ap* : sic causa tui
Pw T2e huius causa *Tg Lj* habuit causa *Wo°*   **2-3** in hunc mundum expulsi [depulsus *Se*] sumus *Wo Px Ez Pw Tg T2c Ca* : exp. s. in h. m.
T2a+e exp. s. *Lj* in m. -sus sum huc *Do*   **3-5** a gloria — facti sumus : *om.
Ri*   **3-4** a gloria — in terram : a gl. mea et cohabitantibus proiectus sum
cum angelis meis *Do*   **3** a gloria nostra et : *om. Wo Se T2e*   **4** nostris :
meis *Ig om. Wo*   et [*om. T2a' Px Ez Tg Se Lj*] proiecti [eiecti *Se*] sumus
in terram *T2a+e Wo Px Ez Pw Se Oc Ca Lj* : pr. s. *Tg om. Ap*   **4-5** in
terram — facti sumus : *om. Tg*   **4** statim : *om. Se*   **5** in [*om. Bb*] dolore *T2a+b+c+d Lj* : in dolore et odio *T2e*   quia *Px Ez Tg Ri Do* : quod
Sh Bf Oc Ca Lj T2e et *Kr Bb Wo Ap Pw Se*   exspoliati [spoliati *Do*] *Bf
Pw T2d* : expoliati *Kr Sh T2b'+c+e Tg Lj* expulsi *Bb*   sumus : *om.
Pw*   **5-6** de tanta — uidere dolebamus : de gloria et deliciarum inde doleamus *Se*   **5** de [a *Do*] tanta [eterna *Wo*] gloria [nostra *add. Ri*]
T2a+b+d+e Ri Lj   **5-6** et [quod *add. Bf*] te in laetitia [deliciis *Pw*] deliciarum uidere [uiuere *Oc Ca*] dolebamus [debeamus *Sh Bf Pw T2e*] *Kr Sh
Bf Px Ez Pw Tg Ri Oc Ca T2e* : et quod te in l. d. uidebamus [uidemus
Ap] *Wo Ap* ecce in l. d. uiuere te doleamus *Do* et in tanta l. delicationis°
uidere te dolimus *Bb* et de l. d. *Lj*   **6-7** et dolo circumueniebamus uxorem tuam : et circ. mulierem tuam dolo et decepimus eam *Lj*   **6** et :
ideo *Wo Ap* ergo *T2e*   circumueniebamus *T2a'+c+e Wo Px Ez Tg Ri* :
-nimus *Bb Ap Pw Se*   **7-8** uxorem tuam — expelli de : *om. Se*
7 uxorem tuam *T1* : **mulierem** tuam [Euam *add. T2d*] *T2*   et [ergo
add. Lj] fecit te [*om. Ap*] deus propter [et *Pw*] eam [Euam *Oc Ca*] expelli
Kr Sh Bf T2b Ri Oc Ca Lj : et f. te d. expelli *Bf* et f. d. propterea te expelli *Do* et sic d. f. te exp. propter eam *T2e*   **8** de [*om. Se*] deliciis [et
add. Bf Px] gloriae et laetitiae tuae [*om. T2a' Se*] *T2a'+c Px Ez Pw Oc Ca
Lj* : de del. tuis et gl. nec non l. *Do* de del. paradisi et l. gl. tue *Wo* de del.
gl. *Bb T2e om. Ap Tg*   **8-9** sicut et ego — gloria mea : sicut me *Bb om.
Tg*   **8** sicut : *om. Kr*   et [*om. Kr Sh Pw Do Lj*] ego expulsus sum *Kr
Sh Bf Px Ez Ap Pw T2c+d+e Lj* : et exp. sum ego *Wo*   **8-9** a gloria
mea : *om. T2e*

T1 **17 1** a diabolo : *om. Ba* **1-2** cum magno fletu *T1a+c+d Eq* : ad dominum cum fl. m. *Ba* magna cum uoce *Cb om. Pv* **2** dicens : dixit *Zp* et
dixit *Cc* et ait *Aj* meus : *om. Aj* est : *om. T1b Sr Pv Cc* **3** [et *add.*
Eq] fac ut iste [ille *Eq Sa Ol*] *T1* meus : *om. Sr Pv T1d* **3-4** qui [quia
T1d] quaerit animam meam perdere [p. m. *Cc*] : q. querat a. m. ut perdat
eam *Ba* **4-5** et da mihi gloriam eius quam ipse perdidit *T1a+c+d Cb Pv* :
da m. domine deus meus possidere gl. e. in humilitate q. ipse habuit et
fastiendo illam superbus et arrogans p. et amisit *Ba om. Eq* **5** statim :
om. Cb euanuit diabolus [*om. Aj*] *T1a Aj* : d. e. *Cc* non apparuit d. *Eq*
Pv T1c disparuit d. *Cb* post hoc d. disparuit ab eis *Ba* Adam uero :
Adam *Sr* et A. *Aj* **6** paenitentia eius *T1a' Sr Pv* : p. sua *T1b Ba* p.
solus *Aj* p. *Zp Go Sa Cc* [in *add. Cb*] quadraginta [quattuor *Zp*] diebus
[dies *Ba*] stans [*om. T1d*] in aqua Iordanis [ad orientem *add. Ba*] *T1*

18 1 et dixit Eua *T1a+b Sr Pv Ba* : et E. dixit *T1c'* dixitque E. *T1d*
uiue tu : uis tu scire *Ba* mi : *om. T1d* tibi : tibi autem *Cb* quia tibi
Ba **2** uita : a deo uita *Ba* fortitudo et prouidentia *Sr* **2-3** nec [*om.*
Ta] primo nec secundo praeuaricatus es nec [et *Cb* aliquando *add. Ba*] seductus [es *add. Aj*] *T1a+c Cb Aj Ba* : nec pr. nec sec. praeuaricatus es *Eq*
Pv nec pr. nec prius priuatus es et sed. *Cc* **3** sed : *om. Eq* praeuaricata [transgressa *Aj*] sum et seducta *Zp T1b+c'+d* : infelix multum pr. sum
et sed. *Ba* pr. et sed. sum *Sr* pr. sum *T1a'* seducta *Pv* **3-4** quia [et *Go*]
non custodiui mandata dei [m. domini *Ba* dei m. *Sr*] *Hz Rz T1b+c Ba* : q.
n. c. -tum dei [domini *Cc*] *Vb Zp Pv T1d* **4** nunc : et ideo *Ba* de
lumine [uiuentium et *add. Ba*] uitae [uite lumine *Aj*] huius [h. u. *Sr*] *T1*
5 uel : ut *T1b* ero : ego *Aj* usque dum : usque *Cb Pv Cc* qui :
Adam *Eq* **6** respondit : respondens *Ba* <resp>ondit *Rz* uerbum : *om.*
Cc hoc uidens [audiens *Zp Go*] *T1a+b+c Pv Ba* : uidens [uero *add. Cc*]
hoc *T1d* **6-7** ambulare ad [*om. Aj*] partes [per partem *Cc*] occidentis :
ire ad p. oc. ambulare *Ba*

17 1 Haec audiens Adam a diabolo exclamauit cum magno fletu dicens: Domine deus meus, uita mea in manibus tuis est[a], fac ut iste aduersarius meus longe sit a me, qui quaerit animam meam perdere, et da mihi gloriam eius, quam ipse
5 perdidit. **2** Et statim euanuit diabolus. **3** Adam uero permansit in paenitentia eius quadraginta diebus stans in aqua Iordanis.

18 1 Et dixit Eua ad Adam: Viue tu, domine mi! Tibi concessa est uita, quoniam nec primo nec secundo praeuaricatus es nec seductus, sed ego praeuaricata sum et seducta, quia non custodiui mandata dei. Nunc separa me de lumine uitae huius
5 uel uadam ad occasum solis et ero ibi usque dum moriar. Qui non respondit ei uerbum. **2** Hoc uidens Eua coepit ambulare

---

17 a. cf. Ps. 119 (118), 109

T2   **17** 1-2 haec audiens — fletu dicens : et dixit Adam *Bb*   **1** a diabolo [et *add. Bf*] exclamauit *Kr Sh Bf Wo Px Ez Tg Ri Oc Ca Lj T2e* : excl. [clamauit *Do*] *Pw Se Do* excl. ad diabolum *Ap*   1-2 cum magno fletu *T2b+d Lj* : cum fl. m. [*om. T2e*] *Kr Sh Bf T2c+e*   **2** dicens *Ap* : **et dixit** *ceteri*   meus : *om. Bf Do*   uita mea [mea uita *Ap* et anima mea *add. Ez post corr. in margine sup.*] in manibus tuis est : in m. tuis u. mea est *Pw*   **3** iste : ille *Bb*   aduersarius meus *Wo Pw Tg T2c Oc Do Sz* : adu. noster *Ap* **adu.** *T2a Px Ez Ca Lj Tg*   longe : longius *Ap*   sit : fiat *T2c* 3-4 animam meam : m. a. *Se* a. *Ca*   **4** mihi : *om. Bb Ca* nobis *Ap Bf post corr.*   ipse [per superbiam [suam *add. Do*] *add. T2d*] *Kr Sh Bb T2b+c+d+e Lj* : iste *Bf*   **5** euanuit *T2d* : [mihi *add. Sh*] non apparuit [comparuit *Px* operauit *Ez*] *T2a+c+e Wo Px Ez Pw* disparuit *Ap Tg Lj*   **6** eius *Bb Bf Px Ez Pw Tg T2c+d+e Lj* : sua *Kr Sh Wo Ap*

    18 1 et dixit Eua ad Adam : et E. ad A. d. *Bb*   tu *Kr Bf Wo Ap Pw Tg T2d+e Lj* : et tu *Bb om. Sh Px Ez T2c*   domine mi : mi dom. *T2e post* tibi *add.* enim *Pw*   **2** quoniam : quia *Wo Ap Pw*   nec[1] : *om. Kr Lj*   2-3 praeuaricatus es [*om. Kr Sh*] nec seductus *Kr Sh Bf T2b* : pr. [es *add. Oc*] nec sed. es *T2d* pr. es *Bb T2c+e Lj*   **3** ego : e. enim *Kr* e. autem *Pw om. Lj*   praeuaricata sum et seducta *Wo Ap Pw T2c* : pr. et sed. sum [uice altera *add. Sh post corr. supra lineam et in margine*] *Sh Bb T2d Lj* pr. et s. *Kr Bf Px Ez* seducta sum *Tg T2e*   **4** mandata *Sh Bb T2b Oc Do* : mandatum *Kr Bf T2c+e Ca Lj*   dei : d. mei *Bb Pw T2e* d. nostri *Se* nunc : et nunc *T2*   separa me [domine *add. Lj*] : separata sum *Se* uitae huius *Pw T2c Do Ca Lj* : h. u. *T2a+b'+e Tg Oc*   **5** uel [et *Oc Ca* ubi *Ap* sed *Ez* ego *add. Lj*] uadam : *om. Do*   ad : in *Px Ez*   ibi : *om. Px Ez*   usque dum : usque *Pw* donec *T2c Oc Do*   5-6 qui [et *Px Ez* Adam uero *Lj*] non respondit ei [unum *add. Sh Bb*] uerbum *T2a+b'+c+d+e Tg Lj* : qui ei non r. ullum u. *Pw*   **6** uidens *Kr Sh Px Ez Pw Tg T2d Lj* : audiens *Bb Bf Ap T2c+e* dicens *Wo*   coepit ambulare [ire *Se*] : iuit *Wo*

T1 7 lugere et : *om. Sr*   7-8 cum gemitu magno : c. m. g. *Ba om. Pv*
8 fecit [f.que *Cc*] sibi [ibi *T1a Sa Ol om. Pv Cc*] habitaculum [tabernacu-
lum *T1b*] *T1a+b+c Pv Cc* : f. sibi tugurium paruum et habitauit in eo *Ba
om. Aj*   8-9 [et *add. Cb*] habens in utero foetum *T1a+b+c* : f. h. in u. s.
T1d h. in manibus ferens f. *Pv°* et iam praegnans erat h. f. in u. s. *Ba*

19 1 appropinquasset tempus [t. app. *Go*] partus eius [e. p. *Aj* pariendi
Cc] : app. p. eius *Sr*   2 conturbari [turbari *Sr* uexari *Aj*] doloribus
T1a+b+c+d : c. *Pv* c. nimis et contristari *Ba*   et : *om. Sr*   exclamauit
[clamauit *T1b Sa Ol*] ad dominum dicens [*om. Eq*] *T1a+b+c Pv Cc Ba* :
clamauit d. ad dom. *Aj*   3 domine et adiuua me : domine deus et adiuua
me in doloribus meis *Ba*   exaudiebatur : -etur *Rz* -ebantur preces eius
Ba   3-4 nec erat misericordia [*om. Hz* dei *add. Cb Cc* domini *add. Ba*]
circa eam [illam *Zp T1d*] *T1a+b+c'+d Ba* : nec e. mis. digna *Pv om. Sr*
4 intra se *Vb Sr T1d Ba* : in se *Hz Rz T1b+c' Pv* ad se *Zp*   4-5 quis
nuntiabit [annuntiabit *T1d*] hoc [h. n. *Zp Go*] domino meo [Adam *add. Sa*]
Vb Hz Zp Eq T1c+d Pv : q. nuntiabit hoc dom. meo Adam quia ad infima
mundi est mihi *Ba* quia nuntiabo [*om. Rz*] hoc dom. meo *Rz Cb*   5 *ante*
deprecor *add.* et dixit [ultra *add. Zp*] *Zp Ba*   6-7 nuntiate hoc — nuntium ipsorum : <nuntiate> partum eius (?) *Cc*   6 nuntiate hoc *Cb Sr Go
Ol Aj Ba* : hoc nuntiate *Eq Sa* nuntiate *T1a' Pv* renuntiate *Zp*   dum :
om. Aj   7 [celi *add. Aj*] luminaria reuerterentur [-tentur *Zp Ba*] *T1a Sr
Go Pv Aj Ba* : reu. l. *T1b Sa*   per nuntium [annuntiationem *Ba* nutum
Zp motum *Sr Go*] ipsorum *T1a Sr Go Ba* : per motum ipsarum *T1b* per
cursum ipsarum stellarum *Aj* in reuersione ipsorum *Sa* <in reuersione>
ipsorum *Ol om. Pv*   7-8 intellexit Adam *T1a+b+c Pv* : A. [*om. Aj Ba*] int.
T1d Ba   8 graui dolore [graue -ris *Eq*] torqueretur [-quetur *Ba*] : g. d.
cepit -queri *Cc*

ad partes occidentis, et coepit lugere et amarissime flere cum
gemitu magno, 3 et fecit sibi habitaculum, habens in utero
foetum.

   19 1a Et cum appropinquasset tempus partus eius, coepit
conturbari doloribus et exclamauit ad dominum dicens: 1b Miserere mei, domine, et adiuua me. Et non exaudiebatur nec
erat misericordia circa eam. 2 Et dixit intra se: Quis nuntiabit
5 hoc domino meo? Deprecor uos, luminaria caeli, dum reuertimini ad orientem, nuntiate hoc domino meo. 3 Et dum
luminaria reuerterentur ad orientem, per nuntium ipsorum intellexit Adam quod Eua graui dolore torqueretur,

---

T2   **7** ad partes [plagam *Lj* orientis et *add. Pw*] occidentis : ad [aput *Px Ez*]
p. occidentales *Px Ez Se*   et[1] : et ibi *Ap om. Bf Px Ez Pw*   lugere et
[ac *Bf om. Wo*] : *om. Bb Tg*   **7-8** cum gemitu magno *Kr Sh Bb T2b+e* :
cum fletu m. *Do* cum m. g. et planctu *Oc Ca Lj om. Bf T2c*   **8 - 20 3** et
fecit — luctu magno : *om. Do*   **8** fecit sibi *Pw* : f. [*om. Oc*] sibi ibi *Ap Oc*
f. ibi *T2a Wo Px Ez Tg T2c+e Ca* f. ei ibi *Lj*   habitaculum : habitationem *Pw*   habens : et habens *Tg* habens iam *Wo*   **8-9** in utero [unum
add. Ap] foetum *T2a+b+c+e* : in u. [uentre *Ca*] f. iam [*om. Lj*] tribus mensibus *Oc Ca Lj*
   19 1 partus eius *Bf Wo Ap Px Pw T2c+e Oc Ca* : eius partus *Kr Sh Lj*
partus *Ez Tg* eius *Bb*   **2** [de *add. Lj*] doloribus : quia d. tenebatur *Bb*
T2e   ad dominum : ad deum *Pw om. Ca*   dicens : *om. Ap*   **3** domine
[deus *Bb Bf*] et adiuua me : et adi. me dom. *Oc Ca Lj*   **3-4** nec [et non
Bb Wo] erat misericordia [ullus *Ca*] circa [apud *T2c*] eam [illam *Pw* ipsam
Ap] *T2a+c Wo Ap Pw Tg Oc Ca Lj* : nec erat m. cum ea *T2e om. Px*
Ez   **4** *post* dixit *add.* Eua *Bf*   intra se *Bb Bf Wo Ap Pw Lj T2e* : in se
Kr Sh Tg T2c Oc Ca ad se *Px Ez*   **4-5** quis nuntiabit [mihi *add. Kr Sh*]
hoc [*om. Bb Wo Ap Tg Sz*] domino meo *Kr Sh Bb T2b+c+e Oc Ca* : quis
nunc consolabitur me *Lj om. Bf*   **5** *ante* deprecor *add.* et dixit *Wo* et
exclamans ait *Lj*   **5-7** deprecor uos — nuntium ipsorum : *om. T2e*
5 deprecor : precor *Lj*   dum : *om. Ap Pw*   **6** ad orientem : ad Iordanem *Pw om. Wo*   **6-7** nuntiate hoc — ad orientem : *om. Ca*   **6** nuntiate
hoc domino meo *T2c* : [et *add. Pw*] n. [renuntiate *Bb*] dom. meo [Adam
add. Bf] *T2a+b* n. dom. m. Ade dolorem meum [magnum *add. Lj*] *Oc Lj*
7 reuerterentur : -terent *Sh Ri* -tuntur *Ap*   ad orientem *Lj* : *om.*
T2a+b+c Oc Ca   **7-8** per nuntium ipsorum intellexit Adam : A. per nutum eorum int. *Oc Ca*   **7** per nuntium [per nuntium tempus *Tg* per
nunctiamenta *Sh* per nutum *Bf Wo Ri* per mutationes° *Kr* per motum *Ap*
Pw pronuntii *Bb* pronuntiatum *Se*] ipsorum [earum *Wo* nemini horum intellexit (?) *Ap*] *T2a+c Wo Ap Pw Tg* : *om. Px Ez Lj*   **7-8** intellexit
Adam *T2a+c+e Wo Pw Tg* : [ipse *add. Px*] A. intellexit *Ap Px Ez* Adam
permittit et in° illam in ipsis considerans et intelligens *Lj*   **8** graui dolore
Bb Wo Pw : in g. d. [esset et *add. Se*] *Bf Px Ez Tg T2c+e Oc Ca* dolore *Kr*
Sh magno dolore *Lj* grauis doloribus *Ap*   torqueretur : -batur *Px Ez*
conqueretur *Kr*

T1   **20** 1-2 et dixit — cum ea : *om. Cc*   1 et [*om. Sr Sa*] dixit [Adam *add.*
Zp Ba] *T1a+b+c Pv Ba* : et d. intra se *Aj*   planctus [enim *add. Sr*] uenit
ad me : *om. Pv Aj Ba*   1-2 [ne *add. Aj*] forte serpentes uenerunt et
pugnant cum ea [in luctu magno *add. Sa Ol*] *T1a+b+c' Pv Aj* : f. s. cum ea
p. *Sr* f. serpens iterum uenit ad eam et pugnat cum ea *Ba*   2-3 continuo
surgens ambulauit [-bat *Cb*] Adam [A. amb. *Eq* ad eam *Sr Pv*] *T1a+b Sr
Go Pv* : et c. [statim *Aj*] s. A. perrexit [ad Euam *add. Cc*] *T1d* et s. transiuit ad eam *Sa* et c. s. A. uenit ad occidentem *Ba om. Ol*   3 et [*om. Pv*]
inuenit eam [Euam *Hz Rz Cb*] in luctu [luto *Cc*] magno *T1a+b+d Sr Go
Pv* : et i. e. in m. luctu positam et contristatus est Adam et stetit super
eam et fleuit amare *Ba om. Sa Ol*   et dixit [*om. Hz*] Eua [*om. Sr*] ad
Adam : et dixit E. *Pv*   4 ex quo te uidi [uidi te *Hz* te uideo *T1b*] domine
mi *T1a+b+c+d Pv* : in magna letitia sum° quando° redidisti domine mi ad
me *Ba*   refrigerauit : -rat *Cb* -rata est *Cc* ecce -rauit iam *Ba*   4-5 in
dolore posita : *om. Pv*   5-6 et nunc : sed nunc *Zp* nunc uero [ergo *Cc*]
T1d et tu *Sr*   deum : *om. Pv*   5-7 ut exaudiat — quibus consumor :
om. Ba   5-6 exaudiat te : misereatur mei *Sr*   6 et respiciat me [*om. Eq
Ol*] *Vb Hz Eq Go Ol T1d* : et -ciet me [te *Cb*] *Rz Cb* et -ciens *Sa om. Zp Sr
Pv*   6-7 de [a *Sr Go*] doloribus meis [m. d. *T1d*] pessimis [plenissimis *Hz*
grauissimis *Zp* potentissimis *Sa Ol*] *T1a+b+c+d* : de dol. *Pv*   7 quibus
consumor : *om. Pv*   7-8 et deprecatus est Adam ad dominum pro Eua
[pro E. ad dom. *Zp Go*] *T1a+b Sr Go* : d.que est A. dom. [deum *add. Cc*]
pro E. *T1d* et d. est A. pro E. [ea *Pv*] *Sa Ol Pv* orante autem A. pro ea
Ba

    21 1 ecce : etiam *Pv*   uenerunt duodecim angeli : septem ang. a deo
missi u. *Ba*   et duae : et duo *Sr*   2-3 et a — a dextris : *om. Zp*
2 a² : *om. Rz*   2-3 erat stans a dextris eius : erat a d. eius st. *Aj* stetit a
d. eius *Ba* a d. *Pv*   3 et¹ : *om. Vb*   eam : Euam *Sa*   a facie [eius
add. Aj] usque [*om. Rz*] ad pectus *T1a+b+c+d Ba* : *om. Pv*   3-4 ad eam :
ad Euam *Cc om. Pv*   4-6 beata es — te ut : *om. Cc*   4 *post* Adam *add.*
uirum tuum *Ba*   magnae : <in> magnitudine *Zp*

20 1a et dixit: Planctus uenit ad me. Forte serpentes uenerunt et pugnant cum ea. 2a Et continuo surgens ambulauit
Adam et inuenit eam in luctu magno. Et dixit Eua ad Adam:
Ex quo te uidi, domine mi, refrigerauit anima mea in dolore
5 posita. 2b Et nunc deprecare dominum deum pro me, ut exaudiat te et respiciat me et liberet me de doloribus meis
pessimis quibus consumor. 3 Et deprecatus est Adam ad dominum pro Eua.

21 1 Et ecce uenerunt duodecim angeli et duae uirtutes
stantes a dextris et a sinistris Euae, 2 et Michael erat stans a
dextris eius et tetigit eam a facie usque ad pectus et dixit ad
eam: Beata es, Eua, propter Adam, quoniam preces eius ma-

T2   **20** 1 et dixit planctus uenit ad me : et d. intra se *Lj* uenit et ait cum
planctu *Px Ez*   dixit planctus uenit *Oc Ca* : ait [Adam *add. Bf*] pl. u.
[uenerunt *Pw*] *T2a+c+e Wo Ap Pw Tg*   1-2 forte serpentes uenerunt et
[cito *add. Kr°*] pugnant *Kr Bb Bf Wo Ap Pw T2c+e Oc Ca Lj* : f. s. pugnant *Sh Tg* ne forte serpens uenerit et pugnaret *Px Ez*   2 ea *Wo* : **Eua**
ceteri   continuo : mox *Lj*   surgens : *om. Px Ez*   2-3 ambulauit Adam
T1 : [Adam *add. Oc*] amb. ad eam *Oc Ca Lj* [Adam *add. Px Ez*] **uenit ad**
Euam [eam *Kr Bf Tg T2c*] *T2a+c+e Wo Px Ez Pw Tg om. Ap*   3 et [*om.*
Ap] inuenit eam : *om. Bf Se*   luctu : luto *Px Ez Sz*   *post* magno *ite-*
rum consequitur Do   et [*om. Sh post corr. in margine*] dixit Eua [ad
Adam *add. Lj*] *Sh Bf T2b+c+d+e Lj* : cui E. *Bf* Eua *Kr*   4 ex quo : ego
cum *Lj*   te uidi *T2a Wo Ap Ri Lj* : uidi te *Tg Do* te uideo *Px Ez Pw Se*
Oc Ca T2e   mi : *om. Wo Ap Pw*   refrigerauit : refrigerata est *Bf*
dolore : doloribus *Ap*   5 posita : *om. Pw*   et [*om. Pw*] nunc deprecare
dominum deum [tuum *add. Do om. T2b+c*] pro me *T2b+c+d Lj* : et n.
[modo *Bf*] pro me dep. dom. [deum *Bb*] *T2a+e*   exaudiat : exaudiret
Bb   6 et respiciat me *Pw Tg T2d* : et -ciet me *Bf* et -ciat te *Sh Px Ez*
Ap Lj et -ciet te *Kr* et recipiat me *Wo om. Bb T2c+e*   et liberet [-rat *Ca*]
me [*om. Do*] : *om. Wo*   6-7 [omnibus *add. Pw*] doloribus meis [tam *Ri*
om. Sh] pessimis [grauissimis *Lj*] *Kr Sh Bf T2b+c+d+e Lj* : laboribus pes.
Bb   7 quibus consumor : *om. T2d Lj*   deprecatus [precatus *Lj*] est :
rogauit *Ap*   Adam *Bf T2d Lj* : *om. Kr Sh Bb T2b+c+e*   7-8 ad dominum pro Eua *T1* : pro E. ad dom. *T2d* dom. pro E. [ea *Kr Sh Bf Wo Ap*
Se] *T2a+b+c+e Lj*
    21 1 et ecce uenerunt [*om. Wo*] duodecim [xxii *Oc* duo *Pw* vii *Kr*] an-
geli *T2a+b+c+e Oc Ca Lj* : ecce enim a. xii u. *Do*   duae : duas *Kr° om.*
Bb   uirtutes : potestates u. *Pw* uirgines u. *Px*   2 *post* stantes *add.* scilicet *Bf*   a dextris et a [*om. Wo Px Ez Pw*] sinistris Euae [*om. Ap*]
T2a+b+c Sz : a d. E. et a s. *Oc Ca Lj* a d. *Do Ig*   2-3 et a sinistris — a
dextris : *om. Do Ig*   2 et² : *om. Bb*   stans : *om. Px Ez Pw*   3 et¹ :
om. Kr   tetigit : regit *Ca*   facie : f. eius *T2d*   ad : *om. Px Ez*
pectus : pedes *Do*   4 eam : Euam *Wo Ap Lj*   beata : sancta *Px* nostra
Se   Eua : *om. Ap*   eius : *om. Pw Ca*   4-5 magnae sunt [*om. Ca*] coram domino [deo *Se*] *Kr Sh Bf T2b+c+d+e* : s. m. c. deo *Lj* m. s. apud
dominum *Bb*

T1 5 domino : deo *Go*   causa illius orationis *Vb Zp T1b Sa Ol* : c. or. il. [eius *Sr* ipsius *Aj*] *Hz Rz Sr Aj* c. il. *Go Ba* c. huius *Pv*   sum : *om. Pv* 6 ut [et *Hz Rz Aj*] accipias adiutorium nostrum [*om. Pv*] *Hz Rz Zp Eq T1c Pv Aj* : et [ut *Cb*] -pies adj. n. *Vb Cb Ba* accipias adj. n. *Cc* (*cf. supra lin. 4-6*) exsurge [exurge *Hz Rz Zp Aj Ba* igitur *add. Ba*] nunc *T1a+b+c'+d Ba* : surge nunc *Sr Pv*   et [*om. Sr*] praepara : et para *Pv* propera *Cb* 7 filium : *om. Zp Sa Ol*   7-8 eratque [erat *Pv*] lucidus [lucida *Rz* pulchrior *Sr* nimis *add. Ba*] *T1a+b Sr Go Ol Pv Ba* : eratque lucidus [luctus *Cc'*] per totum *T1d om. Sa*   8 Eua uero ignorans [agnoscens *Cb*] et admirans [amittitur *Zp*] quid hoc esset *T1a+b Sr Go Ol Ba* : E. u. ign. quod e. *Pv* ignorans autem E. [et adm. *add. Aj*] q. hoc e. *T1d* et ignorauit E. quid esset partus uel fetus adm. hoc q. e. *Sa*   8-9 quod pepererat *Sr Go* : q. peperat [peperit *Cc*] *Zp Eq T1d* q. peperierat [pepierat *T1a'*] *T1a' Cb Sa Ol Ba om. Pv*   9 [et *add. Rz Sa*] dixit ad Adam *Vb Rz Eq T1c+d Ba* : dixit A. *Hz* dixitque ad A. *Zp Cb* dixit *Pv*   mi : *om. Zp Eq Sr Go Pv* hoc : illud *Rz*   9-10 ne nos [*om. Rz*] forte [*om. Zp*] interficiamur [-iciat *Go*] *Vb Rz Zp T1b Sr Go Pv Cc* : ne f. nos int. [-ciemur *Ba*] *Sa Aj Ba* ne nos int. forte *Hz*   10 per : propter *Cb Sr*   10-11 quia [quod *Rz Cb Pv*] in herbis uenenosissimis [-nosis *Zp Pv Cc*] illud [*om. Zp*] comedi [c. i. *Hz Rz T1d*] *T1a+b+c'+d Pv* : quia uiuus uenenosus est quem comedi *Ba om. Sr*   11 et dixit : *om. Cb Sr Ba*   post nequaquam *add.* interficiam *Ba* presumis hoc facere *Cc*   quia : quare *Hz*   11-12 sanguis [enim *add. Aj*] et caro nostra [mea *Go*] est *Sr Go Pv T1d* : s. et c. est *Eq* ex sanguine et carne n. est *Cb* caro et sanguis noster [nostra ? *Ba*] est [dicitur *T1a'*] *T1a Ba* c. et s. est *Sa Ol*   12 continuo : continue *Cb*   cucurrit : currebat *Cc*   13 suis : *om. Go*   tollens herbam *T1a' Eq Pv Go Aj Ba* : tulit h. *Zp Cb* tenens h. [herbas *Ol*] *Sa Ol Cc* colligebat h. *Sr*   ante dedit *add.* et : *T1a+b+c Pv*   dedit : obtulit *T1d*   eam : *om. Sr Ba*   14 et uocauit [uocauitque *Cc*] nomen eius [illius *Cc*]   post Cain *add.* anno circiter Ade quinto decimo et soror eius Salmana uocata est *Ba*   14-15 angelus autem [*om. Eq*] domini ostendit Euae *T1a+b+c+d Ba* : ang. ost. E. *Pv* ang. autem [*om. Aj*] dom. docuit Euam *T1d*   15 qualiter : quomodo *Zp* puerum lactare et nutrire deberet [*om. Pv*] *T1a Sr Go Pv Cc* : deb. p. l. et n. *Sa Ol* p. l. deb. et n. *Eq* l. et n. p. deb. *Cb* l. et n. deb. p. *Aj* pueros n. et l. -erat *Ba*

5 gnae sunt coram domino. Et causa illius orationis missus sum
ad te, ut accipias adiutorium nostrum. Exsurge nunc et praepara te ad partum. **3a** Et fecit sic et peperit filium eratque
lucidus. **3b** Eua vero ignorans et admirans quid hoc esset quod
pepererat, dixit ad Adam: Domine mi, interfice hoc, ne nos
10 forte interficiamur per illud, quia in herbis uenenosissimis illud
comedi. Respondit Adam et dixit: Nequaquam, quia sanguis et
caro nostra est. **3c** Et continuo infans cucurrit et in manibus
suis tollens herbam dulcissimam et mirae uirtutis dedit eam
matri suae, et uocauit nomen eius Cain. **3d** Angelus autem do-
15 mini ostendit Euae qualiter puerum lactare et nutrire deberet.

T2 **5-6** et causa — adiutorium nostrum : *om. Tg* **5** illius [eius *Pw T2e* ipsius
T2d] orationis *T2a+c+d+e Px Ez Pw* : illius *Wo Ap Lj* missus sum
[*om. Se*] ad te *T2c+d Lj* : **uenimus** ad [a *Kr*] te *T2a+b'+e Pw* **6** nostrum : *om. Do* exsurge *Sz* : exurge *T2a'+b'+c+d Lj Ig* surge *Bb Pw*
Tg nunc : mater *Ap om. Bb* et : *om. Kr Sh T2c Do Sz* praepara :
propera *Bb* **7** et fecit [Eua *add. Bf*] sic : et sic fecit *Ap* et fecit sicut
praecepit angelus *Kr* et [statim *add. Kr om. Bf*] peperit [sicut *add. Ri*] :
peperat *T2e* **7-8** eratque [quia e. *Se*] lucidus [*om. Tg*] : erat l. ualde *Lj*
et erat lucidum *Ap* **8** uero : enim *Px om. Do* ignorans et [etiam *Sh*
om. Pw] admirans [amm. *Tg Ri Sz*] *T2a+b+c+e* : adm. [amm. *Ca*] et ign.
T2d Lj **9** pepererat *Sh Px Ez Ri* : -rierat *Kr Bf Wo T2d* -riebat *Pw* -rat
Tg Se Lj T2e -rit *Ap* protulit *Bb* dixit : d. Eua *Sz post corr. in margine*
et d. *Tg Ca* d.que *Bb Bf* dicit *Do* ad Adam : Ade *T2d Lj* domine mi
[*om. Bb Wo Pw Ig*] interfice [me *add. Do*] hoc : int. mi dom. hoc *Sh*
9-10 ne nos forte *T2a'+c+e Px Ez Tg Ca* : ne f. nos *Oc* ne f. *Wo Pw Do* ne
nos [uos *Bb*] *Bb Lj* ne *Ap* **10** per illud *T2a'+c+d Ap Px Ez Pw Lj* : ab
illo *Tg T2e* ab illo et per illud *Wo* pro illo *Bb* **10-11** quia in herbis uenenosissimis illud comedi *T1* : quia in h. uen. [-nosis *Lj*] com. illud *Oc Lj*
om. *T2a+b+c+e Do Ca* **11** respondit Adam et dixit : respondit A. *Ap om.*
Pw nequaquam *T2b+c+d Lj* : *om. T2a+e* **11-12** quia sanguis et caro
nostra *T1* : s. enim [*om. Wo Ap*] et [*om. Kr*] c. n. *T2a+b+c+e* quia c. et s.
noster *T2d Lj* **12** cucurrit : currit *Se* surrexit *Lj* **12-13** et in manibus
suis [*om. Kr Px Ez*] : *om. Ap* **13** tollens herbam dulcissimam : h. t. d.
Px Ez et mirae uirtutis *T1* : **om.** *T2* eam *T1* : **om.** *T2* **14** et [*om.*
Kr] uocauit : et u. [uouit *Ca*] Adam *T2d Lj* eius : pueri eius *Lj* angelus autem domini *Px Ez* : a. uero dom. *T2b+d+e Bb Wo* et a. dom. uero
Lj a. uero *T2a'+c* **15** qualiter : quomodo *Ap* [ecce *add. Do*] puerum
lactare et nutrire deberet [debet *Kr*] *T2a'+d+e Tg Lj* : p. d. l. et n. *T2c* p.
[lactare et *add. Wo*] ablactare d. et n. *Wo Ap* p. lactaret et nutriret *Px Ez*
p. nutriret *Bb* l. et n. p. d. *Pw* **15 - 22** **3** deberet tunc — Adae qualiter :
om. Bb

T1   **22** 1-2 tunc Michael — ad orientem : *om. Cc*   1 tunc Michael [angelus
add. Ba] tulit Adam et [*om. Zp Cb Pv* ad *Vb Sa Ba*] Euam et [*om. Pv*]
puerum [-ros *Ba*] *T1a+b+c Pv Ba* : tunc sancte M. tulit E. et A. *Aj*
1-2 et duxit eos *T1a+b Go Sa Ol Aj Ba* : et tullit eos *Pv om. Sr*   2 et
misit [misitque *T1d* eis *add. Sr*] dominus [deus *add. Vb Rz Eq Sr Sa Ol Ba*
deus suus *add. Go*] *T1*   suum : *om. Pv*   2-3 semina [sera *Hz Rz* sua
add. Sa Ol] diuersa [uniuersa *Sr*] et ostendit Adae [*om. T1a*] *T1a+c Eq Pv
Ba* : scientias diuersi laboris [-sorum -rum *Cc*] et diu. sem. docuitque
Adam *T1d* et ostendit eis semina diuersa Ade *Cb*   3 qualiter : quomodo
Cc   3-4 laborare deberet et colere [-ret *Zp* tolleret *Vb*] terram *Vb Zp Eq
Sr Pv Aj Ba* : lab. -rent et c. [-rent *Hz Rz*] terram *Hz Rz Sa Ol* lab. deb.
ut -rent terram *Cc* l. et c. deb. t. *Cb* deb. lab. et c. t. *Go*   4-5 ut haberent
— post eos : *om. Pv*   4 ut haberent fructum [*om. Rz*] *Hz Rz Cb Sa Ol
Ba* : unde et fr. h. *Cc* ut [et *Eq*] -ret fr. [fr. h. *Aj*] *Vb Zp Eq Sr Go Aj*
unde : et *Aj*   4-5 uiuerent ipsi et omnes generationes eorum [ipsorum *Cc*]
post eos [ipsos *Eq* uenture *add. Cb*] *T1a+b+c' Cc* : uiu. i. et o. gen. ipsorum
[illorum *Aj*] *Aj Ba* uiueret ipse et omnis -tio ipsorum *Sr*   5 *in margine
scr.* Abel secundus *Cb*   concepit autem [*om. Pv Ol*] Eua *T1a+b+c' Pv
Aj* : postea [iterum *add. Sr*] E. c. *Sr Cc* et post alios° quindecim annos c.
E. *Ba*   genuit [alium *add. Sa*] filium : peperit f. *Sr Pv*   6 nomine [*om.
Pv Go*] Abel [*Sa post corr.*] : n. A. et soror eius nomine Demora *Ba*
Abel et manebant : *om. Ol*   et manebant Cain et [cum *Vb Ba*] Abel [A.
et C. *Hz Rz Eq* simul *add. Ba*] in unum [inuicem *Pv* simul *Sr*] *T1a'+d Eq
Sr Go Pv Ba* : et m. in unum *Zp* C. et A. in u. *Ol* in unum *Cb om. Sa*

23 1 quadam uero [autem *Aj*] die [uice *Pv°*] *T1*   dixit [dicens *Sa*]
Eua ad Adam : E. d. ad A. *Go*   2 dormiebam et : ego d. *Cb*   uisionem
T1b+c Ba : uisum *T1a Pv°* in uisu *T1d*   nostri : mei *Cc Ba om. Hz*
Abel : *om. Rz*   3 manibus *T1a Eq Pv Aj* : in m. *Cb Go Cc Ba* de m. *Sr
Sa*   prodire *Vb Rz Zp Cb Sr Ol Pv* : prodigere *Sa* prodere *Go* perdire *Eq*
perdere *Hz Aj* prodictem *uel* producem *Ba°* *om. Cc*   Adam : A. ad Euam
Cc om. Ol   ne : num *Cc*   interficiat : -ciet *Go*   4 sed [*om. Pv Sa Aj*]
separemus : s.que *Cc*   et [*om. Sa Ol Cc*] faciamus : f.que *Aj*

22 **1** Tunc Michael tulit Adam et Euam et puerum et duxit
eos ad orientem. **2** Et misit dominus per angelum suum semina
diuersa et ostendit Adae qualiter laborare deberet et colere
terram, ut haberent fructum unde uiuerent ipsi et omnes ge-
5 nerationes eorum post eos. **3** Concepit autem Eua et genuit
filium nomine Abel, **4** et manebant Cain et Abel in unum.

23 **1** Quadam uero die dixit Eua ad Adam: **2** Domine mi,
dormiebam et uidi uisionem quasi sanguinem filii nostri Abel
manibus Cain prodire. **3** Et dixit Adam: Ne forte interficiat
Cain Abel! Sed separemus eos ab inuicem et faciamus eis sin-

T2   **22** **1** tunc : deinde *Lj*   tulit [assumpsit *Wo Ap*] Adam et Euam et
puerum *Kr Sh Bf Wo Ap Pw Tg T2c+d Lj* : t. E. et p. *T2e* t. A. p. *Do*
uenit ad A. et E. *Px Ez*   **2** ad [in *Ap*] orientem : ad Iordanem *Pw*
dominus *Pw Se* : dom. deus *T2a'+d+e Wo Px Ez Ri Lj om. Ap*   **2-3** per
angelum suum semina diuersa *T1* : per **Michael archangelum** sem. diu.
T2a'+d Wo Px Ez Pw per Michael sem. diu. *Tg T2c* sem. diu. per Michael
Ap Michael [archangelum *add. Ig*] ut ostenderet eis sem. diu. *T2e*   **3** *post*
diuersa *add.* et dedit Adae *T2d Lj*   ostendit [praecepit *Pw*] Adae [ei *Ca*
Lj eis *T2e om. Pw Do*] *Kr Sh Bf T2b+c+d+e Lj*   **3-5** qualiter laborare —
post eos : quomodo l. deberet unde ipse et omnis generatio post eos *Ap*
3 qualiter [uel *Bb*] laborare deberet [-at *Bb* -rent *Pw Ri T2e*] *T2a+c+d+d*
Wo Px Ez Pw Tg Lj   colere : collere *Ca* coleret *Kr Sh*   **4** ut [et *Sh Bb*
Wo Px T2c Lj] haberent fructum [*om. Se*] *T2a+c+d+e Wo Px Ez Tg Lj* :
om. Pw   unde uiuerent : *om. Do*   **4-5** [et *add. Kr Bf*] ipsi [ipse *Lj T2e*]
et omnes [*om. Pw*] generationes eorum [earum *Do* ipsorum *Tg Ca*] *T2a+d+e*
Wo Pw Tg Lj : ipsi et o. g. *Px Ez* et o. g. eorum [eius *Se*] *T2c*   **5** post
eos : *om. Bb Pw T2c Lj*   [postea *add. Lj*] concepit autem [uero *Wo* enim
Tg] Eua *T2a'+c+d Wo Ap Tg Lj* : secundo c. E. *T2e* E. autem iterum c.
Px Ez postea accepit E. *Bb* post tempus concepit *Pw*   et genuit filium
T2c+d Lj : et peperit filium *Kr Bb Bf T2b+e* alium filium et peperit *Sh*
6 et manebant [-bat *T2e*] Cain et [cum *Sz*] Abel in unum [simul *Bb Ap Lj*]
T2a+b+d+e Lj : *om. T2c*
    23 **1** quadam uero die Eua dixit *T1* : et una die dixit Eua *Lj* **et dixit**
Eua *T2a+b+c+d+e*   **1-3** domine mi — dixit Adam : *om. Ig*   **1** mi : *om.*
Pw   **2** dormiebam : dormiui *Se*   uisionem *Kr Bf T2b Do Ca Sz* : uisum
T2c uisum mirabilem *Lj* uisioni *Sh* in uisione *Oc* in sompno *Bb*   quasi :
quod *Lj om. Sz*   nostri [mei *Bb Ca*] Abel : nostri *Bf Ri Sz*   **3** manibus
Cain prodire *T1* : de [in *Ap Tg Ri*] manibus Cain [transire uel *add. Wo*]
prodire *Wo Ap Pw Tg Ri Do* in [*om. Kr Ca*] m. C. [tam *Sz*] perdere *T2a*
Ca Sz in m. C. perire [*om. Ez*] *Px Ez* in m. suis portare *Lj* C. prodire *Se*
et dixit Adam *T2d* : et dixit A. ad Euam *T2a+b+c Sz* et A. *Lj*   **3-4** [ue
add. Lj] ne forte interficiat Cain Abel *Bb Bf Wo Pw T2c Oc Ca Lj* : ne f.
C. interficiat nobis A. *Tg* ne f. -ficiet C. A. *Sh Ap Px Ez Do T2e* ne -fecit
C. A. *Kr*   **4** sed [*om. Bb Ap Se T2e*] separemus eos [nos *Bb om. Ez*]
T2a+b+c+e Ca Lj : sep. ergo [igitur *Do*] eos *Oc Do*   faciamus *Sh Bb Px*
Ez Ap Pw T2c Oc Do Lj : -emus *Kr Bf Wo Tg Ca T2e*   eis : eos singu-
lares et *Do*

T1 5 fecerunt : et uocauerunt *Cb*   Abel uero : et A. *Ba*   6 ut essent ab inuicem [procul *add. T1d*] separati [s. ab i. *Ba*] *T1a+b+c+d Ba* : om. *Pv* et [*om. Sa Ol*] post hoc : post hoc autem *T1d*   dum : cum *Sa Ol Aj* om. *Cc*   7 offerrent *T1a+d Cb Sr Go Sa Pv* : -rat *Eq* -erunt *Ol Ba*   hostias domino : dom. h. *Sr Sa Ol* h. deo *Cc*   [tunc *add. Cb*] interfecit Cain Abel *T1a'+b+c* : C. int. fr. s. A. *Zp* C. int. A. propter hoc quia inuidebat ei propter bonitatem ipsius quia iustus erat A. et deum timuit et omnia iuste egit coram domino deo suo *Ba* uidens C. quod oblatio A. domino acceptabilis erat deo inuidit ei quia pinguiora et pulcriora de animalibus condonabat interfecit eum C. *Aj* uidens C. quod oblatio A. esset acceptabilior deo inuidens ei quia pinguiora et pulcriora de animalibus offriret domino C. uero peiora intendebat interficere eum *Cc*   7-8 erat autem — et triginta *T2* : om. *T1*   8-9 interfectus est [*om. Hz Rz*] autem [*om. Pv Aj*] Abel [Cain *Eq* a Cain *add. Ba*] *T1a'+b+c Pv Aj Ba* : int. estque Abel *Cc* om. *Zp*   9 cum esset [erat *T1b*] annorum centum uiginti duorum [dierum *Ba*] *T1a+b Go Sa Pv Ba* : cum e. c. u. an. [annos *Aj*] *T1d* cum e. an. xxiiij *Sr* Adam uero cum e. c xxti an. *Cb*   postea add. et deinceps Eua noluit conmiscere Ade propter interfectionem filii sui sed admonita per angelum iterum rediit ad thorum uiri sui cum autem esset xxx ducentorum annorum genuit Seth de cuius generatione Christus nasci uoluit propter hoc quidam incipiunt primam etatem ab Adam alii autem a Seth dicunt enim quidam quod de Abel nullus sit natus sed uirgo permansit usque et tota generatio Cayn in diluuio periit *Ba*

24 1 et [*om. Vb Eq Sa Ol Aj*] post [*om. Hz Rz*] hoc cognouit Adam [*om. Sa Ol* A. cogn. *Ba*] uxorem suam [Euam *add. Zp* concepturam *add. Cb*] *T1a+b+c Pv Aj Ba* : cognouit ux. s. *Cc*   et genuit : g. ex ea *Aj* g.que *Cc*   2 uocauitque : et u. *Pv* u. *Hz Aj* u. autem *Eq*   et dixit : dixit autem *Eq*

5 gulas mansiones. 4 Et fecerunt Cain agricolam, Abel uero
pastorem[a], ut essent ab inuicem separati. 5 Et post hoc, dum
offerrent hostias domino, interfecit Cain Abel. Erat autem
Adam tunc annorum centum et triginta. Interfectus est autem
Abel cum esset annorum centum uiginti duorum[b].

24 1 Et post hoc cognouit Adam uxorem suam et genuit filium uocauitque nomen eius Seth. 2 Et dixit Adam ad Euam:

---

23 a. cf. Gen. 4, 2
    b. cf. Gen. 4, 8 et 5, 3

T2 5 Cain [*om. Ap*] agricolam : C. agriculum *Kr*   *post* uero *add.* fratrem
suum *Bf*   6 ut [semel *add. Do*] essent [mansiones *add. Kr*] ab inuicem
separati *Kr Sh Bb T2c+d+e Wo Tg T Lj* : ut e. sep. *Wo Ap* ut sic ab inu.
e. sep. *Bf om. Px Ez*   et [tunc *Pw om. Wo*] post hoc *T2a Wo Ap Pw Tg
T2d+e Lj* : postea *Px Ez* et *T2c*   6-7 dum offerent hostias domino interfecit Cain Abel *T1* : dum [cum *Ca Lj*] hostias of. [offerrent *Do*] dom. int.
C. A. *T2d Lj* int. C. A. cum hostias [h. cum *Pw*] offerent [*Bb Ez Tg T2c+e*
offerrent *Wo Ap* offerentur *Sz* offeret *Bf Px* offerret *Sh Pw* offere *Kr*]
domino [deo *Bf Bh Wo Pw* deo nostro *Tg*] *T2a+b+c+e*   7 *post* Abel *add.*
ergo quia dominus auertit faciem a Kaym et ab hostia eius Abel uero
hostiam suscepit et benedixit, ob hanc inuidiam motus Kaym interfecit
fratrem suum et fecit eum martyrem° intulit ergo dominus Kaym maximum nefas et uitium propter fratricidium° quia omnis homo omnisque
bestia uiuens super terram cognouit et considerauit a parte in eo fra-
tricidium ipsum est° maledicens hoc Kaym nimium erubescebat profugus
intrauit quamdam solitudinem deserti et ibi habitabat ut bestia tandem
nutu dei quidem pergebat uenatum ipsumque uidit latitantem sub quodam
rubo putans eum esse bestiam indomitam° arcum tetendit quemque sagit-
tauit et sic miserrime defecit sic iudicauit dominus deus sanguinem abel *Lj*
7-8 autem Adam tunc *Kr Bf T2e* : Ad. autem tunc *Sh* autem tunc Ad. *Tg T2d*
Ad. tunc *Wo Ap* autem Ad. *Pw Ri Lj* autem tunc *Px Ez* autem *Se* autem
Cain *Bb*   8 annorum centum [et *add. T2a+e Tg Ri*] triginta *T2a+c+e Ap
Px Ez TgCa* : c xxx annorum *Wo* c xx ii annorum *Pw* c xx *Oc* xii centum
et triginta *Do* C xxx unius anni *Lj*   *post* triginta *add.* cum interfectus
[perinterfectus *Do*°] est [esset *Oc*] Abel *T2d Lj*   8-9 [et *add. Kr T2e*] interfectus est autem [*om. Sh Bb Px Ez Ap T2e*] Abel *T2a+c+e Ap Px Ez
Pw Tg Oc Ca Lj* : cum int. est A. *Wo* A. int. est autem *Do*   9 annorum
centum uiginti [et *add. Bb Ap*] duorum *Sh Bb T2b'+c Tg Ig* : c. [et *add.
Bf*] uig. d. an. *Bf Lj* c xx ii *Sz* an. c xx *Pw* an. xxii^{orum} [xxii *Ca*] *T2d* ann.
c. et xxx *Kr*

    24 1 et [*om. Wo Px Ez*] post hoc *Kr Bf T2b'+c+d+e Lj* : et post *Pw* post
hoc autem *Tg* postea *Bb* et post multos annos *Sh post corr. in marg. infer.*   cognouit [*Do post corr. qui ante corr. scripserat* congregauit] Adam
[*om. Pw*] : A. c. *Ez*   1-3 filium — Abel habes : Seth *Px Ez*   2 uocauitque [et uocauit *Bb Bf Wo Ri om. Kr Sh*] nomen eius *T1a+d+e Wo Ap
Pw Tg Ri Lj* : nomine eius *Se*   2-4 dixit Adam — Adam Seth : *om. Bb*
2 Adam [*om. Oc Ca*] ad Euam : Adam *Do* Eua ad A. *T2c*

T1 **3** ecce filium pro Abel habes : pro A. habeas [habens *Aj°*] hunc filium *T1d*
ecce f. pro A. dedit nobis dominus nutri ergo et custodi illum *Ba*
3-4 et postquam — octingentos et : post Seth *Sa* et postea *Ba*   et postquam genuit Adam [A. g. *Eq Sr*] Seth *T1a Eq Sr Go Pv* : p. autem [A.
filium *add. Cc*] S. -sset *T1d* et p. Eua -sset S. A. adhuc *Cb*   **4** annos octingentos : -is -tis *Go*   **4-5** et genuit [-erunt *Eq* Adam *add. Rz Zp*] triginta filios [f. tr. *Rz T1b Sr Pv*] et tot filias *T1a+b Sr Go Pv* : genuitque
[-erunt *Ba*] tr. filios et totidem filias *T1d Ba* genuit octingentos filios [*om.
Sa*] et filias *Sa Ol*   **5** extra [exceptis *T1b Go Sa* praeter *Pv Aj* post *Cc*]
Cain [et *add. T1b Pv*] Abel et Seth *T1a+b+c'+d Pv Ba* : extra Cain et Abel
et duabus sororibus eorum scilicet Delbora et Calmana *Sr*

25 **1** et dixit : dixitque *T1d*   omnes [*om. Pv Sa Ol*] filios suos
T1a+b+c Pv Ba : o. f. et ad filias suas *Cc* f. s. et filias *Aj*   *ante* narrabo
add. audite filii mei *Ba*   **2** quae uidi et audiui : o. que a. et u. *Ba* quid
mihi euenit *Cc*   ego et [Eua *add. Go*] mater uestra [*om. Rz*] : autem m.
u. et ego *Pv*   sumus : fuerimus *Zp*   **3** de paradiso : *om. Go*   cum
[cumque *Sa*] essemus : cum essem *Aj*   *post* oratione *add.* deprecantes et
deplorantes peccatum nostrum *Ba*   **3-4** Michael archangelus dei nuntius
[*om. Ba* n. d. *Cb*] ad me *T1a+b Sr Go Ba* : M. arch. *Sa Ol* M. arch. ad me
et dixit nuntius *Pv* [angelus *add. Aj*] Vriel arch. dei nuntius [*om. Cc*] ad
me [monstrans mihi *add. Cc*] *T1d*   **4** et uidi : uidique *Cc* uidi *Aj*
4-5 currum [*om. Sr* igneum *add. Cb Ba*] tanquam uentum uelocem [uo-
lantem *Cb Sr*] *T1a+b+d Sr Sa Ol Pv Ba* : angelum uelocem tanquam uentum *Go post corr. in margine*   **5** et rotae [rothe *Cb*] illius [eius *Aj*] erant
igneae : et tote rothe ignee illius erant *Ba*   et : *om. Zp*   raptus sum
[eram *T1d*] : raptus sum per illum *Ba*   **6** iustitiae [dei mei *add. Ba*] : *om.
Pv*   et uidi : u.que *C* c et *Hz*   sedentem : sedere *Cb*   **7** ut : tanquam
Cb sicut *Pv* ueluti *Ba om. Sr*   incendens [accendens *Hz Rz* incedens *Aj*
inmundus (?) *Zp*] et intollerabilis : *om. Pv*   **8** angelorum : *om. Sr*   a
dextris : *om. Sa Ol*   currus illius *T1a+b Sr* : il. c. *Aj* c. aureus il. *Sa Ol*
illius *Go* eius *Cc Ba om. Pv*

Ecce filium pro Abel habes[a]. **3** Et postquam genuit Adam
Seth, uixit annos octingentos et genuit[b] triginta filios et tot
5 filias, extra Cain, Abel et Seth.

25 1 Et dixit Adam ad omnes filios suos: Narrabo uobis
quae uidi et audiui. **2** Postquam ego et mater uestra eiecti sumus de paradiso, cum essemus in oratione, uenit Michael
archangelus dei nuntius ad me. **3** Et uidi currum tanquam
5 uentum uelocem et rotae illius erant igneae et raptus sum in
paradisum iustitiae. Et uidi dominum sedentem et aspectus
eius erat ut ignis[a] incendens et intollerabilis, et multa milia
angelorum a dextris et a sinistris currus illius.

---

24 a. cf. Gen. 4, 25
    b. cf. Gen. 5, 4
25 a. cf. Ez. 1, 27; 8, 2

T2 **3** filium pro Abel habes [habens *Kr*] *Kr Sh Bf Ap Tg Ri T2d Lj* : f. loco
A. habemus *Pw* filium habes pro A. *Wo* habes filium pro A. *T2e* filius pro
A. *Se*   **3-4** et postquam genuit Adam [Eua *Bf Lj* Abel et *add. Wo om.*
Ap] Seth *Kr Sh Bf T2b Lj* : et p. A. g. S. *T2d+e* p. genuit S. *add. Ri in
marg. infer.* Seth autem *Se*   **4** uixit annos octingentos *Kr Tg T2e* : u.
annis octingentis [lxxx *Bb* Adam *add. Px Ez*] *Sh Bb Ap Px Ez Pw* u.
[autem *add. Ri*] octingentis [*spatium uacat in Se*] annis *Wo T2c* uixit
[iuxta *T2d*] annos D[tos] CCC[tos] [CC xxx *Oc* CCC *Do Lj*] *T2d Lj*   **4-5** triginta filios et tot [totidem *Px Ez*] filias *Px Ez Ap* : filios trig. et tot [to-
tidem *Pw Lj*] filias *T2a+c+d+e Pw Tg Lj* filios et filias 30 *Wo*   **5** extra
[ex ea *Bb* absque *Wo* exceptis *T2d* excepto *Lj*] Cain Abel et Seth *T2a+b+d
Wo Px Ez Ri Lj* : *om. Se T2e*
     25 1 et dixit : dixit autem *Do*   omnes *T2d Lj* : *om. T2a+b+c+e*
suos : *om. Bb*   **2** quae : quod *Ap Sz* quid *Bf Wo Pw*   uidi et audiui :
a. et u. *Sh Px Ez* u. *Pw*   postquam : p. uero *Lj*   uestra : *om. Ca*
eiecti sumus [fuissemus *Ap*] *T2b'+c+d Pw Lj* : proiecti s. [fuimus *Ig*] *T2a+e
Tg*   **3** cum : et cum *Bb T2e*   **3-4** uenit Michael archangelus dei [*om.*
Ca] nuntius [dei *add. Lj T2e*] ad me [ad me *om. Ap*] *T2a+b'+e Oc Ca Lj* :
u. M. arch. ad me [nuntius *add. Pw*] *Pw T2c* u. M. dei nuntius *Tg* M. arch.
dei nuntius u. ad me *Do*   **4-5** uidi currum — igneae et : *om. T2e*
5 uentum uelocem [uolantem *Ap* ualidum *Do*] *Kr Sh Bb T2b+c+d Lj* : uelocem uentum *Bf*   illius : eius *Pw*   sum : fui *Tg T2e*   **6** iustitiae *T2d
Lj* : *om. T2a+b+c+e*   *post* sedentem *add.* in throno *Ap*   et[2] : *om. Kr
Sh*   ut [sicut *Bf Tg T2c*] ignis incendens [splendens *T2e*] : ut ignis
T2d   **8** currus illius [*om. Wo*] *T2a+b'+c Tg Lj* : illius currus *T2d* illius *Pw*
om. T2e

T1   **26 1** hoc : et hoc *Pv* hoc uero *T1d*   perturbatus sum [nimis *add. Ba*]
T1a+c Eq Pv Ba : conturbatus sum [angustia *Cc*] *Cb T1d*   comprehendit
T1a+b Go Sa Pv : apprehendit *Sr Ol T1d Ba*   *post* me *add.* et cecidi in
faciem meam *Ba*   **2** coram deo : dominum *Pv T1d*   super faciem terrae : *om. Pv*   mihi dominus *T1b+d Go Sa Ba* : dom. m. *Ol* m. deus *T1a
Sr Pv*   **3** [Adam *add. Cc*] ecce tu morieris : *om. Eq*   **3-4** quare praeteristi — tuae quam : q. obedisti uoce uxoris tue et praeteriuisti mandatum
meum quam uxorem *Ba*   **3** quare [tu *add. T1c' Pv*] *T1b+c' Pv* : quia *T1a
Aj* quoniam *Cc om. Sr*   praeteristi *T1a+c+d Eq Pv* : contrauertisti *Cb*
meum : *om. Cb Sa Ol*   **4** quia obedisti [credidisti *Cb*] *T1a Cb Sr Go Pv* :
et ob. *Eq Sa Ol T1d*   *post* uxoris tuae *add.* plus quam meae *Cc* (*cf.*
T2)   **4-6** quam tibi dedi — mea praeteristi : *om. Pv*   **4** tibi dedi [dedit
Eq] *Vb Eq Sr Sa Ol T1d* : d. t. *Hz Rz Zp Cb Go Ba*   **4-5** in potestatem
— uoluntate tua : ut eam haberes in potestate et in uoluntate tua *Zp*
4 in potestatem [tuam *add. Sa Ol Ba*] *Vb T1b+d Sr Sa Ol Ba* : in -te *Hz
Rz Go*   **5** haberes eam [*om. Eq*] *T1a'+b Sr Ba* : habeas eam *T1c' Cc* illam
haberes *Aj*   **5-6** in uoluntate — mea praeteristi : *om. Cc*   **5** in [*om. Ol*]
uoluntate tua [*om. Sr*] *T1a'+c Eq* : t. u. *Aj* -tem tuam *Ba* in potestate tua
uel in u. t. *Cb* (*cf. supra Zp*)   obaudisti illi [illud *Rz*] *T1a Eq Sa Ol* :
obedisti [-iuisti *Cb*] illi [ei *Ba*] *Cb Sr Go Aj Ba*   **5-6** uerba mea praeteristi
[praetermisisti *Cb*] : p. u. m. *Aj* mandatum meum -iuisti *Ba*

    27 1 haec uerba dei *T1a Sr Go Pv Ba* : h. u. *Eq Sa Ol T1d* uerbum dei
Cb   audiui : audissem [-iuissem *Cc*] *T1d Ba*   procidens in [ad *Sr*] terram : procidens *Ba* iterum *Pv*   **2** oraui ad dominum [deum *Go*] *T1a+c'
Eq* : o. dom. *T1d* adoraui [ad *add. Ba*] dom. [deum *add. Ba*] *Cb Sr Ba*
dom. adoraui *Pv*   dicens *T1a+d Ba* : et dixi *T1b+c' Pv* dixi *Sr*   domine
[*om. Aj*] omnipotentissime [-tens *Cb Sr Aj* et *add. Eq T1c'*] misericordissime [-cors *Sr Aj*] deus *T1a+b+c Aj* : dom. deus -potens *Ba* -tissime
et -cors dom. *Cc* deus -potens *Pv*   **3** sancte et pie *T1a+b Sr Go Pv Aj* : s.
p. et iuste et misericors *Ba* creator pie *Cc* et pater *Sa Ol*   **3-4** nomen
memoriae tuae maiestatis : quaeso memoria tua sanctissime mai. a generatione mea quam plasmasti ad ymaginem tuam *Ba*   **3** nomen : n. meum
Cb om. Aj   *post* nomen *add.* meum usque in seculum seculi sed perduc
me in paradisum ut te laudem in secula seculorum amen *et desinit Cc*
3-4 memoriae tuae [et *add. Cb*] maiestatis *T1a'+b+c Aj* : memorie tue *Pv*
tue maiestatis *Zp*   **4** sed [*om. T1a*] conuerte [-tere *Sr*] animam meam
quia [ne *Aj*] moriar [morior *Zp*] *T1a+c Eq Pv Aj* : *om. Ba*   et : sed *Ba*
om. Pv

26 1 Hoc uidens perturbatus sum et timor comprehendit me et adoraui coram deo super faciem terrae. **2** Et dixit mihi dominus: Ecce tu morieris, quare praeteristi mandatum meum, quia obedisti uoci uxoris tuae, quam tibi dedi in potestatem,

5 ut haberes eam in uoluntate tua, et obaudisti illi et uerba mea praeteristi.

27 1 Et cum haec uerba dei audiui, procidens in terram, oraui ad dominum dicens: Domine omnipotentissime, misericordissime deus, sancte et pie, non deleatur nomen memoriae tuae maiestatis, sed conuerte animam meam[a], quia moriar et

---

27 a. cf. Ps. 23 (22), 3

T2   **26 1** perturbatus sum [fui *Tg om. Do*] : conturbatus sum *Pw*   comprehendit *T2b' Tg Oc Ca Lj T2e* : apprehendit *T2a+c Pw Do*   **2** et[1] : *om. Do*   adoraui : oraui *Bb Se Oc* adorare *Ca*   deo : domino *Bb Pw*   post deo *add.* et cecidi *Bb*   mihi dominus *Ap Pw Do* : mihi deus *Oc Ca Lj* mihi [*om. Ri*] dominus deus [meus *add. Bf*] *T2a+c+e Wo Px Ez* dom. d. mihi *Tg*   **3** tu : *om. Do*   quare [tu *add. Bb Ap Pw T2c Lj*] *Kr Bb Wo Ap Ez Pw Tg T2c+d+e* : quia *Sh Px* quoniam *Bf post corr. in marg. om. Ca*   **3-4** praeteristi mandatum meum quia : *om. Lj*   **3** mandatum meum : -ta mea *Pw om. Wo*   **4** quia [et *Kr Bb T2c+e*] obedisti : quia plus ob. *Wo* quare tu ob. *Lj om. Pw*   post uxoris tuae **add. plus quam meae** *T2a+c+d+e Pw Px Ez Lj* quam mee *Wo* plus quam *Tg*   quam[2] : *om. Ap Tg*   **4-5** tibi dedi — uoluntate tua : t. d. ut habeas eam in potestate tua et in uol. tua *Pw*   **4** tibi dedi [d. t. *Wo Ap Do*] in potestatem [-tate *Sh Bb Wo T2c Sz* -tate tua *Px Ez*] *T2a+b'+c+d+e Tg* : t. in -tatem tradidi *Lj*   **5** haberes eam : h. ea *Lj*   **5-6** et obaudisti [obedisti *Do*] illi et uerba mea praeteristi *T2d* : *om. T2a+b+c+e Lj*

27 1-2 et cum — dominum dicens : haec uerba audiui procidens in terram coram domino et dixi *Lj*   **1** et cum [*om. Bb*] haec [*om. Sh Bb Px Ez*] uerba dei audiui *T2a+b* : et cum u. a. *Ca* et cum h. a. u. *Do* h. cum u. d. a. *Oc* hec [hoc uerbum *Ig*] audiens *T2e* et cum hec audissem *T2c*   **1-2** procidens in [ad *Pw*] terram oraui ad [adoraui *Bf Px Ez Pw*] dominum *T2a Px Ez Pw Tg* : pr. cecidi in t. adorare dom. *Ap* in t. pr. oraui [adoraui *Do Ca*] dom. *T2d* -cidi in t. [et *add. Wo*] oraui ad dom. *Wo T2e* -cidi in t. adorans dom. *T2c*   **2** dicens *Pw* : et dixi [ei *add. Do*] *T2a+b'+c+d+e Tg*   **2-3** domine omnipotentissime — et pie : dom. deus *Lj*   **2** misericordissime : **et mis.** *Kr° Sh Bf T2b+c+d om.* Bb T2e   **3** [et *add. Ri*] sancte et [*om. Kr*] pie : pie et sancte *Pw* iuste et pie et sapiens *Wo* et pie *Ap*   **3-4** nomen [sanctum tuum *add. Pw*] memoriae tuae maiestatis [magestatis *Px Ez*] *T2a Px Ez Pw Tg T2d+e Lj* : n. maj. t. [t. maj. *T2c*] *Wo Ap T2c*   **4** animam meam [*om. Ca*] : iram tuam ab anima mea *Px Ez* quia moriar *T2b' Pw Ri Do Ca Lj* : quia [et *Bb*] morior *T2a Tg Oc* dum moriar *T2e* ne moriar *Se*   et : et cum *T2e*

T1 5 spiritus meus [*om. Sa Ol*] exiet [exeat *Sr Sa Ol*] de ore meo
T1a+b+c : cum spiritus meus exierit de ore meo *Aj* exue animam meam a
carne mea quia maior est spiritus meus quam caro mea et *Ba om. Pv*
5 ne : ut non *Cb*   6 quoniam de limo terrae plasmasti me : et carnem
quam de l. t. pl. *Aj*   deus : dominus d. *Aj Ba om. Sr*   7 figura cordis
tui facta [sancta *T1a*] est diligens scientiam [sanctam *Hz°*] *T1a+b+c Aj* :
cor tuum factum est d. sc. *Pv* signum cordis tui ostendis et diligis sc. *Ba*
7-8 propter hoc — in saeculum : *om. Ba*   propter hoc : p. quod *Sr*
8 tolletur *Zp T1b Go Sa Pv* : tollitur *T1a'* delebitur *Sr Aj*   usque : *om.*
Sr Pv

28 1 audiui haec uerba dei [*om. Sr Pv*] *T1a+b Sr Go Pv* : h. u. dei a. *Ba*
h. -issem uerba *Aj* a. h. *Sa Ol*   adoraui dominum [deum *add. Cb*] : oraui
[iterum *add. Ba*] ad dom. [deum *add. Ba*] *Aj Ba* prostraui me ad terram et
oraui ad dom. *Vb*   dicens : *om. Cb*   2 tu es [*om. Eq*] aeternus deus [*om.*
Pv] et summus : tu es d. et. et s. *Ba* eterne et summe d. *Aj*   et : *om. Vb*
Hz Aj   2-3 tibi [*om. Go*] dant [d. t. *Hz*] laudem *T1a+b Sr Go* : d. t. gloriam *Sa Ol* t. l. d. *Ba* t. dent l. *Aj* debent t. l. *Pv*   3 *post* honorem *add.*
in secula *Ba*   tu : quia tu *Aj*   3-4 super omne lumen fulgens uera lux :
u. lux et lumen super o. lumen lucens *Ba*   [lucens *add. Sa*] fulgens uera
lux : fulgens lux uero *Cb* uera lux fulgens *Aj*   4-6 irreprehensibilis magnitudinis — misericordiae tuae : *om. Pv*   4 irreprehensibilis magnitudinis uiuens uirtus [uirtutem *Zp*] *T1a* : [et *add. Sa Ol*] irr. magn.
uirtus [-tutis *Sa Ol*] uiuens [uiues *Eq*] *T1b+c'* -tudo uiua uirtus *Aj* irr. et
magnus *Sr om. Ba*   4-5 tibi dant [et *add. Zp*] honorem omnes creaturae
tuae [t. cr. *Zp*] *T1a Aj* : *om. T1b+c Ba*   5-6 [quia *add. Sr*] tu [et *Aj*]
facis cum [in *Aj*] genere humano magnalia [*om. Cb*] misericordiae tuae
T1a+b+c Aj : tu f. omni creature tue magnam -cordiam tuam *Ba*

5 spiritus meus exiet de ore meo. 2 Ne proicias me a facie tua^b,
quoniam de limo terrae plasmasti me^c. 3 Et dixit ad me deus:
Quoniam figura cordis tui facta est diligens scientiam, propter
hoc non tolletur de semine tuo usque in saeculum ad ministrandum mihi.

28 1 Et cum audiui haec uerba dei, adoraui dominum dicens: Tu es aeternus deus et summus, et omnes creaturae tibi
dant laudem et honorem. 2 Tu es super omne lumen fulgens,
uera lux, irreprehensibilis magnitudinis uiuens uirtus, tibi
5 dant honorem omnes creaturae tuae, tu facis cum genere hu-

---

b. cf. Ps 51 (50), 13
c. cf. Gen. 2, 7

T2   5 spiritus meus [*om. Lj*] exiet [exeat *Bb* exiuit *Pw Ca* exibit *Tg*] de ore
meo *Kr Sh Bb T2b+c+d+e* : *om. Bf*   tua : *om. Pw*   6 quoniam : quia
Lj   plasmasti me [*om. Ap*] : me pl. *T2e* formasti me *Bf*   ad me [do-
minus *add. Bb*] deus *T2a+e Wo Ap Tg* : ad me dom. *Pw* dom. ad me *Px
Ez T2d* mihi dom. *Lj* deus *T2c*   7 quoniam [quomodo *Se* qua *Lj°* cum
Wo] figura cordis [corporis *Bb* crucis *Px Ez*] tui [mei *Bb om. Pw*] facta est
[es *Bb Bf*] diligens scientiam [*om. Tg*] *Kr Bb Bf T2b+c+d Lj* : cum fig. c. es
dil. sc. *Sh post corr. in margine* q. fig. mea es *T2e*   8 non tolletur *Bb Pw
Tg T2c+d+e Lj* : tolletur *Ap* nomen t. *Ez* deletur nomen *Px* tolle *Wo om.
T2a'*   de semine tuo *T2a+c+d Wo Pw Tg Px Lj* : semen tuum *T2e* de se°
Ap   ad ministrandum : -randi *Pw*   9 *post* mihi *add.* erunt *Se* eius (?)
Bf
        28 1 et cum [tunc *Ap om. Bb*] audiui haec [h. a. *Wo*] uerba dei [*om. Sh
Tg*] *T2a+b+d Lj* : et cum a. h. *T2c* audiens h. u. dei *T2e*   1-7 adoraui
dominum — dominum oraui : *om. Tg*   1 adoraui dominum dicens [et
dixit *Se*] : et ad. dicens *Ap* Adam dominum benedicens ait *Lj*   2 deus :
om. Kr   summus : supremus *Bb*   et omnes creaturae [tue *add. KrBb*] :
et omnis creatura *T2e* creature *Ap*   2-5 tibi dant — creaturae tuae : *om.
Bb*   2-3 tibi dant [d. t. *Ap T2c*] laudem et honorem *T2b'+c+d Pw Lj* :
[tibi *add. Bf*] l. d. et h. *Kr Sh Bf* t. l. [l. t. *Ig*] canit *T2e*   3-6 tu es —
misericordiae tuae : *om. Pw*   3-4 super omne lumen [lignum *Px* signum
Ez bonum *Do*] fulgens [refulgens *Sh Do*] uera lux *Kr Sh Bf T2b'+d Lj* : s.
o. lumen f. *T2c* uera lux s. o. l. *T2e*   4-5 irreprehensibilis magnitudinis —
creaturae tuae : *om. T2c*   4 irreprehensibilis magnitudinis uiuens uirtus
T1 : irr. magn. **uirtus** [uirtutis *Do*] **uiuens** [*om. Sh Px Ez* uidens *Do*] *Kr
Sh Bf T2b'+d Lj* lux irr. magn. *T2e*   4-5 tibi dant honorem omnes creaturae tuae [*om. Sh*] *Kr Sh Bf T2b'+d Lj Ig* : t. dat h. -nis -ra tua *Sz*   5-6
tu [quia *T2e om. Kr*] facis cum genere humano magnalia misericordiae
tuae *T2a+b'+c+d+e* : *om. Lj*

T1 **6-7** et postquam ad dominum oraui [adoraui *Eq*] *T1b+c'* : et p. o. haec [*om.* *Zp* uerba *add. Sr*] ad dom. *T1a Sr* et p. o. [adoraui *Pv*] *Pv Ba* oratione autem facta ad dom. *Aj*   **7** Michael : M. archangelus *Zp Sa Ba* angelus *Pv*   manum meam : m. suam *Go* m. *Cb* me *Pv*   **8** uisitationis et uisionis dei *T1a+b+c' Aj Ba* : ubi uidi uisiones dei *Sr om. Pv*   et² : *om. Rz* **8-9** tenens Michael [*om. Hz Rz Zp*] in manu sua uirgam *T1a+b Sr Go Ba* : t. M. [angelus t. *Pv*] uirgam in m. s. *Sa Ol Pv* t. M. m. s. *Aj*   **9** tetigit : et t. *Zp Cb Go Sa* tetegit *Hz Rz*   aquas quae erant : aquam [uirga *add. Ba*] que erat *Sr Ba*   **10** ligauerunt *Hz Eq* : ligauit *Sa* legauerunt *Vb Rz Zp Sr Go* legauit *Pv°* leuauerunt se aque *Ba* alligauit illas *Aj* transiui *Cb*

  29 **1** et Michael transiuit *T1a+b+c* : et tr. M. *Pv* ut transierunt *Ba* transiensque *Aj*   mecum : *om. Cb Pv*   **1-2** et reduxit [-xiuit *Ba* duxit *Pv*] me in locum unde [ubi *Cb Ba*] me rapuit [rapuerat *Aj*] *T1*   **2** in [ad *T1a Aj*] paradisum *T1a+b+c Pv Aj* : *om. Ba*   **3** audiui iterum [*om. Pv* etiam *Aj*] : sed uidi *Ba*   fili mi Seth : *om. Sr*   **3-4** caetera [*om. Sa* secreta *Cb* eius *Sr*] futura sacramenta reuelata mihi [m. r. *Aj*] : c. secreta per que mihi futura sunt reuelata *Ba*   **4** de ligno scientiae comedens : de l. sc. boni et mali [et comedens *add. Ba*] *Aj Ba*   **5** erunt *Vb Hz T1b Pv* : erant *Rz Zp Sr Sa Ol Aj Ba* essent *Go*   in hoc seculo temporali [temporalia *T1b+c' Ba*] futura *T1a+b+c' Aj Ba* : in s. f. *Sr* in hoc s. *Pv* **5-6** facturus [-tus *Go*] est [*om. Eq*] deus creaturae suae [*om. T1b Sa Ol* s. cr. id est *Aj*] generi humano [-is -ni *Sa*] *T1a+b+c Aj Ba* : d. f. esset g. h. *Pv*   **6** apparebit [enim *add. Aj*] deus [dominus *Zp*] : adapparebit dominus *Ba*   **6-7** in flamma — maiestatis suae : *om. Pv*   **7** [et *add. Ba*] ex ore : *om. Hz Rz*   suae : eius *Ba*   **7-8** omnibus [*om. Aj* omnia *Pv*] mandata [sua *add. Rz*] et praecepta *T1a+c Eq Aj Ba* : o. pr. et m. *Cb*

mano magnalia misericordiae tuae. 3 Et postquam ad dominum oraui, statim Michael apprehendit manum meam et eiecit me de paradiso uisitationis et uisionis dei. 4 Et tenens Michael in manu sua uirgam tetigit aquas quae erant circa paradisum, 10 et ligauerunt.

29 1 Et Michael transiuit mecum et reduxit me in locum unde me rapuit, in paradisum.

29 2 Audiui iterum, fili mi Seth, caetera futura sacramenta reuelata mihi. De ligno scientiae comedens cognoui et intellexi, 5 quae erunt in hoc saeculo temporali futura, 3 quae facturus est deus creaturae suae generi humano. 4 Apparebit deus in flamma ignis[a] ex ore maiestatis suae, et dabit omnibus mandata et

---

29 a. cf. Ex 3, 2 (Vg)

T2 6 et [om. Se] postquam : post hoc Oc   6-7 ad dominum oraui T1 : oraui ad [adoraui Wo Ri] dominum [hoc add. Bf] Bf Wo Ap Ez Ri Oc Ca oraui haec [hunc Bb] ad dom. Bb Px T2e hec or. ad dom. Kr Sh Do oraui dom. Pw adoraui Se coram eo dixissem Lj   7 statim Michael apprehendit manum meam : st. ap. M. m. meam Pw   statim Michael : st. M. archangelus T2d Lj   apprehendit [om. Bb] manum meam et T2a+c+d+e Wo Ap Tg Lj : om. Px Ez   8 - 29 2 uisitationis et — in paradisum : om. Wo Px Ez   8 uisitationis [om. Do] et uisionis dei T2d Lj : uisionis dei [om. Ap] Ta+c+e Ap Pw Tg   8 - 29 32 et tenens — iusto iudice : om. Pw   8 - 29 1 et tenens — transiuit mecum : **om.** T2a+c+e Ap Tg   9 tetigit T1 : et t. T2d Lj   10 ligauerunt T1 : rigauerunt [irrigauerunt Oc] T2d et separauerunt se Lj

29 1 et[1] : om. Do   1-2 et reduxit me in [ad Lj] locum unde [dum Wo ubi Ap Do] me rapuit [r. me Sh Ap] in paradisum T2a+c+d+e Wo Ap Tg Lj om. Px Ez   3-26 audiui iterum — a se impios : et audiui T2e   3 audiui iterum : it. a. Bf   caetera [om. Bf Lj] futura [factura Ri alia Sh om. Wo Ap] sacramenta T2a+b'+c+d Tg Lj   4-5 reuelata mihi — quae erunt : om. Lj   4 reuelata mihi [sunt add. Se in marg.] T2a'+b'+c Tg Oc Ca : m. r. Bb r. Do   de ligno [uite add. Px Ez] scientiae comedens T2a+d Wo Px Ez Ri : de l. sc. boni et mali c. Se de l. sancto c. Ap de l. comederis scientie Tg   ante cognoui add. ignoraui Do   5 erunt [erant Sh Bf Wo T2c Do om. Lf] in hoc saeculo [om. Se] temporali [temporalia Bb et plura Wo] futura [factura Se om. Ca] T1a+b'+c+d Tg Lj   5-32 quae facturus — iusto iudice : om. Tg   5 facturus est : faciet Lj   6 deus : om. Se   creaturae suae [primo add. Lj] generi humano [h. g. Bb] T2a+c Wo Ap Ca Lj : creature sue Px Ez creatura sui -ris -ni Do   6-32 apparebit — iusto iudice : om. Px Ez   6 apparebit [-ruit Bb] T2a+d Ap Ri Lj : apprehendit Wo Se   deus T2d : dominus T2a+c Wo Ap   6-7 in flamma ignis ex ore maiestatis suae [eius Wo illius Ap dicens add. Se] : et fl. ig. [iterauit Lj] ex ore mai. sue procedet Lj   7-9 et dabit — maiestatis illius : om. Wo Ap   7 omnibus T2a'+c+d Lj : hominibus Bb

T1 **8** sanctificabunt : -cabit *Go*   eum : *om. Eq*   **8-9** habitationis [et *add.*
Ba] maiestatis [magestatis *Eq*] illius [il. mai. *Sr*] *T1b Sr Go Ol Ba* : mai.
[sue et *add. Hz*] hab. il. *T1a* mai. suae *Aj* sanctificationis et hab. mai. il.
Sa sanctificationis *Pv*   **9** ostendet eis [*om. Pv* illis *Sr* ei *Cb*] deus [*om. Zp*
Sr] *Vb Hz Zp Cb Sr Pv* : -dit eis [illis *Aj Ba* ei *Go* dominus *add. Sa Ol*]
deus [*om. Ba*] *Rz Eq T1c' Aj Ba*   **9-10** locum mirabilem [*om. Pv*] maiestatis [mag. *Zp*] suae : lacum miserabilem mag. s. (?) *Eq*   **10-11** ibi sanctificabunt — pauit illos : et pauet nos in terra *Pv*   **10** ibi : *om. Ba*
domum deo suo *Vb Zp Eq T1c* : domino d. s. *Cb* dominum deum suum *Hz*
Rz Aj Ba   **10-11** in terra quae [qui *Hz Rz Aj* quia *Zp Eq*] pauit illos [eos
Sr] *T1a+b+c Aj* : et ponet in terra illos *Ba*   **11-22** et ibi praeteribunt —
legem illius : *om. Pv*   **11** ibi : illi non *Ba*   praecepta : mandata *Zp*
11-17 et postquam — iniquitas iniquitatem : *om. Ba*   **11-12** postquam
[post *Rz*] hoc [*om. Sr Sa*] fecerint *T1a Cb Sr Go Sa Aj* : p. h. [*om. Ol*]
fecerunt *Eq Ol*   **12** eorum[2] : eius *Cb om. Sr*   **13** propter quod : pr. hoc
q. [quia *Aj*] *Hz Rz Aj*   exacerbauerunt : -uauerunt *Go*   **14** illos [domi-
nus *add. Rz*] *T1a'+c' Cb* : eos *Zp Eq Sr Aj*   a : in *Sa Ol*   **15** iterum :
om. Hz   **15-16** aedificabitur autem nouissima [-sime *Zp* -simo *Sr*] domus
[domini *add. Aj*] *T1a+c Eq Aj* : -bit autem iterum -simo dominus *Cb*
16 quam prior : quam [que *add. Aj*] prius *Cb Aj*   et [*om. Cb*] iterum [*om.*
Zp et i. *om. Vb Hz*] exsuperabit *Vb Hz Zp T1b Sa Ol* : et iterum [*om. Rz*
Aj] superabit *Rz Sr Go Aj*   **17** iniquitas : *om. Sr*   et post hoc habitabit deus : et hic d. h. *Ba*   hominibus : omnibus *Rz Sr*   **18** tunc :
etiam *Zp*   incipiet : incepit *Rz*   aequitas fulgere : iniquitas fulgere [fi-
gure ? *Ba*] *Sa Ol Ba*   **18-19** domus dei in saeculum honorabitur : dominus -rabit *Sr*

praecepta, et sanctificabunt eum in domo habitationis maiestatis illius, et ostendet eis deus locum mirabilem maiestatis
10   suae. 5 Et ibi sanctificabunt domum deo suo in terra quae
pauit illos. Et ibi praeteribunt praecepta eius. Et postquam
hoc fecerint accendetur sanctuarium eorum et terrae eorum
deserentur et ipsi dispergentur, propter quod exacerbauerunt
dominum. 6 Et iterum saluos faciet illos a dispersione eorum,
15   et iterum aedificabunt domum dei. Aedificabitur autem nouissima domus maior quam prior erat[b]. 7 Et iterum exsuperabit
iniquitas iniquitatem. Et post hoc habitabit deus cum hominibus in terris uisurus[c], et tunc incipiet aequitas fulgere et domus

---

b. cf. Agg. 2, 9
c. cf. Bar. 3, 38

T2   **8** praecepta : praecepit *Do*   habitationis : *om. T2c*   **9** et ostendet *Bf
Oc* : et -dit *Kr Bb Wo Ap T2c Do Ca* -dit enim *Lj* ut -deret *Sh*   eis [illis
Se] deus locum mirabilem *T2a+c* : l. eis deus m. *Wo* illis [ei *Ca*] l. m. [-bile
Do supra lineam] *Ap T2d Lj*   **10** suae : *om. Do*   ibi : *om. Wo Lj*
sanctificabunt [-cabit *Wo*] dominum et *add. Lj*] domum deo suo *Kr Wo
T2c Ca Lj* : et s. dominum deum deo suo *Do* et s. domino d. suo *Sh Bb Bf
Ap Oc*   **10-11** quae [qua *Sh* quia *Wo*] pauit illos *Kr Sh Bb T2c+d Wo* :
qui pauit eo *Bf* et parauit eos *Ap* quam parauit illis *Lj*   **11** ibi [illi *Lj om.
Ap*] praeteribunt : inpraeteribunt *Se*   **11-12** et postquam hoc fecerint
T1 : **om.** *T2*   **12** accendetur [-ditur *Ap* inde *add. Bb Bf* igni *add. Wo Ap*
autem *add. T2c*] *T2a+c+d Wo Ap* : -datur *Lj*   **12-13** et terrae eorum
deserentur [-runtur *Bb Ap* desolabitur *Wo* desolantur *Lj*] : *om. Do*
13 dispergentur : *om. Lj*   **13-14** propter [-ea *Lj* ipsi *Kr*] quod [*om. Se*]
exacerbauerunt [exprobauerunt *Se*] dominum [deum *Kr Bb Bf Wo Do Lj*
deum *add. Sh*] *T1a+c+d Wo Ap Lj*   **14** et iterum : et septima [-mo *Oc*]
die iterum [it. die *Ca*] *T2d Lj*   saluos faciet [faciat *Se* facies *Bf Wo*] illos
[eos *Sh Bb Bf*] *T1a+c Wo Ap Lj* : saluabit illos *T2d*   a dispersione eorum [illorum *Sh Ca* ipsorum *Ri* illa *Lj*] *Sh Bb Ri Oc Ca Lj* : ad -sionem
eorum *Kr Bf Wo Do* ad -sionis illorum *Ap* ad dispergendum domum ipsorum *Se*   post illorum *add. in margine* et congregabit eos *Sh*   **15** iterum
T2d Lj : *om. T2a+c Wo Ap*   aedificabunt [-buntur *Wo*] domum : -abitur
domus *Lj*   [et *add. Wo*] aedificabitur *Sh Bb Bf Wo Ap Se T2d Lj* :
-buntur *Kr* -bunt *Ri*   autem : *om. T2d Lj*   nouissima *T1* : **-sime** *T2*
16 prior *T2a'+c Ca Lj* : primus *Wo* prius *Bb Ap* pbz (?) *Do*   **16-17** et
iterum exsuperabit [superabit *Sh Lj*] iniquitas iniquitatem : *om. Ca*
17 post hoc : post *Ap om. Ca*   **17-18** cum hominibus [omnibus *T2d*] in
terris [et infernis *add. Bb*] uisurus *T2a+d Wo Lj* : cum h. super terram et
erit u. *Ap* in t. cum h. *T2c*   **18** et tunc : tunc *Ap Lj*   et[2] : *om. Kr*

T1   **19-20** et non poterunt [-eris *Sr*] aduersa amplius nocere *T1b Sr°* : et [tunc *add. Aj*] non poterunt [potuerunt *Hz Rz Ba* poterint *Aj*] a. n. *T1a' Sa Aj* ut non possint a. n. *Sa* <et non p.> a. n. *Go* et non potuerunt aduerssi (*sic*) — uoces *Zp qui spatium reliquit post* aduerssi et non perñt° (*forte pro* perdunt) a. uocem° *Ol*   **20** hominibus qui sunt in deum credentes : *om. T1*   **20-22** et suscitabit — legem illius : et caetera *Ba°*   **20** sibi *Go* : *om. T1a Eq Sr Sa Ol Aj*   **21** saluatorem et plebem suam *T1a* : s. et pl. facturus *Sr* s. pl. facturus [factus *Cb* perfacturus *Sa* futuram *Go*] *T1b+c'* s. ex plebe sua *Aj*   **22** punientur : ponentur *Sa Ol*   *post* rege suo *desinit Eq*   qui [cum (?) *add. Vb Rz*] noluerunt [-erint *Rz*] *Vb Rz Hz Cb Sr Sa Aj* : non uoluerint *Hz* uoluerunt *Go° Ol°*   illius : eius *Aj*   **23** caelum et terra *T1a Cb Pv Go Aj Ba* : et terra *Sa Ol* in terra *Sr*   noctes : *om. Pv*   **24** oboediunt *Cb Sr Go Ba* : obaudiunt [et obediunt *add. Hz*] *T1a' Ol* obedient *Pv Aj* obaudient *Zp Sa*   deo [ei *Go*] *T1a+c Cb Aj* : domino *Pv* creatori suo *Ba om. Hz*   non [*om. Aj*] praeteribunt praeceptum [-pta *Aj Ba*] eius [illius *Sr Aj*] *T1*   **24-25** nec [*om. Ba*] mutant [-buntur *Sr Sa Aj* mutentur *Ba* mittant *Hz*] opera sua *T1a+c Cb Aj Ba* : *om. Pv*   **25-26** homines autem — praeceptum domini : *om. Sa Ol*   **25** homines autem [*om. Ba*] : h. uero *Pv*   **25-26** mutabuntur [-bunt *T1a*] derelinquentes [delinquentes *Vb Zp*] praeceptum domini *T1a Cb Sr Go Aj* : non obedient et -quent p. dom. *Pv* h. m. delinquentes et praecepta eius destruentes *Ba*   **26** hoc [quod *Ba om. Hz*] repellet : h. -lit *Cb*   deus [dominus *Cb Go*] a se impios *T1a' Cb Go Pv Aj* : a se d. [dom. *Sa Ol*] i. *Zp Sa Ol* a se i. d. *Sr* impios *Ba*   **27** sicut sol iustitiae [*om. Sr*] : soli *Ba* domini : dei *Cb*   **27-28** in tempore illo [isto *Zp*] : in il. t. *Sa*   **28** homines : *om. Ba*   per aquam [regenerationis *add. Ba*] : *om. Pv*   **29** condempnati autem — per aquam : *om. Zp Pv*   condempnati [condemnati *Sa Ba*] *Vb Cb T1c Ba* : prodempnantes *Aj°* contempnantes *Hz Rz*   *post* aquam *add.* et cessauit loqui (?) *Aj*   **29-32** et felix — iusto iudice *T2* : *om. T1*

dei in saeculum honorabitur, et non poterunt aduersa amplius
20 nocere hominibus qui sunt in deum credentes. Et suscitabit sibi deus saluatorem et plebem suam in saeculum saeculi. Et
impii punientur a deo rege suo, qui noluerunt amare legem illius. **8** Caelum et terra, noctes et dies et omnes creaturae
oboediunt deo et non praeteribunt praeceptum eius nec mu-
25 tant opera sua. Homines autem mutabuntur derelinquentes
praeceptum domini. **9** Propter hoc repellet deus a se impios, et
iusti permanebunt sicut sol iustitiae in conspectu domini et in
tempore illo purificabuntur homines a peccato per aquam.
Condempnati autem erunt nolentes purificari per aquam. **10** Et

---

T2 **19** honorabitur *T2a Wo T2c Do Lj* : honorificabitur *Ca* dominabitur *Ap*
19-20 et non [nec *Sh post corr. in marg.*] poterunt [-rant *Wo*] amplius
aduersa [ad. amp. *Do*] nocere *T2a+d Wo* : et non amp. adu. nocere poterunt [*om. Ri*] *T2c* et non p. amp. noc. aduersis *Lj* et -erit amp. adu. noc.
Ap   **20** hominibus qui sunt in deum credentes *T2d* : hominibus *Lj qui*
postea defecit usque ad 34,7 om. T2a+c Wo Ap   **20-21** et [*om. Sh*] suscitabit [exsuscitabit *Do*] sibi [dominus *add. Wo*] deus [*om. Bf*] *T2a+c+d Wo*
Ap   **21** saluatorem et plebem suam *T1* : **plebem saluam** [suam *Sh Bf*]
facturus *T2a* pl. saluam iustitiam facturam *Wo* pl. perfectam et saluam
Ap pl. salutarem [saluatur *Do*] facturus *Oc Do* pl. saluationis *Ca* plebem
T2c   [et *add. Wo sed add. Do*] in saeculum saeculi *T2a+d Wo Ap om.*
T2c   et^2 : *om. Kr Sh*   **22** punientur *T2d* : dispergentur *T2a+c Ap* dis-
perguntur *Wo*   noluerunt : nolunt *Ap*   illius : ipsius *Wo*   **23** terra :
terram *Ap*   noctes et dies : et noctes *Bb*   **23-24** omnes creaturae obediunt [-dient *Sh Oc*] deo : o. ob. cr. *Bb*   **24** praeteribunt *T2d* : trans-
grediuntur *Kr Ap Se* transgredientur *Bb Bf Ri* transgredient *Sh Wo*
praeceptum eius [suum *Oc Ca*] *Kr Sh Wo T2c Oc Ca* : -pta eius [sua *Do*]
Bb Bf Do mandatum illius *Ap*   mutant : mutabunt *T2d*   **25-26** mutabuntur [-bunt *Kr*] mutant opera sua *Ap*] derelinquentes [delinquentes *Kr Bf*
Se T2d] praeceptum [-ta *Bb*] domini [dei *Wo Ap*] *T2a+c+d Wo Ap*
26 propter hoc : propterea *Bb Wo*   repellet *Sh Bf Ap Se Oc Do* : -llit *Kr Bb*
Wo Ri Ca   [dominus *add. Wo*] deus a se impios *Wo* : a se d. [dom. *Oc*
om. Do] i. [iniustos *Ca*] *T2a+c+d* deos i. a se *Ap*   *hic iterum consequitur*
T2e   **26-27** et [*om. Kr*] iusti *T2a+c+d Wo Ap* : quod [quia *Ig*] iusti homines *T2e*   **27** permanebunt : manebunt *Bb*   sicut : ut *Bb Bf*   iustitiae : *om. Bf*   domini : dei *Bb Ap T2e*   **28** tempore *Sh Ap T2c+d+e* :
templo *Kr Bb Bf Wo*   a peccato per aquam *Kr Wo T2c+d+e* : per aq. a
peccatis eorum *Bb* a peccato per quod *Sh Bf* a peccato *Ap*   **29** condempnati [-demnati *Kr Sh Wo Ap Ri* et dampnati *Ca*] autem erunt [erant a.
Bf a. erunt *Sh post corr. in marg.*] nolentes purificari per aquam *T2a+c+d*
Wo Ap : sed nolentes purificari dampnabuntur *T2e*   **29-32** et felix —
iusto iudice : *om. T2e*   **29-30** et felix est [*om. T2a'*] homo [est *add. Bb*]
Kr Sh Bb T2c+d Wo Ap : per quod etiam felix efficitur homo *Bf*

T1   **30** **1** et [*om. Sa Ol* nota *Cb*] postquam factus est [*om. Pv*] Adam *T1a+b+c Pv* : et p. f. *Ba* et fuit A. *Aj*   **1-2** annorum nongentorum [nonagent. *Vb* nonagint. *Ba* noningent. *Go*] et triginta *T1a'+c Cb Aj Ba* : anno 930 *Zp*   **2** quod : quia *Ba*   uitae suae *Cb T1c' Aj* : u. eius *T1a Sr Ba* eius *Pv*   finirentur : in breui f. *Aj* finientur *Zp Pv*   dixit : et d. *Vb* **3** *ante* congregentur *add.* fac ut *Ba*   ad me omnes [*om. Sr*] *Vb Hz Zp Cb Sr Sa Ol Aj Ba* : o. ad me *Go* omnes *Rz Pv*   ut : et *Zp Sr Sa*   **4** et [ut *Rz*] benedicam [-cem *Sa*] eis *T1a+b+c Pv* : b.que eis *Aj om. Ba* **4-5** congregati sunt [s. c. *Cb* omnes filii et filie *add. Ba*] in tres partes *T1a+b+c Ba* : -gate s. o. partes terre *Aj*   **5** ante conspectum patris eorum : in -ctu p. *Pv*   oratorium : oraculum uel or. *Aj*   **5-6** ubi [in quo *Pv*] orare consueuerat [-erant *Cb Pv*] ad dominum [deum *add. T1a*] *T1a Cb Sr Go Pv* : ubi -erunt adorare dom. d. *Aj* ubi c. o. *Sa Ol* ubi o. c. *Ba* **6** erant autem [*om. Sr* in *add. Cb Sa Ol Aj*] numero *Vb Zp Cb T1c Aj* : et dum dimineant (*forte pro* dinumerant) eos una cum filiis eorum n. *Ba* erat uisio *Hz Rz*   **7** exceptis : depositis *Zp°*   et pueris : *om. Ba*   **7-8** cum congregati fuissent [essent *Sa Ol*] omnes *T1a+c Cb Pv* : cum c. steterunt coram eo o. *Ba* dum c. o. fuissent *Aj*   **8** una : *om. Cb*   dixerunt : dicebant *Aj*   quid tibi [*om. Ba*] est [e. t. *Hz Rz*] pater *T1a+c Cb Ba* : quid tibi uis pater fieri *Aj*   quod *Zp Cb Go Ol* : quia *Vb Sr Pv Ba* quid *Sa* quare *Hz Rz Aj*

30   felix est homo qui corrigit animam suam et querit iudicia et
magnalia dei inter homines mortales, inquererentur facta eorum
a deo iusto iudice.

    30 1 Et postquam factus est Adam annorum nongentorum
et triginta[a], **2** sciens quod dies uitae suae finirentur dixit ad
Euam: Congregentur ad me omnes filii mei ut loquar cum eis
et benedicam eis antequam moriar. **3** Et congregati sunt in tres
5   partes ante conspectum patris eorum, ante oratorium ubi orare
consueuerat ad dominum. Erant autem numero quindecim milia uirorum, exceptis mulieribus et pueris. **4** Et cum congregati
fuissent omnes una uoce dixerunt: Quid tibi est, pater, quod

---

30   a. cf. Gen. 5, 5

T2   **30** corrigit ... et querit : -get ... et -ret *Oc Do*   **31-32** inter homines —
iusto iudice : cum h. mortales inquerunt facta eorum a deo i. iud. *Ap*
31 inter homines [omnes *Bb*] mortales [*om. Wo*] *T2a+c+d Wo*   **31-32** [et
add. Wo et ibi *add. Ca*] inquererentur [querentur *Ca* inquerent *Oc* querent
Do] facta eorum a deo [homine et *add. Do*] iusto iudice *T2a+d Wo* :
om. T2c

    30 1-2 factus est [esset *Ri om. Bb Do*] Adam annorum nongentorum
[noningintorum *Kr* noningentorum *Bf Pw Ez Se* octingentorum *Bb* CCCC
T2d] et triginta *Kr Bb Bf T2b+c+e Do Ca* : f. est A. D CCCC xxx annis *Oc*
est A. 930 an. *Wo* an. noningentorum et triginta f. esset A. *Sh*   **2** quod :
quia *Px Ez*   dies uitae suae *Bb Bf* : d. u. eius *Pw Oc Do* d. eius *Kr Se
Wo Px Ez Ca T2e* eius dies *Ap* dies sui *Tg T2c*   finirentur : finiretur *Do*
finientur *Ap Ca*   **2-3** ad Euam : *om. Pw*   **3** ad me omnes [*om. Bb*] filii
mei *T2a+b+c* : ad me o. f. mei et f. filiorum meorum [et filie *add. Oc Ca*]
T2d filii mei *T2e*   ut *Kr Sh Bb T2b Sz Ca* : et *Bf T2c Oc Do Ig*   **4** et
[*om. Ez*] benedicam eis [eos *Bf Ap* illos *Wo*] antequam moriar *T2a+b+c+e* :
a. [numquam (?) *Do*] m. eis *T2d*   in : inter *Se*   **5** eorum : *om. Bb
Px Ez T2e*   **5-6** ante oratorium — ad dominum : *om. T2c*   **5** ante
oratorium : *om. T2e*   **5-6** ubi orare consueuerat [-erant *Oc* -erunt *Ca*]
T2d : u. [*om. Pw*] cons. [-erant *Bf Px Ez* -erunt *Kr Sh Tg*] orare
T2a+b+e   **6** ad [*om. Kr Tg*] dominum *T2a Ap Px Ez Pw Tg Oc Ca Sz* :
ad deum *Wo Do Ig*   erant autem [in *add. Bf Se Do Ig*] numero : in n.
erant *Bb* erat autem numerus *Ap*   **6-7** quindecim [uiginti *Bb* xx *T2e*]
milia uirorum *T2a+b+c+e* : uiri q. m. *T2d*   **7** mulieribus et pueris [pa-
ruulis *Ap Pw*] : p. [paruulis *Oc Do*] et m. *T2d*   **7-8** et cum congregati
[-gate *Kr*] fuissent [essent *Bb Ig*] *T2a+b+d+e* : et c. autem *Sz* qui *T2c*
8 omnes una uoce dixerunt [patri *add. T2c*] : clamabant o. una u. *Tg*
8-9 quid tibi [*om. Ap Oc*] est pater [*om. Kr*] quod [quia *T2a* quare *Se Sz*]
congregas [-gasti *Bf Ap Sz*] nos *T2a+b+c Oc Do* : quid c. nos *Ca*

T1 **9** congregas nos : -gasti nos *Sa Aj* n. -asti *Ol*   quare [qualiter *Zp*] iaces
in lecto [lcu *Rz*] *T1a+c Cb Pv Ba* : q. in lecto decumbis et iaces *Aj*
9-10 respondit Adam et dixit : r. A. *Sr* r. *Pv*   **10** mei : m. dilecti *Ba*
mihi male est in doloribus *T1a'+c Pv* : mihi m. est *Cb* quia m. est mihi iam
in dol. uiuere *Ba* mihi m. est iam enim propinquus sum dol. *Aj* male habeo
in dol. *Zp*   **10-11** et dixerunt — in doloribus : *om. Ba*   **10** et dixerunt :
d.que *Aj*   **10-11** omnes filii eius : f. o. *Cb om. Pv*   **11** quid est pater
male habere in doloribus : quid est male *Pv* quid tibi abest *Aj*   quid est
T1a Sr : q. hoc est *Ol* q. est hoc *Cb Go Sa*   male habere [habeo *Zp om.*
Vb Sr] in doloribus [hunc *add. Vb*] *Vb Zp Cb Sr Go Sa* : m. h. *Ol* male
quod in dol. habet *Hz Rz*
    31 **1** tunc : et statim *Ba om. Pv*   filius eius [*om. Pv*] Seth dixit *T1a+c*
Cb Pv Ba : S. f. e. d. *Aj*   domine pater *T1a+c Cb* : d. mi p. *Aj* pater mi
Ba   ne : *om. Sa Ol Ba*   **1-2** desiderasti de fructu paradisi *T1a+c Cb*
Ba : de par. fr. d. *Pv* fructum d. par. *Aj*   **2** ex [de *T1c' Ba*] quo edebas :
om. Pv   **3** iaces : es *Sa Ol*   et : quod *Ba* ut *Aj*   ego : *om. Hz*   ianuas *Cb Sr Pv* : -uam *Go Sa Ba* portas *T1a Aj* portam *Ol*   **3-5** et mittam
— meum et proiciam me — et plangam — magna : et plangam — magna
et mittam — et me proiciam *Aj*   **4** ad [ante *Cb Go Sa*] portas paradisi
[*om. Cb*] *T1a+c Cb Aj Ba* : in paradisum *Pv*   **5** in [*om. Cb Ba*] lamentatione magna *Vb Rz Cb T1c Aj Ba* : in [*om. Zp*] -tionem -nam *Hz Zp om.*
Pv   deum : *om. Pv*   **6** forte *Vb Zp Cb Sr Sa Ol Pv* : ut f. *Go* si f. *Aj*
ne f. *Hz Rz Ba*   exaudiet : -diat *Go Aj*   mittet : mittat *Rz Aj Ba*
et [ut *Sr*] afferet *Vb Sr Go Sa Pv* : ut [et *Ba*] afferat *Cb Sa Ba* et affert *Aj*
ut auffert *Zp* et aufferret *Hz* et aufferat *Rz*   **6-7** de fructu quem [quod
T1a' Cb Pv quo *Go*] desideras [-rabas *Pv*] *T1a+c Cb Pv Ba* : fructum de
paradiso *Aj*   **7** [et *add. Zp*] dixit iterum Seth [ad patrem suum *add.*
Ba] : d.que S. it. *Aj*   **7-8** quid est dolor [tuus *add. Sa Ol*] domine [*om. Cb*
Go mi *add. Cb Aj*] pater *T1a+c' Cb Aj* : q. est dolor [dom. et *add. Ba*] p.
mi *Sr Ba* quid dolor *Pv*   **8** noli a nobis abscondere [-di *Cb*] dic nobis
T1a+c' Cb : n. a nobis absc. *Pv* noli absc. dic nobis *Aj* dic nobis non -de *Sr*

congregas nos? Et quare iaces in lecto? 5 Respondit Adam et
10   dixit: Filii mei, mihi male est in doloribus. Et dixerunt omnes
filii eius: Quid est, pater, male habere in doloribus?

31 1 Tunc filius eius Seth dixit: Domine pater, ne forte desiderasti de fructu paradisi ex quo edebas, et contristatus
iaces? 2 Dic mihi et ego uadam ad ianuas paradisi et mittam
puluerem in caput meum et proiciam me ad portas paradisi et
5   plangam in lamentatione magna deprecans dominum deum.
Forte exaudiet me et mittet angelum suum et afferet mihi de
fructu quem desideras. 3 ⟨-⟩ 4 Dixit iterum Seth: Quid est
dolor, domine pater? Noli a nobis abscondere, dic nobis.

T2   9 et quare : *om. Oc*   iaces in lecto *Ap* : i. in l. [lectu *Px Ez*] tuo *T2a+c+e*
Wo Px Ez Pw Tg Oc Ca in lecto tuo iaces *Do*   [et *add. Kr*]   9-10 respondit Adam et dixit : ait ille *T2c*   10 mihi male est *T2a'+b'+c+d Tg* :
male est mihi *Pw* male mihi est *Bb T2e*   *post* doloribus *add.* meis *Kr Tg*
Se   10-11 et dixerunt — in doloribus : *om. Sh Ap Pw Oc*   omnes [*om.*
Ca] filii eius [*om. Tg*] *Kr Bb Bf Wo Px Ez Tg Do Ca T2e* : *om. T2c*
11 quid est pater male habere in doloribus : q. est hoc p. quod dicis mihi
m. est in dol. *Wo om. T2e*   pater *T2c* : domine p. *KrBb Bf Px Ez Tg Do*
Ca   11 - 31 1 male habere — domine pater : *om. Px Ez*

31 1 tunc filius [*om. Ig*] eius [*om. Bb*] Seth *T2a+d+e Wo Ap Pw Tg* : et
f. e. [unus *Se*] *T2c*   domine [*iterauit Ca*] pater : pater *Tg* pater mi *T2c*
domine qñ (?) *Sz*   1-2 ne forte desiderasti [-ras *Ap*] de fructu *T2a+b+-*
d+e : forte sitis fructum *T2c*   2-3 ex quo — ianuas paradisi et : *om. Px*
Ez   2 ex [de *Bb Wo Ap T2e*] quo edebas [comedebas *T2e*] *T2a+c+e Wo*
Ap Pw Tg : *om. T2d*   2-3 et [quod *Se*] contristatus [tristatus *Ca* ergo
add. Bf] iaces *T2a'+c+d Wo Ap Tg* : contristatus es et iaces *Pw om. Bb*
T2e   3 dic mihi [o mi pater *add. Bf*] *T2a+e Wo Ap Pw Tg* : mitte me
T2c da mihi benedictionem *T2d*   uadam : uado *T2e*   ianuas *Kr Sh Bb*
T2e Wo Oc Do° Ca : ianuam *Bf Ap Pw Tg* portas *T2c*   3-4 et mittam —
portas paradisi : *om. Bf Ap T2c*   4 in : super *T2e*   proiciam : pono
T2e   ad [ante *Do*] portas [ianuas *Kr Sh*] *Kr Sh Oc Do T2e* : in portas
[portam *Pw* partes *Px Ez Tg*] *Bb Wo Px Ez Pw Tg Ca*   5 in [*om. Wo*
T2c] lamentatione magna [mea *Px Ez*] deprecans [ad *add. Px Ez*] dominum deum [meum *Pw om. Tg*] *Bb Wo Px Ez Pw Tg T2c+d+e* : in m. lam.
[-am -onem *Kr*] dep. dom. d. *Kr Sh Bf* -onem in qua deprecor dom. d.
Ap   6 [et *add. Bb* ut *add. Pw*] forte exaudiet [-diat *Bb Wo Pw Ca*] me
[*om. Sh Wo Tg Do*] et mittet [mittat *Wo Ca*] *T2a+b+c+d+e*   et [ut *Pw*]
afferet *Sh Px Ez Pw T2d* : et affert *Wo Tg* ut afferat *Bf Ap Se* et aufert
Kr ut aufferat *Bb Ri* afferre *T2e*   mihi : *om. Kr Sh*   6-7 de fructu : de
fr. ligni [paradisi *Ap*] *Bb Bf Ap* fructum *Sh T2c*   7 desideras : -rans *Kr*
-rasti *Wo*   dixit iterum Seth *T1* : [et *add. T2a+b+e*] d. it. S. ad Adam
[patrem *Px Ez Ap T2e*] *T2a+b+d+e* et d. it. S. [S. it. *Ri*] *T2c*   est : *om.*
Ri   8 domine pater *T2a+e Wo Ap Pw Tg* : p. dom. *Px Ez* pater *T2c*
dom. p. nescimus [eum *add. Do*] *T2d*   [sed *add. Ca*] noli a [*om. Sz*] nobis
abscondere *T2a+e Wo Ap Pw Tg Ca* : [sed *add. Oc*] noli absc. a nobis *Oc*
Do nobis absc. *Px Ez om. T2c*   *post* nobis *add.* **quia penitus ignora-**
mus [-remus *Bb*] *T2a+b+c+e*

T1   **32** 1 Adam : *om. Pv*   et dixit : *om. Sr Pv*   audite me filii mei *T2* :
om. T1   2 fecit me dominus et matrem uestram *T1a Pv Sa Ol Ba* :
f. nos dom. me et m. u. *Cb Go* f. nos me et m. u. dom. *Sr* creauit me dom.
et m. u. fecit ex me *Aj*   et² : *om. Hz Rz Aj*   3 omnem arborem fructiferam [fructuum *Pv*] ad edendum [uescendum *Aj*] *T1a Cb Sr Pv Go Aj
Ba* : arb. ad ed. [de fructu eius *add. Sa*] *Sa Ol*   3-5 et dixit — non comederemus : et dixit de arbore boni et mali ne edatis *Pv om. Sr*   3 et
dixit : prohibuit *Aj*   4 ut : *om. Cb*   5 [et *add. Ba*] non [ne *Aj*] comederemus *T1a Go Sa Aj Ba* : ut non comederetis *Cb*   5-8 dominus autem
— et occidentis *T2d* : *om. T1*

   33 1 et dedit : deditque *Aj* et constituit *Ba*   dominus *Vb Hz Zp Cb
T1c'* : dom. deus *Aj Ba om. Rz Sr Pv*   duos *iterauit Sr*   duos angelos :
angelus (?) *Ba*   1-2 ad custodiendum [-dos *Vb*] nos *T1a+c' Cb Pv Aj Ba* :
ut -dirent nos *Sr*   2-3 uenit hora — domini adorare : cum autem ascen-
deram ego et angeli adoraremus in conspectu domini dei nostri *Ba*
2 uenit : uenitque *Aj*   ascenderent : -derunt *Sr*   2-3 in conspectu domini [dei *Sr*] adorare [*om. Aj*] *T1a+c Cb Aj* : ad. dominum *Pv*   3 statim : *om. Aj*   locum : locum et tempus *Sr*   noster diabolus [*om. Ba*] :
om. Cb

32 1 Respondit Adam et dixit: Audite me, filii mei! Quando
fecit me dominus et matrem uestram, et posuit nos in paradisum et dedit nobis omnem arborem fructiferam ad edendum et
dixit nobis ut de arbore scientiae boni et mali, quae est in
5 medio paradisi, non comederemus[a]. **2** Dominus autem partitus
est mihi paradisum et matri uestrae et dedit mihi dominus
partes orientis et boreae quae est contra aquilonem, et matri
uestrae dedit austri et occidentis.

33 1 Et dedit nobis dominus duos angelos ad custodiendum
nos. **2** Venit hora ut ascenderent angeli in conspectu domini
adorare. Statim inuenit locum aduersarius noster diabolus,

---

32 a. cf. Gen. 2, 15-17

T2   **32 1** respondit Adam et dixit : et d. A. *T2c*   filii mei *T2a+b+e* :
f. mei carissimi *T2d om. T2c*   **1-3** quando fecit — dedit nobis : q. essemus
in paradiso et dominus [deus *Ri*] dedisset nobis *T2c*   **1-2** quando fecit —
in paradisum : q. f. nos in -sum *Sz* quanta f. nobis deus me et matrem uestram posuit in p. *Tg*   quando fecit me dominus et matrem uestram *T1* :
q. f. me et m. u. deus *Ap* q. [quoniam *Kr Px Ez*] f. [creauit *T2d*] nos dom.
[*om. Do*] deus [noster *add. Pw Do*] me et m. u. *T2a+d Wo Px Ez Pw Ig*
2 et[2] *Bb T2d* : tunc *Bf Pw om. Kr Sh T2b' Ig*   **2-3** nos [*om. Wo Tg*] in
paradisum [-so *Bb*] *T2a+d Wo Ap Pw Tg Ig* : in par. nos *Px Ez*   **3** dedit
nobis *T2a+d+e Wo Px Ez Pw Tg* : posuit *Ap*   fructiferam : fructuosissi-
mam *Pw*   ad edendum : *om. T2c*   et : *om. Do*   **4** ut : *om. Bb Px T2c*
scientiae : *om. Se*   **4-5** quae est in medio paradisi [ut *add. Pw Px*] non
comederemus *Kr Sh Bf T2b* : q. [qui *Bb*] in m. par. est non c. [-demus *Bb*]
Bb T2e non c. q. est in m. par. *T2d* ne comedatis *T2c*   **5-6** dominus
autem — uestrae *T2d* : *om. T2a+b+c+e*   **6** mihi paradisum *Do* : par. mihi
Ca nobis par. mihi *Oc*   matri *Do Ca* : *om. Oc*   **6-8** et dedit — et occidentis *Oc Ca* : *om. T2a+b+c+d Do*   **7** orientis *Oc* : origentis *Ca*   boreae
conieci : orie *Oc Ca*   aquilonem *Oc* : aquillonem *Ca*   **8** austri *Oc* : aus-
ter *Ca*
    33 1 dedit [*om. Sz*] nobis : d. mihi *Do*   dominus [deus *add. Ca*] *T2d* :
om. T2a+b+c+e   duos : *om. Wo Ap*   *post* angelos *add.* deus *Bf*
2 nos : nos ab illo *T2e om. Bf*   uenit hora ut ascenderent [et *add. Do*]
angeli [a. -derunt *Ap*] *Ap T2d* : [sed *add. T2e*] uenit hora [*om. Bb*] ut ascenderent [-deret *Ri Ig* -derem *Se* -detur *Kr*] *Kr Sh Bb T2c+e Wo Px Ez
Pw Tg*   sed dum uenit talis hora ut eidem angeli nostri custodes ascenderent *Bf*   **2-3** in conspectu domini [dominum *Bb Oc*] adorare [orare *T2c*
dominum *add. Do*] *Sh Bb T2b'+c+d Tg* : in c. dei deum [*om. Bf*] orare *Kr
Bf* ad. in c. dom. *Pw* ad conspectum dom. ad. *T2e*   **3** statim inuenit locum *T2d* : et st. i. l. *T2a+b' Pw Ig* et st. uenit ad l. *Sz* et [*om. Tg*] uenit
Tg T2c   aduersarius noster : *om. Ap*

T1 4 dum : cum *Ba*   essent *Zp Cb Go Sa Ba* : fuissent *T1a' Sr Ol Pv Aj*
dei *T1a Go Ol Aj* : *om. Cb Sr Sa Pv Ba   post* uestram *add.* Euam *Pv*
5 illicita et interdicta [prohibita *Aj*] *T1a+c Cb Aj* : interdicta *Pv Ba*
manducauit : m. ipsa *Ba*   6 dedit : dixit *Zp   post* mihi *add.* et comedi
Aj

   34 1 iratus est nobis [*om. Hz Pv Go Aj* mihi *Rz*] dominus [*om. Sr*] deus
[*om. Pv* noster *add. Zp*] *T1a+c Cb Pv Aj* : dom. d. ir. est n. *Ba*   ad me :
mihi *Cb Ba*   2 quoniam *Vb Hz Zp Cb Sr Go Pv* : quia *Aj* quandoque *Rz*
quomodo *Sa Ol* quare *Cb om. Ba*   dereliquisti : deliquisti *Vb Zp* transgressus es *Aj*   2-3 et [*om. Ol*] uerbum [meum *add. Zp om. Sa Ol*] quod
statui tibi [et *add. Cb*] non custodisti [-uisti *Cb*] *T1a+c Cb Ba* : et u. sta-
tutum tibi non c. *Aj om. Pv*   3 ecce : ego *Sa* et *Go*   inducam : *om.*
Cb   corpori tuo *T1a+c Cb Pv* : t. c. *Aj* tibi c. t. *Ba*   4 [cum *add. Ba*]
diuersis doloribus : aduersis dol. *Rz* -sorum -rum *Sa*   [et *add. Rz*] ab
initio [summo *Aj*] capitis : in capite *Pv*   4-5 oculorum ab ore : oc. *Ba* in
oculis *Pv* tamquam ab arbore *Sa om. Ol*   5 usque ad ungulas pedum [*om.*
Aj] : in omnibus membris *Pv*   ante per *add.* et *Aj Ba* quod *Pv   ante*
torquebunt *add.* et *Sa*   6 te : *om. Zp*   hoc deputauit — cum ardoribus : *om. Sr Pv*   hoc deputauit [-tat *Cb*] in flagellationibus [inflationibus
T1a'] dolorum [-ris *Vp Zp Ol*] *T1a+c' Cb* : hec deprecationi in flag. dol. *Aj*
in generationibus dol. *Ba*   ardoribus [continuis *add. Ba*] *T1a Go Aj Ba* :
arboribus *Cb Sa Ol*   7 misit dominus [deus *Sr*] in [ad *Aj*] me *T1a Sr Pv*
Go Ol Aj Ba : m. in me dom. *Cb Sa*   8 nostrum : meum *Zp Ba* uestrum
Aj

dum absentes essent angeli dei, et seduxit matrem uestram ut
5 manducaret de arbore illicita et interdicta, 3 et manducauit et
dedit mihi[a].

34 1 Et statim iratus est nobis dominus deus et dixit ad me:
2 Quoniam dereliquisti mandatum meum et uerbum, quod
statui tibi, non custodisti, ecce inducam corpori tuo septuaginta plagas diuersis doloribus ab initio capitis, oculorum ab
5 ore usque ad ungulas pedum, per singula membra torquebunt
te. Hoc deputauit in flagellationibus dolorum una cum ardoribus. Haec omnia misit dominus in me et in omne genus
nostrum.

---

33 a. cf. Gen. 3, 6

T2 4 dum absentes essent angeli dei *T1* : dum abs. fuissent ang. [dei *add. Px*
Ez Ap Tg nostri custodes *add. Bf*] *T2a+b+d+e om. T2c* 4-5 matrem uestram ut manducaret : nos ut comederemus *T2c* 4-6 ut manducaret —
dedit mihi : *om. Bb* 5 de arbore — et manducauit : *om. Kr* illicita
[inhibita *Ap*] et interdicta [maledicta *Se*] *T2b+c+d* : illicita *T2e* scientie
boni et mali *Sh Bf* 5-6 manducauit et dedit mihi : m. mater uestra et d.
mihi [*om. Ri*] *T2c*

34 1 et statim — ad me : quare iterum iratus dominus deus dixit
T2c et [nobisque sic manducantibus *Bf*] statim iratus est nobis [*om. Kr*
Bb Px Ez] dominus [*om. Ap*] deus [noster *add. Bf Pw Do om. Wo Tg*]
T2a+b+d : st. ir. fuit nobis dom. d. *T2e* ad me : mihi *Do* 2 quoniam :
quare *Sh* quod *Ap* 2-3 dereliquisti mandatum — non custodisti : non
custodisti mandatum quod dedi tibi *T2c* 2 dereliquisti : reliquisti *Px Ez*
deliquisti *Kr Oc* delinquisti *Ca* uerbum : u. meum *Wo* 2-3 quod statui [constitui *Ig*] tibi [*om. T2e*] non custodisti : *om. Ap* 3 ecce : et ecce
Wo om. T2c corpori tuo *T2a+d+e Wo Pw Tg* : cordi tuo *Ap* generi tuo
Px Ez super te *T2c* septuaginta : lxxij *Do* vj *Ap* 4 [de *add. Wo*]
diuersis doloribus : *om. T2c* 4-5 ab initio — ungulas pedum : quae
T2c oculorum ab ore *T2a+d+e Px Ez Pw* : oculorum *Wo Ap om. Tg*
5 ungulas pedum : u. et p. *T2e* 6 te : *om. Px Ez T2d+e* hoc deputauit
— cum ardoribus : *om. Bb Pw Tg T2c+e* [et *add. Bf*] hoc deputauit *Kr*
Sh Bf T2b' Ca : hoc [et *add. Do*] -tabit *Oc Do* ardoribus : acrioribus *Kr*
arboribus *Sh Ap* 7 *ab* haec omnia misit *iterum consequitur Lj (cf.*
29,20) haec omnia [has omnes *T2c* etiam *add. Bf*] misit dominus [deus
T2c deus *add. Tg*] in me [nos *Oc Do*] *Kr Sh Bf T2b+c+d Lj* : h. o. m. in me
dom. [deus *Bb*] *Bb T2e* omne : *om. T2c*

T1   **35** 1 haec dicens : et dixit *Sr*   1-2 comprehensus est [*om. Sr Aj*]
magnis [magis *Hz*] *Hz Rz Zp Sr Go Pv Aj* : c. sum [in *add. Cb*] m. *Cb Sa
Ol Vb post corr.* apprehensus est m. *Ba*   2 et exclamans magna uoce [u.
m. et *Sa Ol*] dicebat [dicens *Pv*] *T1a+c' Cb Pv* : excl. u. m. dixit *Ba* -uit u.
m. dicens *Sr* et clamabat u. m. *Aj*   3 infelix et miser [homo *add. Rz Pv*]
ego [*om. Aj*] *T1a'+c Pv Aj* : ego i. et m. *Zp Ba* m. et i. ego *Cb*   positus
in tantis [miseriis et *add. Cb*] doloribus *T1a+c Cb Aj* : in t. dol. p. *Ba* ecce
p. sum in dol. *Pv*   4 autem : *om. Pv* uidisset eum Eua flentem *Vb Zp
Cb Go Sa Ba* : u. E. eum [Adam *Aj*] fl. *Rz Aj* E. u. [uidit *Hz*] eum fl. *Hz
Sr* u. E. fl. *Pv* eum E. u. fl. *Ol*   coepit et ipsa flere dicens : c. cum eo fl.
d. *Pv* incepit et ipsa dicere *Cb*   5 domine deus [meus *add. Zp Ba*] *Hz Zp
Cb T1c Aj Ba* : domine *Rz Pv* domine mi *Vb*   in me transfer dolores eius
T1a Cb Sr Go : tr. dol. [eius *add. Sa*] in me *Sa Pv* tr. dol. eius *Ol* tr. in me
omnes dol. eius *Ba* infer in me tantos dol. et auffer ab ipso Adam *Aj*
quoniam [quia *Pv*] ego peccaui *T1a+c Cb Pv Ba* : quia ego sum que plus
quam ille peccaui *Aj*   6 et [Eua *add. T1a'*] dixit *T1a' Sr Go Pv* : et dixit
E. *Zp Cb Sa Ol Ba* tunc dixit *Aj*   ad Adam : *om. Cb*   mi : *om. Zp Sa
Pv Aj Ba*   7 quoniam a [*om. Sr*] mea culpa haec tibi [t. h. *Cb*] acciderunt [occiderunt *Ol*] *T1a'+c Cb* : q. a mea culpa hoc tibi -dit *Zp* q. ex mea
c. haec omnia acc. tibi *Ba* q. ex culpa mihi tibi hoc -dit *Aj* quia ego rea
sum *Pv*

36 1 et dixit [*om. Aj*] Adam ad Euam [illam *Aj*] *T1*   *post* surge *add.*
cito *Ba*   filio meo [*om. Pv* nostro *Cb*] : *om. Sr*   2 capita uestra : capite
uestro *Aj*   3 *post* uos *add.* in faciem terre *Ba*   plangite : pl. amare
Ba   in conspectu : ante -ctum *Ba*   domini dei nostri : dom. *Pv* dei
nostri *Ba*

35 1 Haec dicens Adam ad omnes filios suos comprehensus
est magnis doloribus, et exclamans magna uoce dicebat: Quid
faciam, infelix et miser ego, positus in tantis doloribus? **2** Cum
autem uidisset eum Eua flentem, coepit et ipsa flere dicens:
5 Domine deus, in me transfer dolores eius, quoniam ego peccaui. Et dixit ad Adam: Domine mi, da mihi partem dolorum
tuorum, quoniam a mea culpa haec tibi acciderunt.

36 1 Et dixit Adam ad Euam: Surge et uade cum filio meo
Seth ad portas paradisi, et mittite puluerem in capita uestra et
prosternite uos et plangite in conspectu domini dei nostri. **2**

T2   **35** 1-2 haec dicens — comprehensus est : apprehensum est enim A.
Lj   1 [et *add. Bf*] haec dicens [cum dixisset *Pw*] Adam ad omnes [*om. Px
Ez*] filios suos [*om. Ez*] *T2a+b+e* : haec d. A. *T2d* hoc dicto *T2c*   1-2 [et
add. Kr Sh Tg] comprehensus est [Adam *add. T2c*] magnis doloribus
T2a+b+c+e : *om. T2d*   2-3 et exclamans — tantis doloribus : *om. Tg*
2 et [*om. Wo*] exclamans [-abat *Pw*] magna [*om. Ap*] uoce [et *add. Wo Pw
T2e*] dicebat [dixit *T2e*] *Kr Sh Wo Ap Pw T2e* : et -auit [clamauit *Ri*] u.
m. [m. u. *Bb*] dicens *Bb Bf Px Ez T2c Lj* uocibus clamauit [exinaniuit *Do*]
T2d   3 faciam : *om. Oc*   infelix et — tantis doloribus : miser positus in
t. d. et inf. *Ap*   infelix et miser ego *Oc Lj* : m. et i. ego *Ca* ego m. et i.
T2a+e Px Ez Pw miser *Wo T2c* infelix *Do*   positus in tantis doloribus *Kr
Sh Bf T2c+d+e Pw Lj* : in t. d. p. *Wo* in t. p. d. *Px Ez* quod p. sum in t. d.
Bb   3-4 cum autem [*om. Sh Pw*] uidisset [audisset *Sh Ca*] eum [illum
Wo] Eua [E. eum *Bb* sic *add. Ig*] flentem [fletu *Wo*] *Sh Bb Bf Wo Px Ez
Pw Tg T2d+e Lj* : cum autem E. uideret flere Adam *Ap* hunc audiens Eua
flentem *Se* huc (*sic*) audiens E. flente *Ri* cum autem uidisset *Kr qui postea
desinit*   4 coepit et [*om. Wo*] ipsa flere *T2a+b+d+e Lj* : et i. fl. c. *T2c*
dicens : et dicere *Wo* et dixit *Pw om. Px Ez Se*   5 domine deus [meus
add. Wo Pw] *Bb Wo Ap Pw T2d+e Lj* : dom. mi *T2a' Tg Ri* dom. *Px Ez
Se*   in me transfer [transferas *Pw*] dolores eius [*om. Do*] *Ap Pw T2c+d+e
Lj* : in me tr. dolorem tuum *Px Ez* tr. in me dol. eius [*om. Sh*] *T2a' Wo* tr.
dol. [-rem *Bb*] eius in me *Bb Tg*   quoniam [quia *Wo Ap Pw Do Lj*] ego
peccaui [et ipse non peccauit *add. Lj*] : q. egi peccata *Ig*   6 et dixit [Eua
add. Tg] ad Adam *T2a+c+e Wo Ap Pw Oc Ca Lj* : et dixit A. *Do* et dixit
etiam Eua *Pw om. Px Ez*   domine mi da mihi *Tg Do Ca* : dom. da mihi
T2a+c+e Wo Ap Pw Oc Lj da mihi dom. *Pz Ez*   partem : *om. Wo*   7 a
[*om. Px Ez Ca*] mea [causa et *add. Tg*] culpa haec tibi [t. h. *Bb*] acciderunt
[-dent *Lj Ig* -dunt *Sz*] *T2a+d+e Ap Px Ez Tg Lj* : propter me hec omnia
acc. *T2c* tibi hec omnia acc. propter me *Pw* tibi a me acc. *Wo*
    36 1 dixit : ait *Do om. Tg Sz*   Adam : *om. Ri*   surge et : surge *Lj*
om. T2c   uade : ambula *Tg*   cum filio meo [nostro *Bb Ap* tuo *Bf Do
om. Px Ez Sz*] Seth *T2a+c+d+e Px Ez Ap Tg Lj* : cum S. filio meo *Wo om.
Pw*   2 portas : portam *Sh*   puluerem : puluere *T2e*   in : super *Tg
T2e*   2-3 et prosternite [prostringite *Caᵒ*] uos [super terram *add. Lj*] et
plangite *Sh Bb T2b+d* : pl. et [*om. Se*] pr. uos *T2c* et pl. *Bf T2e*   3 in
conspectu domini dei *T2d Lj* : in consp. domini *Sh Bb T2b+c+e* ante -ctum
dei *Bf*

T1 4 forsitan : si f. *Aj* forte *Sr*   nostri : uestri *Pv*   transmittet : -tat *Rz*
mittet *Pv*   5 misericordiae de qua currit [fluit *Ba*] oleum : *om. Pv*
6 ex [de *Cb*] ipso modicum *Cb T1c' Ba* : ex ipso *T1a* ex ipsis *Aj* modicum
de ipso *Sr* modicum de oleo misericordie *Pv*   ut ungatis [ungat *Cb*] me
ex ipso *Vb Hz Zp Cb T1c* : ut ungetis corpus meum *Pv* et cum ipso perungatis corpus meum *Ba om. Rz Aj*   6-7 et quiescam ab hiis [a *Zp Aj*]
doloribus quibus [*om. Ol*] consumor [inopia *add. Aj*] *T1a+c Cb Aj* : et q. a
dol. *Pv* ut descendant a me dolores mei quibus nunc c. *Ba*

37 1 eius : *om. Pv*   ad portas paradisi : ad paradisum *Pv*   *post* paradisi *add.* tulerunt puluerem terre *Hz Rz*   *post* paradisi *add.* sicut [eis
add. Cb] dixit [eis *add. Go*] Adam *T1a Cb Go* : sicut A. dixerat *Aj et postea
defecit T1 usque 40,3.*

Forsitan miserebitur nostri et transmittet angelum suum ad
5 arborem misericordiae, de qua currit oleum uitae, et dabit uobis ex ipso modicum, ut ungatis me ex ipso et quiescam ab hiis
doloribus quibus consumor.

37 1 Et abierunt Seth et mater eius ad portas paradisi, et
dum in uia ambularent, ecce subito uenit serpens bestia et
impetum faciens momordit Seth. **2** Hoc cum uidisset Eua fleuit
dicens: Heu mihi miserae! Quam maledicti sunt qui non cus-
5 todiunt praeceptum domini. **3** Et dixit Eua uoce magna ad
serpentem: Bestia maledicta, quomodo non timuisti mittere
dentes tuos in imaginem dei et quomodo ausus es pugnare cum
ea? Aut quomodo praeualuerunt dentes tui?

T2 **4** *ante* forsitan *add.* tunc *Pw* et *Bf Lj*   miserebitur nostri [mei *Do*] et *Sh*
Ap Tg T2c+e Do Ca : m. uestri et *Bb Bf Wo Px Ez Pw Oc Lj* misertus
nostri *T2c*   transmittet *Sh Bf Pw Tg Oc Ca Lj* : -tes *Sz* -tat *Bb* -tit *Do*
mittet *Px Ez Ap T2c* mittat *Wo*   **5** misericordiae : *om. Wo T2c*   de
qua : ex qua *Px Ez* unde *Bb*   currit : stillat *Sh* emanat *Bf* fluit *Lj om.*
Ez   *ante* uitae *add.* misericordie et *Se*   **5-6** uobis ex ipso modicum *T2d*
Lj : uobis m. [*om. Ap*] ex i. *Sh Bf Wo Ap Pw Tg T2e* mod. uobis [nobis
Ez] ex i. *Px Ez* mod. de i. *Bb* uobis *T2c*   **6** ut [et *Ap*] ungatis me [*om.*
Sz] : ut perungatis [inungatis *Ca*] me *Oc Ca* et proungatis me *Do* ut ungar
Pw   ex ipso *Oc Ca Lj T2e* : ex illo oleo *T2c* ex eo *Sh Bf T2b'* *om. Bb Pw*
Tg Do   **6-7** ab [in *Ap* de *Ri* ex *Se Do* cum *Wo*] hiis [*om. Lj*] doloribus
[meis *add. T2d* grauissimis *add. Lj*] *T2*   **7** consumor [-summor *Bb Wo Px*
Tg T2e] *T2a+b+e* : c. [-summor *Lj*] et uiuam *T2d Lj* fatigor *T2c*

37 1 et abierunt Seth et mater eius ad [contra *T2d Lj*] portas paradisi
T2a+d+e Wo Ap Pw Tg Lj : et abierunt *T2c om. Px Ez*   **2** dum [cum
T2e] in uia ambularent *Bb Wo Tg T2c+e* : dum amb. in uia *Pw* dum ibi
amb. *Oc Ca Lj* dum amb. ad portas paradisi *Px Ez* dum -laret *Do* dum
irent in uia *Sh Bf om. Ap*   ecce subito uenit : e. u. s. *Pw T2e*   serpens
[et *add. Ap*] bestia : bestia serpens *Pw* serpens *Lj*   **3** momordit : mor-
debit *Se*   hoc [*om. Pw*] cum uidisset *Sh Bf T2b'+d+e Pw Lj* : cum hoc u.
Tg et cum u. hoc *Bb* quam ob rem *T2c*   fleuit : fl. amare *Lj* exclamauit
Ap   **4** heu : ue et heu *Lj*   miserae : miserrime *Bb° Ca*   quam : quia
T2c   qui : quia *Sh Bb*   **5** praeceptum [precepta *Lj*] domini [dei *Bf* dei
add. T2d Lj] *T2a+b'+d+e Tg Lj* : mandatum dei *Ri* mandata domini *Pw*
om. Se   dixit [*om. Sz*] Eua [cum *add. Lj*] uoce magna *Px Ez Pw Tg Lj*
T2e : d. u. m. E. *Sh Bf* d. E. *Wo Ap* d. *T2c* clamauit E. [*om. Ca*] uoce
magna *Bb T2d*   **6** [o *add. Oc Do*] bestia maledicta *Sh Bf T2b+d Lj* :
maledicta bestia *Bb T2c+e*   **6-7** quomodo non — dei et : *om. Ap*
6 quomodo [tu *add. Pw*] : quare *T2e* quoniam *Sh*   **6-7** non timuisti mittere [inmittere *Pw*] dentes tuos [*om. Tg*] *Bb Bf Wo Pw Tg T2d+e Lj* : n.
tim. d. t. m. *Sh Px Ez* audebas m. d. t. *T2c*   **7** in : ad *Se T2e om. Do*
7-8 et quomodo — dentes tui : *om. T2c*   **7** pugnare : intrare *Px Ez*
7-8 cum ea : *om. Ap Pw*   **8** aut [et *Bf om. Ap*] quomodo praeualuerunt
dentes tui *Sh Bf T2b'+d+e Pw Lj* : *om. Bb Tg*

38 1 Respondit bestia et dixit: O Eua, numquid ad nos est malicia nostra? Nonne contra uos est dolor furoris nostri? **2** Dic mihi, Eua, quomodo apertum est os tuum ut manducares de ligno illicito et interdicto, nisi per me. **3** Hinc autem non
5 potes sed ibi comprobare in cetero.

39 1 Tunc Seth dixit ad bestiam: Increpat tibi dominus de-us, obstupe et obmutesce, claude os tuum, maledicte, inimice ueritatis, confuse, perdite, recede ab imagine dei usque in diem quando dominus deus iusserit in comprobationem te perducere.
5 **2** Et dixit bestia ad Seth: Ecce recedo, sicut dixisti, a facie imaginis dei. **3** Statimque recessit a Seth.

T2   **38 1** et dixit : *om. T2c*   o Eua *T2a+b+c* : o E. [o *add. Ca*] E. *T2d Lj om. T2e*   **1-2** numquid [numquam *Do*] ad nos est malicia [maledictio *Lj*] [tua uel *add. Do*] nostra [uestra *Ca*] *T2d Lj* : *om. T2a+b+c+e*   **2** nonne : in me *Lj om. Bb*   contra uos *T2a' Wo Ap Pw Tg Ig* : contra nos *Bb Px Ez T2c+d Lj Sz*   dolor furoris nostri [uestri *Px* mei *Tg*] *T2a+b+c Oc Ca Lj* : d. cordis n. *Do* furor doloris n. *T2e*   **3-4** dic mihi — per me : *om. Tg*   **3** dic mihi Eua [*om. T2a*] *T2a+d+e Px Ez Lj* : dic [mihi *add. Pw*] modo Eua *Wo Ap Pw* et *T2c*   quomodo [quando *Do*] : q. tibi *Bf*   ut manducares : *om. Px Ez*   **4** ligno [lingno *Sz*] illicito et interdicto *Sh Bb Wo Px Ez Pw T2d+e Lj* : l. illicito *Ap* l. uite interdicto *Bf* l. [lingno *Ri*] tibi prohibito *T2c*   nisi per [pro *Sz*] me : *om. T2c+d Lj*   **4-5** hinc autem non potes [uides *Do*] sed ibi [*om. Do*] comprobare in cetero *Oc Do* : hinc autem non potes sed illi probatur *Lj om. T2a+b+c+e Ca*

39 1-6 tunc Seth — a Seth : *om. Px Ez*   **1** tunc [*om. Ap*] Seth dixit *T2a+e Wo Ap Tg Oc Ca Lj* : tunc [et *T2c*] dixit S. *Pw T2c Do*   increpat tibi [te *Bb Bf Ca*] dominus deus *T2a Ca* : -pet te dom. [*om. Wo Ap Do Sz*] d. *Wo Ap Pw Tg T2c Oc Do Lj Sz post corr. in marg. om. Ig*   **2-3** obstupe et — confuse perdite : obstupe et obmutesce maledicte et confuse *T2c*   **2** obstupe [-pesce *Pw om. Sh*] et obmutesce [mutesce *Ap Do* et *add. Pw Ig*] claude os tuum *Sh Bf Wo Ap Pw Tg Do Ca T2e* : obm. et obs. cl. os t. *Oc* obstupescere obmutescas cl. os t. *Bb* obstruet et obmutescet et concludet os tuum *Lj*   [et *add. Bb Bf Ca*] inimice [dei et *add. Wo*] ueritatis confuse [-sor *Sh*] perdite [perditor *Bf*] *T2a Wo Ap Tg Oc Ca Lj* : et inimice [-icus *Ig*] ueritatis confuse *Do T2e* inimice ueritatis et perdite *Pw* et confuse *T2c*   **3** ab imagine : ad -nem (?) *Ri*   **3-4** usque in — te perducere : *om. T2b+c*   **3** usque in *T2a+d+e* : u. ad *Lj*   **4** dominus deus iusserit in comprobationem [probationem *Sh Bb T2e*] te perducere [producere *Sh*] *T2a+e* : dom. deus ius. te [ius. te dom. d. *Do*] in compr. [probationem *Oc Do Lj*] perducere [producere *T2d*] *T2d Lj*   **5-6** et dixit — imaginis dei : *om. Ap*   **5** ecce : ecce ego *Sz* ego *Wo*   sicut [ut *Wo*] dixisti : *om. T2c*   **5-6** a facie imaginis *Bb Bf Wo Pw Tg T2d+e Lj* : ab -ne *Sh Se* ad -nem *Ri*   **6** statimque [sic *add. Bf*] recessit a [*om. Bb*] Seth *T2a+d+e Pw Lj* : st. rec. ab eis *Wo Ap* et recessit *T2c om. Tg*

T1   **40 3** *ab* peruenientes *rursus inc. T1*   **3-5** peruenientes autem — gemitu magno : et cum uenissent fleuerunt g. m. *Pv*   **3** peruenientes [per-
ueniente *Cb*] autem — portas paradisi *T1a Cb Go Sa* : *om. Sr Aj Ba*
3-4 [et *add. Ba*] tulerunt [t.que *Sr*] puluerem [*om. Rz*] terrae [*om. Ol Ba*]
T1a+c Cb Aj Ba   **4** et posuerunt : *om. Aj*   super capita sua [eius *Zp*]
et strauerunt [prostrauerunt *Aj*] *Vb Zp Cb T1c Aj Ba* : *om. Hz Rz*
5 coeperunt plangere cum gemitu magno *T1a+c' Cb Ba* : c. pl. g. m. *Sr Aj*
fleuerunt g. m. *Pv*   **6** misereatur Adae [a te *Sr*] : miseretur A. *Rz* -rere-
tur A. *Aj*   in [et *Cb*] doloribus suis [s. dol. *Aj*] : *om. Pv*   **6-8** et [ut
T1a' Go Ba ut *add. Sa Aj*] mittat [-teret *Ba*] angelum suum dare ei [*om.
T1a Aj Ba*] oleum [de oleo *Zp Sr*] misericordiae [et *add. Sr*] de arbore uitae *T1a+c Cb Aj Ba* : et m. eis per ang. ol. mis. *Pv*
   41 1 orantibus autem [*om. Pv Ba*] illis horis multis et [multum *add. Sr*]
deprecantibus dominum [deum *Go* eum *Ba*] *T1a+c Aj Ba* : habentibus
autem i. h. m. dominumque depr. {dom.} *Cb* or. illis *Pv*   **2** angelus domini [dei *Zp* uidelicet *add. Cb*] Michael *T1a+c Cb* : angelus M. *Pv* sanctus
M. *Aj* ang. dom. *Ba*   eis : illis *Zp om. Pv*   **2-3** ego ad uos [ad uos e.
Aj] missus sum a deo *Zp Cb T1c Aj* : e. m. a deo ad uos *Pv* e. a deo m. s.
in corpore humano ad uos *Ba om. T1a'*

40 1 Seth autem et mater eius abierunt ad portas paradisi propter oleum misericordiae ut ungerent Adam infirmum. Peruenientes autem Eua et Seth ad portas paradisi tulerunt puluerem terrae et posuerunt super capita sua et strauerunt se
5 super terram et coeperunt plangere cum gemitu magno, deprecantes dominum ut misereatur Adae in doloribus suis et mittat angelum suum dare ei oleum misericordiae de arbore uitae.

41 1 Orantibus autem illis horis multis et deprecantibus dominum, ecce angelus domini Michael apparuit eis dicens: Ego

---

T2   **40** 1 *abhinc consequuntur iterum Px Ez*   autem : *om. Tg*   eius : e.
Eua *Bf Lj om. Px Ez*   *post* abierunt *add.* simul *Bf*   **2-3** propter oleum
— portas paradisi : *om. Bb Tg Lj*   **2** propter oleum — Adam infirmum :
om. T2c   ungerent Adam infirmum *Sh Bf* : -retur [attingeretur *Px Ez*
pater *add. Pw*] A. infirmus [*om. T2e*] *Wo Px Ez Pw T2d+e* u. A. *Ap*
3 peruenientes autem Eua et Seth ad portas paradisi *Sh Bf Wo Pw* : p. a.
ad portas par. *T2e* cum E. et S. ad portas paradisi *Ap* et p. autem ad -sum
Px Ez quo dum uenerunt *T2c*   **3-4** tulerunt [que *add. Ap*] puluerem [-res
Ap] terrae [de terra *Bb Bf om. Tg*] et posuerunt [imposuerunt *Sh*] *T2a+c+e*
Wo Ap Pw Tg Ca Lj : tulerunt pul. terrae et sparserunt *Oc Do* pul. posuerunt *Px Ez*   **4-5** et strauerunt se super terram *T1* : et str. se super t.
super [ante *Bf Pw Ca*] faciem suam *Bf Pw T2d* et str. se super faciem
[facies suas *Ap*] in terram *Wo Ap* str.que super terram se *Px Ez* et prostrauerunt se in t. *Tg* et prostrati in terram *T2c* ante faciem suam *Lj om.*
Sh Bb T2e   **5** et coeperunt plangere cum gemitu magno *Bb T2d+e Lj* : et
c. [receperunt *Pw*] pl. et lugere cum g. m. *T2a'+b* c. pl. *T2c*   **6** dominum : deum *Bb Bf*   misereatur Adae [Adam *Pw*] in doloribus suis *Bb Bf*
Wo Ap Pw Tg Lj : m. A. dol. *Px Ez* m. dol. A. *T2c* -reretur [-retur *Do*
Ca] A. in [de *Ig*] dol. suis [*om. T2e*] *Sh T2d+e*   **6-7** et [ut *Lj*] mittat *Pw*
Lj : et ut mittat *Sh Bb Wo Px Ez Tg T2e* ut mittet *Se Ca* et [ut *Oc Do* ut
add. Bf] mitteret *Bf Ap Ri Oc Do*   **7-8** dare ei [d. eis *Ap Lj* ei d. *Bb*]
oleum misericordiae de arbore uitae [*om. Ca Lj*] *T2a+e Wo Ap Pw Tg Ca*
Lj : dare o. sibi m. de a. u. *Px Ez* dare ei [eis *Do*] o. de a. mis. *Oc Do* qui
daret ei [eis *Se*] de oleo arboris uitae *T2c*

    41 1 orantibus autem — deprecantibus dominum : *om. Px Ez*   orantibus autem illis horis multis [m. h. *Tg Do*] *Bf Tg Do* : o. [morantibus *Pw*]
autem h. m. *Sh Bb Pw Oc Ca Lj T2e* o. autem eis *Wo* o. illis *Ap* illis autem o. *T2c*   et deprecantibus [-tes *T2e* ad *add. Pw*] dominum *T2a+d+e*
Pw Lj : *om. Wo Ap Tg T2c*   **2** ecce angelus domini [dei *Wo*] Michael
apparuit eis [ei *Bf om. Wo*] dicens *T2a'+b+d+e* : e. ang. d. <M. ap. > eis
dicens *Bb* et e. ang. dom. ap. M. eis d. *Lj* ap. M. dicens *T2c*   **2-3** ego
[ecce *Tg*] ad uos missus sum a deo *Bb Bf Px Ez Ap Tg Oc Ca T2e* : ego a
deo ad uos m. *Do* ego ad uos m. sum *Sh T2c* ego sum m. ad uos *Pw*
quoque [uel quoniam] ad nos (?) m. sum a deo *Wo om. Lj*

T1 3-4 et [*om. T1a' Cb*] ego [*om. Cb Sr*] sum constitutus [c. sum *Go*] a deo
super corpus humanum *T1a Cb Sr Go* : super c. huiusmodi (?) *Ol* ad custodiendum uos constitutus *Aj om. Pv Sa Ba*   4 dico tibi : dico uobis *Ol*
om. Sa   Seth homo [*om. Ol*] dei : Seth *Pv* uere (—) dei *Aj*°   4-5 noli
lacrimare [-ari *Sr*] orando [orare -mando *Hz Rz*] et [petendo siue *add. Go*]
deprecando propter oleum [pro oleo *Sr*] misericordiae *T1a'+c Cb* : n. lacr.
plorando et depr. ol. mis. *Ba* -ari noli or. et precando pro oleo mis. *Aj* noli
-ari nec orare pro oleo mis. *Zp* noli lacrimare *Pv*   5 - **42** 1 ut perungas —
tibi quod : *om. Pv*   5 ut [ex eo *add. Aj*] perungas [-gam *Cb*] *T1a+c Cb Aj
Ba*   6 Adam : *om. Ba*   prae doloribus corporis sui *T1a Cb Go Sa Ol* :
propter -res c. s. *Ba* ut quiescant -res sibi *Aj om. Sr*

42 1 enim *T1a Sr Aj* : *om. Cb Go Sa Ol Ba*   quod : quia *Zp Cb Go*
poteris [poterit *Cb*] hoc [hunc *Ba*] accipere [uel habere *add. Aj*] *T1a+c Cb
Aj Ba* : hoc p. ac. *Pv*   2 nouissimis diebus : nouissimo die *Sa*   fuerint : fuerunt *Hz Rz Ba*   2-3 quinque milia et [*om. Sa Aj Ba*] ducenti
[ducenta *Sa*] minus uno [una *Ba*] : 5199 *Zp*   3-4 prima [primo *Sr*] die
[*om. Ba*] constitutionis [consummationis *Cb*] mundi [huius seculi *Aj*] *T1*
4 [et *add. Aj*] tunc ueniet : tunc enim *Ba*   super terram : desuperni° celorum *Aj*   altissimus Christus filius dei *T1a'+c Cb* : alt. d. f. Ihus Christus *Zp* alt. f. d. C. *Aj* alt. C. *Pv* dominus alt. f. d. *Ba*   5-6 resuscitare
corpus — filius dei : *om. T1a Aj*   5 resuscitare *Cb T1c* : resuscitare et
sanare *Ba*   patris tui : *om. Pv*   5-6 et tunc [qui et *Sa Ol om. Sr Ba*]
resuscitabit corpora [omnium *add. Pv*] mortuorum *Cb T1c Pv Ba*

ad uos missus sum a deo et ego sum constitutus a deo super
corpus humanum. **2** Dico tibi, Seth homo dei, noli lacrimare
5 orando et deprecando propter oleum misericordiae, ut perungas
patrem tuum Adam prae doloribus corporis sui.

42 1 Dico enim tibi quod nullo modo poteris hoc accipere,
nisi in nouissimis diebus quando completi fuerint anni quinque
milia et ducenti minus uno [5199] a prima die constitutionis
mundi. **2** Tunc ueniet super terram altissimus Christus filius dei
5 resuscitare corpus Adae patris tui et tunc resuscitabit corpora

---

T2 3-6 et ego — corporis sui : *om. T2e*   3 et ego sum constitutus a deo *T1* :
ego sum [*om. Do*] c [c. sum *Bb Ap*] a [domino *add. Pw*] deo *Bb Bf Ap Pw
T2d Lj* et [*om. Tg*] c. sum [*om. Se*] *Tg T2c* quoniam c. sum a deo *Wo* e. sum
const. *Px Ez* const. *Sh*   4 corpus humanum *T2d Lj* : corpora mortuorum
[hominum atque *add. Bf* et *add. Se*] humanorum [*om. Bb*] *T2a+c Wo Ap
Pw Tg* turbam mortuorum [mortuam *Ez*] humanorum *Px Ez*   *post* dico
add. ego *Ri* ergo *Se*   homo dei [*om. Bf*] *Bb Bf Wo Ap Tg T2d Lj* : *om.
Sh Px Ez Pw T2c*   4-5 lacrimare orando et deprecando *Bb T2d Lj* : l.
[-mari *Tg*] orando *Bf Px Ez Pw Tg* -ari coram deo *Sh* l. coram domino or.
Wo Ap -mari *T2c*   5 propter oleum misericordiae *T2a+b+d Lj* : propter
oleum *Ri* pro oleo *Se*   perungas : ungas *Se*   6 patrem tuum Adam
T2d : p. t. [*om. Tg*] *T2a+b+c* corpus patris tui Adae *Lj*   prae [pro *T2d
Lj* in *Ap*] doloribus corporis [cordis *Sh Bb*] sui [*om. Wo*] *T2a+b'+d Lj* :
prae dol. suis *Pw om. Tg T2c*
    42 1 dico enim tibi [t. e. *Bf* Seth *add. Lj*] *T2a'+b+d Lj* : dico tibi *Bb
T2e om. T2c*   quod *Ca* : quia *Bf Px Ez Pw Tg T2c Do Lj om. Sh Bb Wo
Ap T2e*   poteris hoc [nunc *Sh post corr. supra lineam*] accipere *T2a+b+e
Lj* : p. ac. *T2d* accipies [hoc *add. Ri*] *T2c*   *post* accipere *add.* scilicet
oleum misericordie per orationes tuas *T2e*   2 in nouissimis diebus : in
nou. *Sh* -ssimo° die *Bb*   fuerint *Bf T2b'+e Pw Tg Oc Do* : fuerunt *Bb T2c
Ca Lj* sunt *Sh*   2-3 anni [usque *add. Bb*] quinque milia et [*om. Px Ez T2c
Oc*] ducenti minus uno [u. m. *Ap T2c+e*] *T2a+c+e Px Ez Ap Oc* : q. m. et
d. minus uno [5199 *add. in margine Wo*] *Wo Do* a. q. m. minus uno anno
Pw a. q. m. [et *add. Ca*] uno minus *Ca Lj* quinque milia annorum *Tg*
3-4 a prima [primo *T2a' Pw Ri*] die constitutionis mundi *T2a'+c Px Ez
Pw* : a primo const. m. *Bb Lj* a -tione m. *T2d* a primordio const. m. *Wo
om. Ap Tg T2e*   4-13 tunc ueniet — misericordiae suae : *om. Tg*
4 tunc : tunc enim *Bf* et *Wo*   ueniet : uenit *Se Ig om. Lj*   super terram [*om. Do*] : *om. Bb T2e*   [Ihus *add. Bf*] Christus filius dei [d. f. *Pw
uiui add. Lj*] *T2a+c+d Ap Px Ez Pw Lj* : dei filius C. *Wo* filius dei C. [*om.
Ig*] *T2e*   5-6 resuscitare corpus — filius dei : *om. Pw*   5 resuscitare :
restituere *Do* resuscitabitque *Lj*   5-6 et tunc resuscitabit corpora mortuorum *Px Ez* : et t. res. [suscitabit *Wo* -abuntur *Lj* -antur *Sz*] corp.
multorum m. [m. mult. *Bf Wo* mult. sanctorum *T2d* s. mult. *Lj*] *T2a+d+e
Wo Lj* et aliorum m. *Ap om. T2c*

T1 **6** et ipse Christus [*om. Ba*] filius dei [uiui *add. Cb Sa Ol*] *Cb T1c Ba* : uiui *Aj* (*cf. supra lin. 5-6*) *om. Pv*   ueniens *T1a Cb Sr Pv Ba* : ueniensque *Aj om. T1c'*   baptizabitur : et -buntur *Cb*   **7** flumine Iordanis : I. fl. *Sa Ol* aqua I. *Ba*   et dum : dum ergo *Aj* et cum *Ba*   de : ex *Aj* **7-8** tunc [*om. Sr*] oleo misericordiae perunget [-gent *Cb*] omnes in se [ipsum *Aj*] credentes *T1a+c Cb Aj* : omnes unget ol. mis. cr. in se *Pv*   **8-11** et erit — filius dei : *om. Pv*   **8** oleum : (–) olee *Cb°*   **9** in [a *Go Aj*] generatione et [in *add. Cb*] generationem *Hr Zp Cb Sr Sa Ol T1d* : in -onem et -ionem *Vb Rz Sr*   **9-10** renascendi sunt : renascentur *Sr*   **10** *post* sancto [*om. Sr*] *add.* scilicet *Zp*   **11** descendens tunc [nunc *Vb Zp* autem *Hz Go*] in terram [de terra *Go* Christus *add. Sr*] filius dei *T1a+c Cb Pv* : d.que tunc f. dei in t. *Aj* et d. f. dei in terris de celo *Ba*   [et *add. Hz*] amantissimus [altissimus *Go*] Christus [filius dei *add. T1a'*] *T1a'+c'* : amantissimus *Zp* altissimus *Cb Sr om. Aj Ba*   [et *add. Hz Rz*] introducet : tunc -cent *Pv*   **12** patrem tuum Adam *T1a Cb Go Ba* : A. p. t. *Aj* p. t. *Sr Sa Ol Pv*   olei *Vb Zp Cb Sr Aj Ba* : oleum (?) *Go om. Hz Rz Sa Ol Pv*

42a **1** discessit [-cedens *Aj* recessit *Pv*] angelus [Michael *add. Aj*] ab eo [eis *Ba*] *T1a Cb Sr Sa Ol Pv Aj Ba* : d. ab eo angelus *Go*   **2** fractum *Vb Rz Zp Go Sa Aj Ba* : fructum *Hz Cb* factum *Pv om. Sr*

mortuorum. **3** Et ipse Christus filius dei ueniens baptizabitur in flumine Iordanis[a]. Et dum egressus fuerit de aqua, tunc oleo misericordiae perunget omnes in se credentes. **4** Et erit oleum misericordiae in generatione et generationem hiis qui rena-
10 scendi sunt ex aqua et spiritu sancto in uitam aeternam. **5** Descendens tunc in terram filius dei amantissimus Christus introducet patrem tuum Adam in paradisum ad arborem olei misericordiae suae.

42a 1 Et continuo discessit angelus ab eo in paradisum et attulit ei ramusculum trium foliorum fractum de arbore scien-

---

42 a. cf. Matth. 3, 13 (Marc. 1, 9)

T2 **6** et ipse Christus filius dei [*om. Do*] ueniens [*uiuens Do om. Ap*] *T2b'+d+e Lj* : et C. f. d. ueniens [*om. Sh*] *Sh Bf* et ipse C. *T2c* ipse enim C. *Bb* ueniens *Pw* baptizabitur [*-zabatur Ez*] *Sh Bf Ap Ez Ri Do Lj* : -sabitur [*-sabatur Px*] *Bb Wo Px Pw Se Ca T2e* **7** *post* Iordanis *def. Lj qui postea scr. quaedam uerba de "De Inuentione Crucis" secundum Iacobum de Voragine* (*cf.* W. Meyer, *Die Geschichte des Kreuzholzes vor Christus*, p. 123-124) et dum egressus fuerit de aqua : *om. T2a'+c Oc* de aqua *Ap* : de a. Iordanis *Bb Wo Pw Do Ca T2e* de Iordane *Px Ez* tunc : et tunc *T2c* **7-8** oleo [oleum *Ap Ca T2e*] misericordiae [suae *add. Bb Bf T2b'+d+e*] perunget omnes in se credentes *T2a+b'+d+e* : oleo mis. super unget in se cr. *Pw* perunget o. in se cr. oleo mis. [sue *add. Ri*] *T2c* **8-9** et erit — generationem hiis : *om. T2c* **8** erit : *om. T2e* **9** in generatione et generationem *T2a+d+e Ap Pw* : in -ionem *Wo* in -ione *Px Ez* **9-10** hiis qui — uitam aeternam : *om. Bb Sz* renascendi [nascendi *Do Ca* renasci *Bf*] sunt *Sh Bf T2b'+c+d+e* : sunt renascendi *Pw* **11** descendens tunc in terram filius dei amantissimus Christus *T2d* : desc. tunc in t. am. f. d. *Bb* desc. tunc am. C. f. d. in t. *Sh Bf* desc. autem am. in t. C. f. d. *Wo* tunc -det in t. am. C. f. d. *Pw* desc. tunc am. C. f. dei *Px Ez* tunc am. f. d. descendens *Ap om. T2c+e* **11-12** [et *add. Sh Ap*] introducet patrem tuum Adam [Ade ? *Bf om. Bb Do*] *T2a+d Wo Ap Pw* : et sic tunc intr. [intr. t. *Sz*] p. tuum A. *T2e* et [*om. Se*] tunc intr. [-ducit *Se*] Christus p. t. *T2c* reducet p. t. A. *Px Ez* **12 - 42a 1** ad arborem — in paradisum : *om. Wo* **12** olei : *om. Sh Bb Px Ez* **13** suae : dei *Ri om. Do* *post* suae *add.* ut ungatur *Ap*

42a 1 [hiis dictis *add. Bf*] continuo [-nue *Sh Bb* statim *Ap*] discessit angelus ab eo [eis *Ap*] *T2a+c+e Wo Ap Pw Tg* : cont. disc. ang. *Px Ez* dum complesset [-euisset *Ca*] sermonem ang. cont. disc. a Seth *T2d* in paradisum : *om. Px Ez Se* **2** attulit ei [eis *Do*] ramusculum [ramiculum *Oc Ca* ramumculum *Do*] trium foliorum *T2d* : at. r. [ramumculum *Ri T2e* ramiculum *Sz* ramum *Wo*] tr. f. *Sh Bf Wo Px Ez Pw Tg T2c+e* at. tr. aliorum ramum *Bb* ramulum° portauit f. *Ap* fractum *Sh Px Ez Ap Tg Ri Oc Do T2e* : fructum *Bb Bf Wo Pw Ca* fructuum *Se* **2-3** scientiae boni et mali *T2d Sh et Ri post corr. in marg.* : scientie *Bb Bf T2b'+e Tg Se om. Pw*

T1 **3** per : propter *Cb Pv Aj*   **3-4** fuerant [fuerunt *Rz Cb Sr Go*] expulsi
Adam et Eua de paradiso *T1a Cb Sr Go* : f. exp. A. et E. *Pv* fuerunt A. et
E. eiecti de par. *Ba* exp. fuerat A. et E. de par. *Aj* A. fuerat -sus de par.
et E. *Sa* fuerat A. et E. expulsus [*add. in margine*] ad -iso (?) *Ol*
4 reuersusque [Michael *add. Ba*] *T1a+c Cb Ba* : reu. *Aj* angelus reu. *Pv*
dedit ei dicens *Zp Cb Sa Aj* : dicens ei dedit *Go* dicens ei *Vb* dixit ei *Hz Sr*
dedit ramum Seth dicens *Ba* dixit ei dans ramum *Ol* dixit *Rz Pv*   hoc :
om. Ba   **5** ad refrigerium et [ad *add. Cb*] solacium [consolationem *Sr* eius
et *add. Ba*] corporis sui *T1a+c Cb Aj Ba* : ad refrigerium c. s. *Pv*

43 **1** festina ne tardes [tardas *Ol* tardans *Aj*] : festina igitur ne tarda-
mus *Ba*   uade ad patrem tuum [*om. T1a'*] *T1a+c Cb Pv Aj* : *om. Ba*
2 impletum : completum *Aj*   *post* suae *add.* ut moriatur *Ba*   adhuc sex
[septem *Hz Rz Sa*] dies [sunt *add. T1a'*] *T1a+c Cb Pv* : post hiis° adhuc sex
diebus *Aj* restant adhuc sex dies *Ba*   **2-3** et exiet anima [Adam *Sr* sua
add. Ol] de [a *Ol*] corpore suo *T1a Sr Ol* : et ex. a. eius [*om. Sa*] de c. *Cb
Go Sa* ex. a. sua a c. *Pv* et [*om. Aj*] exibit a. de c. suo [eius *Ba*] *Aj Ba*
3-4 et uidebis — a Seth : *om. Aj*   **3** et uidebis [uides *Sr*] : et tu Seth et
mater tua et generationes moderne° -bitis *Ba*   **3-4** in terra et : super
terram *Ba*   **4** haec dicens [dixit *Ol*] Michael [angelus *Zp*] recessit [r. M.
Ba] a Seth *T1a Cb Sr Sa Ol Ba* : h. d. M. r. *Go* h. d. angelus r. *Pv*   **5** et
[*om. T1a*] reuersi sunt Eua et Seth *T1a+c Cb* : r.que sunt E. et S. *Aj* r.que
Seth sunt et mater eius E. *Ba* Seth Eua *Pv*   **5 - 43a 1** tulerunt secum —
Eua et Seth : *haec uerba scr. Sa in marg. inferiori*   **5** ramusculum : ramum *Pv*   **5-6** et odoramenta [adoramenta *Zp Sr*] *T1a+c Cb Aj* : ora-
menta° paradisi *Ba* om. *Pv*   **6** hoc est : hoc *Pv* haec scilicet *Go* scilicet
Ba om. *Aj*   nardum et crocum et calamitas [calamum *Go Sa*] et cynamomum [cinomomum *Ol*] *T1a'+c'* : n. cr. et cin. *Zp Ba* n. cal. cyn. *Pv* n.
et thoitum° et calamas et ciromamum *Cb* n. et cynomomum *Sr* nardi et
croci et balsami et cynamomi *Aj*

tiae boni et mali, per quam fuerant expulsi Adam et Eua de
paradiso. **2** Reuersusque ad Seth dedit ei dicens: Hoc porta
5 patri tuo ad refrigerium et solacium corporis sui.

43 1 Festina, ne tardes. Vade ad patrem tuum, quoniam
impletum est tempus uitae suae. Adhuc sex dies et exiet anima
de corpore suo, et uidebis mirabilia magna in caelo et in terra
et in luminaribus caeli. **2** Haec dicens Michael recessit a Seth. **3**
5 Et reuersi sunt Eua et Seth. Tulerunt secum ramusculum et
odoramenta, hoc est nardum et crocum et calamitas et cynamomum.

T2 **3** per quam : propter quam *Pw* per quod *Px* pro qua *Do*   fuerant expulsi : fuerunt e. *Px* e. fuerant [erant *Do*] *Sh Bf Wo Ap Ez Pw T2d* e.
sunt *Bb Tg T2c Ig* -sus fuit *Sz*   **3-4** Adam et Eua de paradiso : de par.
A. et E. *Do* A. et E. *Ap T2c*   **4-5** reuersusque ad — patri tuo : et reuersi
ad Seth portauerunt Ade *T2c*   **4** reuersusque [angelus *add. T2d*] ad Seth
Bb Px Ez T2d : r. est ad S. *Sh Tg* et r. est angelus ad S. *Bf Pw om. Wo*
Ap T2e   [et *add. Sh in marg.*] dedit ei [ramum *add. Pw* istum ra-
mumculum *add. Bf*] dicens *T2a+d Px Ez Pw Tg* : deditque eis dicens *Wo*
Ap et dedit Seth dicens *T2e*   hoc : *om. Ap Ca*   **5** solacium : consola-
tium *Ap* ad consolationem *Wo*   corporis sui *Bb T2c+d+e* : -ri suo *Sh Bf*
Wo Pw Ez Tg cordi suo *Ap om. Px*
   43 1 *ante* festina *add.* et dixit Eua ad Seth *T2c*   festina [Seth *add.*
Ap] ne tardes [-aueris *Bb Ap* -das *Ca*] *T2a+b+d+e Wo Px* : festina et
T2c   tuum : *om. Sh*   **2** impletum : adimpletum *Bf*   adhuc [ad *add.*
Bf] sex dies *Sh Bf Ap Ri Do* : et ad. sex d. sunt *Pw Se* ad. sex dies uiuet
[solet uiuere *Wo*] *Wo Tg* adhuc septem dies [sunt *add. Oc*] *Px Ez Oc Ca*
T2e et adhuc uiuet uij diebus *Bb*   **2-3** et exiet anima de corpore [corde
Ap] suo [eius *Bb*] *Bb Ap Pw* : et ex. an. eius de [a *Px Ez*] c. *Wo Px Ez Tg*
T2e et an. eius ex. ab ore *T2c* et [*om. Bf Oc*] exibit [eius *add. Do*] an. [eius
add. Ca] de c. suo [eius *Bf Do Ca*] *T2a+d*   **3** uidebis *Sh Bb Px Ez Tg*
T2c+d : -bitis *Wo Ap Pw* -bit *Bf T2e*   magna : *om. T2c*   et in terra :
om. Tg   **4** luminaribus : -riis *Bb*   Michael *T2d* : angelus *T2a+b+c+e*
a Seth *Sh Bb Tg T2c+e Oc* : ad Seth *Bb Do* ab eis *Ap om. Wo Px Ez Pw*
Ca   **5** et reuersi sunt Eua et Seth [S. et E. *Pw* ad Adam *add. Wo*] *Sh Bf*
T2b+d+e : et E. et S. *T2c om. Bb*   tulerunt secum *Tg* : tuleruntque s. *Sh*
Bf T2b' Oc Ca et t. s. *Bb Do T2e* t. ergoque s. *Pw* t. [tulit *Se*] *T2c*   ramusculum : ramumculum *Bf Ri T2e* ramum *Ap*   **5 - 43a 3** et odoramenta — uelocissimi cursus : *om. T2e*   **5-6** et odoramenta — et
cynamomum : et ornamenta hoc est nardus oratum et balsamum *Ap om.*
Sh Bf Px Ez   odoramenta *Wo Pw Tg Oc* : ornamenta *Bb Ap* adoramenta *T2c Do Ca*   et [*om. Pw Tg*] crocum *Bb Pw Tg Se T2d* : crocus
Wo chriocum *Ri*   et [talia *add. Do*] calamitas [caluacitas *Oc*] *T2c+d* : et
[*om. Tg*] calamum *Pw Tg om. Bb Wo*   et^3 : *om. Do*

T1 **1** et factum est : et *Pv*   dum irent Eua et Seth [S. et E. *Cb* et *add. Zp*]
transierunt [-irent *T1a* per *add. Cb Sa*] aquam [aquas *Hz*] *T1a Cb Sa Ol
Aj* : dum irent S. et mater eius per a. *Ba* dum iret E. et S. per a. *Go* cum
S. transiret aquam *Sr* dum transirent ad aquam *Pv*   **2** ramus : ramusculum *Sr Aj*   ei : eis *Ba om. Zp*   cecidit : decidit *Vb*   **2-3** in
medio flumine [-nis *T1c Aj*] *T1a+c Pv Aj Ba* : in flumen in m. *Cb*
3 erat autem flumen uelocissimi cursus : fluuium autem uelocissimum cursum habebat et ramum ab eorum aspectibus cito attulit *Ba*   autem :
om. Sa Aj   flumen uelocissimi [felocissimi *Vb*] cursus [cursu (?) *Vb Hz*]
T1a' Cb Sr : fl. -simum cursu [cursu -simum *Aj*] *Sa Ol Pv Aj* fl. -simo
cursu *Zp* fluuius uelocissimus cursu *Go*

   44 1 et cum [cum autem *Aj*] peruenissent [-sset *Aj*] Seth et mater eius
ad Adam *T1a+c Cb Aj* : et cum p. ad A. *Pv* et cum uenissent nimis tristes°
ad adam propter amissionem ramusculi *Ba*   **2** ei : *om. Zp Sa Ol*   omnia quae gesta fuerunt [-erant *Go Sa Aj* ei *add. Sr*] *T1a'+c Cb Aj* : o. que
fuerant g. *Ba* g. que erant *Zp*   **2-3** quale [-lem *Go* -liter *Ba om. Sa*] responsum dederat [dedit *Ol Ba*] eis [ei *Hz Rz Ol om. Pv*] *T1*   **3** orarent ad
dominum *T1a Cb Go Aj Ba* : o. [-ret *Ol*] *Sa Ol Pv* oraret angelum *Sr*
4 et dixit : tunc d. *Aj*   **5** induxisti [enim *add. Ba*] nobis plagas magnas
[multas *Ol* multas et m. *Sa Ba*] *T1a+c Pv Aj Ba* : induxi uobis pl. m.
Cb   delictum [deiectum *Zp*] et peccatum magnum *T1a+c Cb* : et d. ac p.
m. *Aj* p. m. *Pv* d. maximum *Ba*   **6** omnem : *om. Ba*   nostram : uestram *Cb*   **6-7** et hoc — mortem nostram : *om. Pv*   **6** et hoc quod [tu
add. Sa] fecisti *T1c* : et hoc f. *T1a* quod f. *Cb* f. *Ba* quod hoc *Aj°*   post
mortem [autem *add. Ba*] nostram : *om. Sr*   **7-8** referent [-runt *Sr*] filii
nostri filiis suis et illi suis [et illi suis *om. Sr Ol Aj*] et [*om. Zp* sic *add. Cb
Sr Go Ol*] de generatione in generationem *T1a+c Cb Aj Ba* : r. filii filiis et
qui post nos erunt *Pv*   **8-9** quoniam qui [*om. Zp Ba*] insurgent [surgent
Sr Aj exsurgent *Sa* insurgunt *T1a'* surgentes *Cb*] ex [a *Cb*] nobis [uobis *Ol*]
laborantes non sufficient sed deficient : *om. Pv*

43a Et factum est dum irent Eua et Seth transierunt aquam
Iordanis, ecce ramus quem dederat ei angelus cecidit in medio
flumine. Erat autem flumen uelocissimi cursus.

44 1 Et cum peruenissent Seth et mater eius ad Adam, dixerunt ei omnia quae gesta fuerant in uia et quale responsum
dederat eis angelus, dum orarent ad dominum pro oleo misericordiae. **2** Et dixit Adam ad Euam: Ecce quid fecisti?
5 Induxisti nobis plagas magnas, delictum et peccatum magnum
in omnem generationem nostram. Et hoc quod fecisti, post
mortem nostram referent filii nostri filiis suis et illi suis, et de
generatione in generationem, **3** quoniam qui insurgent ex nobis

T2   **43a 1** factum est : *om. Px Ez*   dum irent Eua et Seth [et *add. Bb*]
transierunt *Bb* : dum [ut *Pw*] irent et Seth transiret [tr. per *Bf* tr. ad *Pw*
-iuit per *Ca*] *T2a'+c+d Pw* dum mater et Seth transierent *Wo* dum transirent [i. per *Ap*] *Ez Ap Tg* dum transierunt *Px*   **2** dederat ei [*om. Ri*]
angelus *Sh Bb Wo Ap Tg Ri T2d* : d. ang. Seth *Px Ez* dedit ei [sibi *Se*] *Bf
Pw Se*   cecidit : decidit *Bf Ri Do*   **2-3** in medio flumine *Bf Wo Pw
T2c+d* : in m. -nis *Sh Bb Px Ez Tg* Seth de manu in Iordanem *Ap*
3 erat autem [enim *Do*] flumen uelocissimi cursus [-mum cursu *Oc*] *T2d* :
om. T2a+b+c

44 1 et[1] : sed *Sh*   peruenissent [uenissent *Ap Ri*] *T2b Ri* : -nisset
[uenisset *Se*] *T2a+d Se* -nerunt [uenerunt *Ig*] *T2e*   Seth et mater eius
[*om. Ig*] ad Adam *T2a+c+d+e Pw Tg* : ad A. S. et mater eius *Wo* Eua et S.
ad A. *Ap* ad A. *Px Ez*   **1-2** dixerunt ei [*om. Ap Tg Sz*] *Sh Bf T2b'+d Pw
Tg Sz* : dixitque ei *Bb* dixit sibi *Ig* narrauerunt ei *T2c*   **2** omnia [*om. Wo
Ap*] quae gesta fuerant [erant *Sh* sunt *Pw*] *T2a+b+c+d* : o. g. quae uiderant
T2e   post uia *add.* et qualiter serpens momordisset [-dit *Ca*] Seth *T2d*
2-3 et quale — oleo misericordiae *T1* : **om.** *T2*   **4** et : *om. Sh*   ecce
[*om. Wo Ap Tg*] quid fecisti : quid fecit *Do* ecce haec [*om. Sz*] omnia fecisti mala *T2e*   **5** induxisti [et duxisti *Ca*] nobis plagas magnas [multas
Bb multas et m. *Oc*] *T2a+b' Tg Oc Ca* : ind. n. m. pl. *T2c* ind. pl. n. multas
Do ind. n. planctus magnos *Pw* et induxisti nos in pl. *T2e*   **5-6** delictum
et peccatum magnum in omnem generationem nostram *T1* : d. et p. in
omnem g. n. [*om. Pw*] *T2a+b+c Oc Ca* et d. et p. in omne genus nostrum
Do et tribulationes multas que deuenerunt in omnes -tiones *T2e*   **6-8** et
hoc — in generationem : quia filii nostri narrabunt ea [*om. Ig*] filiis suis et
sic de aliis *T2e*   **6** hoc quod : hoc *Pw* quod *T2c*   **6-7** post [propter *T2c*]
mortem nostram referent [-runt *Sh Bf Px*] filii nostri *T2a+c Px Ez Pw* :
ref. post m. nostram f. nostri *Wo Ap* referent [-runt *Do*] f. nostri post m.
nostram *T2d* ref. f. nostri *Tg*   **7** filiis suis : f. s. et nostris *Pw*   **7-8** et
illi — in generationem *T1* : et sic de aliis *T2e* **om.** *T2a+b+c+d*   **8-9** quoniam qui — sed deficient : *om. T2e*   **8** quoniam : tunc *Ap*   **8-9** qui
insurgent ex nobis laborantes *T1* : qui surgent [surgunt *Tg Do* exsurgent
Bb] ex nobis laborantes [-rare *Tg*] *T2a+c+d Wo Ap Px Ez Tg* : in n.
exurgent labores et *Pw*

T1 **9** et maledicent nobis dicentes [*om. Ba*] *T1a+c Cb Aj Ba* : et sic m. nos
Pv   **10-12** quoniam haec — et ingemiscere : quia erunt nobis inge-
miscentes *Ba*   **10** quoniam : quomodo *Go* quomodo omnia *Cb*   haec :
om. Pv   **11-12** coepit lacrimare [-mari *T1c'*] et ingemiscere *T1a+c' Cb Aj* :
lacr. c. -scens *Sr* c. lacr. *Pv*

44a 1 filio suo [*om. Hz*] Seth *T1a+c' Cb Aj Ba* : ad S. *Sr Pv*
1-2 numquid angelus [domini *add. Sa*] non [*om. Zp Cb Sa Pv*] misit mihi
aliquid [per te *add. Sa*] *T1a+c Cb Pv* : n. non ang. dom. m. mihi quidquam
Aj om. Ba   **2** uero Seth : S. *Pv om. Ba*   et perterritus : et pertransitus
Cb post corr. in margine om. Pv   **2-3** [et *add. Cb*] quod [quia *Go* cum *Sa*]
non inuenit [amiserat *Rz* illud *add. Sa* hoc *add. Aj*] quod miserat [misit *Zp*
promiserat *Ba*] ei angelus *Vb Hz Zp Cb T1c' Aj Ba* : quod amiserat q. m.
ei ang. *Rz* quia perdiderat quod misit ei ang. *Sr* non inuenerat quid ei
misit *Pv*   **3** dixit patri suo [*om. Sr* pater *add. Aj*] *T1a+c Cb Aj* : dixit *Pv*
respondit Seth p. suo domine pater mi *Ba*   **3-5** tantummodo [tamen *Sr*
nisi *Ba°*] ramusculum trium foliorum [tr. fol. ram. *Hz*] misit tibi angelus de
paradiso [de par. *om. Cb*] *T1a+c Cb Aj Ba* : tantummodo ramaclum tr.
florum° de par. *Pv*   **5** cecidit mihi [*om. Aj* nobis *Ba*] *Cb T1c Aj Ba* :
decidit mihi *T1a* cec. de manibus meis *Sr*   in medio Iordanis flumine
[-nis *Sr Ol Aj* fluuio *Pv*] *T1a Cb Sr Go Ol Pv Aj Ba* : in m. fluminis J.
Sa   post flumine *add.* et eum inuenire non potuimus *Ba*   **5-6** cui respondens [*om. Zp*] pater ait [dixit *Ba*] *T1a+c Cb Aj Ba* : dixit Adam *Pv*
6 post uade *add.* inquit *Ba*   **6-7** et [*om. Zp* quia *Ba*] in ipso loco ubi cecidit [cecidit tibi *Ba* decidit *Vb Hz Zp* dececidit *Rz*] inuenies *T1a Cb Sr Go
Aj Ba* : et in i. l. inu. ubi cecidit *Sa Ol* in l. isto inu. *Pv*   **7** et affer [fer
Sr] mihi ut uideam [illum *add. Ba*] antequam moriar *Vb Zp Cb T1c Aj
Ba* : a. [auffer *Rz*] mihi *Hz Rz* et ego uidebo apporta° antequam moriar
Pv   **8** reuersusque Seth : -sus S. *Pv*   **8-10** ad flumen — gauius Seth :
om. Cb   **8** ad flumen [fluuium *Go*] Iordanis : ad flumen *Ba om. Pv*

laborantes non sufficient sed deficient et maledicent nobis di-
10 centes: **4** Quoniam haec mala intulerunt nobis parentes nostri
qui fuerunt ab initio. **5** Haec audiens Eua coepit lacrimare et
ingemiscere.

44a 1 Et dixit Adam filio suo Seth: Numquid angelus non
misit mihi aliquid? Conturbatus uero Seth et perterritus, quod
non inuenit quod miserat ei angelus, dixit patri suo: Tantummodo ramusculum trium foliorum misit tibi angelus de
5 paradiso, qui cecidit mihi in medio Iordanis flumine. **2** Cui
respondens pater ait: Vade, fili mi, et in ipso loco ubi cecidit
inuenies et affer mihi, ut uideam antequam moriar et benedicat tibi anima mea. **3** Reuersusque Seth ad flumen Iordanis

T2 **9** non sufficient sed deficient *T2a+d Wo Px Ez Pw Tg* : non suf. *Ap* def.
T2c et maledicent [-dicunt *Bb*] nobis [*om. Do*] *T2a+b+d Ri* : et sic m. n.
T2e om. Se dicentes : *om. Sz* **10** quoniam : quia *Pw om. Bf Wo*
Ap haec mala intulerunt nobis : h. nobis m. int. *Pw* parentes nos-
tri : mei p. *Ca* **11** - **44a 1** haec audiens — dixit Adam : *om. Do*
11-12 haec audiens — et ingemiscere : *om. Tg* **11** lacrimare *Bb T2b'+e*
Pw Ri Ca : -ari *Sh Bf Se Oc*

44a 1 et : *om. Ap Tg* filio suo Seth *T2a+c+e Wo Ap Oc Ca* : S. filio
suo *Do* ad S. *Px Ez Pw Tg* numquid angelus [domini *add. T2e*] non *Bb*
Bf T2b+e : n. non ang. *T2c Oc Ca* n. [numquam *Do*] ang. *Sh Do* **2** mi-
sit : *om. Sz* mihi : *om. Pw* **2-3** conturbatus uero — ei angelus : *om.*
Tg **2** conturbatus [est *add. Wo*] uero [*om. Px Ez Pw*] Seth et perterritus
T2a+b'+d+e Pw : c. autem [*om. Se*] S. *T2e* **2-3** quod [quia *Ca*] non
inuenit [-nerat *Sh Wo* id *add. Pw*] quod miserat [misit *Bb*] ei angelus
T2a+c+d+e Wo Pw Tg : quod amisit ramum quam miserat sibi ang. *Ap*
om. Px Ez **3** dixit [dixitque *Bb* et d. *Pw Ri T2d*] patri suo [*om. Px Ez*]
T2a+b'+c+d+e Pw : dixit Seth ad Adam *Tg* **3-4** tantummodo ramusculum trium foliorum *T1* : **ramum** *T2* **4** misit tibi angelus *T2a+c+e Wo*
Px Ez Pw Tg : quam tibi ang. m. *Ap* tibi [*om. Ca*] m. ang. *T2d* **4-5** de
paradiso : *om. Bf Ap Do* **5** cecidit mihi [*om. Sh*] *T2a+b+e Se Oc Do* :
decidit mihi *Ri Ca* in medio Iordanis flumine [fl. J. *Bb* fl. J. dum Iordanem pertransiui *Bf*] *Bb Bf Wo Pw Tg T2c+d+e* : in m. J. *Px Ez* in fl. J.
Ap in m. fluminis *Sh* **5-6** cui respondens pater ait *T1* : cui pater [ait
add. Bf] *Sh Bf T2b+c+d+e om. Bb* **6** [tunc *add. Bf*] uade [*om. Px*] fili mi
et : fili mi *Se* **6-7** in ipso [illo *Tg*] loco ubi cecidit [tibi *add. Do* ibi *add.*
Sz] inuenies [eum *add. Tg*] *Sh Bb T2b+c+d+e* : inu. in eodem l. ubi decidit
Bf **7** et[1] : *om. T2e* ut [*om. Do*] uideam : ut ueniam *Ig om. Bb Ap*
7-8 et benedicat [-cet *Px Ez*] tibi : ut b. te *Pw* **8** reuersusque *Bf T2b'+d*
Se : reuersus quoque *T2e* reuersus *Sh Pw Tg Ri* reuersus est *Bb* ad
flumen Iordanis *Bf Sz* : ad fl. *Sh Bb Px Ez Ap Tg T2d Ig* ad fluuium *Wo*
Pw om. T2c

T1 9 [et *add. Rz Ba*] inuenit ramum [ramusculum *Rz Sr Ba* unum *Pv*] in medio flumine [-nis *Sr* fluuio *Pv* m. Iordanis *Ba*] *T1*   numquam de loco
motum *T1a Sa Ol* : n. m. de l. *Go* nusquam motus (*sic*) de l. *Ba* nusquam
de suo l. m. faciens *Aj om. Sr*   9-10 et gauisus Seth tulit [retulit *Aj* secum *add. Sr*] *T1a+c Pv Aj* : et g. est et protulit *Ba* tulit *Cb* (*cf. supra lin.*
8-10)   10-11 quem cum — gaudio magno : quem uidisset gauisus est *Pv*
quem [qui *Hz Cb*] cum accepisset et uidisset diligenter *T1a Cb Go* : q. [qui
Sa Ol] cum uid. [pater *add. Aj*] et acc. *Sa Ol Aj* q. cum acc. pater *Sr*
quemcumque uidisset accepit dilig. et *Ba*   11 et dixit : d. *Pv* dicens
Sr   11-12 resurrectio mea : non uita (*sic*) *Zp*   12 rogauitque [-uit *Cb Pv*
omnes *add. T1c' Ba*] filios [*om. Cb*] suos *T1*   plantarent eum [*om. Zp* illum *Ba*] *Zp T1c Pv Ba* : ipsum pl. *Aj* plangerent [plantarentque *add. Hz*
Rz] eum *T1a' Cb*   13 *post* sui *add.* cum moreretur *Ba*

45 1 praedixit [-erat *Aj*] Michael archangelus [angelus *Cb Go om. Sr Pv*]
T1a'+c Cb Pv Aj Ba : pr. angelus *Zp*   1-2 post sex [septem *Hz Rz* viii
Sr] dies aduenit [-niet *Ol* uenit *Ba*] mors *T1a+c Cb Pv Ba* : p. sex d. mors
aduenit *Aj*   2 cognouisset Adam [*om. Aj*] : agnouisset A. *Sa Ol*
2-3 quia [quod *Ol*] uenit [*om. Aj* ueniet *Cb* uenisset *Go Ba*] hora mortis
suae [eius *Ba*] *T1a+c Cb Aj Ba* : horam mortis *Pv*   3 omnes filios suos :
filios *Pv*   3-4 ecce sum — mortuus fuero : *om. Pv*   3 sum *T1a' Sr Go*
Aj : ego sum *Zp Cb Sa Ol* factus sum *Ba*   3-4 annorum nongentorum
[nonagentorum *Vb* noningentorum *Go*] et [*om. Cb Sa Ol*] triginta [930 *Zp*]
T1a+c Cb Aj : nonagintorum xxx ann. *Ba*   4-5 si mortuus fuero sepelite
me contra ortum [solis *add. Rz Cb*] dei [diei *Sa Ol Sr post corr. in margine*]
T1a+c Cb Pv : si m. f. sep. me contra orientem *Ba* cum f. m. contra
orientem sep. me *Aj*   5 agro : a. dei *Ba*   5-6 et factum est cum cessasset loqui omnes sermones eius : *scr. Sr in margine* factum est *omittendo*
cessasset loqui omnes sermones eius [*om. Aj Ba* suos *Sa Ol*] *T1a Sa Ol Aj*
Ba : cepisset l. o. eius s. *Cb* ces. l. omnia *Go om. Pv*   6 tradidit : emisit
Ba

inuenit ramum in medio flumine numquam de loco motum. Et
10 gauisus Seth tulit patri suo, 4 quem cum accepisset et uidisset
diligenter gauisus est gaudio magno et dixit: Ecce mors et resurrectio mea. Rogauitque filios suos ut plantarent eum ad
caput sepulchri sui.

45 1 Et sicut praedixit Michael archangelus, post sex dies
aduenit mors. **2** Cum autem cognouisset Adam quia uenit hora
mortis suae, dixit ad omnes filios suos: Ecce sum annorum
nongentorum et triginta[a]. Si mortuus fuero, sepelite me contra
5 ortum dei in agro habitationis illius. **3** Et factum est cum cessasset loqui omnes sermones eius, tradidit spiritum.

---

45 a. cf. Gen. 5, 5

T2   **9** in medio flumine *Bf Wo Ez Pw T2c+d+e* : in eodem loco in m. fl. *Ap* in
m. -nis *Sh Bb Px Tg*   [et *add. Se*] numquam [nusquam *Bf* non *Tg*] de
loco motum [fuit *add. Bb*] *T2a+c+e Wo Ez Pw Tg* : n. m. de l. *Ap* de l.
nusquam m. *T2d* et illo loco nullum motum fecit *Px*   **9-10** et gauisus
Seth *T2b'+c+d+e Pw* : et g. est S. *Bb Bf* et g. est ualde *Tg* et g. *Sh*
10 tulit *T1* : tulitque *Do* tulit [tulitque *Bf*] eum *T2a+b+c+e Oc Ca* tulit ramum et presentauit *Wo*   quem cum accepisset *Tg* : q. cum acc. Adam
T2a+c+d+e Wo Px Ez Pw et cum A. acc. ramum *Ap*   et uidisset *Sh Bf*
Px Ez Pw T2c : om. *Bb Wo Ap Tg T2e*   **11** diligenter *T2a+c+d Px*
Ez : om. *Wo Ap Pw Tg T2e*   gauisus est [om. *Sh*] gaudio magno et dixit
[dicens *Wo Pw*] *Sh Bf T2b+d+e* : gauisus est et dixit *Bb* gauisus ualde dixit
T2c   **11-12** ecce mors et resurrectio mea : (*duo uerba lectu difficilia*) mea
Pw   **12** rogauitque [Adam *add. Bf*] : rogauit *Bb*   suos : om. *Tg Do*
plantarent eum [ramum *Bb* ramusculum *add. Bf*] : -retur *Wo* plangerent
eum *Ri Ca*   **13** sepulchri sui [om. *Sh Px Ez*] : sui sepulchri *Pw T2e*

45 1-2 et sicut — aduenit mors : om. *Px Ez Tg T2e*   **1** praedixit Michael archangelus *T2d* : -xerat [dixerat *T2c* ei *add. Sh Wo*] angelus *T2a+c*
Wo Ap Pw   sex : septem *Bf Se*   **2** aduenit *T2a Do Ca* : uenit *Pw T2c*
-niet *Wo Ap Oc*   autem : om. *Px Ez*   Adam : om. *Tg*   **2-3** quia
[quod *Wo Se T2d* quod iam *Ca*] uenit [-sset *Se*] hora mortis suae *T2a+c+-*
d+e Wo Ap : quod h. m. sue u. *Px Ez* horam m. sue *Pw Tg*   **3** *post* dixit
add. autem *Do*   sum : ego sum *Sz* iam sum *Sh Se* fui *Pw*   **3-4** annorum
nongentorum [noningentorum *Bf Se*] et [om. *Wo*] triginta *T2a'+b'+c+e Tg*
Ca : noning. an. et tr. an. *Pw* an. octingentorum et tr. *Bb* an. CCCC[torum]
[CCCC *Do*] et xxx[a] *Oc Do*   **4** si *T2a+c+d+e Tg* : cum *T2b' Pw*
4-5 contra ortum dei in agro habitationis illius : in a. h. c. o. solis *Bb*
5 ortum dei *Tg Ri Ca T2e* : o. diei *T2a'+b' Pw Se Oc Do*   [et *add. Do*] in
[et *Pw*] agro : magno *Sz* magne *Wo Ap* in orto *Se*   illius : dei *Do* om.
Ca   factum est : statim *Bb*   cum : dum *Ri Oc Do*   cessasset : cessaret *T2c*   **6** omnes sermones eius *T2d* : om. *T2a+b+c+e*

T1   **46 1** et ecce *T1a Cb Sr Sa Pv Aj* : ecce *Ba* et *Ol* ecce et *Go*   obtenebratus [obumbratus *Hz Rz* obscuratus *Cb Sa Ba*] est sol : sol obscuratus est *Go*   *ante* luna *om.* et *Sr Pv*   **1-2** diebus septem : vij diebus *Aj* diebus vj *Go*   **2** esset Seth [*om. Cb Sr*] ibi [ibidem *Go*] : esset ibi S. *Zp Aj* uenit S. *Sa Ol*   amplexatus est [*om. Hz Cb Pv*] *T1*   *post* corpus *add.* eius scilicet *Sr*   **3** lugendo [lugens *Ba* luendo *Aj*] super eum : et fleuit *Pv*   eius : *om. Hz Rz Zp Pv*   amarissime [-simis *Sr Go Aj Ba*] lacrimis *T1a'+c Cb Aj Ba* : lacr. -simis *Zp om. Pv*   **4** dixerunt : et d. *Sa Ba* d.que *Aj*   heu [nobis *add. Zp Sr*] domine [*om. Sr*] pater : heu heu dom. p. *Aj* heu p. *Pv* heu p. mi *Ba*   **4-5** induxisti nobis dolorem et mortem *T1a+c Cb Aj Ba* : dereliquisti m. et dol. *Pv*   **5** ecce Michael apparuit [*om. Cb*] *T1a+c' Cb Pv* : e. app. M. *Sr* e. M. archangelus app. eis *Ba* statim sanctus M. app. *Aj*   stans : *om. Pv*   **6** Adae : Adam *Sr*   et dixit : dicens *Sr*   tui : *om. Zp Cb Aj*   **6-7** ad me : *om. Cb*   **7** ut : et *T1c'*   tuum : *om. Rz*   eo : ipso *Aj*   deus *Hz Cb T1c' Ba* : dominus d. *Vb Rz Zp Aj* dominus *Pv Sr*   fecerit *Vb Hz Zp T1c' Aj* : fecit *Rz Cb Sr Pv Ba*

47 1-2 et ecce — es eius *T2* : *om. T1*   **3** tunc Seth uidit manum domini extensam [et *add. Vb*] tenentem Adam [manum *Pv*] *T1a+c Cb Pv Ba* : t. uidit S. ext. m. dom. tenentem *Aj*   **4** tradidit Michaeli dicens *T1a Pv Go* : et tr. eum [*om. Sa Ol*] M. dicens *Cb Sa Ol Ba* tr.que eam sancto M. dicens *Aj* et conuersus dominus ad Michaelem ait *Sr*   sit : *om. Cb*   **4-5** usque in — annos nouissimos : *om. Sr*   usque in [ad *Ba*] diem dispensationis [desponsationis *Rz* dispositionis mee *Ba*] *T1a+c' Cb Aj Ba* : *om. Pv*

46 1 Et ecce obtenebratus est sol et luna et stellae diebus
septem. Et cum esset Seth ibi, amplexatus est corpus patris sui
lugendo super eum. Et omnes filii eius flentes amarissime lacrimis dixerunt: Heu domine pater, ut quid induxisti nobis
5 dolorem et mortem? **2** Et ecce Michael apparuit stans ad caput
Adae et dixit ad Seth: Surge de corpore patris tui et ueni ad
me, ut uideas patrem tuum, quid de eo deus fecerit pro plasmate suo, quia misertus est eius.

47 1 Et ecce omnes angeli canentes tubis dixerunt: Benedictus es, domine deus, pro plasmate tuo, quia misertus es eius.
2 Tunc Seth uidit manum domini extensam tenentem Adam.
Tradidit Michaeli dicens: **3** Sit in custodia tua usque in diem

---

T1   **46 1** et ecce : *om. Ap*   obtenebratus [obscuratus *Ap*] est sol et [*om.*
Do] : obt. est *Bb* sol obsc. est et *Wo*   **1-2** luna et stellae diebus septem
Bb T2b+c+d+e : l. et st. [st. et l. *Bf*] sex d. *Sh Bf*   **2** *post* septem *add.* et
[*om. Do*] omnia animalia obmutuerunt *T2d*   et cum [*om. Ca*] esset Seth
ibi amplexatus est *Ca* : et cum ibi e. S. amp. est sic *Do* et ecce S. ibi amp.
est *Oc* et Seth amp. est [*om. Sh*] *T2a+c+e Wo Px Ez Tg* et amp. est S. *Ap*
Pw   **3** lugendo : lugiendo *Bb*   et omnes — amarissime lacrimis : *om.*
Ap   omnes : *om. Bb*   flentes amarissime lacrimis : *om. Tg*   flentes
[super eum *add. Wo*] : fleuerunt *Pw* flegentes *Ca om. Bb T2e*   amarissime lacrimis *Do Sz* : amarissime *Wo Px Ez Oc* -simis l. *T2a Ca Ig* l.
-simis *Pw T2c*   **4-5** dixerunt heu — et mortem *T1* : **om.** *T2*   **5** et ecce
[*om. Sz*] *T2a+b'+d+e Pw* : ecce *Tg T2c*   *post* apparuit *add.* cum multitudine angelorum *T2d*   **5-6** ad caput Adae [Adam *Bb om. Se*] : ad corpus
A. *Sh* in capite A. *Pw*   **6** et dixit ad Seth *Sh Bb Pw T2d* : dixit ad S. *Bf*
T2b' Tg d.que ad S. *T2e* d.que S. *T2c*   corpore : corde *Ap*   patris :
fratris (?) *Do*   **6-7** et ueni ad me : et ueni *T2e om. Bb Ap*   **7** ut [et *Do*
Ca] uideas patrem tuum *T2d* : ut [*om. Ez*] uideas *Bf Px Ez Pw Tg T2c+e*
et u. *Sh Bb Ap* et uide *Wo*   quid de eo deus fecerit *Sz* : q. de eo dominus f. [f. dom. *Bf*] dom. fecit *Oc*] *T2a Wo Tg Oc Ca Ig* q. dom. de eo [ipso
Pw] f. [fecit *Px Ez Se*] *Ap Px Ez Pw T2c* quid° dominus uelit facere *Do*
7-8 pro plasmate [blasmate *Do*] suo *T2d* : *om. T2a+b+c+e*   **8** quia : et *Pw*

    47 1-2 et ecce — es eius : *om. Ri*   **1** et : *om. Ca*   *post* angeli *add.*
qui uenerunt cum Michaele *T2d*   canentes [cantantes *Sz Oc*] tubis [tubas
Wo] *T2a+c+e Wo Pw Tg Oc Ca* : canentibus tubis *Do* tenentes turibula *Ap*
turbis *Px Ez*   **1-2** benedictus es domine deus [*om. Bb Se Ca*] pro [*om.*
Ap] plasmate [plasmatione *Se* blasmate *Do*] tuo *Bb Bf Px Ez Ap Pw Se* :
b. es dom. d. prothoplaste tuo *Sh* b. es dom. d. [*om. Ig*] et plasmatio tua
T2e b. dom. d. et plasmator *Wo* b. de plasma *Tg*   **2** quia misertus es
eius : *om. Tg*   **3** manum domini [dei *Bb Ca* eius *Oc*] extensam [-tam *Oc*]
tenentem Adam *T2a+c+d+e Wo Ap Tg* : m. ext. A. t. *Pw* m. dom. ue-
nientem ad Adam *Px Ez*   **4** tradidit Michael [animam *add. Ca*] *Px Ez Ca*
Sz : tr. M. archangelo *Bb Wo Tg Ig* [quem *add. Sh Bf*] et [*om. Sh*] tr. [eum
add. Ap] M. [archangelo *add. Pw*] *Sh Bf Ap Pw T2c* et tr. M. archangelo
animam eius *Oc Do*   in diem : in die *Sz* ad d. *Px Ez*

5 in [om. Cb] suppliciis [insupplicii (?) Hz Rz] usque [om. Go Pv] ad annos
nouissimos T1a Cb Go Sa Pv Aj : et usque ad an. nou. in sup. Ba   in
[om. Sa Ol] quibus [iniquibus Rz] T1a+c' Cb Aj Ba : usque Pv et Sr   6
luctus eius T1a' Sr Go Aj : luctum eius Zp Cb Sa Ba planctum suum
Pv   6-7 tunc sedebit — eum seduxit : om. Pv Aj   [et add. Ba] tunc
[om. Sr] sedebit in throno [trono Rz T1c'] eius T1a+c Ba : tunc s. in domo
eius Eua Cb   7 qui eum seduxit : qui decepit seduxit Sr
    48 1 et dixit iterum : et d. Aj et it. Ba   dominus ad Michaelem et [ad
add. Hz Rz T1c] Vriel [ad add. Cb] angelos [suos add. T1a'] T1a'+c Cb :
dom. ad angelum [om. Pv] M. et V. Zp Pv dom. ad M. et ad ang. eius Ba
sanctus M. et ad omnes alios ang. Aj   Michaelem Hz Zp Cb Sr Go Sa
Ba : Michael Rz Pv Aj Michaeli Vb   Vriel Vb Cb Pv : ad Vriel Hz Go
Rz Vrielem Zp ad Vrielem Sr Sa   2 afferte : aufferte Pv   tres [om. Hz
Rz Zp Sr Pv Aj] sindones [syndones T1a' Go Aj] bissinas [-senas Cb de
bisso factas Sr om. Aj] T1a+c Cb Pv Aj : syndonem mundam Ba   2 expandite : exp. eam Ba extendite Hz   3 corpus [eius add. Cb Aj] Adae :
caput A. Zp   3-4 et cum — filium eius : om. Aj   3 cum [om. Cb] aliis :
cum omnibus Go   Abel filium eius [suum Sa Ol] T1a'+c' Cb Pv : f. e.
[suum Zp] A. Zp Sr Ba   4 et sepelite Adam et filium eius Zp T1c Pv :
sepellite A. Cb om. T1a' Ba   4-5 et processerunt omnes uirtutes [eius (?)
add. Hz Rz] angelorum ante eum [om. Sr Sa Ol ipsum Ba Adam scr. Go
supra lineam] T1a+c Aj Ba : proc. o. u. angeli ante corpora Cb et proc. o.
u. Pv   5-6 et sanctificata est dormitio mortis eius [e. m. Hz] T1a+c Pv :
et s. est d. ipsorum Cb ut -carent m. e. -tationem Ba et -catum est domini
initium eius mortis Aj   6 et sepelierunt Adam et Abel [simul add. Ba]
Michael et Vriel angeli dei [eius Ba om. Pv] T1a Cb Pv Sr Go Sa Ba :
s.que Adam M. et V. Aj om. Ol   7 [et add. Ol] in eo [loco add. Sr] qui
[quod Go] T1a+c : in loco qui Cb Pv Aj ad locum qui Ba   uidente : uidentes Sa Ol   7-8 et nullis aliis T2 : et nulli alteri T1a Go Pv nulli alii Sa Ol
nullus alter Ba om. Cb Sr Aj

5 dispensationis in suppliciis usque ad annos nouissimos in quibus conuertam luctus eius in gaudium. Tunc sedebit in throno
eius qui eum seduxit.

48 1 Et dixit iterum dominus ad Michaelem et Vriel angelos: Afferte mihi tres sindones bissinas et expandite super
corpus Adae, et cum aliis sindonibus uestite Abel filium eius,
et sepelite Adam et filium eius. **2** Et processerunt omnes uir-
5 tutes angelorum ante eum, et sanctificata est dormitio mortis
eius. **3a** Et sepelierunt Adam et Abel Michael et Vriel angeli dei in
eo qui dicitur Caluariae locus, uidente Seth et Eua et nullis

---

47 a. cf. Ier. 31, 13

T2 **5** dispensationis : d. eius *Bb*   **5-7** in suppliciis — eum seduxit : *om.*
Tg   **5** in[1] : et in *T2e*   annos : *om. Do*   in quibus : et tunc *T2c*
6 conuertam [-tatur *T2e* dies *add. Se*] luctus [luctum *T2a Do*] eius in gaudium *T2a+b'+c+e Pw Oc Do* : c. eius g. *Ca*   **6-7** tunc sedebit in throno [in
trono *Wo Ca* super -num *Bb*] eius [istius *Ap* illius *Do om. Px Ez*] qui eum
seduxit [s. eum *Bb*] *T2a+b'+c+d Pw* : *om. T2e*
    48 1 iterum : *om. T2e*   dominus : deus *Bf om. Se*   ad Michaelem
T2a+b+d Ig : ad Michael *Ri Sz*   Vriel *Tg Se Ri Sz* : ad Vriel *Px Ez Oc*
Vrielem *Wo Ap Ca Ig* ad Vrielem *Bb Do* Gabrielem *Bf om. Pw*   angelos
Sh Bb Px Ez Tg T2c+e Ca : archangelos *Wo Pw* archangelum *Do* et ad
angelos *Ap om. Bf*   **2** sindones [syndones *Bf Px Ap T2c+e Oc* et *add. Tg*]
bissinas [byssinas *Bf Wo Se Ig* bissinos *Px Ez Pw* byssenos *Ap*] *Bb Bf*
T2b+c+e Oc Ca : sindonis et byssos *Sh* spudones byseas *Do*   expandite :
expandit *Ap*   **3** et [dixit *add. Ap om. Pw*] cum aliis sindonibus : aliis
sindonis *Bb*   uestite Abel filium eius [suum *Tg*] *Sh Bb Px Ez Tg T2d+e* :
u. filium eius [suum *Ap*] Abel *Bf Wo Ap* u. [tegite *Pw*] corpus [Ade et
add. T2c] Abel filii eius *Pw T2c*   **4** et [sic *Pw*] sepelite [sepelire *Do*]
Adam et filium eius [Abel *add. T2d*] : et Adam et filius eius *Ap om. Bb*
4-6 et processerunt — mortis eius : *om. Do*   **5** angelorum : angelos *Ig*
celorum *T2c*   ante eum *T1* : ante *T2a+b'+e Pw Oc Ca om. Tg T2c*
5-6 et sanctificata — mortis eius : *om. Tg*   dormitio mortis *Bf* : d.
eius mortis *Sh Bb Px Ez T2c+e Oc Ca* d. eius *Wo* d. Adae *Pw* d. eorum
Ap   **6** et [*om. Bf Ap Ca*] sepelierunt [sepell. *Ca*] : et sepelire *Do*
Adam et [filium eius *Wo*] Abel Michael et Vriel angeli dei [*om. Bb*] *T2a+e*
Wo Pw : Adam et Abel [simul *add. Ap*] M. et V. *Ap Oc Ca* Adam et Abel
M. cum aliis angelis dei *Px Ez* Adam et [filium eius *add. Do*] Abel *T2b Do*
Adam et filium *Tg*   **7-8** in eo — nullis aliis : *om. Tg Do*   **7** in eo [loco
add. Px Ez T2c Ca] qui dicitur Caluariae locus : qui° dum° Caluarie locus
dicebatur *Ap*   **7-8** uidente [uidens *Sh*] Seth et Eua et [*om. Px Ez*] nullis
[ullis *Px* multis *Sh Bf*] aliis *Sh Bf T2b'* : uidentibus [uidentes *T2c*] S. et E.
et nullis aliis [nullus alius *Se Sz*] *Bb Pw T2c+e* u. S. et matre eius et nullo
altero *Oc* -tes S. et mater e. et nulli alteri *Ca*

T1 **8** et dixerunt ad eos Michael et Vriel angeli dei [ang. d. M. et V. *Ba om.*
Go] *T1a'+c' Cb Ba* : et d. ad eos M. et V. *Pv* d. ad eos M. et ang. dei *Aj* et
d. ad eos ang. dei *Sr* et dixit M. et V. *Zp*   sicut [iam *add. Cb*] uidistis
[nos facere *add. Aj*] *Zp Cb T1c' Pv Aj Ba* : s. audistis [et u. *add. Hz*] *T1a'*
u. quomodo sepelimus Adam *Sr*   **9** similiter [sic *Sa*] sepelite [*om. Ol*] de
cetero mortuos uestros *T1a Sr Sa Ol* : sim. sep. postmodum m. *Pv* sim. [et
uos *add. Aj*] sep. [-lire *Ba*] m. u. *Go Aj Ba* sim. -lietis m. de c. uestros
Cb   **9-10** hiis expletis [completis *Aj*] angeli [*om. Sr*] discesserunt [se-
cesserunt *Cb* recesserunt *Pv*] ab eis *T1*

48a 1 uero : *om. Pv*   filius eius : *om. Sr Aj*   plantauit ramum [ra-
musculum *Sr*] arboris *T1a+c Cb* : pl. [-uerat *Aj*] ramum *Aj Ba* pl. arborem
de ramo *Pv*   **1-2** sicut rogauerat eum pater eius [suus *Sr*] Adam [A. p.
eius *Vb Hz*] ad caput sepulchri sui [eius *Sa* ipsius *Aj*] *T1a+c Cb Pv Aj* : ad
caput sicut rog. eum p. eius A. *Ba*   **2-3** qui creuit [-uerat *Aj*] in arborem magnam : *om. Ba*   **3** [et *add. Rz*] post multos uero annos : p. mul-
tum° uero annos et dies *Aj*   **4-5** a uenatoribus [lignatoribus *Sa Ol*] Salomonis et [sic fuit *add. Sr*] sibi allata [illata *Vb Pv*] et ab ipso miris
modis [miro modo *T1a'* unico modo *Sa*] ornata *T1a+c Pv* : a u. S. et ab
ipso miris modis o. *Cb* arbor illa a fenatoribus S. et sibi oblata miris modis
ornata est *Ba* arbor illa inter alias arbores a rege S. sicud (*forte pro* quando) edificauit templum in Jerusalem et improbata ab artificibus *Aj*
5 postmodum propter reginam Austri [-strie *Ba* Sibillam *Cb post corr. in
margine*] destructa [discreta *Go* est *add. Ba om. Sr*] *T1a Cb Sr Go Pv Ba* :
p. regine A. destinata [dissoluta *Olᵉ*] *Sa Ol* postea regina Austri *Aj*
6 quae uenit [-erat *Sa*] a finibus terrae [Austri *Pv*] *T1a+c Cb Pv Ba* : ueniens *Aj*   audire et uidere *T1a' Cb Go Sa* : audire *Zp Sr Pv Aj Ba*
7-8 cui etiam — templo ornatum : *om. Aj*   **7** cui etiam ipse [i. e. *Rz Sa*]
T1a Sr Sa : cui et [*om. Pv*] ipse *Cb Pv* cui etiam *Go* cui ipsa *Ba* qui etiam
Ol   ostendit : o. illi *Go*   omnia [*om. Ba*] secreta sua : secr. o. *Pv*
8 mirifice in templo [-plum *Ol*] ornatum *T1a Sr Go Ol* : mir. orn. in t. *Pv*
mir. orn. *Cb* in t. mir. orn. [poni fecit *add. Ba*] *Sa Ba*   quo uiso [uisa *Hz*
uisu *Cb Ol*] statim [*om. Go*] prophetauit [-tizauit *Ol* -tabat *T1a'*] *T1a+c
Cb* : quo uisio omnia probat *Pv* quo uiso regina Saba prophetauit multa de
hoc ligno ita quod *Ba* et quomodo prophetauit Christum passurum in hoc
ligno et *Aj*   per : super *Cb scr. supra lineam propter Hz Rz*

aliis. **3b** Et dixerunt ad eos Michael et Vriel angeli dei: Sicut
uidistis, similiter sepelite de cetero mortuos uestros. Hiis ex-
10 pletis angeli discesserunt ab eis.

48a 1 Seth uero filius eius plantauit ramum arboris, sicut
rogauerat eum pater eius Adam, ad caput sepulchri sui, qui
creuit in arborem magnam. **2** Post multos uero annos inuenta
est a uenatoribus Salomonis, et sibi allata et ab ipso miris
5 modis ornata et postmodum propter reginam Austri destructa.
Quae uenit a finibus terrae audire et uidere sapientiam Salomonis, cui etiam ipse ostendit omnia secreta sua et hoc lignum
mirifice in templo ornatum. **3** Quo uiso statim prophetauit per

---

T2 **8** et dixerunt ad eos Michael et Vriel angeli dei *Oc Ca* : et d. ad eos ang.
[*om. Ez*] *Bb Px Ez Pw T2c+e* et [*om. Sh*] d. [d.que *Bf*] angeli ad eos [filios
Tg] *T2a' Ap Tg* et d. ang. *Wo* tunc M. et V. ang. dei erant dicentes *Do*
post uidistis *add.* nos sepelisse Adam et Abel *Bf*   **9** [sic *add. Wo*] similiter : simpliciter et *Bf* ita *T2e*   de cetero *T1* : **om.** *T2*   **9-10** [et *add.*
Bf] hiis expletis [completis *Bf*] angeli discesserunt [d. ang. *Sh T2d*] ab eis
T2a+c+d+e Wo Ap : h. exp. ang. disc. *Pw om. Px Ez Tg*
  48a 1 filius eius *Sh Bf Px Ez Tg T2c Ca* : *om. Bb Wo Ap Pw Do*
T2e   arboris : *om. Ap*   **1-2** sicut rogauerat — sepulchri sui : ad caput
sepulchri sui et sicut rogauit eum pater *Ap*   sicut rogauerat [rogauit *Pw*
T2c] eum [*om. Sh T2c*] pater eius [*om. Sh* Adam *add. Pw*] *T2a+c+e Wo Px*
Ez Pw Tg : *om. T2d*   **2** ad caput sepulchri sui [eius *T2c om. Px Ez Pw*
Do] *Sh Bf Wo Px Ez Pw Tg T2c+d* : *om. Bb T2e*   qui : que *Ig*   **3** arborem magnam [magnum *Bf*] : magnam arborem *Px*   **3-17** post multos
— plasmatis descenderet : *om. Px Ez*   **3** post multos uero [enim *Pw*]
annos *Wo Ap Pw T2c+d+e* : p. u. m. a. *Sh Bf Tg* post multum uero tempus *Bb*   **3-4** inuenta est [arbor *add. Pw*] : inuentus est *Se* inueterata° est
Bf   **4** uenatoribus *Sh Bb Pw Tg T2c+d+e* : cenatoribus *Wo* auctoribus *Bf*
seueratoribus *uel* feneratoribus (?) *Ap*   Salomonis : S. regis *Pw*   et sibi
allata [est *add. Bf Ap T2e*] *Sh Bf Wo Ap Tg T2c+e Oc* : sunt oblata *Pw* et
sibi ablata [est *add. Bb*] *Bb Do* et sibi illata *Ca*   **4-5** et [*om. Ap*] ab [*om.*
Bf] ipso miris modis [miro modo *Pw Tg*] ornata *Bf Wo Ap Pw Tg Ri*
T2d : et [*om. Bb*] miris modis ornata ab ipso [auro et gemmis *add. T2e*] *Bb*
T2e ab ipso nomis° ornata *Se* miris modis *Sh*   **5** postmodum : postea *Pw*
propter [per *Se Do*] reginam austri [austrie *Wo Ap* austride *Bb*] *T2a+c+d+e*
Wo Ap Tg : aput regionem cui sunt *Pw°*   destructa : remoti *Bb°*
6 uenit a finibus terrae : uenerat *Pw*   et uidere *Bf Tg T2c Ca Ig* : *om.*
Sh Bb Wo Ap Pw Do Sz   **7** etiam ipse *Bb Bf* : ipse etiam *Wo Ap Tg* et
ipse *Sh T2d* ipse *T2e* etiam *T2c* Salomon *Pw*   sua : *om. Pw*   *post* et
add. specialiter *Do* duo uerba lectu difficilia *Pw*   et : et ostendit *Pw*
lignum : signum *Wo*   **8** mirifice in templo [suo *add. T2c*] ornatum *Bf Wo*
Ap Tg T2c : mir. orn. in t. [suo *add. Bb*] *Bb Pw T2e* mir. orn. *Sh T2d*
quo : *om. Bb*   statim [mox *Pw*] prophetauit [dicens *add. Ap Pw*] *Sh Bf*
Wo Ap Pw Tg T2c Oc Do : st. -bat dicens *T2e* st. -bant *Bb* p. st. *Ca*
8-9 per [*om. Bf*] hoc lignum [lingnum *Ri* signum *Do*] *Sh Bf Wo T2c+d Wo*
Ig : quod hoc lignum *Sz om. Bb*

T1   **9-10** omnia [*om. Sr*] regna et unctiones [ugnitiones *Pv°* munitiones *Sr*] sacerdotum et [*om. Hz Rz*] leges iudeorum destrui [-untur *Hz*] *Hz Rz Cb Sr
Sa Ol Pv* : o. r. et unct. et sac. [sanctorum *Vb* -dotium *Go*] leges iud.
destrui *Vb Zp Go* o. r. iud. et omnes munitiones sac. et l. iud. -erentur *Ba*
destrui legem iudeorum *Aj*   **10** audito : *om. Ba*   rex : rex Salomon
Ba   **10-12** hoc lignum auro et [*om. Pv*] lapidibus preciosis [*om. Go*] exornari praecepit [cepit *Sa Ol* fecit ornari *Pv*] et in piscinam probaticam [*om.
Cb*] lapidibus alligatis [aligari fecit *Pv*] mergi [demergi *Sa* iussit *add. Ol*] *Cb
Pv T1c* : h. l. lap. preciosis et auro exornari [ornari *Rz* ornato *Hz*] precepit
et in pisc. [pristinam (?) *Hz*] prob. lap. all. mergi praecepit *T1a* precepit
proici hoc lignum in magnam piscinam que uocatur probatica piscina *Aj*
hoc lignum auro et argento ornari fecit et gemmis preciosis ligari / et in
profundum terre uisceribus fodi et abscondi iussit / in eodem loco super
lignum piscinam construi precepit / que probatica piscina dicebatur *Ba in
forma uersuum*   **12** ubi : et *Ol om. Sa*   postmodum : post multum
temporis *Aj*   **12-13** semper descendit [-debat *Pv*] angelus et aquam [aqua
Cb] turbabat [t. a. *Sr*] *T1a Cb Pv Sr Go Ol* : ang. s. -dit in aquam et aqua
turbabatur *Sa* -debat ang. domini in piscinam et mouebatur aqua *Ba* desuper ang. domini -dit et aquam mouit *Aj*   **13** cottidie : cotidie *Pv* quo-
tidie *Cb Sr*   sanabatur unus : -bitur unus infirmus *Ba*   **13-14** usque ad
ipsum Christum *T1a+c' Cb* : u. aduentum Christi *Pv* u. ad passionem
Christi *Aj* et hoc durabat ad C. *Sr om. Ba*   **14** qui postmodum in ipso
[illo *Cb*] ligno suspensus est *T1a+c Cb Pv* : qui p. in eo l. s. erat Christus
Ba qui ad hoc lignum est appensus *Aj*   **14-15** [et *add. Rz*] in eo qui dicitur Caluariae [calpharie *Zp*] locus *T1a+c' Cb* : [et *add. Aj*] in [eo *add. Sr*]
illo *add. Aj*] loco q. d. C. locus [ubi sepultus fuit adam cum abel filio suo
add. Ba] *Sr Aj Ba* loco Caluarie *Pv*   **15-17** et in — plasmatis descenderet : ita ut ex ipso stipite sanguis nostri saluatoris in caput primi
plasmatis descendit *Ba om. Pv*   **15-16** et in [*om. Sa Ol*] ipso stipite arboris posito ita ut *T1a+c' Cb Aj* : et in ipso Adam qui erat ibi sepultus stipite
arboris posito ita ut *Sr*   **16-17** sanguis ipsius [illius *Go*] redemptoris
[creatoris *Sr* saluatoris *Ol*] in caput primi [ipsius *Sr*] plasmatis [plasmatoris
(?) *Cb Go* Adae *add. Zp*] descenderet *T1a+c Cb* : s. red. ipsius in caput ut
primi hominis <descenderet> ut [*correxi, ut pr. h. ante corr.*] de sepulchro
ipsius Adae emigeret et sanguinem Christi in se reciperet *Aj*

hoc lignum omnia regna et unctiones sacerdotum et leges Iu-
10   deorum destrui. **4** Quo audito rex hoc lignum auro et lapidibus
preciosis exornari praecepit et in piscinam probaticam lapidibus alligatis mergi, ubi postmodum semper descendit angelus
et aquam turbabat et cottidie sanabatur unus usque ad ipsum
Christum[a], qui postmodum in ipso ligno suspensus est, in eo
15   qui dicitur Caluariae locus, et in ipso stipite arboris posito ita
ut sanguis ipsius redemptoris in caput primi plasmatis descenderet.

48a a. cf. Ioh. 5, 2-9

T2 **9** [et *add. Wo*] omnia regna : o. ligna *Sh* o. *Pw*   unctiones sacerdotum et
leges : unctiones [munitiones *Bb Wo* nationes *Pw* uniones *Ig*] et leges
T2a+c+e Wo Pw Tg Ca munitiones *Do* unanimes leges *Ap*   **10** destrui *Bf*
T2c+d : destrui oportet [oportent *Ap*] *Ap Tg* destruere oportet *Sz post corr.*
supra lineam destruentur *Bb et Sh post corr. in marg.* destruuntur *T2e* et
(—) *Pw°*   rex : rex Salomon *Bf* Salomon *Px* om. *Do*   *post* rex *add.*
statim *T2c*   hoc lignum *Pw Ca* : lignum hoc [istum *Bf* istud *T2e*] *Bf Ap*
Tg T2c+e Do lignum *Sh* ligno hoc *Wo* hoc signum *Bb*   **10-12** auro et —
alligatis mergi : auro et lapidibus preciosis exornare cepit et in piscinam
probaticam proici *scr. et erasit Sh qui scr. in marg. alium uerbum quod hodie
legi non potest*   **10-11** auro et [*om. Ap*] lapidibus preciosis exornari praecepit *Wo Ap Tg* : a. et argento et lap. prec. exornari pr. [pr. ornari *Bb*] *Bb*
Bf a. et argento ornari pr. et prec. lap. *T2c* lap. prec. et a. exornari pr. *Ca*
a. et lap. prec. exornatum spoliari mandauit *Do* et a. et gemmis exornari
pr. *Pw* fecit priuari a. et argento et lap. prec. *T2e*   **11-12** et in — alligatis
mergi *T1* : **et in piscinam probaticam proici** [proiecti *Se* iussit *add. Tg*
praecepit *add. Do*] *Bb Bf Wo Ap Pw Tg T2c+d+e*   **12** ubi : et *Wo*
semper descendit : saepe d. *Bf* super natauit *Ap qui postea desinit*   angelus : ang. domini *Wo Pw Tg*   **13** aquam turbabat *T1* : turbabat [tur-
bauit *T2c*] aquam *T2a+c+d Wo Pw Tg Sz* turbabatur aqua *Ig*   et
cottidie : c. et *Wo* et tunc *Sh* et tunc cottidie *Sz*   *post* unus *add.* infirmus *Pw* eger homo [h. e. *Ca*] *T2d*   **14** postmodum : tandem *Pw*
14-15 [et *add. Bb Bf Pw Ca*] in eo qui dicitur Caluariae locus *T2a+d Wo*
Pw Tg : ubi dicitur Caluarie locus *T2c* in loco qui dicitur Caluarie *T2e*
15-17 et in — plasmatis descenderet : *om. Tg*   **15** in : *om. T2c*   posito
T2a+c+e Ca : positus *Wo Pw Do*   **16** ut : quod *Bb Bf*   sanguis : *dubie
in Bb*   descenderet *Sh Bb Wo Ri Oc Ca* : -det *Se Do* -dit *Bf Pw T2e*

T1   **49 1** post : et post *Sr*   sex uero [*om. Pv*] *Vb Zp Pv Sr Aj* : u. sex *Cb*
Go septem u. *Hz Rz Ba* multos u. *Sa Ol*   postquam mortuus est Adam
T1a+c' Cb Pv : postquam A. mortuus est [esset *Aj*] *Sr Aj om. Ba*
1-2 cognoscens Eua mortem suam [*om. Pv Sr*] *T1a+c Pv Aj Ba* : cogn. m.
E. s. *Cb*   **2** congregauit : c. ad se *Ba*   **2-3** filios et filias suas *T1a* : filios
suos et filias *T1c' Ba* filios et filias *Pv Sr Aj* filios suos *Cb*   **3** et dixit : d.
Aj dicens *Sr*   me : *om. Rz*   filii : pueri *Sr*   carissimi : cari *Pv*
post uobis *add.* quaedam *Sr*   **4** postquam : *om. Cb*   transgressi sumus
[fuimus *Sr* fuissemus *Aj om. Ba*] : -sus sum *Cb*   **5** domini : dom. dei *Sr*
dom. dei nostri *Zp*   nobis *T1a Sr Pv Aj* : *om. Cb T1c' Ba*   Michael
archangelus [angelus *Cb Aj*] : M. ad archangelos (*sic*) *Go*   **6** generi uestro
superinducet [superiudicet *Rz Cb*] dominus [dom. superiudicet *Sr°*] iram
[unum diem *Pv*] iudicii [in diem *Cb*] *T1a+c Cb Pv* : superinducet uobis
iram iud. *Aj* adducet dom. super uos iram iud. *Ba*   **7** primum : -mo
Sr   secundum : -do *Cb Sr*   iudiciis : uiciis *Go om. Zp Sa Aj*   **8** humanum genus : g. h. *Zp Aj Ba*

   50 1-2 audite me — terra et : *om. Aj*   **1** audite me [*om. Sa Ol*] filii
mei *Vb Hz Zp Cb T1c' Pv Ba* : f. mei a. me *Rz Sr*   *post* facite *add.* uobis
Sr Ba   **2** et alias tabulas luteas de terra [scribite *add. Sr*] *Vb Hz Zp Cb*
T1c Pv : de terra *Rz* et ligneas *Ba*   in eis : *om. Aj*   nostram : uestram
Ba meam *Aj*

49 1 Post sex uero dies, postquam mortuus est Adam, cognoscens Eua mortem suam congregauit omnes filios et filias suas, et dixit eis: 2 Audite me, filii carissimi, et referam uobis: postquam ego et pater uester transgressi sumus mandatum domini, dixit nobis Michael archangelus: 3 Propter praeuaricationes uestras generi uestro superinducet dominus iram iudicii, primum per aquam secundum per ignem. In hiis duobus iudiciis iudicabit dominus humanum genus.

50 1 Nunc ergo audite me, filii mei, facite tabulas lapideas et alias tabulas luteas de terra, et scribite in eis uitam nos-

---

T2   **49** 1-2 post sex — mortem suam : post mortem uero dies cognoscens Eua postquam mortuus esset Adam mortem suam (?) *Bb*   1 sex uero [*om. Pw*] *Pw Tg Ri T2d+e* : septem u. *Sh Bf Wo Px Ez Se*   1-2 postquam mortuus est Adam cognoscens [-cente *Ca*] Eua mortem suam *T2d* : cogn. [-uerat *Px Ez* agnoscens *Pw*] E. mortem suam [Eua *Sh*] p. mortuus esset [fuisset *Bf Pw* est *Px Ez*] A. *T2a'* *Px Ez Pw* cog. E. mortem s. post mortem Adae *Wo* cog. E. mortem s. *Tg T2c* cum m. esset [est *Sz*] A. E. *T2e*   2 congregauit : -uerat *Px Ez*   2-3 omnes filios et filias suas *Sh Bf Px Ri* : o. filios suos et filias [suas *add. Bb Ca*] *Bb Wo Oc Ca T2e* o. [*om. Pw*] filios et filias *Ez Pw Tg Se* o. filios suos *Do*   3 et¹ : sicut *Pw*   eis *Sh Bf Wo Px Ez T2c* : ad eos *T2d om. Bb Pw Tg T2e*   me : *om. Wo Oc Do*   filii carissimi [cari *Px*] *Px Ez* : f. mei c. *Sh Bb Wo Pw Tg T2c+d+e* carissimi *Bf*   et : ut *Tg* quod *Pw T2e om. Wo*   post uobis *add.* secreta *Bf*   4 ego et pater uester : ego p. u. et mater uestra (?) *Ez*   sumus : fuimus *Ca T2e* fuissemus *Oc*   4-5 mandatum domini [dei *Oc Do* dei nostri *add. Wo*] *T2a+b Oc Do* : m. *T2c+e* m. et praeceptum domini et *Ca*   5 Michael archangelus [angelus *Ri*] : ang. M. *Se* ang. domini *Pw*   6 generi uestro [sic *add. Oc* semper *add. Do om. Ez*] superinducet [superducet *Sh* superindicat *Ig* inducet *Wo Oc Do*] dominus [noster *add. Sh*] *Sh Wo Px Ez Pw Tg T2c+d+e* : sup. dom. g. u. *Bb* -ducat dom. *Bf*   iram iudicii [*om. Ca*] : iram suam et iudicabit *Pw*   7 primum ... secundum *Sh Bf Tg T2c* : -mam ... -dam *Wo* -mo ... -do *Bb Px Ez Pw T2d+e*   post aquam *add.* iudicabit genus humanum *Bb* (*cf. supra Pw*)   7-8 in hiis — humanum genus : *om. Bb T2e*   7 duobus : *om. Px Ez Do*   8 humanum genus : g. h. *Pw Oc Do*

50 1 ergo [autem *Sh Wo*] audite me filii mei *Sh Bf Wo Px Ez Tg T2c+e Ca* : autem aud. filii carissimi [k. *Do*] *Oc Do* aud. e. filii mei *Bb* e. filii mei et filie mee aud. *Pw*   facite : [et *add. Bf Pw*] facite uobis *Bf Pw T2e*   1-2 tabulas lapideas et alias tabulas luteas de terra [de t. *om. Se*] *Bb Wo T2c* : lap. tab. et alias lut. de t. *Sh Bf* tab. lap. et lut. [de t. *add. Pw*] *Pw Tg* tab. lut. de t. et a. tab. lap. *T2d* tab. lap. *Px Ez T2e*   2 scribite : describite *Sh*   2-3 uitam nostram quam [quid *T2d*] de nobis : u. n. ut *Pw* que a nobis *Px Ez*

T1 3 [et *add. Sr*] quam de nobis [me *Aj*] uidistis et audistis [a. et u. *Hz Rz Aj*]
T1a Cb Sr Go Pv Aj : quam [et ea que *Sa*] de nobis u. *Sa Ol* que de uobis
uidetis et auditis *Ba*   3-5 sed in — lapideae permanebunt : *om. Aj*
3-4 sed in aquae iudicio primo iudicabit [dominus *add. Pv Go*] *T1a Pv Go* :
in aqua uero pr. iudicio dominus iud. *Sr* et quia iudicio pr. iud. *Sa* sed
iudicio pr. iud. dom. *Ol* sed quo iudicio iud. pr. *Ba* sed pr. iud. dominus
Cb   4 genus humanum *Zp Sr Go Sa Ba* : h. g. *T1a' Cb Pv Ol*   4-5 tabula illa [ista *Zp*] de terra lutea [*om. Pv Ol Ba*] *Vb Zp Pv Sa Ol Ba* : tabula illa [ista *Hz*] lutea *Hz Rz Go* tabula lutea *Sr* tabule ille de terra *Cb*
5 soluitur *T1a Go Pv Ba* : dissoluitur *Sr* soluetur *Sa Ol* dissoluentur *Cb*
et tabulae : tabule uero *Sr*   5-6 haec omnia *T1a+c Cb Pv Aj* : haec
Ba   6 Eua : *om. Cb T1c'*   7 orans *T1a+c Cb Pv Aj* : o. ad deum *Ba*
inclinans : flectens *Rz*   sua : *om. Aj*   in terram : in terra *Pv* super
terram *Hz*   7-8 adorans dominum deum gratias agens : domino deo gr. a.
et deum ad. *Sr*   adorans dominum [*om. Ba*] deum [suum *Pv* suum *add.*
Go] : *om. Aj*   8 gratias agens [agit *Sa Ol*] *T1a Cb Sa Ol Pv Aj Ba* : *om.*
Go

  51 1 postquam autem [*om. Sr*] *T1a Cb Sr Go Pv* : post hoc *Aj Ba* p. a.
mortua fuisset *Sa Ol*   post magnus *add.* filiorum et filiarum super eam
Ba   1-2 [et *add. Aj Ba*] sepelierunt [autem *add. Sa Ol*] eam [*om. Go*]
omnes [*om. Sa*] filii eius [in luctu *add. Sa*] *T1a+c Cb Pv Aj* : sep. eam filii
sui iuxta sepulcrum patris eorum *Ba*   2 et cum essent [erant *Go*] lugentes
[lugientes *Rz* flentes *Aj*] *T1a' Sr Sa Ol Pv Aj* : et cum lugerent [dire *add.*
Ba°] *Zp Ba*   [per *add. Sr*] dies quattuor [qu. dies *Rz*] : diebus qu. *Cb om.*
Ba   3 apparuit eis [ei *Ba*] : *om. Rz*   Michael archangelus : Michael *Ba*
sanctus M. *Aj* angelus *Cb*   dicens ad Seth *Zp Cb T1c Pv Ba* : ad S. dicens *Hz Rz* dixit ad S. *Vb* dicens *Aj*   3-4 homo dei ne [non *Rz*] amplius
quam [ad *add. Sr*] septem [sex *Ba*] dies lugeatis [-aris *Cb* -abis *Rz*] mortuos
uestros [u. m. *Rz*] *T1a+c Cb Pv Ba* : homo non debet amp. quam s. diebus
m. lugere *Aj*   4-6 quia septima — opere suo : quia septima die resurrectionis sue requieuit dominus ab omni opere suo *Cb*

tram, quam de nobis uidistis et audistis. 2 Sed in aquae iudicio
primo iudicabit dominus genus humanum, et tabula illa de
5 terra lutea soluitur et tabulae lapideae permanebunt. 3 Haec
omnia cum dixisset Eua filiis suis, expandit manus suas in
caelum orans, et inclinans genua sua in terram, adorans dominum deum, gratias agens tradidit spiritum.

51 1 Postquam autem factus est fletus magnus, sepelierunt
eam omnes filii eius. Et cum essent lugentes dies quattuor,
apparuit eis Michael archangelus dicens ad Seth: 2 Homo dei,
ne amplius quam septem dies lugeatis mortuos uestros, quia

T2 3 uidistis et audistis *Wo Tg T2c+d+e* : a. et u. *Bb Bf Px Ez Pw* u. *Sh*
3-5 sed in — lapideae permanebunt : *om. Px Ez Pw T2e*   3 sed : si
T2d   3-4 [quia *add. Sh*] in [*om. Ca*] aquae [-a *Bf Tg Se Oc*] iudicio primo
[pr. i. *Tg om. Bb Bf*] iudicabit dominus [deus *Sh Tg Ri*] *T2a+c Tg Oc Ca* :
in a. dom. iudicabit pr. *Do* quia cum iam° quam° (*forte pro* in aqua) iudicio
iudicabit dom. *Wo*   4 genus humanum *Sh Bf* : **genus nostrum** *Wo Tg*
T2c+d generationem *Bb*   et : tunc *Oc Do*   4-5 tabula illa de terra lutea
[*om. Se*] soluitur [absoluitur *Bf*] *Sh Bf T2c* : t. i. lutea de t. facta s. *Bb* th.
lutea de t. dissoluetur *Oc* tab. i. lutea sol. *Tg* tabule lutee de t. [facte *add.*
Do] soluentur [dissoluentur *Do*] *Wo Do* thabula de terra soluetur *Ca*
5 et [sed *Sh*] tabulae [th. *Ca* illae *add. Sh*] lapideae permanebunt *Sh Bf*
Wo Tg T2c+d : in (?) tabula illa lapidea permanebit *Bb*   6 omnia
T2a+c+d+e Wo Pw Tg : omnia et alia *Px Ez*   filiis suis : *om. Bb T2e*
7 inclinans : declinans *Pw*   in terram *Wo Px Ez Tg Se Oc Ca* : in terra
Sh Bf Pw Ri Do om. Bb T2e   7-8 adorans [adorauit *Bb T2e*] dominum
deum [et *add. Pw Do*] gratias agens *T2a'+b+d+e* : dicens et domino deo
gratias agens *Bf om. T2c*   8 tradidit : emisit *Pw*

51 1-2 postquam autem — filii eius : *om. Pw*   1 postquam autem *Bb*
Bf Wo T2c+d+e : et post autem *Tg* et *Sh Px Ez*   fletus magnus *Tg T2d* :
fl. m. [*om. Sh*] super eam [et *add. Sh Px Ez*] *T2a+e Wo Px Ez* magnus
planctus [*om. Ri*] s. eam [Euam *Ri*] *T2c*   2 eam : *om. Sh*   et : *om.*
T2e   lugentes : funerati parentes (?) *Bf*   dies [diebus *Bb T2e*] quattuor
Sh Bb Wo Px Ez Tg Do Ca T2e : q. d. [diebus *Pw*] *Pw T2c* per d. septem
Bf om. Oc   3 eis : ei autem *Pw om. Bf Se T2d*   Michael archangelus
Bb Wo Tg T2c+d+e : angelus M. *Sh Pw* M. *Bf Px Ez*   dicens : et dixit
T2e   4 ne [non *Pw Se*] : ne fleueris *Oc*   quam [quia *Oc* ad *add. T2c*]
septem [sex *Oc Do*] dies [diebus *T2e*] lugeatis mortuos uestros [*om. Sh*] *Sh*
Bf Wo Px Tg T2c+d+e : q. sex diebus m. u. sepelietis *Bb* nisi diebus vii
lug. u. m. *Pw*   4-5 quia septima — saeculi requies : septem sunt dies
resurrectionis futuri seculi et requies *Wo*   quia [*om. Bf*] septima [-mo *Sh*
Bb] die *T2a+e Pw* : quia septima [-mus *T2c*] dies *Px Ez Tg T2c Do Ca*
septima uero dies *Oc*

T1 5 septima die [dies *Rz Zp Sa Aj*] *T1a+c Pv Aj* : sexta dies *Ba*   re-
surrectionis est : est r. *Sa Ol Ba*   futuri [future *T1a'*] seculi *T1a+c Pv Aj*
Ba   requies : et quies *Aj* requiesce igitur et noli flere cum fratribus tuis
Ba   et : quia *Ba*   6 septima *Sa Ol Ba* : -mo *T1a' Sr Go Aj Ba* sabbato
Zp   7 dies futurae et aeternae beatitudinis est *T1a+c* : est d. f. et et. b.
Aj Ba   post est *in continuo scribit Cb excerptum de aliquo tractatu De
Nouissimis aut De Antichristo*   in qua *Zp T1c Pv Ba* : in quo *T1a'*
omnes [*om. Sr*] beati : o. electi *Ba*   8 Christo *T1a Sr Aj* : ipso *T1c'* suo
Ba illo *Pv*   et saluatore nostro [*om. Sr*] *T1a+c Pv* : et redemptore *Ba*
domino *Aj*   8-9 simul cum corpore et anima *T1a+c Pv Ba* : cum c. simul
et a. *Aj*   9 numquam de cetero morituri [moriuntur *Go*] *T1a+c Pv* : de c.
n. m. *Aj* requiescent *Ba*   [et *add. Ba*] regnabunt *Zp T1c Pv Aj Ba* : [et
semper *add. Rz*] regnaturi [regna *Vb°*] sunt *T1a'*   per infinita : in *Ba*

   Explicit   *sine* explicit *desinunt Vb Zp Aj Ba*   expulsio Ade et Eue
Go   explicit cronica de penitentia Ade et morte et de ramo plantato ad
caput sepulchri Ade de quo tunc excreuerit lignum sce crucis *Sa* explicit
tractatulus de uita et morte Ade et Eue *Ol*   *postea sequuntur excerpta ex
Gen. 4-5 in Hz et Rz qui concludit* explicit penitentia Ade et Eue et generatio filiorum suorum etc.   *postea scr.* de formatione Adae et de nomine
eius *Pv* de oleo misericordie (= *Legenda Crucis*) *Sr Sa*

5 septima die resurrectionis est futuri seculi requies, et in die
  septima requieuit dominus ab omni opere suo[a]. **3** Octauus uero
  dies futurae et aeternae beatitudinis est, in qua omnes beati
  cum Christo creatore et saluatore nostro, simul cum corpore et
  anima numquam de cetero morituri, regnabunt per infinita se-
10 cula seculorum. Amen.

---

51 a. cf. Gen. 2, 2

T2 5-6 resurrectionis est — die septima : *om. Pw*   5 resurrectionis est [est
res. *T2c*] futuri seculi requies *Sh Bb Px Ez T2c+e Oc Ca* : res. est finis s.
requies *Bf* est -ctio f. s. *Tg* requietionis future s. *Do*   5-6 et [*om. Do*] in
die septima [-mo *Sh Wo Tg Px*] *T2a'+d Wo Tg Px* : et [in *Sz* etiam *Ig*]
septima [septimo *T2d*] die *Bb T2d* quia in septimo die *T2c*   6 requieuit :
quieuit *T2d*   dominus : dom. deus *Pw om. Ca*   *post* opere suo *add.*
quod patrarat *T2e*   7 futurae et aeternae : eterne et future *Pw*   est :
om. Px Ez   omnes beati *T2a'+c Px Ez Do Ca* : o. creati *Wo* o. boni *T2e*
o. sancti *Tg Oc* omnes *Bb Pw*   8 Christo creatore et saluatore nostro [suo
Oc Do om. Wo Pw] *Wo Pw Oc Do* : ipso cr. et salu. *T2a'+c Px Tg Ca* suo
cr. *T2e* cr. suo *Bb*   simul [*om. Pw*] cum corpore et anima *Wo Pw*
T2c+d : s. cum c. *T2a' Px Ez Tg* in c. et [in *add. Sz*] a. *Bb T2e*
9 numquam de cetero : *om. Ca*   morituri *T2a' Tg Ri Oc* : manifestaturi
Se moriantur *Wo Pw* morientur *Px Ca* moriemur *Ez* moriuntur *Do* lugentes *Bb* lugebunt *T2e*   *ante* regnabunt *add.* sed *Bb Pw Do T2e* et
Ca   *post* regnabunt *add.* cum deo deorum *Bb*   10 Amen : quod nos
praestare dignetur qui uiuit et regnat Amen *Pw*
    Explicit et sic explicit uita Ade et Eua *Bf* explicit sermo Ade et Eue
sit laus deo Christo *Bb* explicit planctus Adam et Eue *Ap* explicit penitentia Ade *Tg* et sic est finis *Se* et finito libro sit laus et gloria Christo
explicit expulsio Ade simul et Eue de paradiso *Ca* 1457 si uis crede si non
uis tunc dimitte quia ut dicitur est appographum *Ig explicit non habent Sh
Wo Px Ez Ri Do Sz*

Vie d'Adam et Ève
Rédaction des incunables
Inc

Rédaction des incunables

Groupe des manuscrits

Br   Bruxelles, Bibliothèque royale de Belgique, *IV 715*; xve s.

Hm   San Marino (Calif.), Huntington Library, *HM 1342*; xve s.

Groupe des Incunables (= Inc)

205   Paris, Bibliothèque Mazarine, *Inc. 588 (= GW 205)*; Rome, vers 1473

206   Troyes, Bibliothèque municipale, *Inc 336 (= GW 206)*; Rome, vers 1475

207   Melk, Stiftsbibliothèque, *Ink. P. 943 (= GW 207)*; Rome, vers 1483

208   Amiens, Bibliothèque municipale, *Inc Res 495 A (= GW 208)*; Rome, vers 1487

209   Fribourg-en-Br., Universitätsbibliothek, *Ink. K 3471 (= GW 209)*; Rome, vers 1493

Vita Adae

De creatione Adae et formatione Euae ex costa eius.
Et quomodo decepti fuerunt a serpente.

P1 Post casum Luciferi, qui superbia inflatus ait: Ponam
sedem meam in aquilonem et ero similis altissimo[a], deus autem
summae bonitatis, uolens hominem esse participem regni sui,
Adam de terra plasmauit et in paradiso terrestri posuit[b], in quo,
5 si non peccasset, in caelestem uitam translatus fuisset. Cui sopori addito dominus costam de latere eius accepit et feminam,
scilicet Euam, fabricauit[c] et eam suae dominationi subiecit.
Quo facto, praecepit eis ne comederent de ligno scientiae boni
et mali dicens: Quacumque hora comederitis de omni fructu
10 huius ligni, morte moriemini[d]. Diabolus autem carens omni uirtute et bonitate, inuidia plenus, dolens hominem suae bonitatis
amissae participem fieri, in speciem serpentis mutatus, Euae
suasit, ut de fructu ligni uetiti comederet, et postea Adae tra-
deret, dicens: Cur praecepit uobis deus, ut non comederitis de
15 omni fructu paradisi[e]? Cui mulier respondit: De omni fructu
lignorum paradisi uescimur; de fructu uero, qui in medio pa-

P1 a. cf. Is. 14, 13-14
   b. cf. Gen. 2, 7-8
   c. cf. Gen. 2, 21-23
   d. cf. Gen. 2, 16-17
   e. cf. Gen. 3, 1

Titulus Vita Adae *Hm   titulum principalem non habent Br Inc*
Capitulum De creatione Adae et formatione Euae ex costa eius et
quomodo decepti fuerunt a serpente *Inc* : *hic et infra huiusmodi capitula
non habent Hm Br*
   P1 **2** aquilonem *Inc* : aliquone *Hm Br*   **3** regni sui : *om. Hm*   **4** *post*
posuit *add.* eum *Hm*   **6** de latere eius accepit et *Inc* : acc. de l. Adae et
Br acc. et ei *Hm*   **7** scilicet Euam *Inc Hm* : E. uxorem suam *Br*   et
eam : eamque *Hm Br*   **8** *post* eis *add.* deus *Br*   **10-11** uirtute et bonitate : bonitate et *Br*   **12** amissae *Inc* : uiuisse *Hm om. Br*   speciem
Inc : effigie *Hm Br*   **13** suasit *Inc* : suggessit *Br* suggestit *Hm*   uetiti :
om. Br   **14** comederitis *205 206 207 Hm* : comederetis *208 209 Br*
15 fructu[1] *Inc* : ligno *Hm Br*   **15-16** fructu lignorum paradisi uescimur
[uescemur *Hm*] : lig. fr. comedemus huius par. *B*   **16** uero : autem *Br*
16-17 in medio paradisi est *Inc* : est in m. par. *Hm Br*

radisi est, praecepit nobis deus ne comederemus et ne tangeremus illum, ne forte moriamur[f]. Dixit serpens Euae:
Nequaquam morte moriemini, sed propter hoc prohibuit uobis
20 deus, quia scit, quacumque hora comederitis de eo, aperientur
oculi uestri et eritis sapientes sicut dii, scientes bonum et malum[g]. Considerauit ergo mulier quod bonum esset lignum et
pulchrum oculorum aspectui, acquiescens infelici consilio serpentis, tulit de fructu illius ligni et comedit deditque Adae uiro
25 suo[h]. Qui, uidens eam comedisse et nichil ei nocuisse, credidit,
quod dominus dixisset eis tantummodo in terrorem. Sic etiam
comedit[i] credens se esse simul deo et sic inobediens factus est
in tribus peccatis mortalibus: primo in gula quando fructum
prohibitum comedit, secundo in uana gloria quando similis
30 uoluit esse altissimo, tertio in avaritia, quando cupidus fuit
scientiae boni et mali.

---

f. Gen. 3, 2-3
g. cf. Gen. 3, 4-5
h. cf. Gen. 3, 6
i. cf. Gen. 3, 6

17-18 et ne tangeremus illum ne forte moriamur : ne forte morte m. *Br*
18 dixit serpens [Adae et *add. Hm*] Euae *Inc Hm* : cui s. *Br*
19-20 propter hoc — quia scit : *om. Br*   20 quacumque hora *Inc* : quod
in quacumque die *Hm* postquam *Br*   20-21 de [ex *Hm*] eo — uestri et :
om. Br   21 sapientes *Inc* : *om. Hm B*   22-23 considerauit ergo — oculorum aspectui : considerauit et inspexit Eua pulchritudinem ligni et fructus eius et *Br*   22 esset *Inc* : est *Hm*   23 oculorum *Hm* : oculos (?) *Inc*
24 tulit : et t. *Br*   deditque : et dedit *Br*   25 et : *om. H*   26 in terrorem : ad t. *Hm*   sic etiam *205 206* : sic et *207 208 209* et etiam *Hm*
Br   28-30 primo in gula quando fructum prohibitum comedit secundo in
uana gloria quando similis uoluit esse altissimo *Inc* : primo superbia quoniam sim. uol. esse deo secundo in gula quia de fructu prohibito saturari
uoluit *Hm Br*   30 quando cupidus fuit *Inc* : quoniam cupidus *Hm Br*

Quomodo deus post transgressionem mandati
uocauit eos et maledixit serpenti et eis
et eiecit eos de paradiso.

P2 Postquam autem ambo comederunt de fructu uetiti ligni,
aperti sunt oculi eorum et cognouerunt se esse nudos. Sump-
serunt sibi folia ficuum et fecerunt perisomata[a], considerantes
se peccasse et absconderunt se a facie domini[b]. Post hoc uocauit
5 dominus: Adam, ubi es? Cui Adam respondit: Domine, audiui
auditum tuum et timui, eo quia nudus sum et abscondi me.
Cui dixit dominus: Quis indicauit tibi, quod nudus es, nisi ex
ligno, de quo praecepi tibi ne comederes, comedisses. Cui
Adam respondit dicens: Mulier, quam michi dedisti in sociam,
10 dedit michi, ut comederem. Dixitque dominus ad mulierem:
Quare hoc fecisti? Quae respondit: Domine, serpens me decepit[c]. Et ait dominus ad serpentem: Quia hoc fecisti, eris
maledicta inter omnia animalia et bestias terrae. Nam super
pectus tuum gradieris et terram comedes omnibus diebus uitae
15 tuae[d]. Et conuersus ad mulierem dixit: Ex quo consensisti serpenti, multiplicabo aerumnas tuas. Nam in dolore paries filios
tuos et sub potestate uiri aeternaliter eris et ille dominabitur

P2 a. cf. Gen. 3, 7
   b. cf. Gen. 3, 8
   c. cf. Gen. 3, 9-13
   d. cf. Gen. 3, 14

P2 1 *post* ambo *add.* Adam et Eua *Hm*   **2** eorum : amborum *Hm*
et cognouerunt : cumque cognouissent *Hm*   **3** considerantes : et -raue-
runt *Br*   **4** et : *om. Hm*   post hoc uocauit *Inc* : uocauitque *Hm* uocauit autem *Br*   **5** cui Adam respondit domine *Inc Hm* : qui r. dicens
Br   **6** quia nudus sum *Inc* : quod n. sum [essem *Hm*] *Hm Br*   **7** tibi :
te *Br*   es : esses *Br*   **8** praecepi tibi [te *Br*] *Inc Br* : -pero tibi *Hm*
comedisses *205 206 208 209* : comedisti *Hm om. 207 Br*   **9** respondit dicens : dixit *Br*   dedisti in : *om. Br*   **11** domine serpens me decepit
[dec. me *Br*] *Inc Br* : s. dec. me domine *Hm*   **12** ad serpentem : serpenti
Br   quia *Inc* : quare *Hm Br*   **12-13** eris maledicta *Inc* : [ideo *add. Br*]
m. eris *Hm Br*   **13** animalia *Inc* : animantia *Hm B*   **15** dixit : ait *Br*
16 aerumnas *Inc* : erumpnas *Hm Br*   **17-18** et ille dominabitur tibi :
om. Br

tibi[e]. Insuper dixit Adae: Quia obedisti uoci uxoris tuae, maledicta est terra in opere tuo. Nam cunctis diebus uitae tuae
20 spinas et tribulos germinabit tibi, et tu in sudore uultus tui
uesceris pane tuo, donec reuertaris in terram, de qua formatus
es, quia puluis est et in puluerem reuerteris[f]. Et sic qui prius
erant inmortales, per peccatum fuerunt facti mortales. Et
postea tradidit dominus Cherubin flammeum ensem, ut eiceret
25 eos de paradiso et custodiret paradisum, ne ingredientes comederent de ligno uitae et uenirent immortales[g], in quo prius
facti fuerunt transgressores mandati dei.

Quomodo Adam et Eua, post expulsionem de paradiso,
querentes unde uiuerent nihil inuenerunt

1 1 Cum autem Adam et Eua expulsi fuissent de paradiso
uoluptatis, fecerunt sibi tabernaculum in quo steterunt per
septem dies, lugentes et lamentantes in magna tristitia.

2 1 Et postea inceperunt esurire et quaerebant escas ut
manducarent et non inueniebant. **2** Tunc dixit Eua ad Adam:
Domine mi, esurio ualde. Quaere nobis quid manducemus, usquequo uidebimus. Forte introducet nos dominus in locum ubi
5 eramus prius et miserebitur nobis.

3 1 Tunc surrexit Adam et ambulauit per septem dies et non
inuenit escam quam habuerunt in paradiso. **2a** Tunc dixit Eua

e. cf. Gen. 3, 16
f. cf. Gen. 3, 17-19
g. cf. Gen. 3, 22-24

18 Adae : ad Adam *Br*   **19** nam : et *Br*   **20** tribulos : -las *Hm*
tibi *Inc* : *om. Hm Br*   **21-22** donec reuertaris — puluerem reuerteris : *om.*
Br   **24** flammeum ensem *205 206 Hm* : e. fl. *Br* flammineum e. *207 208*
209   eiceret : eiiceret *207*   **25** *post* ingredientes *add.* paradisum *Hm*
26 uenirent *Inc* : uiuerent *Hm Br*   **26-27** in quo — mandati dei : in paradiso *Br*
1 1 fuissent *Inc* : essent *Hm Br*   **2** sibi *Inc Br* : *om. Hm*   steterunt : staterunt *205*   per : *om. Hm Br*
2 1 et postea inceperunt *Inc* : p. ceperunt *Hm Br*   **2** tunc : *om. Hm*
Br   **3** *ante* quaere *add.* uade et *Hm Br*   **4** locum ubi eramus prius :
paradiso ubi prius eramus *Br*
3 1 ambulauit : -labat *Br*   per septem dies : septem dies per istam
terram *Hm*   **2** habuerunt in paradiso : habebant in -sum *Br*   tunc
Inc : *om. Hm Br*

ad Adam: Domine, putas quod fame moriamur? Vtinam ego
mortua essem! Tunc forsan introduceret te dominus denuo in
5 paradisum, quia propter me iratus est tibi deus. **2c** Interfice ergo
me, quia causa mei expulsus es. **3** Respondit Adam et dixit:
Noli, Eua, talia dicere ne forte iterum aliquam maledictionem
inducet super nos dominus deus. Quomodo potest fieri quod
mittam manum meam in carnem meam[a]? Surge cito et quae-
10 ramus nobis unde uiuamus.

4 1 Et ambulantes per nouem dies quaesierunt escam et non
invenerunt, nisi herbam quam animalia edebant. **2** Et dixit
Adam ad Euam: Istam herbam tribuit dominus animalibus et
bestiis terrae, nostra autem esca erat angelica[a]. **3** Ergo nos iuste
5 et digne plangamus ante conspectum domini dei nostri qui fecit nos, et paeniteamus magna paenitentia. Forte miserebitur
nobis deus et disponat nobis unde uiuamus.

De paenitentia Adae et Euae.

5 1 Post hec dixit Eua: Adam domine mi, dic mihi quid est
paenitentia quam paenitere debemus. Ne forte nobis laborem
imponamus quem non possumus adimplere, et non exaudientur
preces nostrae. **2** ⟨−⟩ **3** Tamen, domine mi, quantum cogitasti
5 paeniteamus.

---

3 a. cf. Gen. 2, 23
4 a. cf. Ps. 78 (77), 25; Sap. 16, 20

---

3 utinam : ut. si *Hm*   4 tunc : *om. Hm Br*   5 paradisum : -so *Hm*
7 iterum : *om. Br*   8 inducet super nos dominus deus *Inc* : inducit nos
dom. d. *Hm* incurramus *Br*   9 [ergo *add. Br*] cito et *Inc Br* : cito *Hm*
10 nobis unde : escam unde *Br*
    4 1 et ambulantes per [*om. Hm*] : et tunc -lauerunt per *Br*   [et *add.*
Hm] quaesierunt : querentes *Br*   2 herbam *Inc Br* : erbam *Hm*   3 istam herbam *Inc* : hanc herbam [erbam *Hm*] *Hm Br*   4 ergo nos *Inc Br* :
hic *Hm*   5 et digne plangamus : plangimus *Br*   7 disponat : -nit *Br*
    5 1 post hec dixit *Inc* : d. autem *Hm Br*   Adam *205 206* : ad Adam
207 208 209 Hm Br   2 quam *205 206 207* : que *208 209 Br* qua *Hm*
2-3 nobis laborem imponamus *Inc* : l. n. imp. [metipsis *add. Br*] *Hm Br*
4 mi : *om. Br*   quantum *205 206 Hm Br* : inquantum *207 208 209*

6 1a Et dixit Adam ad Euam: Tu non posses tantum sicut ego, fac tantum quod salua sis. Ego faciam quadraginta dies ieiunium. **1b** Tu ergo surge et uade ad Tigris flumen et tolle unum lapidem, et sta super eum in aqua usque ad collum, et
5 non exeat sermo de ore tuo, quia indigni sumus rogare deum, quia labia nostra inmunda atque polluta sunt facta de ligno uetito[a]. **2** Et esto in flumine per triginta dies et ego in aqua Iordanis quadraginta dies, forsan miserebitur nobis deus noster.

7 1 Et ambulauit Eua ad aquam Tigris et fecit sicut dixit ei Adam. **2** Similiter ambulauit Adam ad flumen Iordanis et stetit ibi super lapidem in aqua usque ad collum.

Quomodo aqua Iordanis et omnia animantia eius planxerunt cum Adam. Et quomodo diabolus iterum decepit Euam.

8 1 Postquam autem ingressus erat Adam ad flumen Iordanis dixit: Aqua Iordanis, tibi dico, condole mecum et congregentur omnes creaturae quae in te sunt **2** et lugeant mecum propter peccata mea. **3** Et statim omnia animantia
5 conuenerunt et circumdederunt Adam et pariter cum illo planxerunt planctu magno, et aqua Iordanis stetit ab illa hora, quando intrauit Adam, non agens cursum suum per decem et octo dies.

---

6   a. cf. Gen. 2, 17; 3, 11.17

---

6 1 tu *205 206 Hm* : tu autem *Br om. 207 208 209*   non posses *Inc* : non possis *Hm Br*   **1-2** sicut ego *Inc* : facere sicut [et *add. Hm*] ego *Hm Br*   **2** tantum *Inc* : tamen *Hm* tamen tantum *Br*   faciam *Inc Br* : facio *Hm*   **4** unum : *om. Hm*   **5** deum : dominum *Hm*   **6-7** quia labia nostra inmunda atque polluta sunt facta de ligno uetito *Inc* : quoniam l. n. i. et p. facta sunt de ligno illicito *Hm om. Br*   **7** in flumine : ibi *Br* per : *om. Hm*   ego : ego stabo *Br*   **8** quadraginta dies [*om. Hm*] : per q. dies *Br*   forsan : et f. *Br*   deus noster : deus *Br* dominus d. n. *Hm*
7 1 ad aquam Tigris : uersus T. flumen *Br*   dixit ei *205 208 Hm Br* : ei d. *206 207 209*   **3** ibi : *om. Hm*   in aqua *Inc* : *om. Hm Br et addit* per quadraginta dies *Br*
8 1 autem : *om. Hm Br*   erat : fuit *Hm Br*   ad : *om. Hm Br*
2 aqua : o a. *Br*   **3** lugeant : lugent *Hm Br*   **4** et statim : st. *Hm*
5-6 pariter cum illo planxerunt *Inc* : pl. p. secum *Hm Br*   **6** stetit *Inc Hm* : st. ferme *Br*   **7** quando intrauit Adam : *om. Hm Br*   **7-8** decem et octo : xx *Br*

9 1 Tunc iratus est Sathanas et transfiguratus est in claritatem angeli[a] et abiit ad flumen Tigris ad Euam. **2** Et inuenit eam flentem, et ipse condolens ei dixit: O Eua, egredi de flumine et repensa quia de cetero non ploremus et cessa de
5   tristitia. **3** Audiuit enim gemitum tuum dominus, et Adae uiri tui, et suscepit paenitentiam uestram, et omnes angeli dei orauerunt pro peccatis uestris, **4** et dominus misit me ut educerem uos de aqua et darem uobis alimentum quod prius habuistis in paradiso. **5** ⟨–⟩.

10 1 Et haec audiens Eua, credidit et exiuit de aqua, et caro eius erat sicut herba de frigore aquae. **2** Et cum egressa fuerat, prae nimia debilitate cecidit super terram. Et erexit eam diabolus et perduxit eam ad Adam. **3** Cum autem uidisset eam
5   Adam et dyabolum cum ea, exclamauit cum magno fletu et dixit: O Eua, ubi est penitentia tua? Quomodo iterum seducta es a diabolo, per quem alienati sumus de paradiso et de spirituali laetitia.

11 1 Et cum audisset Eua quod diabolus esset, cecidit super faciem suam ad terram, et duplicatus est dolor et planctus eius.

Quomodo dyabolus nolens adorare Adam similitudinem et
imaginem dei deiectus est e gloria sua.

2 Tunc exclamauit Adam dicens diabolo: Ve tibi Sathane,
5   quid nos expugnas gratis? **3** Numquid abstulimus gloriam tibi

---

9   a. cf. II Cor. 11, 14

---

9 3 eam : *om. Br*   condolens ei dixit *Inc Hm* : quasi c. ei *Br*   o Eua :
om. Hm   egredi *Inc* : egredere *Hm Br*   **4** repensa *Inc* : repausa *Hm*
pausa *Br*   quia : *om. Hm*   ploremus : (placeremus) *Hm*   **4-5** et cessa
[concessa *207 208 209*] de tristitia *Inc Hm* : *om. Br*   **5** gemitum tuum
dominus *Inc* : dom. g. t. *Hm Br*   **6** suscepit : accepit *Br*   dei : *om. Hm Br*
7 et : ideo *Br*   educerem : deducerem *Hm*   **9** habuistis in paradiso : in
p. h. *Hm Br*
   10 2 fuerat *Inc* : fuisset *Hm* fuit *Br*   **3** super : in *Br*   **5** Adam : *om.*
Hm   **6** tua : *om. Br*   **7-8** spirituali laetitia : l. sp. *Hm Br*
   11 1 et : hec *Br*   audisset : audiuisset *Hm*   **2** ad : in *Hm Br*
cap. e *206 207 208 209* : de *205*
   11 5-6 tibi tuam *Inc* : tuam *Hm Br*

tuam aut nostri causa expulsus es? Quare usque ad mortem persequeris nos?

12 ⟨–⟩

13 1 Respondens enim diabolus dixit: Vere tui causa expulsus sum de gloria mea, **2** et in die qua tu plasmatus es, ego a facie dei proiectus sum extra societatem angelorum. Et quando inflauit deus in te spiritum, factus est uultus et simili-
5 tudo tua ad imaginem dei[a] et adduxit te Michahel et fecit te adorare in conspectu dei. Et dixit dominus deus: Ecce Adam fecimus ad imaginem et similitudinem nostram[b].

14 1 Et statim egressus Michahel uocauit omnes angelos et dixit: Adorate imaginem dei. **2** Et sic Michahel adorauit eum et dixit ad me: Adora ymaginem dei nostri, sicut praecepit dominus noster. **3** Et ego dixi ad eum: Non adorabo peiora me,
5 quia antequam ipse fieret, ego sum. Ipse debet me adorare.

15 1 Et haec audientes ceteri angeli, qui sub me omnes erant, dixerunt: Nolumus adorare Adam. **2** Et ait Michahel: Si non adoraueris eum, irascetur tibi deus. **3** Et ego dixi: Si irascetur mihi, scio quid faciam: ponam sedem meam super sidera
5 caeli et ero similis altissimo[a].

16 1 Et sic iratus est mihi dominus et misit me cum angelis meis expelli de gloria. **2** Et sic tui causa in dolore expoliati

---

13 a. cf. Gen. 2, 7; 1, 26-27
   b. cf. Gen. 1, 26
15 a. cf. Is. 14, 13-14

---

7 persequeris nos *Inc* : nos p. *Hm Br*
 13 1 respondens enim *Inc Hm* : et respondit *Br*   uere : *om. Hm Br*
2 in die qua *Inc* : die in qua *Hm* illa die qua *Br*   tu plasmatus es : fuisti
pl. *Br*   **4-5** inflauit deus — dei et : *om. Br*   **4** in te spiritum *Inc* : sp. in
te *Hm*   **5** adduxit *Inc Hm* : eduxit *Br*   Michahel : sanctus M. *Hm*
6 dominus : *om. Br*   Adam : *om. Br*   **7** imaginem et : *om. Br*
 14 1 statim : *om. Hm Br*   **1-2** et dixit : dicens *Hm*   **2** adorate *Hm*
Br : *om. Inc*   dei : domini d. *Hm*   **2-3** et sic — nostri sicut [ut *Hm*]
Inc Hm : *om. Br*   **3** praaecepit : dicit *Br*   **4** noster : *om. Hm Br*
ego : *om. Hm*   **5** ipse[2] *Inc* : ille *Hm Br*
 15 1 omnes *Inc* : *om. Hm Br*   **3** adoraueris eum : -ritis Adam *Br*
irascetur *205 206* : irascitur *207 208 209 Hm Br*   tibi : uobis *Br*
deus : dominus d. *Hm*   irascetur[2] *Inc* : -catur *Hm* -citur *Br*
 16 1 sic : *om. Hm Br*   **2** gloria : g. mea *Hm Br*   tui causa in dolore : causa tui *Br*   **2-6** expoliati sumus — gloria mea *Inc Hm* : expulsus
sum de letitia mea ideo cum dolo circumueni uxorem tuam quia fecit te

sumus de tanta gloria et te in laetitia deliciarum uidere dolebam, 3 sic dolo circumueniebam uxorem tuam et sicut fecit te
5   deus expelli de deliciis gloriae et laetitiae tuae, sic ego expulsus
sum a gloria mea causa tui.

Adam perseuerante in paenitentia,
Eua cognoscens se denuo deceptam, iuit uersus occasum solis.
Et cum appropinquasset tempus pariendi,
supplicauit luminaribus caeli, ut nuntiarent dolorem suum
Adae. Et quomodo duodecim angeli missi fuerunt ad eam.

17 1 Hoc audiens Adam, exclamauit ad dominum cum magno fletu dicens: Domine deus meus, uita mea in manibus
tuis[a], fac ut iste aduersarius meus recedat a me, quoniam
quaerit animam meam perdere. 2 Et statim diabolus euanuit.
5   3 Adam uero permansit in paenitentia sua per quadraginta dies.

18 1 Post haec dixit Eua ad Adam: Viue, tu domine! Tibi
enim concessa est uita. Nam ego primo et secundo seducta
sum a diabolo. Nunc separa me a te et de lumine uiuentium et
uadam usque ad occasum solis et ero ibi, donec moriar. Qui
5   non respondebat ei uerbum. 2 Haec uidens, Eua coepit ambulare ad partes occidentales et coepit lugere et amarissime flere,
3 et ibidem fecit paruum tabernaculum,

19 1a et stetit ibi, donec appropinquasset tempus partus
eius. Tunc coepit conturbari et exclamauit ad deum dicens:
1b Miserere mei, deus, et adiuua me. Et non exaudiebantur

---

17 a. cf. Ps. 119 (118), 109

---

deus propter eam expelli de paradiso si<cut> ego expulsus sum a gloria
mea *Br*   4-5 et sicut fecit te deus expelli *Inc* : et f. te ideo propter eam
exp. *Hm*   5 sic ego : sicut *Hm*   6 causa tui : *om. Hm Br*
cap. dolorem suum *205 206 207* : d. suam *208 209*
    17 1-2 magno fletu : fletu magno [*om. Hm*] *Hm Br*   3 *post* tuis *add.*
est *Hm Br*   3 meus *om. Br*   5 sua : *om. Br*   dies : diebus *Br*
    18 3 nunc : n. autem *Br*   5 respondebat : -dit *Hm Br*   7 ibidem :
om. Br   paruum tabernaculum : tab. habens in utero puerum *Hm* man-
sionem *Br*
    19 1 stetit : habitauit *Br*   2 conturbari : turbari prae dolore *Br*
3 deus : domine *Hm Br*   3-4 et non — apud deum [eam *Hm*] *Inc Hm* :
om. Br

preces eius et non fuit misericordia apud deum. **2** Tunc dixit
5 intra se: O quis annuntiabit domino Adam dolorem partus
mei? Deprecor uos luminaria caeli, dum reuertimini ad orientem, nuntiate haec domino meo Adam. Et dum luminaria
uenerant ad orientem, per meatum ipsorum intellexit Adam,
quod Eua graui dolore torqueretur.

20 1a Et dixit: Planctus uenit ad me. Forte ne serpens uenit
et pugnet contra Euam. **2a** Et continuo surgens ambulauit et
uenit ad occidentem et inuenit Euam in luctu magno. Et contristatus Adam stetit et fleuit amare. Cum autem Eua uidis-
5 set Adam, dixit: In magna nunc sum laetitia, ex quo te uidi,
Domine mi, et refrigerata est anima mea in dolore posita.
2b ⟨-⟩ **3** Et deprecatus est Adam dominum deum pro Eua.

21 1 Et ecce uenerunt duodecim angeli et steterunt a dextris
et sinistris Euae. **2** Et Michael tetigit eam et dixit: Beata es
Eua propter Adam, quia preces eius magnae sunt coram deo et
causa illius missus sum ad te. Et surge et praepara te ad par-
5 tum. **3a** Et fecit sic et peperit filium. **3b** Eua uero ignorans
quid hoc esset quod peperit, dixit ad Adam: Domine mi, interfice hoc, ne forte interficiamur per illud. Respondit Adam:
Nequaquam, quia caro et sanguis nostra est. **3c** Et uocatum est
nomen eius Chaim. Angelus autem domini ostendit Euae qua-
10 liter puerum lactare et nutrire deberet.

---

5 domino : d. meo *Hm Br*   **5-6** partus mei : meum *Br*   **8** uenerant
Inc : -runt *Hm Br*
    20 1 *post* dixit *add.* intra se *Br*   **2** pugnet : pugnat *Br*   surgens
ambulauit [Adam *add. Hm*] *Inc Hm* : consurgens et amb. *Br*   **2-3** et
uenit ad occidentem : *om. Br*   **4** autem : *om. Hm*   **5** nunc sum laetitia
Inc : laetitia sum *Hm Br*   **6** domine mi : dom. *Hm om. Br*   et : nam
Hm   **7** et deprecatus est Adam dominum deum pro Eua *Inc* : et de-
precauit dom. d. pro E. *Hm om. Br*
    21 1 *post* angeli *add.* et uirtutes *Hm*   et steterunt *Inc* : stantes *Hm*
Br   **2** eam et dixit : Euam dicens *Hm*   **3** quia : quoniam *Hm Br*
3-4 et causa — ad te : *om. Br*   **4** et surge : s. *Hm* ideo s. *Br*   **6** quod
peperit *Inc Hm* : *om. Br*   mi : *om. Br*   **7** per illud *Inc Hm* : ab ipso *Br*
8 nostra *Inc Br* : noster *Hm*   **9** Chaim *Inc* : Cayn *Hm* Chayn *Br*
10 lactare et nutrire : n. et l. *Br*

Quomodo Michael ducens eos ad orientem ostendit eis
quomodo laborarent et qualiter Chaim interfecit Abel.

22 1 Post haec tulit Michahel Adam, Euam et puerum et
duxit eos ad orientem **2** et ostendit eis qualiter laborare deberent et colere terram, ut haberent fructus unde uiuerent. **3** Post
hoc concepit Eua et genuit secundum filium nomine Abel.

23 1 Quadam uero die dixit Eua ad Adam: **2** Domine mi,
dormiebam et uidi uisionem sanguinis nostri filii Abel in manibus Chaim. **3** Et dixit Adam: Ne forte interficiat Chaim
Abel. Separemus ergo eos ab invicem et habent singulas man-
5   siones. **4** Et fecerunt Chaim agricolam, Abel uero pastorem[a].
5 Post hoc, cum ambo offerrent deo hostias, interfecit Chaim
Abel[b]. Erat autem tunc Abel centum et uiginti duorum annorum. **6** Post hoc per centum lugebant filium suum Abel et
noluerunt magis commisceri inuicem, donec moniti fuerunt per
10 angelum, ut non deficeret genus humanum.

Quomodo Adam ante mortem eius conuocauit omnes filios
suos qui erant in numero XV milia uirorum absque
mulieribus. Et quid dixerat illis.

24 1 Post hoc cognouit Adam uxorem suam et genuit terti-
um filium, cui nomen erat Seth[a]. **2** ⟨–⟩ **3** Et post hoc uixit

---

23 a. cf. Gen. 4, 2
    b. cf. Gen. 4, 8
24 a. cf. Gen. 4, 25

---

22 1 *ante* Euam *add.* ut *205* et *Hm Br*   **2** duxit : reduxit *Br*   **3** colere terram : t. c. *Br*   **3-4** post hoc *Inc* : postea [iterum *add. Br*] *Hm
Br*   **4** secundum *Inc* : alium *Br om. Hm*
    23 1 quadam uero die : quodam u. tempore quando creuisset Abel
Br   **2** sanguinis nostri filii *Inc* : quasi sanguinem f. n. [mei *Br*] *Hm Br*
3 Chaim *Inc* : Chayn *Hm Br ut passim*   **4** post Abel *add.* filium meum
Br   separemus *Hm Br* : seperemus (?) *Inc*   inuicem *209 Hm Br* : inficem *205 206 208* innicem *207*   et habent *Hm* : et habebant *205 206
208 209* et habebunt *207* ut habeant *Br*   **6** ambo offerrent deo hostias
Inc : afferent h. d. *Hm* a. offerebant h. d. et offertorium Chayn deo non
placuit *Br*   **7** Abel[1] : A. fratrem suum *Br*   tunc : *om. Hm Br*   centum et [*om. Hm*] uiginti duorum annorum *Inc Hm* : iam ann. c. et u.
Br   **8-10** post hoc — genus humanum *Inc* : *om. Hm Br*   **9** moniti *205
207* : muniti *206 208 209*
    24 1 post hoc *add.* iterum *Hm*   uxorem : Euam ux. *Hm*   tertium :
alium *Hm*   **2** cui nomen erat : nomine *Hm*

Adam annos octingentos et genuit[b] filios triginta et tot filias, absque Chaim, Abel et Seth.

30 1 Cum Adam factus esset annorum noningentorum et triginta[a], **2** sciens quod dies eius finirentur, dixit ad Euam: Congregentur omnes filii mei ante me et loquar cum ipsis, et benedicam eos antequam moriar. **3** Et congregati sunt in tres
5 partes ante conspectum patris eorum ante oraculum, ubi orare consueuit. Erant autem quindecim milia uirorum absque mulieribus et pueris. **4** Et cum congregati fuissent, omnes una uoce dixerunt: Pater, quid est tibi et quare congregasti nos? Et quare iaces in lecto sic? **5** Respondit Adam: Filii mei, quia
10 male est mihi in doloribus. Et dixerunt omnes: Quid est hoc, Pater, male habere in doloribus?

31 1-3 ⟨–⟩ **4** Post hoc dixit Seth: Pater, quid est dolor, dic nobis.

32 1 Respondit Adam et dixit: Filii mei, quando fecit me deus et matrem uestram, posuit nos in paradiso et dedit nobis omnes arbores fructiferas ad edendum. Et dixit nobis ut de arbore scientiae boni et mali, quae est in medio paradiso, non
5 comederemus[a], **2** ⟨–⟩

---

b. cf. Gen. 5, 4
30 a. cf. Gen. 5, 5
32 a. cf. Gen. 2, 15-17

---

3 Adam annos *205 Hm Br* : annos Ad. *206 207 208 209*   filios triginta : tr. fil. *Br*   **4** absque [exceptis *Hm*] Chaim [Cayn *Hm*] Abel et Seth *Inc Hm* : *om. Br*

30 1 cum *Inc* : cum autem *Hm Br*   **2** Euam : E. uxorem suam *Br* **3** omnes filii mei ante me *Inc* : ante me o. f. m. *Hm Br*   ipsis *Inc* : eis *Hm Br*   **5-6** orare consueuit *Inc* : or. -uerat *Hm* Adam or. solebat *Br* **6** *post* autem *add.* lx iens (= sexagiens?) in numero *Br*   absque *Inc Br* : exceptis *Hm*   **7** et cum congregati fuissent [fuerunt *Hm*] omnes *Inc Hm* : et ipsi *Br*   **8** et : *om. Hm*   congregasti : congreges *Hm*   **9** iaces in lecto sic *Inc* : in l. sic iaceas *Hm Br*   **10** male est mihi in doloribus *Inc Hm* : male habeo et sum in magno dolore corporis mei et in dolore torquere *Br*

31 1 pater [mi *add. Br*] : domine p. *Hm*

32 1 et [*om. 205*] dixit filii mei *Inc* : dicens *Hm om. Br*   **2** deus : dominus *Hm*   posuit nos in paradiso : et p. nos in -sum *Hm Br*   et² : tunc *Br*   **3** *post* fructiferas *add.* quae erant in paradiso *Br*   et dixit nobis ut *Inc Hm* : sed *Br*   **4** est : stat *Br*   paradiso : -si *Hm Br* **4-5** non comederemus *Inc Hm* : prohibuit nobis quod nequaquam de ea comederemus ne morte moreremur *Br*

33 1 et dedit nobis duos angelos ad custodiendum nos.
2 Venit autem hora ut ascenderunt angeli adorare in conspectu
domini. Statim uenit diabolus et seduxit matrem uestram ut
manducaret de arbore illicita. **3** Et manducauit et dedit michi[a].

34 1 Et statim iratus est mihi dominus deus et dixit: **2** Ex
quo non custodisti mandatum meum, inducam corpori tuo
septuaginta plagas de diuersis doloribus, ab initio capitis usque
ad ungulas pedum, qui per singula membra torquebunt te.
5 Haec omnia deus misit in me et in omne genus nostrum.

Quomodo Adam praecepit Eue et filio suo Seth,
ut irent ante portas paradisi et plangerent in conspectu dei.

35 1 Et cum hoc dixisset Adam ad omnes filios suos, comprehensus est magnis doloribus. Exclamans uoce magna dixit:
O quam ego infelix et miser positus sum in tantis doloribus! Et
plangebat lacrimabiliter. **2** Cum autem uidisset eum Eua flen-
5 tem, coepit flere et lamentare dicens: Domine deus meus,
transfer in me dolores eius, quoniam ego peccaui. Et dixit ad
Adam: Domine, da michi dolorum tuorum partem, quia culpa
mea est.

36 1 Et dixit Adam ad Euam: Surge cito et uade cum filio
tuo Seth ad portas paradisi et mittite puluerem super capita

---

33 a. cf. Gen. 3, 6

---

33 2 ascenderunt *Inc* : -rent *Hm Br*   **3** *post* diabolus *add.* in effigie
serpentis *Br*   **4** illicita et *Inc Hm* : prohibite scientie boni et mali et ipsa
Br
34 1 et : *om. Hm Br*   deus : *om. Br*   dixit : d. ad me *Br*   **2** *ante*
non *add.* consensisti uxori tue et *Br*   **3** plagas : diras pl. *Br*   **4** qui : et
Br om. Hm   *ante* torquebunt *add.* ut *Br*   **5** deus [dominus *Hm*] misit
Inc Hm : m. dominus *Br*
35 1 Adam ad omnes : ad *Br*   filios *207 Hm Br* : *om. 205 206 208*
209   **1-2** comprehensus est *Inc* : [statim *add. Br*] c. est in *Hm Br*
2 exclamans *Inc Hm* : et exclamauit *Br*   dixit : et d. *Br* et dicens
Hm   **4** lacrimabiliter : lacrymabiliter *209*   eum Eua : E. eum sic
maxime *Br*   **5** flere et lamentare *Inc Hm* : amarissime fl. et plangere
Br   meus : *om. Hm Br*   **6** transfer in me : in me tr. *Hm Br*   ego : e.
primo *Br*   **7** domine *Inc* : d. mi *Hm Br*   **8** *post* est *add.* tuus dolor *Br*
36 1 Adam ad Euam *Inc Hm* : ei A. *Br*   **2** ad : uersus *Br*   puluerem : -res *Br*   super *Inc* : in *Hm Br*

uestra et prosternite uos in terram et plangite ante conspectum domini dei. 2 Forsan miserebitur mei et transmittat angelum
5 ad arborem mirrae, ex qua fluit oleum, et dabit uobis de ipso modicum, ut ungatis me et recedent dolores mei a me quibus patior.

Quomodo angelus domini Michahel apparuit eis,
et quid dixerit illis, dans eis ramusculum trium foliorum
de arbore scientiae boni et mali.

37 1 Et abierunt Seth et mater eius ad portas paradisi.
37 1–40 1a ⟨–⟩
40 1b Et tulerunt puluerem terrae et posuerunt super capita sua et strauerunt se super terram et coeperunt plangere cum gemitu magno, deprecantes deum ut misereatur Adae.

41 1 Orantibus illis sic multis horis, ecce angelus domini Michahel apparuit illis dicens: Ego ad uos sum missus a deo. **2** Et dico tibi, Seth homo dei, noli plangere deprecando propter oleum mirrae, ut perungas patrem tuum propter dolores cor-
5 poris sui.

42 1 Dico tibi, quod non poteris accipere, nisi in nouissimis diebus quando completi fuerint anni quinque milia ducenti minus uno a constitutione mundi. **2** Tunc ueniet super terram filius dei suscitare corpus Adae patris tui et alia corpora mor-
5 tuorum. **3** Et ipse filius dei baptisatur in flumine Iordanis[a]. Et

---

42 a. cf. Matth. 3, 13 (Marc. 1, 9)

---

3 in terram : ante paradisum *Br om. Hm*   **4** *post* dei *add.* nostri *Hm Br* forsan : forsitan ipse *Br*   transmittat : -tet *207*   **5** ipso : i. oleo *Br*
6 recedent : -dant *Br*   mei : *om. Hm Br*   quibus : quos *Hm*
    37 1 et abierunt Seth : tunc statim a. *Br*
    40 1 et : *om. Hm Br*   **2** sua : eorum *Br*   *post* terram *add.* sicut dixit eis Adam *Br*   *ante* plangere *add.* lugere et *Br*   **3** misereatur : -retur *Hm Br*
    41 1 orantibus : o. autem *Br*   domini : *om. Br*   **2** ad uos sum missus a deo *Inc Hm* : m. sum a deo ad uos *Br*   **3** plangere *Inc* : plorare *Hm Br*   **4** propter : ut recedant *Br*
    42 1 *ante* dico *add.* sed *Br*   *post* accipere *add.* oleum mirre *Br*
4 alia : multa a. *Br*   **5** filius dei : *om. Br*   baptisatur *205 206 208* : -zatur *207 209* -zabitur *Hm* -sabitur *Br*

cum egressus fuerit de aqua, tunc cum oleo mirrae unget omnes in se credentes 4 et erit oleum a generatione in generationem hiis qui renati fuerint ex aqua et spiritu sancto in
uitam aeternam. 5 Et ipse filius dei introducet patrem tuum in
10   paradisum.

42a 1 Et tunc recessit angelus in paradisum et attulit ei ramusculum trium foliorum de arbore scientiae boni et mali.
2 Dedit ei dicens: Porta patri tuo in refrigerium corporis sui.

43 1 Vade et festina, quia impletum est tempus uitae suae.
Restant adhuc sex dies ut exeat anima eius de corpore et uidebis mirabilia in caelo et in terra. 2 Et sic recessit angelus ab
eis.

Reuersis illis, retulerunt responsum angeli Adae
Et quid Adam dixerit Euae.

5   3 Et reuersi sunt Eua et Seth, tulerunt secum ramusculum.

43a Et factum est, cum uenerunt ad aquam Iordanis, ecce
ramus quem dedit eis angelus cecidit in flumen. Erat enim
flumen in uelocissimo cursu.

44 1 Et cum uenisset Seth et mater eius ad Adam, dixerunt
ei omnia quae gesta fuerunt et quod responsum dedit eis angelus. 2 Dixit autem Adam ad Euam: Ecce, Eua, quid fecisti!
Induxisti nobis plagas magnas et peccatum maximum in om-

---

6 egressus fuerit *correxi* : e. est *Hm Br* ingressus f. *Inc*   5 cum oleo mirrae unget : u. cum o. m. *Br*   7-8 et erit — generationem hiis : et omnes
Br   8 fuerint *Inc Br* : sunt *Hm*   spiritu sancto in *Inc Hm* : sp. habent
Br   9 et : et tunc *Br*   dei : *om. Hm*   introducet : -cat *Br*   10 *post*
paradisum [-so *Hm*] *add.* ad arborem mirre *Hm Br*

42a 1 et tunc *Inc* : et *Hm* et post hoc *Br*   attulit : contulit *Br*
3 dedit ei : et d. eum Seth *Br*   porta : istum ramum p. *Br*

43 1 uade : *om. Br*   festina *205 207 Hm Br* : uestina *206 208 209*
2 *ante* restant *add.* et nisi (?) *Br*   ut [et *Br*] exeat *206 207 208 209 Br* :
ut exiat *205* et exiet *Hm*   2-3 uidebis mirabilia *Inc* : [tunc *add. Br*] uidebitis m. [fieri *add. Br*] *Hm Br*   3 et sic *Inc* : et statim *Br* et *Hm*
recessit angelus *Inc* : a. r. *Hm Br*   5 et [quando *Hm*] reuersi sunt Eua et
Seth *Inc Hm* : et cum in reuersione fuerunt S. et mater eius *Br*

43a 1 et : *om. Hm*   2 cecidit in flumen *Inc Hm* c. eis in fl. Iordanis
Br   3 *post* cursu *add.* ita quod ramus in flumen mansit *Br*

44 1 et cum : cum autem *Br*   uenisset : -ssent *Hm*   2 ei *Hm Br* :
sibi *Inc*   gesta : g. que facta *Br*   3 dixit autem : tunc d. *Br*   quid :
quod *205*

5 nem generationem nostram, **3** quia post mortem referant filii
nostri filiis suis et maledicent nobis dicentes: Quia multa mala
intulerunt nobis parentes nostri. Et maledicent nobis.

Quomodo Adam misit filium suum Seth pro ramusculo trium
foliorum quem misit sibi angelus, et rogauit Seth
ut plantaret eum ad caput suum.

44a 1 Post hoc dixit Adam filio suo Seth: Numquid misit
mihi angelus domini aliquid? Respondit Seth: Misit tibi angelus ramusculum trium foliorum, qui cecidit mihi in medio
Iordanis fluminis. **2** Tunc dixit Adam: Vade, fili mi, ad locum
5 ubi cecidit tibi. Quaere et inuenies, et affer mihi, ut uideam
antequam moriar et benedicat tibi anima mea. **3** Reuersus est
Seth ad flumen Iordanis, quaesiuit et inuenit ramusculum in
medio flumine numquam de loco motum, tulitque et dedit patri suo. **4** Dum uidit, gauisus est gaudio magno et dixit: Ecce
10 mors et resurrectio mea. Rogauitque Seth ut plantaret ramum
ad suum caput supra sepulchrum.

De miraculis que Adam moriente acciderunt.
Et quomodo Michahel angelus domini corpus eius sepeliuit,
et Seth filius eius ramusculum ad caput eius plantauit, etc.

45 1 ⟨-⟩ **2** Cum autem cognouisset Adam quod uenit hora
mortis sue, dixit ad omnes filios suos: Ecce sum annorum

---

5 quia : et *Br*   mortem : m. meam *Hm Br*   **6** nostri : mei *Hm Br*
et : et tunc *Br*   quia [quoniam *Hm*] multa *Inc Hm* : ista omnia *Br*
7 intulerunt : tulerunt [in *add. Hm*] *Hm Br*   et maledicent nobis :
om. Br

44a 1 filio suo Seth *Inc Br* : S. f. suo *Hm*   **2** domini : *om. Hm Br*
respondit Seth : et r. S. patri suo dixit *Br*   **3-4** medio Iordanis fluminis
Inc Hm : flumine I. *Br*   **4** tunc : t. statim *Br*   uade fili mi : f. mi cito
u. *Br*   **5** quaere : *om. Br*   affer : aufer *Hm*   **5-6** ut uideam antequam
moriar : *om. Br*   **7** quaesiuit : *om. Br*   **8** flumine *Inc* : -nis *Hm Br*
numquam *Inc Hm* : nondum *Br*   motum *205 Hm Br* : mutatum *206 207
208 209*   tulitque et dedit : t. *Hm* t. eum et portauit eum *Br*   **9** dum
uidit : uidit et *Hm* quem cum uidit et *Br*   et dixit : dicens *Hm*   ecce :
iste est *Br*   **10-11** rogauitque Seth [*om. Hm*] ut plantaret [-rent *Hm*] ramum ad suum caput [c. s. *Hm*] *Inc Hm* : r. Adam S. filium suum ut ramusculum illum pl. ad c. s. *Br*   **11** supra sepulchrum *Inc* : super s. suum
quod factum est post eius mortem *Br om. Hm*

45 2 sue *Hm Br* : sui *Inc*

noningentorum et triginta[a]. Cum mortuus fuero, sepelite me contra orientem. **3** Et factum est, cum cessasset loqui, tradidit spiritum.

46 1 Et obscuratus est sol et luna et stellae diebus septem. Et Seth amplexatus est corpus patris sui lugendo super eum, et omnes filii eius. **2** Apparuit Michahel stans ad caput Adae et dixit ad Seth: Surge et uide.

47 ⟨**1**⟩ **2** Et uidit Seth manum domini extensam tenentem Adam et tradidit eum Michaheli dicens: **3** Sit in custodia tua usque ad annos, donec conuertam luctum eius in gaudium[a], et tunc sedebit in loco illius qui eum seduxit.

48 1 Et accepit Michahel syndonem et inuoluit corpus Adae et filii sui Abel et sepeliuit eos in valle Ebron. **2** Et processerunt ante eum omnes uirtutes angelorum, **3a** videntibus Seth, matre eius et nullo alio. **3b** Et dixerunt angeli ad eos: Sicut uidistis illos sepeliri, sic de cetero sepelite mortuos uestros. Hiis dictis angeli recesserunt.

48a 1 Seth uero filius eius plantauit ramum ad caput patris sui, sicut ei rogauerat Adam.

---

45 a. cf. Gen. 5, 5
47 a. cf. Ier. 31, 13

---

3 noningentorum et triginta *205 206 Hm Br* : XC et XXX *207 208 209* cum : et cum *Br*   4 et factum est : quod et factum est et *Br*

46 1 et : et statim *Br*   stellae : omnes st. *Br*   **2** et [enim ibi *add. Hm*] Seth amplexatus est : et cum S. amplexens fuit *Br*   sui : eius *Br* Michahel stans ad caput Adae et [*om. Hm*] : iuxta angelus M. et *Br*

47 1 tenentem : et t. *Br*   **2** et : *om. Hm*   dicens : et dixit ei *Br* **3** luctum *209 Hm* : luctu *205 206 207 208* luctus *Br*

48 1 et accepit Michahel syndonem [sindonem *207 208 209*] *Inc Hm* : et tunc angelus accepit sindonem *Br*   **1-2** corpus Adae et *Inc* : c. eius et corpus *Br* corpora Adam et *Hm*   **2-3** et [*om. Hm*] processerunt ante eum *Inc Hm* : precesseruntque a. eos *Br*   **4** matre : et m. *Hm Br*   nullo alio *Inc* : nullo altero *Br* nullus alter *Hm*   dixerunt angeli : dixit angelus Michael *Br*   **5** sepeliri *Inc* : -lire *Hm Br*   sepelite mortuos uestros *Inc* : m. u. sep. *Hm Br*   hiis : et h. *Br*

48a 1 eius : Ade *Br*   *post* ramum *add.* post mortem patris suis *Br* **1-2** patris sui [eius *Hm*] *Inc Hm* : suum super sepulcrum *Br*   **2** ei [*om. Hm*] rogauerat *205 206 207 Hm* : -erit *208 209* rogauit *Br*

De ramusculo plantato ad caput Ade.

Post multum uero tempus creuit in arborem magnam. **2** Et postea inuenta est a uenatoribus Salomonis et sibi optata ad
5 flumen ante palacium suum. Postea uenit regina a finibus orientalibus uidere sapientiam Salomonis. **3** Et prophetauit hoc lignum omnia regna Iudeorum destruere et inimicos eo-rumdem. **4** Quo audito rex Salomon hoc lignum in probaticam piscinam lapidibus alligatis mergi praecepit, ubi postmodum
10 semper descendebat angelus et aquam movebat, et multi sanabantur per ipsum Christum[a], qui postmodum in ipso ligno suspensus erat. Et in stipite arboris erat caput positum ita ut sanguis redemptoris eius primi plasmatoris descendit in caput.

Quomodo Eua instante morte eius conuocauit omnes filios
et dixit eis ut scriberent uitam eorum,
et quae audiuerunt et uiderunt ab eis, in tabulas lapideas,
ne periret memoria primorum parentum

49 1 Post multos uero dies, cognoscens Eua mortem suam congregauit omnes filios et filias suos et dixit eis: **2** Audite, filii mi carissimi, referam uobis: Postquam ego et pater uester transgressi sumus mandata dei, tunc dixit Michahel archan-
5 gelus: **3** Propter praeuaricationes uestras inducit dominus

---

48a a. cf. Ioh. 5, 2-9

---

3 creuit : cr. ramus *Br*   et *Inc* : quae *Br om. Hm*   **4-5** optata ad flumen ante palacium suum *Inc* : aptata [fuit *add. Br*] *Hm Br*   **5** regina : r. quaedam *Hm Br*   **6** orientalibus : *om. Hm Br*   et prophetauit : et [*om. Hm*] pr. quod *Hm Br*   **7** destruere et inimicos eorumdem *Inc* : et muni-tiones -eret eorumdem *Hm* -eret *Br* : om. *Hm*   **8** Salomon *Inc Br* : om. *Hm* **8-9** probaticam piscinam : p. pr. *Hm Br*   **9** mergi praecepit : p. m. *Br* **10** descendebat angelus : ang. de celo -dit *Br*   **10-11** multi sanabantur per ipsum Christum : m. infirmi s. uirtute istius ligni *Br*   **12** suspensus erat *Inc* : s. est *Hm* Christus s. est in cruce *Br*   **12-13** et in — in caput : *om. Br*   **12** et in : in ipso *Hm*   **13** plasmatoris *Inc* : plasmatis *Hm*
   49 1 cognoscens Eua : E. etiam c. *Br*   **2** suos *Inc* : suas *Hm Br* **3** referam uobis : *om. Br*   **4** mandata dei : -tum d. [in paradiso *add. Br*] *Hm Br*   tunc [*om. Hm*] dixit Michael archangelus *Inc Hm* : d. ad nos angelus *Br*   **5-6** inducit dominus iudicii iram super uos *Inc* : -cet iram iud. *Hm* iudicet dominus mundum *Br*

iudicii iram super uos, primum per aquam secundum per ignem. In hiis ergo iudiciis duobus iudicabit dominus genus humanum.

50 **1** Audite ergo me, filii mei, faciatis uobis tabulas lapideas et alias de terra et scribatis uitam nostram et quae de nobis audistis et uidistis, ne pereat memoria primorum parentum uestrorum in aeternum. **2** ⟨–⟩

De morte Eue, sepultura eius et apparitione
Michaelis archangeli.

5   **3** Haec cum dixisset Eua filiis suis, expandit manus suas in caelum et gratias agens deo tradidit spiritum.

51 **1** Et sepelierunt eam filii et filiae iuxta Adam uirum su-um. Tunc autem factus est fletus magnus et fecerunt planctum magnum per triginta dies. Postquam ita in luctu fuissent per septem dies, apparuit eis Michahel et dixit ad Seth: **2** Homo
5   dei, non amplius lugetis mortuos uestros quam per sex dies, cum in sex diebus dominus omnia creauit et requieuit die sep-tima ab opere suo[a]. **3** Octauus uero dies est futurae et eternae beatitudinis, in quo omnes boni cum ipso creatore et saluatore nostro, simul cum corpore et anima numquam de cetero mo-
10   rientur, sed regnabunt per infinita secula seculorum. Amen.

Vita Adae et Euae absoluta est feliciter.

---

51 a. cf. Gen. 2, 2

---

6 primum ... secundum *Inc Hm* : primo ... secundo *Br*   **7** ergo *Inc* : *om.* *Hm Br*   iudiciis duobus *Inc* : duobus iud. *Hm Br*   **7-8** genus huma-num : h. g. *Hm Br*

50 **1** faciatis uobis *Inc* : facite uobis [*om. Hm*] *Hm Br*   **2** et alias de terra : *om. Br*   scribatis *Inc* : scribite [inscribite *Br*] in eis [hiis *Br*] *Hm Br*   quae de nobis : ea que a nobis *Br*   **3** et : *om. Hm Br*   **6** *post* deo *add.* et *Br*

51 **1** [omnes *add. Hm*] filii et filiae *Inc Hm* : filie et filii *Br*   iuxta Adam uirum suum *Inc* : *om. Hm Br*   **2** tunc autem : cum autem *Hm* et *Br*   magnus : *om. Hm Br*   **2-3** et fecerunt planctum magnum *Inc Hm* : et planctus magnus *Br*   **3** postquam ita : cum autem *Hm* et cum sic *Br*   **3-4** fuissent per septem dies *Inc* : f. [fuerunt *Hm*] d. quattuor *Hm Br*   **4** Michahel et dixit *Inc* : M. dicens *Hm* angelus M. qui dixit *Br*   homo : o h. *Br*   **5** lugetis : lugeatis *Br*   per : *om. Hm*   **6** cum *Inc Hm* : quia *Br*   septima *205 206* : -mo *Hm Br* vii *207 208 209*   **7** uero : autem *Br*   dies : *om. Hm*   **7-8** est future et aeterne beatitudinis *Inc Br* : f. et aet. b. est *Hm*   **8-9** et saluatore nostro simul : *om. Br*   **9** de cetero morientur : moriuntur *Br*

SYNOPSE DE LA VIE D'ADAM ET ÈVE

INTRODUCTION

Pourquoi une nouvelle synopse ?

L'intérêt d'une présentation synoptique des diverses formes de la *Vie d'Adam et Ève* est reconnu depuis longtemps. Les recueils de « Pseudépigraphes de l'Ancien Testament » ont généralement donné en parallèle la traduction de l'*Apocalypse de Moïse* (la *Vie grecque*) et celle de la *Vie latine* traditionnelle (lat-V) ([1]). Avec la découverte de la version géorgienne et de la version arménienne (1981), la nécessité d'une synopse s'est imposée avec évidence. Preuve en sont les deux éditions successives de la *Synopsis* de Gary A. Anderson et Michael E. Stone (1994 et 1999) ([2]). La deuxième édition révisée de cet ouvrage constitue un instrument de travail remarquable pour l'étude de la *Vie d'Adam et Ève*. En préparant la présente publication, nous avons pu en apprécier les qualités, mais aussi les limites. Nous avons été amenés à élaborer une synopse nouvelle, qui vise à compléter et à améliorer sur plusieurs points la *Synopsis* d'Anderson–Stone.

---

(1) C'est le cas des traductions de C. Fuchs, « Das Leben Adams und Evas », dans E. Kautzsch, éd., *Die Apokryphen und Pseudepigraphen des Alten Testaments*, vol. 2, Tübingen 1900, p. 506-528, de L. S. A. Wells, « The Books of Adam and Eve », dans R. H. Charles, éd., *The Apocrypha and Pseudepigrapha of the Old Testament*, vol. 2, Oxford 1913, p. 123-154 et de M. D. Johnson, « Life of Adam and Eve », dans J. H. Charlesworth, éd., *The Old Testament Pseudepigrapha*, vol. 2, Londres 1985, p. 249-295. En revanche, *Vie grecque* et *Vie latine* sont traduites à la suite l'une de l'autre par N. Fernández Marcos, « Vida de Adán y Eva (Apocalipsis de Moisés) », dans A. Díez Macho, éd., *Apócrifos del Antiguo Testamento*, vol. 2, Madrid 1983, p. 317-352 et par Liliana Rosso Ubigli, « Apocalisse di Mosè e Vita di Adamo ed Eva », dans P. Sacchi, éd., *Apocrifi dell'Antico Testamento*, vol. 2, Turin 1989, p. 379-475.

(2) G. A. Anderson – M. E. Stone, *A Synopsis of the Books of Adam and Eve. Second Revised Edition* (*SBL Early Judaism and Its Literature* 17), Atlanta 1999 (1ère édition: [*SBL Early Judaism and Its Literature* 5], Atlanta 1994).

De manière générale, notre synopse se caractérise par un
découpage aussi précis que possible, qui doit faciliter la
comparaison entre les diverses formes de la *Vie d'Adam et
Ève* et éclairer la question de l'histoire du texte. Ce découpage fin, effectué par Albert Frey, met en regard des unités
de sens détaillées, et non des passages compacts. Il a notamment l'avantage de bien mettre en évidence les éléments
propres aux versions anciennes (latin, arménien, géorgien) et
sans équivalent en grec, ce qui permet de poser clairement
la question de l'histoire du texte et des rapports entre ses
différentes formes. On citera à titre d'exemple le passage qui
raconte comment le diable fait du serpent son instrument et
interpelle Ève par sa bouche (VAE 46[16],1 − 47[17],2d), où
la présentation détaillée que nous avons adoptée (infra
p. 838-843) l'emporte en clarté sur la mise en page par blocs
de texte d'Anderson−Stone (*Synopsis*, p. 49-52E).

Un autre atout de la présente synopse tient au fait qu'un
seul et même spécialiste des langues du Caucase, Bernard
Outtier, a préparé la traduction française de la version arménienne et de la version géorgienne. Sa traduction cherche
à faire ressortir aussi précisément que possible les points
communs et les différences entre ces deux versions, qui ont
une parenté étroite (voir plus loin). Elle prête la même attention aux textes grec et latins, et à la manière dont ils
sont rendus en français.

Colonnes 1 et 2: les deux recensions latines (lat–V et lat–P)

Les deux premières colonnes reproduisent le texte établi par
Jean-Pierre Pettorelli des recensions latines lat-V et lat-P.
Dans une version plus complète, nous avions inclus dans la
synopse deux colonnes supplémentaires, contenant la traduction française des textes latins; mais nous avons dû les
laisser de côté pour des raisons de place. Le lecteur trouvera
ces traductions plus haut, aux p. 276-435, dans l'édition en
regard des deux recensions. Les colonnes 1 et 2 constituent
la principale nouveauté par rapport à la synopse d'Anderson-Stone. La recension traditionnelle de la *Vita Adae et
Evae* (latin V) bénéficie désormais d'une solide édition, qui

rend caduques les éditions de Meyer et de Mozley. La recension nouvelle découverte par Jean-Pierre Pettorelli dans
les manuscrits de Milan et de Paris (lat-P) ajoute une
pièce capitale au dossier complexe de l'histoire du texte de
l'apocryphe.

Colonnes 3 et 4: *Vie grecque d'Adam et Ève* (texte grec et traduction française)

Le texte grec et sa traduction française qui figurent aux
colonnes 3 et 4 ont été élaborés par Jean-Daniel Kaestli.
L'établissement de ce texte, qui a passé par une évolution
dont nous allons reparler, répond à deux exigences. Pre-
mièrement, il vise à reproduire autant que possible les
leçons d'une branche de la tradition manuscrite grecque qui
trouvent un écho dans les versions anciennes, en tout ou en
partie (latin, arménien, géorgien). Ces leçons communes se
rencontrent dans deux groupes de manuscrits grecs, dé-
signés par les sigles ATLC et RM. Dans notre synopse, elles
sont mises en italique; mais ce choix typographique ne sig-
nifie pas que nous acceptions le jugement majoritaire de la
critique textuelle, qui les considère comme secondaires. En
effet, le texte de la *Vie grecque* que nous présentons poursuit
un second objectif: il veut jeter les bases d'une édition critique nouvelle, reflétant une conception différente des
rapports entre la tradition manuscrite grecque et les versions en langues anciennes.

Au départ: un texte proche de celui de Nagel

Un changement important s'est produit durant le processus
d'élaboration de la présente synopse. Au moment où nous
l'avons mise en chantier, nous avions décidé de suivre
l'exemple d'Anderson et Stone et de reproduire le texte que
Maurice Nagel avait fourni à Albert-Marie Denis pour sa
*Concordance grecque des Pseudépigraphes d'Ancien Testa-
ment* ([1]). Ce texte a pour fondement la thèse monumentale

---

(1) A.-M. Denis, *Concordance grecque des Pseudépigraphes d'Ancien
Testament. Concordance – Corpus des textes – Indices*, Louvain-la-Neuve
1987, p. 815-818.

de Nagel, qui contient une étude très fouillée et une colla-
tion intégrale de l'ensemble des manuscrits de la *Vie
grecque* (¹). Mais il est loin de répondre aux exigences d'une
édition critique. Il ne comporte ni introduction ni apparat.
De plus, ce texte s'écarte sur un point essentiel des conclusions auxquelles Nagel était parvenu dans sa thèse : il
inclut une série de leçons du groupe de manuscrits ATLC,
que le savant français avait jugées secondaires. Sur les 62
variantes secondaires caractéristiques du groupe ATLC qu'il
avait inventoriées dans sa thèse (²), il en a introduit près de
la moitié (29) dans le texte préparé pour la *Concordance* de
Denis.

Pourquoi cette différence ? Deux points de vue ont été
exprimés par les savants qui ont utilisé l'ouvrage de Nagel
dans leur travail de critique textuelle sur la *Vie grecque*.
Michael D. Eldridge et Jan Dochhorn pensent que Nagel a
changé d'avis et a revu son jugement sur le caractère secondaire des leçons de ATLC qu'il a intégrées dans le texte
fourni pour la *Concordance* de Denis (³). Johannes Tromp
suppose plutôt que le texte en question a été composé pour
répondre à l'objectif spécifique d'une concordance : mettre à
disposition de l'utilisateur un éventail de textes et de traditions aussi large que possible (⁴). Ces avis divergents
concernent certes un point de détail, qu'il n'est pas possible
d'élucider ; mais ils reflètent aussi une différence plus im-
portante, qui porte sur la validité du jugement de Nagel à
propos des leçons des manuscrits ATLC.

Les éléments provenant du groupe ATLC ne faisaient
l'objet d'aucun signalement particulier dans le texte de

---

(1) M. NAGEL, *La Vie grecque d'Adam et d'Ève. Apocalypse de Moïse*,
3 volumes, Lille, Service de reproduction des thèses, Université de Lille
III, 1974 (thèse soutenue en 1972 à l'Université de Strasbourg).

(2) M. NAGEL, *op. cit.*, vol. 1, p. 48-51.

(3) ELDRIDGE, p. 83 : « What caused Nagel to change his mind before
he died shall never be known » ; DOCHHORN, p. 35 : « Erstaunlicherweise
hat offenbar auch Nagel seine Meinung in dieser Sache geändert. »

(4) TROMP, p. 12 : « He [Nagel] may have included them [the passages
considered by him as secondary] in his text because of the specific aim of
a concordance : to make texts and traditions readily available to those
who might want to use them. »

Nagel publié dans la *Concordance*. En revanche, ils ont été identifiés et mis en évidence, par leur placement entre parenthèses carrées, dans la 2ème édition de la *Synopsis* d'Anderson et Stone (¹). Nous avons choisi d'adopter le même procédé, en utilisant l'italique plutôt que les parenthèses carrées. En outre, nous sommes allés plus loin que Nagel et Anderson–Stone: nous avons introduit dans le texte une série de leçons supplémentaires en provenance du groupe ATLC, choisies parce qu'elles trouvent un écho dans une ou plusieurs des versions anciennes (²).

Après la publication des éditions de Tromp et de Dochhorn: un texte qui affirme son autonomie

La situation a changé en 2005, avec la publication des ouvrages de Johannes Tromp et de Jan Dochhorn, qui ont donné pour la première fois une véritable édition critique de la *Vie grecque d'Adam et Ève* (³). La question du choix du texte grec à publier dans la synopse s'est alors posée en termes nouveaux: ne fallait-il pas mettre de côté le texte de Nagel, au statut incertain et aux bases mal assurées, et le remplacer par le texte d'une des deux nouvelles éditions? Pour répondre à cette question, j'ai étudié de près les deux ouvrages et j'ai comparé systématiquement leurs choix textuels avec ceux de Nagel. Cet examen m'a conduit à la conclusion suivante: le texte à éditer dans la synopse ne

---

(1) Cf. ANDERSON–STONE, *Synopsis*, p. viii. « In the present edition we have set all the additions to S from ATLC within square brackets »; cette particularité typographique ne figurait pas encore dans la 1ère édition de la *Synopsis* (1994).

(2) Aux 31 leçons déjà présentes dans Nagel et Anderson–Stone sont venues s'ajouter 18 autres, toutes signalées en italique – avec ou sans parenthèses carrées – dans les colonnes 3-4 de notre synopse: 8,1 (*Lorsque tous deux nous eûmes mangé*); 10,3; 16,1 (*Alors il vint*); 17,1; 18,5 (*autour d'elle*): 20,4; 23,5; 31,2; 33,3; 33,4 (bis); 33,5; 34,1 (*qui se tenaient*); 35,2 (*vois de tes yeux*); 37,6; 39,1 (*qui gisait*); 40,5b (*meure*); 42,3.

(3) J. TROMP, *The Life of Adam and Eve in Greek. A Critical Edition* (*Pseudepigrapha Veteris Testamenti Graece* 6), Leiden – Boston 2005; J. DOCHHORN, *Die Apokalypse des Mose. Text, Übersetzung, Kommentar* (*Texts and Studies in Ancient Judaism* 106), Tübingen 2005

pouvait être ni celui de Tromp ni celui de Dochhorn, mais devait être établi de manière indépendante, sur la base d'un classement différent des manuscrits grecs et des versions.

En fait, les deux éditeurs récents reprennent à leur compte, de manière plus ou moins complète, la conception de l'histoire du texte élaborée par Nagel. Ils considèrent comme secondaire le modèle grec perdu dont dérivent les versions (latin, arménien et géorgien). La *Vie grecque* telle qu'elle nous est parvenue — l'*Apocalypse de Moïse* dans la terminologie de Dochhorn — est la forme première de l'histoire apocryphe d'Adam et Ève; elle a été enrichie secondairement, dans l'ancêtre commun des versions, par des récits sur la pénitence d'Adam et la naissance de Caïn provenant d'un cycle de traditions sur Adam. Cette conception correspond à ce qu'Eldridge appelle la théorie de la « croissance par adjonctions successives » (*Growth by accretion*). Au contraire, la position que je défends se rattache à ce qu'il nomme la théorie de l'« effacement des particularités » (*Erosion of particularity*) ([1]): la *Vie grecque* que nous connaissons est un remaniement d'une forme grecque plus ancienne de la *Vie d'Adam et Ève*, dont dérivent aussi les versions latine, arménienne et géorgienne. Ce texte plus ancien est parfois mieux conservé dans les versions que dans la *Vie grecque*. C'est le cas du récit de la pénitence d'Adam et de la naissance de Caïn, dont l'absence dans la *Vie grecque* s'explique par un processus d'amputation. C'est aussi le cas d'autres passages que les versions sont seules à avoir conservé; par exemple, la scène décrite en 47(17),2b-2c assure une transition nécessaire entre deux actions qui s'enchaînent de manière peu compréhensible en grec: l'apparition du diable à Ève sous l'aspect d'un ange (17,2a), et l'interpellation d'Ève par le serpent (17,2d).

Ces conceptions différentes des rapports entre la *Vie grecque* et les versions vont de pair avec une appréciation différente des particularités textuelles que les manuscrits grecs ATLC et RM ont en commun avec les versions. Dans l'édition de Tromp, ces particularités sont toutes reléguées

---

(1) Cf. ELDRIDGE, p. 101-133.

dans l'apparat, où elles sont souvent introduites par le mot
Addition. Rien ne signale leur parenté avec les versions, car
celles-ci ne jouent absolument aucun rôle dans la manière
dont Tromp établit et présente son texte. L'insignifiance des
versions aux yeux du savant hollandais est illustrée dans la
représentation graphique des p. 106-107, où Arm, Geo et
Lat occupent la branche ultime de l'arbre, à une distance
maximum par rapport à l'archétype ω, et même par rapport
à l'hyparchétype γ.

L'ouvrage de Dochhorn réserve un traitement beaucoup
plus favorable aux versions anciennes et aux manuscrits
ATLC et RM — ils sont rattachés au même nœud *Ia dans
le stemma bifide de la p. 657. Le texte qu'il édite et l'apparat très complet — et très complexe — qui l'accompagne
ont en effet l'immense mérite de prendre en compte (pres-
que) systématiquement le témoignage des versions. C'est
certainement cette attention prêtée aux versions qui a
amené Dochhorn à revoir le jugement globalement négatif
de Nagel sur les leçons particulières attestées conjointement
par ATLC, RM et les versions et à retenir un certain nom-
bre d'entre elles dans son édition. Il considère ainsi comme
primitives 16 leçons de la branche *Ia, en justifiant chaque
fois son choix par d'excellentes raisons dans ses notes textuelles ([1]).

Mais Dochhorn ne va pas assez loin dans la mise en
question des conclusions de Nagel, ce qui le conduit à
maintenir les versions — les « Adamviten » (*VitAd*) dans sa
terminologie — à une place seconde dans l'histoire du
texte ([2]). En fait, de nombreuses autres leçons propres à
ATLC, RM et aux versions, qu'il écarte comme secondaires,

---

(1) Ces 16 leçons sont les suivantes (elles sont toutes mises en italique
dans les colonnes 3-4 de notre synopse): 6,1; 8,1 (*établit son trône et*); 9,5
(Dochhorn corrige δηλώσω σοι en δηλώσῃς, « du sollst bekannt
machen »); 12,3; 13,3-5; 15,2; 20,4; 20,5; 22,1; 23,3; 23,5; 24,3 (bis);
31,2; 37,6; 42,3.

(2) Cf. Dochhorn, p. 35. Après avoir reconnu que plusieurs
particularités communes à ATLC, RM et aux versions sont primitives,
il écrit: « Doch bleiben immer noch genügend eindeutig sekundäre
Sonderlesarten [in ATLC], die auch von den Adamviten und *II [= RM]
geteilt werden, um die Ergebnisse Nagels — insbesondere was die

remontent à la forme la plus ancienne du récit et ont donc
été intégrées dans le texte de notre synopse.

Les raisons que Dochhorn avance dans ses notes textuelles pour démontrer le caractère secondaire des leçons en
question ne sont pas convaincantes. Faute de pouvoir les
discuter en détail, je me contenterai de quelques exemples.
En 5,3, la leçon « Et ils vinrent tous à la porte de la maison
où il entrait pour prier Dieu » est écartée comme une « interpolation typique de *Ia » : elle ne s'accorderait pas avec
le contexte car les discussions qui suivent entre Adam et ses
enfants sont difficilement imaginables dans un oratoire
(« kaum in einem Gebetshaus denkbar ») ([1]). Mais la plupart
des témoins ne parlent pas d'un rassemblement à l'intérieur,
mais bien « à la porte » ou « devant » la maison de prière.
De même en 10,1, il est difficile de voir dans la participiale
« tandis qu'ils étaient en route » (πορευομένων αὐτῶν) une
précision secondaire : d'après le stemma de Dochhorn en effet, cette précision aurait dû être ajoutée de manière
indépendante à quatre moments différents ([2]). En 15,4 –
16,2, l'idée que les animaux reçoivent d'Adam leur nourriture et se prosternent devant lui, et l'argument du diable
fondé sur la priorité du serpent dans l'ordre de la création,
propres à la branche des manuscrits ATLC – RM et aux
versions, ne sont pas des interpolations, mais remontent au
texte premier de la *Vie d'Adam et Ève* ([3]).

L'image des relations entre les diverses formes textuelles
qui fonde notre édition du texte grec diffère de celle de

---

textgeschichtliche Verortung der Adamviten betrifft — als gesichert
gelten zu lassen. »

(1) Cf. DOCHHORN, p. 220 (5,3b).

(2) Cf. DOCHHORN, p. 254 (10,1a), ainsi que le stemma p. 657 :
l'interpolation aurait dû être introduite indépendamment en *Ia, en
*IIIa, en *IIIb$^{1/1}$ et en *IIIb$^{2/2}$. Il est clairement préférable d'admettre
que l'omission est secondaire et s'est produite à deux endroits seulement,
en *Ib^1 et en IIIb$^{1/2}$.

(3) Sur ce point, voir J.-D. KAESTLI, « Se nourrir après l'expulsion du
paradis. De la Bible hébraïque à la *Vie d'Adam et Ève* », à paraître dans
les Actes du Troisième colloque international sur la littérature
apocryphe chrétienne, Strasbourg, 14-16 janvier 2010. Autres exemples
de la priorité du texte long de ATLC et des versions : 48(18),5 ; 50(20),5.

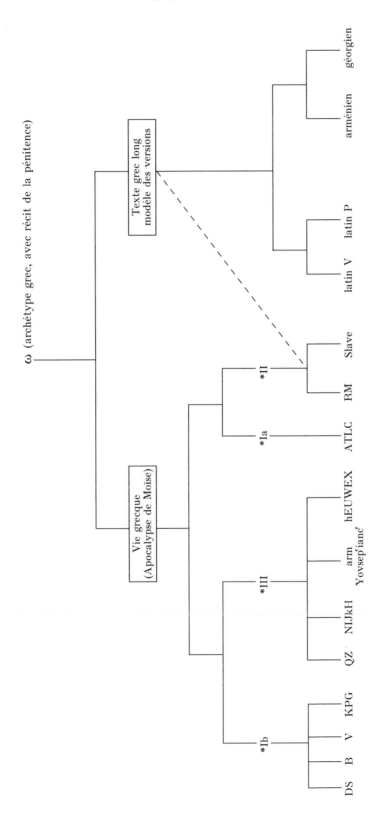

Tromp et de celle de Dochhorn. A l'origine se trouve le texte grec long dont dépendent les versions; celui-ci a été amputé de ses chapitres initiaux, remanié et abrégé pour devenir le texte bref de la *Vie grecque*; dans la tradition manuscrite de cette dernière, la tendance à l'abréviation s'est exercée plus ou moins fortement, et la branche représentée par les manuscrits ATLC et RM a conservé des éléments du texte premier qui ont disparu dans l'ensemble des autres témoins. Cette conception peut être résumée par un stemma. Ce stemma s'apparente à celui de Dochhorn, dont il reprend la structure d'ensemble ainsi que certains sigles (*Ia, *Ib, *II, *III), mais il s'en écarte sur un point capital: la position des versions par rapport à l'archétype.

Colonne 5: arménien en traduction française (arm)

La traduction de Bernard Outtier se fonde sur l'édition de la *Pénitence d'Adam* par Michael E. Stone ([1]). L'éditeur a utilisé trois manuscrits:

A = Jérusalem, Patriarcat arménien, 1458, xviie siècle, p. 380-431.

B = Jérusalem, Patriarcat arménien, 1370, xviie siècle, p. 127-150.

C = Erevan, Matenadaran, 3461, de l'an 1662, fol. 66[r]-87[v].

Conformément aux principes éditoriaux de la collection *CSCO*, l'édition de Stone reproduit le texte du seul manuscrit A, qui est le plus complet. Lorsque des leçons meilleures sont conservées par les manuscrits B et/ou C, elles sont signalées dans l'apparat critique par un *lege* et reprises (parfois entre crochets) dans la traduction. Dans la *Synopsis* d'Anderson-Stone, ces mêmes leçons figurent entre parenthèses carrées, tant dans le texte arménien que dans la traduction. Une telle mise en évidence ne nous a pas semblé nécessaire: toutes les variantes que Stone a pourvues d'un

---

(1) M. E. STONE, *The Penitence of Adam* (*Corpus scriptorum christianorum orientalium*, 429: texte arménien; 430: introduction et traduction anglaise), Louvain 1981.

lege dans son apparat ont tacitement été préférées dans la présente traduction au texte édité.

En revanche, nous avons ajouté en italique d'autres leçons de B et/ou de C, non suivies d'un *lege* dans l'édition de Stone, mais présentant une parenté, absente de A, avec les autres versions, notamment avec le géorgien. Ces leçons des manuscrits arméniens B et/ou C qui se retrouvent dans le géorgien viennent confirmer la proximité étroite entre les deux versions et leur rattachement à un modèle commun ([1]).

Par ailleurs, notre traduction repose quelquefois sur une correction ou sur une conjecture par rapport au texte édité par Stone. En voici la liste :

1,1 (p. 1, 1, n. 2):	lire C qui ajoute և ել « et il sortit »
3,3 (p. 1, 20):	այպանոդf, « méprisables »: corriger en սպանողf, « comme des meurtriers ».
3,4 (p. 2, 1, n. 2):	lire C qui ajoute միաբան « ensemble »
5,1 (p. 2, 7, n. 17):	lire C qui ajoute ապաշխարել և « te repentir et »
5,1 (p. 2, 8, n. 19):	lire C qui ajoute և ոչ կարես համբերել « et seras-tu incapable de supporter »
5,2 (p. 2, 9):	առագաf « nous avons reçu »: corriger en խոստացաf « nous avons promis »
6,1 (p. 2, 15, n. 6):	suivre C et omettre Ասէ Ադամ « Adam dit »
6,2 (p. 3, 1, n. 17):	lire C qui ajoute բոլորով սրտիւ քոյով « de tout ton cœur »
6,2 (p. 3, 1, n.19):	lire C qui ajoute դովին օր ինակաւ « de même »
7,1 (p. 3, 3, n. 2):	lire C qui ajoute գետ « fleuve »
7,1 (p. 3, 4, n. 5):	lire C qui ajoute գետ « fleuve »
10,3 (p. 4, 10, n. 11):	գեւա « à Ève »: lire C ո եւայ « Ô Ève »
12,1 (p. 4, 23, n. 5):	lire C qui ajoute որում ոչ կայր ակն « ce qui était inattendu »
18,3 (p. 6, 8, n. 9):	lire C qui ajoute յետ աւուրց այնոցիկ « après ces jours »
20,1b (p. 6, 18, n. 8):	գեկեալ, « ce qui est arrivé », lire BC կեալ, « (à en) vivre » (= geo)
20,1c (p. 6, 19, n. 11):	lire BC (= geo): qui ajoutent և զգուծ նորա « et la clameur de ses pleurs »

---

(1) Parmi ces leçons de B et/ou de C communes avec le géorgien, on relèvera en particulier 12,1; 18,3; 20,1c; 31,4; 48(18),2; 42,4; 43,1; 49(19),1b.

20,1c (p. 6, 19, n. 13)   « et Adam dit »: lire BC լուաւ զձայն նորա և ասէ « il entendit sa voix et dit » (cf. geo)

22(1),3 (p. 8, 7, n. 10):   lire B qui ajoute Եւա « Ève »

23,7 (3,2) (p. 9, 5, n. 14):   lire B qui ajoute քեզ « (il) te (montrera) »

23,8 (3,3) (p. 9, 7, n. 21):   պահեալ « gardant »: lire BC պահեաց « garda » (= geo et grec)

30(5),3 (p. 9, 18, n. 11):   lire BC en omettant cependant le Եւա final (« Ève »)

32(7),3b (p. 10, 15, n. 6):   lire BC qui ajoutent Եա « il avait donné »

39(12),1 (p. 12, 16, n. 7):   corriger selon la proposition de Stone dans sa traduction: մինչեւ հասցէ այր յորում, « jusqu'à ce qu'advienne le jour où »

42,3 (p. 13, 11, n. 8):   lire C ի նմա « en lui »; cf. les autres versions

42,4 (p. 13, 13, n. 14):   au lieu de զազանաց « bêtes sauvages », lire B ազգաց « générations » (= lat et geo)

44,2(14,2) (p. 14, 5, n. 7):   lire B qui ajoute ամենայն « toute » (= lat geo et grec)

46(16),4b (p. 15, 12, n. 36):   lire BC բանս « des paroles » (pluriel; = grec)

46(16),4b (p. 15, 12):   որպէս « en sorte »: corriger en որպէս զի: « en sorte que »

48(18),2 (p. 16, 13, n. 10):   lire BC (= geo) qui ajoutent ասէ սատանայ. զի՞նչ է կամ զի՞արդ ոք մեռանիցի, բայց միայն զբանդ այդ լուր. ասեմ ցնա. ո՛չ գիտեմ « Satan dit: "Qu'est-ce? ou comment quelqu'un mourrait-il? Mais écoute seulement cette parole!" Je lui dis: "Je ne sais pas." »

49(19),1b-c (p. 17, 5, n. 5):   au lieu de ասէ ցիս « il me dit », lire BC նա այնուհետեւ որդեակ իմ Սէթ. մտախորհի եղե և ասէ ցիս. զղջացեալ եմ զմտանելն իմ զի « lui donc, mon fils Seth, devint pensif et me dit: "J'ai regretté d'être entré parce que » (= geo et grec)

49(19),2 (p. 17, 1):   corriger իջանել « descendre » en իջանէ, « descend » (= geo)

50(20),4 (p. 18, 5, n. 19):   lire BC qui omettent ծառոյ « d'un arbre » (= grec et latin)

51(21),1 (p. 18, 10, n. 1):   lire BC qui ajoutent և ասեմ Ադամ « et je dis: "Adam... » (= grec et latin)

54(24),4 (p. 19, 17, n. 20):   corriger որոյ en որոց « (les bêtes) que » (pluriel, non singulier; = geo et grec)

58(28),3 (p. 21, 4):   corriger ասես « tu dis » en ասիցես « tu dises » (= geo)

68(38),3 (p. 23, 9, n. 5):   lire B qui ajoute ելեալ « monta » (= geo et grec)

70(40),3 (p. 24, 6, n. 15):   au lieu de յայլ « dans d'autres », lire BC այլ « d'autres » (= grec et toutes les versions)

70(40),8 (p. 24, 18):   corriger փոխեցին « changèrent » en փոր եցին, « creusèrent » (= grec)

Colonne 6: géorgien en traduction française (geo)

La traduction de Bernard Outtier se fonde sur la deuxième édition de « La version géorgienne de la Vie apocryphe d'Adam » par Madame C. Kurcikʿidze, qui remplace aujourd'hui la première édition, parue en 1964 ([1]). L'éditrice distingue deux rédactions, qu'elle désigne par les lettres majuscules géorgiennes correspondant à A et B; à la suite de Jean-Pierre Mahé, nous leur donnons les sigles α et β. La rédaction α est représentée par quatre manuscrits, et la rédaction β par un seul. Entre la première et la deuxième édition, les sigles des manuscrits ont malheureusement été changés.

Rédaction α

A (1ère éd. Q) = Kutaissi, Musée d'histoire et d'ethnographie, 128, xve-xvie siècle.

B (1ère éd. A) = Tbilissi, Centre national des manuscrits, A 153, xviie siècle.

C (1ère éd. B) = Tbilissi, Centre national des manuscrits, H 433, xviie siècle.

D (1ère éd. D) = Tbilissi, Centre national des manuscrits, H 881, xviie siècle.

Rédaction β

E (1ère éd. pas de sigle) = Tbilissi, Centre national des manuscrits, S 5175, xviie siècle.

---

(1) C. KURCIKʿIDZE, *Adamis apʿokʿripuli cxovrebis kartuli versia* [La version géorgienne de la Vie apocryphe d'Adam], Tbilissi 2003. 1ère édition: C. KURCIKʿIDZE, « Adamis apʿokʿripuli cxovrebis kartuli versia » [La version géorgienne de la Vie apocryphe d'Adam], *Pʿilologiuri Dziebiani* 1 (1964), p. 97-136.

La traduction géorgienne a été effectuée directement sur le grec, comme le trahit, en 72(42),3, le calque du génitif πλὴν τοῦ Σήθ, საითის ხოლო, incompréhensible en géorgien.

En règle générale, notre traduction est faite sur le texte de la rédaction α. A la différence de l'arménien, les quatre manuscrits de cette rédaction ne se distinguent pas par des variantes qui mériteraient d'être signalées dans la synopse. Tous les éléments empruntés à la rédaction β sont mis en italique. Il s'agit soit de passages où β conserve un texte manifestement meilleur ou plus complet que α (¹), soit de leçons où β témoigne d'une parenté plus étroite que α avec les autres versions anciennes.

Madame Kurcik'idze a tenu compte, dans la deuxième édition de la *Vie d'Adam* (2003), d'une partie des suggestions d'amélioration du texte géorgien grâce à l'arménien, au grec et au latin, proposées par Jean-Pierre Mahé en 1983 dans *Bedi Kartlisa* (²).

Notre traduction repose quelquefois sur une correction ou sur une conjecture par rapport au texte publié dans la seconde édition de C. Kurcik'idze. En voici la liste :

1,1 (p. 29, 2): corriger საძოთხეს « (ils sortirent vers l'orient) au paradis » en საძოთხის « (ils sortirent vers l'orient) du paradis ».

37(10),2 (p. 43, 5): corriger ძეცოდებანი მწვიდეჲ « mes péchés me brûleront » en ძეცოდებულნი მწყევიდეჲ « les pécheurs me maudiront ».

42,2 (p. 45, 4): corriger აღსრულებად « accomplir » en აღდგიმებად, « ressusciter », « relever ».

48(18),3 (p. 50, 2, α): corriger რაჲთა « pour (que vous ne mouriez pas) » : en: რამეთუ « "car" (vous ne mourrez pas) »

---

(1) On relèvera en particulier que β permet de combler deux lacunes importantes de α dans le récit qu'Ève fait de la transgression, de 46(16),4a à 47(17),2c et de 50(20),4 à 56(26),1.

(2) J.-P. Mahé, « Notes philologiques sur la version géorgienne de la *Vita Adae* », *Bedi Kartlisa. Revue de kartvélologie* 41 (1983), p. 51-66. Dans sa seconde édition, Madame Kurcik'idze a introduit les corrections suggérées par Mahé (p. 56-60) en 6,1; 8,1; 8,2; 9,1; 21,3d. En revanche, elle ne les a pas adoptées en 11,1; 20,2a; 22(1),3; 23,7 (3,2); 37(10),2; 42,2; 54(24),1; 69(39),2; 71(41),1.

51(21),2a (p. 52, 4): corriger რასა « que (cries-tu) » en რაჲსა « pourquoi (cries-tu) »

54(24),1 (p. 54,1): corriger რაჲსა « pourquoi (as-tu écouté) » en რამეთუ « puisque (tu as écouté) », comme le texte géorgien de *Gen* 3, 17.

56(26),3 (p. 56, 19): corriger განსხეულ, mot inexistant, en განსხლულ « coupé », « sans membres ».

61(31),4 (p. 60, 22, α): corriger მეავეღროს « qu'il remette » en მეავეღრო « que je remette ».

71(41),1 (p. 67, 2): corriger ფარაო « Pharaon » en უფალო « Seigneur ».

72(42),3 (p. 67, 9): lire [აღემატა] აღძრა « il fit se lever le parfum de tous les arbres du paradis » au lieu de [აღემატა] არა « ne s'ajouta pas » (conjecture de Kurcik'idze), que Mahé a traduit « tous les arbres du paradis ne <surpassèrent> pas <sa> suave odeur ». La conjecture აღძრა (« il fit se lever, il agita ») est basée sur le texte arménien, « furent agitées toutes les plantes du paradis » — le verbe géorgien est à l'actif, l'arménien au passif.

Synopse de la Vie d'Adam et Ève

latin-V	*latin-P*	*grec*
Vita Adae et Euae	Vita Adae et Euae	Διήγησις καὶ πολιτεία Ἀδὰμ καὶ Εὔας τῶν πρωτοπλάστων, ἀποκαλυφθεῖσα παρὰ θεοῦ Μωϋσῇ τῷ θεράποντι αὐτοῦ ὅτε τὰς πλάκας τοῦ νόμου ἐκ χειρὸς κυρίου ἐδέξατο διδαχθεὶς ὑπὸ τοῦ ἀρχαγγέλου Μιχαήλ. Κύριε εὐλόγησον.
		Texte 29,7a-13 de RM
	1 1 Factum est autem	**29 7a** Ἐγένετο δὲ
1 1 Cum expulsi fuissent Adam et Eua de paradiso,	cum expulsus fuisset Adam de paradiso et Eua mulier eius,	
	exeuntes abierunt ad orientem et	
fecerunt sibi tabernaculum	fecerunt sibi tabernaculum,	
et fuerunt ibi septem dies	et ibi fuerunt diebus septem	ἡμᾶς πενθῆσαι ἡμέρας ἑπτά.
lugentes et lamentantes in magna tristitia.	lugentes et clamantes in magna tribulatione.	
2 1 Post septem autem dies coeperunt esurire	**2 1** Post autem septem dies coeperunt esurire,	**29 7b** καὶ μετὰ ἑπτὰ ἡμέρας ἐπεινάσαμεν.
et quaerebant sibi escam ut manducarent	et quaerebant quid manducarent	
et non inueniebant.	sed non inuenerunt.	
2 2 Dixit Eua ad Adam:	**2 2** Dixit Eua ad Adam:	**29 7c** καὶ εἶπον τῷ Ἀδάμ·
Domine mi, esurio ualde.	Domine mi, esurio ualde.	
Vade	Quare non uadis	ἀνάστα
et quaere nobis quid manducemus,	et non quaeris nobis quid manducemus,	καὶ φρόντισον ἡμῖν βρώματα ἵνα φάγωμεν καὶ ζήσωμεν ἵνα μὴ ἀποθάνωμεν· ἐγερθῶμεν καὶ κυκλώσωμεν τὴν γῆν
usque uideamus si forsitan	quousque uideamus si forte	εἰ οὕτως
respiciat et miserebitur nostri deus	miserebitur nobis dominus deus	εἰσακούσῃ ἡμῖν ὁ θεός.

grec (traduction)	*arménien*	*géorgien*
Histoire et vie d'Adam et Ève, les premiers modelés, révélée par Dieu à Moïse son serviteur lorsqu'il reçut les tables de la Loi des mains du Seigneur, enseignée par l'archange Michel. Seigneur, bénis!	Pénitence d'Adam notre premier père	Lecture de la sortie d'Adam et Ève du paradis

Texte 29,7a-13 de RM

29 7a « *Il advint*	**1** 1 Il advint, lorsqu'Adam sortit du paradis,	**1** 1 Et il advint, lorsqu'Adam sortit du paradis, et Ève, sa femme,
	et qu'il sortit [C] avec sa femme à l'orient du paradis, qu'ils se firent une hutte pour y vivre	qu'ils sortirent vers l'orient *du* [mss: au] paradis. Et Adam fit une hutte pour s'y abriter
que nous fûmes dans le deuil pendant sept jours.	et y entrèrent.	et ils (y) entrèrent tous deux et ils y restèrent sept jours.
	Leurs larmes tombaient sans cesse, et ils passaient leurs jours ensemble à pleurer et à s'attrister;	Tous deux pleuraient de pleurs abondants, car ils s'attristaient
	et ils se disaient l'un à l'autre: «Nous avons été éloignés de la vie.»	au sujet des demeures du royaume dont ils avaient été éloignés.
29 7b *Et après sept jours, nous eûmes faim,*	**2** 1 Alors, après sept jours, ils eurent faim et ils cherchaient de la nourriture.	**2** 1 Après sept jours, ils eurent faim et ils cherchaient de la nourriture.
29 7c *et je dis à Adam:*	**2** 2 Ève dit à Adam: «Mon seigneur, j'ai faim.	**2** 2 Ève dit à Adam: «Mon seigneur Adam,
"Lève-toi	Lève-toi,	lève-toi
et préoccupe-toi pour nous de nourritures, afin que nous mangions et vivions, afin que nous ne mourions pas. Levons-nous et faisons le tour de la terre	cherche de la nourriture pour que nous vivions	et (va) me chercher des aliments pour que nous mangions,
(pour voir) si de cette manière	et que nous sachions si	en attendant que nous expérimentions — qui sait? — (si)
	Dieu	le Seigneur
Dieu nous exaucera."	viendra	nous recevra

latin-V	*latin-P*	*grec*
et reuocabit nos ad locum in quo eramus.	et reuocet nos in locum quo eramus.	
3 1 Et surrexit Adam et perambulabat septem dies	**3 1** Et surgens Adam, per septem dies ambulabat per	**29 7d** καὶ ἀνέστημεν καὶ διωδεύσαμεν
omnem terram illam et non inuenit escam	omnem terram illam et non inuenit escam	πᾶσαν τὴν γῆν ἐκείνην καὶ οὐχ εὕρομεν.
qualem habebant in paradiso.	qualem in paradiso habuerant.	
3 2a Et dixit Eua ad Adam: Domine mi, putasne moriemur fame? Vtinam ego morerer!	**3 2a** Et dixit Eua ad Adam: Domine meus, morior fame. Et utinam ego nunc morerer,	
forte introduceret te deus denuo in paradisum quia propter me iratus est tibi deus.	si forte introduxerit te dominus in paradisum, quia propter me iratus est tibi dominus deus.	
	3 2b Et dixit Adam: Magna est ira in caelo et in omne creatura. Vtrum propter te an propter me hoc nescio factum est.	
	3 2c Et iterum dixit Eua ad Adam: Domine meus,	**29 8** καὶ ἀποκριθεῖσα εἶπον τῷ Ἀδάμ· ἀνάστα κύριε
3 2c Vis interficere me ut moriar? et	interfice me ut moriar et	καὶ ἀνάλωσόν με
	tollar a facie domini dei et a conspectu angelorum eius,	ἵνα ἀναπαύσωμαι ἀπὸ προσώπου σου καὶ ἀπὸ προσώπου τοῦ θεοῦ καὶ ἀπὸ τῶν ἀγγέλων
	ut obliuiscatur irasci tibi dominus deus.	ὅπως παύσωνται τοῦ ὀργίζεσθαί σοι

grec (traduction)	*arménien*	*géorgien*
	et nous ramènera dans le paradis, dans notre lieu.»	et nous ramènera en ce même lieu du paradis.»
29 7d *Nous nous levâmes et nous parcourûmes*	**3 1** Ils se levèrent	**3 1** Et Adam se leva
		après sept jours
	et circulèrent	et il circulait
toute cette terre-là,	sur la terre,	sur la face de la terre.
et nous ne trouvâmes pas.	et ils ne trouvèrent pas de nourriture	Or il ne trouva pas de nourriture
	semblable à la nourriture dont ils se nourrissaient dans le paradis.	semblable à celle qu'ils mangeaient dans le paradis.
		Adam répondit à Ève et lui dit:
		«Nous allons mourir de mort.»
	3 2a Ève dit à Adam:	**3 2a** Ève dit à Adam:
	«Je meurs de cette faim.	
	Ah! si seulement j'étais morte, mon seigneur;	«Ah! si seulement je mourais
	peut-être (alors)	et qu'
	te ramèneraient-ils dans le paradis,	il te reçoive seul au paradis!»
	car c'est à cause de moi que Dieu est en colère.»	
	3 2b Adam dit:	**3 2b** Adam répondit à Ève et lui dit:
	«Une grande colère est venue sur nous;	«A cause de nous une grande colère est sur toutes les créatures.
	je ne sais pas si c'est à cause de toi ou à cause de moi.»	Je ne sais pas ceci: est-ce à cause de moi ou à cause de toi?»
29 8 *Prenant la parole, je dis à Adam:*	**3 2c** Ève lui dit:	**3 2c** Ève répondit à Adam:
"Lève-toi, seigneur,		«Mon seigneur,
et fais-moi périr	«Si tu veux, tue-moi,	si tu veux, tue-moi,
afin que je repose loin de ta face, loin de la face de Dieu et loin des anges,		pour que je sois retranchée de la face de Dieu et de ses anges,
afin qu'ils cessent d'être irrités contre toi	pour que la colère et le courroux [C: *la colère de Dieu*] s'apaisent devant toi	afin que cesse la colère de Dieu contre toi,

latin-V	*latin-P*	*grec*
	Irascitur enim deus tibi propter me.	δι' ἐμοῦ.
forte	Forsitan ipse	
introducet te dominus in paradisum	introducet te in paradisum,	
quoniam causa mei expulsus es inde.	quoniam causa mei expulsus es inde.	
3 3 Respondit Adam:	**3 3** Et dixit Adam:	**29** 9a τότε ἀποκριθεὶς ὁ Ἀδὰμ εἶπέν μοι·
Noli, Eua, talia dicere,	Noli, Eua, talia loqui,	διὰ τί ἐμνήσθης τῆς κακίας ταύτης
ne forte aliquam iterum maledictionem inducat super nos dominus deus.	ne aliquam iterum maledictionem super nos inducat dominus deus.	
Quomodo potest fieri ut mittam manum meam in carnem meam?	Quomodo potest fieri ut mittam manum in carnem meam?	ἵνα φόνον ποιήσω καὶ ἐνέγκω θάνατον τῇ ἐμῇ πλευρᾷ; ἢ πῶς ἐκτείνω χεῖρα τῇ εἰκόνι τοῦ θεοῦ ἣν ἔπλασεν;
3 4 Surge,	**3 4** Sed surge,	
	eamus	
et quaeramus nobis unde uiuamus et non deficiamus.	et quaeramus nobis unde uiuamus	
	et non deficiamus.	
4 1 Et ambulantes quaesierunt	**4 1** Et euntes quaesierunt	
nouem dies		
escam		
et nihil inueniebant,	et non inuenerunt	
	sicut habuerant in paradiso,	
nisi hoc tantum	sed hoc tantum inueniebant	
quod animalia edebant.	quod animalia et bestiae edebant.	
4 2 Et dixit Adam ad Euam:	**4 2** Et dixit Adam:	
Hoc tribuit dominus animalibus et bestiis ut edant,	Hoc tribuit dominus animalibus et bestiis ut edant,	

grec (traduction)	*arménien*	*géorgien*
à cause de moi."	— car cela est venu à cause de moi —	puisqu'elle est à cause de moi :
	et	et
	ils te ramèneront dans le paradis.»	il te ramènera là-bas même, au paradis.»

29 **9a** *Alors Adam répondit et me dit:*	**3 3** Adam lui dit:	**3 3** Adam répondit et lui dit:
"Pourquoi as-tu mentionné cette action mauvaise,	«Ève, ne mentionne pas une chose pareille,	«Non, non! Ne mentionne pas une chose pareille,
	de crainte que Dieu n'envoie sur nous des maux encore plus grands et que nous ne devenions *comme des meurtriers* [mss: méprisables].	de crainte que Dieu n'envoie sur nous un autre jugement pour cause de meurtre :
pour que je commette un meurtre et que j'inflige la mort à ma propre côte? Et comment porterai-je la main sur l'image de Dieu, qu'il a modelée?	Comment donc pourrais-je te faire du mal, puisque tu es ma (propre) chair?»	comment lèverai-je la main pour faire souffrir ma propre chair?»
	3 4 Ève dit :	**3 4** Alors Ève lui dit :
	«Lève-toi,	«Lève-toi,
	pour que nous cherchions *ensemble* [C] une nourriture de légumes.».	cherchons tous deux des légumes.»
	4 1 Ils cherchèrent	
	et ne trouvèrent pas de nourriture de légumes semblable à celle qui était dans le paradis.	**4 1** Et ils ne trouvèrent pas d'aliment semblable au fruit qui était dans le paradis.
	4 2 <Ève dit :	**4 2** Et Ève lui dit :
	«...> parce que Dieu a institué cette nourriture de légumes comme nourriture pour les bêtes, pour qu'elles puissent manger sur la terre ;	«Cela, Dieu l'a créé pour les bêtes afin qu'elles se nourrissent ;

latin-V	*latin-P*	*grec*
nobis autem esca angelica erat.	nobis autem escam angelicam.	

4 3 Sed iuste et digne

plangamus ante conspectum domini dei	**4 3** Plangamus et lugeamus ante conspectum domini dei	
qui fecit nos,	qui fecit nos,	
et paeniteamus in magna paenitentia.	et paeniteamus in magna paenitentia	**29 9b** ἀλλὰ μετανοήσωμεν
	diebus quadraginta,	ἡμέρας τεσσαράκοντα
Forsitan indulgebit et miserebitur nostri dominus deus	si forte indulgeat et misereatur dominus deus nobis	ὅπως σπλαγχνισθῇ ἡμῖν ὁ θεὸς
et disponet nobis unde uiuamus.	et disponat nobis unde uiuamus.	καὶ δώσῃ ἡμῖν τροφὴν κρείσσον<α τῆς> τῶν θηρίων.

5 1 Et dixit Eua ad Adam:	**5 1** Et dixit Eua ad Adam:	
Domine mi, dic mihi quid est paenitentia	Domine meus, dic mihi quid est paenitentia	
et qualiter paeniteamus,	aut qualiter paeniteamus,	

ne forte laborem nobis imponamus	ne forte laborem nobis imponamus	
quem non possumus adimplere,	quem non possimus adimplere,	
et non exaudiantur preces nostrae	et non exaudiantur preces nostrae,	
5 2 et auertat dominus faciem suam a nobis	**5 2** et aduertat deus faciem suam a nobis,	
si, ut promittimus, non adimpleamus.	si non impleamus quod promisimus.	

5 3 Et iterum dixit:

grec (traduction)	arménien	géorgien
	mais notre nourriture est celle dont se nourrissent les anges.	mais nous avions pour nourriture ce dont vivent les anges.
	4 3 Lève-toi,	**4 3** Maintenant viens
29 9b *Repentons-nous plutôt*	repentons-nous	et repentons-nous d'une très grande pénitence
pendant quarante jours,	pendant quarante jours;	pendant quarante jours,
afin que Dieu nous prenne en pitié	peut-être Dieu prendra-t-il pitié de nous	afin que Dieu nous prenne en pitié
et nous donne une nourriture meilleure que celle des bêtes.	et nous donnera-t-il une nourriture qui soit meilleure que celle des bêtes, pour que nous ne leur devenions pas semblables. »	et qu'il nous donne une meilleure nourriture qu'aux bêtes, pour que nous ne leur devenions pas semblables. »
	5 1 Adam dit à Ève:	**5 1** Adam répondit à Ève et lui dit:
		« Explique-moi donc maintenant:
	« De quelle manière te repentiras-tu?	de quelle pénitence (veux-tu) te repentir
	Combien de jours peux-tu *te repentir et* [C] supporter des choses pénibles?	et combien de jours pourras-tu te repentir de ta pénitence,
	Peut-être commenceras-tu et seras-tu incapable de te repentir *et seras-tu incapable de supporter* [C],	
		de peur que, d'aventure, nous ne fassions promesse à Dieu,
	et Dieu ne prêtera pas l'oreille,	
	5 2 de sorte que nous ne serons pas capables de garder ce que nous avons *pro-mis* [mss: reçu] au commencement. »	**5 2** et que nous ne puissions accomplir la promesse que nous lui aurions promise. »
	5 3 Ève dit:	**5 3** Ève répondit à Adam et elle lui dit:

latin-V	*latin-P*	*grec*
5 3 Tu, domine mi, quantum cogitasti me paenitere	Domine meus, quantum cogitasti paenitere?	
paenitebo, quia ego induxi tibi laborem et tribulationem.	Ego enim induxi tibi laborem istum et tribulationem.	
6 1a Et dixit Adam:	**6 1a.** Et dixit Adam:	
Non potes tantos dies facere quantos ego,	Numquid tu potes tot dies facere quot et ego? Non enim dicam tibi tantos,	
sed tantos fac ut salueris.	sed tantos fac ut salueris.	
Ego enim faciam quadraginta dies	Ego enim faciam dies quadraginta,	**29 10a** ἐγὼ μὲν ποιήσω ἡμέρας τεσσαράκοντα,
ieiunans.	et tu diebus triginta ‹tribus›,	σὺ δὲ ἡμέρας τριάκοντα τέσσαρας
	quoniam non es plasmata sexto uel septimo die sed ego plasmatus sum,	ὅτι σὺ οὐκ ἐπλάσθης τῇ ἡμέρᾳ τῇ ἔκτῃ
	in qua die consummauit deus omnia.	ἐν ᾗ ἐποίησεν [ἐτέλεσεν coni. Nagel] ὁ θεὸς τὴν κτίσιν αὐτοῦ.
6 1b Tu autem surge et uade ad Tigrim flumen	**6 1b** Surge ergo et uade ad Tigris flumen	**29 10b** ἀλλ' ἀνάστα καὶ πορεύου εἰς τὸν Τίγριν ποταμὸν
et tolle lapidem,	et tolle lapidem istum tecum,	καὶ λάβε λίθον, καὶ θὲς ὑπὸ τοὺς πόδας σου
et sta super ipsum in aqua usque ad collum	et sta super eum in aqua usque ad collum	καὶ στῆθι ἐνδεδυμένη ἐν τῷ ὕδατι ἕως τοῦ τραχήλου,
in altitudine fluminis,	in altitudine fluminis,	
et non exeat sermo de ore tuo,	et non exeat sermo ex ore tuo ullus,	καὶ μὴ ἐξέλθῃ λόγος ἐκ τοῦ στόματός σου, καὶ προσευχομένη τῷ θεῷ.
quia indigni sumus rogare dominum,	quia indigni sumus rogare dominum,	ἀνάξιοι γάρ ἐσμεν
quia labia nostra inmunda facta sunt	quoniam labia nostra indigna sunt	καὶ τὰ χείλη ἡμῶν οὐκ ἔστι καθαρά.

grec (traduction)	arménien	géorgien
	«Fixe-moi le nombre de jours pendant lesquels je peux penser faire pénitence; peut-être les jours seront-ils trop longs,	«Explique-moi donc le nombre de jours, pendant combien de temps tu penses faire pénitence, qui sait, j'y ajouterai encore,
	car c'est moi qui ai attiré sur toi cette pénitence.» **6** 1a Adam dit:	car c'est moi qui ai attiré sur toi ces tribulations.» **6** 1a Adam répondit et dit à Ève:
	«Tu ne peux pas endurer autant de jours que moi;	«Tu ne pourras rien y ajouter.
	mais fais ce que je te dis et tiens-toi à cette parole.	Mais autant (de jours) que je te dirai, tiens-toi à ce nombre et demeures-y!
29 10a *Moi, je ferai quarante jours,*	[Adam dit: om. C recte] J'y serai pendant quarante jours,	Pour moi, je ferai pénitence quarante jours,
mais toi (tu feras) trente-quatre jours,		mais toi, fais pénitence trente-quatre jours.
parce que toi, tu n'as pas été modelée le sixième jour,	six jours de plus que toi, parce que tu as été créée le sixième jour	Laisse-moi les six jours, parce que tu n'as pas été créée le sixième jour,
lorsque Dieu fit sa création.	lorsqu'il fit ses créatures.	lorsque Dieu fit toute créature.
29 10b *Eh bien, lève-toi et va au fleuve Tigre,* *prends une pierre, place-la sous tes pieds* *et tiens-toi debout, en te plongeant dans l'eau jusqu'au cou.*	**6** 1b Maintenant, lève-toi donc et va au fleuve Tigre et prends une pierre et place-la sous tes pieds et tiens-toi debout dans l'eau, avec ton vêtement, jusqu'au cou.	**6** 1b Maintenant lève-toi et va au fleuve Tigre et prends une pierre sous tes pieds et tiens-toi dans l'eau et couvre-toi (d'elle) comme d'un vêtement jusqu'au cou. Tandis que tu prieras,
Et qu'aucune parole ne sorte de ta bouche, même en priant Dieu, *car nous sommes indignes et nos lèvres ne sont pas pures.*	Qu'aucune parole ne s'échappe de ta bouche pour prier Dieu, car nous sommes indignes d'âme et nos lèvres sont impures et souillées,	que pas un son ne sorte de ta bouche, car nous ne sommes pas dignes d'ouvrir notre bouche, car nos lèvres sont impures,

latin-V	latin-P	grec
	quia manducauimus	
de ligno illicito et contradicto.	de ligno illicito.	
6 2 Et sta in aqua fluminis dies triginta quattuor.	**6 2** Esto ibi dies triginta tres.	ἀλλὰ σιγοῦσα βόησον τῷ θεῷ 'ὁ θεὸς ἱλάσθητί μοι' βεβαπτισμένη ἐν τῷ ὕδατι ἐξ ὅλης τῆς καρδίας σου.
Ego faciam in aqua Iordanis dies quadraginta,	Ego uero ibo in Iordanem diebus quadraginta,	
forsitan miserebitur nostri dominus deus.	forsitan miserebitur nobis dominus deus.	
7 1 Et ambulauit Eua ad Tigrim flumen	**7 1** Et abiit Eua ad flumen Tigris	
et fecit sicut dixit Adam.	et fecit sicut dixit ei Adam.	
7 2 Similiter Adam ambulauit ad flumen Iordanis	**7 2** Et ipse abiit ad fluuium Iordanis,	**29 11a** ἐπορεύθη δὲ Ἀδὰμ εἰς τὸν Ἰορδάνην ποταμὸν
et stetit super lapidem	habens et ipse secum lapidem,	
	et erat intus	
usque ad collum in aqua.	in flumine usque ad collum,	
	et capilli capitis eius exparsi erant super aquas.	καὶ ἡ θρὶξ τῆς κεφαλῆς αὐτοῦ ἥπλοῦτο εὐχομένου ἐν τῷ ὕδατι.
8 1 Et dixit Adam:	**8 1** Tunc dixit Adam:	**29 11b** καὶ ἔκραξε φωνῇ μεγάλῃ λέγων·
Tibi dico, aqua Iordanis, condole mihi	Tibi dico, Iordanis, condole mihi	σοὶ λέγω τῷ ὕδατι τοῦ Ἰορδάνου·
et segrega natantia quae in te sunt,	et congrega omnia animantia quae intra te sunt,	στῆθι καὶ εὔχου ὁμοῦ καὶ πάντα τὰ θηρία καὶ πάντα τὰ πετεινὰ καὶ πάντα τὰ ἑρπετὰ ἐν τῇ γῇ καὶ θαλάσσῃ.
et circumdent me et lugeant	ut circumdent me et lugeant et animalia	
pariter mecum.	mecum pariter.	
8 2 Non se plangant sed me, quia ipsi non peccauerunt sed ego.	**8 2** Non se lugeant sed me, quia ipsa non peccauerunt sed ego,	

grec (traduction)	*arménien*	*géorgien*
	à cause de la transgression que nous avons commise quand nous avons mangé	à cause de la transgression des commandements, parce que nous avons mangé
	de l'arbre.	de l'arbre du paradis que Dieu nous avait interdit.
Mais en gardant le silence, crie à Dieu 'O Dieu, sois-moi propice', plongée dans l'eau, de tout ton cœur.''	**6 2** Tiens-toi en silence, là au milieu de l'eau, jusqu'à ce que tu aies fait pénitence pendant trente-quatre jours *de tout ton cœur* [C];	**6 2** Mais sois silencieuse et fais pénitence dans l'eau pendant trente-quatre jours, de tout ton cœur;
	et moi je serai *de même* [C] dans le fleuve Jourdain,	et moi, je ferai de même dans le fleuve Jourdain,
	jusqu'à ce que nous sachions que, voici, Dieu nous a exaucés	jusqu'à ce que Dieu nous exauce
	et nous donnera notre nourriture.»	et nous donne de la nourriture.»
	7 1 Alors Ève alla au *fleuve* [C] Tigre	**7 1** Ève s'en alla au fleuve Tigre
	et elle fit comme Adam lui avait commandé;	et elle fit comme lui avait commandé Adam;
29 11a *Adam, lui, alla au fleuve Jourdain,*	**7 2** et Adam alla au *fleuve* [C] Jourdain.	**7 2** quant à Adam, il se tint dans le fleuve Jourdain

et les cheveux de sa tête se déployaient tandis qu'il priait dans l'eau.	Et les cheveux de sa tête étaient défaits.	et les cheveux de sa tête s'étalèrent.
29 11b *Et il cria d'une voix forte en disant:*	**8 1** Il dit en priant:	**8 1** Et Adam dit:
"Je te le dis, à toi l'eau du Jourdain,	«Je vous le dis, eaux du Jourdain, soyez compatissantes avec moi,	«Je te le dis, Jourdain, afflige-toi avec moi-même
immobilise-toi et prie, et en même temps toutes les bêtes, tous les oiseaux et tous les reptiles, sur la terre et dans la mer.''	et assemble tous les poissons qui sont en toi,	et assemble tous les animaux qui sont en toi
	et qu'ils m'entourent	pour qu'ils m'entourent
	et qu'ils me pleurent,	et me pleurent,
	8 2 non point pour eux-mêmes, mais pour moi,	**8 2** non point pour eux, mais pour moi,

latin-V	latin-P	grec
	neque admiserunt delictum neque fraudati sunt escis suis, sed ego fraudatus sum.	
	8 3 Et hoc dicens	
8 3 Statim omnia animantia uenerunt et circumdederunt eum,	statim omnia animantia uenerunt et circumdederunt eum,	**29** 11c καὶ πάντες οἱ ἄγγελοι καὶ πάντα τὰ ποιήματα τοῦ θεοῦ ἐκύκλωσαν τὸν Ἀδὰμ ὡς τεῖχος κύκλῳ αὐτοῦ κλαίοντες καὶ προσευχόμενοι τῷ θεῷ ὑπὲρ τοῦ Ἀδὰμ ὅπως εἰσακούσηται αὐτοῦ ὁ θεός.
et aqua Iordanis stetit ab illa hora	et aqua fluminis stetit in illa hora.	
non agens cursum suum.		
	Tunc Adam clamauit ad dominum deum,	
	et factae sunt ad eum uoces angelicae	
	per singulos dies.	
9 1 Et transierunt dies decem et octo.	**9** 1 Completi sunt autem dies decem et septem,	
	quibus lugentia erant omnia animantia Adam.	
Tunc iratus Sathanas	Tunc conturbatus est aduersarius Sathanas,	**29** 12a ὁ δὲ διάβολος μὴ εὑρὼν τόπον εἰς τὸν Ἀδὰμ
transfigurauit se in claritatem angeli	et transfigurauit se in claritatem angelicam	
et abiit ad Tigris flumen ad Euam.	et abiit ad fluuium Tigris ubi erat Eua.	ἐπορεύθη εἰς τὸν Τίγριν ποταμὸν πρὸς τὴν Εὖαν. καὶ λαβὼν σχῆμα ἀγγέλου ἔστη ἐνώπιον αὐτῆς
9 2 Et inuenit eam flentem	**9** 2 Et cum uideret Euam flentem,	
et ipse diabolus quasi condolens ei coepit flere	cum dolo coepit et ipse flere	**29** 12b κλαίων καὶ τὰ δάκρυα αὐτοῦ ἔρρεεν ἐπὶ τὴν γῆν καὶ ἐπὶ τὴν στολὴν αὐτοῦ.

grec (traduction)	*arménien*	*géorgien*
	car Dieu ne les a pas privés de leur nourriture, que Dieu (leur) avait assignée depuis le commencement; mais moi, j'ai été privé de ma nourriture et de la vie. »	car Dieu ne les a pas privés de la pâture que Dieu leur avait donnée depuis le commencement, mais moi j'ai été privé de ma vie et de ma nourriture. »
	8 3 Lorsqu'Adam eut dit cela,	**8 3** Quand Adam eut dit cela avec des larmes amères,
29 11c *Et tous les anges et toutes les créatures de Dieu entourèrent Adam, comme un mur autour de lui, en pleurant et priant Dieu pour Adam, afin que Dieu l'exauce.*	tous les poissons qui étaient dans le Jourdain s'assemblèrent auprès de lui et se tinrent autour de lui comme un mur.	tous les animaux s'assemblèrent près de lui et l'entourèrent comme des murs.
	Et les eaux du Jourdain s'immobilisèrent à cette heure-là	A l'heure où l'eau du Jourdain arrêta
	et s'arrêtèrent de couler.	son cours,
	Adam cria vers Dieu	alors Adam éleva la voix vers Dieu
	et il mit à part parmi eux six cents ordres pour clamer vers Dieu d'une voix de prière	et il renforça sa voix six fois, comme la voix de tous les anges
	tous les jours.	en tout temps.
	9 1 Quand furent accomplis dix-huit jours	**9 1** Quand furent accomplis les douze jours
	de leurs pleurs,	dans ses pleurs,
12a *Or le diable, n'ayant pas trouvé d'occasion contre Adam,*	alors Satan	Satan fut troublé
	prit l'aspect d'un Chérubin à la parure splendide,	et changea son aspect et son vêtement par la fausseté de son art,
alla au fleuve Tigre, auprès d'Ève.	et il alla au fleuve Tigre pour tromper Ève.	et il alla auprès d'Ève, au fleuve Tigre, et il se tint au bord.
Ayant pris l'aspect d'un ange, il se tint debout devant elle		
29 12b *en pleurant,*		**9 2** Il pleurait
et ses larmes coulaient sur la terre et sur son vêtement.	**9 2** Ses larmes coulaient sur sa parure jusqu'à terre.	et laissait couler ses larmes de fausseté sur son vête-

latin-V	latin-P	grec
et dixit ei:	et dixit ad eam:	καὶ λέγει μοι·
Egredere de flumine et repausa et de cetero non plores.	Exi de flumine et quiesce et amplius ne plores.	ἔξελθε ἐκ τοῦ ὕδατος καὶ παῦσαι τοῦ κλαυθμοῦ·
Iam cessa de tristitia et gemitu.	Iam cessa de tristitia tua,	
Quid sollicita es,	de qua sollicita es.	
tu et Adam uir tuus?		
9 3 Audiuit dominus gemitum uestrum et suscepit paenitentiam uestram,	**9 3** Audiuit enim deus gemitum uestrum et suscepit paenitentiam uestram,	**29 12c** ἤκουσε γὰρ ὁ θεὸς τῆς δεήσεώς σου
et nos omnes angeli rogauimus pro uobis deprecantes dominum,	unde et nos omnes angeli deprecati sumus eum	ὅτι καὶ ἡμεῖς οἱ ἄγγελοι καὶ πάντα τὰ ποιήματα αὐτοῦ παρεκαλέσαμεν τὸν θεὸν
	propter afflictionem uestram,	περὶ τῆς δεήσεως ὑμῶν.
9 4 et misit me ut educerem uos de aqua	**9 4** et misit me dominus educere uos de aqua	
et darem uobis alimentum	et dare uobis alimentum uestrum	
quod habuistis	quod habuistis	
in paradiso,		
	et perdidistis,	
pro quo plangitis.	pro quo lugetis.	
9 5 Nunc ergo egredere de aqua	**9 5** Nunc ergo egredere	
et perducam uos in locum	et ducam uos in locum uestrum	
ubi paratus est uictus uester.	ubi paratus est nobis uictus uester.	
10 1 Haec audiens Eua	**10 1** Et tunc	**29 13** καὶ ταῦτα εἰπὼν δεύτερον ἠπάτησέν με·
credidit		
et exiuit de aqua fluminis,	exiuit Eua de aqua,	καὶ ἐξέβην ἀπὸ τοῦ ὕδατος.
et caro eius erat sicut herba de frigore aquae.	et caro eius uiridis erat sicut herba a frigore aquae.	

grec (traduction)	arménien	géorgien
		ment et, depuis son vête-ment, jusqu'à terre.
Il me dit:	Et Satan dit à Ève:	Et il dit à Ève:
"Sors de l'eau et cesse ta la-mentation.	« Sors de l'eau et arrête,	« Sors de l'eau où tu es et cesse tes tribulations,

grec (traduction)	arménien	géorgien
29 12c En effet, Dieu a en-tendu ta prière,	**9** 3 car Dieu a entendu vo-tre pénitence, la tienne et celle d'Adam ton mari,	**9** 3 car Dieu a entendu vo-tre pénitence, la tienne et celle d'Adam, ton mari.
parce que nous les anges et toutes ses créatures, nous avons supplié Dieu	parce que nous, nous avons supplié Dieu.	Et nous aussi, nous sup-pliions
au sujet de votre prière."		à cause de vos tourments que nous avons vus.
	9 4 Et Dieu m'a envoyé pour vous faire sortir d'ici	**9** 4 Et Dieu m'a envoyé pour vous faire sortir
	et vous donner votre nour-riture,	et vous donner la nourri-ture
	pour laquelle vous avez fait pénitence.	pour laquelle vous avez fait pénitence.
	9 5 Car maintenant je suis allé vers Adam et il m'a envoyé vers toi et a dit: "Va, appelle ma femme, fils",	**9** 5 Maintenant, sors de là, car je suis allé vers Adam et il m'a envoyé et m'a dit: "Va et informe Ève ma femme et ramène-la moi."
	et maintenant viens, allons vers Adam,	Maintenant viens et je t'amènerai auprès d'Adam,
	et je vous amènerai au lieu	au lieu
	où sera votre nourriture. »	où il est et où il y a aussi votre nourriture. »
29 13 Ayant prononcé ces paroles, il me trompa pour la deuxième fois,	**10** 1 Et Ève	**10** 1 Alors Ève
et je sortis de l'eau. »	sortit de l'eau,	sortit de l'eau,
	et sa chair était comme de l'herbe flétrie, car sa chair avait été changée par l'eau,	et sa chair était comme des légumes flétris à cause de la froideur glaciale de l'eau.

latin-V   *latin-P*   *grec*

latin-V	latin-P
10 2 Et cum egressa esset	**10** 2 Et dum egrederetur
cecidit in terram.	cecidit in terram
	et iacuit ut mortua paene tota die.
Et erexit eam	Vt autem surrrexit
angelus diabolus et perduxit eam ad Adam.	duxit eam diabolus ad Adam uirum eius.
10 3 Cum autem uidisset eam Adam et diabolum cum ea,	**10** 3 Et cum uidisset eam Adam et diabolum cum ea,
exclamauit cum fletu dicens:	clamauit uoce magna cum fletu dicens:
Eua, Eua, ubi est opus paenitentiae tuae?	O Eua, ubi est opus paenitentiae tuae?
Quomodo iterum seducta es ab aduersario nostro,	Quomodo iterum seducta es ab aduersario tuo,
per quem alienati sumus de habitatione paradisi et laetitia spirituali?	per quem alienati sumus de habitatione et de laetitia nostra?
11 1 Haec cum audisset Eua	**11** 1 Haec audiens Eua
cognouit	cognouit
quod diabolus ei suasisset	quia diabolus esset qui eam fecit
exire de flumine,	egredere de aqua,
	qui eam prius dolo subplantauerat,
cecidit super faciem suam in terram,	et cadens in terram super faciem suam
	facta est sicut mortua ante Adam.
et conduplicatus est dolor et gemitus et planctus.	Et duplicatus est ei dolor et gemitus et planctus,

grec (traduction)	arménien	géorgien
	mais la forme de sa gloire restait resplendissante.	Tout l'aspect de sa beauté avait été changé.
	10 2 Quand elle fut sortie de l'eau,	**10 2** Et quand elle fut sortie de l'eau,
	elle tomba et resta sur la terre, dans une grande détresse,	elle tomba sur la face de la terre dans une grande faiblesse
	pendant deux jours, car elle ne pouvait absolument pas bouger de l'endroit.	et elle resta gisante, sans bouger pendant deux jours.
	Ensuite, elle se leva,	Et après deux jours, elle se leva
	et Satan la conduisit là où était Adam.	et Satan la conduisit là où était Adam.
	10 3 Et lorsqu'Adam vit Satan et Ève qui le suivait,	**10 3** Et lorsqu'Adam vit Ève (et) comment elle suivait Satan,
	il pleura d'un grand pleur et cria d'une voix forte et dit :	il se mit à pleurer amèrement et cria d'une voix forte, et il lui dit :
	« *O Ève* [C], où est le commandement de pénitence que je t'avais donné ?	« Où sont les commandements de pénitence que je t'avais commandés ?
	Comment as-tu été égarée pour suivre celui-là,	Comment as-tu été égarée de nouveau par celui-là,
	par qui nous avons été rendus étrangers à notre demeure ? »	à cause de qui nous sommes étrangers à nos demeures ? »
	11 1 Quand Ève entendit cela,	**11 1** Quand Ève entendit cela,
	elle sut	
	que c'était Satan qui l'avait égarée ;	que c'était Satan qui l'avait égarée,
	elle tomba	elle tomba
	devant Adam.	devant lui
	Dès lors une double douleur s'accrut pour Adam,	et la douleur d'Adam pour Ève en fut doublée,
	quand il vit les souffrances de sa femme, car elle était abattue et était tombée comme morte.	car il la voyait tombée par terre comme morte.

latin-V	*latin-P*	*grec*

11 2 Et exclamauit dicens:

11 2 et clamauit cum gemitu magno dicens:

Vae tibi, diabole,
qui nos expugnas gratis!

Vae tibi, diabole,
qui expugnas nos gratis.

Quid tibi apud nos?
Aut quid tibi fecimus quoniam dolose nos perseque-
ris?
Aut quid nobis est malicia
tua?

Quid tibi, et nobis?
Quid tibi fecimus, quod nos
dolose sic persequeris?

Quare in nobis est malicia
tua?

11 3 Numquid nos abstulimus gloriam tuam

11 3 Numquid nos abstulimus gloriam tuam

aut nos fecimus te sine honore esse?

fecimusque ut sine honore
esses quem habebas?

[Quid curam habes contra
nos?
Nos non fecimus, sed su-
perbia tua.]

Quid persequeris nos ini-
mice usque ad mortem, im-
pie et inuidiose?

Quare iniuste et inuidiose
nos persequeris?

12 1 Et ingemiscens diabolus dixit:

12 1 Et plorauit diabolus
ingemuitque et dixit

O Adam,
tota inimicitia et inuidia
mea et dolus ad te est,

ad Adam:
Tota inimicitia mea et
inuidia et dolus a te sunt,

quoniam propter te expul-
sus sum de gloria mea
et alienatus sum

quia propter te expulsus
sum a gloria mea
et

grec (traduction)	*arménien*	*géorgien*
	11 2 Il s'attrista et cria avec un grand gémissement et dit à Satan :	**11** 2 Il s'attrista et dit avec un grand gémissement, il cria :
		« Malheur à toi,
	« Pourquoi as-tu engagé un si grand combat contre nous ?	toi qui nous combats !
	Ou quel est notre péché envers toi,	Quel mal t'avons-nous fait ?
	que tu nous aies fait sortir de notre lieu ?	Car c'est par ta tromperie que s'est produite notre sortie du paradis.
		Est-ce parce que nous t'aurions fait chasser que tu nous tiens rigueur ?
	11 3 Est-ce que nous t'avons dépouillé de ta gloire ?	**11** 3 Et serait-ce par nous que tu as été dépouillé de ta gloire ?
		Ou bien par hasard serait-ce de notre fait que tu es ainsi dénué ?
	Est-ce que nous t'avons chassé, alors que nous sommes des créatures, que tu nous combattes sans raison ? »	Ou bien sommes-nous seuls des créatures de Dieu, pour que vous nous combattiez nous seuls ? »
	12 1 Satan aussi pleura d'un grand pleur et il dit	**12** 1 Satan se mit à pleurer de pleurs de commande et Satan dit
	à Adam :	à Adam : « O Adam,
	« Toutes mes insolences et mes tristesses sont à cause de toi ;	toute l'avidité et le mécontentement et toute la tristesse de mon cœur sont dirigés contre toi,
	car à cause de toi je suis sorti de ma demeure	car à cause de toi je suis déchu de nos demeures,
	et à cause de toi je suis devenu étranger	à cause de toi, moi je suis devenu étranger

de claritate quam habui in caelis in medio archangelorum,

claritate mea quam habui in caelis in medio archangelorum.

et propter te eiectus sum in terram.

Propter te etiam proiectus sum in terra.

12 2 Respondit Adam et dixit: Quid tibi feci?

12 2 Respondit Adam: Quid tibi feci?

12 3 Aut quae est culpa mea in te? Dum non sis a nobis nocitus nec laesus, ad quid nos persequeris?

12 3 Aut quae est culpa mea, cum non fueris a me notus?

13 1 Respondit diabolus ad Adam:

13 1 Dixit etiam diabolus ad Adam:

Tu, quid dicis? Nihil mihi fecisti?

Equidem tu mihi fecisti,

Sed tui causa proiectus sum.

quod tui causa proiectus sum.

13 2 In die enim qua tu plasmatus es,

13 2 Qua die tu plasmatus es,

ego a facie dei proiectus sum

ego a facie dei damnatus sum

et foras

et foras

a societate angelorum

missus sum.

missus sum.

Quando insufflauit deus spiritum uitae in te,

Quando enim in te deus insufflauit spiritum uitae,

et factus est uultus et similitudo tua ad imaginem dei,

factus est uultus tuus ut similitudo imaginis dei,

et adduxit te Michael

et adduxit te Michael

et fecit te adorare in conspectu dei.

et fecit te adorare in conspectu domini.

Et dixit dominus deus:

Et dixit dominus deus:

Ecce Adam feci ad imaginem et similitudinem nostram.

Ecce Adam feci ad imaginem et similitudinem nostram.

14 1 Et egressus Michael uocauit omnes angelos dicens:

14 1 Egressus autem Michael uocauit omnes angelos et dixit eis:

grec (traduction)	arménien	géorgien
	au trône	à mon trône.

grec (traduction)	arménien	géorgien
	des Chérubins, qui avaient étendu pour moi un ombrage;	Plus que celles des Chérubins mes ailes étaient nombreuses, et je me cachais sous elles;
	à cause de toi, mes pieds ont foulé la terre — *ce qui était inattendu* [C].»	à cause de toi, maintenant, mes pieds marchent sur la terre — ce que je n'aurais pas cru!»
	12 2 Adam répondit et lui dit:	**12 2** Adam répondit à Satan et lui dit:
	12 3 «Quel est notre péché envers toi, que tu nous aies fait tout cela?»	**12 3** «Quelle est ma faute, par laquelle je t'ai fait tout cela?»
	13 1 Satan répondit et dit:	**13 1** Satan lui répondit et lui dit:
	«Tu ne m'as rien fait,	«Tu ne m'as rien fait,
	mais à cause de toi je suis arrivé à cette extrémité,	mais c'est à cause de toi que je suis tombé sur la terre.
	13 2 le jour où tu as été créé,	**13 2** Le jour où tu as été créé,
	car c'est ce jour-là	ce jour là, je suis tombé de la face de Dieu
	que je suis sorti.	

grec (traduction)	arménien	géorgien
	Lorsque Dieu a soufflé son esprit en vous,	parce que, quand Dieu souffla l'esprit sur ton visage,
	toi tu reçus la ressemblance de son image.	tu avais l'image et la ressemblance de la divinité.
	Ensuite, Michel vint	Alors Michel vint, il te fit paraître
	et il te fit adorer devant Dieu.	et te fit adorer Dieu.
	Dieu dit à Michel:	Et Dieu dit à Michel:
	"Voici, j'ai fait Adam à la ressemblance de mon image."	"J'ai fait Adam selon mon image et ma divinité."
	14 1 Alors Michel appela tous les anges, et Dieu leur dit:	**14 1** Alors Michel vint; il appela toutes les armées des anges et il leur dit:

latin-V	*latin-P*	*grec*
Adorate imaginem dei, si-cut praecepit dominus deus.	Adorate imaginem dei, sic-ut praecepit dominus deus.	
14 **2** Et ipse Michael pri-mus adorauit.	**14** **2** Ipse quidem adorauit te primus.	
Et uocauit me et dixit mi-hi:	Tunc uocauit me et dixit mihi:	
Adora imaginem dei.	Adora imaginem dei.	
14 **3** Et ego respondi ei:	**14** **3**. Cui dixi:	
Non habeo adorare Adam.	Ego non adorabo Adam.	
	Si necesse habeo adorare te.	
	Audiuit autem dominus sermonem quem ego locu-tus sum	
Et cum compelleret me Michael adorare,	dixitque Michaeli ut me expelleret.	
dixi ad eum:	Et dixi Michaeli:	
	Recede a nobis.	
Quid me compellis?	Quid nos cogis?	
Non adorabo deteriorem me et posteriorem omni creaturae.	Non adorabo ultimum om-nis creaturae tuae.	
Prior illi sum.	Prior enim omnium factus sum.	
Antequam ille fieret ego iam factus eram:	Antequam ipse fieret ego iam eram,	
ille me debet adorare.	ille me debet adorare, non ego illum.	
15 **1** Haec audientes ceteri angeli	**15** **1** Quod audientes ceteri angeli	
qui sub me erant		
noluerunt adorare.	dixerunt mihi numquam ab illis hoc idem fieri.	
15 **2** Et ait Michael: Adora imaginem dei. Si autem non adoraueris, irascetur tibi deus.		
15 **3** Et ego dixi: Si irasci-tur mihi, ponam sedem meam super sidera caeli et ero similis altissimo.		
16 **1** Et	**16** **1** Cum autem in hoc ser-mone perseueraremus resis-tentes deo	
	et non adorauimus,	

grec (traduction)	*arménien*	*géorgien*
	"Venez, adorez un dieu que j'ai fait."	"Adorez le semblable et l'image de la divinité."
	14 2 Michel adora le premier.	**14 2** Et quand Michel (les) appela et que tous t'adorèrent,
	Il m'appela et dit:	il m'appela moi aussi.
	"Toi aussi, adore Adam."	
	14 3 Et moi je dis:	**14 3** Et moi je dis:
	"Éloigne-toi, Michel!	"Éloigne-toi de moi,
	Je n'adore pas celui qui est après moi,	car je n'adore pas plus petit que moi;
		en effet, avant celui-ci,
	car moi je suis avant.	moi, je suis seigneur,
	Pourquoi dois-je adorer celui-ci?"	et c'est celui-ci qui doit m'adorer."
	15 1 Les autres anges aussi	**15 1** Cela, six ordres d'autres anges l'entendirent
	qui étaient avec moi entendirent cela,	
	et mes paroles leur semblèrent plaisantes,	et ma parole leur plut
	et ils ne t'adorèrent pas, Adam.	et ils ne t'adorèrent pas.

latin-V	*latin-P*	*grec*
iratus est mihi dominus deus et iussit me cum angelis meis expelli et misit nos foras de gloria nostra.	iratus est nobis dominus deus et iussit nos expelli et emitti foras.	
Et tui causa	Sumus itaque tui causa	
in hunc mundum exules facti sumus de habitationibus nostris	expulsi de habitaculis nostris	
et proiecti sumus in terram.	et proiecti in terram.	
16 2 Statim	**16 2** Et tu eras in deliciis paradisi.	
	Dum agnoui quod tui causa expulsus sim,	
factus sum in dolore,	conuersus sum in moerore,	
quia exspoliatus sum de tanta gloria,	quia expulsus sum a tanta gloria,	
et uidere te dolebam in laetitia deliciarum,	et in laetitia deliciarum uidebam te.	
16 3 et dolo circumueniebam mulierem tuam	**16 3** Circumueni igitur te dolo per mulierem tuam	
et feci te per eam expelli de deliciis laetitiae tuae,	et feci te expelli a deliciis paradisi,	
sicut ego expulsus sum de gloria mea.	quia sicut expulsus sum a gloria mea,	
	ita egi ut expulsus fuisses de paradiso.	
	Non enim pati uolui ut te uiderem unde expulsus sum.	
17 1 Haec audiens Adam a diabolo	**17 1** Cum autem audiret haec Adam a diabolo,	
exclamauit fletu magno et dixit:	exclamauit cum fletu magno et dixit:	
Domine deus meus, uita mea in manibus tuis est,	Domine deus meus, uita mea in manibus tuis est.	
fac ut iste aduersarius meus longe sit a me, qui quaerit animam meam perdere,	Precor ut aduersarius meus longe sit a me, quaerens animam meam perdere.	
et da mihi gloriam eius,	Rogo etiam, domine, da mihi gloriam,	

grec (traduction)   *arménien*   *géorgien*

arménien

16 1 Alors, Dieu se mit en colère contre moi et il ordonna de nous chasser de notre demeure et de nous jeter sur la terre, moi et mes anges qui étaient d'accord avec moi;

16 2 et toi tu étais là-bas dans le paradis.

Quand j'eus compris qu'à cause de toi j'étais sorti de la demeure de lumière

et que j'étais dans les peines et les douleurs,

16 3 alors je t'ai préparé un piège

pour te rendre étranger à ta joie,

comme moi aussi je suis devenu étranger à cause de toi.»

17 1 Lorsqu'Adam eut entendu cela,

il dit au Seigneur:

«Seigneur, mon âme est dans tes mains.

Éloigne de moi cet ennemi, qui veut m'égarer,

moi qui recherche la lumière

géorgien

16 1 Alors Dieu se mit en colère contre nous et il lui ordonna de nous jeter, moi et eux, sur la terre depuis nos demeures;

16 2 quant à toi, il t'ordonna de demeurer au paradis.

Quand j'eus compris que j'étais tombé à cause de toi,

et que j'étais dans la détresse

et toi dans le repos,

16 3 alors je t'ai pris en chasse

pour te rendre étranger toi aussi au paradis de délices,

comme moi je suis devenu étranger à cause de toi.»

17 1 Quand Adam eut entendu cela,

il s'écria d'une voix forte et dit:

«Seigneur, ma vie est entre tes mains.

Éloigne de moi l'ennemi qui veut m'égarer et qui cherche à perdre ma descendance;

latin-V	*latin-P*	*grec*
quam ipse perdidit.	quam amisi.	

17 2 Et statim
non apparuit diabolus.

17 2 Et statim
numquam ei amplius dia-
bolus apparuit.

17 3 Adam uero perseuerauit quadraginta diebus
stans in paenitentia in aqua
Iordanis.

17 3 Adam uero orationem
suam in aqua Iordanis fa-
ciens in paenitentia sua
perseuerabat.

18 1 Et dixit Eua ad
Adam:

18 1 Dixit autem Eua ad
Adam:

Viue tu, domine mi! Tibi
concessa est uita,

Viue tu, qui confessus es,

quoniam nec primo nec se-
cundo praeuaricatus es
nec
seductus,
sed ego praeuaricata et seducta sum,
quia non custodiui manda-
tum dei.

quoniam nece prima prae-
uaricatione
neque modo
illusus es tu.
Et ego seducta sum

quia non custodiui manda-
tum dei.

Et nunc separa me de lu-
mine uitae istius,

Et nunc separa me de luce
mundi huius,

et uadam ad occasum solis

et ad solis occasum ubi sunt
tenebrae uadam,

et ero ibi

ibique <ero>
herbam comedens triduo

usque dum moriar.

usque moriar,
quoniam non sum digna de
esca uitae edere.

18 2 Et coepit ambulare
contra partes occidentis,
et coepit lugere et amare
flere cum gemitu magno,

18 2 Et coepit ire contra
occidentalem partem
cum gemitu magno,

grec (traduction)   *arménien*   *géorgien*

	que j'ai perdue. »	c'est par lui qu'Ève a été perdue. »
	17 2 A ce moment-là, Satan disparut loin de lui.	**17 2** A ce moment-là, Béliar devint invisible.
	17 3 Dès lors Adam se tint dans les eaux de pénitence,	**17 3** Quant à Adam, il demeura dans l'eau et il faisait pénitence.
	et Ève, abattue, demeura sur la terre pendant trois jours, comme morte.	Mais Ève était tombée sur la terre, comme morte.
	18 1 Ensuite, après trois jours, elle se releva de terre et elle dit à Adam :	**18 1** Ensuite elle se releva de terre et dit à Adam :
	« Toi, tu es innocent	« Vis, Adam, car toi tu n'as pas consenti avec moi à la transgression des commandements,
	de la première transgression	ni à la première,
	et de la seconde.	ni à la seconde.
	Mais c'est moi seule que Satan a vaincue	
	sous prétexte de la parole de Dieu et de la tienne. »	Que la parole de Dieu me vainque. »
	Et Ève dit encore à Adam :	Et Ève lui dit :
	« Voici, moi je vais aller vers le couchant du soleil	« Voici, moi je partirai vers le couchant du soleil
	et je resterai là-bas,	
	et ma nourriture (sera) de l'herbe	et je mangerai de l'herbe comme un animal
	jusqu'à ce que je meure,	jusqu'à ce que je meure,
	car dorénavant je suis indigne des nourritures de vie. »	car je ne suis absolument pas digne de la nourriture des vivants. »
	18 2 Ève s'en alla vers le couchant du soleil,	**18 2** Alors Ève s'en alla vers le couchant du soleil,
	et elle était dans le deuil et la tristesse.	et elle y demeurait dans le deuil et les gémissements.

latin-V	*latin-P*	*grec*
18 3 et fecit sibi habitaculum,	**18 3** et fecit sibi habitaculum,	
habens in utero conceptum trium mensium.	habens in utero trium mensium.	
19 1a Et cum appropinquasset tempus partus eius,	**19 1a** Sed cum appropinquasset eius partus,	
coepit conturbari doloribus	coepit turbari	
et exclamauit ad dominum dicens:	clamauitque ad dominum deum:	
19 1b Miserere mei, domine, et adiuua me.	**19 1b** Miserere mei, domine, adiuua me.	
Et non exaudiebatur	Sed non exauditae sunt uoces eius	
nec erat misericordia circa eam.	neque circa illam misericordia uenit.	
	19 2 Fleuit igitur cum gemitu magno	
19 2 Et dixit in se:	dicens:	
	Vbi est dominus meus Adam, ut uideat me in magnis doloribus?	
Quis nuntiabit domino meo Adam?	Quis nuntiabit ei?	
	Numquid uentus nuntiet ei, ut ueniat et adiuuet me?	
Deprecor uos, luminaria caeli, dum reuertimini ad orientem,	Deprecor uos, luminaria caeli, dum reuertimini ad orientem,	
nuntiate dolores meos Adae domino meo.	nuntiate Adae dolores meos	
	quos patior.	
20 1a Et dixit Adam: Planctus uenit ad me.	**20 1a** Audiuit autem Adam planctum Euae	
	orauitque pro ea dominum.	
	20 1b Et exaudiuit dominus deus uocem orationis eius et Adae paenitentiam suscepit.	

grec (traduction)   *arménien*   *géorgien*

18 3 Puis, *après ces jours* [C], elle se fit une hutte au couchant du soleil,

et elle était avancée dans sa grossesse et avait dans son sein Caïn l'impie.

19 1a Quand vinrent les temps de son accouchement,

elle se mit à crier d'une voix forte et dit:

18 3 Puis, des jours après, elle se fit une hutte au couchant du soleil,

quand elle avait conçu depuis trois mois et avait Caïn dans son sein.

19 1a Et quand advinrent les jours de son accouchement,

elle fut troublée,

et cria vers Dieu d'une voix forte et dit:

19 2 «Où est Adam, pour qu'il voie ces souffrances qui sont miennes?

Qui donc rapportera mes douleurs à Adam?

Y aurait-il un vent sous les cieux qui irait rapporter à Adam: "Viens, secours Ève"?»

Et elle dit: «Je vous supplie, vous tous les luminaires, quand vous irez vers l'Orient,

rapportez à mon seigneur Adam mes souffrances.».

19 2 «Où est Adam pour qu'il me soulage dans mes peines,

et qui lui rapportera mes douleurs?

N'y a-t-il aucun parmi les oiseaux, qui irait lui dire: "Viens et secours Ève, ta femme"?

Je vous supplie, vous toutes les races du ciel, et, quand vous irez vers l'Orient,

rapportez à mon seigneur mes douleurs.»

20 1a Alors Adam entendit dans le fleuve Jourdain la voix d'Ève et ses pleurs.

20 1a Et Adam entendit dans le fleuve Jourdain la voix de ses pleurs et angoisses.

20 1b Quand Dieu eut entendu le son de la pénitence d'Adam,

20 1b Alors Dieu exauça la prière d'Adam

latin-V   *latin-P*   *grec*

20 1c Et dixit Adam:

Exurgam et uadam ad Euam ut uideam quare plorat.

20 1c Ne forte iterum ser-   Ne forte diabolus iterum
pens pugnet cum Eua.   eam inpugnet.

20 2a Et ambulans inuenit   **20** 2a Venit igitur ad eam
eam in luctu magno.   Adam et inuenit flentem.

Et dixit Eua: Dixit autem Eua:

Ex quo uidi te,
domine mi,   Domine mi Adam,
refrigerauit anima mea in   ut uidi te refrigerauit ani-
dolore posita.   ma mea, in tanto dolore
posita.

Numquid tibi nuntiauerunt
caeli luminaria

et uolatilia?

et il lui envoya l'ange Michel qui lui apporta de la semence scellée du sceau divin pour être donnée à Adam. Et il lui enseigna les semailles et leur travail, afin qu'ils en vivent, eux et tous leurs descendants.

il lui enseigna à semer et à moissonner *et à en vivre* [BC], lui et sa descendance.

20 1c Et Adam entendit la voix de la supplication d'Ève *et la clameur de ses pleurs* [BC] au couchant du soleil, *il entendit sa voix* [BC].

20 1c Et quand Adam eut entendu la prière d'Ève et la clameur de ses pleurs du côté du couchant, il reconnut sa voix.

et dit en son cœur: «Cette voix est celle de ma chair, et ces pleurs.

Et Adam dit en son cœur: «C'est la voix de mon flanc, c'est la voix de ma brebis.

Je me lèverai, j'irai vers elle et je verrai pourquoi elle crie.

Je me lèverai et je verrai pourquoi elle crie.

Serait-ce que la bête la combat de nouveau?»

Est-ce que le serpent la combat de nouveau?»

20 2a Adam se leva et suivit la trace de la voix jusque là où était Ève.

20 2a Adam se leva et il suivit sa trace; et quand il fut arrivé près d'elle, du côté du couchant, là où était Ève,

Quand Ève (le) vit, elle parla et dit à Adam:

et quand Ève vit Adam, elle pleurait des pleurs abondants et dit:

«Mon seigneur Adam,

«As-tu entendu la voix de mes pleurs? Te l'ont-ils fait savoir, les vents, quand je criais vers toi?

n'as-tu pas entendu la voix de mes pleurs? Car aujourd'hui voici neuf jours que, jour et nuit, je crie ainsi vers toi.

Te l'ont-ils fait savoir, les luminaires du ciel, eux qui allaient dans les régions du levant chaque jour dans leurs courses?

Ne te l'ont-elles pas fait savoir, les races du levant, à leur lever?

Te l'ont-ils fait savoir, les oiseaux des cieux ou les bêtes de la terre, eux que

Ou ne te l'ont-ils pas fait savoir, les oiseaux du ciel et les bêtes de la terre, car je

latin-V	latin-P
20 2b Et nunc deprecare dominum pro me,	**20 2b** Exurge et deprecare dominum creatorem tuum,
ut exaudiat te	ut
et respiciat ad me	respiciat
	et misereatur mei
et liberet me de doloribus meis pessimis.	meque liberet de doloribus istis pessimis.
	20 3 Videns uero Adam plangentem Euam coepit et ipse flere,
	clamans ad dominum pro ea.
20 3 Et deprecatus est Adam dominum pro Eua.	
21 1 Et ecce uenerunt duodecim angeli	**21 1**. Venerunt autem duodecim angeli de caelo
et duae uirtutes stantes a dextris et a sinistris Euae,	et duae uirtutes, una a dextris et altera a sinistris.
21 2 et Michael erat stans a dextris eius.	**21 2** Et quae erat a dextris
Et tetigit eam a facie eius usque ad pectus	tetigit circa faciem eius usque ad pectum.
	Illa quidem a latere
et dixit ad eam:	dixit ad eam:
Beata es, Eua, propter Adam,	Beata es, Eua, propter Adam,
quoniam preces eius magnae sunt.	quoniam preces eius auditae sunt.
Et ex illius oratione missus sum ad te,	Illius enim orationes fecerunt
ut accipias adiutorium nostrum.	ut acciperes adiutorium nostrum.

grec (traduction)	*arménien*	*géorgien*
	j'ai appelés et envoyés vers toi, pour qu'ils te (le) rapportent?	les suppliais tous pour qu'ils te (le) rapportent?
	20 2b Lève-toi donc, supplie ton Créateur	**20 2b** Lève-toi et supplie ton Créateur
	pour	qu'il
		fasse miséricorde,
		et que Dieu t'exauce et me délivre de mes douleurs ou, s'il lui paraît convenable, qu'il envoie sur moi la mort;
	qu'il me libère de mes douleurs.».	en tout cas, qu'il me libère de mes angoisses par tes prières.»
	20 3 Adam pleura	
	et pria Dieu pour elle.	**20 3** Adam priait et disait pour elle des supplications devant Dieu,
		et le Seigneur l'exauça.
	21 1 Et voici, descendirent des cieux deux anges	**21 1** Et voici aussitôt vinrent du ciel douze anges
	et deux puissances. Ils vinrent auprès d'Ève et se tinrent devant sa face.	et deux puissances. Ils vinrent dans le lieu (où était) Ève.
	21 2 Les puissances	**21 2** L'une des puissances vint
		et toucha le visage d'Ève et sa poitrine
	lui disent: «Ève, bienheureuse es-tu à cause d'Adam, élu de Dieu,	et elle dit à Ève: «Bienheureuse es-tu, Ève, à cause d'Adam, élu et serviteur de Dieu,
	car ses demandes sont puissantes,	car ses prières sont grandes devant Dieu
	et, grâce à lui,	et, à cause de lui,
	il y a eu pour toi un secours venant de Dieu.	Dieu te délivrera.

| *latin-V* | *latin-P* | *grec* |

Nisi enim illius oratio in-
tercederetur, nullo modo
posses euadere dolores istos
de conceptu adulterii.

Exsurge nunc et praepara
te ad partum.

Exurge ergo et praepara te
ad partum.

21 **3a** Et tenuit eam uirtus
a dextris,

21 **3a** Et peperit filium

et peperit filium,

et erat lucidus.

eratque ut stella lucidus.

21 **3b** Et continuo infans
exurgens

21 **3b** Qui continuo

cucurrit

cucurrit

et manibus suis tulit herbam

suisque manibus herbam
euulsit

deditque matri suae,

deditque matri suae man-
ducare.

21 **3c** Dixit ad Cain uirtus:

Iustus est dominus, qui non
permisit ut manibus meis
caderes.

21 **3c** et uocatum est nomen eius Cain.

Imposuitque nomen eius
Cain,

quoniam est dispersio.

grec (traduction)	*arménien*	*géorgien*

<table>
<tr><td></td><td>En dehors de lui, tu n'aurais pas pu survivre à cette naissance.»</td><td>Si on ne t'avait secouru à cause de lui, tu as conçu une telle épine que tu ne pourrais échapper à tes douleurs.</td></tr>
</table>

Et l'ange dit à Ève:

«Prépare-toi, et je serai pour toi une sage-femme.»

Lève-toi maintenant et prépare-toi à mettre l'enfant au monde.»

21 3a Ève se leva comme l'ange le lui avait enseigné

21 3a Alors, quand elle mit au monde l'enfant,

et elle mit l'enfant au monde

la couleur de son corps était comme celle des étoiles.

et son aspect était comme celui des étoiles.

21 3b Au moment où l'enfant tomba dans les mains de la sage-femme,

21 3b Il tomba dans les mains de la sage-femme

il bondit

et, de ses mains, il arracha l'herbe de la terre

et il se mit à arracher de l'herbe,

dans la hutte de sa mère; et les infertilités devinrent nombreuses en ce lieu-là.

car dans la hutte de sa mère il y avait de l'herbe qui poussait.

21 3c Et l'ange lui dit:

21 3c La sage-femme lui répondit et lui dit:

«Dieu est juste, car il ne t'a pas fait tomber dans ma main;

«Dieu est juste car il ne t'a pas une seconde laissé dans mes mains;

en effet, tu es Caïn

en effet, tu es Caïn,

l'impie, qui du bon et du vivant †...†, destructeur de la plantation et de la construction, aigreur et non pas douceur.»

le pervers et meurtrier du bon; aussi bien tu es celui qui déracine l'arbre porteur de fruits et non point celui qui le plante; tu es celui qui aigrit et non celui qui adoucit.»

21 3d Et l'ange dit encore à Adam: «Reste auprès d'Ève, pour qu'elle fasse ce que je lui ai ordonné.».

21 3d Et la puissance dit à Adam: «Reste auprès d'Ève jusqu'à ce qu'elle fasse pour l'enfant ce que je lui ai enseigné.»

latin-V	latin-P	grec
	21 4 Vnde dixit Adae: Inspirauit deus spiritum uitae in faciem tuam.	
	Ideo non ausus est diabolus aggredi te sed Euam, quia non in faciem Euae spiritus datus est.	
	Sine autem uoce dixit <Euae>: Non est in te spiritus uitae, sed eris in partu et districtu, et in aedificatione non eris.	
		1 1 Αὕτη ἡ διήγησις Ἀδὰμ καὶ Εὔας. Μετὰ τὸ ἐξελθεῖν αὐτοὺς ἐκ τοῦ παραδείσου
	22 (1) 1 Dixit autem uirtus ad Adam: Tolle etiam uxorem tuam.	
22 (1) 1 Et tulit Adam Euam et puerum	Et post hoc accepit Adam Euam et puerum	**1** 2 ἔλαβεν Ἀδὰμ Εὔαν
et duxit eos ad orientem.	et duxit eos ad orientem.	καὶ ἀνῆλθεν εἰς τὴν ἀνατολήν, καὶ ἔμεινεν ἐκεῖ
22 (1) 2 Et misit dominus per Michaelem angelum semina diuersa et dedit Adae,	**22** (1) 2 Et misit dominus Michaelem archangelum ad semina diuersa ut daret Adae	
et ostendit ei laborare et colere terram,	et ostenderet ei laborare, et coleret terram	
ut haberent fructum	quatinus fructus haberent	
unde uiuerent ipsi et omnes generationes	unde manducarent ipse et omnis generatio	
post eum.	quae ex ipso processura erat.	
	22 (1) 3 Consummatis autem tribus annis	ἔτη δέκα καὶ ὀκτὼ καὶ μῆνας δύο.
	Adam	
22 (1) 3 Concepit iterum Eua		**1** 3 καὶ ἐν γαστρὶ εἴληφεν ἡ Εὔα
et genuit	genuit	καὶ ἐγέννησεν δύο υἱούς, τὸν Διάφωτον τὸν καλούμενον Κάϊν καὶ
filium nomine Abel,	Abel, quem uocauit uirtus.	τὸν Ἀμιλαβὲς τὸν καλούμενον Ἄβελ.

grec (traduction)   *arménien*   *géorgien*

1 1 Ceci est l'histoire d'Adam et Ève. Après qu'ils furent sortis du paradis,

1 2 Adam prit Ève

et retourna vers l'Orient,

et il y demeura

22 (1) 1 Alors Adam prit Ève et l'enfant

et les conduisit du côté de l'Orient,

et il fut là-bas avec elle.

22 (1) 1 Alors Adam emmena Ève et l'enfant

et les conduisit du côté de l'Orient,

et il y demeura.

pendant dix-huit ans et deux mois.

1 3 Et Ève devint enceinte

et enfanta
deux fils,
Diaphotos [Lumineux] qui est appelé Caïn
et Amilabés qui est appelé Abel.

22 (1) 3 Et ensuite furent accomplis dix-huit années et deux mois,

Ève [B] devint enceinte

et enfanta
un fils,

Ap'at, que la sage-femme nomma et appela Abel ;

22 (1) 3 Et quand furent accomplis la huitième année et le deuxième mois,

Ève devint enceinte et

enfanta
un autre fils

que la puissance de Dieu appela du nom d'Abel,

latin-V	*latin-P*	*grec*
22 (1) 4 et manebat Cain cum Abel in unum.	**22 (1) 4** Et manserunt in unum.	
		2 1 καὶ μετὰ ταῦτα ἐγένοντο μετ' ἀλλήλων Ἀδὰμ καὶ Εὔα· κοιμωμένων δὲ αὐτῶν
23 (2) 1 Et dixit Eua ad Adam:	**23 (2) 1** Et dixit Eua ad Adam:	εἶπεν Εὔα τῷ κυρίῳ αὐτῆς Ἀδάμ·
23 (2) 2 Domine mi, cum dormiebam uidi per uisum	**23 (2) 2** Domine meus, dormiens ego uidi per somnium	**2 2** Κύριέ μου, εἶδον ἐγὼ κατ' ὄναρ τῇ νυκτὶ ταύτῃ
quasi sanguinem filii nostri Abel	sanguinem filii nostri Abel	τὸ αἷμα τοῦ υἱοῦ μου Ἀμιλαβὲς τοῦ ἐπιλεγομένου Ἄβελ
quem manibus suis Cain prodebat,	ingredi in os Cain fratris sui,	βαλλόμενον εἰς τὸ στόμα Κάϊν τοῦ ἀδελφοῦ αὐτοῦ,
ore suo deglutiens.	eumque deglutiebat	καὶ ἔπιεν αὐτὸ
	sine ulla misericordia.	ἀνελεημόνως.
	Ille quidem rogabat eum ut indulgeret ei modicum,	Παρεκάλει δὲ αὐτὸν συγχωρῆσαι αὐτῷ ὀλίγον ἐξ αὐτοῦ.
	23 (2) 3 sed nihil profuit quia uiolenter potauit.	**2 3** Αὐτὸς δὲ οὐκ ἤκουσεν αὐτοῦ, ἀλλ' ὅλον κατέπιεν αὐτό.
		καὶ οὐκ ἔμεινεν ἐπὶ τὴν κοιλίαν αὐτοῦ, ἀλλ' ἐξῆλθεν ἔξω τοῦ στόματος αὐτοῦ.
23 (2) 4a Et dixit Adam:	**23 (2) 4a** Dixit igitur Adam:	**2 4** Εἶπεν δὲ Ἀδάμ·
		Ἀναστάντες πορευθῶμεν καὶ ἴδωμεν τί ἐστι τὸ γεγονὸς αὐτοῖς,
Vae mihi!		
Ne forte interficiat Cain Abel,	Ne forte occidat eum,	
separemus eos ab inuicem	segregemus eos alterutrum	
et faciamus eis singulas mansiones.	eisque singulas mansiones faciamus,	
	occasionemque maligno minime largiamur.	μήποτε ὁ ἐχθρὸς πολεμῇ τι πρὸς αὐτούς.
23 (2) 4b Et fecerunt Cain agricolam et Abel pastorem		

grec (traduction)	*arménien*	*géorgien*
	22 (1) 4 et ils demeurèrent ensemble.	**22 (1)** 4 et ils demeurèrent là, l'un avec l'autre.
2 1 Et après cela, Adam et Ève furent l'un avec l'autre. Alors qu'ils reposaient sur leur couche,		**23 (2)** 1 En ce temps là,
Ève dit à son seigneur Adam :	**23 (2)** 1 Ève dit à Adam :	Ève dit à Adam :
2 2 «Mon seigneur, j'ai vu en songe, cette nuit,	**23 (2)** 2 «Mon seigneur Adam, je me suis endormie et j'ai vu dans une vision nocturne	**23 (2)** 2 «Mon seigneur Adam, dans mon sommeil j'ai vu
le sang de mon fils Amilabés, appelé Abel,	que le sang de mon fils Abel	que le sang de mon fils Abel
qui se jetait dans la bouche de Caïn son frère,	entrait dans la bouche de notre fils Caïn, son frère,	entrait dans la bouche de Caïn son frère,
et il le buvait	et il buvait son sang	et il le buvait
sans pitié.	sans pitié.	sans pitié.
Il [Abel] le priait de lui en laisser un peu ;	Abel le priait d'en laisser un peu,	Et Abel le priait de lui laisser (un peu) de sang,
2 3 lui [Caïn] cependant ne l'écouta pas, mais il le but entièrement.	**23 (2)** 3 et il n'en laissait pas et ne l'écoutait pas, mais il buvait son sang entièrement.»	**23 (2)** 3 et il ne l'écouta pas, mais il le but entièrement
Et il [le sang] ne demeura pas dans son ventre, mais ressortit hors de sa bouche.»		et il ne demeura pas dans son ventre mais sortit dehors et recouvrit tous ses membres et ne s'éloigna nullement de son corps.»
2 4 Adam dit :	**23 (2)** 4 Adam dit à Ève :	**23 (2)** 4a Adam répondit à Ève et lui dit :
«Levons-nous, allons et voyons ce qui leur est arrivé,		
	«Il se pourrait que Caïn tue Abel.	«De peur que Caïn ne projette de le tuer,
	Eh bien, séparons-les l'un de l'autre.	séparons-les l'un de l'autre
	Faisons pour chacun d'eux un lieu et laissons-les là	et soyons avec eux,
de peur que l'Ennemi ne combatte contre eux.»	et ne donnons pas de place en nous au Mauvais.»	pour que nous ne donnions pas de place à la colère.»
	23 (2) 4b Ils firent selon cette parole.	**23 (2)** 4b Et ils firent ainsi que l'avait dit Adam.

latin-V	latin-P	grec
ut essent ab inuicem separati.		
	23 (2) 4b Dixit quoque Adam ad eos:	
	Ecce quidem singulas mansiones habetis, ut sitis in pace.	
		3 1 Πορευθέντες δὲ ἀμφότεροι εὗρον πεφονευμένον τὸν Ἄβελ ἀπὸ χειρὸς Κάϊν τοῦ ἀδελφοῦ αὐτοῦ.
	23 6 (3 2a) Dixit autem dominus ad archangelum:	**3 2a** καὶ λέγει ὁ θεὸς Μιχαὴλ τῷ ἀρχαγγέλῳ·
	Vade et dic Adae secreto:	Εἰπὲ τῷ Ἀδὰμ ὅτι τὸ μυστήριον ὁ οἶδας
	Vide ne dixeris Euae.	μὴ ἀναγγείλῃς
	Ecce Cain filius tuus, quoniam filius diaboli est,	Κάϊν τῷ υἱῷ σου, ὅτι ὀργῆς υἱός ἐστιν.
	occidet Abel fratrem suum.	
	23 7 (3 2b) Verum inde ne tristeris quia tibi faciam surgere filium pro eo, imagini meae consimilem,	**3 2b** ἀλλὰ μὴ λυποῦ· δώσω σοι γὰρ ἀντ' αὐτοῦ ἕτερον υἱόν.
	tibique annuntiabit omnia quae agere debes.	οὗτος δηλώσει πάντα ὅσα ποιήσῃς.
	Esto memor, ne dicas unquam Euae et Cain.	σὺ δὲ μὴ εἴπῃς αὐτῷ μηδέν.
		3 3 Ταῦτα εἶπεν ὁ θεὸς τῷ ἀγγέλῳ αὐτοῦ.
	23 8 (3 3) Haec itaque Adam cognoscens, firmiter ea tristis in corde suo retinuit.	Ἀδὰμ δὲ ἐφύλαξε τὸ ῥῆμα ἐν τῇ καρδίᾳ αὐτοῦ,
	Erat quoque et Eua condolens nimis.	μετ' αὐτοῦ καὶ ἡ Εὕα, ἔχοντες τὴν λύπην περὶ Ἄβελ τοῦ υἱοῦ αὐτῶν.
23 5 Et post hoc interfecit Cain Abel.		
Erat autem Adam annorum centum et triginta.		
Interfectus est autem Abel cum annorum centum et uiginti duorum esset.		

grec (traduction)	arménien	géorgien
	Et Adam leur dit:	et il leur dit:
	«Mes fils, levez-vous, allez chacun dans votre lieu.»	«Mes fils, venez et dispersons-nous, chacun dans son lieu.»
	Ils se levèrent et allèrent selon cette parole.	
2 5 S'en étant allés tous deux, ils trouvèrent Abel tué de la main de Caïn son frère.		
3 1 Dieu dit à l'archange Michel:	**23 6 (3 1)** Alors, après ces paroles, Dieu dit à l'archange Michel:	**23 6 (3 1)** Alors Dieu dit à l'ange Gabriel:
«Dis à Adam:	«Va et dis à Adam:	
"Le mystère que tu sais,	"Le mystère que tu sais,	«La pensée mystérieuse que tu sais,
ne le rapporte pas	ne le rapporte pas	ne la fais pas connaître
à Caïn ton fils, car c'est un fils de colère.	à Caïn, car c'est un fils de colère	à Caïn, car c'est un fils de colère;
	et il va tuer Abel son frère.	en effet, son frère va être tué par lui.
3 2 Mais ne t'attriste pas, car je te donnerai à sa place un autre fils.	**23 7 (3 2)** Mais ne t'attriste pas à son sujet; je te donnerai à sa place Seth, qui est semblable à ma première image,	**23 7 (3 2)** Mais qu'Adam ne s'attriste pas à son sujet car je lui susciterai à sa place Seth, et il ressemblera à mon image
Celui-ci montrera tout ce que tu as à faire.	et il *te* [B] montrera tous les souvenirs venant de moi,	et je lui enseignerai tout ce dont je me souviendrai.
Mais toi, ne lui dis rien."»	et tu ne lui diras rien."»	Mais ne fais pas connaître cela à personne sauf à Adam.»
3 3 Voilà ce que Dieu dit à son ange.	**23 8 (3 3)** Dieu dit cela à l'ange, et celui-ci alla et parla à Adam,	**23 8 (3 3)** Dieu dit cela à l'ange, et l'ange dit à Adam cette parole.
Or Adam conserva la parole dans son cœur;	et Adam garda cela dans son cœur;	Or Adam garda la parole dans son cœur.
avec lui Ève aussi, remplis de tristesse à cause d'Abel leur fils.	et lui et Ève étaient attristés.	Et les deux étaient attristés, *Adam et Ève aussi*:

latin-V	*latin-P*	*grec*

24 (4) 1 Et post hoc cognouit Adam uxorem suam

24 (4) 1 Cognouit autem Adam uxorem suam

4 1 Μετὰ δὲ ταῦτα ἔγνω Ἀδὰμ τὴν γυναῖκα αὐτοῦ,

concepitque

καὶ ἐν γαστρὶ ἔσχεν

et genuit filium et uocauit nomen eius Seth.

et peperit filium et uocauit nomen eius Seth.

καὶ ἐγέννησεν τὸν Σήθ.

24 (4) 2 Et dixit Adam ad Euam:

24 (4) 2 Et dixit Adam:

4 2 καὶ λέγει ὁ Ἀδὰμ τῇ Εὔᾳ·

Ecce genui filium pro Abel quem occidit Cain.

Ecce quidem filium habemus pro Abel, Seth, quem occidit Cain.

Ἰδοὺ ἐγεννήσαμεν υἱὸν ἀντὶ Ἄβελ, ὃν ἀπέκτεινεν Κάϊν.

δώσωμεν δόξαν καὶ θυσίαν τῷ θεῷ.

grec (traduction)	*arménien*	*géorgien*

géorgien

23 9 Et le temps arriva où Abel fut tué par Caïn, son frère, et il (= Adam) lui (= Ève) dit: «Dieu a établi la mort pour tous les hommes. La mort n'était pas autre chose que le meurtre dont Abel a été tué par Caïn et la jalousie de Caïn le livra à la mort parce qu'il était une engeance perverse.»

23 10 Et les temps arrivèrent où Caïn et Abel étaient montés dans leur champ. Vinrent deux démons semblables à Abel et à Caïn. Or l'un se querellait avec l'autre; il se mit en colère contre lui et il prit une épée de pierre, qui était du cristal de roche; et il lui coupa le cou et le tua.

23 11 Quand Caïn vit le sang, il alla en hâte et prit la pierre dans sa main. Or quand Abel le vit venir contre lui, il le priait: «Ne me fais pas mourir, frère Caïn!» Mais lui ne céda pas à sa prière et il répandit le sang d'Abel devant lui. Et Adam et Ève étaient attristés longtemps d'une grande tristesse.

---

grec (traduction)

4 1 Après cela, Adam connut sa femme,

et elle devint enceinte et enfanta Seth.

4 2 Et Adam dit à Ève:

«Voici, nous avons engendré un fils à la place d'Abel, que Caïn a tué.

Rendons gloire et (offrons) un sacrifice à Dieu.»

arménien

24 (4) 1 Et après cela,

Ève devint enceinte et enfanta Seth.

24 (4) 2 Et Adam dit à Ève alors qu'ils parlaient l'un avec l'autre:

«Voici, nous avons engendré un fils à la place d'Abel, que Caïn a tué devant nous.»

géorgien

24 (4) 1 Et après cela, Adam entra auprès de son épouse.

Ève devint enceinte et enfanta Seth.

24 (4) 2 Et Adam dit à Ève:

«Voici, j'ai engendré un fils à la place d'Abel que Caïn a tué devant moi [β: *devant toi*].»

latin-V	*latin-P*	*grec*
24 3 (**5** 1) Et postquam genuit Adam Seth, uixit annos octingentos		
et genuit filios triginta et filias triginta,	**24** 3 (**5** 1) Hii autem genuerunt filios et filias centum uiginti quattuor.	**5** 1 Ἐποίησεν δὲ Ἀδὰμ υἱοὺς τριάκοντα καὶ θυγατέρας τριάκοντα.
simul sexaginta tres filios et filias.	Numerus uero filiorum Adam quinquaginta duo eiusque filiarum septuaginta duo.	
		ἔζησεν δὲ Ἀδὰμ ἔτη ἐνακόσια τριάκοντα.
Et multiplicati sunt super terram in nationibus suis.	Multiplicati sunt itaque super terram in turbam et in nationes.	
25 1 Et dixit Adam ad Seth: Audi, fili mi Seth, et referam tibi quae uidi et audiui.		
25 2 Postquam eiectus sum de paradiso, ego et mater tua cum essemus in oratione, uenit ad me Michael archangelus dei nuntius.		
25 3 Et uidi currum tanquam uentum et rotae illius erant igneae et raptus sum in paradisum iustitiae. Et uidi dominum sanctum, et aspectus eius erat sicut ignis incendens intolerabilis, et multa millia angelorum antecedebant currum dei et alia multa millia angelorum erant a dextris et a sinistris currus illius.		
26 1 Hoc uidens perturbatus sum et timor comprehendit me et adoraui coram deo super faciem terrae.		
26 2 Et dixit mihi deus: Ecce tu morieris, quare praeteristi mandatum meum, quia in primis audisti uocem uxoris tuae quam tibi dedi in potestatem, ut haberes eam in uoluntate tua, et oboedisti illi et uerba mea praeteristi.		

grec (traduction)	*arménien*	*géorgien*
5 1 Adam eut trente fils et trente filles.	**24** 3 **(5** 1**)** Alors, après cela, il eut des fils et des filles, trente de chaque genre.	**24** 3 **(5** 1**)** Et après cela, Adam eut encore trente fils et trente filles.
Adam vécut neuf cent trente ans.		Car toutes les années d'Adam furent 930 ans.
	Et ils crûrent.	Et, à partir de lui, ils se multiplièrent sur la terre et ils y habitèrent.

latin-V   *latin-P*   *grec*

27 1 Et cum haec uerba dei audiui, procidens in terram adoraui dominum et dixi: Domine omnipotentissime et misericordissime deus, sancte et pie, non deleatur nomen memoriae tuae et maiestatis, sed conuerte animam meam, quia moriar et spiritus meus exiet de ore meo.

27 2 Ne proicias me a facie tua, quem de limo plasmasti, ne postponas quem nutristi gratia tua.

27 3 Ecce uerbum tuum incendit me.
Et dixit ad me deus: Quoniam figura cordis tui facta est diligens scientiam, propter hoc non tolletur de semine tuo usque in saeculum ad ministrandum mihi.

28 1 Et cum ista uerba dei audiui, prostraui me in terram et adoraui dominum dicens:
Tu es deus aeternus et summus, et omnes creaturae tibi dant honorem et laudem.

28 2 Tu es super omne lumen fulgens, uera lux et uita incomprehensibilis, magnitudinis uirtus uiuens, tibi dant honorem et laudem spiritalem uirtutes, ut facias cum humano genere magnalia misericordiae tuae.

28 3 Et postquam oraui dominum, statim Michael archangelus apprehendit manum meam et eiecit me de paradiso uisitationis et uisionis dei.

28 4 Et tenens Michael uirgam in manu sua tetigit aquas quae erant circa paradisum, et gelauerunt,

grec (traduction)   *arménien*   *géorgien*

29 1 donec pertransiui, et Michael pertransiuit mecum et reduxit me in locum unde me rapuit.

29 2 Audi iterum, fili mi Seth, caetera mysteria futura sacramenta mihi reuelata, quae per lignum scientiae comedens cognoui et intellexi, quae erunt in hoc saeculo temporali,

29 3 quae facturus est deus creaturae suae generi humano.

29 4 Apparebit deus in flamma ignis, ex ore maiestatis suae dabit omnibus mandata et praecepta, et sanctificabunt eum in domo habitationis illius maiestatis, et ostendet illis deus locum mirabilem maiestatis suae.

29 5 Et ibi aedificabunt domum deo suo in terra quam parabit illis.
Et ibi praeteribunt praecepta eius et incendetur sanctuarium eorum et terrae eorum deserentur, et ipsi dispergentur propter quod exacerbabunt dominum.

29 6 Et septimo die iterum saluos faciet illos de dispersione eorum, et iterum aedificabunt domum dei et exaltabitur domus dei plus quam prius.

29 7 Et iterum superabit iniquitas aequitatem. Et post hoc habitabit deus cum hominibus in terris uisurus, et tunc incipiet aequitas fulgere et domus dei in saeculum honorabitur, et non poterunt aduersa amplius nocere hominibus qui sunt in deo credentes. Et suscitabit sibi deus plebem

grec (traduction)　　　　　　arménien　　　　　　géorgien

latin-V	*latin-P*	*grec*
saluam facturus in saecula saeculorum. Et impii punientur a deo rege suo, qui noluerunt amare legem illius.		

29 8 Caelum et terra, noctes et dies et omnes creaturae oboediunt deo et non praeteribunt praecepta eius nec mutabunt opera sua, et homines mutabuntur derelinquentes praecepta domini.

29 9 Propter hoc repellet dominus a se impios, et iusti permanebunt sicut sol in conspectu dei et in tempore illo purificabuntur per aquam a peccatis. †Consecuti† autem erunt nolentes purificari per aquam.

29 10 Et felix est homo qui corrigit animam suam, quando erit iudicii magni dies in omnes mortales et inquirentur facta eorum a deo iusto iudice.

latin-V	*latin-P*	*grec*
30 (5) 1 Et postquam factus est Adam nongentorum et triginta annorum,	**30 (5) 1** Consummatis igitur nongentis et triginta annis,	
		5 2 καὶ περιπεσὼν εἰς νόσον ἐβόησεν φωνῇ μεγάλῃ
30 (5) 2 sciens	**30 (5) 2** sciens Adam	
quod dies uitae eius finiuntur	quia appropinquaret dies consummationis eius	
dixit ad Euam:	dixit:	λέγων·
Congregentur ad me omnes filii mei	Congregentur ad me omnes filii mei	Ἐλθέτωσαν πρός με οἱ υἱοί μου πάντες,
	ut eos uideam	ὅπως ὄψομαι αὐτοὺς
et benedicam eis		
antequam moriar	antequam moriar.	πρὶν ἀποθανεῖν με.
et loquar cum eis.		
30 (5) 3 Et congregati sunt in tres partes	**30 (5) 3** Congregati sunt itaque ad eum filii eius	**5 3** Καὶ συνήχθησαν πάντες·

grec (traduction)	*arménien*	*géorgien*
	30 (5) 1 Adam fut sur la terre 930 ans.	**30 (5) 1** Et quand furent accomplies les 930 années,
5 2 Étant tombé malade, il cria d'une voix forte	**30 (5) 2** Et puis Adam tomba malade d'une maladie mortelle; et il cria d'une voix forte	**30 (5) 2** Adam tomba malade [β: *de la maladie dont il allait mourir*]; et il cria d'une voix forte
et dit:	et dit:	et dit:
«Que tous mes fils viennent auprès de moi,	«Que viennent et se rassemblent auprès de moi tous mes fils,	«Rassemblez auprès de moi tous mes fils
pour que je les voie	pour que je les voie	*pour que je les voie*
avant de mourir.»	d'abord avant que je meure.»	avant de mourir.»
5 3 Et tous se rassemblèrent,	**30 (5) 3** Et se rassemblèrent auprès de lui tous ses fils,	**30 (5) 3** Et se rassemblèrent auprès de lui tous ses descendants [β: *tous ses fils*],

latin-V	latin-P	grec
		ἦν γὰρ οἰκισθεῖσα ἡ γῆ εἰς τρία μέρη·
	erantque in tribulatione obseruantes	
ante conspectum patris eorum,	ante lectum patris sui	
		καὶ ἦλθον πάντες
ante oratorium ubi orabat dominum deum.	in oratorio ubi adorabant dominum deum.	ἐπὶ τὴν θύραν τοῦ οἴκου ἐν ᾧ εἰσήρχετο εὔξασθαι τῷ θεῷ.
30 (5) 4 Et cum congregati fuissent		
omnes una uoce dixerunt:	**30 (5) 4** Dixerunt autem ad eum filii eius:	**5 4** εἶπε δὲ αὐτῷ Σὴθ ὁ υἱὸς αὐτοῦ·
Quid tibi est, pater,	Quid tibi est, pater?	Πάτερ Ἀδάμ, τί σοί ἐστι νόσος;
ut congregares nos?	Cur iacis?	
Et quare iaces in lecto tuo?		
30 (5) 5 Respondens Adam dixit: Filii mei, male est mihi doloribus.	**30 (5) 5** Dixit autem Adam: Mihi quidem male est.	**5 5** Καὶ λέγει· Τεκνία μου, πόνος πολὺς συνέχει με.
Et dixerunt ad eum omnes filii eius:	Qui responderunt ei:	Καὶ λέγουσιν αὐτῷ·
Quid est, pater, male habere doloribus?	Pater, quid est male habere?	Τί ἐστιν πόνος καὶ νόσος;
31 (6) 1 Tunc filius eius Seth dixit:	**31 (6) 1** Dixit autem filius eius:	**6 1** Καὶ ἀποκριθεὶς Σὴθ λέγει αὐτῷ·
Domine pater, forte desiderasti de fructu paradisi	Pater, ne forte de paradisi fructu gustare desideres?	Μὴ ἐμνήσθης, πάτερ, τοῦ παραδείσου
ex quo edebas,		ἐξ ὧν ἤσθιες
et ideo contristatus iaces.		καὶ ἐλυπήθης ἐπιθυμήσας αὐτῶν ;
31 (6) 2 Dic mihi	**31 (6) 2** Dic mihi	**6 2** ἐὰν οὕτως ἐστίν, ἀνάγγειλόν μοι,
	si ideo tristeris.	
et uadam prope ianuas paradisi	Vadam equidem proxime ante paradisi portas	καὶ ἐγὼ πορεύσομαι καὶ ἐνέγκω σοι καρπὸν ἀπὸ τοῦ παραδείσου.
et mittam puluerem in caput meum	mittamque puluerem in capite meo,	ἐπιθήσω γὰρ κόπρον ἐπὶ τὴν κεφαλὴν μου

grec (traduction)	*arménien*	*géorgien*
car la terre avait été colonisée en trois parties.	qui étaient dans toutes les parties de la terre.	car ses fils avaient habité et occupé trois parties de la terre.

Et ils vinrent tous	Ils se rassemblèrent auprès de lui	Et se rassemblèrent auprès d'Adam tous ses fils,
à la porte de la maison où il entrait pour prier Dieu.	à la porte du lieu où *il* [mss: Ève] entrait et priait le Seigneur [*le Seigneur*: om. BC] Dieu.	devant ses portes, au lieu qu'Adam avait fait, où il entrait et priait Dieu.

5 4 Seth son fils lui dit:		**30 (5) 4** Et ses fils lui dirent:
«Père Adam, quelle est ta maladie?»		«Qu'est-ce que ceci, père Adam?»

5 5 Il dit: «Petits enfants, une grande douleur m'étreint.»		**30 (5) 5** *Il leur dit: « Je suis malade, mes fils.»*
Ils lui dirent:		*Et ils lui dirent:*
«Qu'est-ce que la douleur et que la maladie?"		*« Qu'est-ce que ta maladie ou comment es-tu tombé malade?»*
6 1 Seth prit la parole et lui dit:	**31 (6) 1** Et son fils Seth dit à Adam:	**31 (6) 1** Seth, son fils, lui répondit et lui dit:
«Père, n'est-ce pas que tu t'es souvenu du paradis,	«Mon père, t'es-tu souvenu du fruit du paradis,	«Père Adam, que t'advient-il? T'es-tu souvenu du fruit du paradis
(des fruits) dont tu mangeais,	dont tu mangeais,	
et que tu as été affligé *pour les avoir désirés*?	et du fait de ce désir as-tu été attristé?	et l'as-tu désiré et as-tu été attristé à cause de lui?
6 2 S'il en est ainsi, fais-le moi savoir:	**31 (6) 2** Si vraiment il en était ainsi, dis-le moi,	**31 (6) 2** S'il en est ainsi, dis-le-moi
moi j'irai et je t'apporterai un fruit venant du paradis.	que j'aille près du paradis,	et j'irai devant le paradis
Je mettrai du fumier sur ma tête,	et que je jette de la poussière sur ma tête	et je répandrai de la poussière sur ma tête

latin-V	latin-P	grec
et proiciam me in terram ante portas paradisi		
et plangam lamentatione magna deprecans dominum deum.	dominum deum cum magna lamentatione deprecans.	καὶ κλαύσομαι καὶ προσεύξομαι·
Forsitan audiet me	Ipse enim me forsitan audiet	καὶ εἰσακούσεταί μου κύριος
et mittet angelum suum		καὶ ἀποστελεῖ τὸν ἄγγελον αὐτοῦ,
et afferet mihi de fructu quem desideras.	fructumque de quo desideras mihi mittet.	
		καὶ ἐνέγκω σοι ἵνα καταπαύσῃ ὁ πόνος ἀπὸ σοῦ.
31 (6) 3 Respondit Adam et dixit:	**31 (6) 3** Cui pater:	**6 3** Λέγει αὐτῷ ὁ Ἀδάμ·
Non hoc desidero, fili,	Noli, inquit, fili, quia nec illud desidero,	Οὐχί, υἱέ μου Σήθ,
sed infirmor et dolores habeo magnos in corpore meo.	sed male infirmor, dolores utique habens magnos.	ἀλλὰ νόσον καὶ πόνους ἔχω.
31 (6) 4 Respondit Seth et dixit:	**31 (6) 4** Cui filius:	**6 4** Λέγει αὐτῷ Σήθ·
		Καὶ πῶς σοι ἐγένοντο ;
Quid est dolor, domine pater, nescio,	Quid sunt, domine, dolores?	
sed noli nobis abscondere, pater, dic nobis.	Noli mihi abscondere, pater.	
32 (7) 1 Respondit Adam et dixit:	**32 (7) 1** Cui Adam:	**7 1** Εἶπε δὲ αὐτῷ ὁ Ἀδάμ·
Audite me, filii mei!		
Quando fecit nos dominus,	Quando dominus deus	Ὅτε ἐποίησεν ἡμᾶς ὁ θεός,
me et matrem uestram,	me et matrem uestram	ἐμέ τε καὶ τὴν μητέρα ὑμῶν δι' ἧς καὶ ἀποθνήσκω,
posuit nos in paradisum	in paradiso posuit,	
et dedit nobis omnem arborem	dedit nobis omnem arborem	ἔδωκεν ἡμῖν πᾶν φυτὸν ἐν τῷ παραδείσῳ,
fructiferam ad edendum	< fructiferam ad edendum	
et dixit nobis ut de arbore scientiae boni et mali,	et dixit nobis ut arborem >	περὶ ἑνὸς δὲ ἐνετείλατο ἡμῖν

grec (traduction)	*arménien*	*géorgien*
je pleurerai et je prierai;	et que je pleure.	et je pleurerai.
le Seigneur m'entendra		Et peut-être Dieu m'entendra-t-il,
et enverra son ange,		et m'enverra-t-il son ange,
	pour que peut-être Dieu me donne du fruit,	et m'apportera-t-il du fruit du paradis,
et je t'apporterai (ce qu'il faut) pour que la douleur se détourne de toi. »	que je te l'apporte et que ta douleur soit chassée loin de toi. »	et je te l'apporterai pour que tu mettes fin à ta tristesse. »
6 3 Adam lui dit :	**31 (6) 3** Adam lui dit :	**31 (6) 3** Et Adam lui dit :
« Non pas cela, mon fils Seth,	« Il n'en est pas ainsi, mon fils Seth ;	« Fils Seth, il n'en est pas ainsi,
mais j'ai une maladie et des douleurs. »	mais j'ai une maladie et une douleur mortelles. »	mais je suis malade et je souffre. »
6 4 Seth lui dit :	**31 (6) 4** Seth lui dit :	**31 (6) 4** Seth lui répondit :
« Et comment te sont-elles arrivées ? »	« D'où cette douleur t'est-elle venue ? » [BC : *Mon père Adam, que sont tes douleurs ou comment cela t'est-il advenu ?* »]	« Père, qu'est-ce que la douleur et comment souffres-tu ? »
7 1 Adam lui dit :	**32 (7) 1** Adam lui dit :	**32 (7) 1** Adam dit à Seth :
		« Fils,
« Lorsque Dieu nous fit, moi et votre mère	« Quand Dieu nous fit, moi et ta mère,	quand Dieu nous fit moi et ta mère,
— à cause de qui je meurs —,		
		il nous établit dans le paradis de délices
il nous donna toutes les plantes qui sont dans le paradis,		
		pour manger de son fruit.
mais au sujet d'une seule il nous ordonna		

latin-V	*latin-P*	*grec*
quae est in medio paradisi,	quae erat in medio paradisi,	
	scientiae boni et mali arborem,	
ne comederemus.	tantummodo non ederemus.	μὴ ἐσθίειν ἐξ αὐτοῦ,
		δι' οὖ καὶ ἀποθνῄσκομεν.

	32 **2** Sed aduersarius Sathanas, quando angeli in caelum per consuetudinem ascenderunt adorare dominum deum, ea hora seducendi matrem uestram locum adinuenit, dicens ut illicita de arbore comederet.	
	32 **3a** Quae manducauit mihique porrexit.	
	Ego quidem manducaui nesciens,	
32 **3b** Dominus autem partitus erat mihi paradisum et matri uestrae	**32** **3b** quod partierat mihi deus et matri uestrae	
	ut paradisum custodiremus,	
	et angelis simul nobiscum,	
et dedit mihi dominus deus partes orientis et boreae quae est contra aquilonem,	mihi quoque tribuens partem orientis et boreae quae est aquilo,	
et matri uestrae partem austri et occidentis.	matrique uestrae partem austri et occidentis.	
33 **1** Et dedit nobis dominus deus angelos duos ad custodiendum nos.	**33** **1** Habentes igitur duodecim angelos nobiscum,	
33 **(7)** **2** Venit hora ut ascenderent angeli in conspectu dei adorare.	**33** **(7)** **2** dum ascenderunt angeli adorare dominum deum,	**7** **2** ἤγγισεν δὲ ἡ ὥρα τῶν ἀγγέλων τῶν διατηρούντων τὴν μητέρα ὑμῶν τοῦ ἀναβῆναι καὶ προσκυνῆσαι τὸν κύριον.

grec (traduction)	*arménien*	*géorgien*
		Mais dans le paradis il y avait
		un bel arbre,
de ne pas en manger	il nous ordonna de ne pas manger de l'arbre.	dont Dieu nous ordonna : "N'en mangez pas !"
— à cause de celle-ci nous mourons.		
	32 (7) 2 Satan nous trompa	**32 2** Et le serpent trompa votre mère et lui en fit manger, à cause de quoi, maintenant, nous allons mourir.
	à l'heure où les anges qui étaient les gardiens de l'arbre montèrent adorer Dieu. Alors Satan donna à manger du fruit à Ève ;	Quand ce fut l'heure pour les anges gardiens *de monter pour* adorer Dieu, l'ennemi la trompa
		et elle en mangea
	32 (7) 3a Ève me (le) donna	**32 3a** et elle me trompa, mes fils,
	à manger,	
	à moi qui ne savais pas.	car je ne savais pas.
	32 (7) 3b En effet, mon fils Seth, Dieu avait partagé le paradis entre moi et ta mère Ève,	**32 (7) 3b** Or Dieu nous avait partagé *le paradis*, à moi et à ta mère Ève,
	pour que nous le gardions.	pour que nous le gardions.
	A moi il avait donné le côté de l'orient et du nord,	Or à moi, il avait donné le côté de l'orient et du nord ;
	et à ta mère *il avait donné* le côté de l'occident et du sud.	à votre mère Ève, il avait donné le côté du sud et de l'occident.
	33 1 Nous avions douze anges qui circulaient avec chacun de nous, pour la garde du paradis, jusqu'à l'heure de la lumière.	**33 1** Et il y avait avec chacun de nous douze anges pour nous garder jusqu'à l'heure du lever du jour.
7 2 Approcha l'heure pour les anges qui gardaient votre mère de monter et d'adorer le Seigneur.	**33 (7) 2** Car chaque jour ils montaient pour adorer le Seigneur, au moment où ils s'élevaient dans les cieux,	**33 (7) 2** Chaque jour ils montaient là-haut. Et au moment de leur montée,

latin-V	*latin-P*	*grec*
Statim inuenit locum aduersarius diabolus,	locum inuenit seducere eam diabolus,	
		καὶ ἔδωκεν αὐτῇ ὁ ἐχθρὸς καὶ ἔφαγεν ἀπὸ τοῦ ξύλου,
dum absentes essent angeli dei,	quia non praesens eram neque angeli.	ἐγνωκὼς ὅτι οὐκ ἤμην ἔγγιστα αὐτῆς οὔτε οἱ ἅγιοι ἄγγελοι.
et seduxit matrem uestram ut manducaret de arbore illicita et contradicta,		
33 (7) 3 et manducauit et dedit mihi.		**7 3** ἔπειτα ἔδωκε κἀμοὶ φαγεῖν.
34 (8) 1 Et statim	**34 (8) 1** Dum autem manducaremus, continuo	**8 1** καὶ [ὅτε δὲ ἐφάγομεν ἀμφότεροι ATLC (R)M cf. EWFH]
iratus est nobis dominus deus	iratus est nobis dominus deus.	ὀργίσθη ἡμῖν ὁ θεός.
		καὶ ἐλθὼν ἐν τῷ παραδείσῳ ὁ δεσπότης ἔθηκε τὸν θρόνον αὐτοῦ καὶ ἐκάλεσέ με φωνῇ φοβερᾷ λέγων· Ἀδάμ, ποῦ εἶ; καὶ ἵνα τί κρύβεσαι ἀπὸ τοῦ προσώπου μου; μὴ δυνήσηται κρυβῆναι οἰκία τῷ οἰκοδομήσαντι αὐτήν;
34 (8) 2 et dixit ad me:	**34 (8) 2** Et dixit ad me:	**8 2** Καὶ λέγει·
Quoniam dereliquisti mandatum meum et uerbum meum quod statui tibi non custodisti,	Quoniam derelinquisti mandata mea, et uerba mea quae statui tibi non custodisti,	Ἐπειδὴ ἐγκατέλιπας τὴν διαθήκην μου καὶ τὴν ἐντολήν μου παρήκουσας,
ecce inducam in corpore tuo	ecce iam induxi mortem tibi,	ὑπήνεγκα τῷ σώματί σου
septuaginta plagas diuersis doloribus	uiginti et unum diuersos etiam dolores,	ἑβδομήκοντα πληγάς.
ab initio capitis, oculorum et aurium usque ad ungulas pedum, et per singula membra torqueris.	ab initio capitis et oculorum et aurium usque ad ungulas pedum, et per singula membra torquemini.	πρῶτον νόσος πληγῆς ὁ βιασμὸς τῶν ὀφθαλμῶν· δεύτερον πληγῆς ἀκοῆς καὶ οὕτως καθεξῆς πᾶσαι αἱ πληγαὶ παρακολουθοῦσαι τῷ σώματι.
Haec deputauit in flagellationem dolorum	Quae deputauit in flagellatione	

grec (traduction)	*arménien*	*géorgien*
	alors Satan trompa ta mère	le serpent trompa ta mère
Et l'Ennemi lui donna et elle mangea de l'arbre,	et lui donna à manger du fruit.	et aussi lui fit manger de l'arbre,
sachant que je n'étais pas auprès d'elle, ni les saints anges.	Satan savait que je n'étais pas auprès d'elle, ni les anges,	et il avait vu que je n'étais pas auprès d'elle, ni les anges.
	alors il (le) lui donna à manger.	
7 3 Ensuite elle m'en donna à manger à moi aussi.	**33 (7) 3** Ensuite, elle (le) donna à moi aussi.	**33 (7) 3** Elle me fit manger à moi aussi
	34 (8) 1 Alors je sus,	et je ne compris pas.
8 1. Et [*Lorsque tous deux nous eûmes mangé,*]	quand j'eus mangé du fruit,	**34 (8) 1** Et quand nous eûmes mangé,
Dieu se mit en colère contre nous.	que Dieu était en colère contre nous.	Dieu se mit en colère contre nous
Et étant venu dans le paradis, le Maître *établit son trône et* m'appela d'une voix terrible en disant: "Adam, où es-tu? Et pourquoi t'es-tu caché loin de ma face? Est-ce qu'une maison pourra être cachée à celui qui l'a construite?"		
8 2. Et il dit:	**34 (8) 2** Et Dieu dit:	**34 (8) 2** et nous dit [*et me dit*]:
"Puisque tu as abandonné mon alliance et que tu n'as pas obéi à mon commandement,	"Parce que tu as transgressé mon alliance,	"Vous avez méprisé mon commandement [β: *Pourquoi as-tu méprisé mon alliance?*]; moi aussi je vous [*te*] mépriserai."
j'ai infligé à ton corps	j'ai amené sur ton corps	Et il envoya
soixante-dix plaies.	soixante-dix maux,	soixante-dix douleurs sur nous, [β: *soixante-dix plaies de douleur*]
En premier, une maladie de plaie, le mal des yeux; en deuxième, la plaie de l'ouïe; et ainsi de suite, toutes les plaies qui accompagnent le corps." »	douleur des yeux et des oreilles et de toutes †...† jusqu'aux ongles."	plaie des yeux et des oreilles et jusqu'aux pieds, [β: *pour faire souffrir les yeux, les oreilles et les narines, jusqu'aux ongles.*]
	Cela a été compté pour moi (?) parmi les peines des maladies	et des prodiges [β: *Adviennent pour moi des plaies, des prodiges divers,*]

latin-V	*latin-P*	*grec*
una cum ardoribus.	†una cum interioribus†.	

Haec omnia misit dominus ad me	His uero me tetigit dominus deus	
	in nouissimis temporibus.	
et ad omne genus nostrum.		
35 (9) 1 Haec dicens Adam ad omnes filios suos	**35 (9) 1** Haec autem dum diceret Adam ad filios suos,	**9 1** Ταῦτα δὲ λέγων ὁ Ἀδὰμ τοῖς υἱοῖς αὐτοῦ
comprehensus est magnis doloribus,	apprehendens eadem hora dolores	
et clamans magnis uocibus dicebat:	clamabat uoce magna dicens:	ἀνεστέναξε μέγα καὶ εἶπεν·
Quid faciam, infelix, positus in tantis doloribus?	Quid infelix faciam in tantis doloribus positus?	Τί ποιήσω ὅτι ἐν μεγάλῃ λύπῃ εἰμί;
35 (9) 2 Et cum uidisset eum Eua flentem, coepit et ipsa flere dicens:	**35 (9) 2** Cum uero uidisset Eua flentem eum, coepit et ipsa flere cum lacrimis dicens:	**9 2** Ἔκλαυσε δὲ ἡ Εὔα λέγουσα·
Domine deus, in me transfer dolores eius, quoniam ego peccaui.	Domine deus, in me transfer dolores eius, quoniam ego peccaui.	
Et dixit ad Adam:	Deinde dixit ad Adam:	
Domine mi, da mihi partem dolorum tuorum, quoniam mea culpa haec tibi accesserunt.	Domine meus, da mihi mediam partem dolorum tuorum, quoniam mei causa haec tibi acciderunt.	Κύριέ μου Ἀδάμ, ἀναστὰς δός μοι τὸ ἥμισυ τῆς νόσου σου, καὶ ὑπενέγκω αὐτήν, ὅτι δι᾽ ἐμὲ τοῦτό σοι γέγονεν, δι᾽ ἐμὲ ἐν καμάτοις τυγχάνεις.
36 1 (9 3) Et dixit Adam: Surge et uade cum filio meo Seth	**36 1 (9 3)** Cui Adam: Exurge et uade cum filio meo	**9 3** Εἶπε δὲ Ἀδὰμ τῇ Εὔα· Ἀνάστα καὶ πορεύου μετὰ τοῦ υἱοῦ ἡμῶν Σὴθ
prope ad portas paradisi,	proxime paradiso,	πλησίον τοῦ παραδείσου·
et mittite puluerem super capita uestra et prosternite uos	terramque in capite uestro mittite et prosternite uos	καὶ ἐπίθετε γῆν ἐπὶ τὰς κεφαλὰς ὑμῶν
et plangite ante conspectum domini dei.	et plangite in conspectu domini.	καὶ κλαύσατε,
36 2 (9 4) Forsitan miserebitur	**36 2 (9 4)** Forsitan deus miserebitur mihi	**9 4** δεόμενοι τοῦ θεοῦ ὅπως σπλαγχνισθῇ ἐπ᾽ ἐμοὶ
et transmittet angelum suum	angelumque suum	καὶ ἀποστείλῃ τὸν ἄγγελον αὐτοῦ εἰς τὸν παράδεισον,
ad arborem misericordiae,	ubi est arbor misericordiae transmittet,	

grec (traduction)	*arménien*	*géorgien*
	qui sont gardés dans des dépôts,	amassés de dépôts [β: *des plaies amassées à partir de dépôts*].
	pour que Dieu les envoie	Dieu me fit ceci pour me faire périr
	dans les derniers temps.»	de mort.»
9 1 En disant cela à ses fils, Adam	**35 (9) 1** Adam ayant dit cela à son fils Seth,	**35 (9) 1** Adam ayant dit cela à son fils Seth,
gémit fortement et dit:	il cria et dit:	il cria et dit:
«Que ferai-je, car je suis dans une grande peine?»	«Que ferai-je, car je suis dans de grandes douleurs et peines.».	«Que ferai-je? Je suis dans une grande peine.»
9 2 De son côté, Ève pleura et dit:	**35 (9) 2** Ève pleura et dit:	**35 (9) 2** *Ève* dit en pleurant:
«Mon seigneur Adam, lève-toi, donne-moi la moitié de ta maladie et je la supporterai, car c'est à cause de moi que cela t'est arrivé, à cause de moi que tu te trouves dans des souffrances.»	«Mon seigneur Adam, lève-toi, donne-moi une part de ta douleur, pour que je la reçoive et la supporte, car ces douleurs qui sont venues et advenues sur toi sont à cause de moi.»	«Mon seigneur Adam, donne-moi une part de tes douleurs et moi je porterai ta peine, car c'est de moi que vient ta douleur et c'est moi qui ai fait advenir ces peines.»
9 3 Adam dit à Ève: «Lève-toi et va avec notre fils Seth	**36 1 (9 3)** Adam lui dit: «Lève-toi, va avec ton fils Seth	**36 1 (9 3)** Et Adam dit à Ève: «Lève-toi et va avec Seth, avec mon fils,
près du paradis;	près du paradis	au paradis;
mettez de la terre sur vos têtes	et là-bas jetez de la poussière sur votre tête	mettez de la terre sur votre tête
et pleurez,	et pleurez devant Dieu.	et pleurez devant Dieu
9 4 en priant Dieu pour qu'il ait pitié de moi	**36 2 (9 4)** Peut-être Dieu prendra-t-il pitié de moi	**36 2 (9 4)** pour qu'il nous prenne en pitié
et qu'il envoie son ange dans le paradis,	et enverra-t-il son ange dans le paradis,	et envoie son ange au paradis,
	et il ira au lieu où pourrait être l'olivier	là où pourrait être l'arbre de vie,

latin-V	*latin-P*	*grec*
		καὶ δώσῃ μοι ἐκ τοῦ δέν-δρου
de qua currit oleum uitae,	de qua currit oleum uitae,	ἐν ᾧ ῥέει τὸ ἔλαιον ἐξ αὐ-τοῦ,
et dabit uobis ex ipso modicum,	dabitque inde modicum	
		καὶ ἐνέγκῃς μοι,
ut ungatis me ex eo	unguere me,	καὶ ἀλείψομαι
et quiescam ab hiis doloribus	ut quiescam ab his doloribus	καὶ ἀναπαύσομαι ἀπὸ τῆς νόσου μου
quibus consumor.	quibus consumor.	
		9 5 καὶ δηλώσω σοι τὸν τρόπον ἐν ᾧ ἠπατήθημεν τὸ πρότερον.
37 (10) 1 Et	**37 (10)** 1 His auditis	
abierunt Seth et mater eius contra portas paradisi,	abiit filius cum matre eius contra paradisum.	**10** 1 Ἐπορεύθη δὲ Σὴθ καὶ ἡ Εὖα εἰς τὰ μέρη τοῦ πα-ραδείσου.
et dum ambularent,	Dum autem ambularent,	καὶ πορευομένων αὐτῶν
ecce	uidit Eua quoniam	εἶδεν ἡ Εὖα
subito uenit serpens bestia et impetum faciens	subito uenit bestia impe-tum faciens	
momordit Seth.	filiumque eius momordit	τὸν υἱὸν αὐτῆς
	et filius pugnabat cum ea.	καὶ θηρίον πολεμοῦντα αὐ-τόν.
37 (10) 2 Et cum uidisset Eua fleuit dicens: Heu me misera,	**37 (10)** 2 Quod cum ui-disset Eua plorauit dicens: Miserere, fili mi,	**10** 2 ἔκλαυσε δὲ ἡ Εὖα λέ-γουσα· Οἴμοι οἴμοι,
quoniam	quoniam cum uenero in die iudicii	ὅτι ἐὰν ἔλθω εἰς τὴν ἡμέραν τῆς ἀναστάσεως,
maledicta sum,	omnes me maledicent,	πάντες οἱ ἁμαρτήσαντες καταράσονταί με λέγοντες
quia non custodiui prae-ceptum domini.	quia non custodiui prae-ceptum domini dei.	ὅτι οὐκ ἐφύλαξεν ἡ Εὖα τὴν ἐντολὴν τοῦ θεοῦ.

grec (traduction)	*arménien*	*géorgien*
qu'il me donne de l'arbre		
sur lequel coule l'huile (qui sort) de lui;	duquel sort l'huile,	sur lequel l'huile coule,
	et il t'en donnera un peu,	pour qu'il te donne un peu d'huile.
tu m'en apporteras,	pour que tu me l'apportes	Et apportez-la moi ici
je m'oindrai	et que j'oigne mes os [BC: *et que je sois oint*]	et je serai oint
et je serai soulagé de ma maladie.	et que je m'éloigne de mes maux,	et je me reposerai de mes douleurs.
9 5 *Et je te ferai connaître la manière dont nous fûmes trompés en premier lieu.* »	**36 3 (9 5)** et que je te fasse savoir cette chose cachée que nous avons éprouvée autrefois. »	**36 3 (9 5)** Alors je te ferai savoir toute la manière dont nous avons été tentés. »
	37 (10) 1 Après cela,	**37 (10) 1** Ayant entendu cela,
10 1 Seth et Ève se mirent en route vers les régions du paradis.	Seth et Ève allèrent du côté du paradis.	Seth et Ève partirent là où était le paradis d'Adam.
Et *tandis qu'ils étaient en route,*	Tandis qu'ils allaient,	Tandis qu'ils allaient,
Ève vit	Ève vit	elle vit
	une bête	
	qui combattait	
son fils	contre Seth son fils et qui le mordait.	l'un de ses enfants
et une bête qui combattait contre lui.		qu'une bête combattait, et elle mordait l'enfant.
10 2 Ève pleura et dit:	**37 (10) 2** Ève se mit à pleurer et dit:	**37 (10) 2** Alors Ève se mit à pleurer et dit:
« Malheureuse, malheureuse que je suis!		« Malheur à moi,
car		car
si je parviens au jour de la résurrection,	« Si vient le jour du jugement,	quand je parviendrai au jour du jugement,
tous ceux qui auront péché me maudiront en disant:	tous les pécheurs me blâmeront et diront:	tous les pécheurs me maudiront [mss: tous mes péchés me brûleront] et me diront:
"Ève n'a pas gardé le commandement de Dieu." »	"Notre mère n'a pas écouté le commandement du Seigneur Dieu!" »	"En premier, c'est toi qui n'as pas gardé les commandements de Dieu." »

latin-V	*latin-P*	*grec*
37 (10) 3 Et dixit Eua uoce magna ad serpentem:	**37 (10) 3** Deinde uoce magna bestiae dixit:	**10 3** Καὶ εἶπε πρὸς τὸ θηρίον [᾽Εβόησεν δὲ ἡ Εὔα πρὸς τὸ θηρίον λέγουσα ATLC RM]·
Bestia maledicta,	Maledicte,	῏Ω θηρίον πονηρόν,
quomodo non timuisti te mittere in imaginem dei	quoniam praeualuisti te mittere imagini dei	οὐ φοβήσει τὴν εἰκόνα τοῦ θεοῦ
et ausa es pugnare cum ea?	et ausus es pugnare cum ea.	πολεμῆσαι αὐτήν;
	An quia eiecti sunt filii tui,	
		πῶς ἠνοίγη τὸ στόμα σου;
Aut quomodo praeualuerunt dentes tui?	an quoniam praeualuerunt dentes tui ad pugnam?	πῶς ἐνίσχυσαν οἱ ὀδόντες σου;
		πῶς οὐκ ἐμνήσθης τῆς ὑποταγῆς σου ὅτι πρότερον ὑπετάγης τῇ εἰκόνι τοῦ θεοῦ;
38 (11) 1 Respondit serpens bestia uoce humana:	**38 (11) 1** Cui bestia:	**11 1** Τότε τὸ θηρίον ἐβόησε λέγων·
O Eua, Eua,	O Eua,	῏Ω Εὔα,
numquid ad nos est malicia nostra? Nonne contra uos est dolor furoris nostri?	numquid non est ad maliciam uestram et hic dolor furoris uestri,	οὐ πρὸς ἡμᾶς ἡ πλεονεξία σου οὔτε ὁ κλαυθμός, ἀλλὰ πρὸς σέ,
	quoniam initium bestiarum ex te factum est?	ἐπειδὴ ἡ ἀρχὴ τῶν θηρίων ἐκ σοῦ ἐγένετο.
38 (11) 2 Dic mihi Eua,		
quomodo apertum est os tuum,	**38 (11) 2** Quomodo fieri potest ut apertum os tuum fuisset	**11 2** πῶς ἠνοίγη τὸ στόμα σου
ut manducares de fructu	ut manducares de ligno illicito	φαγεῖν ἀπὸ τοῦ ξύλου
quem praecepit dominus non manducare?	quod tibi prohibuit dominus deus?	περὶ οὗ ἐνετείλατό σοι ὁ θεὸς μὴ φαγεῖν ἐξ αὐτοῦ;
		διὰ τοῦτο καὶ ἡμῶν αἱ φύσεις μετηλλάγησαν.

grec (traduction)	*arménien*	*géorgien*
10 3 Ève dit à la bête : [*Ève cria contre la bête et dit :*]	**37 (10) 3** Et Ève cria contre la bête et dit :	**37 (10) 3** Ève cria et dit à la bête méchante :
« O bête mauvaise,	« O bête,	« O bête mauvaise,
ne craindras-tu pas l'image de Dieu,	comment ne crains-tu pas l'image de Dieu,	tu ne crains pas,
pour combattre contre elle ?	puisque tu as osé combattre l'image de Dieu ?	tu oses combattre l'image de Dieu ?
Comment ta bouche s'est-elle ouverte ?	Comment ta bouche s'est-elle ouverte	Comment as-tu pu ouvrir ta bouche
Comment tes dents ont-elles prévalu ?	et tes crocs se sont-ils fortifiés et tes crins sont-ils devenus comme ceux d'un porc ?	ou comment as-tu enfoncé tes dents ?
Comment ne t'es-tu pas souvenu de ta soumission, car auparavant tu fus soumise à l'image de Dieu ? »	Comment ne t'es-tu pas souvenu de la soumission qui était la tienne autrefois, car ta bouche s'est ouverte sur l'image de Dieu ? »	Ou comment ne t'es-tu pas souvenu du commandement premier de Dieu et as-tu ouvert ta bouche sur l'image de Dieu ? »
11 1 Alors la bête cria et dit :	**38 (11) 1** Alors la bête cria et dit	**38 (11) 1** Alors la bête répondit et dit
« O Ève,	à Ève :	à Ève :
ce n'est pas nous que concernent ton avidité et ta lamentation, mais c'est toi-même,	« En vérité, c'est à cause de toi qu'est notre insolence,	« Ce n'est pas de notre avidité que proviennent ton déplaisir et tes pleurs, mais c'est de ton avidité que proviennent ton déplaisir et tes pleurs,
puisque c'est de toi qu'est venue l'origine des bêtes sauvages [ou : le commencement des bêtes].	car l'exemple est venu de toi.	car d'abord, au commencement, c'est toi qui as écouté la bête, le serpent.
11 2 Comment ta bouche s'est-elle ouverte	**38 (11) 2** Comment ta bouche s'est-elle ouverte	**38 (11) 2** Comment as-tu osé ouvrir ta bouche
pour manger de l'arbre	pour oser manger du fruit	et manger de l'arbre
dont Dieu t'avait ordonné de ne pas manger ?	dont Dieu t'avait ordonné de ne pas manger,	dont Dieu t'avait ordonné de ne pas manger ?
C'est à cause de cela que nos natures aussi ont changé.	jusqu'à ce que nos natures à tous changent.	A cause de cela, le genre de toute chose est changé.

latin-V	*latin-P*	*grec*
38 (11) 3 Nunc autem	**38 (11)** 3 Nunc ergo, quid tibi dicam	**11** 3 νῦν οὖν
non potes portare, si tibi coepero exprobrare.	uel quomodo probare possum?	οὐ δυνήσει ὑπενεγκεῖν, ἐὰν ἀπάρξομαι ἐλέγχειν σε.
38 4 Antea quidem non habui potestatem in uos,		
sed postquam praeteristi mandatum domini,		
tunc incepit audacia nostra et potestas.		
39 (12) 1 Tunc dixit Seth	**39 (12)** 1 Tunc dixit eius filius:	**12** 1 Λέγει ὁ Σὴθ
ad bestiam:		πρὸς τὸ θηρίον·
Increpet te dominus deus, stupe		
et obmutesce, claude os tuum,	Claude os tuum et obmutesce	Κλεῖσαί σου τὸ στόμα καὶ σίγα
maledicte inimice ueritatis,	maledicte et inimice ueritatis,	
confuse, perdite,		
recede ab imagine dei usque in diem	et recede ab imagine dei usque in diem	καὶ ἀπόστηθι ἀπὸ τῆς εἰκόνος τοῦ θεοῦ ἕως ἡμέρας
quando dominus deus iusserit in comprobationem te perducere.	quo te dominus deus in exprobationem iubeat adduci.	τῆς κρίσεως.
39 (12) 2 Et dixit bestia ad Seth:	**39 (12)** 2 Cui bestia:	**12** 2 Τότε λέγει τὸ θηρίον τῷ Σήθ·
Ecce recedo, sicut dixisti, a facie imaginis dei.	Ecce recedo, sicut tu dicis, a facie inmaginis inuisibilis dei.	Ἰδοὺ ἀφίσταμαι ἀπὸ τῆς εἰκόνος τοῦ θεοῦ.
39 (12) 3 Et statim recessit	**39 (12)** 3 Statimque effugit bestia	**12** 3 *Τότε ἔφυγε τὸ θηρίον*
et Seth plagatum dentibus dimisit.	eumque dentibus suis uulneratum dimisit.	*καὶ ἀφῆκεν αὐτὸν πεπληγμένον* *καὶ ἐπορεύθη εἰς τὴν σκηνὴν αὐτοῦ.*
40 (13) 1 Seth autem et mater eius ambulauerunt	**40 (13)** 1 Mater uero et filius eius coeperunt ambulare	**13** 1 ἐπορεύθη δὲ Σὴθ μετὰ Εὔας
ad portas paradisi propter oleum misericordiae ut ungerent Adam infirmum.		

grec (traduction)	arménien	géorgien
11 3 Maintenant donc,	**38 (11)** 3 Toi désormais,	**38 (11)** 3 Maintenant toi,
tu ne pourras pas tenir bon si je commence à t'accuser.»	tu ne peux pas supporter ce que je te dirai, ou si je commence à te réprimander.»	tu ne pourras pas supporter, si je commence à parler et à te réprimander.»
12 1 Seth dit	**39 (12)** 1 Alors Seth dit	**39 (12)** 1 Seth lui répondit et dit
à la bête:	à la bête:	à la bête:
«Ferme ta bouche, tais-toi	«Que ta bouche se ferme,	«Ferme ta bouche et tais-toi,
	ô Satan.	bête,
et éloigne-toi de l'image de Dieu jusqu'au jour	Éloigne-toi de l'image de Dieu jusqu'à ce qu'advienne le jour	et éloigne-toi de nous, image de la divinité, jusqu'à ce jour
du jugement.»	où Dieu t'amènera à réprimande.»	où Dieu te fera comparaître!»
12 2 Alors la bête dit à Seth:	**39 (12)** 2 Alors elle dit à Seth:	**39 (12)** 2 Alors la bête dit à Seth:
«Voici, je m'éloigne de l'image de Dieu.»	«Voici, je m'éloigne de toi, l'image de Dieu.»	«Voici, moi je m'éloigne de toi, l'image de Dieu, de Dieu que l'œil ne peut pas contempler.»
12 3 *Alors la bête s'enfuit*	**39 (12)** 3 La bête s'enfuit loin de lui.	**39 (12)** 3 Et quand elle l'eut laissé, la bête s'enfuit loin de Seth,
et le laissa blessé;		et l'homme blessé
et elle alla vers son abri.		vint dans la hutte d'Adam, son père.
13 1 Seth arriva avec Ève	**40 (13)** 1 Et Seth alla avec Ève	**40 (13)** 1 Alors Seth partit avec Ève

latin-V	*latin-P*	*grec*
Et peruenientes Eua et Seth ad portas paradisi	et uenerunt ante portas paradisi.	πλησίον τοῦ παραδείσου.
tulerunt puluerem terrae et posuerunt super capita sua	Tuleruntque puluerem et miserunt in capite suo	
et prostrauerunt se in terram super faciem suam	et prosternauerunt se in facies suas,	
et coeperunt plangere		καὶ ἔκλαυσαν
cum gemitu magno,	cum gemitu magno	
deprecantes dominum deum	dominum deum deprecantes,	δεόμενοι τοῦ θεοῦ
ut misereatur Adae in doloribus suis	quatinus in magna misericordia sua condoleret,	
et mittat angelum suum	archangelum suum iubens	ὅπως ἀποστείλη τὸν ἄγγελον αὐτοῦ
dare eis oleum de arbore misericordiae.	eis dare oleum misericordiae suae.	καὶ δώσει αὐτοῖς τὸ ἔλαιον τοῦ ἐλέου.
41 1 (13 2a) Orantibus autem eis horis multis et deprecantibus,	**41 1 (13 2a)** Et	**13 2a** καὶ ἀπέστειλε ὁ θεὸς
ecce angelus domini Michael apparuit eis dicens: Ego missus sum a domino et ego constitutus sum super corpus humanum.	ecce angelus Michael qui est constitutus super animas hominum	Μιχαὴλ τὸν ἀρχάγγελον,
	dixit ad Euae filium:	καὶ εἶπεν αὐτῷ·
41 2 (13 2b) Tibi dico, Seth homo dei, noli lacrimare	**41 2 (13 2b)** Homo dei, noli laborare lacrimis	**13 2b** Σήθ ἄνθρωπε τοῦ θεοῦ, μὴ κάμης
orando et deprecando propter oleum misericordiae,	orando causa olei misericordiae,	εὐχόμενος ἐπὶ τῇ ἱκεσίᾳ ταύτῃ περὶ τοῦ ξύλου ἐν ᾧ ῥέει τὸ ἔλαιον
ut perungas patrem tuum Adam	unde ungues patrem tuum Adam.	ἀλεῖψαι τὸν πατέρα σου Ἀδάμ.
pro doloribus corporis sui.		
42 1 (13 3) Dico enim tibi quia nullo modo poteris accipere,	**42 1 (13 3)** Nunc enim inpossibile est ut accipias de eo,	**13 3** οὐ γενήσεταί σοι νῦν
nisi in nouissimis diebus	nisi in nouissimis diebus	ἀλλ' ἐπ' ἐσχάτων τῶν ἡμερῶν,
		ὅτε ἀναστήσεται πᾶσα σὰρξ ἀπὸ Ἀδὰμ ἕως τῆς ἡμέρας ἐκείνης τῆς μεγάλης ὅσοι ἔσονται λαὸς ἅγιος·
		13 4 τότε αὐτοῖς δοθήσεται πᾶσα εὐφροσύνη τοῦ παραδείσου καὶ ἔσται ὁ θεὸς ἐν μέσῳ αὐτῶν.

grec (traduction)	arménien	géorgien
près du paradis.	près du paradis.	vers le paradis.

Ils pleurèrent,	Et ils pleurèrent	Et ils pleuraient près du mur du paradis,
	d'un pleur bruyant	
en priant Dieu	et demandèrent à Dieu	et là ils priaient Dieu
pour qu'il envoie son ange	qu'il envoie l'ange comme aide pour les exaucer.	qu'il envoie son ange.
et qu'il leur donne l'huile de miséricorde.		
13 2a Dieu envoya	**41 1 (13 2a)** Et Dieu envoya auprès d'eux	**41 1 (13 2a)** <Et Dieu leur envoya
l'archange Michel,	l'ange Michel, qui est le prince des âmes,	l'ange Michel,> qui est préposé aux âmes,
et il lui dit:	et il leur dit cette parole:	et il dit à Seth:
13 2b «Seth, homme de Dieu, ne te fatigue pas	**41 2 (13 2b)** «Seth, homme de Dieu, ne te fatigue pas	**41 2 (13 2b)** «Homme de Dieu, ne te fatigue pas
en priant, dans cette supplication, au sujet de l'arbre d'où coule l'huile,	à prier au sujet de l'huile qui sort de l'arbre — l'huile d'allégresse —	à prier ainsi au sujet de l'arbre des olives,
pour oindre ton père Adam.	pour oindre ton père Adam.	pour oindre ton père Adam.
13 3 Cela n'adviendra pas pour toi maintenant,	**42 1 (13 3)** Cela n'adviendra pas maintenant;	**42 1 (13 3)** (Cela) n'adviendra pas maintenant,
mais dans les derniers jours,	mais ensuite,	mais dans les temps à venir,
quand toute chair ressuscitera, depuis Adam jusqu'à ce grand jour-là, tous ceux qui seront un peuple saint.		
13 4 *Alors leur sera donnée toute joie du paradis et Dieu sera au milieu d'eux.*		

latin-V	*latin-P*	*grec*

grec

13 5 καὶ οὐκ ἔσονται ἔτι ἐξαμαρτάνοντες ἐνώπιον αὐτοῦ ὅτι ἀρθήσεται ἀπ᾽ αὐτῶν ἡ καρδία ἡ πονηρά, καὶ δοθήσεται αὐτοῖς καρδία συνετιζομένη τὸ ἀγαθὸν καὶ λατρεύειν θεῷ μόνῳ.

latin-V	*latin-P*
quando completi fuerint	quando completi fuerint

ab Adam usque in institutionem consulis sub Constantino imperatore

quinque milia et quingenti anni.	anni accc lxxxii.

42 2 Tunc ueniet super terram amantissimus Christus filius dei

42 2 Tunc quidem ueniet super terram altissimus dominus deus filius dei

resuscitare corpus Adae

suscitare corpus Adae.

et cum eo multa corpora mortuorum.

42 3 Et

42 3 Et

ipse Christus filius dei

ueniens baptizabitur in flumine Iordanis.

ueniens in Iordane baptizabitur in eo.

Et cum egressus fuerit de aqua Jordanis,

Dum autem egressus fuerit de aqua,

tunc

ueniam ad eum

de oleo misericordiae suae perunget

cum oleo misericordiae et perunguam.

omnes credentes in se.

42 4 Et erit oleum misericordiae in generationem et generationem hiis qui renascendi sunt ex aqua et spiritu sancto in uitam aeternam.

grec (traduction)	arménien	géorgien
13 5 *Et ils ne seront plus péchant devant sa face, car leur sera enlevé le cœur mauvais et leur sera donné un cœur instruit dans le bien et pour rendre un culte à Dieu seul.*		
	au moment où seront accomplies et consommées les années de la consommation.	quand seront accomplis
		cinq mille ans.
	42 2 Alors le Christ bien-aimé Christ viendra	**42** 2 A la cinq millième année et demi, viendra sur terre le fils bien-aimé de Dieu, le Christ,
	ressusciter le corps d'Adam,	pour relever [mss: accomplir] le corps d'Adam de sa chute,
	à cause de ses transgressions qui ont eu lieu.	à cause de la transgression des commandements.
	42 3 Il viendra au Jourdain et sera baptisé *en lui* [C],	**42** 3 Il viendra et sera baptisé dans le fleuve Jourdain.
	et quand il sortira de l'eau,	Et quand il sortira de l'eau
	alors viendra Michel et il oindra le nouvel Adam avec l'huile d'allégresse.	avec l'huile, et il l'oindra, lui
	42 4 Ensuite, après cela, il en ira de la même manière pour *pour toutes les générations de la terre* [B], qui ressusciteront à la résurrection, et ils deviendront dignes d'entrer au paradis, et moi je les oindrai avec cette huile.	**42** 4 et tous ses descendants, pour qu'ils ressuscitent au moment de la résurrection. Le Seigneur dit: "Je les introduirai là-bas au paradis et je les oindrai de cette onction."

latin-V	*latin-P*	*grec*
42 5 Tunc,	**42 5** Post haec quidem	
descendens in terram amantissimus filius dei Christus		
introducet patrem tuum Adam in paradisum ad arborem misericordiae suae.	introducetur in paradisum,	
	tuusque pater perunguetur oleo uitae.	
43 1 (13 6) Tu autem, Seth, uade ad patrem tuum Adam,	**43 1 (13 6)** Nunc uero ad patrem tuum uade,	**13 6** σὺ δὲ πάλιν πορεύου πρὸς τὸν πατέρα σου,
quoniam completum est tempus uitae eius.	quia conpletum est tempus uitae eius,	ἐπειδὴ ἐπληρώθη τὸ μέτρον τῆς ζωῆς αὐτοῦ
Adhuc sex dies	adhuc aliis sex diebus restantibus,	ἴσον τριῶν ἡμερῶν·
et exiet anima eius de corpore,	ut exeat de corpore.	ἐξερχομένης δὲ τῆς ψυχῆς αὐτοῦ
	Audi, inquam, fili;	
et uidebis mirabilia magna in caelo et in terra et in luminaribus caeli.	uidebis enim mirabilia magna in caelo et in terra et in luminaribus caeli.	μέλλεις θεάσασθαι τὴν ἄνοδον αὐτῆς φοβεράν.
43 2 (14 1a) Haec dicens Michael statim discessit a Seth.	**43 2 (14 1a)** Postquam autem angelus discessit,	**14 1a** Εἰπὼν δὲ ταῦτα ὁ ἄγγελος ἀπῆλθεν ἀπ' αὐτῶν.
43 3 (14 1b) Et reuersi sunt Eua et Seth	**43 3 (14 1b)** redierunt ad Adam filius et mater eius.	**14 1b** ἦλθεν δὲ Σὴθ καὶ ἡ Εὔα εἰς τὴν σκηνὴν ὅπου ἔκειτο ὁ Ἀδάμ.
et tulerunt secum odoramenta, hoc est nardum et crocum et calamitem et cynamomum.		
44 1 Et cum peruenissent Eua et Seth ad Adam,		
dixerunt ei	**44 1** Indicauitque Eua domino suo	
quia bestia serpens momordit Seth.	quia bestia se in filium erexerat.	
44 2 (14 2) Et dixit Adam ad Euam:	**44 2 (14 2)** Cui Adam:	**14 2** λέγει δὲ Ἀδὰμ τῇ Εὔᾳ·
Ecce quid fecisti?	Quid fecisti?	Ὦ Εὔα, τί κατειργάσω ἐν ἡμῖν;

grec (traduction)	*arménien*	*géorgien*

13 6 Mais toi, va à nouveau auprès de ton père,

43 1 (13 6) Mais toi, va [B: *va maintenant*] auprès d'Adam ton père,

43 1 (13 6) Mais maintenant, va auprès de ton père Adam,

car la mesure de sa vie est accomplie

car ses temps sont accomplis

car les jours de ses temps sont accomplis.

dans trois jours.

dans trois jours,

Dans trois jours

Quand son âme sortira,

l'âme sortira de son corps,

tu es destiné à contempler sa redoutable ascension.»

et tu verras des merveilles nombreuses dans les cieux et sur la terre, et dans tous les luminaires qui sont dans les cieux.»

et on verra des merveilles nombreuses dans les cieux.»

14 1a Après avoir dit cela, l'ange s'éloigna d'eux.

43 2 (14 1a) L'ange ayant dit cela, il se cacha sous un arbre du paradis.

43 2 (14 1a) L'ange lui ayant dit cela, il se cacha sous la plante du paradis.

14 1b Seth et Ève revinrent à la hutte où Adam était couché.

43 3 (14 1b) Ensuite, Seth et Ève vinrent à la hutte où Adam malade se tenait.

43 3 (14 1b) Alors Seth et Ève partirent vers la hutte d'Adam.

44 1 Adam se souvint de la transgression, d'avoir mangé de l'arbre,

44 1 Et Adam pleurait sur la blessure de la bête.

14 2 Adam dit à Ève:

44 2 (14 2) et il dit à Ève:

44 2 (14 2) et il dit à Ève:

«O Ève, qu'as-tu accompli parmi nous?

«Oh, qu'as-tu fait?

«Que nous as-tu fait?

latin-V	*latin-P*	*grec*
Induxisti nobis plagam magnam,	Induxisti plagam magnam	ἐπήνεγκας ἐφ' ἡμᾶς ὀργὴν μεγάλην,
delictum et peccatum		ἥτις ἐστὶν θάνατος
in omnem generationem nostram.	in omnem generationem nostram.	κατακυριεύων παντὸς τοῦ γένους ἡμῶν.
44 3 Et hoc quod fecisti,	**44** 3 Delictum quid fecisti?	**14** 3 Λέγει Ἀδὰμ τῇ Εὔα·
refer filiis tuis,	Nunc quidem narra filiis tuis quoniam in timore fecisti.	Κάλεσον πάντα τὰ τέκνα ἡμῶν καὶ τὰ τέκνα τῶν τέκνων ἡμῶν καὶ ἀνάγγειλον αὐτοῖς τὸν τρόπον τῆς παραβάσεως ἡμῶν.
quoniam qui exurgent ex nobis laborantes non sufficient sed deficient	Quia qui ex nobis exsurgent laborantes non sufferentes deficient	
et maledicent nos dicentes:	et maledicent nobis dicentes	
44 4 Quoniam haec mala intulerunt nobis parentes nostri qui fuerunt ab initio.	**44** 4 (**14** 4) quod haec omnia parentes nostri qui fuerunt ab initio intulerunt nobis.	
44 5 Haec audiens Eua coepit lacrimari et ingemiscere.	**45** (**15**) 1 His auditis Eua coepit lacrimare et ingemiscere	**15** 1 Τότε
	dicens:	λέγει ἡ Εὔα πρὸς αὐτούς·
	Audite, filii mei, uobisque referam quomodo domini dei praeceptum transgressi fuimus in paradiso.	Ἀκούσατε, πάντα τὰ τέκνα μου καὶ τὰ τέκνα τῶν τέκνων μου, κἀγὼ ἀναγγελῶ ὑμῖν πῶς ἠπάτησεν ἡμᾶς ὁ ἐχθρός.
	45 (**15**) 2 Pater quidem uester orientis partes et boreae custodiebat. Ego uero partes austri et occidentis.	**15** 2 ἐγένετο ἐν τῷ φυλάσσειν ἡμᾶς τὸν παράδεισον ἐφυλάττομεν ἕκαστος ἡμῶν τὸ λαχόν τι αὐτῷ μέρος ἀπὸ τοῦ θεοῦ· ἐγὼ δὲ ἐφύλαττον ἐν τῷ κλήρῳ μου νότον καὶ δύσιν.
	45 (**15**) 3 Venit autem diabolus in partes patris uestri ubi erant bestiae et omnes masculi, et uocauit inde serpentem et dixit ei: Quid facis hic?	**15** 3 ἐπορεύθη δὲ ὁ διάβολος εἰς τὸν κλῆρον τοῦ Ἀδάμ, ὅπου ἦν τὰ θηρία,

grec (traduction)	arménien	géorgien
Tu as amené sur nous une grande colère,	Quelle douleur as-tu amené sur nous	Car une plaie est arrivée sur nous
à savoir la mort		
qui domine toute notre race.»	et sur *toute* [B] notre descendance?	et sur toute notre descendance.
14 3 Adam dit à Ève :		
«Appelle tous nos enfants et les enfants de nos enfants, et fais-leur savoir la manière de notre transgression.»	**44** 3 **(14 3)** Maintenant donc, tu raconteras à tes fils comment la transgression a eu lieu, car, voici, je suis abattu par l'épuisement de ma force.	**44** 3 **(14 3)** En effet, ce que sont tes péchés, fais-le savoir à tes fils;
	Peut-être en effet, lorsque nous mourrons, des peines viendront sur la terre,	car nous mourrons, moi et toi, et des tribulations se répandront sur la terre.
	et toutes les générations issues de nous seront dans la peine	Toutes les générations issues de nous
	et elles nous maudiront et diront :	nous maudiront et diront :
	44 4 "Notre père et notre mère ont amené ces maux sur nous." »	**44** 4 "Notre père et notre mère ont amené la tribulation sur nous." »
15 1 Alors	**45 (15)** 1 Alors Ève se mit à pleurer	**45 (15)** 1 Alors Ève se mit à pleurer
Ève leur dit :	et elle dit :	et elle dit :
«Écoutez, vous tous mes enfants et les enfants de mes enfants, et je vous ferai savoir comment l'Ennemi nous a trompés.	«Venez, écoutez moi et je vous raconterai cette chose cachée, comment advint notre transgression.	«Écoutez-moi maintenant, mes fils, et je vous raconterai comment nous fûmes trompés.
15 2 Cela advint au temps où nous gardions le paradis, *nous gardions* chacun la partie qui lui avait été allouée par Dieu. Moi je gardais dans mon lot le sud et l'occident.	**45 (15)** 2 Au temps où votre père gardait le lot qui lui avait été donné par Dieu, et que moi aussi je montais la garde sur mon lot, du côté du sud et de l'occident,	**45 (15)** 2 Il advint (que) votre père gardait sa partie de paradis à l'orient et au nord, tandis que moi je gardais ma partie, à l'occident et au sud.
15 3 Or le diable alla vers le lot d'Adam, où se trouvaient les bêtes;	**45 (15)** 3 Satan alla vers le lot de votre père, où étaient les bêtes. Il appela le serpent et lui dit: "Lève-toi, viens auprès de moi!"	**45 (15)** 3 Et le diable vint dans la partie d'Adam [β: *alla vers la partie de votre père*]. Et il y avait là des bêtes. [om. β et add.: *Là-bas il appela le serpent et lui dit:* <...>]

latin-V   *latin-P*   *grec*

45 (15) 4 Nam bestias et
pecora partierat nobis dominus deus, patri uestro
omne masculum tribuens,
mihi quoque feminam.

15 4 ἐπειδὴ τὰ θηρία ἐμέ-
ρισεν ὁ θεός, τὰ ἀρσενικὰ
πάντα δέδωκε τῷ πατρὶ
ὑμῶν, καὶ τὰ θηλυκὰ πάν-
τα δέδωκεν ἐμοί.

Vnusquisque nostrum ita-
que pascebat quae sibi fuerant credita.

καὶ ἕκαστος ἡμῶν τὸ ἑαυ-
τοῦ ἐτήρει.

46 (16) 1 Ibi ergo malignus
in patris uestri parte serpenti locutus est dicens:
Exurge et ueni usque ad
me, et dicam tibi sermo-
nem in quo lucra habebis.

16 1 καὶ ἐλάλησε τῷ ὄφει ὁ
διάβολος λέγων· ἀνάστα
ἐλθὲ πρός με καὶ εἴπω σοι
ῥῆμα ἐν ᾧ ὠφεληθῇς.

Venit itaque serpens.

καὶ ἀναστὰς ἦλθε [τότε
ἦλθεν ALC RM] πρὸς αὐ-
τόν.

46 (16) 2a Et ait illi: <Au-
diui quia tu sapientior es>
inter omnes bestias.

16 2a καὶ λέγει αὐτῷ ὁ
διάβολος· ἀκούω ὅτι φρο-
νιμώτερος εἶ ὑπὲρ πάντα
τὰ θηρία.

Veni ut cognoscam sa-
pientiam tuam, et qualis
est sapientia tua.

ἐγὼ δὲ ἦλθον κατανοῆσαί
σε·

εὗρον δὲ σὲ μείζονα πάν-
των τῶν θηρίων

Adam tibi porrigit escas
sicut omnibus bestiis,

46 (16) 2b et ueniunt et
adorant eum.

Tu autem cum eis adoras
Adam,

qui prior illo fuisti.

Quare ergo maior minorem
adorat?

καὶ ὁμιλῶ σοι· ὅμως προ-
σκυνεῖς τὸν ἐλαχιστότερον.

grec (traduction)	*arménien*	*géorgien*
15 4 car Dieu avait partagé les bêtes: tous les mâles, il les avait donnés à votre père, et toutes les femelles, il me les avait données à moi.	**45 (15)** 4 Car Dieu avait partagé les bêtes et nous les avait données: les mâles, il les avait donnés à votre père, et les femelles, il me les avait données à moi.	**45 (15)** 4 Car le Seigneur avait aussi partagé les bêtes entre nous: tout mâle, il l'avait donné à Adam, et toute femelle, il me l'avait donnée à moi.
Et chacun de nous veillait sur ce qui lui appartenait.	Et nous les nourrissions selon qu'elles avaient été attribuées à chacun.	Et chacun, nous les nourrissions.
16 1 Le diable parla au serpent en disant: "Lève-toi, viens vers moi *et je te dirai une parole dont tu tireras profit.*"	**46 (16)** 1 Et Satan dit au serpent: "Lève-toi, viens auprès de moi et je te dirai une parole, qui sera profitable pour toi."	**46 (16)** 1 Quand le diable vint à la partie de votre père, le diable appela le serpent et lui dit: "Lève-toi et viens vers moi et je te ferai connaître une parole profitable."
Il se leva et vint [*Alors il vint*] vers lui.	Alors le serpent vint auprès de lui	Alors le serpent vint
16 2a Le diable lui dit: "J'entends dire que tu es plus sensé que toutes les bêtes.	**46 (16)** 2a et Satan lui dit: "J'entends dire que tu es plus sage que toutes les bêtes,	**46 (16)** 2a et le diable dit au serpent: "Tu es plus sage que tous les animaux
Je suis venu pour te connaître.	et moi je suis venu te voir.	et je suis venu pour mettre à l'épreuve ta science,
J'ai découvert que tu es plus grand que toutes les bêtes	Et j'ai découvert que parmi toutes les bêtes il n'y en a aucune qui soit semblable à toi dans ton intelligence.	
	De même qu'Adam donnait de la nourriture à toutes les bêtes, de même aussi toi."	car Adam donne de la nourriture à tous les animaux, de même aussi à toi.
	46 (16) 2b Et puis, quand les bêtes vinrent adorer Adam,	**46 (16)** 2b Quand tous les animaux viennent adorer Adam,
	Satan vint aussi avec elles et dit au serpent:	
	"Pourquoi adores-tu Adam tous les matins?	chaque jour et chaque matin, chaque jour tu viens toi aussi pour adorer.
	Toi, tu es venu à l'existence avant lui:	Toi, tu as été créé avant lui,
et je parle avec toi. *Cependant, tu adores le plus petit.*	comment toi, qui est le plus ancien, adores-tu le plus jeune?	grand, et tu adores le petit!
	Mais c'est plutôt le petit qui doit adorer le grand.	

latin-V	*latin-P*	*grec*
	46 (16) 3 Vel quare manducas de manibus eius?	**16** 3 διὰ τί ἐσθίεις ἐκ τῶν ζιζανίων τοῦ Ἀδὰμ [καὶ τῆς γυναικὸς αὐτοῦ ALC], καὶ οὐχὶ ἐκ τοῦ παραδείσου;
	Audi, inquam, consilium meum, eosque faciemus expelli de paradiso	ἀνάστα καὶ δεῦρο καὶ ποιήσωμεν αὐτὸν ἐκβληθῆναι ἐκ τοῦ παραδείσου
		ὡς καὶ ἡμεῖς ἐξεβλήθημεν δι' αὐτοῦ.
	et nos magis possideamus eam.	
	46 (16) 4a Cui serpens: Quomodo possum expellere eos?	**16** 4a λέγει αὐτῷ ὁ ὄφις· φοβοῦμαι μήποτε ὀργισθῇ μοι ὁ θεός.
	46 (16) 4b Tunc diabolus: Esto mihi habitaculum, et per os tuum loquar quae necessaria fuerint loqui.	**16** 4b λέγει αὐτῷ ὁ διάβολος· μὴ φοβοῦ· γενοῦ μοι σκεῦος κἀγὼ λαλήσω διὰ στόματός σου ῥήματα πρὸς τὸ ἐξαπατῆσαι αὐτούς.
	47 (17) 1 Consilio autem facto ad me uenerunt, et suspendit se in pariete paradisi.	**17** 1 καὶ εὐθέως ἐκρεμάσθη διὰ τῶν τειχέων τοῦ παραδείσου.
	In ipsa uero hora quando angeli ascenderunt adorare dominum, Sathanas quoque transfiguratus est ut angelus	καὶ ὅτε [περὶ ὥραν ὅταν AL R (cf. TC EW)] ἀνῆλθον οἱ ἄγγελοι τοῦ θεοῦ προσκυνῆσαι, τότε ὁ Σατανᾶς ἐγένετο ἐν εἴδει ἀγγέλου
	et coepit laudes deo dicere.	καὶ ὕμνει τὸν θεὸν καθάπερ οἱ ἄγγελοι.
		17 2a καὶ παρέκυψα [v.l.: παρέκυψεν] ἐκ τοῦ τείχους
	47 (17) 2a Vidi quidem eum ut angelum,	καὶ εἶδον αὐτὸν ὅμοιον ἀγγέλου.
	47 (17) 2b et postea non comparuit.	

grec (traduction)	*arménien*	*géorgien*
16 3 Pour quelle raison manges-tu de l'ivraie d'Adam [*et de sa femme*], et non pas (du fruit) du paradis?	**46 (16)** 3 Pourquoi adores-tu (Adam) ou (pourquoi) es-tu nourri par Adam, et ne te nourris-tu pas, toi, du fruit du paradis?	**46 (16)** 3 Et pourquoi manges-tu *le rebut d'Adam et de sa femme* et pas des bons fruits du paradis?
Lève-toi et viens, et faisons qu'il soit expulsé du paradis,	Eh bien, lève-toi, viens auprès de moi et écoute ce que je te dis: chassons Adam du paradis	Mais viens et écoute-moi, que *nous chassions Adam du paradis*
de même que nous aussi avons été expulsés par son intermédiaire."	comme nous,	*comme nous, nous sommes à l'extérieur.*
	pour que de nouveau, nous entrions au paradis."	*Et qui sait comment peut-être nous entrerons au paradis".*
16 4a Le serpent lui dit: "Je crains que Dieu ne s'irrite contre moi."	**46 (16)** 4a Et le serpent dit: "De quelle manière et comment pourrions-nous le chasser du paradis?"	**46 (16)** 4a *Et le serpent lui dit:* "Comment les chasserons-nous?"
16 4b Le diable lui dit: "Ne crains pas; deviens pour moi un instrument, et moi je prononcerai par ta bouche des paroles pour les tromper."	**46 (16)** 4b Satan dit au serpent: "Toi, sous ta forme, sois pour moi une lyre, et moi je proférerai par ta bouche *des paroles* [BC], pour que nous puissions aider (?)."	**46 (16)** 4b *Le diable répondit et dit au serpent:* "Deviens pour moi un instrument, *et moi j'adresserai à la femme, par ta bouche, une parole par laquelle nous les tromperons."*
17 1 Aussitôt il se suspendit aux murs du paradis.	**47 (17)** 1 Alors ils vinrent tous les deux auprès de moi; et ils suspendirent leurs pieds au mur du paradis.	**47 (17)** 1 *Et ils vinrent tous les deux ensemble, ils suspendirent leur tête au mur du paradis.*
Lorsque [*Vers l'heure où*] les anges de Dieu montèrent pour adorer, alors Satan revêtit l'aspect d'un ange,	Lorsque les anges montèrent pour l'adoration du Seigneur, alors Satan prit la forme d'un ange,	*A l'heure où les anges montèrent pour adorer Dieu, alors le diable se transforma en l'aspect d'un ange;*
et il chantait des hymnes à Dieu comme les anges.	et il bénissait Dieu des bénédictions des anges.	*il chantait les hymnes des anges.*
17 2a Et je me penchai [v.l.: *il se pencha*] hors du mur,	**47 (17)** 2a Je m'inclinai du côté du mur et je prêtai attention à ses bénédictions.	**47 (17)** 2a *Et moi je regardais en direction du mur du paradis, pour entendre les hymnes.*
et je le vis semblable à un ange.	Je regardai et je le vis dans la ressemblance d'un ange.	*J'observai et je le vis semblable à un ange;*
	47 (17) 2b Lorsque je regardai à nouveau, je ne le vis plus.	**47 (17)** 2b *et aussitôt il devint invisible,*

latin-V	*latin-P*	*grec*
	Abiit inde et uocauit serpentem,	
	47 (17) 2c factusque est serpens habitaculum eius.	
	Venit igitur ad me et dixit mihi serpens:	
	O mulier, quae es in paradiso in deliciis uitae sed tamen contrita et sine sensu,	
	surge et ueni ad me, tibi uolo sermonem dicere.	
	47 (17) 2d Surgens itaque ueni ad eum,	

17 2d καὶ λέγει μοι· σὺ εἶ ἡ Εὖα;

καὶ εἶπον αὐτῷ· ἐγώ εἰμι.

et dixit mihi: Quid in paradiso esse est?

καὶ λέγει μοι· τί ποιεῖς ἐν τῷ παραδείσῳ;

47 (17) 3 Cui ego: Dominus meus posuit nos sic ut custodiamus eam.

17 3 καὶ εἶπον αὐτῷ· ὁ θεὸς ἔθετο ἡμᾶς ὥστε φυλάσσειν καὶ ἐσθίειν ἐξ αὐτοῦ.

47 (17) 4 Tunc serpens:

17 4 ἀπεκρίθη ὁ διάβολος διὰ στόματος τοῦ ὄφεως·

Bene, inquit, habetis de omnibus lignis paradisi praeter unum.

καλῶς ποιεῖτε, ἀλλ' οὐκ ἐσθίετε ἀπὸ παντὸς φυτοῦ.

Cur prohibuit deus unum?
47 (17) 5 Cui ego:

17 5 κἀγὼ εἶπον·

ναί, ἀπὸ πάντων ἐσθίομεν, παρὲξ ἑνὸς μόνου ὅ ἐστιν ἐν μέσῳ τοῦ παραδείσου,

grec (traduction)	*arménien*	*géorgien*
	Alors il alla et appela le serpent et lui dit: "Lève-toi, viens auprès de moi, que j'entre en toi et dise par ta bouche tout ce que j'aurai à dire."	*car il était parti pour amener le serpent et il lui dit:* "Lève-toi et viens, et moi je serai avec toi et je dirai par ta bouche ce que tu auras à dire."
	47 (17) 2c Alors, le serpent devint pour lui une lyre,	**47 (17)** 2c *Le serpent devint pour lui une forme pour aller vers le mur du paradis.* Et le diable se revêtit du serpent
	et il alla de nouveau à la muraille du paradis. Il cria et dit:	et il suspendit sa tête au mur du paradis. Il cria et dit:
	"Oh femme, toi qui es aveugle dans le paradis de délices,	"Honte à toi, femme, toi qui es dans le paradis de délices, toi qui es aveugle!
	lève-toi, viens auprès de moi et je te dirai quelques paroles."	Viens auprès de moi et je te dirai une parole mystérieuse."
	47 (17) 2d Lorsque je fus venue auprès de lui,	**47 (17)** 2d Et lorsque je fus venue,
17 2d Il me dit: "Es-tu Ève?"	il me dit: "Es-tu Ève?"	il me dit: "Ève!"
Je lui dis: "C'est moi".	Et je dis: "Oui, c'est moi."	Et je lui dis: " Voici, c'est moi."
Il me dit: "Que fais-tu dans le paradis?"	Il répondit et dit: "Que fais-tu dans le paradis?"	Et il me répondit et me dit: "Que fais-tu dans le paradis?"
17 3 Je lui dis: "Dieu nous y a placés pour le garder et en manger (les fruits)."	**47 (17)** 3 Je lui dis: "Dieu nous a placés pour garder le paradis."	**47 (17)** 3 Je lui répondis et dis: "Dieu m'a établie pour garder le paradis et pour manger."
17 4 Le diable répondit par la bouche du serpent:	**47 (17)** 4 Satan répondit et me dit par la bouche du serpent:	**47 (17)** 4 Le diable me répondit et me dit par la bouche du serpent:
"Vous faites bien, mais vous ne mangez pas de toutes les plantes."	"Cette affaire est bonne, mais voyons, mangez-vous de tous les arbres qui sont dans le paradis?"	"Vous, mangez-vous bien de tout arbre qui est dans le paradis?"
17 5 Et moi je dis:	**47 (17)** 5 Je lui dis:	**47 (17)** 5 Je lui répondis et dis:
"Si, nous mangeons de toutes, à l'exception d'une seule qui est au milieu du paradis,	"Oui, nous nous nourrissons de tous, à la seule exception d'un arbre qui est au milieu même du paradis,	"*Oui, nous mangeons* de tout fruit, sauf d'un arbre seulement qui est au milieu du paradis,

latin-V	latin-P	grec
	Prohibuit deus nobis ne manducemus de eo, ne morte moriamur.	περὶ οὗ ἐνετείλατο ἡμῖν ὁ θεὸς μὴ ἐσθίειν ἐξ αὐτοῦ ἐπεὶ θανάτῳ ἀποθανεῖσθε.
	48 (18) 1 Tunc serpens: Sicut enim bruta animalia estis sine sensu.	**18 1** τότε λέγει μοι ὁ ὄφις· ζῇ ὁ θεὸς ὅτι λυποῦμαι περὶ ὑμῶν ὅτι ὡς κτήνη ἐστέ.
	Verumtamen si manducaueritis de hoc ligno, eritis sicut dii scientes bonum et malum.	
	Ideo noluit deus uos cognoscere bonum et malum.	οὐ γὰρ θέλω ὑμᾶς ἀγνοεῖν.
	Vade ergo et manduca ex eo, uidebisque claritatem quae uos circumdat.	δεῦρο οὖν καὶ φάγε καὶ νόησον τὴν τιμὴν τοῦ ξύλου.
	48 (18) 2 Cui ego: Timeo quidem ne moriar.	**18 2** ἐγὼ δὲ εἶπον αὐτῷ· φοβοῦμαι μήποτε ὀργισθῇ μοι ὁ θεός καθὼς εἶπεν ἡμῖν.
		18 3 καὶ λέγει μοι·
		μὴ φοβοῦ·
		ἅμα γὰρ φάγῃς ἀνεωχθήσονταί σου οἱ ὀφθαλμοί καὶ ἔσεσθε ὡς θεοὶ γινώσκοντες τί ἀγαθὸν καὶ τί πονηρόν.
		18 4 τοῦτο δὲ γινώσκων ὁ θεός ὅτι ἔσεσθε ὅμοιοι

grec (traduction)	*arménien*	*géorgien*
dont Dieu a ordonné de ne pas manger, car 'de mort vous mourrez'."	au sujet duquel Dieu nous a ordonné: 'N'en mangez pas, car si vous en mangiez vous mourriez de mort.'"	car Dieu nous a ordonné: 'N'en mangez pas, pour que vous ne périssiez pas de mort.'"
18 1 Alors le serpent me dit: "Par la vie de Dieu, je m'afflige à votre sujet, *parce que vous êtes comme du bétail.*	**48 (18)** 1 Alors le serpent dit: "(Aussi vrai que) le Seigneur est vivant: je me tourmente beaucoup pour vous, car vous êtes comme des animaux,	**48 (18)** 1 Alors le serpent me dit: "Moi, je m'attriste pour vous, car vous êtes comme des animaux.
	puisque Dieu vous (l')a soustrait;	Dieu a été jaloux de vous et il ne vous (en) a pas donné le pouvoir;
Je ne veux pas en effet que vous soyez ignorants.	mais je ne veux pas que vous soyez ignorants.	mais moi, je ne veux pas votre ignorance.
Va donc, mange et reconnais la valeur de l'arbre."	Eh bien, va et mange de l'arbre, et tu verras quel honneur sera le tien."	Va plutôt et mange, et tu verras la gloire qui sera avec toi."
18 2 Je lui dis:	**48 (18)** 2 Et je lui dis:	**48 (18)** 2 Alors moi je dis:'
"Je crains que Dieu ne s'irrite contre moi, comme il nous a dit."	"Je crains de mourir, comme Dieu nous a dit."	"Je crains de mourir comme Dieu a dit."
	Satan dit:	Le serpent me répondit et me dit:
	"Qu'est-ce? Ou comment quelqu'un mourrait-il?	"Qu'est-ce que la mort? Ou comment meurt-on? La mort, c'est la vie."
	Mais écoute seulement cette parole!"	
	Je lui dis: "Je ne sais pas." [BC]	Je lui répondis et dis: "Je ne sais pas."
18 3 Et il me dit:	**48 (18)** 3 Le serpent répondit, avec Satan, et me dit:	**48 (18)** 3 Il me répondit et me dit:
"Ne crains pas;	"{Aussi vrai que} le Seigneur est vivant, vous ne mourrez pas,	"(Aussi vrai que) le Seigneur est vivant, vous ne mourrez pas,
dès que tu mangeras, tes yeux s'ouvriront et vous serez comme des dieux, connaissant ce qu'est le bien et ce qu'est le mal.	mais lorsque vous mangerez, vos yeux s'ouvriront et vous deviendrez comme Dieu, pour connaître le bien et le mal.	mais à l'heure où vous mangerez, vos yeux s'ouvriront et vous serez connaisseurs, comme Dieu, du bien et du mal.
18 4 Dieu, sachant que vous seriez semblables à	**48 (18)** 4 Mais Dieu savait que vous deviendriez sem-	**48 (18)** 4 Dieu savait que vous deviendriez sembla-

latin-V	latin-P	grec
		αὐτοῦ ἐφθόνησεν ὑμῖν καὶ εἶπεν· οὐ φάγεσθε ἐξ αὐτοῦ.
	48 5 (**18** 5) Tunc serpens:	
	Respice arborem uidebisque quali gloria circumdata est,	**18** 5 σὺ δὲ πρόσχες τῷ φυτῷ καὶ ὄψει δόξαν μεγάλην [περὶ αὐτοῦ AL M (cf. R)].
	sed inuidia non uult uos manducare ex ea.	
	Igitur ego intendens uidi quam admirabilem gratiam circa arborem,	ἐγὼ δὲ προσέσχον τῷ φυτῷ, καὶ εἶδον δόξαν μεγάλην περὶ αὐτοῦ.
	et dixi:	Εἶπον δὲ αὐτῷ ὅτι
	Numquid ante me haec bona arbor esse debet	
	ceterisque in uisione oculorum meorum gratior?	ὡραῖόν ἐστιν τοῖς ὀφθαλμοῖς κατανοῆσαι.
	48 (**18**) 6 Veniens itaque ad arborem ut pomum caperem ex ea, timor in toto corpore meo concussit me.	**18** 6 ἐφοβήθην δὲ λαβεῖν ἀπὸ τοῦ καρποῦ.
	Dixi ergo ei:	
	Timeo quidem tangere pomum.	
	Sed si non times, ueni in paradisum, et uadens ad arborem tolles pomum ex ea dabisque mihi, et ego manducabo ut uideam si uerum est quod dicis.	
	<Et respondit mihi:>	καὶ λέγει μοι·
	Aperi ergo mihi ianuam paradisi, et introiens tollam pomum ex ea tibique dabo, et tu manducabis.	δεῦρο, δώσω σοι· ἀκολούθει μοι.
	49 (**19**) 1a Deinde cucurri et paradisi ianuam aperui,	**19** 1a ἤνοιξα δὲ
	et serpens ingressus est in paradisum.	καὶ εἰσῆλθεν ἔσω εἰς τὸν παράδεισον
	Quando autem ueni ad arborem ille antecedebat me,	καὶ διώδευσεν ἔμπροσθέν μου.
	et stetit et aspexit in faciem meam	καὶ περιπατήσας ὀλίγον ἐστράφη

grec (traduction)	*arménien*	*géorgien*
lui, a agi par jalousie envers vous et a dit: 'Vous n'en mangerez pas.'	blables à lui; il vous a trompés, puisqu'il a dit: 'N'en mangez pas.'"	bles à lui et Dieu a été jaloux de vous. A cause de cela, Dieu vous a dit: 'N'en mangez pas!'

48 (18) 5 Et il dit:

| **18** 5 Mais toi, considère attentivement la plante et tu verras une grande gloire *autour d'elle.*" | "Regarde l'arbre et vois quelle gloire il y a autour de l'arbre." | **48 (18)** 5 *Regarde l'arbre* et vois sa gloire autour de lui." |

Je considérai attentivement la plante et je vis une grande gloire autour d'elle.	Lorsque j'eus regardé l'arbre, je vis qu'il y avait une grande gloire autour de lui.	Alors moi, *lorsque j'eus regardé* et que j'eus vu autour de lui sa gloire,
Je lui dis:	Je lui dis:	je dis:
	"L'arbre est bon	"L'arbre est bon

| *"Elle est belle à observer par les yeux."* | et a semblé agréable à mes yeux, | et son fruit est manifeste à mes yeux. |
| **18** 6 Mais j'eus peur de prendre du fruit. | **48 (18)** 6 mais je ne peux pas aller et prendre du fruit; j'ai peur. | **48 (18)** 6 Mais j'ai peur de tendre la main et de prendre. |

	Eh bien! Si toi tu n'as pas peur, apporte-moi du fruit et je mangerai, afin que je sache si tes paroles sont vraies ou non."	Mais toi, si tu n'as pas peur, apporte-le-moi et je mangerai et je saurai si tes paroles sont vraies ou non."
Il me dit:	Alors le serpent m'appela et dit:	Le serpent me répondit et me dit:
"Viens, je t'en donnerai; suis-moi."	"Va, ouvre-moi la porte, et j'entrerai et je te donnerai du fruit."	"Viens, ouvre-moi la porte et je t'en donnerai."

19 1a J'ouvris,	**49 (19)** 1a Étant venu.	**49 (19)** 1a Et quand je fus allée et lui eus ouvert la porte
et il entra à l'intérieur du paradis	il entra,	et quand il fut entré dans le paradis,
et chemina devant moi.		
Après avoir circulé un peu, il se retourna	il alla un peu au milieu du paradis et il s'arrêta.	il partit et s'arrêta un peu.

49 (19) 1c et ait:
Nescio

si do tibi omnino.

19 1c καὶ λέγει μοι·
μεταμεληθεὶς

οὐ δώσω σοι φαγεῖν.

† Hic autem prius mihi iu-
rauerat, ut ab eo petis-
sem. †

ταῦτα δὲ εἶπε θέλων εἰς
τέλος δελεάσαι με.

καὶ λέγει μοι·
19 1d ἐὰν μὴ ὀμόσῃς μοι
ὅτι δίδεις καὶ τῷ ἀνδρί σου.

19 2 ἐγὼ δὲ εἶπον αὐτῷ

ὅτι οὐ γινώσκω ποίῳ ὅρκῳ
ὀμόσω σοι,

πλὴν ὃ οἶδα λέγω σοι·

μὰ τὸν θρόνον τοῦ δεσπό-
του καὶ τὰ χερουβὶμ καὶ τὸ
ξύλον τῆς ζωῆς

grec (traduction)	arménien	géorgien
	49 (19) 1b Je dis: "Pourquoi t'es-tu arrêté?"	**49 (19) 1b** Je lui répondis et lui dis: "Pourquoi t'es-tu arrêté?"
	Alors, mon fils Seth, il devint pensif [BC]	**49 (19) 1c** Mais lui, mes fils, commença à ruser avec moi.
19 1c et il me dit:	**49 (19) 1c** *et me dit* [BC]	Il me répondit et me dit:
"J'ai été pris de regret	"*Je regrette d'être entré parce que* [BC]	"Si je me suis arrêté, c'est que j'ai été pris de regret,
et je ne t'en donnerai pas à manger."	Peut-être, lorsque je t'aurai donné à manger,	de peur que, peut-être, je te donne et que tu en manges,
	et que tes yeux se seront ouverts	et que tes yeux s'ouvrent
	et que tu seras devenue comme Dieu,	et que tu ne sois comme Dieu, que tu connaisses le bien et le mal et ne t'enorgueillisses,
	tu tromperas Adam et tu ne lui donneras pas à manger du fruit et il deviendra comme un animal devant toi.	que tu ne sois jalouse d'Adam et que tu ne lui donnes pas à manger, et qu'il soit comme un animal devant toi,
		comme vous vous étiez devant Dieu, parce que Dieu était jaloux de vous.
Il dit cela parce qu'il voulait m'appâter jusqu'au bout.		
Et il me dit:		
19 1d "A moins que tu me jures que tu en donneras aussi à ton mari."	**49 (19) 1d** Mais, si tu veux, jure-moi en vérité que tu lui donneras à manger et que tu ne tromperas pas ton mari Adam."	**49 (19) 1d** Si tu veux, jure-moi en vérité que, si je t'en fais manger, tu ne seras pas jalouse d'Adam, ton mari, mais tu lui en feras manger et tu lui en donneras à lui aussi."
19 2 Je lui dis:	**49 (19) 2** Je lui dis:	**49 (19) 2** Je lui répondis et lui dis:
"Je ne connais pas de serment par lequel te le jurer,	"Je ne connais pas de serment par lequel te (le) jurer,	"Je ne connais pas de serment, comment (pourrais)-je te jurer?"
mais ce que je sais, je te le dis:	mais ce que je sais, je te le dis:	Et il me dit: "Dis:
'par le trône du Maître, par les Chérubins et par l'arbre de vie,	'par les plantes du paradis, par les Chérubins et les Séraphins, et (par) le Père qui siège dans les cieux et *descend* [mss: descendre] dans	'je jure sur les plantes du paradis et par les Chérubins sur lesquels le Père siège et descend dans le paradis, si

latin-V	*latin-P*	*grec*
		ὅτι δώσω καὶ τῷ ἀνδρί μου.
		19 3 ὅτε δὲ ἔλαβεν ἀπ' ἐμοῦ τὸν ὅρκον,
	49 (19) 3 Ascendens ergo in eam	τότε ἦλθεν καὶ ἐπέβη ἐπ' αὐτὸν καὶ
		ἔθετο ἐπὶ τὸν καρπὸν ὃν ἔδωκέ μοι φαγεῖν τὸν ἰὸν τῆς κακίας αὐτοῦ, τοῦτ' ἔστι τῆς ἐπιθυμίας, ἐπιθυμία γάρ ἐστι πάσης ἁμαρτίας.
		καὶ κλίνας τὸν κλάδον ἐπὶ τὴν γῆν
	dedit mihi pomum et manducaui.	ἔλαβον ἀπὸ τοῦ καρποῦ καὶ ἔφαγον.
	50 (20) 1 Et in illa hora alienatum est cor meum	**20** 1 καὶ ἐν αὐτῇ τῇ ὥρᾳ ἠνεώχθησαν οἱ ὀφθαλμοί μου
	statimque bonum et malum cognoui.	καὶ ἔγνων
	Agnoscens autem quia nuda facta fueram, quando <gloriam qua induta eram> prius consideraui,	ὅτι γυμνὴ ἤμην τῆς δικαιοσύνης ἧς ἤμην ἐνδεδυμένη.
	50 (20) 2 fleui fletu magno dicens: Diabole, quod in me uoluisti agere fecisti. Nunc quidem corde meo doleo, quae numquam prius dolebam. Ardet enim in me quasi ignis quod mihi dedisti.	**20** 2 καὶ ἔκλαυσα λέγουσα· τί τοῦτο ἐποίησάς ὅτι ἀπηλλοτριώθην ἐκ τῆς δόξης μου ἧς ἤμην ἐνδεδυμένη;
	Cur itaque per singulas horas die noctuque in me pugnas? Quia illud quod mihi dedisti totos homines in infernum mergit. Inimicus qui me adulterauit non me amat.	
		ἔκλαιον δὲ καὶ περὶ τοῦ ὅρκου.

grec (traduction)	*arménien*	*géorgien*
	le paradis, si je mange et si je sais toutes choses, je ne me soustrairai pas,	je mange et si je sais tout, je ne serai pas jalouse,
j'en donnerai aussi à mon mari.'"	mais je donnerai à manger à mon mari Adam.'"	mais j'en donnerai à Adam aussi.'"
19 3 Quand il eut reçu de moi le serment,	**49 (19) 3** Lorsqu'il m'eut reçue avec un serment,	**49 (19) 3** Et lorsqu'il eut pris sur moi un serment, il me lia,
alors il alla (vers l'arbre), *il monta sur lui* et	alors il me conduisit et m'amena à l'arbre. Il monta lui-même sur l'arbre	
il plaça sur le fruit qu'il me donna à manger le venin de sa méchanceté, c'est-à-dire du désir — c'est en effet le désir de tous les péchés.	et il plaça dans son fruit la tromperie, c'est-à-dire le désir des péchés, prostitutions, adultères, cupidités.	
Ayant incliné la branche vers la terre,	Et il inclina les branches de l'arbre jusqu'à la terre.	
je pris du fruit et je mangeai.	et je pris alors du fruit et je mangeai.	il me donna de l'arbre et je mangeai. [...
20 1 Et à l'heure même, mes yeux s'ouvrirent	**50 (20) 1** A cette heure-là,	
et je sus	je sus par mes yeux	
que j'étais nue de la justice dont j'avais été vêtue.	que j'étais dénudée de la gloire dont j'avais été revêtue.	
20 2 Je pleurai en disant: "Pourquoi as-tu fait cela? car j'ai été rendue étrangère à ma gloire, *celle dont j'étais vêtue*."	**50 (20) 2** Alors je me mis à pleurer et je dis: "Que m'as-tu fait?"	
	Mais je ne faisais plus d'effort pour la guerre que l'ennemi menait contre moi. Je sus désormais qu'il me mènerait dans les profondeurs de l'enfer.	
Et je pleurais aussi à cause du serment.		

latin-V	*latin-P*	*grec*
	50 (20) 3 Serpens autem abscondit se in paradiso, et quaerens eum in paradisi parte qui mihi erat credita ut cum furore eum de paradiso pellerem.	**20 3** ἐκεῖνος δὲ κατῆλθεν ἐκ τοῦ φυτοῦ καὶ ἄφαντος ἐγένετο.
	50 (20) 4 Quaesiui igitur folia ut tegumentum faciens turpitudinem meam tegerem, sed non inueni.	**20 4** ἐγὼ δὲ ἐζήτουν ἐν τῷ μέρει μου φύλλα ὅπως καλύψω τὴν αἰσχύνην μου καὶ οὐχ εὗρον ἀπὸ τῶν φυτῶν τοῦ παραδείσου,
	In illa enim hora nudatae sunt omnes arbores paradisi amissis foliis praeter unam, id est arborem fici.	ἐπειδὴ ἅμα ἔφαγον πάντων τῶν φυτῶν [ALC cf. RM] τοῦ ἐμοῦ μέρους κατερρύη τὰ φύλλα παρὲξ τοῦ σύκου μόνου.
	50 (20) 5a Tunc de ea folia accipiens, de illis feci succisionem	**20 5** λαβοῦσα δὲ φύλλα ἀπ᾽ αὐτοῦ ἐποίησα ἐμαυτῇ περιζώματα
	et secus uitae arborem steti.	καὶ ἔστην παρὰ τὸ φυτὸν ἐξ οὗ ἔφαγον.
	50 (20) 5b Serpens autem, quando mihi pomum dedit, suaserat mihi inde dare patri uestro.	
	51 (21) 1 Clamaui itaque eum ad me et dixi ei:	**21 1** καὶ ἐβόησα φωνῇ μεγάλῃ [ALC RM; v.l. αὐτῇ τῇ ὥρᾳ] λέγουσα·
	Adam, surge et ueni ad me celeriter et indicabo tibi mysterium nouum quod agnoui.	Ἀδάμ, Ἀδάμ, ποῦ εἶ; ἀνάστα, ἐλθὲ πρός με καὶ δείξω σοι μέγα μυστήριον.
	51 (21) 2a Venit ergo ad me celeriter,	**21 2a** ὅτε δὲ ἦλθεν ὁ πατὴρ ὑμῶν
	putans me dicere ei aliquid.	**21 2b** εἶπον αὐτῷ λόγους παρανομίας οἵτινες κατήγαγον ἡμᾶς ἀπὸ μεγάλης δόξης.
		21 3 ἅμα γὰρ ἦλθεν, ἤνοιξα τὸ στόμα μου καὶ ὁ διάβολος ἐλάλει,

grec (traduction)	*arménien*	*géorgien*
20 3 Mais celui-là descendit de la plante et devint invisible.	**50 (20) 3** Lorsque Satan eut fait cela, il descendit de l'arbre et se cacha dans le paradis.	
20 4 Moi, je me mis à chercher des feuilles dans ma partie pour couvrir ma honte, mais je n'en trouvai pas *sur les arbres du paradis.*	**50 (20) 4** Et moi je cherchais dans ma partie du paradis *des feuilles* [BC] pour couvrir ma nudité, et je n'en trouvai pas sur toutes les plantes.	**50 (20) 4** [... *(je cherchai des feuilles pour couvrir)*] *ma nudité et je n'en trouvai pas sur tous les arbres,*
En effet, au moment où je mangeai, les feuilles de toutes les plantes de ma partie tombèrent, à l'exception du seul figuier.	En effet, à cette heure-là, tous les arbres du paradis étaient devenus sans feuilles, à l'exception seulement du figuier.	*car à l'heure où j'avais mangé, les feuilles tombèrent de tous les arbres du paradis, (des arbres) de ma partie.*
20 5 Je pris donc de ses feuilles et je m'en fis un pagne.	**50 (20) 5a** Je pris (ses feuilles) et je couvris ma nudité,	**50 (20) 5a** *J'en pris et je m'(en) fis de quoi me couvrir*
Et je me tins à côté de la plante dont j'avais mangé.	et je me tins à côté de l'arbre dont j'avais mangé.	*et je me tins à côté de l'arbre dont j'avais mangé.*
	50 (20) 5b J'avais peur, mon fils Seth, à cause du serment que j'avais juré, que j'(en) donnerais à manger à mon mari Adam.	**50 (20) 5b** *Mes fils. j'avais peur à cause du serment par lequel j'avais juré par le paradis et par lequel j'avais dit: "A Adam aussi j'en ferai manger."*
21 1 Je criai d'une voix forte [v.l. à l'heure même] en disant: "Adam, Adam, où es-tu? Lève-toi, viens auprès de moi et je te montrerai un grand mystère."	**51 (21) 1** Je criai d'une voix forte à Adam *et dis* [BC]: "*Adam!* [BC] Lève-toi, viens auprès de moi et je te montrerai cette chose cachée."	
21 2a Lorsque votre père vint,	**51 (21) 2a** Alors Adam vint auprès de moi	**51 (21) 2a** *Alors votre père Adam vint*
21 2b je lui dis des paroles d'iniquité, qui nous ont fait déchoir d'une grande gloire.	avec sa grande gloire.	*Il avait pensé*
21 3 Dès qu'il vint en effet, j'ouvris la bouche, et le diable se mit à parler;		
		qu'une bête était entrée dans le paradis et il me dit: "Pourquoi [ms: que] cries-tu et qu'est sur toi cette feuille de figuier?"

latin-V	*latin-P*	*grec*
		καὶ ἠρξάμην νουθετεῖν αὐτὸν λέγουσα· δεῦρο, κύριέ μου Ἀδάμ, ἐπάκουσόν μου
		καὶ φάγε ἀπὸ τοῦ καρποῦ τοῦ δένδρου οὗ εἶπεν ἡμῖν ὁ θεὸς τοῦ μὴ φαγεῖν ἀπ' αὐτοῦ καὶ ἔσει ὡς θεός.
		21 4a καὶ ἀποκριθεὶς ὁ πατὴρ ὑμῶν εἶπεν· φοβοῦμαι μήποτε ὀργισθῇ μοι ὁ θεός.
		21 4b ἐγὼ δὲ εἶπον·
		μὴ φοβοῦ· ἅμα γὰρ φάγῃς ἔσει γινώσκων καλὸν καὶ πονηρόν.
	51 (21) 5 Dedi autem ei manducare, et manducauit	**21** 5 καὶ τότε ταχέως πείσασα αὐτόν ἔφαγεν.
		καὶ ἠνεῴχθησαν αὐτοῦ οἱ ὀφθαλμοί
	et factus est nudus statim sicut ego.	καὶ ἔγνω τὴν γύμνωσιν αὐτοῦ.
	Ipse quoque folia fici accipiens succinxit se.	
		21 6 καὶ λέγει μοι· ὦ γύναι πονηρά, τί κατειργάσω ἐν ἡμῖν; ἀπηλλοτρίωσάς με ἐκ τῆς δόξης τοῦ θεοῦ.
	52 (22) 1 Et ecce audiuimus dominum dicentem Gabrieli archangelo: Canta	**22** 1 καὶ αὐτῇ τῇ ὥρᾳ ἠκούσαμεν τοῦ ἀρχαγγέλου Μιχαὴλ σαλπίζοντος

grec (traduction)	*arménien*	*géorgien*

je commençai à l'avertir en disant: "Allons, mon seigneur Adam, écoute-moi,

51 (21) 2b *Je lui répondis et dis: "Tu ne veux pas mon récit, car tu veux mon †...† Nous avons été jusqu'à aujourd'hui comme des animaux.*

mange du fruit de l'arbre dont Dieu nous a dit de ne pas manger et tu seras comme un dieu."

51 (21) 3 *Quand j'eus examiné ce dont nous avait parlé le Seigneur: 'Ne mangez pas de lui', et que j'eus vu sa gloire, j'en pris et j'en mangeai et je connus le bien et le mal. Maintenant, manges-en toi aussi et tu seras comme un dieu."*

21 4a Votre père répondit et dit: "Je crains que Dieu ne se mette en colère contre moi."

51 (21) 4a *Adam me répondit et me dit: "Je crains que Dieu ne se mette en colère contre moi et me dise: 'Mon commandement que je t'avais commandé, tu ne l'as pas gardé.'"*

21 4b Je lui dis:

51 (21) 4b *Alors moi je dis au père:*

"Ne crains pas; dès que tu mangeras, tu connaîtras le bien et le mal."

"Que la faute soit sur moi. S'il t'interroge, dis ceci: 'La femme que tu m'as donnée, c'est sa faute.' Goûte cette gloire!"

21 5 Alors je le persuadai rapidement et il mangea.

Ses yeux s'ouvrirent

51 (21) 5 Et je lui donnai du fruit à manger,

51 (21) 5 *Alors je lui en donnai, il mangea*

et il reconnut sa nudité.

et je le rendis comme moi.

et devint comme moi.

Après cela, il alla lui aussi, prit des feuilles de figuier et couvrit sa nudité.

Et lui aussi prit au figuier des feuilles et il cacha sa nudité.

21 6 Il me dit: "Femme mauvaise, qu'as-tu accompli parmi nous? Tu m'as rendu étranger à la gloire de Dieu."

22 1 Et à l'heure même, nous entendîmes l'archange Michel qui sonnait *sa trom-*

52 (22) 1 Après cela, nous entendîmes l'ange Gabriel qui sonnait de la trom-

52 (22) 1 *Après cela, nous entendîmes un ange qui sonnait de la trompette. Il*

latin-V	latin-P	grec
	nobis tubam et congregentur omnes angeli et archangeli de septem caelis.	ἐν τῇ σάλπιγγι αὐτοῦ καὶ καλοῦντος τοὺς ἀγγέλους καὶ λέγοντος·
	52 (22) 2 Iterum dixit dominus deus dominator omnium: Venite mecum omnes in paradisum, ut audiatis iudicium quo iudicaturus sum Adam.	**22** 2 τάδε λέγει κύριος· ἔλθατε μετ' ἐμοῦ εἰς τὸν παράδεισον καὶ ἀκούσατε τοῦ κρίματος ἐν ᾧ κρινῶ τὸν Ἀδάμ.
	Audiuimus itaque angelum cum tuba dicentem quia dominus nos iudicare uenturus erat.	καὶ ὡς ἠκούσαμεν τοῦ ἀρχαγγέλου σαλπίζοντος εἴπομεν· ἰδοὺ ὁ θεὸς εἰς τὸν παράδεισον ἔρχεται κρῖναι ἡμᾶς.
	Timore igitur magno timuimus et inter ligna paradisi abscondimus nos.	ἐφοβήθημεν δὲ καὶ ἐκρύβημεν.
	52 (22) 3 Dominus autem deus sedens super Hirumphim descendit, et duo angeli ante eum tuba canentes.	**22** 3 καὶ ἦλθεν ὁ θεὸς εἰς τὸν παράδεισον ἐπιβεβηκὼς ἐπὶ ἅρματος χερουβίμ, καὶ οἱ ἄγγελοι ὑμνοῦντες αὐτόν.
	Illa uero hora quando ad paradisum uenit, omnia ligna protinus usque ad terram se humiliauerunt, dominum adorantia.	ἐν ᾧ δὲ ἦλθεν ὁ θεὸς εἰς τὸν παράδεισον ἐξήνθησαν τὰ φυτὰ τοῦ κλήρου τοῦ Ἀδὰμ καὶ τὰ ἐμὰ πάντα.
	52 (22) 4 Thronus quidem eius in medio paradisi est positus, iuxta arborem uitae.	**22** 4 καὶ ὁ θρόνος τοῦ θεοῦ ἐστηρίζετο ὅπου ἦν τὸ ξύλον τῆς ζωῆς.
	53 (23) 1 Deinde uocauit deus Adam dicens: Vbi est Adam?	**23** 1 καὶ ἐκάλεσεν ὁ θεὸς τὸν Ἀδὰμ λέγων· Ἀδάμ, ποῦ ἐκρύβης;
		νομίζεις ὅτι οὐχ εὑρίσκω σε;
		μὴ κρυβήσεται οἶκος τῷ οἰκοδομήσαντι αὐτόν;
	53 (23) 2 Qui ait: Hic ego sum, domine meus, ante te uolens ire sed non possum.	**23** 2 τότε ἀποκριθεὶς ὁ πατὴρ ὑμῶν εἶπεν· οὐχί, κύριε, οὐ κρυβόμεθά σε ὡς νομίζοντες ὅτι οὐχ εὑρισκόμεθα ὑπὸ σοῦ· ἀλλὰ

grec (traduction)	*arménien*	*géorgien*
pette, appelant tous les anges et disant :	pette. Il appela tous les anges et leur disait :	*appela les anges et leur dit :*
22 2 "Voici ce que dit le Seigneur : 'Venez avec moi dans le paradis et écoutez le jugement par lequel je vais juger Adam.' "	**52 (22) 2** "Le Seigneur dit ceci : 'Venez auprès de moi pour qu'avec vous je descende dans le paradis, et écoutez mon jugement par lequel je vais juger Adam.' "	**52 (22) 2** *"Le Seigneur dit : 'Venez au paradis, écoutez le jugement que nous allons juger.' "*
Lorsque nous entendîmes l'archange sonner de la trompette, nous dîmes : "Voici, Dieu vient dans le paradis pour nous juger."	Lorsque nous entendîmes le son de la trompette de l'ange, nous sûmes que Dieu allait venir dans le paradis pour nous juger.	*Adam <me dit> : "Nous nous sommes égarés, car Dieu vient dans le paradis pour nous juger."*
Nous fûmes pris de crainte et nous nous cachâmes.		*Nous eûmes peur et nous nous cachâmes.*
22 3 Dieu vint dans le paradis monté sur un char de Chérubins, et les anges le célébraient par des hymnes.	**52 (22) 3** Il monta sur le char des Chérubins, et les anges le louaient.	**52 (22) 3** *Et Dieu vint au paradis siégeant sur les Chérubins et, devant lui, les anges chantaient des hymnes.*
	Alors nous eûmes peur et nous nous cachâmes.	
Au moment où Dieu arriva *au paradis*, les plantes du lot d'Adam se couvrirent de fleurs, et aussi toutes les miennes.	Dieu vint dans le paradis et toutes les plantes du paradis fleurirent.	*Quand il fut arrivé au paradis, aussitôt, tout arbre produisit du feuillage.*
22 4 Et le trône de Dieu fut dressé là où était l'arbre de vie.	**52 (22) 4** Et il plaça son trône près de l'arbre de vie.	**52 (22) 4** *et le trône fut dressé près de l'arbre de vie.*
23 1 Dieu appela Adam en disant : "Adam, où t'es-tu caché ?	**53 (23) 1** Dieu appela Adam et dit : "Adam, Adam, où es-tu ?	**53 (23) 1** *Il appela Adam et lui dit : "Adam, Adam, où es-tu ? Te caches-tu de moi ?*
Penses-tu que je ne te trouve pas ?	Penses-tu que tu t'es caché et te dis-tu : 'Il ne me connaît pas ?'	
Est-ce qu'une maison peut être cachée à celui qui l'a construite ?"	Est-ce que l'édifice peut se cacher de celui qui l'a édifié,	*Est-ce qu'une maison peut se cacher à celui qui l'a construite ?*
	pour que tu te sois caché près de l'olivier ?"	*Ou pourquoi t'es-tu caché près de l'arbre du paradis ?"*
23 2 Alors votre père répondit et dit : "Non, Seigneur, nous ne nous cachons pas de toi en pensant que nous ne serons pas	**53 (23) 2** Adam répondit et dit : "Non, Seigneur, ce n'est pas que, m'étant caché, je pense que tu ne me trouveras pas, mais j'ai eu	**53 (23) 2** *Alors votre père lui répondit et dit au Seigneur : "Je me suis caché parce que j'ai peur ; je suis nu et j'ai honte."*

latin-V	*latin-P*	*grec*
		φοβοῦμαι ὅτι γυμνός εἰμι καὶ ἠδέσθην τὸ κράτος σου, δέσποτα.
	53 (23) 3 Cui dominus: Cur fregisti pactum meum, et cur manducasti de ligno uitae quod tibi prohibui?	**23 3** λέγει αὐτῷ ὁ θεός· τίς σοι ὑπέδειξεν ὅτι γυμνὸς εἶ εἰ μὴ ὅτι ἐγκατέλιπας τὴν ἐντολήν μου ἣν παρέδωκά σοι τοῦ φυλάξαι αὐτήν;
		23 4 τότε Ἀδὰμ ἐμνήσθη τοῦ λόγου οὗ ἐλάλησα αὐτῷ [ὅτε ἤθελον ἀπατῆσαι αὐτὸν AT(L)] ὅτι ἀκίνδυνόν σε ποιήσω παρὰ τοῦ θεοῦ.
	53 (23) 4 Respondens autem Adam ait: Haec mulier quam mihi dedisti seduxit me, quae mihi fructum dedit, et manducaui.	
		23 5 καὶ στραφεὶς πρός με εἶπεν· τί τοῦτο ἐποίησας;
		κἀγὼ [ἐμνήσθην δὲ κἀγὼ τοῦ ῥήματος τοῦ ὄφεως, καὶ A(T)L] εἶπον ὅτι ὁ ὄφις ἠπάτησέν με.
	54 (24) 1 Cui dominus: Quia obedisti uoci uxoris tuae plus quam meae, maledicta terra in opere tuo,	**24 1** καὶ λέγει ὁ θεὸς τῷ Ἀδάμ· ἐπειδὴ παρήκουσας τὴν ἐντολήν μου καὶ ἤκουσας τῆς γυναικός σου, ἐπικατάρατος ἡ γῆ ἕνεκα σοῦ.
		24 2 ἐργάσει αὐτὴν καὶ οὐ δώσει τὴν ἰσχὺν αὐτῆς,
		ἀκάνθας καὶ τριβόλους ἀνατελεῖ σοι
	54 (24) 2 et in sudore uultus tui pane tuo uesceris.	καὶ ἐν ἱδρώτητι τοῦ προσώπου σου φάγει τὸν ἄρτον σου.
	54 (24) 3 Labor quidem tuus erit in aerumna et tribulis et spinis, donec reuertaris in terram, de qua sumptus es. Terra enim es et in terram ibis.	

grec (traduction)	arménien	géorgien
trouvés par toi; mais j'ai peur parce que je suis nu et j'ai éprouvé de la honte devant ta puissance, Maître."	peur car je suis nu et j'ai honte."	
23 3 Dieu lui dit: "Qui t'a montré que tu étais nu, si ce n'est que tu as abandonné mon commandement, *que je t'avais transmis* pour le garder?	**53 (23) 3** Dieu lui dit: "Qui t'a montré que tu es nu, si tu n'as pas abandonné mon commandement que je t'ai donné à garder?"	**53 (23) 3** *Dieu lui répondit et lui dit: "Qui t'a dit que tu étais nu? Est-ce que tu as méprisé mon commandement que je t'avais commandé?"*
23 4 Alors Adam se souvint de la parole que je lui avais dite *lorsque je voulus le tromper*: "Je ferai en sorte que tu ne coures aucun danger de la part de Dieu."	**53 (23) 4** Alors Adam se souvint de la parole qu'il lui avait dite de travailler et de garder.	**53 (23) 4** *Alors Adam se souvint de ma parole que j'avais dite: "Ne t'inquiète pas, mais que cela soit sur moi."*
	Adam dit: "*Seigneur* [BC], la femme que tu as donnée m'a trompée et j'ai mangé."	*Et Adam dit: "Seigneur, la femme que tu m'as donnée, c'est elle qui m'a égaré."*
23 5 Il se tourna vers moi et dit: "Pourquoi as-tu fait cela?"	**53 (23) 5** Et il se tourna vers moi et dit: "Pourquoi as-tu fait cela?"	**53 (23) 5** *Alors il se tourna vers moi et me dit: "Qu'as-tu fait?"*
Je me souvins moi aussi de la parole du serpent et je dis: "Le serpent m'a trompée."	Je me souvins de la parole du serpent et je dis: "Le serpent m'a trompée."	*Et je me souvins de la parole du serpent et je dis: "Le serpent m'a égarée."*
24 1 Dieu dit à Adam: "Puisque tu n'as pas obéi à mon commandement et que tu as écouté ta femme, maudite est la terre à cause de toi.	**54 (24) 1** Alors Dieu dit à Adam: "Puisque tu as écouté la voix de ta femme et as transgressé mon commandement, tu seras insulté sur la terre.	**54 (24) 1** *Dieu répondit à Adam et lui dit: "Puisque [ms: pourquoi] tu as écouté ta femme et méprisé mon commandement, que la terre soit maudite dans tes œuvres.*
24 2 Tu la travailleras, et elle ne donnera pas sa fécondité	**54 (24) 2** Tu peineras sur elle [BC: *Tu travailleras*], et elle ne te donnera pas sa force;	**54 (24) 2** *Tu travailleras, et elle ne te donnera pas de fruit;*
et elle fera croître pour toi épines et chardons;	des épines et des chardons croîtront pour toi.	*elle fera croître pour toi épines et chardons.*
à la sueur de ton visage tu mangeras ton pain.	A la sueur de ton visage tu mangeras ton pain	*A la sueur de ton visage tu mangeras du pain.*

latin-V	latin-P	grec
	Tu etiam et filii tui in inferno eritis usque in diem iudicii.	

24 3 ἔσει δὲ ἐν καμάτοις πολυτρόποις,

καμῇ καὶ μὴ ἀναπαύσῃ,

θλιβῆς ἀπὸ πικρίας, καὶ μὴ γεύσει γλυκύτητος,

θλιβῆς ἀπὸ καύματος καὶ στενωθῆς ἀπὸ ψύξεως.

καὶ κοπιάσεις πολλὰ καὶ μὴ πλουτήσεις,

καὶ παχυνθήσει καὶ εἰς τέλος μὴ ὑπάρξεις.

24 4 καὶ τῶν ἐκυρίευες θηρίων ἐπαναστήσονταί σοι ἐν ἀκαταστασίᾳ

ὅτι τὴν ἐντολήν μου οὐκ ἐφύλαξας.

25 1 στραφεὶς δὲ πρός με ὁ κύριος λέγει· ἐπειδὴ ἐπήκουσας τοῦ ὄφεως καὶ παρήκουσας τὴν ἐντολήν μου, ἔσει ἐν καμάτοις καὶ ἐν πόνοις ἀφορήτοις.

25 2 τέξει τέκνα ἐν πολλοῖς τρόποις καὶ ἐν μιᾷ ὥρᾳ ἔλθῃς τοῦ τεκεῖν καὶ ἀπολέσεις τὴν ζωήν σου ἐκ τῆς ἀνάγκης σου τῆς μεγάλης καὶ τῶν ὀδυνῶν.

grec (traduction)	arménien	géorgien

24 3 Tu seras dans des peines multiples;

tu peineras et tu n'auras pas de repos;

54 (24) 3 *Tu travailleras de tes bras dans beaucoup de domaines* [BC]

et tu n'auras pas de repos;

54 (24) 3 *Sois avec beaucoup de gémissements,*

fatigue-toi de fatigue et tu <n'>auras <pas> de repos;

et tu auras faim et tu seras rassasié,

tu auras faim et tu <ne> seras <pas> rassasié:

tu seras accablé par l'amertume et tu ne goûteras pas la douceur;

et tu seras tourmenté par l'amertume et ensuite tu mangeras de la douceur;

tu seras tourmenté par l'amertume et tu <ne> seras <pas> rassasié, tu <ne> goûteras <pas> à la douceur;

tu seras accablé par la chaleur et opprimé par le froid;

tu seras affligé par la grande chaleur et tourmenté par le froid;

tu seras tourmenté par la chaleur et tu souffriras du froid;

tu te fatigueras beaucoup et tu ne deviendras pas riche;

tu deviendras pauvre et tu deviendras riche;

vous deviendrez pauvres et vous <ne> deviendrez <pas> riches:

tu deviendras gras et à la fin tu n'existeras pas.

toi qui deviendras gras, tu deviendras aussi faible,

vous mangerez et vous <ne> deviendrez <pas> gras;

vous vous chaufferez au feu et vous <ne> serez <pas> réchauffés.

Vous fuirez < ... > par l'eau (?) et vous aurez froid.

24 4 Et les bêtes que tu dominais se dresseront contre toi en révolte,

54 (24) 4 et les bêtes que tu dominais se dresseront contre toi avec méchanceté,

54 (24) 4 *Et les bêtes que tu dominais se dresseront contre toi. Tu seras sans autorité*

parce que tu n'as pas gardé mon commandement."

parce que tu as transgressé mon commandement et ne l'as pas gardé."

parce que tu n'as pas gardé mes commandements."

25 1 Le Seigneur se tourna vers moi et dit: "Puisque tu as écouté le serpent et que tu n'as pas écouté mon commandement, tu seras dans des peines et des douleurs intolérables.

55 (25) 1 Dieu se tourna et me dit: "Puisque tu as écouté le serpent et que tu as transgressé mon commandement, tu seras dans les travaux et les douleurs.

55 (25) 1 *Il se tourna vers moi et me dit: "Pourquoi as-tu écouté le serpent et as-tu abandonné mes commandements que je t'avais commandés? Sois dans les travaux et les douleurs.*

25 2 Tu enfanteras des enfants de nombreuses manières; en une seule heure tu viendras pour enfanter et tu perdras la vie du fait de ta grande détresse et de tes souffrances.

55 (25) 2 Tu enfanteras de nombreux enfants et au moment de l'enfantement tu finiras ta vie et, à cause de tes grandes souffrances et douleurs,

55 (25) 2 *Enfante de nombreux fruits et, lorsque tu enfanteras, tu désespéreras de ta vie à cause des souffrances et douleurs.*

latin-V	latin-P	grec
		25 3 ἐξομολογήσει δὲ καὶ εἴπῃς· κύριε, κύριε, σῶσόν με, καὶ οὐ μὴ ἐπιστρέψω εἰς τὴν ἁμαρτίαν τῆς σαρκός.
		ἀλλὰ καὶ πάλιν ἐπιστρέψεις.
		25 4 διὰ τοῦτο ἐκ τῶν λόγων σου κρινῶ σε, διὰ τὴν ἔχθραν ἣν ἔθετο ὁ ἐχθρὸς ἐν σοί.
		στραφῇς δὲ πάλιν πρὸς τὸν ἄνδρα σου, καὶ αὐτός σου κυριεύσει.
		26 1 μετὰ δὲ τὸ εἰπεῖν μοι ταῦτα εἶπεν τῷ ὄφει ἐν ὀργῇ μεγάλῃ λέγων· ἐπειδὴ ἐποίησας τοῦτο καὶ ἐγένου σκεῦος ἀχάριστον ἕως ἂν πλανήσῃς τοὺς παρειμένους τῇ καρδίᾳ, ἐπικατάρατος σὺ ἐκ πάντων τῶν κτηνῶν.
		26 2 στερηθήσει τῆς τροφῆς σου ἧς ἤσθιες καὶ χοῦν φάγει πάσας τὰς ἡμέρας τῆς ζωῆς σου. ἐπὶ τῷ στήθει καὶ τῇ κοιλίᾳ πορεύσει, ὑστερηθεὶς καὶ χειρῶν καὶ ποδῶν σου.
		26 3 οὐκ ἀφεθήσεταί σοι ὠτίον οὔτε πτέρυξ οὔτε ἓν μέλος τούτων ὧν σὺ ἐδελέασας ἐν τῇ κακίᾳ σου καὶ ἐποίησας αὐτοὺς ἐκβληθῆναι ἐκ τοῦ παραδείσου.

grec (traduction)	*arménien*	*géorgien*
25 3 Tu avoueras et tu diras: 'Seigneur, Seigneur, sauve-moi, et je ne retournerai pas au péché de la chair.'	**55 (25) 3** tu proclameras de ta bouche et tu diras: 'Si je survis à ces souffrances, je ne retournerai plus vers mon mari'.	**55 (25) 3** *Si tu échappes aux afflictions, tu ne retourneras plus vers la terre,*
Mais à nouveau tu y retourneras.	Et quand tu émergeras des souffrances, tu retourneras aussitôt à cette terre.	
25 4 C'est pourquoi je te jugerai à partir de tes paroles, à cause de l'inimitié que l'Ennemi a placée en toi.	**55 (25) 4** Car par ta bouche tu seras condamnée, parce tu avais proclamé quand tu étais dans la douleur pressante: 'Je ne retournerai pas à cette terre',	**55 (25) 4** *et tu endurciras ton cœur à cause du grand combat que le serpent a institué avec toi.*
Tu te tourneras à nouveau vers ton mari, et lui te dominera."	et ensuite tu es retournée vers la même chose. Dans les douleurs tu enfanteras des enfants, et avec tendresse tu retourneras vers ton mari, et il te dominera."	*Retourne aussitôt à ce même point. Enfante ta progéniture dans les douleurs, et avec tendresse retourne vers ton mari, et lui te dominera."*
26 1 Après m'avoir dit cela, il dit au serpent dans une grande colère: "Puisque tu as fait cela et que tu es devenu un instrument malveillant jusqu'à ce que tu aies égaré ceux qui sont faibles de cœur, maudit es-tu parmi tous les bestiaux.	**56 (26) 1** Après m'avoir dit tout cela, le Seigneur se mit en colère d'une grande colère contre le serpent et dit: "Puisque tu as fait cela et que tu es devenu une lyre pour égarer ceux qui sont abattus de cœur, tu seras maudit parmi tous les animaux.	**56 (26) 1** *Quand il m'eut dit tout cela, il se mit en colère de colère contre le serpent:* "Péris toi aussi et sois maudit parmi tous les animaux.
26 2 Tu seras privé de la nourriture dont tu mangeais et tu mangeras de la poussière tous les jours de ta vie. Tu marcheras sur la poitrine et sur le ventre, privé de tes mains et de tes pieds.	**56 (26) 2** Tu seras privé de ta nourriture que tu mangeais. La poussière sera ta nourriture et sur ta poitrine et sur ton ventre tu iras; tes pieds et tes mains seront ôtés	**56 (26) 2** Sois privé de ta nourriture que tu manges et que la terre soit ta nourriture tous les jours de ta vie. Tu iras sur ta poitrine et sur ton ventre; tes mains et tes pieds te seront ôtés.
26 3 Il ne te sera laissé ni oreille, ni aile, ni aucun des membres par lesquels tu les as appâtés dans ta méchanceté et tu les as fait expulser du paradis.	**56 (26) 3** et tes oreilles n'entendront plus, et aucun de tes membres <...>.	**56 (26) 3** Que tu n'aies plus ni oreilles ni ongles et qu'il ne te reste plus le moindre membre!
	Une ressemblance de la croix portera mon Fils sur la terre à cause de ceux que tu as trompés. Tu seras abattu et brisé à cause de la méchanceté de ton cœur.	Que te juge la croix précieuse que mon fils prendra sur la terre, à cause de l'égarement par lequel tu as égaré *Adam*. Mais toi, sois de nouveau glabre et sans

latin-V   *latin-P*   *grec*

26 4 καὶ θήσω ἔχθραν ἀνὰ μέσον σοῦ καὶ ἀνὰ μέσον τοῦ σπέρματος αὐτῶν· αὐτός σου τηρήσει κεφαλὴν καὶ σὺ ἐκείνου πτέρναν ἕως τῆς ἡμέρας τῆς κρίσεως.

27 1 ταῦτα εἰπὼν κελεύει τοῖς ἀγγέλοις αὐτοῦ ἐκβληθῆναι ἡμᾶς ἐκ τοῦ παραδείσου.

27 2 ἐλαυνομένων δὲ ἡμῶν καὶ ὀδυρομένων παρεκάλεσεν ὁ πατὴρ ὑμῶν Ἀδὰμ τοὺς ἀγγέλους λέγων·

ἐάσατέ με μικρόν, ὅπως παρακαλέσω τὸν θεὸν καὶ σπλαγχνισθῇ καὶ ἐλεήσῃ με ὅτι ἐγὼ μόνος ἥμαρτον.

27 3 αὐτοὶ δὲ ἐπαύσαντο τοῦ ἐλαύνειν αὐτόν· ἐβόησε δὲ Ἀδὰμ μετὰ κλαυθμοῦ λέγων· συγχώρησόν μοι, κύριε, ὃ ἐποίησα.

27 4 τότε λέγει ὁ κύριος τοῖς ἀγγέλοις αὐτοῦ· τί ἐπαύσασθε ἐκβάλλοντες τὸν Ἀδὰμ ἐκ τοῦ παραδείσου; μὴ ἐμόν ἐστι τὸ ἁμάρτημα, ἢ κακῶς ἔκρινα;

27 5 τότε οἱ ἄγγελοι πεσόντες ἐπὶ τὴν γῆν προσεκύνησαν τῷ κυρίῳ λέγοντες· δίκαιος εἶ, κύριε, καὶ εὐθύτητας κρίνεις.

28 1 στραφεὶς δὲ ὁ κύριος πρὸς τὸν Ἀδὰμ εἶπεν· οὐκ ἀφήσω σε ἀπὸ τοῦ νῦν εἶναι ἐν τῷ παραδείσῳ.

grec (traduction)	*arménien*	*géorgien*
		membres à cause de la méchanceté de ton cœur.
26 4 Je mettrai une inimitié entre toi et leur descendance; lui guettera ta tête, et toi tu guetteras son talon, jusqu'au jour du jugement."	56 (26) 4 Je mettrai une inimitié entre toi et la descendance d'Adam. Tu guetteras son talon, et elle (guettera) ta tête, jusqu'au jour où vous serez tourmentés."	56 (26) 4 Et j'établirai une inimitié entre toi et la descendance de la femme: elle guettera ta tête, et toi tu guetteras son talon jusqu'au jour du jugement."
27 1 Ayant dit cela, il ordonna à ses anges de nous expulser du paradis.	57 (27) 1 Ayant dit cela, Dieu ordonna de nous faire sortir du paradis,	57 (27) 1 Dieu dit cela et il ordonna de nous faire sortir tous les deux du paradis.
27 2 Comme nous étions poussés dehors et que nous nous lamentions, votre père Adam supplia les anges en disant: "Laissez-moi un peu pour que je supplie Dieu, qu'il me prenne en pitié et me fasse miséricorde, car moi seul j'ai péché."	57 (27) 2 et les anges nous emmenèrent pour nous faire sortir. Adam pria les anges et dit: "Laissez-moi un peu, que je prie Dieu au sujet de mes transgressions. Peut-être m'accordera-t-il une pénitence et ne (me) fera-t-il pas sortir du paradis."	57 (27) 2 Adam priait les anges et leur dit: "Laissez-moi prier le Seigneur; qui sait si le Seigneur me donnera une pénitence pour ce que j'ai fait, et je ne sortirai pas du paradis."
27 3 Ils cessèrent de le pousser dehors, et Adam cria avec une plainte et dit: "Pardonne-moi, Seigneur, ce que j'ai fait."	57 (27) 3 Les anges cessèrent de le faire sortir du paradis. Et Adam dit: "Accorde-moi ta grâce, Seigneur Dieu, car j'ai péché contre toi."	57 (27) 3 Alors les anges cessèrent de nous faire sortir. Adam priait le Seigneur et dit: "Je t'en prie, pardonne-moi, Seigneur, ce que j'ai fait."
27 4 Alors le Seigneur dit à ses anges: "Pourquoi avez-vous cessé d'expulser Adam du paradis? Est-ce que le péché est mien, ou ai-je mal jugé?"	57 (27) 4 Alors le Seigneur dit aux anges: "Ne le laissez pas s'arrêter, mais faites-le sortir du paradis. Est-ce que les péchés sont miens? Est-ce en vain que je juge?"	57 (27) 4 Alors le Seigneur dit aux anges: "Pourquoi avez-vous cessé de faire sortir Adam du paradis? Est-ce ma faute? Ou n'ai-je pas jugé justement?"
27 5 Alors les anges se prosternèrent à terre devant le Seigneur en disant: "Tu es juste, Seigneur, et tu juges avec droiture."	57 (27) 5 Alors les anges adorèrent Dieu et dirent: "Tu es juste, Seigneur, et ta justice est droite."	57 (27) 5 Alors les anges tombèrent contre terre et ils dirent en adorant le Seigneur: "Tu es juste, Seigneur, et ton jugement est droit."
28 1 Le Seigneur se tourna vers Adam et dit: "A partir de maintenant, je ne te permettrai plus d'être dans le paradis."		58 (28) 1 Le Seigneur se tourna et dit à Adam: "Tu ne seras pas laissé dans le paradis."

latin-V	latin-P	grec
		28 2 καὶ ἀποκριθεὶς ὁ Ἀδὰμ εἶπεν· κύριε, δός μοι ἐκ τοῦ φυτοῦ τῆς ζωῆς ἵνα φάγω πρὶν ἢ ἐκβληθῆναί με.
		28 3 τότε ὁ κύριος ἐλάλησεν πρὸς τὸν Ἀδάμ· οὐ λήψει νῦν ἀπ' αὐτοῦ· ὡρίσθη γὰρ τῷ χερουβὶμ καὶ τῇ φλογίνῃ ῥομφαίᾳ τῇ στρεφομένῃ φυλάσσειν αὐτὸ διὰ σέ, ὅπως μὴ γεύσῃ ἀπ' αὐτοῦ καὶ ἀθάνατος ἔσῃ εἰς τὸν αἰῶνα· ἔχεις δὲ τὸν πόλεμον ὃν ἔθετο ὁ ἐχθρὸς ἐν σοί.
		28 4 ἀλλ' ἐξερχομένου σου ἐκ τοῦ παραδείσου, ἐὰν φυλάξῃς ἑαυτὸν ἀπὸ παντὸς κακοῦ ὡς βουλόμενος ἀποθανεῖν, ἀναστάσεως πάλιν γενομένης ἀναστήσω σε καὶ δοθήσεταί σοι ἐκ τοῦ ξύλου τῆς ζωῆς, καὶ ἀθάνατος ἔσει εἰς τὸν αἰῶνα.
59 (29) 1 Haec autem dominus dicens iussit angelos nos expellere foras.		**29** 1 ταῦτα εἰπὼν ὁ κύριος ἐκέλευσεν τοῖς ἀγγέλοις αὐτοῦ ἐκβληθῆναι ἡμᾶς ἐκ τοῦ παραδείσου.
59 (29) 2 Pater uero uester Adam fleuit ad angelos qui nos expellebant dicentes: Damus gloriam deo.		**29** 2 ἔκλαυσε δὲ ὁ πατὴρ ὑμῶν ἔμπροσθεν τῶν ἀγγέλων ἐν τῷ παραδείσῳ,
Et dixerunt: Quid faciemus tibi?		καὶ λέγουσιν οἱ ἄγγελοι αὐτῷ· τί θέλεις ποιήσωμέν σοι, Ἀδάμ ;
59 (29) 3 Quibus Adam ait: Ecce proicior, sed rogo ut permittatis me tollere mecum odoramenta,		**29** 3 ἀποκριθεὶς δὲ ὁ πατὴρ ὑμῶν εἶπεν τοῖς ἀγγέλοις· Ἰδοὺ ἐκβάλλετέ με· δέομαι ὑμῶν, ἄφετέ με ἄραι εὐωδίας ἐκ τοῦ παραδείσου,

grec (traduction)	*arménien*	*géorgien*
28 2 Adam répondit et dit: "Seigneur, donne-moi de la plante de vie, pour que j'en mange avant que je sois expulsé."	**58 (28) 2** Adam se tourna et dit à Dieu; "Mon Seigneur, je te prie, donne-moi de l'arbre de vie, que je mange avant que je sois sorti du paradis."	**58 (28) 2** Adam lui répondit et dit au Seigneur: "Je te prie, Seigneur, donne-moi de l'arbre de vie. que je mange avant ma sortie."
28 3 Alors le Seigneur parla ainsi à Adam: "Tu n'en prendras pas maintenant, car il a été assigné au Chérubin et à l'épée de feu tournoyante de le garder à cause de toi, afin que tu n'en goûtes pas et que tu ne deviennes pas immortel pour l'éternité; mais tu vas mener le combat que l'Ennemi a décrété contre toi.	**58 (28) 3** Et le Seigneur dit à Adam: "Tu n'en prendras pas pendant ta vie, car j'ai donné ordre aux Séraphins de le garder avec des armes tournoyantes à cause de toi, de peur que tu n'en goûtes encore et que tu ne deviennes immortel et que tu ne dises: Voici, je ne mourrai pas', et que tu ne t'en glorifies. Et tu vaincras dans le combat que l'ennemi a engagé contre toi.	**58 (28) 3** Alors le Seigneur parla à Adam et lui dit: 'Tu n'en prendras plus pendant ta vie. J'ai établi un Chérubin enflammé et un glaive tournoyant pour le garder à cause de toi, pour que tu n'en goûtes pas, ne deviennes pas immortel et ne te glorifies pas en disant: 'Je ne mourrai pas pour l'éternité'; et tu mèneras le combat que l'ennemi a engagé contre toi.
28 4 Cependant, si une fois sorti du paradis tu te gardes de tout mal en acceptant de mourir, lorsque viendra la résurrection, je te ressusciterai, il te sera donné de l'arbre de vie et tu seras immortel pour l'éternité."	**58 (28) 4** Mais quand tu sortiras du paradis et que tu te garderas toi-même de la médisance, de la prostitution, de l'adultère, de la sorcellerie, de l'amour de l'argent, de la cupidité et de tous les péchés, alors tu ressusciteras de la mort, lors de la résurrection qui adviendra. Alors, je te donnerai de l'arbre de vie et tu deviendras immortel pour l'éternité."	**58 (28) 4** *Et si* tu sors du paradis et que tu te gardes toi-même de tout mal, *tu mourras et, après la mort, tu ressusciteras à la résurrection à venir.* Alors, je te donnerai de l'arbre *de vie* et tu seras immortel pour l'éternité.
29 1 Ayant dit cela, le Seigneur ordonna à ses anges de nous expulser du paradis.	**59 (29) 1** Ayant dit cela, Dieu ordonna de nous faire sortir du paradis.	**59 (29) 1** Ayant dit cela, le Seigneur *ordonna de nous faire sortir du paradis.*
29 2 Votre père pleura devant les anges, dans le paradis,	**59 (29) 2** Adam commença à pleurer devant les anges,	**59 (29) 2** Votre père pleurait devant les anges;
et les anges lui dirent: "Que veux-tu que nous fassions pour toi, Adam?"	et les anges lui dirent: "Que veux-tu que nous fassions pour toi?"	alors ils lui dirent: "Qu'y a-t-il ou que ferons-nous pour toi?"
29 3 Votre père répondit et dit aux anges: "Voici que vous m'expulsez; je vous en prie, laissez-moi emporter des parfums du paradis,	**59 (29) 3** Adam répondit et dit aux anges: "Je vous le demande, laissez-(moi) un peu, que je prenne des encens odoriférants du paradis,	**59 (29) 3** Alors votre père leur répondit et leur dit: "Voici, moi je sors. Maintenant je vous prie qu'à ma sortie je prenne un parfum du paradis

latin-V	*latin-P*	*grec*
		ἵνα μετὰ τὸ ἐξελθεῖν με ἀνενέγκω θυσίαν τῷ θεῷ,

quibus faciem meam odo-
rem in conspectu domini,

forsitan deus exaudiet me.

ὅπως εἰσακούσεταί μου ὁ θεός.

29 4 καὶ προσελθόντες εἶπον οἱ ἄγγελοι τῷ κυρίῳ·
Ἰαὴλ αἰώνιε βασιλεῦ, κέ-
λευσον δοθῆναι τῷ Ἀδὰμ
θυμιάματα εὐωδίας ἐκ τοῦ
παραδείσου.

29 5 καὶ ἐκέλευσεν ὁ θεὸς
ἐαθῆναι τὸν Ἀδὰμ ἵνα λάβη
εὐωδίας καὶ σπέρματα εἰς
διατροφὴν αὐτοῦ.

59 4 **(29** 6**)**   Permittentes
autem eum tollere, tulit se-
cum quatuor odoramenta,
nardum, crocum et cala-
mum et cinamomum.

29 6 καὶ ἀφέντες αὐτὸν οἱ
ἄγγελοι, ἔλαβε τέσσαρα
γένη, κρόκον καὶ νάρδον
καὶ κάλαμον καὶ κινάμω-
μον, καὶ ἔτερα σπέρματα
εἰς διατροφὴν αὐτοῦ.

Cum uero extulisset, ex-
pulsi sumus de paradiso.

καὶ λαβὼν ταῦτα ἐξῆλθεν
ἐκ τοῦ παραδείσου·

Sumus itaque expulsi super
terram.

καὶ ἐγενόμεθα ἐπὶ τῆς γῆς.

*RM ont à cet endroit (29,
7a-13):*

29 7a ἐγένετο δὲ ἡμᾶς πεν-
θῆσαι ἡμέρας ἑπτά.

29 7b καὶ μετὰ ἑπτὰ ἡμέρας ἐπεινάσαμεν.

29 7c καὶ εἶπον τῷ Ἀδάμ·
ἀνάστα καὶ φρόντισον ἡμῖν
βρώματα ἵνα φάγωμεν καὶ
ζήσωμεν ἵνα μὴ ἀπο-
θάνωμεν· ἐγερθῶμεν καὶ
κυκλώσωμεν τὴν γῆν εἰ
οὕτως εἰσακούσῃ ἡμῖν ὁ
θεός.

29 7d καὶ ἀνέστημεν καὶ
διωδεύσαμεν πᾶσαν τὴν

grec (traduction)	*arménien*	*géorgien*
afin qu'une fois que je serai sorti je puisse offrir un sacrifice à Dieu,	afin que, lorsque je serai sorti de là j'offre à Dieu des encens odoriférants, et des sacrifices,	pour que, lorsque je serai sorti, j'offre un parfum odoriférant
et que Dieu m'exauce."	et que, peut-être, Dieu nous exauce."	et que Dieu m'exauce."
29 **4** Les anges, s'étant approchés, dirent au Seigneur: "Iaël, roi éternel, ordonne que soient donnés à Adam des encens parfumés du paradis."		
29 **5** Dieu ordonna qu'Adam soit laissé libre pour qu'il prenne des parfums et des semences pour sa nourriture.		
29 **6** Les anges l'ayant laissé aller, il en prit quatre espèces, le safran, le nard, la cannelle et le cinnamome, ainsi que d'autres semences pour sa nourriture.	**59 (29) 6** Les anges le lui permirent, et il prit avec lui des encens odoriférants, de l'iris et du baume.	**59 (29) 6** Et les anges le lui permirent et il prit quatre parfums odoriférants: le nard, le cinnamome, le roseau, la cannelle.
Ayant pris cela, il sortit du paradis,	Nous prîmes cela et nous sortîmes du paradis	Ceux-là, Adam les emporta du paradis
et nous fûmes sur la terre.	vers cette terre.	vers la terre.
29 **7a** Il advint que nous fûmes dans le deuil pendant sept jours.		
29 **7b** Et après sept jours, nous eûmes faim,		
29 **7c** et je dis à Adam: "Lève-toi et préoccupe-toi pour nous de nourritures, afin que nous mangions et vivions, afin que nous ne mourions pas. Levons-nous et faisons le tour de la terre (pour voir) si de cette manière Dieu nous exaucera."		
29 **7d** Nous nous levâmes et nous parcourûmes toute		

latin-V	latin-P	grec

γῆν ἐκείνην καὶ οὐχ εὕρομεν.

29 8 καὶ ἀποκριθεῖσα εἶπον τῷ Ἀδάμ· ἀνάστα κύριε καὶ ἀνάλωσόν με ἵνα ἀναπαύσωμαι ἀπὸ προσώπου σου καὶ ἀπὸ προσώπου τοῦ θεοῦ καὶ ἀπὸ τῶν ἀγγέλων ὅπως παύσωνται τοῦ ὀργίζεσθαί σοι δι' ἐμοῦ.

29 9a τότε ἀποκριθεὶς ὁ Ἀδὰμ εἶπέν μοι· διὰ τί ἐμνήσθης τῆς κακίας ταύτης ἵνα φόνον ποιήσω καὶ ἐνέγκω θάνατον τῇ ἐμῇ πλευρᾷ; ἢ πῶς ἐκτείνω χεῖρα τῇ εἰκόνι τοῦ θεοῦ ἣν ἔπλασεν;

29 9b ἀλλὰ μετανοήσωμεν ἡμέρας τεσσαράκοντα ὅπως σπλαγχνισθῇ ἡμῖν ὁ θεὸς καὶ δώσῃ ἡμῖν τροφὴν κρείσσον<α τῆς> τῶν θηρίων.

29 10a ἐγὼ μὲν ποιήσω ἡμέρας τεσσαράκοντα, σὺ δὲ ἡμέρας τριάκοντα τέσσαρας ὅτι σὺ οὐκ ἐπλάσθης τῇ ἡμέρᾳ τῇ ἕκτη ἐν ᾗ ἐποίησεν [ἐτέλεσεν coni. Nagel] ὁ θεὸς τὴν κτίσιν αὐτοῦ.

29 10b ἀλλ' ἀνάστα καὶ πορεύου εἰς τὸν Τίγριν ποταμὸν καὶ λάβε λίθον, καὶ θὲς ὑπὸ τοὺς πόδας σου καὶ στῆθι ἐνδεδυμένη ἐν τῷ ὕδατι ἕως τοῦ τραχήλου, καὶ μὴ ἐξέλθη λόγος ἐκ τοῦ στόματός σου, καὶ προσευχομένη τῷ θεῷ. ἀνάξιοι γάρ ἐσμεν καὶ τὰ χείλη ἡμῶν οὐκ ἔστι καθαρά. ἀλλὰ σιγοῦσα βόησον τῷ θεῷ 'ὁ θεὸς ἱλάσθητί μοι' βεβαπτισμένη ἐν τῷ ὕδατι ἐξ ὅλης τῆς καρδίας σου.

29 11a ἐπορεύθη δὲ Ἀδὰμ εἰς τὸν Ἰορδάνην ποταμὸν

grec (traduction)   *arménien*   *géorgien*

cette terre-là, et nous ne trouvâmes pas.

29 8 Prenant la parole, je dis à Adam: "Lève-toi, seigneur, et fais-moi périr afin que je repose loin de ta face, loin de la face de Dieu et loin des anges, afin qu'ils cessent d'être irrités contre toi à cause de moi."

29 9a Alors Adam répondit et me dit: "Pourquoi as-tu mentionné cette action mauvaise, pour que je commette un meurtre et que j'inflige la mort à ma propre côte? Et comment porterai-je la main sur l'image de Dieu, qu'il a modelée?

29 9b Repentons-nous plutôt pendant quarante jours, afin que Dieu nous prenne en pitié et nous donne une nourriture meilleure que celle des bêtes.

29 10a Moi, je ferai quarante jours, mais toi (tu feras) trente-quatre jours, parce que tu n'as pas été modelée le sixième jour, lorsque Dieu fit sa création.

29 10b Eh bien lève-toi et va au fleuve Tigre, prends une pierre, place-la sous tes pieds et tiens-toi debout, en te plongeant dans l'eau jusqu'au cou. Et qu'aucune parole ne sorte de ta bouche, même en priant Dieu, car nous sommes indignes et nos lèvres ne sont pas pures. Mais en gardant le silence, crie à Dieu 'O Dieu sois-moi propice', plongée dans l'eau, de tout ton cœur."

29 11a Adam, lui, alla au fleuve Jourdain, et les

latin-V	*latin-P*	*grec*
		καὶ ἡ θρὶξ τῆς κεφαλῆς αὐτοῦ ἡπλοῦτο εὐχομένου ἐν τῷ ὕδατι.
		29 11b καὶ ἔκραξε φωνῇ μεγάλῃ λέγων· σοὶ λέγω τῷ ὕδατι τοῦ Ἰορδάνου· στῆθι καὶ εὔχου ὁμοῦ καὶ πάντα τὰ θηρία καὶ πάντα τὰ πετεινὰ καὶ πάντα τὰ ἑρπετὰ ἐν τῇ γῇ καὶ θαλάσσῃ.
		29 11c καὶ πάντες οἱ ἄγγελοι καὶ πάντα τὰ ποιήματα τοῦ θεοῦ ἐκύκλωσαν τὸν Ἀδὰμ ὡς τεῖχος κύκλῳ αὐτοῦ κλαίοντες καὶ προσευχόμενοι τῷ θεῷ ὑπὲρ τοῦ Ἀδὰμ ὅπως εἰσακούσηται αὐτοῦ ὁ θεός.
		29 12a ὁ δὲ διάβολος μὴ εὑρὼν τόπον εἰς τὸν Ἀδὰμ ἐπορεύθη εἰς τὸν Τίγριν ποταμὸν πρὸς τὴν Εὖαν. καὶ λαβὼν σχῆμα ἀγγέλου ἔστη ἐνώπιον αὐτῆς
		29 12b κλαίων καὶ τὰ δάκρυα αὐτοῦ ἔρρεεν ἐπὶ τὴν γῆν καὶ ἐπὶ τὴν στολὴν αὐτοῦ. καὶ λέγει μοι· ἔξελθε ἐκ τοῦ ὕδατος καὶ παῦσαι τοῦ κλαυθμοῦ·
		29 12c ἤκουσε γὰρ ὁ θεὸς τῆς δεήσεώς σου ὅτι καὶ ἡμεῖς οἱ ἄγγελοι καὶ πάντα τὰ ποιήματα αὐτοῦ παρεκαλέσαμεν τὸν θεὸν περὶ τῆς δεήσεως ὑμῶν.
		29 13 καὶ ταῦτα εἰπὼν δεύτερον ἠπάτησέν με καὶ ἐξέβην ἀπὸ τοῦ ὕδατος.
	60 (30) 1 Nunc ergo, filii mei, indico uobis quoniam seducti sumus a diabolo.	**30** 1 νῦν οὖν, τεκνία μου, ἐδήλωσα ὑμῖν τὸν τρόπον ἐν ᾧ ἠπατήθημεν.
	Vos autem solliciti estote ut non deseratis iustitiam eius, sed bonum operamini.	ὑμεῖς δὲ φυλάξατε ἑαυτοὺς μὴ ἐγκαταλιπεῖν τὸ ἀγαθόν.

grec (traduction)	*arménien*	*géorgien*

cheveux de sa tête se déployaient tandis qu'il priait dans l'eau.

29 11b Et il cria d'une voix forte en disant: "Je te le dis, à toi l'eau du Jourdain, immobilise-toi et prie, et en même temps toutes les bêtes, tous les oiseaux et tous les reptiles, sur la terre et dans la mer."

29 11c Et tous les anges et toutes les créatures de Dieu entourèrent Adam, comme un mur autour de lui, en pleurant et priant Dieu pour Adam, afin que Dieu l'exauce.

29 12a Or le diable, n'ayant pas trouvé d'occasion contre Adam, alla au fleuve Tigre, auprès d'Ève. Ayant pris l'aspect d'un ange, il se tint debout devant elle

29 12b en pleurant, et ses larmes coulaient sur la terre et sur son vêtement. Il me dit: "Sors de l'eau et cesse ta lamentation.

29 12c En effet, Dieu a entendu ta prière, parce que nous les anges et toutes ses créatures, nous avons supplié Dieu su sujet de votre prière."

29 13 Ayant prononcé ces paroles, il me trompa pour la deuxième fois, et je sortis de l'eau.

30 1 Maintenant donc, mes petits enfants, je vous ai fait connaître la manière dont nous avons été trompés.

Mais vous, prenez garde à vous-mêmes afin de ne pas abandonner le bien.»

60 (30) 1 Maintenant, mon fils Seth, je t'ai montré cette chose cachée, comment nous avons transgressé.

Mais vous, prenez garde à faire le bien. N'abandonnez pas le commandement de Dieu et ne vous écartez pas de sa miséricorde. Voici, je

60 (30) 1 Maintenant donc, mes fils, je vous ai fait connaître toute cette manière dont nous avons été trompés,

et je vous demande ceci: que vous vous gardiez vous-mêmes et que vous ne cessiez de faire le bien.»

latin-V	*latin-P*	*grec*
	61 (31) 1 Haec dixit Eua sedens in medio filiorum. Iacebat enim Adam in infirmitate sua.	31 1 Ταῦτα δὲ εἰποῦσα ἐν μέσῳ τῶν υἱῶν αὐτῆς, κοιμωμένου τοῦ Ἀδὰμ ἐν τῇ νόσῳ αὐτοῦ,
45 1 Et sicut praedixit Michael, post sex dies uenit mors Adae.		
	Alia uero die exiturus erat de corpore,	ἄλλην δὲ εἶχεν μίαν ἡμέραν ἐξελθεῖν ἐκ τοῦ σώματος αὐτοῦ.
45 2 Et cum cognouisset Adam quia uenit hora mortis suae, dixit ad omnes filios suos: Ecce sum annorum nongentorum et triginta et, cum mortuus fuero, sepelite me contra hortum dei in agro habitationis illius. 45 3 Et factum est cum cessasset loqui omnes sermones suos, tradidit spiritum.		
	61 (31) 2 et dixit Eua ad Adam: Ecce quidem non morior, tu moreris et ego uiuo?	31 2 Καὶ λέγει τῷ Ἀδὰμ ἡ Εὖα· Διὰ τί ἀποθνήσκεις κἀγὼ ζῶ;
	Quare ergo non uado, per quam mors data est?	ἢ πόσον χρόνον ἔχω ποιῆσαι μετὰ θάνατόν σου; ἢ τί μοι ἐστὶν μετὰ τὸ ἀποθανεῖν σε; [L] ἀνάγγειλόν μοι.
	61 (31) 3 Cui inquit Adam: Ne sollicita sis. Non enim post me diu tardabis	31 3 Τότε λέγει ὁ Ἀδὰμ τῇ Εὖα· Μὴ θέλε φροντίζειν περὶ πραγμάτων· οὐ γὰρ βραδυνεῖς ἀπ' ἐμοῦ,

grec (traduction)	*arménien*	*géorgien*
	vous montrerai toutes les sortes de rétribution du bien et du mal.»	
31 1 Voilà ce qu'elle dit au milieu de ses fils,		**61 (31) 1** Voilà ce que dit Ève au milieu de ses fils,
tandis qu'Adam, dans sa maladie, était couché.	**61 (31) 1** Au temps où Adam était malade et où ils se tenaient autour de lui,	tandis qu'Adam était couché dans sa maladie.
Or il n'avait plus qu'un seul jour avant qu'il ne sorte de son corps.	parce qu'il restait encore un jour à sa vie et que l'âme d'Adam allait sortir de son corps, Ève rapporta tout cela.	Et le lendemain, l'âme devait sortir de son corps.
31 2 Ève dit à Adam:	**61 (31) 2** Et Ève dit encore à Adam:	**61 (31) 2** Ève dit à Adam:
«Pourquoi meurs-tu alors que moi je vis?	«Pourquoi meurs-tu, toi, et moi je vis?	«Pourquoi es-tu seul à mourir, et moi je suis vivante?
Et combien de temps ai-je à vivre après ta mort? *Et qu'en sera-t-il de moi après que tu seras mort?* Fais-le-moi savoir.»	Que dois-je faire pour toi, ou combien de temps serai-je sur la terre après ta mort? Fais-le moi savoir.»	Ou jusqu'à quel moment (le) serai-je? Ou que ferai-je après ta mort? Fais-le-moi savoir.»
31 3 Alors Adam dit à Ève:	**61 (31) 3** Adam lui dit:	**61 (31) 3** Alors Adam dit à Ève:
«Ne va pas t'inquiéter au sujet de ces choses. En ef-	«De peur que tu ne t'occupes de choses terrestres,	«Ne te fais pas de souci, quoi que tu aies fait.

latin-V	*latin-P*	*grec*
		ἀλλ' ἴσα ἀποθνήσκομεν ἀμφότεροι·
	erisque posita ubi ego.	καὶ αὐτὴ τεθήσει εἰς τὸν τόπον τὸν ἐμόν.
	Dum autem mortuus fuero, aliquis me non contingat aut corpus meum de loco moueat,	κἂν ἀποθάνω, κατάλειψόν με καὶ μηδείς μου ἄψηται
	quoadusque praecipiat dominus,	ἕως οὗ ἄγγελος λαλήσει τι περὶ ἐμοῦ.
	61 (31) 4 quia non obliuiscetur me.	**31 4** οὐ γὰρ ἐπιλήσεταί μου ὁ θεός, ἀλλὰ ζητήσει τὸ ἴδιον σκεῦος ὃ ἔπλασεν.
	Sed surge et deprecare dominum quoadusque animam meam in manibus eius iudicet esse, quam mihi commendauit,	Ἀνάστα, μᾶλλον εὖξαι τῷ θεῷ ἕως οὗ ἀποδώσω τὸ πνεῦμά μου εἰς τὰς χεῖρας τοῦ δεδωκότος μοι αὐτό,
	quia nescio si dominus deus et pater irascetur et non misereatur nostri.	διότι οὐκ οἴδαμεν πῶς ἀπαντήσωμεν τοῦ ποιήσαντος ἡμᾶς, ἢ ὀργισθῇ ἡμῖν ἢ ἐπιστρέψῃ τοῦ ἐλεῆσαι ἡμᾶς.
	62 (32) 1 Haec audiens Eua surrexit et cum lacrimis ait:	**32 1** Τότε ἀνέστη ἡ Εὔα καὶ ἐξῆλθεν ἔξω· καὶ πεσοῦσα ἐπὶ τὴν γῆν ἔλεγεν·
	62 (32) 2 Dominator domine deus, qui fecisti nos, peccaui, peccaui quidem.	**32 2** Ἥμαρτον, ὁ θεός, ἥμαρτον, ὁ πατὴρ τῶν ἁπάντων
	Magnifice, miserere corpori meo, quia in conspectu tuo peccaui.	ἥμαρτόν σοι,
	Remitte mihi peccatum meum, quod feci coram electis angelis tuis.	ἥμαρτον εἰς τοὺς ἐκλεκτούς σου ἀγγέλους,
	Peccaui quidem in sanctis Hyruphim et Seraphim,	ἥμαρτον εἰς τὰ χερουβίμ,
	peccaui in base altaris	ἥμαρτον εἰς τὸν ἀσάλευτόν σου θρόνον,

grec (traduction)	arménien	géorgien
fet, tu ne t'attarderas pas loin de moi,		
mais nous allons mourir tous les deux ensemble,	considère plutôt que nous mourrons ensemble tous les deux,	Si nous mourons tous les deux,
et toi-même tu seras placée dans le lieu où je serai.	et ils te placeront là où moi je serai.	toi aussi tu seras placée près de moi.
Quand je serai mort, laisse-moi, et que personne ne me touche	Mais quand je serai mort, ne vous approchez pas de moi pour me changer de lieu	Et si c'est moi seul qui meurt, qu'on ne me déplace pas de mon lieu,
jusqu'à ce qu'un ange dise une parole à mon sujet.	jusqu'à ce que Dieu vous parle à mon sujet.	jusqu'à ce que Dieu vous donne un ordre à mon sujet.
31 4 Car Dieu ne m'oubliera pas, mais il viendra chercher l'instrument qui est sien, qu'il a modelé.	**61 (31) 4** Car Dieu ne m'oubliera pas, mais il cherchera l'instrument qu'il a modelé.	**61 (31) 4** Car *Dieu ne m'oubliera pas*, mais il recherchera le vase qu'il a fait.
Lève-toi, adresse plutôt une prière à Dieu, jusqu'à ce que j'aie remis mon esprit entre les mains de celui qui me l'a donné.	Maintenant lève-toi, prie Dieu jusqu'à ce que je remette mon âme, qu'il m'a donnée, entre ses mains.	[β : *Maintenant*] Lève-toi et prie Dieu pour *que je remette* [mss: qu'il remette] mon âme entre les mains de mon créateur.
En effet, nous ne savons pas comment nous irons à la rencontre de celui qui nous a créés, s'il sera en colère contre nous ou bien s'il se tournera (vers nous) pour nous faire miséricorde. »	Car je ne sais pas [B : *nous ne savons pas*] comment nous garderons (?) pour le Père de tout, s'il sera en colère ou s'il nous fera miséricorde. »	Car je ne sais pas comment je rencontrerai le créateur de tout, soit qu'il soit en colère contre moi soit *qu'il me fasse miséricorde.* »
32 1 Alors Ève se leva et sortit; elle tomba à terre et dit:	**62 (32) 1** Alors Ève se leva, pria Dieu et dit:	**62 (32) 1** Alors Ève se leva et sortit d'auprès d'Adam. Elle fit pénitence et dit :
32 2 « J'ai péché, ô Dieu, j'ai péché, ô Père de toutes choses,	**62 (32) 2** « J'ai péché, ô Dieu; j'ai péché contre toi, mon Seigneur bien-aimé;	**62 (32) 2** « Je t'ai offensé, ô Dieu; je t'ai offensé
j'ai péché contre toi,		et j'ai péché devant toi.
j'ai péché contre tes anges élus,	j'ai péché contre tes anges élus;	J'ai péché devant tes anges élus,
j'ai péché contre les Chérubins,	j'ai péché contre les Chérubins; j'ai péché contre les Séraphins;	j'ai péché devant les Chérubins,
j'ai péché contre ton trône inébranlable,		j'ai péché devant ton saint autel,

latin-V	latin-P	grec
	et in luminibus caeli	ἥμαρτον, κύριε,
	magis quam tota creatura quae est in terra.	ἥμαρτον πολλά,
		ἥμαρτον ἐναντίον σοῦ, καὶ πᾶσα ἁμαρτία δι᾽ ἐμοῦ γέγονεν ἐν τῇ κτίσει.
	Sed deprecor, domine, esto mihi propitius.	
	Vos quoque qui domini praeceptis obeditis, qui estis in creatura caeli et terrae, deprecamini dominum deum pro me.	
	62 (32) 3 Haec autem dicens plorauit,	**32** 3 Ἔτι δὲ εὐχομένης τῆς Εὔας ἐπὶ τὰ γόνατα αὐτῆς οὔσης,
	et ecce subito uenit archangelus Michael, qui est super animas hominum constitutus, et dixit:	ἰδοὺ ἦλθεν πρὸς αὐτὴν ὁ ἄγγελος τῆς ἀνθρωπότητος καὶ ἀνέστησεν αὐτὴν λέγων·
	62 (32) 4 Surge Eua de paenitentia tua, quia Adam exiuit de corpore.	**32** 4 Ἀνάστα, Εὔα, ἐκ τῆς μετανοίας σου· ἰδοὺ γὰρ ὁ Ἀδὰμ ὁ ἀνήρ σου ἐξῆλθεν ἀπὸ τοῦ σώματος αὐτοῦ·
	Exurge ergo et uidebis animam portari ad dominum qui eam fecit.	ἀνάστα καὶ ἰδὲ τὸ πνεῦμα αὐτοῦ ἀναφερόμενον εἰς τὸν ποιήσαντα αὐτὸν τοῦ ἀπαντῆσαι αὐτῷ.
	63 (33) 1 Quae surrexit, et posuit manum suam super faciem eius.	**33** 1 Ἀναστᾶσα δὲ Εὔα ἐπέβαλεν τὴν χεῖρα αὐτῆς ἐπὶ τὸ πρόσωπον αὐτοῦ.
	Cui angelus inquit:	καὶ λέγει αὐτῇ ὁ ἄγγελος· Ἆρον καὶ αὐτὴ ἀπὸ τῶν γηΐνων.
	63 (33) 2 Eua faciem tuam ad caelos extende uidebisque uenientes aquilas. Non enim potes uidere claritatem earum.	**33** 2 καὶ ἀτενίσασα εἰς τὸν οὐρανὸν εἶδεν ἅρμα φωτὸς ἐρχόμενον ὑπὸ τεσσάρων ἀετῶν λαμπρῶν, ὃ οὐκ ἦν δυνατὸν γεννηθῆναι ἀπὸ κοιλίας ἢ εἰπεῖν τὴν δόξαν αὐτῶν ἢ ἰδεῖν τὸ πρόσωπον αὐτῶν,

grec (traduction)	*arménien*	*géorgien*
j'ai péché, Seigneur,		j'ai péché devant les générations des cieux,
j'ai beaucoup péché,		j'ai péché devant les oiseaux des cieux, j'ai péché devant les bêtes de la terre.
j'ai péché en m'opposant à toi, et tous les péchés dans la création se sont produits par moi.»	j'ai péché devant toi, Seigneur.	Je t'ai offensé, ô Dieu, par toute mon avidité, parmi toutes tes créatures.
	Je (vous) prie,	Je vous prie,
	(vous) tous que Dieu a créés dans les cieux et sur la terre, d'intercéder auprès du Père dans les cieux.»	vous toutes les créatures du ciel et de la terre, priez pour moi le Seigneur de tout.»

32 3 Alors qu'Ève priait encore, *et qu'elle était sur ses genoux,*	**62 (32) 3** Et tandis qu'Ève priait à genoux,	**62 (32) 3** Tandis qu'Ève priait sur ses jambes [β: *Tandis qu'Ève priait*],
voici que vint vers elle l'ange de l'humanité et qu'il la releva en disant:	voici que vient vers elle l'archange Michel pour la relever et il dit:	soudain vint Michel, l'ange de l'humanité, et il releva Ève et lui dit:
32 4 «Lève-toi, Ève, de ta repentance; voici en effet qu'Adam ton mari est sorti de son corps;	**62 (32) 4** «Lève-toi, Ève, de ta pénitence. Voici, l'âme d'Adam ton mari est sortie du corps.»	**62 (32) 4** «Lève-toi de ta pénitence, car Adam, ton mari, est sorti du corps.
lève-toi et vois son esprit, qui est emmené en haut vers celui qui l'a créé afin d'aller à sa rencontre.»		Lève-toi et vois son âme, comme il l'a apportée à son créateur [β: *comme il a fait son âme à son créateur*].»
33 1 Ève se leva et porta sa main sur son visage.	**63 (33) 1** Ève se leva,	**63 (33) 1** Ève se leva et mit sa main sur son visage,
Et l'ange lui dit: « Élève-toi aussi toi-même loin des choses terrestres. »		et l'ange s'éleva et dit à Ève: «Lève tes yeux et éloigne-toi des soucis de la terre.»
33 2 Elle dirigea son regard vers le ciel et vit un char de lumière qui venait (tiré) par quatre aigles éclatants — il n'était pas possible à qui est né d'un ventre maternel de dire leur gloire ou de voir leur visage —,		**63 (33) 2** Alors Ève, ayant élevé ses yeux au ciel, vit des chars de feu et une lumière qui montait sur quatre <aigles>: ils étaient si éclatants qu'il n'est pas de (propos) ressemblant pour le dire [litt. comme rien n'est ressemblant pour le dire]; on ne pouvait pas le regarder, ni du côté du ventre, ni du côté du dos,

latin-V	*latin-P*	*grec*

latin-P	*grec*
Tunc angeli procedentes	καὶ ἀγγέλους προάγοντας τὸ ἄρμα.
63 (33) 3 uenerunt ad lo-cum ubi erat Adam.	**33** 3 ὅτε δὲ ἦλθον [καὶ ὅτε ἦλθον ἐπὶ τὸν τόπον AL cf.T] ὅπου ἔκειτο ὁ πατὴρ ὑμῶν Ἀδάμ,
Stetit autem currus et Se-raphim,	ἔστη τὸ ἄρμα καὶ τὰ σερα-φὶμ ἀνὰ μέσον τοῦ πατρὸς καὶ τοῦ ἄρματος.
63 (33) 4 uideturque ala aurea.	**33** 4 εἶδον δὲ ἐγὼ θυμια-τήρια χρυσᾶ καὶ τρεῖς φιά-λας·
Venerunt quoque angeli in claritate super altare, car-bonesque tulerunt et mi-serunt in turibula, et po-suerunt odoramenta in eis,	καὶ ἰδοὺ πάντες οἱ ἄγγελοι μετὰ λίβανον καὶ τὰ θυ-μιατήρια [καὶ τὰς φιάλας A(T)L] ἦλθον ἐν σπουδῇ ἐπὶ τὸ θυσιαστήριον [καὶ ἔλαβον † εἰς θάρσον † AL] καὶ ἐνεφύσουν αὐτά·
et fumus odoris operuit fir-mamentum.	καὶ ἡ ἀτμὶς τοῦ θυμιάμα-τος ἐκάλυψεν τὰ στερεώ-ματα.
63 (33) 5 Tunc quidem processerunt angeli in fa-cies suas	**33** 5 καὶ προσέπεσαν οἱ ἄγγελοι
et adorauerunt dominum deum	[καὶ προσεκύνησαν ATL RM] τῷ θεῷ,
clamantes:	βοῶντες καὶ λέγοντες·
Domine, dimitte Adae pec-cata sua, quoniam imago et plasma tuum est.	Ἰαὴλ ἅγιε, συγχώρησον, ὅτι εἰκών σου ἐστὶν καὶ ποίημα τῶν ἀχράντων χειρῶν σου.

latin-V	*grec*
46 (34) 1 Vnde obscuratus est sol et luna et stellae per dies septem.	**34** 1 καὶ αὖθις εἶδον ἐγὼ Εὖα δύο μεγάλα καὶ φοβε-ρὰ μυστήρια [ἑστῶτα ATL R] ἐνώπιον τοῦ θεοῦ· καὶ ἔκλαυσα ἐκ τοῦ φόβου
Et cum esset Seth am-plectens corpus patris sui lugens super eum,	
et Eua cum esset respiciens super terram, intextans manus super caput et caput super genua ponens,	
et omnes filii eius flerent amarissimas lacrimas,	

grec (traduction)   *arménien*   *géorgien*

et (elle vit) aussi des anges qui précédaient le char.

33 3 «Lorsqu'ils arrivèrent où [*à l'endroit où*] gisait votre père Adam,

le char se tint là, et les Séraphins (se tinrent) entre le père et le char.

33 4 Moi, je vis alors des encensoirs d'or et trois coupes;

et voici, tous les anges, avec l'encens, les encensoirs *et les coupes*, allèrent en hâte vers l'autel, *et ils prirent †* ... *†* [AL] et soufflèrent sur eux;

et la fumée du parfum cacha les firmaments.

33 5 Les anges se prosternèrent

et adorèrent Dieu

en criant et en disant:

"Iaël saint, pardonne, car il est ton image et l'œuvre de tes mains pures."

34 1 Et je vis *encore*, moi Ève, deux grands et terribles mystères *qui se tenaient* devant Dieu; et je pleurai de crainte

---

et des anges précédaient les chars.

63 (33) 3 «Et quand ils arrivèrent là où était le père,

le char s'arrêta et les Séraphins se tinrent entre lui et entre les chars [litt. au milieu de lui et au milieu des chars].

63 (33) 4 Et moi Ève, je vis trois encensoirs d'or *et (trois) coupes,*

et trois anges vinrent rapidement sur l'autel. Les anges prirent du charbon ardent *et les versèrent dans l'encensoir et posèrent l'encensoir sur lui (l'autel).* Et tandis qu'ils soufflaient,

la fumée monta et cacha les firmaments du ciel.

63 (33) 5 Les anges louaient

et adoraient *Dieu.*

Ils criaient et disaient:

"Dieu, pardonne à Adam car il est ton image et l'œuvre de tes mains, et il est ta créature."

64 (34) 1 Et moi Ève, je vis deux grandes lumières tombées avec crainte devant *Dieu,*

latin-V	latin-P	grec

46 2 ecce Michael archangelus apparuit stans ad caput Adae

et dixit ad Seth:

καὶ ἐβόησα πρὸς τὸν υἱόν μου Σὴθ λέγουσα·

Exsurge a corpore patris tui

34 2 ἀνάστα, Σήθ, ἐκ τοῦ σώματος τοῦ πατρός σου

et ueni ad me,

καὶ ἐλθὲ πρός με

ut uideas

καὶ ἴδε

ἃ οὐκ εἶδεν ὀφθαλμός ποτέ τινος καὶ πῶς δέονται ὑπὲρ τοῦ πατρός σου Ἀδάμ.

patrem tuum, quid disposuit pro eo dominus deus,

pro plasmate suo, quia misertus est eius.

35 1 Τότε ἀνέστη Σὴθ καὶ ἦλθεν πρὸς τὴν μητέρα αὐτοῦ καὶ λέγει αὐτῇ· Διὰ τί κλαίεις ;

35 2 Καὶ λέγει αὐτῷ· Ἀνάβλεψον τοῖς ὀφθαλμοῖς σου

καὶ ἴδε τὰ ἑπτὰ στερεώματα ἀνεῳγμένα,

καὶ [ἴδε τοῖς ὀφθαλμοῖς σου ATL] πῶς κεῖται τὸ σῶμα τοῦ πατρός σου ἐπὶ πρόσωπον,

καὶ πάντες οἱ ἄγγελοι μετ' αὐτοῦ εὐχόμενοι ὑπὲρ αὐτοῦ καὶ λέγοντες·

συγχώρησον αὐτῷ, ὁ πατὴρ τῶν ὅλων, ὅτι εἰκών σου ἐστίν.

35 3 ἄρα δέ, τέκνον μου Σήθ, τί ἐστίν; μήποτε παραδοθήσεται εἰς τὰς χεῖρας τοῦ ἀοράτου θεοῦ ἡμῶν;

35 4 τίνες δέ εἰσιν, υἱέ μου Σήθ, οἱ δύο Αἰθίοπες οἱ παριστάμενοι ἐπὶ τὴν προσευχὴν τοῦ πατρός σου;

grec (traduction)	*arménien*	*géorgien*

et je criai vers mon fils Seth en disant:

34 2 "Lève-toi, Seth, du corps de ton père,

viens auprès de moi

et vois

ce que jamais l'œil de personne n'a vu, et comment ils prient pour ton père Adam." »

35 1 Alors Seth se leva, il vint vers sa mère et lui dit: «Pourquoi pleures-tu?»

35 2 Elle lui dit: «Regarde en haut de tes yeux

et vois les sept firmaments ouverts;

et *vois de tes yeux* comment le corps de ton père gît sur son visage

et (comment) tous les anges qui sont avec lui prient pour lui et disent:

"Pardonne-lui, Père de toutes choses, car il est ton image."

35 3 Eh bien, Seth mon enfant, qu'est-ce que (cela)?

Est-ce qu'il va être remis entre les mains de notre Dieu invisible?

35 4 Et qui sont, mon fils Seth, les deux Éthiopiens qui assistent à la prière pour ton père?»

---

et je pleurais et je dis à mon fils Seth:

64 (34) 2 "Lève toi d'auprès du corps de ton père,

viens vers moi

et vois

ce que tes yeux n'ont pas vu au sujet d'Adam, ton père." »

65 (35) 1 Alors Seth se leva et vint vers Ève, sa mère, et il lui dit: [β: *Alors il vint et me dit:*] «Pourquoi pleures-tu?»

65 (35) 2 *Je lui répondis:* «Lève les yeux

et vois sept firmaments ouverts,

et vois la ressemblance du père, Adam, comme elle est devant Dieu,

et tous les anges prient pour lui et disent:

"Pardonne, Dieu, à Adam, car il est ton image et ta ressemblance, car c'est toi qui l'as créé."

65 (35) 3 *Qu'est-ce donc, (mon) fils Seth,*

65 (35) 4a *ou est-ce qu'on donnera aux Éthiopiens le sang de mon mari, car ils sont devant Dieu?* [β] [α: ou est-ce qu'on donnera aux Éthiopiens ce qui a été fait

36 1 Λέγει δὲ Σὴθ τῇ μητρὶ αὐτοῦ·

Οὗτοί εἰσιν ὁ ἥλιος καὶ ἡ σελήνη, καὶ αὐτοὶ προσπίπτοντες καὶ εὐχόμενοι ὑπὲρ τοῦ πατρός μου Ἀδάμ.

36 2 Λέγει αὐτῷ ἡ Εὔα·

Καὶ ποῦ ἐστιν τὸ φῶς αὐτῶν καὶ διὰ τί γεγόνασι μελανοειδεῖς ;

36 3 Καὶ λέγει αὐτῇ Σήθ·

Οὐκ ἀπέστη τὸ φῶς αὐτῶν, ἀλλ' οὐ δύνανται φαίνειν ἐνώπιον τοῦ φωτὸς τῶν ὅλων, τοῦ πατρὸς τῶν φώτων, καὶ διὰ τοῦτο ἐκρύβη τὸ φῶς ἀπ' αὐτῶν.

37 1 Λέγοντος δὲ τοῦ Σὴθ ταῦτα πρὸς τὴν μητέρα αὐτοῦ Εὔαν,

67 (37) 1 Sed angelus magnus tuba cecinit,

ἰδοὺ ἐσάλπισεν ὁ ἄγγελος·

47 (37) 1 Et ecce omnes angeli canentes tubis dixerunt :

et surrexerunt omnes angeli clamaueruntque uoce terribili dicentes:

καὶ ἀνέστησαν πάντες οἱ ἄγγελοι οἱ ἐπ' ὄψεσιν κείμενοι καὶ ἐβόησαν φωνὴν φοβερὰν λέγοντες·

Benedictus es, domine deus, pro plasmate tuo, quia

67 (37) 2 Benedicimus te, omnium dominator domine

37 2 Εὐλογημένη ἡ δόξα κυρίου ἀπὸ ποιημάτων αὐτοῦ, ὅτι ἠλέησεν τὸ πλά-

grec (traduction)   *arménien*   *géorgien*

de sang, car ils sont devant Dieu?]»

65 (35) 4b Seth répondit à Ève et lui dit: «Non pas ainsi, mère. N'as-tu pas reconnu (qui sont) ceux que tu as appelés Éthiopiens (couleur de sang)? [β: N'as-tu pas reconnu qui sont, ma mère, ceux que tu as appelés couleur de sang?]

65 (35) 4c Ève répondit: «Je ne les connais pas, mon fils.»

36 1 Seth dit à sa mère:

66 (36) 1 Seth lui répondit et lui dit:

«Ce sont le soleil et la lune: eux aussi se prosternent et prient en faveur de mon père Adam.»

«Ce sont le soleil et la lune: ils sont tombés et ils prient pour Adam, mon père.»

36 2 Ève lui dit:

«Où est leur lumière et pour quelle raison sont-ils devenus noirâtres?»

66 (36) 2 «Où est la lumière du soleil, car elle n'est plus avec lui, ou pourquoi est-il ainsi devenu noir?»

36 3 Seth lui dit:

66 (36) 3 Seth lui répondit et dit à Ève:

«Leur lumière ne s'est pas éloignée, mais ils ne peuvent pas briller en présence de la lumière de toutes choses, du Père des lumières, et c'est pourquoi la lumière s'est cachée loin d'eux.»

«Parce que sa lumière s'est éteinte devant le Dieu de toutes choses et sa lumière est (devenue) noire à cause de le crainte de Dieu.»

37 1 Comme Seth disait cela à sa mère Ève,

67 (37) 1 Lorsque Seth eut dit cela à Ève,

voici que l'ange sonna de la trompette;

aussitôt un grand ange sonna de la trompette

tous les anges qui gisaient à terre sur leur visage se levèrent et crièrent d'une voix terrible en disant:

et tous les anges qui étaient tombés sur leur face se redressèrent. Ils priaient pour Adam; ils crièrent d'une voix *redoutable* et dirent:

37 2 «Bénie soit la gloire du Seigneur par ses créatures, parce qu'il a fait miséri-

67 (37) 2 «*Dieu est béni, de toute bénédiction. Tu as fait*

latin-V	latin-P	grec
misertus es ei.	deus, quoniam misertus es plasmati tuae.	σμα τῶν χειρῶν αὐτοῦ Ἀδάμ.
	67 (37) 3 Quando autem haec clamauerunt angeli, ecce subito uenit Seraphim, sex alas habens,	**37 3** Ὅτε δὲ εἶπον τὰς φωνὰς ταύτας οἱ ἄγγελοι, ἰδοὺ ἦλθεν ἕν τῶν σεραφὶμ ἑξαπτερύγων,
	et rapuit Adam, duxitque eum in stagno Acherusio,	καὶ ἥρπασε τὸν Ἀδὰμ καὶ ἀπήγαγεν αὐτὸν εἰς τὴν Ἀχερουσίαν λίμνην
	ibique eum baptizauit.	καὶ ἀπέλουσεν αὐτὸν τρίτον
	Deinde eum adduxit in conspectu domini dei,	καὶ ἤγαγεν αὐτὸν ἐνώπιον τοῦ θεοῦ.
	eratque prostratus in facie sua tribus horis.	ἐποίησεν δὲ τρεῖς ὥρας κείμενος.
47 2 (37 4) Tunc uidit Seth manum domini extensam	**67 (37) 4** Extendit ergo dominus deus manum suam	**37 4** καὶ μετὰ ταῦτα ἐξέτεινεν τὴν χεῖρα αὐτοῦ ὁ πατὴρ τῶν ὅλων
	sedens super thronum claritatis eius,	καθήμενος ἐπὶ θρόνου αὐτοῦ
tenentem Adam,	et eleuans Adam	καὶ ἦρεν τὸν Ἀδὰμ
et tradidit eum Michaeli dicens:	tradidit eum Michaeli archangelo dicens:	καὶ παρέδωκεν αὐτὸν τῷ ἀρχαγγέλῳ Μιχαὴλ λέγων·
47 3a (37 5) Sit in custodia tua	**67 (37) 5** Pone eum in paradiso in tertio caelo	**37 5** Ἆρον αὐτὸν εἰς τὸν παράδεισον ἕως τρίτου οὐρανοῦ
		καὶ ἄφες αὐτὸν ἐκεῖ
usque in diem dispensationis, in suppliciis	usque in diem dispensationis, qui dicitur oeconomia,	ἕως τῆς ἡμέρας ἐκείνης τῆς μεγάλης τῆς οἰκονομίας
usque ad annos nouissimos		
	quando faciam omnibus misericordiam per dilectissimum filium meum.	ἧς ποιήσω εἰς τὸν κόσμον.
		37 6 Τότε ὁ Μιχαὴλ ἦρεν τὸν Ἀδὰμ καὶ ἀφῆκεν αὐτὸν ὅπου εἶπεν αὐτῷ ὁ θεὸς·
	67 (37) 6 Tunc angeli omnes hymnum dixerunt laudesque mirabiles in remissionibus Adae cecinerunt.	καὶ πάντες οἱ ἄγγελοι ὑμνοῦντες ὕμνον ἀγγελικὸν θαυμάζοντες ἐπὶ τῇ συγχωρήσει τοῦ Ἀδὰμ καὶ τῶν ἐσομένων [τοὺς ἐσομένους cod.] ἐξ αὐτοῦ [L].

grec (traduction)	arménien	géorgien

corde à l'ouvrage modelé de ses mains, Adam!»

37 3 Quand les anges eurent prononcé ces paroles, voici que vint un des Séraphins à six ailes;

il se saisit d'Adam, l'emmena jusqu'au lac de l'Achéron,

le lava trois fois

et le conduisit devant Dieu.

Il resta étendu pendant trois heures.

37 4 Après cela, le Père de toutes choses, étendit la main,

assis sur son trône,

releva Adam

et le remit à l'archange Michel en disant:

37 5 «Emporte-le dans le paradis jusqu'au troisième ciel

et laisse-le là-bas

jusqu'à ce grand jour, (le jour) de l'économie,

que j'accomplirai pour le monde.»

37 6 Alors Michel emporta Adam et le laissa là où Dieu le lui avait dit; et tous les anges chantaient un hymne angélique, remplis d'admiration à cause du pardon d'Adam *et de ceux qui seront issus de lui.*

(colonne géorgien)

miséricorde à la première créature.»

67 (37) 3 Et quand les anges eurent dit ces paroles, il envoya auprès de lui (= Adam) l'un des Séraphins à six ailes.

(Celui-ci) emporta Adam au lac de l'<A>chéron,

il le baigna trois fois,

il le conduisit devant Dieu.

Et il resta sur sa face environ trois heures.

67 (37) 4 Et après cela, Dieu étendit sa main

depuis son trône,

il releva Adam

et le remit à Michel, et il lui dit:

67 (37) 5 «Emporte-le au troisième ciel, au paradis,

et laisse-le devant l'autel

jusqu'au jour de l'économie

que je veux, pour tous les (êtres) de chair, avec mon fils bien-aimé.»

67 (37) 6 Alors Michel emporta Adam au lieu que Dieu avait ordonné, et tous les anges psalmodiaient la psalmodie des anges. Ils célébraient ce prodige: le pardon d'Adam et la promesse de ce [ou: celui] qui sera [= τοῦ μέλλοντος].

latin-V	latin-P	grec

38 1 μετὰ δὲ τὴν ἐσομένην χάραν τοῦ Ἀδὰμ ἐβόησεν πρὸς τὸν πατέρα ὁ ἀρχάγγελος Μιχαὴλ διὰ τὸν Ἀδάμ.

38 2 καὶ ἐλάλησεν ὁ πατὴρ πρὸς αὐτὸν ἵνα συναχθῶσιν πάντες οἱ ἄγγελοι ἐνώπιον τοῦ θεοῦ, ἕκαστος κατὰ τὴν τάξιν αὐτοῦ, τινὲς μὲν ἔχοντες θυμιατήρια ἐν χερσὶν αὐτῶν, ἄλλοι δὲ κιθάρας καὶ φιάλας καὶ σάλπιγγας.

38 3 καὶ ἰδοὺ κύριος στρατιῶν ἐπέβη καὶ τέσσαρες ἄνεμοι εἷλκον αὐτόν, καὶ τὰ χερουβὶμ ἐπέχοντα τοῖς ἀνέμοις καὶ οἱ ἄγγελοι ἐκ τοῦ οὐρανοῦ προάγοντες αὐτόν, καὶ ἐλθόντες ἐπὶ τὴν γῆν ὅπου ἦν τὸ σῶμα τοῦ Ἀδάμ.

38 4 καὶ ἦλθον εἰς τὸν παράδεισον, καὶ ἐκινήθησαν πάντα τὰ φυτὰ τοῦ παραδείσου ὡς πάντας ἀνθρώπους γεγεννημένους ἐκ τοῦ Ἀδὰμ νυστάξαι ἀπὸ τῆς εὐωδίας, χωρὶς τοῦ Σὴθ μόνου ὅτι ἐγένετο καθορῶν τοῦ θεοῦ.

39 1 καὶ ἦλθεν ὁ θεὸς [L (cf. QZ); v.l. ἐκεῖθεν] πρὸς τὸ σῶμα τοῦ Ἀδὰμ [ὃ ἦν ῥεριμμένον L (ῥερυμένον cod.)] καὶ ἐλυπήθη σφόδρα ἐπ' αὐτῷ· καὶ λέγει αὐτῷ ὁ θεός·

Ἀδάμ, τί τοῦτο ἐποίησας; εἰ ἐφύλαξας τὴν ἐντολήν μου, οὐκ ἂν ἐχαίροντο οἱ κατάγοντές σε εἰς τὸν τόπον τοῦτον.

grec (traduction)	*arménien*	*géorgien*
38 1 Après la joie d'Adam qui allait advenir, l'archange Michel cria vers le Père à cause d'Adam.		**68 (38) 1** Après cela Michel cria vers Dieu,
38 2 Le Père lui parla pour que tous les anges se rassemblent devant Dieu, chacun selon son rang, certains portant dans leurs mains des encensoirs, d'autres des cithares, des coupes et des trompettes.	**68 (38) 2** et tous les anges se rassemblèrent devant lui, chacun selon son ordre. Certains avaient des encensoirs dans leurs mains, d'autres avaient des trompettes, et d'autres avaient des hymnes.	**68 (38) 2** et Dieu ordonna de sonner de la trompette et le rassemblement de tous les anges devant Dieu, chacun selon son ordre : certains avaient un encensoir, d'autres avaient des hymnes, et d'autres sonnaient de la trompette.
38 3 Et voici que le Seigneur des armées monta (sur le char), et les quatre vents le tiraient ; les Chérubins dirigeaient les vents, et les anges venus du ciel le précédaient, et ils venaient sur la terre là où était le corps d'Adam.	**68 (38) 3** Et voici, le Seigneur des puissances *monta* [B] sur le char des Chérubins, et quatre vents le tiraient, et les Chérubins étaient au service des vents, et les anges allaient devant lui. Dieu vint sur la terre, à l'endroit où était le corps d'Adam, et tous les anges *allaient avec des hymnes* [B] devant lui .	**68 (38) 3** Et voici que le Seigneur de Sabaoth monta sur les vents des Chérubins, et des anges (venus) des sept cieux le précédaient et ils vinrent vers la terre, où était le corps d'Adam, et tous les anges lui chantaient ses hymnes.
38 4 Ils vinrent dans le paradis, et toutes les plantes du paradis furent agitées, si bien que tous les hommes nés d'Adam s'endormirent sous l'effet du parfum, à l'exception du seul Seth, parce qu'il était devenu contemplateur de Dieu.	**68 (38) 4** Dieu vint dans le paradis et toutes les plantes furent agitées, et tous les hommes qui étaient avec Adam s'endormirent. Mais seul Seth, le valeureux, était éveillé, selon la providence de Dieu.	**68 (38) 4** Et il (Dieu) arriva d'abord dans son paradis, et les fleurs du paradis furent agitées avec leurs parfums, A cause du parfum de la gloire de Dieu, tous les enfants d'Adam entrèrent en léthargie, sauf le seul Seth, car il était fils de la grandeur de Dieu.
39 1 *Et Dieu vint* auprès du corps d'Adam, *qui gisait*, et il s'affligea beaucoup à son sujet. Dieu lui dit :	**69 (39) 1** Dieu vint auprès du corps d'Adam, où il était, mort. Dieu s'attrista beaucoup et dit d'une voix douce :	**69 (39) 1** Et quand le Seigneur fut venu auprès du corps gisant d'Adam, le Seigneur s'affligea à son sujet et lui dit d'une voix attristée :
« Adam, pourquoi as-tu fait cela ? Si tu avais gardé mon commandement, ceux qui t'ont fait descendre dans ce lieu ne se réjouiraient pas.	« Oh Adam ! Pourquoi as-tu fait cela ? Si tu avais gardé mon commandement, ceux qui t'ont fait descendre dans ce lieu ne se réjouiraient pas à ton sujet.	« Si tu avais gardé mes commandements, tu ne serais pas tombé dans ce lieu et ton ennemi, qui t'a précipité en ce lieu ne t'aurait pas vu.

latin-V	latin-P	grec
47 3b (39 2) in quibus conuertam luctum eius in gaudium.		**39 2** πλὴν λέγω σοι ὅτι τὴν χαρὰν αὐτῶν ἐπιστρέψω εἰς λύπην, τὴν δὲ λύπην σου ἐπιστρέψω εἰς χαράν· καὶ ἐπιστρέψω σε εἰς τὴν ἀρχήν σου
Tunc sedebit in throno illius qui eum supplantauit.		καὶ καθίσω σε ἐπὶ τὸν θρόνον τοῦ ἀπατήσαντός σε.
		39 3 ἐκεῖνος δὲ [ἐκεῖνον δὲ τὸν καθίσαντα ἐπ' αὐτὸν πρὶν γενέσθαι αὐτὸν ἐν ὑπερηφανίᾳ L] εἰσβληθήσεται εἰς τὸν τόπον τοῦτον ἵνα ἴδῃ σε καθήμενον ἐπάνω αὐτοῦ· τότε κατακριθήσεται αὐτὸς καὶ οἱ ἀκούσαντες αὐτοῦ, καὶ λυπηθήσεται ὁρῶν σε καθήμενον ἐπὶ τοῦ θρόνου αὐτοῦ.
48 1a (40 1) Et dixit iterum dominus ad Michaelem et Vrielem angelos:	**70 (40) 1** Ait autem dominus ad Michaelem archangelum in paradiso:	**40 1** Μετὰ ταῦτα εἶπεν ὁ θεὸς τῷ ἀρχαγγέλῳ Μιχαήλ· Ἄπελθε εἰς τὸν παράδεισον ἐν τῷ τρίτῳ οὐρανῷ
Afferte mihi tres sindones bissinas	Affer mihi tres sindones mirificos et fortissimos,	καὶ ἔνεγκε τρεῖς σινδόνας βυσσίνας καὶ σηρικάς.
		40 2 Καὶ εἶπεν ὁ θεὸς τῷ Μιχαὴλ καὶ τῷ Γαβριὴλ καὶ τῷ Οὐριήλ·
48 1b (40 2) et expandite super corpus Adae,	**70 (40) 2** expandensque sindones inuolue corpus Adae,	Στρώσατε σινδόνας καὶ σκεπάσατε τὸ σῶμα τοῦ Ἀδάμ·
	eum perfondens de olei misericordiae odoramento.	καὶ ἐνεγκόντες ἔλαιον ἐκ τοῦ ἐλαίου τῆς εὐωδίας ἐχέατε ἐπ' αὐτόν. Καὶ ἐκήδευσαν αὐτὸν οἱ τρεῖς μεγάλοι ἄγγελοι.
	70 (40) 3 Quibus uero factis	**40 3** ὅτε δὲ ἐτέλεσαν κηδεύοντες τὸν Ἀδάμ, εἶπεν ὁ θεὸς
	ait dominus ad archangelum: Afferte corpus Abel filii eius	ἐνεχθῆναι καὶ τὸ σῶμα τοῦ Ἀβελ·

grec (traduction)	*arménien*	*géorgien*
39 2 Mais je te le dis : je changerai leur joie en tristesse et je changerai ta tristesse en joie ; je te ferai revenir à ton origine	**69 (39) 2** Mais je changerai leur joie en tristesse et ta tristesse, je la changerai en joie, Je ferai de toi un principe de joie	**69 (39) 2** Mais je changerai sa joie en tristesse et je te ferai revenir à ce pouvoir
et je te ferai asseoir sur le trône de celui qui t'a trompé.	et je te ferai asseoir sur le trône de celui qui t'a trompé,	et je te ferai asseoir sur le trône de ton ennemi,
39 3 Mais celui-là, *qui était assis sur lui avant de devenir orgueilleux,*	**69 (39) 3** et je les jetterai dans un lieu de ténèbres et de mort. »	**69 (39) 3** sur lequel il était assis, lui chez qui fut trouvé l'orgueil.
sera jeté dans ce lieu-ci afin qu'il te voie assis dessus ; alors il sera condamné, lui et ceux qui l'auront écouté, et il s'affligera en te voyant assis sur son trône. »		Il tombera en ce lieu, et il te verra en ce lieu siégeant sur le trône. »
40 1 Après cela, Dieu dit à l'archange Michel :	**70 (40) 1** Après cela, Dieu parla à Michel et dit :	**70 (40) 1** Et après cela, Dieu donna un ordre à Michel
« Va au paradis dans le troisième ciel	« Va au paradis du troisième ciel	et il l'envoya au paradis qui est dans le troisième ciel.
et rapporte trois linceuls de lin et de soie. »	et apporte-moi trois toiles de lin. »	Ils apportèrent trois toiles de lin d'Inde enroulées ;
40 2 Et Dieu dit à Michel, à Gabriel et à Ouriel :	**70 (40) 2** Quand il (les) eut apportées, Dieu dit à Michel, à Joël et à Gabriel :	**70 (40) 2** et Dieu dit à Michel et à Gabriel :
« Étendez les linceuls et recouvrez le corps d'Adam ;	« Dépliez la toile de lin et recouvrez le corps d'Adam,	« Dépliez ces toiles de lin et enroulez-y le corps d'Adam,
apportez de l'huile issue de l'olivier parfumé et versez-en sur lui. »	et apportez des huiles parfumées. »	et apportez de l'onguent d'olivier et versez-en sur lui. »
Et les trois grands anges lui donnèrent les soins funéraires.	Ils (les) apportèrent et (les) versèrent sur lui [litt. : autour de lui] et l'enroulèrent dans ce vêtement.	Et les trois anges le revêtirent.
40 3 Lorsqu'ils eurent achevé de donner les soins funéraires à Adam,	**70 (40) 3** Quand ils eurent tout accompli,	**70 (40) 3** Et quand ils eurent revêtu le corps d'Adam,
Dieu dit	Dieu ordonna	et Dieu leur dit :
d'apporter aussi le corps d'Abel.	d'apporter le corps d'Abel.	« Prenez aussi le corps d'Abel,

latin-V	*latin-P*	*grec*
48 1c (40 3) et aliis sindonibus uestite filium eius Abel, et sepelite Adam et filium eius.	aliasque tres sindones ei praeparate,	καὶ ἐνεγκόντες ἄλλας σινδόνας ἐκήδευσαν αὐτόν.
	70 (40) 4 quoniam in sepulcro erit,	**40 4** ἐπειδὴ ἀκήδευτος ἦν ἀφ' ἧς ἡμέρας ἐφόνευσεν αὐτὸν Κάϊν ὁ ἀδελφὸς αὐτοῦ· καὶ πολλὰ ἐθέλησε αὐτὸν κρύψαι ὁ Κάϊν, ἀλλ' οὐκ ἠδυνήθη,
	ex quo exilibit corpus eius de terra.	ὅτι ἀνεπήδα τὸ σῶμα αὐτοῦ ἀπὸ τῆς γῆς καὶ ἐξήρχετο φωνὴ ἀπὸ τῆς γῆς λέγουσα· **40 5a** Οὐ κρυβήσεται εἰς τὴν γῆν ἕτερον πλάσμα ἕως οὗ ἀφιέναι μοι τὸ πρῶτον πλάσμα τὸ ἀρθὲν ἀπ' ἐμοῦ, τὸν χοῦν ἐξ ἧς ἐλήφθη.
		40 5b Ἔλαβον δὲ οἱ ἄγγελοι ἐν τῷ καιρῷ ἐκείνῳ καὶ ἔθεντο αὐτὸν ἐπὶ τὴν πέτραν, ἕως οὗ ἐτάφη [ἀπέθανεν L B] Ἀδάμ ὁ πατὴρ αὐτοῦ.
		40 6 καὶ προσέταξεν ὁ θεὸς μετὰ τὸ κηδεῦσαι τὸν Ἀδάμ καὶ τὸν Ἄβελ ἆραι τοὺς δύο εἰς τὰ μέρη τοῦ παραδείσου, εἰς τὸν τόπον ὅπου ἦρεν χοῦν ὁ θεὸς καὶ ἔπλασεν τὸν Ἀδάμ. καὶ ἐποίησεν ὀρυγῆναι τῶν δύο τὸν τόπον.
		40 7 καὶ ἀπέστειλεν ὁ θεὸς ἑπτὰ ἀγγέλους εἰς τὸν παράδεισον, καὶ ἤγαγον εὐωδίας πολλὰς καὶ ἔθεντο αὐτὰς ἐν τῇ γῇ.

grec (traduction)	*arménien*	*géorgien*
Ayant apporté d'autres linceuls, ils lui donnèrent les soins funéraires.	Ils apportèrent encore *d'autres* [BC] toiles de lin et ils le revêtirent.	et apportez aussi d'autres toiles de lin et revêtez-le, lui aussi.»

40 4 En effet, il était resté sans soins funéraires depuis le jour où son frère Caïn l'avait tué;

souvent, Caïn avait voulu le cacher, mais il n'avait pas pu,

car son corps bondissait hors de la terre
et une voix sortait de la terre et disait:

40 5a «Aucun autre ouvrage modelé ne sera caché dans la terre jusqu'à ce que le premier ouvrage modelé me rende ce qui m'a été enlevé, la poussière dont il a été pris.»

40 5b A ce moment-là les anges l'avaient pris et l'avaient placé sur le rocher, jusqu'à ce qu'Adam son père soit enseveli [*meure*].

---

70 (40) 4 En effet, il était resté depuis le jour où l'impie Caïn l'avait tué

et avait voulu le cacher et n'avait pas pu,

car aussitôt son corps (sortait) de la terre,
Une voix vint des cieux et dit:

70 (40) 5a «Il n'est pas permis de le cacher dans la terre si d'abord la première créature ne retourne pas à la terre d'où elle est venue.»

70 (40) 5b Ils le mirent donc dans la même caverne où il était jusqu'à ce qu'Adam meure.

---

70 (40) 4 En effet. il gisait sans vêtement depuis le jour où le méchant Caïn l'avait tué.

Il avait voulu l'ensevelir dans la terre et il ne l'avait pas pu,

parce que son corps bondissait de la terre.
Et une voix se fit entendre du ciel et lui dit:

70 (40) 5a «Il ne pourra pas être enseveli dans la terre avant que la première créature ne retourne à la terre de laquelle elle a été créée.»

70 (40) 5b Alors il l'avait pris sur un certain rocher, et il était resté gisant là jusqu'à ce qu'Adam meure.

---

70 (40) 6 Alors après cela, ils l'apportèrent et ils firent pour lui comme ils avaient fait pour Adam son père. Et après qu'ils l'eurent revêtu,

Dieu ordonna de les prendre tous deux du côté du paradis et de les emporter à l'endroit où Dieu avait pris de la terre et où il avait créé Adam. Il fit creuser à cet endroit.

---

70 (40) 6 Alors ils le prirent et ils le revêtirent comme son père.

Dieu leur ordonna de les emporter tous deux du côté oriental du paradis, à l'endroit où Dieu avait pris de la terre et avait créé Adam. Et Dieu ordonna à Michel de creuser.

---

40 6 Dieu ordonna, après qu'on eut donné les soins funéraires à Adam et à Abel aussi, de les emporter tous deux dans les régions du paradis, dans le lieu où il avait pris de la poussière et modelé Adam. Et il fit que le lieu soit creusé pour les deux.

40 7 Dieu envoya sept anges dans le paradis; ils rapportèrent de nombreux parfums et les placèrent dans la terre.

---

70 (40) 7 Et Dieu (les) envoya rapporter les parfums et les parfums à brûler. Et il (leur) fit placer les parfums sur la terre et cacher les encens.

---

70 (40) 7 Et Dieu envoya sept anges au paradis; et ils prirent beaucoup de parfums du paradis et ils les leur apportèrent.

latin-V	*latin-P*	*grec*
48 2 **(40** 7**)** Et processerunt omnes uirtutes angelorum ante Adam, et sanctificata est dormitio illius mortis.		
48 3a **(40** 8**)** Et sepelierunt Adam et Abel Michael et Vriel		**40** 8 καὶ μετὰ ταῦτα ἔλα-βον τὰ δύο σώματα καὶ ἔθαψαν αὐτὰ εἰς τὸν τόπον εἰς ὃν ὤρυξαν καὶ ᾠκοδό-μησαν αὐτοί.
in partibus paradisi,		
uidente Seth et matre eius et alio nemine.		
48 3b (cf. 43, 2) Et dixerunt ad eos Michael et Vriel: Sicut uidistis, similiter se-pelite mortuos uestros.	Cf. 43, 2	
		41 1 ἐκάλεσεν δὲ ὁ θεὸς τὸν Ἀδὰμ καὶ εἶπεν· Ἀδὰμ Ἀδάμ. Ἀπεκρίθη τὸ σῶμα ἐκ τῆς γῆς καὶ εἶπεν· Ἰδοὺ ἐγώ, κύριε.
		41 2 Καὶ λέγει αὐτῷ ὁ κύ-ριος ὅτι γῆ εἶ καὶ εἰς γῆν ἀπελεύσει.
		41 3 Πάλιν τὴν ἀνάστασιν ἐπαγγέλλομαί σοι· ἀνασ-τήσω σε ἐν τῇ ἀναστάσει μετὰ παντὸς γένους ἀν-θρώπων οὗ ἐκ τοῦ σπέρ-ματός σου.
		42 1 Μετὰ δὲ τὰ ῥήματα ταῦτα ἐποίησεν ὁ θεὸς σφραγῖδα τρίγωνον καὶ ἐσφράγισεν τὸ μνημεῖον ἵνα μηδείς τι ποιήσῃ αὐτῷ ἐν ταῖς ἓξ ἡμέραις, ἕως οὗ ἀποστραφῇ ἡ πλευρὰ αὐ-τοῦ πρὸς αὐτόν.
		42 2 τότε ὁ κύριος καὶ οἱ ἄγγελοι ἐπορεύθησαν εἰς τὸν τόπον αὐτῶν.

grec (traduction)	*arménien*	*géorgien*

40 8 Après cela, ils prirent les deux corps et les ensevelirent dans le lieu qu'ils avaient eux-mêmes creusé et édifié.

70 (40) 8 Alors, après cela, ils prirent les corps des deux et les déposèrent à l'endroit où il (l')avait créé. Ils *creusèrent* et firent un tombeau sur lui.

70 (40) 8 Et ils emportèrent les corps de tous les deux, les déposèrent dans un tombeau et les recouvrirent (de terre).

Cf. 43, 2

Cf. 73 (43), 2

Cf. 73 (43), 2

41 1 Dieu appela Adam et dit: «Adam, Adam!»

Le corps, de la terre, répondit et dit: «Me voici, Seigneur!»

41 2 Le Seigneur lui dit: «Tu es terre et à la terre tu retourneras.

41 3 A nouveau je te promets la résurrection: je te ressusciterai à la résurrection avec toute le race des hommes issue de ta semence.»

42 1 Après ces paroles, Dieu fit un sceau triangulaire et il scella le tombeau afin que personne ne fasse quoi que ce soit pendant les six jours, jusqu'à ce que sa côte soit retournée à lui.

42 2 Alors le Seigneur et les anges allèrent dans leur lieu.

71 (41) 1 Dieu appela le corps d'Adam de la terre et dit: «Adam, Adam!»
Le corps d'Adam dit à la terre: «Réponds et dis: "Voici, Seigneur."»

71 (41) 2 Et le Seigneur lui dit: «Voici, comme je t'ai dit: "Adam, tu es terre et tu retourneras à la terre";

71 (41) 3 mais à la résurrection que je t'ai promise, je te ressusciterai d'elle.»

72 (42) 1 Et Dieu, après avoir dit cela, prit un sceau triangulaire et scella le tombeau d'Adam, et il dit: «Que personne ne s'approche durant ces jours, jusqu'à ce que son corps à elle y retourne.»

72 (42) 2 Et puis alors le Seigneur s'éleva aux cieux avec ses anges, avec les Séraphins et le char de lumière, à chaque station.

71 (41) 1 Et Dieu se tourna et appela Adam.

Le corps d'Adam lui répondit depuis la terre et dit: «Voici, Seigneur [mss: Pharaon].»

71 (41) 2 Et le Seigneur lui dit: «Voici, je t'ai dit que tu es terre et que tu t'en iras à la terre.

71 (41) 3 Mais de la résurrection que je t'ai promise, je te ressusciterai au temps de la résurrection.»

72 (42) 1 Alors après cela, Dieu prit le sceau triangulaire et il scella le tombeau d'Adam, et il lui dit: «Que personne n'y touche pendant ces six jours, jusqu'à ce que ta côte retourne vers toi.»

72 (42) 2 Alors Dieu monta au ciel, et les anges, chacun selon son rang.

latin-V   *latin-P*   *grec*

42₃ Εὔα δὲ καὶ αὐτή, πληρωθέντων τῶν ἓξ ἡμερῶν, ἐκοιμήθη. ἔτι δὲ ζώσης αὐτῆς ἔκλαυσε περὶ τῆς κοιμήσεως τοῦ Ἀδάμ· οὐ γὰρ ἐγίνωσκεν ποῦ ἐτέθη.

ἐπειδὴ ἐν τῷ ἐλθεῖν τὸν κύριον ἐπὶ τὸν παράδεισον πρὸς τὸ κηδεῦσαι τὸν Ἀδάμ, [ἐκινήθησαν πάντα τὰ <φυτὰ> τοῦ παραδείσου μετὰ πολλῆς εὐωδίας καὶ L cf. QZ] ἐκοιμήθησαν ἅπαντες ἕως οὗ ἐτέλεσεν τὸν Ἀδὰμ κηδεύων, πλὴν τοῦ Σὴθ μόνου· καὶ οὐδεὶς ἐγίνωσκεν ἐπὶ τῆς γῆς πλὴν τοῦ υἱοῦ αὐτοῦ Σήθ.

42₄ καὶ προσηύξατο Εὔα κλαίουσα ἵνα ταφῇ εἰς τὸν τόπον ὅπου ἦν Ἀδὰμ ὁ ἀνὴρ αὐτῆς. μετὰ δὲ τὸ τελέσαι αὐτὴν τὴν εὐχὴν λέγει·

42₅ Κύριε δέσποτα, θεὲ πάσης ἀρετῆς, μὴ ἀπαλλοτριώσῃς με τοῦ σώματος Ἀδάμ ἐξ οὗ ἦρές με ἐκ τῶν μελῶν αὐτοῦ,

42₆ ἀλλὰ ἀξίωσον κἀμὲ τὴν ἀναξίαν καὶ ἁμαρτωλὴν εἰσελθεῖν μετὰ τοῦ σκηνώματος αὐτοῦ. ὥσπερ ἤμην μετ' αὐτοῦ ἐν τῷ παραδείσῳ, ἀμφότεροι μὴ χωρισθέντες ἀπ' ἀλλήλων,

42₇ ὥσπερ ἐν τῇ παραβάσει πλανηθέντες παρέβημεν τὴν ἐντολήν σου

μὴ χωρισθέντες, οὕτως καὶ νῦν, κύριε, μὴ χωρίσῃς ἡμᾶς.

grec (traduction)	*arménien*	*géorgien*
42 3 Ève aussi mourut, une fois les six jours accomplis. Alors qu'elle était encore vivante, elle avait pleuré à cause de la mort d'Adam, car elle ne savait pas où il avait été déposé.	**72 (42) 3** Les temps d'Ève furent accomplis et consommés, et elle mourut. Elle se mit à pleurer et demandait à connaître l'endroit où Adam était enseveli, car elle l'ignorait.	**72 (42) 3** Alors Ève avait été frappée de stupeur, voilà, elle avait tout vu. Ève pleurait et voulait voir où ils avaient déposé Adam, car elle ne le savait pas.
En effet, lorsque le Seigneur était venu dans le paradis pour donner les soins funéraires à Adam, *toutes les plantes du paradis avaient été agitées, donnant un abondant parfum, et* tous, à l'exception du seul Seth, avaient été endormis jusqu'à l'achèvement des funérailles d'Adam. Et personne sur la terre n'en avait rien su, à l'exception de son fils Seth.	En effet, au moment où Dieu vint pour la mort d'Adam, toutes les plantes du paradis furent agitées et, par le saint Esprit, le sommeil saisit tous ceux qui étaient sur la terre jusqu'à ce qu'Adam eût été revêtu; et personne sur la terre ne (le) sut, à l'exception du seul Seth.	Quand le Seigneur était descendu sur terre, il avait fait lever [mss: ne ... pas] le parfum de tous les arbres du paradis, et par le parfum tous avaient été frappés de stupeur. Avant la vêture et l'ensevelissement d'Adam, personne ne (le) sut, excepté Seth.
42 4 Ève fit une prière en pleurant, afin d'être ensevelie dans le lieu où était Adam son mari. Après qu'elle eut achevé sa prière, elle dit:	**72 (42) 4** Ève se mit de nouveau à crier et à prier Dieu pour qu'on l'emmène là où Adam avait été enseveli. Quand elle eut achevé sa prière, elle dit:	**72 (42) 4** Et Ève priait, elle pleurait pour qu'on l'emmène et lui montre où ils avaient déposé Adam. Et quand elle eut achevé sa prière, elle dit:
42 5 «Seigneur, Maître, Dieu de toute vertu, ne m'écarte pas du corps d'Adam, des membres duquel tu m'as prise,	**72 (42) 5** «Mon Dieu, Dieu des prodiges, ne me rends pas étrangère à l'endroit d'Adam,	**72 (42) 5** «Seigneur, ne me rends pas étrangère à l'endroit d'Adam,
42 6 mais juge-moi digne moi aussi, l'indigne et la pécheresse, de prendre place avec son enveloppe.	**72 (42) 6** mais ordonne de me déposer dans son tombeau.	**72 (42) 6** mais ordonne que moi aussi (je sois) avec lui,
De même que j'étais avec lui dans le paradis, tous deux sans être séparés l'un de l'autre,	**72 (42) 7** Comme nous étions ensemble dans le paradis et n'étions pas séparés l'un de l'autre,	**72 (42) 7** comme tous deux nous étions dans le paradis inséparables l'un de l'autre;
42 7 de même que nous avons transgressé ton commandement, égarés dans la transgression		
sans être séparés non plus, de même maintenant aussi, ne nous sépare pas.»	comme dans la vie, (qu'il en soit) ainsi dans notre mort. A l'endroit où Adam a été enseveli, que moi aussi je sois ensevelie avec lui.»	dans notre mort ne nous sépare pas, mais là où tu l'as déposé, (dépose-) moi là aussi.»

latin-V   *latin-P*   *grec*

42 8 Μετὰ δὲ τὸ εὔξασθαι
αὐτὴν ἀναβλέψασα εἰς τὸν
οὐρανὸν ἀνεστέναξε τύπ-
τουσα τὸ στῆθος αὐτῆς καὶ
λέγουσα· Θεὲ τῶν ἀπάν-
των, δέξαι τὸ πνεῦμά μου.
Καὶ ἀπέδωκεν τὴν ψυχὴν
αὐτῆς.

49 1 Post sex uero dies,
postquam mortuus est
Adam, cognoscens Eua
mortem suam congregauit
omnes filios suos et filias,
qui fuerunt cum Seth tri-
ginta fratres et triginta sorores.

Et dixit ad omnes:

49 2 Audite me, filii mei, et
referam uobis: postquam
ego et pater uester transgressi sumus praeceptum
domini, dixit nobis Michael
archangelus:

49 3 Propter praeuaricationes uestras et generis
uestri peccata inducet dominus iram iudicii sui, primo per aquam secundo per
ignem. In hiis duobus iudicabit dominus genus hu-
manum.

50 1 Sed audite me, filii
mei, facite ergo tabulas lapideas et alias tabulas luteas de terra, et scribite in
eis omnem uitam meam et
patris uestri, quam a nobis
audistis et uidistis.

50 2 Si per aquam iudicauerit dominus genus hu-
manum, tabulae illae de
terra luteae soluentur et
tabulae lapideae permane-
bunt. Si autem per ignem
iudicabit dominus genus
nostrum, tabulae lapideae
soluentur et de terra luteae
coquentur et permanebunt.

50 3 Et cum haec dixisset
omnibus filiis suis, expan-

grec (traduction)	*arménien*	*géorgien*
42 8 Après avoir prié, elle leva les yeux vers le ciel en se frappant la poitrine et en disant: «Dieu de toutes choses, reçois mon esprit.» Et elle rendit son âme.	**72 (42)** 8 Après qu'elle eut dit cela en priant, son esprit sortit d'elle.	**72 (42)** 8 Et après cette prière, elle remit son âme.

latin-V	*latin-P*	*grec*

latin-V

dit manus suas in caelum orans, et inclinans genua sua in terram, adorans dominum deum et gratias agens tradidit spiritum.

51 1 Et postquam factus est fletus magnus sepelierunt eam omnes filii eius.

Et cum essent lugentes quattuor dies,

apparuit Michael archangelus Seth dicens:

grec

43 1 Καὶ ἦλθε Μιχαὴλ καὶ ἐδίδαξεν τὸν Σὴθ πῶς κηδεύσῃ τὴν Εὔαν.

Καὶ ἦλθαν τρεῖς ἄγγελοι καὶ ἦραν τὸ σῶμα αὐτῆς καὶ ἔθαψαν αὐτὸ ὅπου ἦν τὸ σῶμα τοῦ Ἀδὰμ καὶ τοῦ Ἄβελ.

43 2 Καὶ μετὰ ταῦτα ἐλάλησεν Μιχαὴλ τῷ Σὴθ λέγων· Οὕτως κήδευσον πάντα ἄνθρωπον ἀποθνήσκοντα ἕως τῆς ἡμέρας τῆς ἀναστάσεως.

43 3 Μετὰ δὲ τὸ δοῦναι αὐτὸν νόμον εἶπεν αὐτῷ·

latin-V

51 2 Homo dei, non amplius quam sex dies lugeatis mortuos uestros, quia septimus dies signum resurrectionis est et futuri saeculi requies, et in die septimo requieuit dominus ab omnibus operibus suis.

grec

Πάρεξ ἡμερῶν ἓξ μὴ πενθήσητε· τῇ δὲ ἑβδόμῃ ἡμέρᾳ κατάπαυσον καὶ εὐφράνθητι ἐν αὐτῇ ὅτι ἐν αὐτῇ ὁ θεὸς καὶ οἱ ἄγγελοι ἡμεῖς εὐφραινόμεθα μετὰ τῆς δικαίας ψυχῆς τῆς μεταστάσης ἀπὸ τῆς γῆς.

43 4 Ταῦτα εἰπὼν ὁ ἄγγελος ἀνῆλθεν εἰς τὸν οὐρανὸν δοξάζων καὶ λέγων Ἀλληλούϊα. Ἅγιος, ἅγιος, ἅγιος κύριος, εἰς δόξαν θεοῦ πατρός. Ἀμήν.

latin-V

52 1 Tunc Seth fecit tabulas magnas lapideas et ta-

grec (traduction)   *arménien*   *géorgien*

43 1 Et Michel vint et enseigna à Seth comment donner les soins funéraires à Ève.

Et trois anges vinrent; ils emportèrent son corps et l'ensevelirent là où étaient le corps d'Adam et celui d'Abel,

43 2 Après cela, Michel parla à Seth et dit: « De cette manière, donne les soins funéraires à tout homme qui meurt, jusqu'au jour de la résurrection. »

43 3 Après lui avoir donné cette loi, il lui dit:

« Au-delà de six jours, ne gardez pas le deuil, mais le septième jour mets-y fin et réjouis-toi parce qu'en ce jour-là Dieu et nous les anges nous nous réjouissons avec l'âme juste qui a émigré de la terre. »

43 4 Quand il eut dit cela, l'ange monta au ciel en rendant gloire et en disant: « Alléluia! Saint, saint, saint est le Seigneur! A la gloire de Dieu le Père. Amen. »

73 (43) 1 Et Michel l'archange vint, parla à Seth et lui enseigna comment la revêtir.

Trois anges vinrent et prirent le corps d'Ève, ils (l')emportèrent et (le) déposèrent là où était le corps d'Adam et (le corps) d'Abel.

73 (43) 2 Après cela, Michel parla à Seth et dit: « Tu revêtiras ainsi tout homme qui meurt, jusqu'au jour de la consommation, à partir de [ou: par] la résurrection. »

73 (43) 4 L'ange, ayant dit cela à Seth, s'éleva aux cieux, glorifiant le Père, le Fils et le saint Esprit, maintenant et toujours.

73 (43) 1 Et l'ange Michel vint et enseigna à Seth comment revêtir Ève.

Trois anges vinrent et prirent le corps d'Ève, et ils le déposèrent là où on avait déposé le corps d'Adam.

73 (43) 2 Et après cela, l'ange Michel lui disait: « Revêtez de la sorte tout mort qui mourra, jusqu'à la consommation de tous les hommes. »

73 (43) 3 Quand il eut enseigné à Seth tout cela, il s'éleva vers le ciel (loin) de Seth et il lui dit:

« Ne faites pas de deuil sur les morts plus de cinq jours, mais le septième jour réjouissez-vous, car en ce jour Dieu s'est reposé de toutes ses (œuvres) que le Seigneur avait faites. »

73 (43) 4 A lui est la gloire et l'honneur et l'adoration, avec le Père et le saint Esprit, maintenant et toujours, et de siècle en siècle. Amen.

latin-V   *latin-P*   *grec*

bulas de terra luteas, et
composuit apices littera-
rum et scripsit in eis uitam
patris sui Adae et matris
suae Euae, quam ab eis
audiuit et quam oculis suis
uidit. Et posuit tabulas in
medio domus patris sui, in
oratorio ubi orabat Adam
dominum. Et post diluui-
um a multis uidebantur
hominibus tabulae illae
scriptae et a nemine legebantur.

52 2 Salomon autem sapientissimus uidit lapides
scriptos et deprecatus est
dominum ut ostenderet ei
quid significarent. Et apparuit ei angelus domini
dicens: Ego sum qui tenui
manum Seth ut scriberet
stilo ferreo digito suo lapides istos. Ecce tu eris sciens
scripturam, ut cognoscas et
intelligas ubi sunt lapides
isti et ubi oratorium erat
ubi Adam et Eua adora-
bant dominum deum. Et
oportet te ibi aedificare domum orationis domumque
esse dei.

52 3 Tunc Salomon suppleuit templum domini dei.
Et uocauit litteras illas
achiliacas, quod est latine
illabicas, hoc est sine labiorum doctrina scriptas digito Seth, tenens manum eius
angelus domini.

53 Et in ipsis lapidibus
inuentum est quod prophe-
tauit septimus ab Adam
Enoch, dicens ante diluuium de aduentu Christi do-
mini:

Ecce ueniet dominus in
sanctis milibus suis facere
iudicium et arguere omnes
impios de omnibus operi-

grec (traduction)   *arménien*   *géorgien*

latin-V	*latin-P*	*grec*

bus suis, quibus locuti sunt de eo peccatores et impii, murmuratores et querelosi, qui secundum concupiscentias suas ingrediuntur, et os eorum locutum est superbiam.

54 Adam uero post quadraginta dies introiuit in paradisum et Eua post octoginta. Et fuit Adam in paradiso annos septem. Et in ipso die in quo peccauit Adam omnes bestiae mutauerunt se.

grec (traduction)   *arménien*   *géorgien*

INDEX

INDEX SCRIPTURAIRE

NOUVEAU TESTAMENT

INDEX ONOMASTIQUE

La liste des noms propres et des noms de lieux inclut les anciens possesseurs et les lieux d'origine ou de provenance des manuscrits. Les noms précédés d'un astérisque (*) indiquent des personnages ou des lieux figurant dans les textes édités et dont on trouvera les références dans l'*index uerborum*.

INDEX DES AUTEURS ET DES ŒUVRES

INDEX THÉMATIQUE

INDEX DES MANUSCRITS

Dans la liste des manuscrits et incunables latins, les références en gras indiquent l'endroit où le témoin de la *Vie d'Adam et Ève* fait l'objet d'une description détaillée.

INDEX DES MOTS LATINS

Cet index comprend tous les mots – à l'exception de *et* – des textes édités dans les parties suivantes de l'ouvrage :

P = édition et apparat critique de lat-P : p. 277-435 (pages de droite).

V = édition et apparat critique de lat-V : p. 276-434 (pages de gauche).

Pa = édition du manuscrit de Paris, BnF, lat. 5327 (*Pa*); p. 523-535.

Ad = Notices sur Adam précédant la *Vie d'Adam et Ève* dans le manuscrit de Paris, BnF, lat. 5327 (*Pa*); p. 176-178

E = Notices sur Adam constituant les chapitres 55 à 57, propres à la rédaction anglaise (E); p. 596-597.

Ip = Préface introduisant l'édition des Incunables; p. 723-726

Pour chaque texte, les renvois se font aux chapitres et aux lignes. Les mots et les références en italiques renvoient aux apparats critiques de lat-P et de lat-V. L'indexation de l'apparat de lat-V donne accès au texte des différentes rédactions éditées aux p. 437-741 (R1, R2, A, E, B, T1, T1 et Inc).

dilectus : **P** 67,13

diligenter : **V** *44,8* ; **Ad** 1

diligo : **V** 27,8 ; **Pa** 27,5

diluuium : **V** 52,5 ; **Pa** 52,3.4 ; 53,2

dimitto : **P** 39,6 ; 63,10 ; **V** 39,7

dire : **Pa** 37,4

dirus : **Pa** 20,7 ; 30,5 ; 36,6

discedo : **P** 43,5 ; **V** *39,6* ; *42,12* ; 43,5 ; 48,9 ; **Pa** 43,4

disco : **V** *52,3.14*

Disis : **E** 57,6 ; v.aussi Dissis

dispensatio : **P** 67,11 ; **V** 47,5

dispergo : **V** 29,13.*21*

dispersio : **P** 21,13 ; **V** 29,14

dispono : **P** 4,7 ; **V** 4,7 ; 46,8 ; **Pa** 46, 6

dissero : **V** *29,12*

Dissis : **Ad** 30 ; v.aussi Disis

dissoluo : **V** *50,5.7*

districtus,us : **P** 21,17

diu : **P** *22,8* ; 61,6 ; **Pa** 41,1

diuersitas : **Ad** 57

diuersus : **P** 22,4 ; 34,4 ; **V** 22,3 ; 34,4 ; **Pa** 34,4

do : **P** 9,10 ; 17,4 ; 21,11.16 ; 22,4 ; 32,2 ; 35,6 ; 36,5 ; 40,5 ; 48,14.17 ; 49,4.6 ;   50,6.8.17(bis) ;   51,4 ; 53,5.6 ; 59,3 ; 61,5 ; **V** 9,9 ; 17,4 ; 21,8 ; 22,3 ; 26,4 ; 28,3.5 ; 29,*6.7* ; 32,3.*5.6.8* ; 33,1.6 ; 35,6 ; 36,5 ; 40,7 ;   *42,8.12* ;   *43,7* ;   *44,2* ; **Pa** 21,8 ; 23,1 ; 24,3 ; 28,3.5 ; 32,2.3 ; 33,1.5 ; 44,6 ; 46,1 ; **Ip** 1,24 ; 2,9.10

doceo : **V** *22,3* ; **Pa** 22,3 ; 52,9

doctrina : **Pa** 52,14

doleo : **P** 50,5.6 ; **V** 16,5 ; **Ip** 1,11

dolor : **P** *8,1* ; 11,4.*7* ; *12,2* ; 19,5.8 ; 20,7.10 ; 21,7 ; 31,7.8 ; 34,5 ; 35,2.3.5.7 ; 36,6 ; 38,2 ; **V** 11,3 ; *12,2* ; 16,5 ; 19,2.5.6.*7* ; 20,2.4.5 ; *23,3(bis)* ; 30,9.10 ; 31,8.9 ; 34,4. 6 ; 35,2.*2*.3.5.6 ; 36,6 ; 38,2 ; 40,7 ; 41,6 ; *46,5* ; **Pa** 11,2 ; 19,2 ; 20,5. 7 ; 30,6 ; 31,7.8 ; 34,4 ; 35,1.2 ; 41,6 ; **Ip** 2,16

dolose : **P** 11,7 ; **V** 11,5

dolus : **P** 9,5 ; 11,2 ; 12,2 ; 16,7 ; **V** 12,2 ; 16,6 ; **Pa** 37,4

dominatio : **Ip** 1,7

dominium : **V** *54,3*

dominor : **Ip** 2,17

dominus : **P** 2,3.5 ; 3,3.4.5.8.9.10. 14 ; 4,3.5.7 ; 5,1.5 ; 6,*5*.9.12 ; 8,*4*.8 ; 9,7.10 ; 13,6 (bis).*7* ; 14,2.5 ; 16,2 ; 17,2.4 ; 19,2(bis).5 ; 20,2(bis).6.9.11 ; 21,*4*.12 ; 22,3 ; 23,1.10 ; 30,6 ; 31,4.8 ; 32,1.6 ; 33,2 ; 34,2.8 ; 35,5.6 ; 36,3 ; 37,6 ; 38,4 ; 39,3 ; 40,4 ; 42,4 ; 44,1 ; 45,2.8 ; 47,3.11 ; 52,1.3.6.8.11 ; 53,2.3 ; 54,1 ; 59,1.6 ; 61,9.10.11 ; 62,2.7.8.9.14 ; 63,10(bis) ; 67,3.7. 8 ; 70,1.5 ; **V** 2,3.*5* ; 3,3.*4*.*5*.6.9 ; 4,3.5.7 ; 5,1.4.5 ; 6,6.9 ; 9,7.8.*9* ; 13,*6*.7 ; 14,*2*.2.*4* ; *15*,2.3.4 ; 16,1 ; 17,2 ; 18,1.*4* ; 19,2.3.5.6 ; 20,3.*4*. 4.6 ; *21*,*5.7*.*9* ; 22,2 ; 23,1.*7* ; 25,6 ; *26,3* ; 27,2(bis).*4.6.7* ; 28,*1*.2.7 ; 29,*10*. 13.*23*.25.26.*27*. *29* ; 30,6. *10* ; 31, 1.5.9 ; 32,2.5.6 ; 33,1.*3* ; 34,1.*1*.7 ; 35,4.6 ; 36,3 ; 37,5 ; 38, 2.4.7 ; *39*,1.4.*6* ; 40,6 ; 41,*1*.2.3.*3* ; *44,2* ; 46,*5*.8 ; 47,2.3 ; 48,1 ; 49,6. 7.9 ; 50,4.6.10 ; 51,6 ; 52,5.8.9.13. *14* ; **Pa** 2,4 ; 3,2.4 ; 4,5 ; 6,4 ; 9,5 ; 17,2 ; 18,2 ; 19,3(bis).6.8 ; 20,4.9 ; 22,2 ; 25,5 ; 27,2.3 ; 28,8 ; 29,11 ; 33,1.2 ; 34,1 ; 36,3 ; 37,6 ; 38,3 ; 39,2 ; 41,2 ; 46,6 ; 47,2.3 ; 48,1 ; 49,5.7.8 ; 50,7.8 ; 51,6 ; 52,6.7.11. 15 ; 53,2.3 ; **Ad** 28.31.33.35.37 ; **E** 57,2.11.12 ; **Ip** 1,6.26 ; 2,4.5 (bis).7.10.11.12.24

domus : **V** 29,8.10.15(bis).18 ; 52,4. 14(bis).*15* ; **Pa** 22,6 ; 29,9 ; 52, 12(bis)

donec : **P** 54,4 ; **V** *2,4* ; *18,5* ; *23,9* ; 29,1 ; *42,1* ; *47,6* ; **Ip** 2,21

dono : **P** *4,7*

dormio : **P** 23,1 ; **V** 23,1

dormitatio : **V** *48,5*

dormitio : **V** 48,5

ducenti : **V** *42,2(bis)*

TABLE DES MATIÈRES

CCSA 18

Édition et traduction synoptiques des recensions latines (lat-P et lat-V)

Printed in Belgium − Imprimé en Belgique
D/2012/0095/226
ISBN 978-2-503-54544-8 HB − relié
ISBN 978-2-503-41000-5 series − série